प्रस्तावना

भारत : लोकतंत्र और विकास, यह पाठ्यक्रम राजनीति विज्ञान में स्नातकोत्तर उपाधि (M.P.S.) का एक महत्त्वपूर्ण भाग है। इस पुस्तक का मुख्य उद्देश्य विद्यार्थियों को लोक प्रशासन के विषय में विस्तृत और संपूर्ण जानकारी देना है। इस पुस्तक का निर्माण विद्यार्थियों के समग्र विकास को देखते हुए किया गया है। इसके निर्माण के समय इस बात पर पूर्ण ध्यान दिया गया है कि यह आपको परीक्षा में पूर्णतः सहयोगी हो और आपके लिए लाभदायक हो।

आपके समक्ष प्रस्तुत पुस्तक M.P.S.-003 में आपके पाठ्यक्रम को ध्यान में रखते हुए और परीक्षोपयोगी प्रश्नों का निर्माण करते हुए उनका हल इस प्रकार से आपके समक्ष प्रस्तुत किया गया है कि आपको आपका पाठ्यक्रम अत्यंत सरल और कहीं पर भी उलझा हुआ–सा नहीं लगे।

हमारी पुस्तक की सबसे बड़ी और महत्त्वपूर्ण विशेषता यही है कि इसके अंतर्गत आपको गत वर्षों के प्रश्न पत्र हल सहित दिए जाते हैं जो आपकी परीक्षा को न केवल सरल बनाते हैं बल्कि आपको परीक्षा में अच्छे अंक प्राप्त करने में भी सहायक होते हैं। प्रश्न पत्रों को आपके सामने बिल्कुल उसी प्रकार प्रस्तुत किया गया है जैसा आपके सामने परीक्षा केन्द्र में प्रस्तुत होता है जो आपको अपने आप में एक अलग प्रकार का आत्मविश्वास बढ़ाने में सहायक होगा।

पुस्तक के अंतर्गत कुल 27 अध्याय हैं, जिनमें पाठ्यक्रम पर आधारित प्रत्येक प्रश्नोत्तर में नवीनतम जानकारी देने की भरपूर कोशिश की गई है। 'राष्ट्रीय आंदोलन की बपौती–विकास, अधिकारों व भागीदारी के संदर्भ में' के अंतर्गत गाँधीवादी राजनीतिक रणनीति की सार्थकता पर बल दिया गया है तो 'विकास प्रतिमान विषयक बहस संरचना', 'संविधान और सामाजिक परिवर्तन' शीर्षकयुक्त अध्यायों में देश के विकास और संविधान के नीति-निर्देशक सिद्धांतों पर चर्चा की गई है। आगे के अध्यायों में 'नौकरशाही, पुलिस और सेवा', 'कानून व्यवस्था और नगरपालिका', 'संघवाद', 'सत्ता हस्तांतरण एवं स्थानीय स्वशासन', 'भारत में श्रमिक वर्ग एवं कृषक आंदोलन', 'संचार माध्यम और जननीतियाँ', 'मानव विकास : स्वास्थ्य, शिक्षा और सामाजिक सुरक्षा', 'नृजातीयता तथा राष्ट्र राज्य', 'लोकतंत्र और विकास : एक मूल्यांकन' इत्यादि के अंतर्गत संबंधित क्षेत्र की गहन एवं जानकारीपूर्ण सामग्री का समावेश किया गया है, जो विद्यार्थियों के लिए न केवल परीक्षोपयोगी है बल्कि उनके ज्ञान को भी परिपुष्ट कर सकेगी। प्रस्तुत पाठ्यक्रम पूर्णतः सरल शब्दों में और आपकी आगामी परीक्षा को ध्यान में रखते हुए बनाया गया है, जो आपको परीक्षा में उत्तीर्ण कराने के लिए और आपको अच्छे अंक प्राप्त करने में सहायक सिद्ध होगी।

आगामी संस्करण में आपके सुझावों को यथास्थान साभार सम्मिलित किया जाएगा। अतः अपने सुझाव निःसंकोच हमें हमारी *email id-info@gullybaba.com* पर या सीधे प्रकाशन के पते पर लिखें और हमें अपने सुझावों से अनुग्रहीत करें।

प्रकाशन (GPH) अपने कार्यरत सहायकों व लेखकों का सहृदय से आभार प्रकट करता है, जिनके सहयोग और प्रयासों के कारण ही इस पुस्तक का प्रकाशन संभव हो पाया है।

आपकी सफलता की कामना के लिए,

–प्रकाशक

विषय-सूची

1. राष्ट्रीय आंदोलन की बपौती–विकास, अधिकारों व भागीदारी के संदर्भ में — 1–4
2. विकास प्रतिमान–विषयक बहस संरचना — 5–9
3. संविधान और सामाजिक परिवर्तन — 10–22
4. विविधता और बहुवाद — 23–28
5. असमानता : जाति और वर्ग — 29–36
6. विकास की राजनीतिक अर्थव्यवस्था — 37–44
7. अर्थव्यवस्था की संरचना एवं वृद्धि (गरीबी, अधिशेष और विषमता) — 45–52
8. विधायिका — 53–60
9. नौकरशाही, पुलिस और सेना — 61–66
10. कानून–व्यवस्था और न्यायपालिका — 67–78
11. संघवाद — 79–85
12. सत्ता–हस्तांतरण एवं स्थानीय स्वशासन — 86–97
13. राजनैतिक दल एवं राजनैतिक सहभागिता — 98–106
14. भारत में श्रमिक वर्ग एवं कृषक आंदोलन — 107–115
15. संचार माध्यम और जन नीतियाँ — 116–121
16. हित समूह एवं नीति निर्माण — 122–128
17. भारत में अभेदवाद की राजनीति (जाति, धर्म, भाषा तथा संरचना) — 129–133
18. नागरिक समाज : सामाजिक आंदोलन, गैर–सरकारी संगठन और स्वैच्छिक कार्य — 134–136
19. मानव विकास : स्वास्थ्य, शिक्षा और सामाजिक सुरक्षा — 137–141

भारत : लोकतंत्र और विकास

India : Democracy and Development

(एम.पी.एस.-03)

राजनीतिक विज्ञान में स्नातकोत्तर उपाधि हेतु

For Master of Arts In Political Science

विशेष विश्वविद्यालयों के लिए महत्वपूर्ण अध्ययन सामग्री

इंदिरा गाँधी राष्ट्रीय मुक्त विश्वविद्यालय (इग्नू), के.एस.ओ.यू. (कर्नाटका), बिहार विश्वविद्यालय (मुजफ्फरपुर), नालंदा विश्वविद्यालय, जामिया मिलिया इस्लामिया, वर्धमान महावीर मुक्त विश्वविद्यालय (कोटा), उत्तराखंड मुक्त विश्वविद्यालय, कुरुक्षेत्र विश्वविद्यालय, हिमाचल प्रदेश विश्वविद्यालय, सेवा सदन कॉलेज ऑफ एजुकेशन (महाराष्ट्र), मिथिला विश्वविद्यालय, आंध्रा विश्वविद्यालय, अन्नामलाई विश्वविद्यालय, बैंगलोर विश्वविद्यालय, भारतीयर विश्वविद्यालय, भारतीदशन विश्वविद्यालय, सेंटर फॉर डिस्टेंस एंड ओपन लर्निंग, काकाटिया विश्वविद्यालय (आंध्र प्रदेश), के.ओ.यू. (राजस्थान), एम.पी.बी.ओ.यू. (एम.पी.), एम.डी.यू. (हरियाणा), पंजाब विश्वविद्यालय, तमिलनाडु मुक्त विश्वविद्यालय, श्री पद्मावती महिला विश्वविद्यालयम् (आंध्र प्रदेश), जम्मू विश्वविद्यालय, वाई.सी.एम.ओ.यू., राजस्थान विश्वविद्यालय, उत्तर प्रदेश राजर्षि टण्डन मुक्त विश्वविद्यालय, कल्याणी विश्वविद्यालय, बनारस हिंदू विश्वविद्यालय (बी.एच.यू.), और अन्य भारतीय विश्वविद्यालय।

Closer to Nature We use Recycled Paper

GPH BOOK®

गुल्लीबाबा पब्लिशिंग हाउस प्रा. लि.

आई.एस.ओ. 9001 एवं आई.एस.ओ. 14001 प्रमाणित कं.

Published by:
GullyBaba Publishing House Pvt. Ltd.

Regd. Office:	Branch Office:
2525/193, 1st Floor, Onkar Nagar-A, Tri Nagar, Delhi-110035 (From Kanhaiya Nagar Metro Station Towards Old Bus Stand) Call: 9991112299, 9312235086 WhatsApp: 9350849407	1A/2A, 20, Hari Sadan, Ansari Road, Daryaganj, New Delhi-110002 Ph.011-45794768 Call & WhatsApp: 8130521616, 8130511234

E-mail: hello@gullybaba.com, **Website:** GullyBaba.com

New Edition

Author: Gullybaba.com Panel
ISBN: 978-93-81066-24-9

Copyright© with Publisher
All rights are reserved. No part of this publication may be reproduced or stored in a retrieval system or transmitted in any form or by any means; electronic, mechanical, photocopying, recording or otherwise, without the written permission of the copyright holder.

Disclaimer: Although the author and publisher have made every effort to ensure that the information in this book is correct, the author and publisher do not assume and hereby disclaim any liability to any party for any loss, damage, or disruption caused by errors or omissions, whether such errors or omissions result from negligence, accident, or any other cause.

If you find any kind of error, please let us know and get reward and or the new book free of cost.

The book is based on IGNOU syllabus. This is only a sample. The book/author/publisher does not impose any guarantee or claim for full marks or to be passed in exam. You are advised only to understand the contents with the help of this book and answer in your words.

All disputes with respect to this publication shall be subject to the jurisdiction of the Courts, Tribunals and Forums of New Delhi, India only.

HOME DELIVERY of GPH Books

You can get GPH books by VPP/COD/Speed Post/Courier.
You can order books by Email/SMS/WhatsApp/Call.
For more details, visit gullybaba.com/faq-books.html
Our packaging department usually dispatches the books within 2 days after receiving your order and it takes nearly 5-6 days in postal/courier services to reach your destination.

Note: Selling this book on any online platform like Amazon, Flipkart, Shopclues, Rediff, etc. without prior written permission of the publisher is prohibited and hence any sales by the SELLER will be termed as ILLEGAL SALE of GPH Books which will attract strict legal action against the offender.

20. लिंगभेद और विकास	142–146
21. क्षेत्रीय असंतुलन	147–154
22. प्रवसन और विकास	155–161
23. पर्यावरण एवं सतत् विकास	162–173
24. आर्थिक सुधार और भूमण्डलीकरण	174–181
25. धार्मिक राजनीति	182–186
26. नृजातीयता तथा राष्ट्र-राज्य	187–192
27. लोकतंत्र और विकास : एक मूल्यांकन	193–201

प्रश्न पत्र

(1) जून 2008 (हल सहित)	205–206
(2) दिसम्बर 2008 (हल सहित)	207–210
(3) जून 2009 (हल सहित)	211–217
(4) दिसम्बर 2009 (हल सहित)	218–223
(5) जून 2010 (हल सहित)	224–233
(6) दिसम्बर 2010 (हल सहित)	234–250
(7) जून 2011 (हल सहित)	251–253
(8) दिसम्बर 2011	254–254
(9) जून 2012 (हल सहित)	255–261
(10) दिसम्बर 2012	262–262
(11) जून 2013	263–263
(12) दिसम्बर 2013	264–264
(13) जून 2014	265–265
(14) दिसम्बर 2014	266–266

(15) जून 2015	267-267
(16) दिसम्बर 2015	268-268
(17) जून 2016 (हल सहित)	269-274
(18) दिसम्बर 2016 (हल सहित)	275-279
(19) जून 2017 (हल सहित)	280-282
(20) दिसम्बर 2017 (हल सहित)	283-287
(21) जून 2018 (हल सहित)	288-290
(22) दिसम्बर 2018	291-291
(23) जून 2019 (हल सहित)	292-298
(24) दिसम्बर 2019 (हल सहित)	299-302
(25) जून 2020 (हल सहित)	303-308
(26) दिसम्बर 2020 (हल सहित)	309-316
(27) जून 2021 (हल सहित)	317-320
(28) दिसम्बर 2021 (हल सहित)	321-322

1 राष्ट्रीय आंदोलन की बपौती–विकास, अधिकारों व भागीदारी के संदर्भ में

प्रश्न 1. भारतीय राष्ट्रीय आंदोलन की आर्थिक सोच के प्रति गाँधीजी का क्या योगदान था?

उत्तर– भारतीय राष्ट्रीय आंदोलन में गाँधीजी के आर्थिक विचारों में इतना ही कहना उचित होगा कि यह परिवर्तनात्मक था। गाँधीजी की आर्थिक व्यवस्था में उत्पत्ति की मात्रा समाज की आवश्यकताओं को निर्धारित करता है। भारतीय राष्ट्रीय आंदोलन के तीसरे चरण को गाँधी युग के नाम से जाना जाता है। इस युग में महात्मा गाँधी ही प्रमुख नेता थे। गाँधीजी की आर्थिक योजना का प्रमुख लक्ष्य भारतीय आर्थिक आयोजन में कृषि सुधार को बढ़ावा देना था। कृषि विकास का मुख्य लक्ष्य खाद्यान्नों में राष्ट्रीय आत्मनिर्भरता और खाद्य–पदार्थों में अधिकतम क्षेत्रीय स्वावलम्बन प्राप्त करना था। वे ग्राम समाज में अधिकतम आत्म–निर्भरता प्राप्त करना चाहते थे। इसके लिए कुटीर उद्योगों का पुनः स्थापन, विकास व विस्तार करना चाहते थे। गाँधीजी ने प्रत्येक गाँव को स्वावलम्बी बनाने की योजना दी, इसके लिए प्रत्येक ग्रामवासी चावल, गेहूँ के समान खादी को अपने निजी प्रयोग के लिए उत्पादन करने तथा ग्रामवासियों से यह आशा की गई कि वे ग्राम उद्योगों के विकास व गठन में सक्रिय भूमिका अदा करें। इस योजना में कुछ चुने हुए आधारभूत उद्योग (यथा–प्रतिरक्षा, जल, विद्युत, तापीय शक्ति, भारी इंजिनियरिंग और भारी रसायन उद्योग आदि) की स्थापना एवं प्रबंध राज्य के जिम्मे दिया गया था। इसके अतिरिक्त बेरोजगारी दूर करने तथा राष्ट्रीय न्यूनतम जीवन स्तर को कम से कम समय में प्राप्त करने की आशा की गई थी। इसी के फलस्वरूप स्वतंत्रता प्राप्ति के बाद आर्थिक विकास की राह में यह एक निर्देशक के समान नीति–निर्माताओं के समक्ष थी।

प्रश्न 2. गाँधी के "स्वराज–सार" पर एक नोट लिखिए।

उत्तर– भारतवासियों की विकासात्मक अभिलाषाएँ स्वतंत्रता आंदोलनों के विभिन्न चरणों में उभरकर सामने आने लगी थी। भारतीय राष्ट्रीय आंदोलन के विशेष पहलू–खासतौर से गाँधीवादी राजनीति की रणनीति उस समाज में चलाए जाने वाले आंदोलनों के लिए विशेष रूप से सार्थक थी। 26 जनवरी, 1930 को कांग्रेस जनों ने देशभर में संपूर्ण स्वतंत्रता का व्रत लिया जैसा कि दिसम्बर 1929 के लाहौर प्रस्ताव में माँग की गई थी। 30 जनवरी, 1930 को 'यंग इंडिया' में गाँधीजी ने स्वतंत्रता के वास्तविक अर्थ के रूप में अपने अवबोधन को निम्न प्रकार से प्रस्तुत किया–

(1) आरंभ में सैन्य खर्चों को कम से कम 50 प्रतिशत तक घटाना।

(2) सी.आई.डी. अथवा उसके सर्व–साधारण संबंधी नियंत्रण की समाप्ति।

(3) उच्चतम–श्रेणी सेवाओं के वेतनों में आधी अथवा कम कटौती, ताकि घटे लगान से मेल खा सके।

(4) संपूर्ण निषेध।

(5) विदेशी कपड़े पर संरक्षणात्मक शुल्क दर।

(6) इन माँगों ने, कांग्रेस के लाहौर प्रस्ताव द्वारा परिकल्पित संपूर्ण स्वतंत्रता की संकल्पना को सींचा। दूसरी ओर, वे सभी, प्रथम को छोड़कर, एक साम्राज्यवाद–विरोधी रुख रखती थीं। इसके अतिरिक्त, 9वीं तथा 10वीं माँग को छोड़कर, वे सभी एक आर्थिक संबंध रखती थीं।

(7) तटीय शुल्क–दर आरक्षण विधेयक का अधिनियम।

(8) भूमि लगान को कम से कम 50 प्रतिशत घटाना और उसे विधायी नियंत्रण के अधीन लाना।

(9) आत्म–रक्षा के लिए बंदूक, पिस्तौल आदि के प्रयोगार्थ लाईसेंसों का निर्गमन, सर्व–साधारण संबंधी नियंत्रण के अधीन।

(10) नमक–कर की समाप्ति।

(11) सभी राजनीतिक कैदियों को मुक्त करना, हत्या अथवा हत्या–प्रयास के दोषियों को बचाना अथवा आम न्यायिक अदालतों द्वारा सुनवाई तथा सभी राजनीतिक अभियोजनों का प्रत्याहरण।

(12) पाउण्ड–रुपया विनिमय अनुपात को 1 शिलिंग 6 पेन्स से 1 शिलिंग 4 पेन्स तक घटाना।

प्रश्न 3. भारतीय राष्ट्रीय आंदोलन में समाजवादी सोच के विकास–क्रम पर चर्चा कीजिए।

उत्तर– गाँधीजी के रहस्यवाद और साम्यवादी दल के रूढ़िवाद के विरुद्ध कांग्रेस में एक विवेकयुक्त विद्रोह उभरा, जोकि 20वीं शताब्दी के दूसरे दशक के अंतिम वर्षों तथा तीसरे दशक के दौरान हुआ था। इसको ही बाद में समाजवादी सोच के रूप में व्यक्त किया गया।

अक्तूबर 1917 में बोल्शेविक क्रांति ने भारत में समाजवाद के प्रति रुचि पैदा कर दी और छोटे समाजवादी समूह शहरी केंद्रों में उभरे।

1934 में सोवियत समाजवादी गणराज्य संघ द्वारा प्रथम पंचवर्षीय योजना के समापन ने भारत में नियोजन हेतु उमंग भर दी। 1934 में ही एम. विश्वेश्वरैया, एक महान इंजीनियर ने **प्लैन्ड इकॉन्मी इन इंडिया इन एप्रिल** 1936 नामक एक पुस्तक प्रकाशित की।

विश्वेश्वरैया योजना को, हालाँकि, किसी भी तरह एक समाजवादी योजना नहीं कहा जा सकता है। 1934 में ही कांग्रेस के भीतर समाजवादी पार्टी का गठन हुआ और गाँधीजी ने इसे एक कारण बताते हुए और इस समूह को जवाहरलाल नेहरू की खुली सहानुभूति का आरोप लगाते हुए कांग्रेस से त्यागपत्र दे दिया। 1935 में भारतीय कम्युनिस्ट पार्टी बनाई गई और तुरंत ही ब्रिटिश सरकार द्वारा इस पर प्रतिबंध लगा दिया गया। अधिकांश कम्युनिस्टों ने कांग्रेस सोशलिस्ट पार्टी में काम करना शुरू कर दिया।

जवाहरलाल नेहरू, जिन्होंने 1928 की शुरुआत में समाजवाद के प्रति बड़ी श्रद्धा दर्शायी थी, भारतीय राष्ट्रीय कांग्रेस के लखनऊ अधिवेशन में अपने अध्यक्षीय भाषण में अपने दृढ़ विश्वास को स्पष्ट करते हुए कहा कि विश्व की समस्याओं का और भारत की समस्याओं का एकमात्र हल समाजवाद में ही निहित है।' इस वक्तव्य ने कांग्रेस के शीर्ष नेतृत्व में एक वैचारिक दरार पैदा कर दी और सरदार वल्लभभाई पटेल ने इस आशय का एक वक्तव्य जारी किया कि पूँजीवाद की प्रकृति जैसे मुद्दों पर नेहरू से उनके मतभेद हैं। पटेल फैजपुर में आगामी सत्र में कांग्रेस के अध्यक्ष पद हेतु नेहरू से प्रतिस्पर्द्धा करना चाहते थे। नेहरू ने यह कहते हुए अपनी स्थिति की पुनर्व्याख्या की कि समाजवाद अध्यक्षीय चुनाव हेतु उनका सैद्धांतिक घोषणा पत्र नहीं है और फिर पटेल प्रतिस्पर्धा से हट गए। फैजपुर में अपने अध्यक्षीय भाषण में नेहरू ने संगठित कामगारों व किसानों समेत देश में सभी साम्राज्य-विरोधी ताकतों का एक शक्तिशाली संयुक्त मोर्चा बनाने का आह्वान किया। ब्रिटिश भारत में आम (प्रांतीय) चुनावों के पृष्ठों में यह वैचारिक बहस महत्त्वपूर्ण है।

प्रश्न 4. भारत की स्वतंत्रता प्राप्ति में सहायक तत्त्वों का उल्लेख कीजिए।

उत्तर— भारत की स्वतंत्रता प्राप्ति के संदर्भ में निम्नलिखित सहायक तत्त्व थे—

1. भारत की स्वतंत्रता राष्ट्रीय आंदोलन की शक्ति एवं कांग्रेस के सतत् प्रयासों का परिणाम थी।
2. ब्रिटेन में मजदूर दल की सरकार तथा उसकी उदारता या भारत के प्रति नरम रवैये का परिणाम भारतीय स्वतंत्रता में अभिव्यक्त हुआ।
3. भारत की स्वतंत्रता के लिए ब्रिटेन पर मित्र राष्ट्रों का दबाव था। द्वितीय विश्व-युद्ध के समय से ही ब्रिटेन पर अमेरिका और चीन का दबाव बढ़ता जा रहा था। राष्ट्रपति रुजवेल्ट और च्यांग काईशेक का विश्वास था कि स्वाधीन भारत विश्व-युद्ध में ज्यादा मदद कर सकता है।
4. भारतीय जल सेना द्वारा 1946 में ब्रिटिश सरकार के विरुद्ध विद्रोह कर देने से ब्रिटेन ने समझा कि अब सेना की निष्ठा शासन के प्रति नहीं रही और सेना पर भरोसा किया जाना भी संभव नहीं था। अतः ब्रिटेन ने भारत छोड़ने का निश्चय किया।

5. एशिया में नवजागरण और स्वतंत्रता के लिए चल रहे आंदोलन से भी इसे सहायता मिली। दूसरी तरफ ब्रिटेन यह भी महसूस कर रहा था कि भारत में साम्यवाद बढ़ रहा है, जिसे रोकने के लिए उसे स्वतंत्र करना आवश्यक है।

इसके अतिरिक्त सांप्रदायिक वातावरण की स्थिति, ब्रिटेन की दुर्बल स्थिति, लॉर्ड ऐटली का व्यक्तित्व, गाँधीवादी रणनीति इत्यादि महत्त्वपूर्ण तत्त्व हैं, जो भारतीय स्वतंत्रता प्राप्ति में सहायक सिद्ध हुए।

2 विकास प्रतिमान–विषयक बहस संरचना

प्रश्न 1. स्वतंत्रता प्राप्ति के समय भारतीय राजनीतिक नेतृत्व द्वारा परिकल्पित भूमि सुधार किस प्रकार का था? भूमि सुधार के प्रति भारतीय व्यापारी वर्ग का रवैया किस प्रकार था?

उत्तर– स्वतंत्रता प्राप्ति के बाद देश की दशा ऐसी थी कि लगभग 70 प्रतिशत लोग कृषि से जीवन–निर्वाह करते थे। पर उस समय कृषि की दशा बहुत पिछड़ी हुई थी। किसान छोटी–छोटी जोतों में परंपरागत तरीकों से खेती–बाड़ी करते थे। कुछ जोतें तो इतनी छोटी थीं कि उनमें साधारण हल भी नहीं चलाया जा सकता था। अच्छे बीजों, खाद और सिंचाई सुविधाओं का अभाव था। कृषि–उपज में कमी का एक महत्त्वपूर्ण कारण जमींदारी प्रथा रहा है। जमींदार जब चाहें किसानों को जमीनों से बेदखल कर सकते थे। इसलिए किसान जमीन में पैसा लगाने से घबराता था। वह न अच्छे बीज खरीदता था और न ही खाद पर विशेष ध्यान देता था।

देश के विभाजन का कृषि–क्षेत्र पर बुरा प्रभाव पड़ा। "भारत की लगभग 30 प्रतिशत उर्वर भूमि पाकिस्तान में चली गई, जिसकी अविभाजित भारत में जनसंख्या केवल 18 प्रतिशत के करीब थी।" दूसरे शब्दों में, भारत के हिस्से में जनसंख्या ज्यादा आई और उसके निर्वाह के लिए भूमि कम मिली। फलस्वरूप, देश में खाद्यान्न की कमी हो गई। इतना ही नहीं, पटसन और रुई का उत्पादन करने वाले काफी क्षेत्र पाकिस्तान को मिले, जबकि पटसन और सूती कपड़े के कारखाने भारत में रह गए। इससे कच्चे माल की भारी कमी महसूस होने लगी।

असमानताओं को दूर करने तथा ग्रामीण क्षेत्रों में भूमिहीन किसानों को निश्चित रोजगार देने के उद्देश्य को पूरा करने के लिए स्वतंत्रता प्राप्ति के बाद ग्रामीण जीवन में तत्काल सुधार को प्राथमिकता देना जरूरी था, जहाँ आर्थिक–सामाजिक विषमताओं के साथ–साथ भूमि का केंद्रीकरण भी था। भारतीय नेता वर्ग–रहित तथा जाति–रहित समाज की स्थापना के लिए वचनबद्ध थे। स्वतंत्रता प्राप्ति के आस–पास तेलंगाना और तिभागा आंदोलनों के कारण भू–नीति का मसला और भी जोर पकड़ रहा था। इस संदर्भ में तीन विचारधाराएँ मुख्य रूप से विद्यमान थीं। सन् 1948 में कलकत्ता की द्वितीय कांग्रेस में भारतीय साम्यवादी दल ने एक राजनीतिक सिद्धांत पारित किया जिसमें 'किसान को भूमि तथा कृषि–क्रांति (Agrian-revolution) के लिए कृषकों से जुझारू गतिशीलता (Militant Mobilisation) का आह्वान किया। दल का यह विचार था कि पहले से चली आ रही सामंतवादी तथा उस समय प्रचलित साम्राज्यवादी जमींदारी पर दोतरफा आक्रमण किए बिना "किसान को भूमि" कार्यक्रम लागू करना असंभव है।'

दूसरी ओर सन् 1948 में ही श्री विनोबा भावे के नेतृत्व में महात्मा गाँधी के अनुयायियों ने सर्वोदय आंदोलन चलाने का महत्त्वपूर्ण फैसला किया, जिसे एक वर्ष के बाद भूदान–ग्रामदान आंदोलन का रूप दे दिया गया। इस योजना के अंतर्गत नेताओं का यह विश्वास था कि भूमि की समस्या को परंपरागत नैतिक दबावों पर हल किया जा सकता था, जिसमें भू–स्वामियों से आह्वान किया गया कि वे स्वेच्छा से अतिरिक्त भूमि का त्याग करें, ताकि उसे भूमिहीन मजदूरों में बाँटा जा सके।

उधर कांग्रेस कृषि सुधार समिति ने एक प्रतिवेदन जारी किया जिसमें भारत की कृषि समस्या का विश्लेषण किया गया था तथा संघीय लोकतांत्रिक स्वरूप के अंतर्गत भूमि–सुधारों की भी चर्चा की गई। प्रतिवेदन में खेतिहर कृषि (Peasant Farming) का सुझाव दिया गया, जिसमें सहकारी संगठनों की सहायता की अपेक्षा की गई।

पहली दो विचारधाराओं को कानूनी समर्थन प्राप्त नहीं था, इसलिए सारी जिम्मेदारी शासक दल कांग्रेस पर आ पड़ी। दिसम्बर, 1946 को प्रसिद्ध गाँधीवादी ने श्री जी.सी. कुम्मारप्पा के नेतृत्व में कांग्रेस की राष्ट्रीय योजना समिति की भूमि–सुधार संबंधी उप–समिति ने भूमि–सुधार योजनाएँ सामने रखीं, वास्तविक किसानों को उपभोक्ता अधिकार एवं भूमि धारण की अधिकतम सीमा निर्धारित करने की सलाह दी गई थी।

स्वतंत्रता–प्राप्ति के बाद कृषि के शीघ्र विकास के लिए कई महत्त्वपूर्ण कदम उठाये गये। सिंचाई सुविधा का विस्तार किया गया तथा भूमि सुधार कानूनों के द्वारा जमींदारी प्रथा के उन्मूलन की कोशिश की गई। अक्तूबर 1952 में सामुदायिक विकास कार्यक्रम (Community Development Programme) चालू किया गया, जिसमें बहुत–सी बातें शामिल थीं, जैसे कृषि–विकास, भूमिहीनों के लिए उचित मजदूरी, जन–स्वास्थ्य, शिक्षा और साक्षरता का विकास। विभिन्न एजेंसियों द्वारा कृषि–ऋण दिए जाने की व्यवस्था की गई है। अब सहकारी साख समितियों, भूमि विकास बैंक, व्यापारिक बैकों, क्षेत्रीय ग्रामीण बैंकों (Regional Rural Banks) और अन्य वित्तीय संस्थाओं के माध्यम से किसानों को काफी ऋण–सुविधाएँ मिलने लगी हैं।

कृषि को किफायती बनाने के लिए जोतों की चकबंदी एक महत्त्वपूर्ण उपाय है। अभी तक महाराष्ट्र, उत्तर प्रदेश, हरियाणा, पंजाब, बिहार और उड़ीसा में करीब 602 लाख हेक्टेयर भूमि की चकबंदी की जा चुकी है। सूखे की संभावना वाले क्षेत्रों के लिए जो कार्यक्रम शुरू किया गया, उसकी कुछ प्रमुख उपलब्धियाँ इस प्रकार हैं : भूमि विकास और नमी संरक्षण, जल संसाधन विकास तथा वनरोपण व चरागाह विकास।

प्रश्न 2. स्वतंत्रता प्राप्ति की संध्या पर भारत के विकास पर वाद–विवाद की चर्चा कीजिए। [Dec 2008, Q. 1.]

अथवा

स्वतंत्रता के समय भारत के आर्थिक विकास पर बनी आम सहमति का परीक्षण कीजिए। [June 2010, Q. 1.]

उत्तर— स्वतंत्रता प्राप्ति की संध्या पर भारत के विकास पर बहुत तरह से वाद-विवाद किया गया। स्वतंत्रता प्राप्ति के समय विकास के लक्ष्यों के लिए कौन-सी दिशाएँ महत्त्वपूर्ण हैं और किस दिशा में विकास की आवश्यकता है के निर्धारण के लिए योजना का विचार सामने आया? भारतीय व्यापारियों एवं उद्योगपतियों ने भू.पू. सोवियत संघ रूपी योजना को अस्वीकार कर दिया और राज्य नियंत्रण में आर्थिक पुनर्निर्माण के लिए योजना का स्वागत किया। नियोजित विकास के लिए संविधान सभा में सभी एकमत थे। फलतः केंद्रीय मंत्रिमंडल द्वारा एक संकल्प पारित करके 15 मार्च, 1950 को एक योजना आयोग की स्थापना की गई।

स्वतंत्रता प्राप्ति के बाद राजनीतिक नेतृत्व को आर्थिक विकास के कार्यक्रमों द्वारा जनसाधारण की आशाओं को पूरा करना था। इसलिए ग्रामीण क्षेत्र में उत्पादन वृद्धि के नाम पर संस्थागत परिवर्तनों को पीछे धकेल दिया गया और संविधान सभा में श्री जवाहरलाल नेहरू ने कुछ उद्योगों में सरकारी क्षेत्र के एकाधिकार को मान्यता दे दी। ये क्षेत्र थे हथियार व गोला-बारूद का निर्माण, परमाणु ऊर्जा तथा रेलवे। इसके अतिरिक्त कोयला, लोहे तथा इस्पात की खानों, जहाज, हवाई जहाज, टेलीफोन और संचार उपकरणों के निर्माण-क्षेत्र में नए उद्योग स्थापित करने का अधिकार भी केवल सरकारी क्षेत्र के लिए सुरक्षित रखा गया।

इस प्रकार एक प्रभुत्वसंपन्न राष्ट्र-राज्य बनने के बाद भारत ने न केवल दोनों शक्ति गुटों के प्रति गुटनिरपेक्षता की विदेश नीति के माध्यम से राष्ट्रीय स्वतंत्रता का दावा किया, वरन् भारत में चल रही विदेशी कंपनियों के नियंत्रण एवं विनियमन की नीति अपनाकर सारी विदेशी सहायता को राज्य अभिकरणों के माध्यम से प्रवाहित किया। क्रमशः सभी का भारतीयकरण किया और कुछ का राष्ट्रीयकरण तक करने का कदम उठाया। इसके साथ ही यह स्पष्ट कर दिया गया कि पूर्वस्थापित किसी भी उद्योग का राष्ट्रीयकरण नहीं किया जाएगा और यह विश्वास दिलाया गया कि नवस्थापित उद्योगों को कम से कम दस वर्ष तक राष्ट्रीयकरण का कोई भय नहीं है, हम उद्योगों के लिए यथासंभव सुविधाएँ उपलब्ध कराना चाहते हैं।

स्वतंत्रता प्राप्ति काल के प्रारंभिक वर्षों में कुछ आपसी वैचारिक बहस ने राजनीति पर अपना स्पष्ट प्रभाव छोड़ा। अंतरिम सरकार में मुस्लिम लीग के द्वारा अपने द्वितीय श्रेणी के नेताओं को प्रतिनिधि बनाया गया, जो सरकार के कार्य में अवरोधक का कार्य कर रहे थे। लीग के मंत्रियों की सरकार-भंजक चालाकियों ने श्री नेहरू एवं अन्य कांग्रेसी नेताओं के समक्ष यह उजागर कर दिया कि उद्देश्य यदि कांग्रेस लीग सरकार है, तो अंतरिम सरकार को जारी रखना बेकार है। जब मुस्लिम लीग ने संविधान सभा में शामिल होने से इंकार कर दिया तो श्री नेहरू वायसराय वेवल को यह कहने के लिए बाध्य हो गए कि लीग या तो कैबिनेट मिशन योजना को स्वीकार करे या सरकार से बाहर निकल जाए। इसी समय ब्रिटिश प्रधानमंत्री एटली ने यह घोषणा की कि जून, 1948 तक ब्रिटिश सरकार भारत को मुक्त कर देगी। नए वायसराय लॉर्ड माउंटबेटन की नियुक्ति की घोषणा की गई। इसके साथ ही एक नया दौर शुरू हुआ।

माउंटबेटन की योजना थी भारत की दोहरी डोमिनियन हैसियत प्रदान करना तथा 15 अगस्त तक सत्ता का हस्तांतरण।

सत्ता हस्तांतरण संबंधी वार्ता की शुरुआत के समय वामपंथियों की कलकत्ता में हुई बैठक में प्रस्ताव पारित किया गया कि सत्ता-हस्तांतरण सारहीन व धोखा भरा है, भयग्रस्त बुर्जुआ वर्ग ने ब्रिटिश साम्राज्यवाद से इसलिए समझौता किया ताकि भारतीय जनसाधारण में व्याप्त क्रांतिकारी उभार को दबाया जा सके। बाद में फॉरवर्ड ब्लॉक ने कांग्रेस छोड़ दी। कांग्रेस समाजवादी पार्टी ने भी अपने नाम से कांग्रेस शब्द हटाने का निर्णय लिया। राम मनोहर लोहिया जैसे समाजवादी नेताओं ने कांग्रेस पर निहित स्वार्थों से समझौता करने का आरोप लगाया।

उल्लेखनीय है कि जून, 1947 को माउंटबेटन ने अपनी योजना प्रकाशित की थी। इस योजना में भारत और पाकिस्तान दो अलग-अलग राज्यों की स्थापना की बात कही गई थी। कांग्रेस ने विवशता से इसे स्वीकार कर लिया था, क्योंकि विभाजन या लंबे समय तक गुलाम बने रहने के अतिरिक्त और कोई रास्ता नहीं था। प्रत्यक्ष कार्यवाही के अंतर्गत निर्दोष हिन्दुओं की हत्या की जा रही थी।

इस प्रकार स्वतंत्रता प्राप्ति काल में भारत के विकास की भावी दिशा की राजनीतिक बहस ने सामाजिक एकता, राजनीतिक अखंडता एवं आंतरिक स्थिरता की आवश्यकता का अनुभव किया। फलतः संविधान में अल्पसंख्यक हितों एवं भाषायी विशिष्टताओं को सुरक्षित रखने के लिए किए गए प्रावधानों के साथ-साथ मजबूत केंद्रीय प्रशासन एवं आपात् स्थिति विषयक प्रावधानों का भी समावेश किया गया।

प्रश्न 3. भारतीय संविधान सभा के लक्ष्य संकल्पों पर प्रकाश डालें।

उत्तर— भारतीय संविधान के लक्ष्य तथा संकल्प के द्वारा जनसाधारण की इच्छाओं को पूरा किया गया है। भारतीय क्रांति के जनकों ने देश को लक्ष्य संकल्प द्वारा यह बताने का प्रयास किया कि वे देश को किस साँचे में ढालना चाहते हैं, किस ओर ले जाना चाहते हैं। उसका मसौदा श्री जवाहरलाल नेहरू ने स्वयं तैयार किया था। इस प्रस्ताव में कहा गया था कि यह संविधान सभा अपने इस दृढ़ एवं गंभीर संकल्प की घोषणा करती है कि वह भारत को एक प्रभुत्वसंपन्न गणराज्य घोषित करेगी और उसके भावी शासन के लिए एक ऐसे संविधान की रचना करेगी जिसके अंतर्गत वे राज्य क्षेत्र जो ब्रिटिश भारत के अंतर्गत आते हैं, वे राज्य क्षेत्र जो देशी राज्यों के अंतर्गत आते हैं और ऐसे अन्य भाग जो ब्रिटिश भारत के बाहर हैं और ऐसे राज्य क्षेत्र जो स्वतंत्र प्रभुत्वसंपन्न भारत के भीतर सम्मिलित होने के लिए प्रस्तुत हैं, आपस में मिलकर एक संघ के रूप में गठित होंगे।

इसके अंतर्गत उपयुक्त राज्य क्षेत्र, जिनमें चाहे तो उनकी वर्तमान सीमाएँ सम्मिलित हों या अन्य ऐसी सीमाएँ सम्मिलित हों जिनका संविधान सभा भविष्य में संविधान की विधि के अनुसार निर्णय करे, स्वायत्तशासी एककों की सत्ता में संपन्न होंगे और उन्हें बनाए रखेंगे।

उनके पास अवशिष्ट शक्तियाँ होंगी और वे सरकार तथा प्रशासन की सारी शक्तियों का प्रयोग करेंगे। इसके अपवाद केवल वे शक्तियाँ और कार्य होंगे, जो संघ में निहित हों या संघ को सौंपे गए हों, जिनके अंतर्गत प्रभुत्वसंपन्न और स्वतंत्र भारत की, उसके अंगीभूत भागों और शासन के अंगों की समूची शक्ति और सत्ता जनता से प्राप्त हुई हो।

विधि तथा सार्वजनिक नैतिकता के अधीन रहते हुए भारत के सभी लोगों को सामाजिक, आर्थिक और राजनीतिक न्याय की स्थिति और अवसर की तथा विधि के सम्मुख समानता की, विचार, अभिव्यक्ति, विश्वास, धर्म, उपासना, व्यवसाय और कार्य की गारंटी दी जाएगी और उन्हें प्राप्त किया जाएगा। इसके अंतर्गत अल्पसंख्यकों, पिछड़े हुए कबीलों, क्षेत्रों तथा दलित और अन्य पिछड़े हुए वर्गों के लिए उपयुक्त व्यवस्था की जाएगी।

न्याय तथा सभ्य राष्ट्रों की विधि के अनुसार गणराज्य के राज्य क्षेत्रों की अखंडता की और जल, समुद्र तथा आकाश पर उसके प्रभुता अधिकारों की रक्षा की जाएगी। यह प्राचीन देश संसार में अपना न्यायपूर्ण और सामान्य स्थान प्राप्त करेगा और विश्व शांति तथा मानव जाति के कल्याण के उन्नयन के लिए अपना पूर्ण तथा सहर्ष योगदान देगा।

लक्ष्य संकल्प ने तथा श्री जवाहरलाल नेहरू के प्रेरणादायी भाषण ने संविधान सभा पर जादू-सा असर किया तथा उसके मानस-क्षितिज पर भविष्य के प्रति दुविधा की कुहरा हटाकर उसके स्थान पर आशा, उल्लास एवं संकल्प किरणें बिखेर दीं।

3

संविधान और सामाजिक परिवर्तन

प्रश्न 1. भारतीय संविधान में 'जनता' का क्या स्थान है? भारतीय संविधान में अनुलोम और विलोम अधिकार क्या हैं?

उत्तर– जनता के अधिकार वे महत्त्वपूर्ण अधिकार हैं, जो उनके नैतिक, बौद्धिक एवं आध्यात्मिक विकास के लिए आवश्यक है इसके बगैर व्यक्ति का सर्वांगीण विकास संभव नहीं है। भारतीय संविधान के तहत दो प्रकार के अधिकार हैं : कुछ तमाम 'जनता' को दिए गए हैं तथा कुछ केवल 'नागरिकों' को। प्रथम प्रकार के अधिकार गैर–नागरिकों के लिए भी हैं और इसमें शामिल हैं–कानून के समक्ष समानता एवं कानून की एक समान सुरक्षा (अनु. 14), गैर–कानूनी दोष सिद्धि से सुरक्षा (अनु. 20), जीवनयापन एवं आत्मिक स्वतंत्रता (अनु. 21), अवैध प्रतिरोध से सुरक्षा (अनु. 22), मानवों की भीड़ में शोषण तथा सार्वजनिक उद्देश्यों के अलावा बेगार लेने के विरुद्ध अधिकार (अनु. 23), बच्चों को खतरनाक रोजगार के विरुद्ध अधिकार (अनु. 24), मजहब की स्वतंत्रता (अनु. 25), मजहबी, मामलों के प्रबंध हेतु मजहबी संस्थाओं को स्वतंत्रता (अनु. 26) तथा करों के भुगतान से मुक्ति जोकि विशेष तौर से किसी मजहब 'विशेष' या मजहबी संस्थाओं के लाभ की प्रक्रिया में हो (अनु. 27), मजहबी संस्थाओं द्वारा संचालित विद्यालयों में लादे गए मजहबी निर्देशों से स्वतंत्रता (अनु. 28), अल्पसंख्यकों की सुरक्षा (अनु. 29), अल्पसंख्यकों की इच्छानुसार शैक्षिक संस्थानों को स्थापित एवं संचालित करने का अधिकार (अनु. 30) संवैधानिक उपचारों का अधिकार (अनु. 32 और 226) तथा कानून के प्राधिकार सम्मत संपत्ति से वंचित न करने का अधिकार (अनु. 300ए)।

अन्य सभी अधिकार जो नागरिकों को हैं, वे हैं– राज्य द्वारा भेदभाव के विरुद्ध अधिकार (अनु. 15), सार्वजनिक रोजगार में अवसरों की समानता का अधिकार (अनु. 16), अस्पृश्यता के विरुद्ध अधिकार (अनु. 17), सेना या शिक्षा के सिवाय राज्य उपाधियों के निर्माण के विरुद्ध अधिकार (अनु. 18), भाषण और अभिव्यक्ति की स्वतंत्रता का अधिकार, शांतिपूर्वक एवं निहत्थे एकत्र होने का अधिकार, संस्थाएँ या संघ निर्माण का अधिकार, स्वेच्छापूर्वक तमाम भारतीय भूखण्ड में घूमने का अधिकार और भारतीय भूखण्ड के किसी भी हिस्से में रहने तथा बसने का अधिकार और किसी भी व्यवसाय को अपनाने तथा किसी भी उद्योगों या व्यापार करने का अधिकार (अनु. 19)।

अधिकारों के विषय में अग्रलिखित बिंदु विचारणीय हैं : (1) ये अधिकार विलोम प्रकृति के हैं क्योंकि ये अधिकारियों को इनका उल्लंघन करने से रोकते हैं। (2) जबकि इन अधिकारों में से ज्यादातर राज्य के विरुद्ध हैं, इनमें से कुछ, जैसे अस्पृश्यता के विरुद्ध अधिकार (अनु. 17) और अल्पसंख्यकों को सुरक्षा का अधिकार (अनु. 29), समाज के विरुद्ध हैं। (3) जबकि ज्यादातर अधिकार व्यक्ति विशेष के लिए है, कुछ वर्गों के लिए हैं (अनु. 27, 29 और 30)। (4) ज्यादातर अधिकार शर्त–आधारित हैं कि अधिकार से पूर्व सार्वजनिक हित, कानून एवं व्यवस्था, मर्यादा और प्रजा के कमजोर वर्गों का हित आदि पर विचार किया जाए।

भारत में अधिकारों की प्रकृति को समझने में ये बिंदु महत्त्वपूर्ण है। परंपरावादी उदारवादी लोकतंत्र जैसे कि संयुक्त राज्य अमेरिका में अधिकारों को विलोम रूप से बनाया गया था जिससे राज्य उनका हनन नहीं कर सकते। समाज के अन्य सदस्यों द्वारा इन अधिकारों की सुरक्षा का मसला राज्य की विधि और कानून व्यवस्था द्वारा निभाया जाता है। उदाहरणार्थ, यू एस ए में जातीय दंगे अपराधात्मक कानून के ही अंतर्गत निपटाए जाते हैं जिसके लिए राज्य संवैधानिक तौर पर बिना किसी भेदभाव के ऐसा करने को बाध्य है। दूसरी तरफ, भारत में ऊँच वर्ण के लोगों द्वारा अस्पृश्यता सीधे–सीधे संविधान के प्रति अपराध है। इसी प्रकार, बहुसंख्यक समुदाय द्वारा अल्पसंख्यकों के अधिकारों का उल्लंघन संविधान के समक्ष अपराध है। यह सीधे–सीधे राज्य का संवैधानिक कर्त्तव्य है कि वह दलितों (अनुसूचित जातियों के लोग), आदिवासियों (अनुसूचित जनजातियों से संबंधित लोग) और मजहबी तथा भाषाई अल्पसंख्यकों के सामाजिक अधिकारों की रक्षा करें।

पहले के उदार संविधानों से भारत के संविधान का एक अन्य महत्त्वपूर्ण अंतर है अधिकारों की सीमाओं की विशिष्टता। संयुक्त राज्य अमेरिका में इन सीमाओं का निर्धारण न्यायालयों द्वारा होता है और ये न्यायाधीशों के निजी मत पर आश्रित होते हैं। इन निजी मतों का भारत में निषेध तो नहीं है परंतु वे संविधान सम्मत होने ही चाहिए। संवैधानिक सीमाओं का सरोकार न केवल कानून एवं व्यवस्था से है वरन् सर्वसामान्य के हित में भी हैं जिसमें सामाजिक संपन्नता, नैतिकता और समाज के कमजोर वर्गों के कल्याण भी निहित हैं।

अंततः संविधान में वर्णित वर्गों और व्यक्ति विशेष दोनों की सम्मति देश के मजहबी इतिहास का दुःखद परिणाम है। भारतीय संविधान की मजहबी तथा भाषाई अल्पसंख्यकों और कमजोर वर्गों के प्रति वचनबद्धता, उन यूरोपीय संविधानों की याद दिलाता है जो कि दो विश्व युद्धों के मध्य अल्पसंख्यक संधियों के तहत बनाए गए जिसमें राज्यों को उनकी स्थापना से पूर्व हस्ताक्षर करने पड़े। उन देशों में पोलैंड, यूगोस्लाविया और चेकोस्लाविया हैं। अंतर यह है कि इन यूरोपीय राज्यों ने कभी भी गंभीरता से उन्हें लागू नहीं किया। भारत में इनको पूर्ण गंभीरतापूर्वक लागू किया जा रहा है।

प्रश्न 2. भारत में राज्य के नीति निर्देशक तत्त्वों में परिवर्तन की कितनी शक्ति है? ये जीवन के किन क्षेत्रों तक पहुँचते हैं?

उत्तर— नीति-निर्देशक सिद्धांत हमारे संविधान की एक विशेषता है। नीति निर्देशक सिद्धांतों का उद्देश्य सामाजिक और आर्थिक क्षेत्र में 'समता' व न्याय की स्थापना करना है। यद्यपि न्यायालय द्वारा इन्हें लागू नहीं कराया जा सकता, तो इन्हें अमल में लाना राज्यों का कर्त्तव्य होगा। **प्रो. के. टी. शाह** के शब्दों में "नीति-निर्देशक सिद्धांत एक ऐसा चैक है जिसका भुगतान तब होगा जबकि बैंक (सरकार) के पास पर्याप्त आर्थिक साधन हो।"

भारतीय संविधान के भाग 4 में (अनुच्छेद 36-51) राज्य के नीति-निर्देशक तत्त्व इसे अनोखी विलक्षणता प्रदान करते हैं। आयरलैण्ड के संविधान के पूर्वोदाहरण के अलावा निदेशक तत्त्वों के अध्याय के लिए मूल प्रेरणा कल्याणकारी राज्य की संकल्पना से प्राप्त हुई। व्यक्ति के मूल अधिकारों की रक्षा के साथ-साथ संविधान निर्माता यह चाहते थे कि हमारा संविधान सामाजिक क्रांति के लिए एक प्रभावी साधन बने। व्यक्ति तथा समुदाय की आवश्यकताओं की एक न्यायसंगत एवं साम्ययुक्त सामाजिक-आर्थिक व्यवस्था को प्राप्त करने के लिए निर्देशक तत्त्व हमारे राज्य के सम्मुख कुछ आदर्श स्थापित करते हैं। डॉ. अम्बेडकर ने नीति-निर्देशक तत्त्वों को स्पष्ट करते हुए संविधान सभा में कहा था कि "संविधान के भाग (4) को अधिनियमित करके संविधान सभा भविष्य के विधानमंडल और कार्यपालिका को यह निर्देश करती है कि वे किस प्रकार अपनी शक्तियों का प्रयोग करेंगे।" अर्थात् ये वे सिद्धांत हैं जिन पर भारत की भावी आर्थिक, सामाजिक एवं राजनीतिक नीति निर्धारित होगी।

(1) कृषि व पर्यावरण के दायरे में—राज्य के नीति-निर्देशक तत्त्वों के अंतर्गत वैज्ञानिक आधार पर कृषि का संचालन करना राज्य का कर्त्तव्य निर्धारित किया गया है।

42वें संवैधानिक संशोधन में कहा गया है कि राज्य देश के पर्यावरण की रक्षा और उसमें सुधार का प्रयास करेगा। राज्य के द्वारा वनों और वन्य जीवन की सुरक्षा का भी प्रयास किया जाएगा। साथ ही प्राचीन स्मारकों, कलात्मक महत्त्व के स्थानों और राष्ट्रीय महत्त्व के भवनों की रक्षा का कार्य भी राज्य को सौंपा गया है। अनु. 49 के द्वारा राज्य का कर्त्तव्य निश्चित किया गया है कि वह प्रत्येक स्मारक, कलात्मक या ऐतिहासिक रुचि के स्थानों को, जिन्हें संसद ने राष्ट्रीय महत्त्व का घोषित किया है, रक्षा करने का प्रयास करेगा।

(2) कानून के दायरे में—भारत में सुगम और सुलभ न्याय व्यवस्था के विकास के लिए कुछ निर्देशक तत्त्वों का वर्णन किया गया है—

अनु. 44 राज्य को एकरूप नागरिक संहिता बनाने के लिए निर्देशित करता है।

अनु. 50 के अनुसार राज्य का यह कर्त्तव्य है कि वह न्यायपालिका से कार्यपालिका को अलग करे।

42वें संविधान संशोधन द्वारा 39A में यह व्यवस्था की गई है कि राज्य इस बात का प्रयत्न करेगा कि कानून-व्यवस्था का संचालन समान अवसर तथा न्याय प्राप्ति में सहायक हो और उचित व्यवस्थापन योजना या अन्य किसी प्रकार से समाज के कमजोर वर्गों के लिए निःशुल्क कानूनी सहायता की व्यवस्था करेगा, जिसमें आर्थिक असामर्थ्य या अन्य किसी प्रकार से व्यक्ति न्याय प्राप्त करने के लिए वंचित न रहे।

इसी तरह अनुच्छेद 40 के अंतर्गत स्वशासन की इकाइयों के रूप में ग्राम पंचायतों को संगठित करना राज्य का कर्त्तव्य बताया गया है।

(3) आर्थिक दायरे में—संविधान आर्थिक न्याय का लक्ष्य पूरा करने एवं सामाजिक आर्थिक व्यवस्था को प्राप्त करने के आदर्श के रूप में अनेक प्रावधान प्रस्तुत करते हैं—अनु. 41 के द्वारा लोगों के लिए काम, पर्याप्त मजदूरी एवं बेरोजगारी, वृद्धावस्था तथा रुग्णता की स्थिति में लोक सहायता के अधिकार को राज्य द्वारा सुनिश्चित करने का निर्देश दिया गया है।

जमींदारी और जागीरदारी प्रथा का अंत करके भूमि सुधार कानून पारित किए गए हैं। आर्थिक विकास हेतु नियोजन का मार्ग अपनाया गया है। अब तक 9 पंचवर्षीय योजनाएँ क्रियान्वित की जा चुकी हैं। फिलहाल सन् 2007 से अब तक 11वीं पंचवर्षीय योजना चल रही है और यह 2012 तक लागू रहेगी। अनु. 42 राज्य को मानवीय स्थितियों एवं स्त्रियों को प्रसूति सहायता उपलब्ध कराने का निर्देश देता है। अनु. 43 राज्य को व्यक्तियों की उचित मजदूरी एवं कार्य व्यवस्थाएँ सुनिश्चित करने का निर्देश देता है जिससे अच्छा जीवन स्तर प्राप्त किया जा सके। राज्य ग्रामों के कुटीर उद्योग को वैयक्तिक तथा सरकारी आधार पर बढ़ाने का प्रयास करेगा। 44वें संवैधानिक संशोधन द्वारा आर्थिक सुरक्षा संबंधी तत्त्वों में यह जोड़ा गया कि राज्य न केवल व्यक्तियों की आय और उनके सामाजिक स्तर सुविधाओं और अवसरों संबंधी भेदभाव को कम से कम करने का प्रयत्न करेगा। वरन् विभिन्न क्षेत्रों में रहने वाले और विभिन्न व्यवसायों में लगे हुए व्यक्तियों के समुदायों के बीच विद्यमान आय, सामाजिक स्तर, सुविधाओं और अवसरों संबंधी भेदभाव को भी कम से कम करने का प्रयास करेगा।

अनु. 47 राज्य को निर्देश देता है कि वह ऐसा प्रयास करे कि लोगों का आहार पुष्टिकर और जीवन स्तर ऊँचा हो। इस उद्देश्य से राज्य हानिकारक मादक पेय पदार्थों तथा मादक वस्तुओं के सेवन पर प्रतिबंध लगाए और ऐसी व्यवस्था करे कि केवल चिकित्सा के उद्देश्य से उनका प्रयोग हो।

अनु. 46 के अनुसार राज्य कृषि एवं पशुपालन को आधुनिक ढंग से संगठित करेगा।

(4) श्रमिकों के अधिकार—अनुच्छेद 42 तथा 43 में उपबंध किया गया है कि राज्य कर्मचारियों को निर्वाह मजदूरी, काम की मानवोचित दशाएँ, शिष्ट जीवन स्तर और अवकाश का पूर्ण उपभोग और सामाजिक एवं सांस्कृतिक अवसर सुनिश्चित करने का प्रयास करेगा।

43A के नवीन अनुच्छेद के अनुसार राज्य उचित व्यवस्थापन या अन्य प्रकार के औद्योगिक संस्थानों में प्रबंध में कर्मचारियों को भागीदार बनाने के लिए कदम उठाएगा।

अनु. 39ङ च आर्थिक शोषण के विरुद्ध अधिकार प्रदान करता है।

(5) लोक-कल्याण एवं गौरवपूर्ण जीवन—अनुच्छेद 38 के अनुसार राज्य ऐसी सामाजिक व्यवस्था है, जिसमें सामाजिक, आर्थिक और राजनीतिक न्याय, राष्ट्रीय जीवन की सभी संस्थाओं को अनुप्राणित करें, भरसक कार्य साधक रूप में स्थापना और संरक्षण करके लोक-कल्याण की उन्नति का प्रयास करेगा। अनु. 39 में उल्लेख है कि राज्य अपनी नीति का इस प्रकार संचालन करेगा कि सुनिश्चित रूप से सभी पुरुष तथा स्त्रियों को जीविका के पर्याप्त साधन प्राप्त करने का अधिकार हो, समुदाय की भौतिक संपदा का स्वामित्व तथा नियंत्रण इस प्रकार बँटा हो जिससे सामूहिक हित का सर्वोत्तम रूप से साधन हो, आर्थिक व्यवस्था इस प्रकार चले कि धन और उत्पादन के साधनों का सर्वसाधारण के लिए अहितकारी संकेन्द्रण न हो, पुरुषों और स्त्रियों, दोनों का समान कार्य के लिए समान वेतन हो, पुरुषों तथा स्त्रियों के स्वास्थ्य और शक्ति का तथा बच्चों के सुकुमार अवस्था का दुरुपयोग न हो, आर्थिक आवश्यकता से विवश होकर नागरिकों को ऐसे रोजगारों में न जाना पड़े, जो उनकी आय एवं शक्ति के अनुकूल न हों और बच्चों एवं युवाओं को शोषण से बचाया जाए।

(6) बच्चों एवं कमजोर वर्गों के लिए—अनु. 45 राज्य को दायित्व देता है कि वह 14 वर्ष तक के बालक-बालिकाओं के लिए निःशुल्क एवं अनिवार्य प्राथमिक शिक्षा विधान के लागू होने के 10 वर्ष के अंदर प्रदान करने की व्यवस्था करे।

अनु. 46 के अनुसार राज्य जनता के दुर्बल भागों विशेषकर अनुसूचित जातियों तथा अनुसूचित जनजातियों को शिक्षा तथा अर्थ संबंधी हितों का विशेष रूप से संरक्षण एवं उन्नति की व्यवस्था का प्रयास करेगा। सरकारी नौकरियों में इनके लिए विशेष दावों की व्यवस्था को अपनाया गया है। अनुसूचित जातियों तथा जनजातियों के बालक-बालिकाओं के लिए उदारतापूर्वक छात्रवृत्तियों, पोशाक और निःशुल्क शिक्षा की व्यवस्था के आधार पर इन्हें शिक्षित करने की प्रत्येक संभव चेष्टा की जा रही है। 1990 के 65वें संविधान संशोधन अधिनियम के आधार पर एक उच्चस्तरीय 7-सदस्यीय अनुसूचित जाति और जनजाति आयोग की स्थापना करके उसे संवैधानिक दर्जा प्रदान किया गया है। वह इन जातियों पर अत्याचार की घटना की जाँच करता है। भारतीय समाज के अंतर्गत महिलाएँ भी समाज के कमजोर वर्गों में ही आती है। 73वें व 74वें संविधान संशोधन अधिनियम के आधार पर पंचायती राज संस्थाओं और शहरी क्षेत्र के स्थानीय स्वशासन संस्थाओं में महिलाओं के लिए 30% स्थान आरक्षित किए गए हैं। आशा की जाती है कि यह कदम महिला जागृति कि दिशा को निरंतर आगे बढ़ाएगा।

प्रश्न 3. मौलिक अधिकारों का अर्थ बताइए। भारतीय संविधान में जो मौलिक अधिकार दिए गए हैं उनका वर्गीकरण कीजिए। [Dec 2010, Q. 1.]

उत्तर– मौलिक अधिकारों का अर्थ–'मूल' शब्द से दो प्रकार के भ्रम पैदा हो सकते हैं, एक तो यह अधिकार भारतीयों की 'प्राकृतिक' यानी जन्मसिद्ध अधिकार है और अपरिवर्तनशील है, मौलिक अधिकारों का तात्पर्य उन अधिकारों से है जो व्यक्ति और समाज के बहुमुखी विकास के लिए अपरिहार्य हैं और जिनका आश्वासन 'देश की मौलिक विधि' देती है। 'देश की मौलिक विधि' (Fundamental law of the land) का अर्थ है–संविधान। चूँकि ये अधिकार संविधान द्वारा सुरक्षित हैं, इसलिए राज्य का कोई भी अंग–विधानमंडल या कार्यपालिका–इनका उल्लंघन नहीं कर सकता और यदि वह ऐसा करेगा तो उच्चतम या उच्च न्यायालय द्वारा उसका यह कार्य अमान्य होगा।

संविधान ने मौलिक अधिकारों की निम्नलिखित छः श्रेणियाँ स्वीकार की हैं–

(I) समता का अधिकार (अनुच्छेद 14, 15, 16, 17 व 18)–समता का सिद्धांत "निष्पक्षता" पर बल देता है। वह यह मानकर चलता है कि समाज में प्रत्येक व्यक्ति को आत्म-विकास के समान अवसर उपलब्ध होने चाहिए। अवसरों के अभाव में किसी भी व्यक्ति की प्रतिभा अथवा योग्यता अविकसित न रह जाए। समता के अधिकार का वर्णन संविधान की पाँच धाराओं में मिलता है।

(क) कानून के समक्ष समता–संविधान के अनुच्छेद 14 में कहा गया है–"राज्य भी व्यक्ति को कानून के समक्ष समता अथवा कानून के समान संरक्षण (Equal protection of the law) से वंचित नहीं करेगा।" उच्चतम न्यायालय के अनुसार मामलों को शीघ्रता से निबटाने के लिए विशेष अदालतों (Special Courts) का गठन किया जा सकता है। इस प्रकार की अदालतों से अनुच्छेद 14 में दिए गए समता के अधिकार का उल्लंघन नहीं होगा। किसी व्यक्ति विशेष के साथ भेदभाव का प्रश्न यहाँ नहीं उठता, क्योंकि सभी मामलों को शीघ्रता से निपटाया जाना जरूरी है।

आइवर जेनिंग्स के अनुसार, "कानून के समक्ष समता का तात्पर्य यह है कि एक जैसे लोगों के साथ एक-सा व्यवहार किया जाए।"

(ख) धर्म, वंश, जाति आदि के आधार पर भेदभाव की मनाही–अनुच्छेद 15 दो बातें स्पष्ट करता है। प्रथम, "राज्य केवल धर्म, वंश, जाति, लिंग व जन्म-स्थान या इनमें से किसी एक आधार पर नागरिकों के साथ भेदभाव नहीं करेगा।" दूसरे, इनमें से किसी भी आधार पर कोई नागरिक दुकानों, भोजनालयों, मनोरंजन की जगहों, तालाबों और कुओं का इस्तेमाल करने से वंचित नहीं किया जा सकेगा। अनुच्छेद 15 में कोई नया अधिकार नहीं दिया गया, वरन् समानता के अधिकार की व्यवस्था की गई है।

(ग) सरकारी नियुक्तियों के लिए अवसरों की समानता—अनुच्छेद 16 यह घोषणा करता है कि सरकारी नियुक्तियों के लिए सभी नागरिकों को बराबर के मौके मिलेंगे। कोई भी नागरिक धर्म, वंश, जाति, जन्म–स्थान या निवास–स्थान के आधार पर सरकारी नियुक्तियों के लिए अयोग्य नहीं ठहराया जाएगा।

नवम्बर 1992 में उच्चतम न्यायालय ने अपने एक ऐतिहासिक फैसले में मोटे तौर पर तीन बातें कहीं : प्रथम, सरकार ने पिछड़ों (Backward Classes) को नौकरियों में 27 प्रतिशत आरक्षण देने का जो फैसला किया है, वह सही है। दूसरे, पिछड़ों में जो वर्ग आर्थिक रूप से अगड़े हैं, उन्हें पिछड़ों की सूची से निकाल देना चाहिए। तीसरे, पदोन्नति के मामले में आरक्षण का लाभ नहीं मिलना चाहिए।

(घ) छुआछूत की समाप्ति—छुआछूत भारत के सामाजिक जीवन की घिनौनी कुप्रथा रही है। इसलिए यह आवश्यक था कि छुआछूत को कानूनन रोका जाए। संविधान के अनुच्छेद 17 में यह कहा गया है, "अस्पृश्यता का अंत किया जाता है और किसी भी रूप में छुआछूत को बरतने की मनाही की जाती है।"

यहाँ यह उल्लेखनीय है कि 1976 में ससंद ने कैद और जुर्माने की व्यवस्था को और कठोर बना दिया। छुआछूत बरतने या उसका प्रचार करने के अपराध में तीसरी बार या उससे अधिक बार दोषी पाए जाने वाले व्यक्तियों को दो साल की सजा और एक हजार रुपये का जुर्माना किया जाएगा। पहली बार किए गए अपराध के लिए कम–से–कम एक महीने की कैद और एक सौ रुपये जुर्माने की व्यवस्था की गई है। कानून में यह भी कहा गया है कि छुआछूत के अंतर्गत दोषी पाया गया व्यक्ति सजा की तारीख से छः वर्ष तक संसद और राज्य विधानमंडल का चुनाव नहीं लड़ सकता।

(ङ) उपाधियों की समाप्ति—अनुच्छेद 18 राज्य पर यह प्रतिबंध लगाता है कि वह उपाधियाँ प्रदान न करे। भारत का कोई भी नागरिक किसी विदेशी राज्य से कोई उपाधि स्वीकार नहीं करेगा। वे व्यक्ति जो भारत के नागरिक नहीं हैं, पर जो किसी सरकारी लाभ या भरोसे के पद (office of profit or trust) पर हैं, राष्ट्रपति की अनुमति के बिना विदेशी राज्य द्वारा दी गई कोई उपाधि या पदवी को स्वीकार नहीं करेंगे। पदवी देने की प्रथा इसलिए समाप्त की गई क्योंकि अंग्रेजी शासन के दौरान 'रायसाहब', 'सर' या 'रायबहादुर' जैसी उपाधियाँ ज्ञान या शिक्षा के आधार पर नहीं, बल्कि इस आधार पर दी जाती थीं कि अंग्रेजी राज्य को किन लोगों ने मदद पहुँचाई। स्वतंत्रता के बाद भारतरत्न, पद्मविभूषण तथा पद्मश्री नामक अलंकार देने की प्रथा शुरू की गई। दिसम्बर 1995 के एक निर्णय के अनुसार इस तरह के सम्मान 'पदवी' (title) के दायरे में नहीं आते। इनके द्वारा लोगों को साहित्य,

कला, संगीत, नृत्य और विज्ञान के क्षेत्रों में श्रेष्ठता प्राप्त करने की प्रेरणा मिलती है। पर उच्चतम न्यायालय ने यह सुझाव अवश्य दिया कि इन सम्मानों के लिए नामों के चयन हेतु कुछ दिशा-निर्देश (guidelines) तैयार किए जाएँ।

(II) स्वतंत्रता का अधिकार (अनुच्छेद 19, 20, 21 और 22)—न्यायमूर्ति पी. एन. भगवती के शब्दों में, "लोकतंत्र का अर्थ मात्र यह नहीं है कि प्रत्येक पाँच वर्ष की अवधि की समाप्ति पर प्रतिनिधियों का चुनाव कर लिया जाए। वास्तव में, इसका तात्पर्य यह है कि सभी स्तरों पर लोकतांत्रिक प्रक्रिया में आम लोगों की भागीदारी हो, लोगों के जीवन पर असर डालने वाले सभी प्रमुख फैसलों से लोग स्वयं जुड़ें।"

इन अधिकारों के बिना लोकतंत्र कारगर तरीके से काम कर ही नहीं सकता।

(क) **छः महत्त्वपूर्ण स्वतंत्रताएँ**—अनुच्छेद 19 द्वारा नागरिकों को 'सात' स्वतंत्रताएँ प्रदान की गई थीं, पर 44वें संशोधन द्वारा उनमें से एक निकाल दी गई। अब जो छः स्वतंत्रताएँ शेष रह गई हैं, वे इस प्रकार हैं—

(i) **भाषण और अभिव्यक्ति की स्वतंत्रता (Freedom of Speech and Expression)**—नागरिकों को भाषण, लेख, रेडियो, टेलीविजन, चलचित्र अथवा अन्य किसी माध्यम से अपने विचारों को प्रकट करने की स्वतंत्रता प्राप्त है। प्रेस यानी समाचार-पत्रों की आजादी भी इसी के अंतर्गत आती है। 44वें संशोधन द्वारा संविधान में एक नया अनुच्छेद 361-A जोड़ दिया गया है जिसके अंतर्गत समाचार-पत्रों को संसद व विधानमंडलों की कार्यवाही प्रकाशित करने की पूर्ण स्वतंत्रता होगी।

(ii) **शांतिपूर्ण ढंग से बिना हथियारों के सभा-सम्मेलन करने की स्वतंत्रता (Freedom to assemble peaceably and without Arms)**—नागरिकों को शांतिपूर्ण ढंग से एकत्र होने की स्वतंत्रता प्राप्त है। वास्तव में सभा-सम्मेलन भी विचारों की ही अभिव्यक्ति का एक साधन है। सुरक्षा और शांति की दृष्टि से इस अधिकार पर भी उचित प्रतिबंध लगाए जा सकते हैं।

(iii) **संस्था या संघ बनाना (Freedom to form Associations and Unions)**—नागरिकों को संस्था व संघ बनाने की स्वतंत्रता दी गई है, बशर्ते कि उनका उद्देश्य सुरक्षा व शांति को खतरा पहुँचाना न हो।

(iv) **देश के भीतर घूमने-फिरने का अधिकार (Right to move freely)**—नागरिकों को देश की सीमाओं के भीतर घूमने-फिरने का अधिकार प्राप्त है, परंतु सार्वजनिक हितों तथा अनुसूचित जनजातियों (scheduled tribes) की रक्षा के लिए राज्य इस अधिकार पर रोक लगा सकता है।

(v) **देश के किसी भाग में निवास करने और बसने की स्वतंत्रता (Right to reside and settle in any part of India)**—नागरिकों को देश के किसी भी

भाग में निवास करने और बस जाने की स्वतंत्रता प्राप्त है, परंतु सार्वजनिक हित और अनुसूचित जनजातियों की रक्षा के लिए इस अधिकार पर भी उचित प्रतिबंध लगाए जा सकते हैं। एम.वी.पायली (M.V. Pylee) के शब्दों में, "अनुसूचित जनजातियाँ एक पृथक् समुदाय हैं जिनकी अपनी सांस्कृतिक और संपत्ति संबंधी कुछ परंपराएँ हैं। ये सीधे-सादे लोग काफी पिछड़े हुए हैं। इन लोगों की सुरक्षा और लाभ के लिए साधारण नागरिकों द्वारा इनके क्षेत्र में बसने अथवा संपत्ति खरीदने पर प्रतिबंध लगाए गए हैं।"

(vi) **कोई-सा व्यवसाय अपनाने या कोई भी धंधा करने का अधिकार (Right to practice any Profession or to carry on any Occupation)**—भारतीय नागरिकों को कारोबार की स्वतंत्रता प्राप्त है। परंतु इस अधिकार पर तीन प्रतिबंध लगाए गए हैं।

प्रथम, सार्वजनिक हितों की रक्षा के लिए कारोबार की स्वतंत्रता को सीमित किया जा सकता है। अभिप्राय यह है कि अनैतिक कारोबार या ऐसे किसी व्यवसाय पर प्रतिबंध लगाए जा सकते हैं।

द्वितीय, किसी भी व्यवसाय या कारोबार के लिए कुछ व्यावसायिक योग्यताएँ निर्धारित की जा सकती हैं। उदाहरण के लिए, वकील या डॉक्टर का पेशा अपनाने के लिए यह जरूरी है कि नागरिक व्यावसायिक योग्यता रखते हों।

तृतीय, राज्य को स्वयं या किसी सरकारी कंपनी द्वारा किसी भी व्यापार या धंधे को अपने हाथों में ले लेने का अधिकार है। उसके इस कार्य का इस आधार पर विरोध नहीं किया जा सकता कि उससे नागरिकों के मौलिक अधिकारों का हनन होता है।

(ख) दोषी ठहराए जाने के बारे में बचाव (Protection in respect to conviction for Offences)—अनुच्छेद 20 नागरिकों को निम्नलिखित आश्वासन देता है—

(i) मौजूदा किसी कानून को भंग करने पर ही किसी व्यक्ति को दंडित किया जा सकता है। किसी व्यक्ति को उससे अधिक दंड नहीं दिया जा सकता है जो उस अपराध के लिए तय किया गया है।

(ii) किसी व्यक्ति पर एक अपराध के लिए एक बार से अधिक न केस चलाया जायेगा, न एक बार से अधिक सजा दी जायेगी।

(iii) किसी भी व्यक्ति को अपने विरुद्ध गवाही देने के लिए मजबूर नहीं किया जाएगा। गवाही देना-इन शब्दों का अर्थ केवल अदालत में गवाही देने तक सीमित नहीं है।

(ग) जीवन की सुरक्षा और निजी स्वतंत्रता (Protection of Life and Personal Liberty)—अनुच्छेद 21 में कहा गया है कि, "कानून द्वारा स्थापित प्रक्रिया को छोड़कर अन्य किसी तरीके से किसी व्यक्ति को जीवन या निजी स्वतंत्रता से वंचित नहीं किया जाएगा।" कई कानून विशेषज्ञों का कहना है कि यदि व्यक्ति के जीवन और उसके आदर्शों या विश्वासों को खतरा पैदा हो जाए तो वह देश छोड़कर भाग जाने का अधिकार रखता है।

अगस्त 1978 में उच्चतम न्यायालय ने अपने एक निर्णय में कहा—"इससे ज्यादा दुख की बात और क्या हो सकती है कि एक गरीब राज–मजदूर से दस हजार रुपयों की जमानत माँगी जाए।" उच्चतम न्यायालय ने अपने एक निर्णय में इस बात पर बल दिया कि गरीब लोगों को निःशुल्क कानूनी सहायता मिलनी चाहिए। जिस आदमी के पास मुकदमा लड़ने के साधन नहीं हैं, उसकी स्वतंत्रता की रक्षा कैसे हो सकती है? विद्वान न्यायाधीश के शब्दों में, "निःशुल्क कानूनी सेवा प्रदान करना राज्य का कर्त्तव्य है; नागरिक को यह सेवा 'अधिकार' के रूप में दी जाए, 'भिक्षा या दान' के रूप में नहीं।"

(घ) बंदीकरण और नजरबंदी के संबंध में बचाव (Protection against Arrest and Detention in certain cases)—अनुच्छेद 22 में तीन अधिकारों का उल्लेख मिलता है—

(i) जिसे बंदी बनाया गया है उसे शीघ्र से शीघ्र बंदी बनाए जाने का कारण बताया जाएगा। 1969 में मधुलिमये को उनकी गिरफ्तारी के बाद कई दिनों तक गिरफ्तारी का कोई स्पष्ट कारण नहीं बताया गया। उच्चतम न्यायालय ने इस मामले को मौलिक अधिकारों का उल्लंघन ठहराया और उनकी बंदी प्रत्यक्षीकरण याचिका स्वीकार कर ली। न्यायालय ने अपने निर्णय में यह कहा कि प्रार्थी को बंधन से मुक्त होने का अधिकार हासिल है।

(ii) बंदी बनाए गए व्यक्ति को अपनी पंसद के वकील से सलाह लेने का अधिकार होगा।

(iii) बंदी बनाए गए व्यक्ति को चौबीस घंटों के भीतर मजिस्ट्रेट के सामने पेश किया जाएगा। मजिस्ट्रेट की आज्ञा के बिना किसी को भी 24 घंटों से अधिक समय के लिए बंदी नहीं रखा जा सकेगा।

(III) शोषण के विरुद्ध अधिकार (अनु. 23–24)—अनुच्छेद 23 के अंतर्गत दासता, स्त्रियों, पुरुषों या बालकों का क्रय–विक्रय, बेगार लेना, औरतों को वेश्या बनाकर बेचना अपराध है।

अनु. 24 के अनुसार चौदह वर्ष से कम उम्र के बच्चों को कारखाने, खानों एवं अन्य जोखिम भरे कामों में नहीं लगाया जा सकता।

(IV) धार्मिक स्वतंत्रता का अधिकार (अनु. 25-28)–अनु. 25 के अनुसार सभी व्यक्तियों को अन्तःकरण की स्वतंत्रता व किसी भी धर्म को स्वीकार करने या प्रचार करने की स्वतंत्रता है।

अनु. 26 के अनुसार व्यक्तियों को धार्मिक संस्थाएँ स्थापित करने का अधिकार है एवं उनके प्रबंध के लिए चल एवं अचल संपत्ति प्राप्त करने एवं उपयोग करने का अधिकार है।

अनु. 27 के अनुसार धर्म से संबंधित आय पर कर अदायगी की छूट दी गई है अर्थात् धार्मिक आधार पर किसी व्यक्ति को कर देने के लिए बाध्य नहीं किया जाएगा।

अनु. 28 के अंतर्गत राज्य द्वारा वित्तीय सहायता से पूरी तरह चलने वाली शिक्षण संस्थानों में धार्मिक शिक्षा नहीं दी जाएगी।

(V) सांस्कृतिक एवं शिक्षा संबंधी अधिकार (अनु. 29-30)–अनु. 29 के अनुसार नागरिकों को अपनी भाषा, लिपि या संस्कृति की रक्षा करने का अधिकार है तथा किसी भी नागरिक को राज्य द्वारा राज्य से सहायता प्राप्त शिक्षण संस्थान में सिर्फ जाति, धर्म, भाषा या इनमें से किसी एक आधार पर प्रवेश देने से इंकार नहीं किया जा सकता।

अनु. 30 के अनुसार सभी अल्पसंख्यकों को अपनी इच्छानुसार शिक्षण संस्थाओं की स्थापना एवं उनका प्रबंध करने का अधिकार है तथा राज्य उन्हें सहायता देने में भेदभाव नहीं करेगा।

(VI) संवैधानिक उपचारों का अधिकार (अनु. 32-35)–संवैधानिक उपचारों के अधिकार द्वारा मौलिक अधिकार के हनन की स्थिति में उनकी रक्षा हेतु न्यायालय की शरण ली जा सकती है। सर्वोच्च न्यायालय और उच्च न्यायालय मौलिक अधिकारों का संरक्षक है और उपयुक्त अधिकार को प्रभावी बनाने के लिए न्यायालय को न्यायिक समीक्षा का अधिकार प्राप्त है। किसी भी अधिकार को क्रियान्वित करने के लिए न्यायालय बंदी-प्रत्यक्षीकरण, परमादेश, प्रतिषेध, उत्प्रेषण एवं अधिकार पृच्छा के अंतर्गत लेख जारी या आदेश निर्गत कर सकता है।

इस प्रकार भारतीय संविधान विस्तृत रूप से मौलिक अधिकारों की व्यवस्था करता है।

प्रश्न 4. मौलिक अधिकारों तथा नीति-निर्देशक तत्त्वों में क्या अंतर है? दोनों के बीच विरोध हो, तो किसे प्राथमिकता मिलेगी?

अथवा

मूल अधिकारों और राज्य के नीति निर्देशक तत्त्वों के बीच भेद समझाइए।

[Dec 2009, Q. 1.]

उत्तर– किसी देश का संविधान उसकी सरकार के लिए सर्वोच्च विविध राजनीतिक आलेख होता है तथा संविधान-निर्माताओं ने निर्देशक सिद्धांतों को महत्त्वपूर्ण स्थान दिया है।

ये सिद्धांत राज्य के लिए निर्देश हैं। यद्यपि इन सिद्धांतों को किसी न्यायालय द्वारा लागू नहीं किया जा सकता, फिर भी कानून बनाते समय इन सिद्धांतों को कार्यान्वित करना राज्य की जिम्मेदारी है। संविधान सभा में डॉ. अम्बेडकर ने निर्देशक सिद्धांतों के महत्त्व के संबंध में कहा था कि "सत्ता में चाहे कोई आए लेकिन वे अपनी इच्छा से सब कुछ करने के लिए स्वतंत्र नहीं होंगे, उन्हें इन निर्देशों को प्रतिष्ठा देनी पड़ेगी। वे उनकी उपेक्षा नहीं कर सकते।" वस्तुतः नीति–निर्देशक सिद्धांत ऐसे मौलिक सिद्धांत के रूप में संविधान में सम्मिलित किए गए हैं, जो कार्यपालिका एवं विधायिका के सभी कार्यवाहियों के लिए आधार प्रस्तुत करता है। इन्हें प्रशासन का मूल सूत्र कहा जा सकता है।

दूसरी ओर संविधान में मौलिक अधिकार संविधान सभा द्वारा प्रत्याभूत किए गए हैं तथा इनकी रक्षा की जिम्मेवारी उच्च न्यायालयों तथा सर्वोच्च न्यायालय पर है। संविधान में मौलिक अधिकार और नीति–निर्देशक सिद्धांतों के परस्पर संबंधों का उनकी प्रकृति के संदर्भ में विश्लेषण करने से यह स्पष्ट हो जाता है कि संविधान निर्माता एक ऐसे भारत की कल्पना करना चाहते थे, जो सर्वसाधारण के कल्याण को विशेष प्राथमिकता दे सके। इसलिए मौलिक अधिकार और नीति–निर्देशक सिद्धांतों में समन्वय स्थापित करते हुए आर्थिक विषमता समाप्त करने का प्रयास किया गया।

इसके बावजूद मौलिक आधिकार नकारात्मक हैं, जबकि निर्देशक सिद्धांत सकारात्मक हैं। मौलिक अधिकारों की प्रकृति इस रूप में नकारात्मक है कि ये राज्य के किन्हीं कार्यों पर प्रतिबंध लगाते हैं। इसके विपरीत नीति–निर्देशक सिद्धांत राज्य को किन्हीं निश्चित कार्यों को करने का निर्देश देते हैं।

इस प्रकार मौलिक अधिकारों के द्वारा राजनीतिक लोकतंत्र की स्थापना की गई, लेकिन नीति–निर्देशक सिद्धांतों द्वारा आर्थिक लोकतंत्र की स्थापना होती है।

मौलिक अधिकारों का वैधानिक महत्त्व है, जबकि नीति निर्देशक सिद्धांत नैतिक आदेश हैं।

मौलिक अधिकारों को (अनु. 21 को छोड़कर) आपात्काल में स्थगित करने का प्रावधान है, लेकिन नीति–निर्देशक सिद्धांतों को स्थगित नहीं किया जा सकता। वैसे नीति निर्देशक तत्त्वों का जब तक क्रियान्वयन नहीं होता, तब तक वे स्थायी रूप से स्थगन की अवस्था में ही बने रहते हैं।

मौलिक अधिकार सार्वभौम (Absolute) नहीं हैं, उन पर कुछ प्रतिबंध हैं जबकि निर्देशक सिद्धांतों पर कोई प्रतिबंध नहीं है।

श्री वी.एन. राव ने संविधान निर्माण के समय ही स्पष्ट रूप से कहा था कि संघर्ष की स्थिति में मौलिक अधिकारों की अपेक्षा निर्देशक सिद्धांतों को प्रमुखता दी जानी चाहिए, अन्यथा जनहितकारी व्यवस्थापन संभव नहीं होगा। इसी प्रकार पंडित जवाहरलाल नेहरू ने चतुर्थ संविधान अधिनियम पारित करते हुए कहा था कि जहाँ मौलिक अधिकार एवं निर्देशक

सिद्धांत में परस्पर विरोध हो, वहाँ निर्देशक सिद्धांतों को वरीयता दी जानी चाहिए। अब तक के अनुभव एवं सर्वोच्च न्यायालय के निर्णय से यह स्पष्ट होता है कि मौलिक अधिकार और नीति-निर्देशक सिद्धांत एक-दूसरे के पूरक हैं। इन दोनों के बीच संघर्ष नहीं हो सकता, क्योंकि सिद्धांततः एक ही संविधान के दो भागों में असंगति नहीं हो सकती। इनका प्रयत्न व्यक्तिगत अधिकार और सामाजिक कल्याण में समन्वय स्थापित करना है।

4

विविधता और बहुवाद

प्रश्न 1. भारत में चरण 1947–67 के दौरान राजनीतिक लोकतंत्र और आर्थिक विकास के उद्भव को संक्षिप्त में स्पष्ट कीजिए।

अथवा

1947 और 1967 के दौरान भारत में लोकतंत्र और विकास के बीच संबंध की चर्चा कीजिए। [June 2008, Q. 1.]

उत्तर– भारत में राजनीतिक लोकतंत्र और आर्थिक विकास में जब स्वतंत्रता प्राप्ति के बाद विकास की आवश्यकता के संदर्भ में राष्ट्रीय नेतृत्व ने संसदीय लोकतांत्रिक शासन व्यवस्था की स्थापना को उचित समझा, जब आजादी के प्रथम वर्ष में आर्थिक विकास की रणनीति को सामंजस्य का रूप दिया था। नेहरू का भारत में दीर्घकालिक परिप्रेक्ष्य था। कांग्रेस ने 1944 की बम्बई योजना तथा 1948 में नई औद्योगिक नीति संकल्प के रूप में प्रभावी तौर पर रोजगार समाजवाद के अनुष्ठान–निर्देश के तहत गरीब जनता को समायोजित किया।

लोकतंत्र भारत में न तो निरपेक्षवाद राज्य की प्रतिक्रिया में और न ही समाज की व्यष्टिगत धारणा की यथार्थता के रूप में प्रस्तुत हुआ। इसने पूँजीवादी उद्योगीकरण और विकास का अनुसरण भी नहीं किया। इस प्रकार विश्व के प्रगतिशील पूँजीवादी उदारवादी समाजों में अनुभव का विरोधाभास था। उपनिवेश विरोधी संघर्ष व्यष्टिगत स्वतंत्रता की बजाए राष्ट्र हेतु स्वायत्त स्थान की माँग पर अधिक आधारित था।

राष्ट्रवादी नेतृत्व ने अपने सभी नागरिकों के लिए न्याय, आजादी, समानता और भाईचारा सुनिश्चित करने के लिए विशेषाधिकार वाले लोकतांत्रिक गणतंत्र को मूर्तरूप दिया था। इस प्रकार सार्वजनिक मताधिकार उस वर्चस्व प्राप्त समतावादी समाज में एक ही बार में स्वीकृत कर दिया गया था जहाँ लोकतांत्रिक जागृति नहीं थी।

राज्य को राजनीतिक लोकतंत्र और आर्थिक लोकतंत्र के बीच एक मध्यस्थ की महत्त्वपूर्ण भूमिका अदा करनी थी इस प्रकार यदि बाजार के तर्क का तात्पर्य जनता के एक महत्त्वपूर्ण अनुपात, विशेषतया गरीब वर्ग के बहिष्कार से था तब राज्य के लिए इस प्रकार के लोगों को आर्थिक दायरे में लाना सुनिश्चित करना आवश्यक था।

चूँकि विगत उपनिवेशवादियों और वर्तमान राष्ट्रवादियों ने आर्थिक विकास की रणनीति को आकृति प्रदान की थी, विकास से संतुष्ट न होने की स्थिति में अधिक स्वायत्त विकास को प्राप्त करने के लिए विश्व आर्थिक व्यवस्था के साथ खुलेपन और एकीकृत होने की अवस्था

को सीमित करने के लिए सजग प्रयास किए गए थे। यह खुले बाजार और अनियमित बाजार की छाप वाले उपनिवेशी युग से प्रस्थान था जो महानगरीय पूँजी का पक्षधर था।

उद्योगीकृत विश्व के बराबर आना और लोगों के जीवन स्तर में सुधार करना इसका उद्देश्य था। उसी समय यह भी कल्पना की गई थी कि कृषि अपचायक (diminishing) प्रतिफल के अध्यधीन थी अतः उद्योगीकरण को प्राथमिकता दी जानी चाहिए जिससे अधिकाधिक प्रतिफल और रोजगार के अवसर प्राप्त हो सकें।

इस प्रकार मुख्य निवेश थे : सार्वजनिक निवेश की अग्रणी भूमिका, आयात प्रतिस्थापन पर आधारित उद्योगीकरण, पूँजीगत वस्तु क्षेत्र पर जोर देना, निजी क्षेत्र में निवेश के मार्ग निर्देशन के लिए औद्योगिक लाइसेंस देना, कृषि की सापेक्ष अनदेखी करना, परंपरागत लघु और कुटीर उद्योगों के स्थान पर भारी उद्योगों पर अधिक जोर देना।

राष्ट्रवाद और विकास के मूल सिद्धांतों के आधार पर उपनिवेश विरोधी संघर्ष का नेतृत्व करने वाली इसकी गाथा के कारण, कांग्रेस और आज के शासन प्रधान दल के बीच एक राजनीतिक सामंजस्य था : उद्योगीकरण का तात्पर्य विकास से था और राष्ट्रीय हित लोगों के हित के साथ तालमेल में था। पुनर्वितरण को नीति के रूप में प्रोत्साहित नहीं किया गया था क्योंकि पुनर्वितरण गरीबी का एकमात्र ऐसा रूप था जिससे बचतों को हानि पहुँचती। विदेशी पूँजीवादी और जमींदारों को विकास की राजनीतिक अर्थव्यवस्था से अलग कर दिया गया था। भूमि सुधारों को लागू नहीं किया जा सका क्योंकि स्थानीय विद्यमान राजनीतिज्ञ की लाठी के साथ गठजोड़ में निम्न स्तरीय नौकरशाही ने इस पर कार्रवाई की थी।

1950–1964 में विनिर्माण उद्योग में गति आई उसके बाद 1970 के दशक तक यह गति धीमी पड़ गई और पुनः राज्य व्यय के विस्तार से नए सिरे से उद्योगों की बाढ़ आई। दूसरे, औद्योगिक उत्पादन ने महत्त्वपूर्ण विविधता को जन्म दिया क्योंकि पूँजीगत समान क्षेत्रों में अन्य शिशु उद्योगों का प्रादुर्भाव हुआ जिससे उत्पादन के स्तर की कुछ प्राप्ति हुई। आरंभ में मात्र कपड़ा, चीनी और जूट वस्त्र उद्योग अस्तित्व में था। तीसरे, खाद्य उत्पादन में घरेलू स्वयं संतुष्टि प्राप्त हुई थी यद्यपि खाद्य खपत कम थी। इस तथ्य को ध्यान में रखते हुए यह एक प्रमुख उपलब्धि थी कि 1964–66 में अपेक्षित खाद्यान्न का 12 प्रतिशत आयात किया गया था।

विकास–नियोजन प्रतिदर्श की प्रमुख समालोचना भूमि सुधारों की विफलता और उद्योग अर्थव्यवस्था में उच्च लागत में वृद्धि के संदर्भ में थी। निर्यात अनुमति पर आधारित आयात प्रतिस्थापना की रणनीति पर भी प्रश्न चिन्ह लग गया। तदोपरान्त एक जटिल और व्यर्थ व्यवस्था उभरकर सामने आई जिसमें संस्थागत तरीके से भ्रष्टाचार अंतर्ग्रस्त था। इसके घटनाक्रम में सफलता के बावजूद हरित क्रांति की भी ऊर्जा प्रबलित की गई, न कि श्रम प्रबलित होने के कारण समालोचना की गई। तत्पश्चात् सूखी भूमि पर खेती को नजरअंदाज कर दिया गया। आर्थिक शब्दों में शहरी–ग्रामीण (इंडिया बनाम भारत) विभाजन बड़े पैमाने पर सरकारी खर्चे के बावजूद अंकित हुआ।

वर्ग संदर्भ में, स्वामित्व वर्गों नामतः औद्योगिक पूँजीवादी वर्ग, भूमि के स्वामित्व वाला वर्ग और नौकरशाही वर्ग से मिलकर बने एक 'प्रमुख गठबंधन' ने जैसा कि अन्य के साथ प्रणव पर्द्दन और सुर्दीप्ता कविराज ने तर्क दिया था, समाजवाद के तहत 'विकास' नीतियों से सर्वाधिक लाभ उठाया गया जैसे अमीर किसानों और औद्योगिक पूँजीवादी वर्ग दोनों को आर्थिक सहायता की मंजूरी। बीमार औद्योगिक इकाइयों के लिए सरकारें अस्पताल बन गई क्योंकि कामगार वर्ग को सहायता पहुँचाने के नाम पर राष्ट्रीयकरण आरंभ हुआ। लोक क्षेत्रों में 'बौद्धिक पूँजी' वाले पेशेवर लोगों ने संस्थागत भ्रष्टाचार से लाभ उठाया क्योंकि राज्य ने आर्थिक रणक्षेत्र में नियामक भूमिका अदा की। तथापि, सभी प्रकार की सादगी में भारतीय राज्य की तरफ से राजनीतिक प्रक्रिया वाली अनिवार्यताओं के साथ आर्थिक नीतियों का समाधान करने के लिए हमेशा एक सजग प्रयास रहा ताकि अर्थशास्त्र और राजनीति की अंतर्क्रिया में संघर्ष को न्यूनतम रखा जा सके।

औद्योगिक पूँजीवाद के लिए आहवान हमेशा राजनीतिक लोकतंत्र की पूर्णरूपेण लयबंदी से जुड़ा रहा।

समाजवादी संदर्भ में, युद्ध के बाद पश्चिमी उदारवादी आधुनिकीकरण/राजनीतिक विकास सिद्धांत के अत्यधिक प्रभाव में यह सोचा गया था कि आधुनिकीकरण से भाषाई विषमताएँ कम होंगी। धर्मनिरपेक्षता धार्मिक पहचानों के साथ समाप्त हो जाएगी तथा स्वीकारात्मक कार्रवाई से जाति निस्तेज हो जाएगी। कुल मिलाकर, कल्याणकारी नीतियों ने भी राष्ट्र निर्माण के एकरूप एजेंडा में योगदान किया था। इस प्रकार, भारत में, सामाजिक लोकतंत्र का आदर्श तथा गैर–पूँजीवादी विकास पथ के साथ–साथ कल्याणकारी राज्य निष्पाद्य प्रतीत हुआ।

प्रश्न 2. निम्नलिखित पर संक्षिप्त टिप्पणी प्रस्तुत कीजिए:

(क) अच्छे शासन के रूप में लोकतंत्र

उत्तर– अच्छे शासन के रूप में लोकतंत्र के आदर्श सभी देशों–कालों में आज उचित हैं, यद्यपि पूर्ण रूप से विकसित राष्ट्र या पूर्ण रूप से विकसित लोकतंत्र अमूर्त कल्पनाएँ मात्र हैं। विश्व में यदि लोकतंत्र के इतिहास पर नजर डालते हैं, तो पता चलता है कि यूनानी नगर–राज्यों के लोकतंत्र में दास प्रथा की मान्यता थी। ब्रिटेन का संसदीय लोकतंत्र उन्नीसवीं सदी के मध्य मध्यमवर्गीय उपसमाज के मूल्यों पर आधारित था, मताधिकार सीमित थे।

अतः संकल्पना के स्तर पर लोकतंत्र आदर्श है, पर आदर्श लोकतंत्र का इतिहास में कहीं अस्तित्व नहीं रहा, उसका आज भी कहीं अस्तित्व नहीं है। अधिक से अधिक यह कहा जा सकता है कि लोकतंत्र के आदर्श के नजदीक पहुँचने के प्रयास किए जा रहे हैं, लोकतंत्र का निरंतर विकास हो रहा है। वह दिन–प्रतिदिन आदर्श के निकट पहुँचने और पूर्णता पाने को प्रयत्नशील है। वह अभी तक वहाँ नहीं पहुँचा, लेकिन उसकी यात्रा अविराम चल रही है और धीरे–धीरे उस दिशा में कदम बढ़ रहा है।

(ख) उपनिवेश काल के बाद के समाज में लोकतंत्र और विकास

उत्तर– उपनिवेश काल के अंत के बाद समाज में लोकतंत्र का विकास अधिकतर राष्ट्रों में उपनिवेशवाद की समाप्ति के पश्चात् उदार लोकतंत्रीय शासन स्थापित हो गया। मानव की प्रतिष्ठा का विचार, स्वतंत्रता की अवधारणा तथा सामाजिक दृष्टि से अनेक सुधारों को कार्य रूप दिया गया है। इस संदर्भ में भारत का अनुभव एक उदाहरण के रूप में प्रस्तुत किया जा सकता है और कहा जा सकता है कि स्वतंत्रता प्राप्ति के बाद भारत ने न केवल उदारवादी पूँजीवादी मॉडल को अस्वीकार किया, वरन् मार्क्सवादी प्रतिमान को भी भारतीय प्रतिस्थिति के प्रतिकूल समझा गया। समाजवादी ढाँचे की स्थापना, व्यक्ति के अधिकारों की रक्षा एवं स्वतंत्रताओं की रक्षा की व्यवस्था, राज्य की विशेष भूमिका, लोकतंत्र में अटूट विश्वास, मिली–जुली अर्थव्यवस्था का अस्तित्व आदि अनेक बातें यह संकेत देती हैं कि उपनिवेश काल के बाद के समाजों में लोकतंत्र और विकास का भारत एक अलग मॉडल प्रस्तुत करता है।

प्रश्न 3. लोकतंत्र और विकास पर नोट लिखिए।

उत्तर– लोकतंत्र एक सजीव संकल्पना है, कोई जड़ गतिहीन विचार नहीं है। भूमंडलीकरण के वर्तमान युग की बाजार अर्थव्यवस्था और राजनीतिक लोकतंत्र के उत्थान से विशिष्ट पहचान होती है। इसे सम्प्रदायवाद/समाजवाद की समाप्ति के संदर्भ में समझाया जा सकता है कि जिसने बाजार अर्थव्यवस्थाओं में राज्य के अत्यधिक अथवा अनुचित हस्तक्षेप के रूप में विकास नियोजन पर आधारित अर्थव्यवस्थाओं को प्रेरित किया।

सामाजिक विज्ञान में आर्थिक–विकास और राजनीतिक लोकतंत्र दोनों प्रकरणों पर फैलाव और गहनता दोनों के संदर्भ में (प्रचुर मात्रा में साहित्य) उपलब्ध है। दुर्भाग्यवश वे राजनीति और अर्थशास्त्र के दो विभिन्न विश्वों में बँटा हुआ है जिनकी आपसी अंतर्क्रिया के बहुत रूप हैं।

राजनीतिक अर्थव्यवस्था के सिद्धांतवादी जैसे दीपक नय्यर ने इस तथ्य की ओर ध्यान आकर्षित किया है कि बाजारिक अर्थव्यवस्था और लोकतंत्र की राजनीति के बीच हमेशा ही एक सहज तनाव बना रहता है।

बाजार वस्तुतः अल्पसंख्यकों की निरंकुशता है। अब बाजार में लोग अपने पैसे से मत डालते हैं जबकि राजनीतिक लोकतंत्र में प्रत्येक का मत बराबर होता है।

लोकतंत्र और बाजार का संयोजन जनसमुदाय के आर्थिक विकास के लिए आवश्यक है।

बाजार उपभोक्ताओं के रूप में उन लोगों के बहिष्कार के लिए प्रवृत्त रहते हैं जिनके पास कोई आय अथवा पर्याप्त आय (अमर्त्यसेन के अनुसार) नहीं है। बाजार उत्पादकों और विक्रेताओं के रूप में उन लोगों का भी बहिष्कार करते हैं जिनके पास न तो परिसंपत्तियाँ हैं और न ही बाजार में मूल्य और माँग को नियंत्रित करने के लिए क्षमताएँ (प्राकृतिक प्रतिभा, अध्यापन से प्राप्त दक्षता, अनुभव से प्राप्त शिक्षा शैक्षणिक योग्यता) हैं और बाजार उस समय

उपभोक्ताओं और उत्पादकों दोनों का बहिष्कार करते हैं यदि वे बाजार व्यवस्था अर्थात् प्रजातीय समुदायों अथवा जंगली लोगों के मूल्यों को स्वीकार नहीं करते हैं अथवा उनके अनुरूप कार्य नहीं करते हैं।

यद्यपि बाजार अर्थव्यवस्थाओं और समाजों के बीच आर्थिक गुटबंदी अनिवार्य है, जो उन तरीकों के माध्यम से, जो कुछ को शामिल करते हैं तथा अन्य का बहिष्कार, आर्थिक विकास के लाभों के वितरण में कुछ को योजनाबद्ध तरीके से एकीकृत करते हैं तथा अन्य को सीमांतक कर देते हैं। ऐसी स्थिति में संस्थागत प्रबंधन, जो एक तरफ आर्थिक विकास तथा दूसरी तरफ सामाजिक विकास के बीच मध्यस्थता करते हैं निर्णायक हो जाते हैं।

प्रश्न 4. लोकतंत्र की सफलता की शर्तों पर संक्षिप्त नोट लिखिए।

उत्तर— लोकतंत्र एक लोकप्रिय शासन प्रणाली है, लेकिन बहुत सारे देशों में लोकतंत्र को पराजय का मुँह देखना पड़ा है। मिस्र, ईरान, इराक, पाकिस्तान इत्यादि विशेषकर अधिकांश विकासशील देशों (Afro-Asian-Latin countries) में लोकतंत्र की असफलता ने यह स्पष्ट कर दिया है कि अन्य व्यवस्थाओं के समान लोकतंत्र की सफलता के लिए कुछ शर्तें हैं। उन शर्तों एवं उन परिस्थितियों के अभाव में लोकतंत्र की सफलता संदिग्ध है। लोकतंत्र की सफलता के लिए आवश्यक शर्तों को निम्न रूप में देखा जा सकता है—

1. **जनता की जागरूकता**—लोकतंत्र की सफलता के लिए आवश्यक शर्त है, जनता की जागरूकता अर्थात् जनता को अपने अधिकार–कर्त्तव्य का ज्ञान होना चाहिए तथा उसकी रक्षा के लिए हमेशा जागरूक रहना चाहिए। कहा गया है कि "Vigilance is the price of democracy" अर्थात् जागरूकता प्रजातंत्र की कीमत है।

2. **शिक्षा का प्रसार**—लोकतंत्र की सफलता के लिए अनिवार्य तत्त्व शिक्षा का प्रसार है। वस्तुतः शिक्षित जनता ही अपने अधिकार एवं कर्त्तव्य को समझती है, मतदान की कीमत समझ सकती है तथा प्रशासनिक कार्यों का मूल्यांकन कर सकती है, जो लोकतंत्र का अनिवार्य तत्त्व है।

3. **लोकतंत्र में जनता की आस्था**—लोकतंत्र की बुनियाद जनता की आस्था है। यदि जनता में प्रजातांत्रिक भावना न हो तथा जनता में प्रजातांत्रिक मान्यताओं में विश्वास न हो, तो लोकतंत्र नहीं चल सकता है। इस प्रकार किसी देश में लोकतंत्र की सफलता के लिए आवश्यक है कि उस देश की जनता लोकतांत्रिक शासन में आस्था रखे।

4. **राजनीतिक दल**—लोकतंत्र की सफलता राजनीतिक दलों की क्रियाशीलता पर निर्भर करती है। लोकतंत्र के लिए राजनीतिक दल जीवनदायी रक्त के समान है। इसलिए कहा भी गया है—"Party system is the life-blood of democracy".

5. **जनता का आदर्श नैतिक चरित्र**—लोकतंत्र तभी सफल हो सकता है जब जनता में सच्चाई, ईमानदारी, उत्तरदायित्व की भावना, सार्वजनिक कार्यों के प्रति दिलचस्पी तथा उच्च नैतिक चरित्र हो।
6. **स्वस्थ एवं सच्चा लोकमत**—स्वस्थ एवं सचेत जनमत प्रजातंत्र के आधार ही नहीं, पथ-प्रदर्शक हैं इसलिए सचेत एवं तेज जनमत प्रजातंत्र लोकतंत्र की आवश्यकता है।
7. **सामाजिक तथा आर्थिक समानता**—लोकतंत्र की सफलता के लिए आवश्यक है कि समाज में उच्च निम्न, छुआछूत इत्यादि का भेदभाव न हो। समाज में अत्यधिक असमानता लोकतंत्र को विफल कर देती है। इसी तरह समाज में आर्थिक कलह एवं सांप्रदायिक दंगे लोकतंत्र के दुश्मन हैं।
8. **स्थानीय स्वशासन का विकास**—लॉर्ड ब्राइस ने लिखा है कि "लोकतंत्र की सफलता का सर्वश्रेष्ठ शिक्षणालय और लोकतंत्र की सफलता की सबसे बड़ी गारंटी स्थानीय स्वशासन का चलन है। स्थानीय स्वशासन लोगों को राजनीतिक प्रशिक्षण प्रदान करती हैं।"
9. **स्वतंत्र न्यायपालिका**—लोकतंत्र की रक्षा एवं इसके सफल संचालन के लिए किसी देश में स्वतंत्र एवं निष्पक्ष न्यायपालिका का होना अति आवश्यक है, क्योंकि व्यवस्थापिका एवं कार्यपालिका की निरंकुशता से जनता की रक्षा न्यायपालिका ही करती है।

इसके अतिरिक्त सहिष्णुता, राष्ट्रीय एकता की भावना, आदर्श नागरिक आदि महत्त्वपूर्ण हैं जिनके माध्यम से लोकतंत्र सफल हो सका।

5

असमानता : जाति और वर्ग

प्रश्न 1. वर्ग असमानताओं की प्रकृति और उसके भारतीय लोकतंत्र पर पड़ने वाले प्रभाव को स्पष्ट कीजिए। **[Dec 2008, Q. 3.][Dec 2010, Q. 2.]**

उत्तर– भारत में वर्ग असमानता का स्वरूप वर्ग समाज स्तरीय में बाँटने से पहचान होती है। मार्क्सवादी के शब्दों में वर्ग उत्पादन के साधन तक अपनी अंतर आश्रयी पहुँच द्वारा परिभाषित होते हैं। किसी भी समाज में सामाजिक वर्गों का निर्धारण उसकी उत्पादन व्यवस्था के आधार पर किया जाता है तथा वर्ग समाज की पहचान समाज के क्षैतिज विभाजन से होती है। नई उत्पादन व्यवस्था, नए उत्पादन संबंधी एवं नए सामाजिक आर्थिक वर्गों को जन्म देती है। सामाजिक वर्गों की वास्तविक संरचना एक समाज से दूसरे समाज में बदलती रहती है। भारतीय कृषि, उद्योग, व्यापार, ग्रामीण व्यवस्था शहरी व्यवस्था और यहाँ की राजनीतिक एवं सांस्कृतिक व्यवस्था पर अंग्रेजी शासन के प्रभाव के कारण कुछ पुराने वर्ग नष्ट हुए (जैसे हस्तशिल्पी वर्ग) तथा कुछ नए वर्ग उत्पन्न हुए यथा–सूदखोर वर्ग, पूँजीपति वर्ग, बुद्धिजीवी वर्ग, मध्यम वर्ग तथा मजदूर वर्ग।

शहरी क्षेत्र में वाणिज्यिक, औद्योगिक अथवा वित्तीय पूँजी के आधार पर सुस्पष्ट वर्गीकरण भारत के मामले में संभव नहीं है। फिर भी यह कहा जा सकता है कि भारत में अंग्रेजी शासन ब्रिटेन के पूँजीपति वर्ग का शासन था। इसलिए एक उन्नत पूँजीवादी व्यवस्था के सीधे संपर्क में आने के कारण भारत में पूँजीपति वर्ग का जन्म हुआ। इसमें सूदखोर, व्यापारी तथा उद्योगपति शामिल किए जा सकते हैं। यद्यपि भारत में ब्रिटिश शासन के पूर्व भी व्यापारी वर्ग था, किंतु उन्हें आधुनिक अर्थों में पूँजीपति नहीं कहा जा सकता था। ब्रिटिश शासन के दौरान कृषि का वाणिज्यीकरण हुआ, कृषि में पूँजीवादी संबंध स्थापित हुए। भारत से कच्चा माल खींचने और ब्रिटेन के तैयार माल भारत की विशाल मंडी में धकेलने के लिए अनेक उपाय किए गए। उन क्षेत्रों में गतिशीलता प्रदान की, जहाँ पर कच्चे माल की लागत कम थी यथा–कपड़ा, वस्त्र, चीनी, चमड़ा, तम्बाकू, इस्पात और सीमेंट आदि। मारवाड़ी, गुजराती इत्यादि व्यापारियों के कुछ समूहों ने यूरोपीय व्यापारी कंपनी के साथ सहयोग करके लाभ कमाया और अपने संसाधनों को विनिर्माण क्षेत्र में लगाया। यद्यपि 1914 तक अधिकतर पूँजी यातायात, चाय बागान इत्यादि व्यापार बढ़ाने वाले कामों में लगी थी लेकिन 1914 के बाद बहुत–सी इंडिया लिमिटेड कंपनी खुलीं उन्होंने माचिस, सिगरेट, जूते, साबुन इत्यादि

उद्योग स्थापित किए। आज वे दैनिक जीवन में काम आने वाली प्रत्येक उपभोक्ता वस्तु का उत्पादन कर रहे हैं। उनकी असीमित पूँजी का अंदाजा लगाना कठिन कार्य है।

अंग्रेजों के आगमन से पूर्व भारत में आत्मनिर्भर ग्राम समुदाय था। सारे गाँव की जमीन पर सारे गाँव का मालिकाना हक होता था। जमींदार वर्ग नहीं था और न भूमि पर निजी मालिकाना हक ही था लेकिन अंग्रेजों ने भारतीय आत्मनिर्भर ग्राम समुदाय को नष्ट कर जमीन का मालिकाना हक पूरे गाँव से छीनकर पूँजीवादी आधार पर सारे गाँव का मालिकाना अधिकार जमींदारों के हाथों में स्थापित कर दिया। इस प्रकार जमींदार वर्ग को उत्पन्न करने में अंग्रेजों के दो मुख्य उद्देश्य थे। प्रथम आसानी से लगान वसूल करना तथा दूसरा एक भरोसेमंद राजभक्त खड़े करना, जिसका जनता पर पूरा नियंत्रण हो। आजादी के बाद अंग्रेजों द्वारा पेश किए गए इन जमींदार वर्ग को भूमि सुधार कानून के द्वारा खत्म करने की कोशिश की गई लेकिन भूमि सुधारों के बावजूद आज भी यह वर्ग आर्थिक संपन्नता के कारण मजबूत स्थिति में है।

कृषक समुदाय ब्रिटिश उपनिवेशवाद का संभवतः मुख्य शिकार था। वह जल्द ही भूस्वामी और महाजन के चंगुल में फँस गया। किसान ने पाया कि न तो वह अपनी जमीन का मालिक है, न पैदा की गई फसल का और न अपनी श्रम शक्ति का। इससे ऋणग्रस्तता ने जन्म लिया, जिससे किसान न केवल जमीन से बेदखल हुआ, अपितु कर्ज चुकाने के लिए उन्हें बेदखल किया जाता था और बेगारी भी करनी पड़ती थी। यही वजह है कि समय-समय पर किसान विद्रोह हुए। स्वतंत्रता के बाद भूमि-सुधार कानूनों के बावजूद समृद्ध किसान द्वारा समुचित न्याय नहीं किया जा रहा है आज भी संगठन की कमी के फलस्वरूप न केवल उनकी हालत पिछड़ी हुई है, वरन् उनमें पिछड़ी हुई परंपराएँ भी कायम हैं।

जो राजनीतिक संस्थाएँ भारत को ब्रिटेन से विरासत में मिलीं, उनमें सिविल सेवाएँ सबसे अधिक महत्त्वपूर्ण थीं। आज भी भारत में नौकरशाही प्रबंधन महत्त्वपूर्ण वर्ग है। भारत ने तीव्र सामाजिक परिवर्तन का मार्ग अपनाया है तथा नियोजन एवं आर्थिक संरक्षण व विकास कार्य के सक्रिय अभिकर्त्ता होने के फलस्वरूप नौकरशाही का विस्तार हुआ है और अपेक्षित परिवर्तन लाने के लिए एक यंत्र के रूप में नौकरशाही के अतिरिक्त अन्य कोई विकल्प नहीं है।

इन वर्गों के अतिरिक्त भी भारत में लोकतंत्र व शिक्षा के विकास के परिणामस्वरूप अनेक व्यावसायिक विशेषज्ञ वर्ग हैं, जो संबंधित क्षेत्र में अपना महत्त्वपूर्ण स्थान रखते हैं।

इस प्रकार भारत में वर्ग-असमानता का स्वरूप दिखाई पड़ता है, लेकिन भारतीय संविधान समानता स्थापित करने के लिए क्रियाशील है।

एक लोकतांत्रिक व्यवस्था में जब सामाजिक असमानताएँ विद्यमान रहती हैं, तो समाज के अभावग्रस्त वर्ग विकास एवं सहभागिता कैसे प्राप्त करते हैं, के संबंध में **श्री रजनी कोठारी** प्रक्रिया को तीन चरणों में बाँटते हैं–

(1) शक्ति एवं प्रभाव की प्रतिस्पर्धा ऊँची जातियों तक सीमित रही, राजनीतिक और प्रशासकीय सत्ता का लाभ उन्हीं वर्गों और सीमित समुदाय को मिल सका, जिन्होंने

असमानता : जाति और वर्ग   31

नए शैक्षणिक अवसरों को अपनाया तथा जो विद्या में कुशल और वाक्पटु सिद्ध हुए वे व्यक्ति समाज के उच्चतर जातियों में से एक थे। इन जातियों ने अधिकार और पद प्राप्त करने के लिए अपना संगठन बनाया, जिससे दो ऊँची जातियों में प्रतिस्पर्धा एवं प्रतिद्वंद्विता बढ़ने लगी। जाति संरचना ने जाति राजनीति के चलते द्विपक्षीय संरचना का रूप धारण कर लिया।

(2) जब पद और लाभ के आकांक्षियों की संख्या बढ़ जाती है और भिन्न जातियों में स्पर्धा के साथ-साथ जाति के अंदर भी प्रतिस्पर्धी गुट बनते हैं, समाज की प्रमुख जातियों के बीच प्रतियोगिता प्रारंभ होती है। प्रतिद्वंद्वी गुट के पीछे गुट बन जाते हैं। इन गुटों में विभिन्न जातियों के लोग रहते हैं। अपना गुट मजबूत करने के लिए उन जातियों की भी सहायता ली जाती है, जो अब तक दायरे से बाहर थीं। चुनाव में समर्थन प्राप्त करने के लिए छोटी जाति के प्रमुख लोगों को छोटे राजनीतिक पद और लाभ का कुछ हिस्सा देकर अपना गुट मजबूत किया जाता है।

(3) राजनीति का आधार काफी व्यापक हो गया और जाति के अलावा भी इसमें कई महत्त्वपूर्ण तत्त्व आ गए। इस चरण में प्रतिष्ठित जातियों में फूट और गुटबंदी बढ़ती गई और इन गुटों के मुखिया ने दूसरी जाति के लोगों से मेल-जोल और गठबंधन बढ़ाया। इससे जाति व्यवस्था में काफी बिखराव आया, वहीं दूसरी ओर शिक्षा, नए शिल्प एवं शहरीकरण के कारण समाज में काफी परिवर्तन आया। भौतिक उन्नति की नई धारणाओं की ओर लोग बढ़े। भारत में मताधिकार के विस्तार के बाद प्रत्येक सामाजिक समूह व उपसमूह विकास प्रक्रिया में भाग लेने के लिए गतिशील हुआ तथा राज्य नौकरशाही में जगह बनाने के लिए गतिशील हैं लेकिन गतिशीलता एवं राजनीतिक आधुनिकीकरण में कोई संबंध नहीं है। जातियों में आपसी प्रतिद्वंद्विता एवं गुटबंदी रहती है। प्रत्येक जाति, प्रतिष्ठा और सत्ता की प्राप्ति के लिए संघर्षरत है तथा देश के अधिकांश नेता उसी क्षेत्र से चुनाव लड़ना चाहते हैं, जहाँ उनकी जाति का बाहुल्य है।

एंड्रू बेटेली के मतानुसार उपनिवेशवाद के उत्तरवर्ती भारतीय समाज में आधुनिक सेवा के व्यावसायीकरण व विशिष्टीकरण ने औपचारिक शिक्षा, तकनीकी कुशलता एवं प्रशिक्षण की भूमिका में वृद्धि की है। परिवार जाति, नहीं विशेषकर शहरी क्षेत्रों में असमानता के सामाजिक रूप में पुनः प्रतिष्ठापन में निर्णायक भूमिका निभा रहे हैं, लेकिन पेशेवर क्रियाकलापों की नौकरशाही में वृद्धि से सामाजिक गतिशीलता एवं अवसरों व प्रस्थितियों और सत्ता का असमान वितरण सामाजिक एवं राजनीतिक पद का निर्धारण करते हैं।

राजनीतिक विशेषाधिकार कई गैर-चयनित संस्थाओं, असैनिक नौकरशाही और विशेषकर पुलिस के गहरे रंग में रंगे होते हैं। वे स्वामित्व वाले वर्गों और ऊँची जातियों के हितों का प्रतिनिधित्व करते हैं। भारत में राजनीति जाति के इर्द-गिर्द घूमती है। जाति प्रमुखतम

राजनीतिक दल है। यदि कोई व्यक्ति राजनीति में ऊँचा उठना चाहता है, तो उसे अपने साथ अपनी जाति को लेकर चलना होगा तथा निर्णय प्रक्रिया में जाति की प्रभावी भूमिका होती है यथा–संविधान में अनुसूचित जातियों एवं जनजातियों के लिए आरक्षण का प्रावधान इन जातियों के दबाव में 2010 तक बढ़ा दिए गए हैं।

उल्लेखनीय है कि जिस प्रकार जापान में मतदान समूह निर्धारित होते हैं, ब्रिटेन में वर्ग निर्धारित होते हैं तथा अमेरिका में प्रजाति निर्धारित, उसी प्रकार भारत में मतदान जाति निर्धारित होते हैं। भारत में चुनाव अभियान में जातिवाद को एक साधन के रूप में अपनाया जाता है। माइकेल ब्रेचर के अनुसार राज्य स्तर की राजनीति पर जातिवाद का प्रभाव अधिक है, यद्यपि किसी भी राज्य की राजनीति जातिगत प्रभाव से अछूती नहीं रही है तथापि बिहार, केरल, तमिलनाडु, हरियाणा इत्यादि राज्यों में राजनीति का अध्ययन बिना जातिगत गणित के विश्लेषण के कर ही नहीं सकते हैं। संविधान की व्यवस्था और सरकार की नीतियों के कारण राजनीति व प्रशासनिक सेवाओं में निम्न माध्यम व अनुसूचित जातियों एवं आदिवासियों का अनुपात बढ़ रहा है, भले ही उनकी आर्थिक स्थिति कमजोर हो।

प्रश्न 2. क्या जाति उपनिवेशी आधुनिकता की आविष्कार थी अथवा भारतीय विगत की गाथा? स्पष्ट करें।

उत्तर– भारत की ब्राह्मणवादी परंपराओं का एक अपरिवर्तन अवशेष है। इस विचार के अनुसार ब्राह्मणवाद प्रमुख सभ्यता के मूल्य का द्योतक है और जाति इस मूल्य का केंद्रीय प्रतीक है तथा प्रारंभ में भारत में सामाजिक पहचान एवं समाज के विभिन्न रूप थे, लेकिन औपनिवेशिक प्रशासकों ने सबको विस्थापित करके जाति में आधारभूत सिद्धांत को प्रमुखता देते हुए सभी समस्याओं का समाधान ढूँढा तथा उपनिवेशवाद के सांस्कृतिक स्वरूप से जाति जैसे सामाजिक नियम का पुनर्गठन किया। फलतः नृजातीयता के समान आधुनिक पश्चिमी प्रजा तथा एशियाई प्रजा के बीच अंतर किया जा सका। यह कहा गया कि जाति आधारित भारतीय समाज पश्चिमी समाज से भिन्न था। वैसे वेद, महाकाव्य, मनुस्मृति और कर्मकाण्ड शास्त्र, पुराणों आदि में भी जाति अपने विभिन्न स्वरूप में (यथा–दंड व्यवस्था के अध्ययन या व्यवसाय के अध्ययन) स्पष्ट दृष्टिगोचर होता है। इस प्रकार ब्रिटिश शासन के दौरान भारत में पुराने ढाँचे के स्थान पर नया सामाजिक आर्थिक ढाँचा कायम हुआ। ग्रामीण क्षेत्रों में भारतीय कृषि व्यवस्था, लघु उद्योग तथा व्यापार पद्धति में महत्त्वपूर्ण परिवर्तन हुए और शहरों का पुराना ढाँचा टूटकर नए वर्गों का उदय हुआ। सामाजिक क्षेत्र में जाति–व्यवस्था, परिवार और विवाह की संस्था पर उपनिवेशवाद का सबसे ज्यादा प्रभाव पड़ा, जिसे सकारात्मक एवं नकारात्मक रूप में देखा जा सकता है।

प्रश्न 3. जाति और वर्ग शासन तंत्र के अंतर्संबंध को स्पष्ट कीजिए।

उत्तर— जाति और वर्ग असमानता और कुलीनतंत्र की ओर इशारा करते हैं। तथापि दोनों मसलों में, संगठन के सिद्धांत अलग–अलग हैं। जाति के मुख्य लक्षण हैं—सगोत्रीय अथवा सजातीय विवाह, व्यवसाय गत मतभेद तथा व्यवसायों का वंशानुगत विशिष्टीकरण, प्रदूषण की धारणा एवं धार्मिक व्यवस्था जिसमें सामान्यतः ब्राह्मण उत्कृष्ट स्थिति में हैं। दूसरी तरफ वर्ग व्यापक रूप से स्वामित्व के आर्थिक आधार अथवा उत्पादन के साधनों पर गैर–स्वामित्व का हवाला देते हैं। परंतु जाति और वर्ग एक–दूसरे से किस प्रकार संबंधित हैं? वर्ग स्वामित्व के प्रकार और आर्थिक संसाधनों पर नियंत्रण तथा उत्पादन की प्रक्रियाओं पर की जानी वाली सेवाओं के प्रकार के आधार पर उपवर्गों में बाँटे जाते हैं। जाति की ब्राह्मणवादी धार्मिक व्यवस्था भी सार्वभौमिक रूप से लागू नहीं है और न सब इसका समर्थन करते हैं। कई मामलों में, धार्मिक व्यवस्था मात्र प्रासंगिक है। उत्तर भारत में संपन्न जाट बिना किसी समतुल्य धार्मिक प्रास्थिति के सामाजिक और राजनीतिक वर्चस्व का लाभ लेते हैं। अधिकांश लोकप्रिय जाति समर्पणों में, मात्र कुलीन तंत्र पर बल दिया जाता है और वह भी ब्राह्मणवादी दृष्टिकोण के कारण। तथापि, कभी–कभी जाति एक निश्चित समुदाय के रूप में कार्य करती है तथा समाज के अन्य वर्गों से कोई धार्मिक संबंध नहीं रखती। हमारे धारणागत वर्ग हमेशा विद्यमान सामाजिक वास्तविकता को पुनर्ग्रहण नहीं करते। उदाहरण के तौर पर, खेतिहर और कृषिक मजदूरों के बीच एक धारणागत अंतर बना रहता है। तथापि, वास्तविक जीवन में, अतिव्याप्त स्थिति बनी रहती है तथा वे निश्चित हस्तियों का गठन नहीं करती हैं। वार्षिकीजीवी जमींदारों और खेतिहर–मालिक वर्गों के बीच समान अतिव्याप्ति पाई जाती हैं। यह तस्वीर उस समय धुंधली हो जाती है जब हम जाति–वर्ग विरूपण की बात करते हैं।

जाति और वर्ग कतिपय मामलों में समान तथा कुछ मामलों में एक–दूसरे से भिन्न होते है। जातियाँ प्रास्थिति समूहों और समुदायों का गठन करती हैं जो संपत्ति, व्यवसाय और जीवनशैली के स्वामित्त्व के संदर्भ में परिभाषित किए जा सकते हैं। सामाजिक सम्मान इस संवृत्त व्यवस्था में धार्मिक अनुष्ठान मूल्यों से निकट से जुड़ा होता है। वर्ग स्थिति भी सामाजिक संवृत्त से जुड़ी होती है तथापि, वे उत्पादन के साधनों के स्वामित्व अपना गैर–स्वामित्व के संदर्भ में अधिक परिभाषित हैं। वर्ग अपेक्षाकृत अधिक मुक्त तथा सरल होते हैं और उनमें व्यष्टि के ऊर्ध्वमुखी सामाजिक गतिशीलता की अधिक गुंजाइश होती है। जाति प्रथा में मात्र एक पूरा वर्ग ऊर्ध्वमुखी गति कर सकता है और इस प्रकार, गतिशीलता अपेक्षाकृत कम है।

यद्यपि जाति और वर्ग व्यवस्था के बीच काफी विविधिता है, वर्ग व्यवस्था में उच्च और निम्न वर्ग जाति संरचना में व्यापक रूप से समाहित हैं। उच्च जाति का उत्पादन के साधनों (ग्रामीण क्षेत्रों में भूमि) पर अधिकार होता है और वे वार्षिकीजीवी की तरह कार्य करते हैं। भूमिहीन कृषिक श्रमजीवी निम्नजातियों और दलितों से मेल खाते हैं जो वार्षिकीजीवी उच्च

जाति के लोगों और अनावर्ती स्तर के धनी समृद्ध किसानों को श्रम सेवा मुहैया कराते हैं। अंतरवर्ती स्तर पर वर्ग पहचान की सुस्पष्टता अधिक जटिल है। समुदायों के विभेदन की प्रक्रिया जाति संरचना से वर्ग संबंधों को अलग करती है। यदि जाति और वर्ग उत्कृष्ट और निम्न स्थिति पर अतिव्याप्त होते हैं तथा कुछ मामलों में लगभग एक ही बिंदु पर मिलते हुए प्रतीत होते हैं, वहाँ जाति व्यवस्था के अंतरवर्ती स्तर पर यह तस्वीर बिल्कुल अस्पष्ट है। इसी प्रकार, आधुनिकीकरण, विशेष रूप से शहरीकरण शिक्षा प्राप्ति की प्रक्रियाएँ और नई योग्यताएँ विस्थापन बलों के रूप में कार्य करती हैं जिससे सामाजिक जड़त्व के बलों में सुराग बनता है और जाति की दृढ़ता में आशोधन होता है।

प्रश्न 4. ओहदेदार समाज और वर्ग समाज में आप क्या अंतर करेंगे?

उत्तर– भारत का संविधान समाज से अपेक्षा करता है कि वह सभी नागरिकों के साथ प्रत्येक स्तर पर समान व्यवहार करे। मानव समाज में उस सीमा तक बदलाव होते हैं जिस सीमा तक सामाजिक समूहों और व्यष्टियों की लाभ उठाने तक पहुँच में असमानता बनी रहती है। रूसो ने प्राकृतिक और सामाजिक असमानता के बीच एक भिन्नता प्रस्तुत की। पहली स्थिति समाज के सदस्यों के बीच शारीरिक और मानसिक क्षमताओं के असमान आवंटन से उभरती है। दूसरी स्थिति में, लोगों की धन अथवा आर्थिक संसाधनों, राजनीतिक सामर्थ्य और क्षमताओं की ओर ध्यान नहीं दिया जाता है। विकास के स्तर और समाज के ढाँचागत स्वरूप समाज के मात्र संसाधनों को ही प्रभावित नहीं करते हैं अपितु विभिन्न समूहों की इन संसाधनों तक पहुँच अलग–अलग होती है। सामाजिक समूहों की शक्तिशीलता भी अलग–अलग होती है तथा उसी प्रकार वे समाज से जुड़े हुए लाभ प्राप्त करते हैं। इसी प्रकार, रूढ़िवादी परंपराएँ, नियम, रीति रिवाज और कानून सर्वाधिक मानव समाजों में कतिपय समूहों और व्यवसायों की प्रतिष्ठा और प्रास्थिति को अधिक प्रभावित करते हैं। मानव वैज्ञानिकों, समाजशास्त्रियों और राजनीतिविदों द्वारा सामाजिक असमानता के वर्णन और अभिव्यक्ति के लिए कुलीन तंत्र, स्तरीकरण वर्ग विभाजन प्रयुक्त की गई धारणाएँ हैं। मानव वैज्ञानिक आमतौर पर सामाजिक असमानता के संदर्भ में तीन प्रकार के समाजों की ओर इशारा करते हैं। इन्हें समतावादी, ओहदेदार और वर्ग समाजों के रूप में वर्गीकृत किया गया है। समतावादी समाज समानता का व्यवहार करते हैं और किसी भी सामाजिक समूह को अपेक्षाकृत अधिक आर्थिक संसाधन, शक्ति अथवा प्रतिष्ठा प्राप्त नहीं होती। ओहदेदार समाजों में धन अथवा सत्ता तक पहुँच असमान नहीं होती अपितु उनके सामाजिक समूह होते हैं जिनको अधिक सम्मान तथा प्रतिष्ठा प्राप्त होती है। एक साक्षरतापूर्ण प्रजातीय समाज में सामाजिक ओहदेदारी प्रमुखों अथवा उसके गठबंधनों के नियम पर निर्भर करती है। विषय वर्ग समाजों में आर्थिक संसाधनों, सत्ता और प्रास्थिति तक पहुँच और हकदारी असमान होती है।

कई उद्योग पूर्व क्षेत्रिक समाजों, सामाजिक अवसरों और प्रास्थिति तक पहुँच जन्म की घटना से अवधारित होती थी। व्यष्टि की आरोपित भूमिका अथवा प्रास्थिति उसके नियंत्रण से बाहर घटकों जैसे जन्म, लिंग, आयु संबंध, रिश्तों और जाति के आधार पर की जाती थी। मध्ययुगीन यूरोप की संपदाएँ अथवा आदेश असमान ओहदों पर बँटे हुए थे और यह ओहदातंत्र समाज की धार्मिक–नियामक व्यवस्था द्वारा विधिक तौर पर मान्यता प्राप्त और अनुमोदित था। भारतीय जाति प्रथा सामाजिक राज्यतंत्र का एक अन्य रूप थी। व्यष्टि की पेशेवर अथवा रोजगार संबंधी भूमिका आधुनिक औद्योगिक और लोकतांत्रिक समाज में व्यष्टि के अपने प्रयास और योग्यता पर निर्भर होने लगी। इस नई प्राप्त भूमिका पर आधुनिकता के राजनीतिक परिप्रेक्ष्य में जोर दिया गया और इसे लोकतांत्रिक आदर्श के समतुल्य देखा गया। इसमें एक प्रदत्त स्थिति को प्राप्त करने के लिए प्रयास, रुचि और उचित प्रतिस्पर्धात्मक व्यवहार अंतर्ग्रस्त था। समाज में कुलीन तंत्र से स्तरीकरण के सिद्धांत का अंतरण हुआ। समाजशास्त्रियों के अनुसार, जाति अथवा संपदाओं अथवा सामाजिक असमानताओं पर आधारित समाजों में प्रचलित कुलीन तंत्र को प्राकृतिक मानते हुए विधिसम्मत कर दिया गया। दूसरी तरफ, स्तरीकरण आधुनिक औद्योगिक समाजों का लक्षण है जिसमें असमानताएँ बनी रहती हैं परंतु उन्हें प्राकृतिक अथवा दैवीय व्यवस्था का अंग नहीं माना जाता। सामाजिक बदलाव की इस प्रक्रिया में, समानता न तो समाप्त हुई और न कम हुई, बल्कि इसका रूप बदल गया। अब वर्ग सीमाएँ सरंध्र और पारगम्य हैं, व्यष्टि की गतिशीलता संभव है और समाज की नियामक व्यवस्था औपचारिक समानता पर आधारित थी। तथापि, औद्योगिक समाज का एक विशाल क्षेत्र अभी भी मौजूद है जहाँ भूमिकाएँ पुरुष अथवा स्त्री, काला अथवा गोरा आदि के आधार पर आवंटित की जाती हैं।

जी. डी. बैरेमन का सुझाव है कि व्यक्तियों के 'विभेदन' जो एक सार्वभौमिक और प्राकृतिक घटना है, से असमानता अथवा मतभेदों के सामाजिक मूल्यांकन का उद्‌भव होता है। वह असमानता की व्यावहारिक अभिव्यक्ति को 'वर्चस्व' का नाम देता है तथा असमानता और वर्चस्व के संयोजन को सामाजिक–समानता मानता है। समतावादी समाजों में वर्चस्व और प्रास्थिति प्रायः परक्राम्य तथा प्रसंग से संबंधित होती हैं, जबकि ओहदेदार और असमतावादी समाजों में, असमानता को नियम मान लिया जाता है। वह प्रास्थितियों के कुलीनतंत्र में सन्निहित है तथा इसे योग्यता के व्यक्तिगत मतभेदों से नहीं जोड़ा गया है। मार्क्सवादी आमतौर पर आर्थिक स्थिति और आर्थिक हकदारी तक पहुँच द्वारा यथापरिभाषित वर्ग विभाजन से संबंधित शक्ति और प्रास्थिति का वर्गीकरण चाहते हैं। जैसाकि वेवेरियन युगान्तर में प्रास्थिति और सत्ता पूरी तरह आर्थिक विभाजन द्वारा विनियंत्रित नहीं है अथवा इनका आर्थिक हकदारियों पर नियंत्रण नहीं है, तथापि शब्द स्तरीकरण हमें उस भूगर्भीय आकृति की याद दिलाता है जो एक प्रकार के लम्बवत् स्तरीकरण, सामाजिक समूह के प्रबंधन, अधिक प्रवाहशील और विषमता वाले सामाजिक संगठन को विशेष महत्त्व देता है।

परेटो, मोस्का और माइकल जैसे राजनीतिक विचारकों ने सत्ता को समाज में वास्तविक स्रोत के रूप में प्राथमिकता दी। उनके अनुसार, सत्ता ऐसी योग्यता है जो लोगों से वह कराती है जिसे वे करना नहीं चाहते और प्रतिष्ठित समूह इस सत्ता का इस्तेमाल करते हैं, क्योंकि एक कथित समाज के नियमों के भीतर वे सर्वश्रेष्ठ स्थिति में होते हैं। इसी प्रकार, फ्रेंच विद्वान् बुअरड्यू उन सामाजिक समूहों की पहचान के लिए, जो केवल इस कारण समाज में अधिक प्रतिष्ठा और सम्मान पाते हैं क्योंकि उनके पास उनके व्यवहार और रुचि के अनुसार प्रतीकात्मक पूँजी होती है, प्रतीकात्मक पूँजी और उपाधि शब्द इस्तेमाल करते हैं। सामाजिक पूँजी की धारणा पर भी कुछ इसी प्रकार की अत्युक्तियाँ हैं। इससे यह पता चलता है कि कुछ समूहों के पास सामाजिक रिश्ते बनाने की अधिक क्षमता तथा दूसरे के साथ जुड़ने की अधिक योग्यता होती है। वे इस बात के सूचक हैं कि विशुद्ध आर्थिक और राजनीतिक कुलीनतंत्र की तुलना में प्रतिष्ठा, समाज और प्रास्थिति के मतभेद स्तरीकरण की कुछ व्यवस्थाओं में वर्चस्व भूमिका निभा रहे होते हैं।

6 विकास की राजनीतिक अर्थव्यवस्था

प्रश्न 1. विकास की राजनीतिक अर्थव्यवस्था के सिद्धांतों का क्या एजेंडा है?

उत्तर— विकास की मुख्य धारा के आर्थिक सिद्धांतों की तुलना में PED प्रतिकूल स्थिति के उत्पत्ति स्वर शैली और ऐतिहासिक अत्यधिक गहन दृष्टिकोण को अपनाती हैं। विश्व में आर्थिक सिद्धांतों की तुलना यदि राजनीतिक अर्थव्यवस्था के साथ की जाए, तो इन दोनों के बीच संबंध अनुकूल नहीं दिखाई देते हैं। कारण चाहे जो भी हो, हालाँकि यह विरोधाभास ऐतिहासिक रूप से विश्व के एशिया, अफ्रीका तथा लैटिन अमेरिका के देशों के नागरिकों द्वारा इसका मुकाबला बहुत लंबे समय से करता आ रहा है। विकास की राजनीतिक, अर्थव्यवस्था का मुख्य एजेंडा, समान वितरण, रोजगार के समान अवसर, भूमि एवं आय के समान वितरण आदि की व्यवस्था करना चाहता है। विकास के सिद्धांतों को इसी विविधता के बीच एक सर्वमान्य सार्वजनिक पृष्ठभूमि तलाश की जानी है, ताकि ये सिद्धांत इसके संयोजन में प्रत्येक की विशिष्ट स्थिति में लागू हो सकें। विकास के सिद्धांत, भाग्य, प्रस्थिति, लोगों की कार्यप्रणाली, संस्थाओं तथा धनी एवं गरीब देशों में उनकी अंतर्राष्ट्रीय अंतर्क्रियाओं और आंतरिक संबंधों एवं देशों के अंदर गतिशीलता में मूल्यों पर समान रूप से लागू होते हैं।

प्रश्न 2. आर्थिक विकास में पूँजी–संचयन और अंतर्राष्ट्रीय पूँजी प्रवाह की क्या सीमाएँ हैं?

उत्तर— आर्थिक विकास एवं पूँजी निर्माण में घनिष्ठ संबंध होता है। पूँजी निर्माण के अधिकतर सिद्धांतों में एक मौन कल्पना पाई जाती है। उत्पादन में वृद्धि के साथ–साथ आर्थिक वृद्धि की पहचान का प्रत्यक्ष प्रमाण पूँजी संचयन के निर्णायक विकास/औद्योगिकीकरण को सौंपा जाना था। कई लोग पूँजी स्टॉक की सापेक्ष अपर्याप्तता और पूँजी निर्माण की धीमी वृद्धि को कम आय, गरीबी और पिछड़ेपन का मुख्य कारण मानते हैं। इस प्रकार पूँजी संचयन अर्थात् बचत और निवेश की दर में वृद्धि करना (सन्निहित प्रगतिशील प्रौद्योगिकी के साथ) विकास के मुख्य गतिशील घटक विकास नीति और नियोजन के पथ में रूप में माना गया था। आरंभ में आर्थर जैसे विकास अर्थविद् तथा विकास सिद्धांतों की स्थितियों ने स्पष्ट किया कि उच्च बचत और निवेश पद अर्थव्यवस्था को संक्रमण आय के विकास का आधार अवनिर्धारित करता है।

तथापि, इस प्रकार पूँजी आधारित संवर्धित आय के उत्पादन के प्रत्यक्ष और अप्रत्यक्ष प्रभाव हमेशा स्वीकारात्मक और वांछित नहीं होते। पूँजीगत उत्पादन अनुपात और राष्ट्रों,

उद्योगों, कालावधि, क्षेत्रकों आदि के पार परिवर्तनशीलता के बीच व्यापक अपसारिता यह विश्वास करने का कारण बताती है कि पूँजी निर्माण के विकास की धनात्मक दरें हमेशा आवश्यक रूप से संवर्धित उत्पादन प्रवाह से नहीं जुड़ी होतीं। कई विभिन्न प्रकार के पुनर्संगठन, पुनर्गठन, नीति हस्तक्षेप आदि से संभव है कि बिना किसी अतिरिक्त पूँजी निवेश के व्यष्टियों और समुदायों दोनों के लिए आय कल्याणकारी स्तरों में वृद्धि हो।

पूँजी संचयन की संभावनाएँ, दर और निर्माण, आर्थिक और अनार्थिक, विगत और विद्यमान घटकों की भीड़ जिसमें भविष्य की उम्मीदें भी शामिल हैं, ये आकस्मिक हैं। व्यक्त और अव्यक्त प्रौद्योगिकी, भूमि, श्रमबल, पूँजी, प्रौद्योगिकी और संबंधित घटक के मूल्यों के बीच विद्यमान समानुपात, सामाजिक, राजनीतिक और आर्थिक प्रतिष्ठान, माँग की प्रमात्रा और प्रतिदर्श, उद्यमीय मानसिक तैयारी (पाशविक उत्साह, भूमंडलीय संरचना आदि उन अनेक घटकों में से है जो पूँजी संचयन को स्वयमेव पराधीन परिवर्तनशील बना देते हैं। इस संदर्भ में, भारत के संगठित, विशेष रूप से संगठित औद्योगिक क्षेत्र में दृश्यमान स्थिति को याद किया जा सकता है जो पूँजी के विशाल भंडार और अधिकांश प्रगतिशील प्रौद्योगिकी के असमानुपातिक तौर पर हिताधिकारी होने के बावजूद रोजगार और सकल घरेलू उत्पाद के सापेक्षतः अल्पांश का योगदान करती है। तब घरेलू घटकों के साथ, वंशानुगत सामाजिक-आर्थिक संरचनाओं और संस्थाओं की तरह, अंतर्राष्ट्रीय घटक और पर्यावरण की पूँजी संचयन (इसकी दर, प्रतिदर्श और प्रबंधन), विशेषतः भूमंडलीय असमानताओं, गतिशील तुलनात्मक लाभ, श्रमबल और भूमंडलीय शक्ति संतुलन के अंतर्राष्ट्रीय विभाजन, विशेष रूप से आर्थिक और सैन्य शक्ति के परिप्रेक्ष्य में राष्ट्रों के बीच दूरी पर शक्तिशाली प्रभाव डालते हैं। देश बनाम शेष का उत्पादकता विभेदन जितना अधिक होगा, इसका निरपेक्ष और सापेक्ष उतना ही छोटा होगा, विद्यमान प्रौद्योगिकीय क्षमताएँ जितना कम होंगी और उच्च उत्पादकता वाले देशों की तरह जितना अधिक अभिप्रेरणा होगी, तब निम्नस्तर वाले देश के लिए गैर-बहिर्जनित, स्वायत्त पूँजी संचयन करना उतना ही अधिक मुश्किल होगा।

पूँजी संचयन का प्रतिदर्श, इसका संस्थागत संगठनात्मक स्वरूप और संरचना, प्रौद्योगिकीय स्वरूप आदि परिवर्तन और रूपांतरण की प्रक्रियाओं में इसकी भूमिका का अवधारण करना कितना निर्णायक हैं।

आज की तरह, वर्तमान में गरीबों के लिए विलम्ब से औद्योगिकीकरण, विशाल आय वाले पूर्व उपनिवेशी देश, परिसंपत्तियों, प्रौद्योगिकी अंतर, उपनिवेशी शोषण और नंगेपन की गाथा जिसके पास भौतिक और सामाजिक अवस्थापना का विशाल जमावड़ा है, से पूँजीगत संचयन आधारित अनुकरणीय विकास-पथ से अंतर बढ़ेगा और मजबूत होगा तथा पराधीनता स्थायित्व प्राप्त करेगी।

काफी देशों के लिए समयानुक्रम और व्यापक प्रतिनिधित्व आँकड़े पूँजी संचयन की दर (तकनीकी और संगठनात्मक स्वरूप) में दीर्घावधि परिवर्तनों के बीच मजबूत संयोजन दर्शाते हैं।

अंतर्राष्ट्रीय पूँजी प्रवाह के अनुसार उपसंहार उन सहवर्ती सिद्धांतों के साथ तालमेल बिठाता है जो विकासपरक परिवर्तनशील राशि के रूप में पूँजी संचय को प्राथमिकता तथा निर्णय करने की शक्ति प्रदान करते हैं। इस सहवर्ती प्रस्थापना के अनुसार गरीब, कम विकसित विलम्ब से औद्योगिकीकृत देशों जिनकी प्रौद्योगिकीय क्षमताएँ कम तथा राज्य कमजोर हैं, को धनी और आरंभ में औद्योगिकीकृत देशों से अंतर्राष्ट्रीय पूँजी 'अंतरणों' पर निर्भर रहना पड़ता है ताकि वे कम आय, कम बचत, कम पूँजी संचयन के विद्वेषपूर्ण क्षेत्र से स्वतंत्र हो सकें और संचयी तरीके से कम आय के साथ काम कर सकें।

द्वितीय विश्व युद्ध की समाप्ति से, विशेषकर संयुक्त राज्य अमेरिका के राष्ट्रपति हैरी टूमेन के आरंभिक भाषण जिसमें 'कम विकास' को मान्यता दी गई थी तथा 'विकास' (वास्तव में, तथाकथित कम विकसित विश्व को धनी व पहले औद्योगिकीकृत देशों की एक हल्की अनियंत्रित रूप से जुड़ी हुई कार्बनप्रति बनाने का प्रयास), की चुनौती को स्वीकार किया गया था, के बाद पूँजी अंतरणों की नीति विकास अर्थशास्त्र और नीति का एक महत्त्वपूर्ण आलम्ब रही है। विविध स्तरीय एजेन्सी के रूप में अपनी क्षेत्रीय सहायक शाखाओं के साथ विश्व बैंक अत्यधिक आकर्षक कारोबार में लगा हुआ है जिसे विकास वित्त–पोषण कहा जाता है। विभिन्न रूपों में जैसे सरकारी विकास सहायता (DDA) अर्थात् रियायती दर पर कर्जे, अनुदान, विदेशी प्रत्यक्ष निवेश (FDI), पोर्टफोलियो निवेश, बाहरी (निजी लेखा) उधार, व्यापार क्रेडिट आदि को प्रापकों तथा 'आदाताओं/उधारकर्त्ताओं/निवेशकों दोनों द्वारा अंतर्राष्ट्रीय विकास सहयोग का महत्त्वपूर्ण स्तंभ माना जाता है।

ये प्रवाह द्वि–अंतर सिद्धांत के रूप में न्यायनिर्णीत थे अर्थात् बचतों की कमी को पूरा करना (कम स्तर वाले औद्योगिकीकरण, प्राथमिक पण्यों की आपूर्ति और माँग दोनों की कम तन्यता द्वारा 'प्रभावित' निर्यात निराशावाद के क्रम में)। तथापि, यह प्रतिधारित था कि पूँजी प्रवाह अपने साथ 'प्रगतिपूर्ण' उच्च उत्पादकता प्रौद्योगिकी, नए उत्पाद लाते हैं जो उत्पादन चक्र को पूरा कर सकते हैं और अर्थव्यवस्था के आधुनिकीकरण में सहायता कर सकते हैं। इस प्रकार तर्क दिया गया था कि अंतर्राष्ट्रीय पूँजी प्रवाह के परिणामस्वरूप व द्विगत आय प्रवाह और प्रौन्नत उत्पाद–मिश्रण गरीब, औसतन कम आय वाले देश में विकास की शुरुआत और स्थायित्व के लिए सहायता कर सकते हैं।

विभिन्न परिवर्तनशील घटकों और प्रक्रियाओं जो साथ–साथ काम करती हैं, के प्रभाव को पृथक् करने में परेशानी के परिणामस्वरूप, अंतर्राष्ट्रीय पूँजी प्रवाहों के प्रभाव का एक स्वतंत्र, पृथक् समग्र अनुभवजन्य निर्धारण प्रस्तुत करना मुश्किल है। तथापि, कमजोर अर्थव्यवस्थाओं की संचयात्मक ऋण देयता में उस अनुपात तक वृद्धि हुई है जितने अनुपात में प्रायः ऋण सेवा राशियाँ ताजा नए प्रवाहों से अधिक होती है।

संक्राम्य कंपनियाँ, अपनी शाखाओं और जुड़ी हुई संस्थाओं के साथ, मुख्य मुद्रा सट्टेबाजी में सक्रिय सहभागिता और जो विलयन और अधिप्राप्तियों के माध्यम से भूमंडलीय बाजार में

निगमीय नियंत्रण के लिए मुख्य खिलाड़ी है। विदेशी प्रत्यक्ष निवेश का प्रचुर अंश उनकी शाखाओं में मूल राशि का है तथा कुछ लाभ अंतरण मूल्यांकन के माध्यम से अनुचित रूप से प्राप्त किए जाते हैं। उत्पाद में मिलावट, प्रौद्योगिकी, ऊर्जा उपयोग की प्रमात्रा और प्रतिदर्श, उत्कृष्ट, राष्ट्रीय कंपनियों के प्रमुख प्रबंधकों के बीच अत्यधिक वेतन और परिलब्धियों का भुगतान करने वाले छोटे देश, कर चोरी और अपवचन, राजनीतिज्ञों और नौकरशाहों को रिश्वत, उपभोक्तावाद को सक्रिय बढ़ावा, स्थानीय–राष्ट्रीय संस्कृतियों का सम्मान न करना, मानदण्ड और प्रसार की अर्थव्यवस्थाओं से लाभ के लिए एकसमान उपभोग प्रतिदर्श, वित्त–पोषण और मुद्रा बाजार से प्रत्याशित लाभ उठाना आदि उन प्रमुख राष्ट्रीय कंपनियों द्वारा विदेशी प्रत्यक्ष निवेश के लक्षण हैं जो आमतौर पर निर्धन और धनी देशों के गरीब आदमी और औरतों के दृष्टिकोण से ऋणात्मक माने गए हैं।

किसी भी मामले में, उनका अनुभव समामेलित आधुनिकीकरण के गैर–संभव और गैर–अनपेक्षित दोनों को विशेष रूप से दर्शाया है। भारत जैसे देश में, विदेशी प्रत्यक्ष निवेश और बाहरी वित्त–पोषण अपेक्षाकृत कम महत्त्वपूर्ण हैं क्योंकि विदेशी पूँजी को लाल–चटाई व्यवहार खोलने अथवा देने के बाद भी, उन्होंने आमतौर पर 25 प्रतिशत से अधिक के निवेश की समग्र दर की तुलना में मुश्किल से सकल घरेलू उत्पाद के 2 प्रतिशत से अधिक प्राप्त किया है।

प्रश्न 3. विकास के पॉलिटिकल इकनॉमी दृष्टिकोण का आलोचनात्मक परीक्षण कीजिए। [Dec 2009, Q. 2.]

उत्तर– विकास के पॉलिटिकल इकनॉमी दृष्टिकोण की समालोचना की गई है। भारत में प्राक्कलित आय के स्तर और विभेदन लोगों के अस्तित्व की सामाजिक एवं आर्थिक परिस्थितियों का पूरा परिश्रम नहीं देते हैं। उपरोक्त पूँजी संचयन और अंतर्राष्ट्रीय आंदोलनों की भूमिका के निर्देशी, संक्षिप्त विश्लेषण से विकास के प्रमुख इंजन (आरंभिक औद्योगिकीकृत पूर्व–उपनिवेशी शक्तियों के प्रभुत्व के अधीन अंतर्राष्ट्रीय आर्थिक संबंधों द्वारा अनेक तरीकों से समर्थित) के रूप में पूँजी संचयन के माध्यम से विकसित करने के लिए सीमाओं, विकृतियों, तात्कालिक और सचेतन प्रयासों की गैर–वांछनीयता को दर्शाए जाने की आशा की जाती है। वास्तविक उत्पादन में वृद्धि होनी चाहिए तथा इस प्रयोजनार्थ की आमतौर पर पूँजी संचयन के समय विशेष रूप से आवश्यकता होती है। जब उत्पादन के अन्य घटक उपलब्ध हों। परंतु यह अनेक उच्च परिणामों का उपाय है और गरीब देशों में प्रचलित 'सामाजिक–आर्थिक संस्थागत ढाँचे' में परिवर्तनों का ऐसा परिणाम होना चाहिए जो दीर्घ और अल्प स्तरों पर विकास का विरोध करते हैं। अपरिवर्तित को छोड़कर तथा वास्तव में, विद्यमान दुष्क्रियात्मक, विकृत तथा विकास विरोधी संरचनाओं, प्रतिष्ठानों और संबंध को मजबूत बनाकर तथा इस प्रकार के फ्रेमवर्क में प्रभुत्व, मुख्य उपस्कर के रूप में पूँजी निर्माण पर निर्भर करते हुए निराशाजनक स्थिति,

संक्राम्यता, उत्पीड़न तथा मानवीय और राष्ट्रीय क्षमता से इंकार को मजबूती प्रदान होनी चाहिए। विकास मौलिक रूप से एक सामाजिक–आर्थिक अभ्यास है। इसके तकनीकी आर्थिक पहलुओं को उनके अन्यायपूर्ण, उत्पीड़क लक्षणों को अलग करके पहले द्वारा नियंत्रित सहायक पहलुओं के रूप में शामिल किया जाना चाहिए यद्यपि सशक्त पुनर्गठन एक आवश्यक पूर्वपेक्षा हो सकती है। संसाधन अंतरण नीति की लोकप्रियता, संयुक्त राष्ट्र संघ के कभी न पूरे होने वाले अमीर से गरीब देशों की सहायता के लक्ष्य ऐसे प्रतीत होते हैं जैसे उन्हें तथाकथित दाता और प्रापक देशों में शासक प्रतिष्ठानों के हितों को पूरा करने के लिए उसकी वंशानुगत क्षमता से व्युत्पन्न किया गया हो। पहली स्थिति में, इन अंतरणों से अपने माल और सेवाओं (निर्यात) के लिए माँग तथा बाजार पैदा होता है। गरीब देशों के प्रतिष्ठित लोगों के लिए क्षेत्र के साथ कठोरता से पेश आने तथा बचतों को उत्पन्न करने के लिए आवश्यकता को कम करने से अलग ऐसे प्रवाहों से प्रौद्योगिकी ब्राण्ड नाम तथा उपभोग के ऐशो–आराम वाले स्तरों के लिए अवसरों तक पहुँच बनाते हैं और विकास का भ्रम पैदा करने में सहायता करते हैं।

परंपरागत विकास अर्थशास्त्र की PED समालोचना परिवर्तनशील पूँजी संचयन की नीति की निर्णायक जाँच से परे है। यह सच है कि जब तक 1970वें दशक के प्रथम अर्द्धांश में विकास अर्थशास्त्र में 'प्रति–क्रांत' नहीं हुई तब तक जिसमें सामाजिक कल्याण प्रतिष्ठानों को संतुष्ट करने के साथ–साथ, पूँजी संचयन, औद्योगिकीकरण और आर्थिक विकास की प्रक्रियाओं को सक्रिय बनाने, निदेशित करने तथा प्रत्यक्ष तौर पर प्रेरित करने में राज्य की मुख्य तथा अग्रणी उत्प्रेरणात्मक, उद्यमी भूमिका पर थोड़ा मतभेद था। सक्रिय स्थायी विकास नीति के व्यापक मानदंडों के भीतर, वास्तव में, प्राबल्यता में अंतर, सूक्ष्म भेद, एजेंसियों की अभिरुचियाँ, उपस्कर और संगठनात्मक स्वरूप, स्थायी व्यवधानों का टिकाऊपन तथा उनके विभिन्न घरेलू तथा बाहरी सामाजिक तथा आर्थिक समूहों से संबंध थे। आत्मविश्वास और राष्ट्रमंडली में सापेक्षतः स्वतंत्र स्थान हेतु संघर्ष के लिए उपनिवेशवाद के बाद के आवेग पर भी कुछ अपवाद थे। उन समाजों में जहाँ राज्य शुरुआती उद्योगपतियों के ऐतिहासिक अनुभव से अपने संघटकों के साथ अपेक्षाकृत प्रगतिशील और बेहतर संगठित संस्थाओं में था, राज्य ने संचयन की प्रक्रियाओं को निदेशित किया तथा उन पर नियंत्रण रखा और सफलतापूर्वक शक्ति और सक्षमता के अन्य वैकल्पिक केंद्रों का, विशेष रूप से उन देशों में सृजन किया जिनकी विदेशी प्रत्यक्ष निवेश के प्रति प्रतिबंधित पहुँच थी।

भारत में, मूलभूत आर्थिक और भौतिक अवसंरचना मुहैया कराने तथा भारी और मौलिक पूँजीगत एवं अंतर्वर्ती सामान उद्योगों की स्थापना करने, बचत और निवेश की दर में वृद्धि करने, क्षेत्रों में निजी उद्योग क्षेत्र के विकास का विनियमन, मार्ग निर्देशन और समर्थन करने तथा विशेष रूप से कमजोर वर्गों के लोक कल्याण के कुछ नियमों को लागू करने के लिए लोक क्षेत्र को अग्रणी भूमिका, विशेषतया प्रत्यक्ष उद्यमी भूमिका दी गई थी।

प्रश्न 4. विकास अर्थशास्त्रों में LPG पैकेज पर संक्षिप्त टिप्पणी लिखें।

उत्तर— भारत एक प्राचीन सभ्यता वाला और धन-धान्य से पूर्ण उप महाद्वीपीय देश है जिसमें मानवता का लगभग छठा भाग निवास करता है। यहाँ अधिकांश लोग अत्यधिक दरिद्रता का जीवन बसर करते हैं, यद्यपि इसका एक अल्पसंख्यक वर्ग ऐसा है जिसका जीवन स्तर विश्व के श्रेष्ठतम देशों जैसा है। विकास प्रक्रियाओं में राज्य की क्रियाशीलता पर व्यापक सामंजस्य में राज्य के चरित्र तथा राज्य की क्षमताओं और शक्तिसंपन्न सामाजिक समूहों, जो विकास स्थिति के प्रतिद्वंद्वी थे, की भूमिका, स्वरूप, निपुणता तथा रणनीतिक स्थिति के प्रश्न पर शुरुआती दौर में अधिक ध्यान नहीं दिया गया। दीर्घकालिक परिप्रेक्ष्य में व्यापक, सामान्य सामाजिक हितों का प्रतिनिधित्व करने वाला एक वर्ग तटस्थ राज्य जो विद्यमान और भविष्य की बहिर्मुखताओं को हिसाब में लेकर तथा संकीर्ण दृष्टि पर काबू पाते हुए हुज्जती बाधाओं पर सहयोजित कार्य करने में सक्षम था, विकास कार्यों को करने के लिए प्रभावी एजेंसी के रूप में माना गया था। इसका कार्य, आम सामाजिक सामंजस्य, विशेष रूप से स्वतंत्रता प्राप्ति के बाद की आरंभिक अवधि में राष्ट्रवादियों के शुरुआती उल्लास उन्माद पर नियंत्रण रखना माना गया था। भारत के कारोबारी वर्गों की लोक क्षेत्र के प्रति भूमिका और दृष्टिकोण, आरंभिक समर्थन परंतु इसे कम करने के लिए स्थायी संघर्ष और इसकी व्यापक अभिरुचियों के तालमेल से इसके वास्तविक कार्यों में जोड़-तोड़ करना राज्य की भूमिका के प्रति आरंभिक उल्लासमूलक अभिगमों की सहजता को विशेष रूप से प्रकट करते हैं। तथापि, अनुभव प्राप्त होने पर राज्य के वास्तविक लक्षण, क्षमताओं, समाज, विशेष रूप से कारोबारी वर्ग और संगठित कर्मी वर्ग के साथ उसके संबंध और इसकी आंतरिक संगठनात्मक गतिशीलता के प्रभाव से संबंधित अनुभूतियाँ हुईं जिनके कारण कुछ मामलों में चरित्र-चित्रण हुआ जैसे सौम्य-राज्य अथवा ऐसा राज्य जहाँ कोई समाधान न हो अपितु समस्याएँ जन्म लेती रहें अथवा राज्य का विकास अथवा सुधार करने की आवश्यकता जिससे उसे विकास के अग्रदूत के रूप में प्रभावी तौर पर इस्तेमाल किया जाए।

राज्य आविष्कारों को कुछ निर्णायक पहलुओं की नजरअंदाजी ने निराशा, मोहभंग को जन्म दिया, जो राज्य के प्रबल समर्थकों की आवाज को दबाने के लिए पर्याप्त मजबूत थे। अमीर, शक्तिसंपन्न राष्ट्रों में कई परिवर्तन जैसे पूँजीवादी विस्तार के स्वर्णिम युग का अंत, बढ़ती हुई बेरोजगारी और मुद्रास्फीति, शीतयुद्ध, भू-राजनीति का बोझ, नव औद्योगीकृत देशों के निर्यातों की प्रतिस्पर्धात्मक शक्तियों का उभरना तथा अपेक्षाकृत सफल पूर्व एशियन टाइगर्स द्वारा कुछ अंतरिक्ष पर कब्जा करना रहा। इसी के साथ ये राष्ट्र निकट भविष्य में पूर्ण रोजगार के लिए लोकव्यय और कर्मी वर्ग के दावे द्वारा वर्चस्व प्राप्त कर रही घरेलू अर्थव्यवस्था तथा गंभीर सामाजिक सुरक्षा के लिए अवलंब धनी अमीर देशों में स्थायित्व विरोधी निगमित बलों को मजबूत करने को प्रवृत्त हुए। इससे कमजोर देशों में असंतोष और मोहभंग की मजबूत धारा प्रकट हुई। उनकी वृद्धि महँगे और अस्थायी रूप में बदल गई। उनकी गरीबी,

बेरोजगारी, अभावग्रस्तता तथा असमानताओं की मुख्य समस्याएँ राज्य क्षेत्र की अप्रत्याशित वृद्धि दर, उद्योगीकरण और विकास के होते हुए भी स्वराघात अंकित कर रही थी। अपेक्षाकृत कई गरीब देशों में अधिक मजबूत कारोबारी तथा औद्योगिक वर्ग प्रतीत हुए जो राज्यवाद के अंदर औपचारिक और अनौपचारिक रूप से अपने नियंत्रण वाली दोनों युक्तियों के सहारे फले-फूले। प्रत्येक स्थिति में, राजनीतिक और आर्थिक शक्तियों का बदला हुआ संकेंद्रण तथा केंद्रीकरण था। लोकप्रिय बलों ने किसी महत्त्वपूर्ण डिग्री को लाभ नहीं पहुँचाया, विशेष रूप से सापेक्ष तौर पर उनकी वृद्धि संक्रिया में प्रमुखतः उद्देश्यपरक सीमित सहभागिता थी और इसी कारण वे परिवर्तनशील प्रमुख लक्ष्य के रूप में राज्य के नेतृत्व वाले उद्योगीकरण और सकल घरेलू उत्पाद में वृद्धि के प्रति कोई गहरे संबंध तथा वचनबद्धता विकसित नहीं कर पाए। संगठित क्षेत्र बहुत छोटा था तथा विशाल और विकासोन्मुख अनौपचारिक क्षेत्र संवर्धित तौर पर सीमांतक हो रहा था।

कई पहलुओं वाली उलझनों से प्रेरित होकर और उनका लाभ उठाकर विकास सिद्धांत में 'प्रति-क्रांति' ने समाजभर में राज्य नेतृत्व वाली (लोकक्षेत्र और लोक निवेश आधारित) विकास प्रक्रियाओं, जो अभी तक प्रमाण थीं, की सीमित चिंताओं को दूर करने का प्रयास किया। ऋण बोझ की चमत्कारिक वृद्धि, विदेशी खाते की अंतिम सुभेद्यता तथा राज्य का तेज वित्तीय संकट उन शक्तिशाली बहुस्तरीय वित्तीय संस्थानों के लिए फायदेमंद सिद्ध हुआ, जो बढ़ते हुए क्रम में भूमंडलीय वित्तीय संस्थाओं और TNCs की उस कार्यसूची को अपना रहे थे जिससे, विशेष रूप से विद्यमान समाज वादियों के पतन से पैदा हुई वैचारिकी सुखभ्रांति के क्षणों में, विश्व अर्थव्यवस्था पर काबू पाने की अनियंत्रित कार्यसूची को आगे बढ़ाया जा सके। इससे बार-बार बाजार आधारित नई उदारवादी कार्यसूची जो नई 'विकास नीति' के रूप में वाशिंगटन कान्संसस के नाम से लोकप्रिय थी, को अपनाया गया। इसी के साथ इसे अंतर्राष्ट्रीय मुद्रा निधि-विश्व बैंक की शर्तों पर दर्जनों ऋण-ग्रस्त, गरीब और कमजोर अर्थव्यवस्थाओं पर लागू किया गया जिससे उन्हें उनके विदेशी मुद्रा नकदी संकट से निजात मिल सके। भारत में ढाँचागत समायोजन का यह कार्यक्रम समान संकट जैसी स्थिति की प्रतिक्रिया में 1990 के दशक के आरंभ में अपनाया गया था। इसके मुख्य घटक थे–अविनियमित, बाजार नियंत्रित विदेशी और स्थानीय पूँजी के पक्ष में प्रमुखतः पहली स्थिति में प्रत्यक्षतः भागीदारी और नियामक दोनों भूमिकाओं से राज्य की महत्त्वपूर्ण वापसी। इसी नीति में उन लोक उद्यमों का निजीकरण भी अंतर्ग्रस्त था जिन्होंने अब तक कई अर्थव्यवस्थाओं पर वर्चस्व बनाए रखा था।

1990 का संपूर्ण दशक इस प्रतिदर्श को विशाल पैमाने पर लागू करने का साक्षी था परंतु इसका परिणाम अधिक कुंठाग्रस्त, अस्थायी तथा गरीब विरोधी और कर्मी वर्ग विरोधी था। वास्तव में विकास गति को जारी रखना मुश्किल हो गया क्योंकि उदारवादी नीतियों के संकीर्णतः केंद्रित विकास और रोजगार विरोधी होने के कारण क्षमताएँ अप्रयुक्त रहीं और निवेश के लिए माँग कमजोर पड़ गई तथा वित्तीय रूप से बाधित राज्य मशीन उद्योग के

पुनरुत्थान का कार्य नहीं कर सके। इस प्रकार के विनाशपूर्ण परिणामों की प्रतिक्रिया में, उदारीकरण–निजीकरण–भूमंडलीकरण (LPG) पैकेज से व्यापक मोहभंग हुआ है, जो विकास अर्थशास्त्र में प्रति–क्रांति का मूल है। उसके विरोध में और असैनिक समाज संस्थाओं की पहल के रूप में, कई आधारभूत आंदोलनों ने मिथ्या विकास सिद्धांतों और उनके नीति पैकेज को निरावृत करने तथा लोकप्रिय जनसमुदाय को अपने हितों, स्वतंत्रता और लोकतांत्रिक व्यवस्था के बचाव में सक्रिय होने के लिए अपने प्रयासों में छोटी–सी शुरुआत है। वास्तव में, अंतर्राष्ट्रीय ऋण संकट और वाशिंगटन कान्संसस के बीच मजबूत संबंध होने के कारण यह तर्क दिया गया है कि LPG पैकेज नीति मूल रूप से अंतर्राष्ट्रीय वित्तीय संसाधनों के अंतरण की माँग को बनाए रखने के साथ–साथ ऋण–संग्रहण युक्ति है।

कमजोरों को शक्तिशाली बनाने के स्थान पर उन्हें और शक्तिहीन करना विकास अर्थशास्त्र में प्रति–क्रांति का परिणाम था। उन विकल्पों के लिए खोज जारी है जो पैत्रिकतावादी, ऊपर–नीचे, जिज्ञासु, अर्थ–विरोधी तथा अत्यधिक केंद्रित नहीं हैं, जो दक्षिण देशों में प्रतिकृति नहीं करते हैं, निराशाजनक तथा संक्राम्यता–त्रस्त गलत–विकास नहीं है, जैसा कि उत्तर में देखा जाता है। यह निश्चित रूप से प्रमुख कार्य है जिसके सामने विकास की राजनीतिक अर्थव्यवस्था की चुनौती है। चूँकि उदारीकरण अवधि की विकास गति को जारी नहीं रखा जा सका तथा एक विलम्बित अवस्फीति अथवा अधोन्मुखी चरण स्थापित हो चुका है जो रोजगार में प्रतिकूल रुझान के साथ भारत में लोगों की जीविका और सुरक्षा के लिए खतरा बना हुआ है।

7 अर्थव्यवस्था की संरचना एवं वृद्धि (गरीबी, अधिशेष और विषमता)

प्रश्न 1. गरीबी रेखा से आप क्या समझते हैं? भारत के संदर्भ में इसकी व्याख्या कीजिए।

उत्तर– गरीबी का सामान्य अर्थ उस सामाजिक क्रिया से है, जिसमें समाज का एक भाग अपने जीवन की बुनियादी अवश्यकताओं को पूरा करने में असमर्थ रहता है। प्रथमतः भारत पर अनुसंधान कार्य से प्रभावित होकर, विश्व बैंक ने निरपेक्ष गरीबी विकासशील देशों में जनसंख्या के 40 प्रतिशत के धरातल पर परिभाषित की। गरीबी की प्रथम निरपेक्ष परिभाषा दंडेकर–रथ द्वारा दी गई थी जिसने इसे 1960–61 के मूल्यांकन पर भारतीय ग्रामीण जनसंख्या के लिए प्रति व्यक्ति प्रतिमाह 15 रुपये तथा शहरी जनसंख्या के लिए प्रति व्यक्ति प्रतिमाह 18 रुपये के व्यय के रूप में परिभाषित की।

निरपेक्ष गरीबी रेखा होने पर विभिन्न देशों के बीच गरीबी की तुलना की जा सकती है। अंतिम दशक में अंतर्राष्ट्रीय गरीब रेखा के अधिकांश तुलनात्मक अध्ययन विश्व बैंक द्वारा किए गए हैं और क्रय शक्ति गरीबी रेखा की प्रयुक्त परिभाषा 1993 के मूल्यांकन पर 108 अमेरिकी डॉलर प्रतिदिन है।

भारत में गरीबी मापन के लिए सर्वाधिक व्याप्त प्रयुक्त उपाय 'सिर गणना अनुपात' है। यह आय की गरीबी मापन का साधन है। 1960 के प्रारंभ में, भारत में गरीबी के स्तर के मापन के लिए प्रसिद्ध अर्थविदों का एक विशेष कार्यचालन समूह नियुक्त किया गया। विशेषज्ञों ने गरीबी रेखा की एक परिभाषा दी। यह परिभाषा पोषण सलाहकार समिति द्वारा निर्धारित राष्ट्रीय तौर पर आयोजित न्यूनतम आदर्श संतुलित आहार पर आधारित थी। दूसरे शब्दों में कोई परिवार जो अवशिष्ट खाद्य पैकेट नहीं खरीद सकता और जिसे खाने पर न्यूनतम ऊर्जा मिले, गरीब माना गया। उन्होंने घोषणा की कि 50 प्रतिशत भारतीय गरीबी रेखा से नीचे रहते थे।

तथापि, इस प्रकार परिभाषित गरीबी रेखा कुछ–कुछ अकिंचन रेखा है क्योंकि यह केवल जीवन निर्वाह के लिए अपेक्षित व्यय को ही हिसाब में लेती है तथा न्यूनतम बेहतर जीवन–स्तर जैसे मूलभूत आवश्यकता मकान, वस्त्र, शिक्षा और स्वास्थ्य सेवाओं के लिए आवश्यक प्रत्येक व्यय को छोड़ देती है।

कार्यप्रणाली और अभिधारणाओं में मतभेद से बिल्कुल अलग परिणाम आ सकते हैं। उदाहरण के लिए न्यूनतम कैलोरी आवश्यकता के एक ही मानदंड का प्रयोग करते हुए हाल ही में भारत के लिए गरीबी रेखा प्राक्कलनों के दो सेट थे। 1993–94 में, योजना आयोग

के अनुसार, भारत की जनसंख्या का मात्र 19 प्रतिशत से नीचे था। यह शासकीय अनुमान था। तथापि, राष्ट्रीय प्रतिदर्श सर्वेक्षण (NSS) द्वारा नियमित रूप से किए जा रहे उपभोक्ता व्यय सर्वेक्षणों पर आधारित अनुमानों में भारत की जनसंख्या का गरीबी रेखा से नीचे का अनुपात 36 प्रतिशत था। फरवरी 1997 में, भारत सरकार ने गरीबी अनुपात के प्राक्कलन और गरीबों की संख्या पर विशेषज्ञ समूह द्वारा की गई उन सिफारिशों (1993) को स्वीकार कर लिया जिन्होंने योजना आयोग द्वारा गरीबी के प्राक्कलन करते समय किए गए समायोजनों को निरस्त कर दिया था। परिणामस्वरूप 1993–94 में गरीबी रेखा से नीचे भारत की जनसंख्या का शासकीय प्राक्कलन 35 प्रतिशत था।

सिर गणना अनुपात उपभोक्ता व्यय पर NSS आँकड़ों के आधार पर संगणित किया जाता है। गरीबी रेखा से कम आय वाले लोग गरीब होते हैं और इन गरीबों का कुल जनसंख्या से अनुपात सिर गणना अनुपात होता है। भयावह जनसंख्या वृद्धि के कारण, निरपेक्ष संख्या में पेचीदा बनती जा रही है जबकि प्रतिशतता अधोन्मुख रुझान दर्शाती है।

प्रश्न 2. आय के स्तर मानव जीवन के अन्य आयामों पर काबू पाने में अक्सर विफल हो जाते हैं उदाहरण द्वारा स्पष्ट कीजिए।

उत्तर– मानव जीवन के अन्य आयामों पर काबू पाने में विफल आय के स्तर को निम्नलिखित तथ्यों द्वारा स्पष्ट किया जा सकता है–

(1) आय के स्तर मानव जीवन के अन्य आयामों के साथ अभावों पर काबू पाने में अक्सर विफल हो जाते हैं। उदाहरणार्थ, आंध्र प्रदेश देहात और मध्य प्रदेश शैक्षणिक अभाव के समान स्तर से त्रस्त हैं–निरक्षरता दर 64 प्रतिशत, परंतु गरीब आय का समानुपात आंध्र प्रदेश में 22 प्रतिशत तथा मध्य प्रदेश में 42 प्रतिशत है। पुनः शहरी निरक्षरता दर पंजाब और उड़ीसा में समान (28 प्रतिशत है) है तथा शहरी गरीब आय का अनुपात पंजाब में 11 प्रतिशत तथा उड़ीसा में 41 प्रतिशत है। इसी प्रकार, केरल, तमिलनाडु और आंध्र प्रदेश जहाँ बाल कुपोषण का निम्नतम स्तर है, में प्रति व्यक्ति आय के स्तर अपेक्षाकृत कम होने के बावजूद ऐसा है। मध्यप्रदेश और महाराष्ट्र बाल कुपोषण का एक ही स्तर बताते हैं यद्यपि महाराष्ट्र की प्रति व्यक्ति आय मध्यप्रदेश की तुलना में दुगनी है।

समृद्धि के स्तर अथवा आय की कमी भी मानव जीवन की समृद्धि अथवा गरीबी का मापन करने में विफल रहती है। उदाहरण के लिए शहरी गरीब दर देश भर में तथा संपूर्ण राज्यों के बीच देहाती गरीबी दर से निरंतर कम रही है। शहरी आय के स्तर भी विशिष्ट तौर पर देहाती आय से अधिक है। यद्यपि भारत के प्रमुख शहरों को देखने वाले आगंतुक महसूस करेंगे कि यातायात में नाटकीय रूप से वृद्धि हुई है और उसी प्रकार प्रदूषण में भी। वसन समस्याओं में वृद्धि हुई है और जल तथा विद्युत का भारी संकट है। विशेष रूप से शहरी गंदी बस्तियों में रहने वाले गरीब लोग जो महानगरों में लगभग 30 प्रतिशत हैं, और अधिक बर्बादी का शिकार हैं, उपारोधित जल निकासी पाइप, रुका हुआ पानी, गंदी सार्वजनिक

लैट्रिन, मलवे के ढेर तथा उनके चारों ओर बढ़ता हुआ अस्वास्थ्यकर पर्यावरण। सर्वाधिक महत्त्वपूर्ण यह है कि शहरी क्षेत्रों में बाल मृत्युदर संपूर्ण देश में हाल के वर्षों में स्थिर रही है तथा कई राज्यों में इसमें वृद्धि हुई है। शहर आय की गरीबी में घटते हुए रुझान भी इन भयानक बिगड़ती हुई आवासीय हालातों पर काबू नहीं कर पाए हैं।

(2) यह सब कहने का यह अर्थ नहीं है कि आय से कोई फर्क नहीं पड़ता। फर्क पड़ता है परंतु लोग अपने जीवन में आय की अपेक्षा अन्य चीजों को प्रायः महत्त्व देते हैं। एक अत्यधिक गरीब के लिए भी आत्मसम्मान और अच्छी प्रतिष्ठा मायने रखती है। वे प्रायः अपनी तत्काल आवश्यकताओं के लिए जोड़–तोड़ करते हैं जैसे बच्चों के लिए अच्छी शिक्षा, अच्छी स्वास्थ्य सुविधाओं तक पहुँच और एक सुरक्षित पर्यावरण। वे शोषण तथा विभेदन से नफरत करते हैं। अधिकांश के लिए आय के मुकाबले प्रतिष्ठा और सम्मान का अधिक महत्त्व होता है।

मानव अकालों को समाप्त करने के लिए हमें लंबा रास्ता तय करना है। अच्छे स्वास्थ्य केंद्रों तक पहुँच मूलभूत शिक्षा और अन्य आवश्यक सेवाओं में नाटकीय रूप से सुधार करना है। जाति, वर्ग और लिंग के अवरोधकों को हटाना है।

1960 में, बोत्सवाना और इण्डोनेशिया में आय का स्तर भारत के स्तर से कम था। परंतु 1993 तक स्थिति उलट गई। इस अवधि के दौरान, बोत्सवाना और इण्डोनेशिया ने स्वास्थ्य और शिक्षा में भारत के मुकाबले महत्त्वपूर्ण रूप से अधिक तीव्र प्रगति दर्ज की। पुनः 1960 में, दक्षिण कोरिया की आय भारत की आय से 8 गुणा थी। 1960–93 के बीच आय में यह वृद्धि उस अवधि से मेल खाती थी जब दक्षिण कोरिया में अनुमानित जीवन 54 वर्ष से बढ़कर 71 वर्ष हो गया तथा प्रौढ़ निरक्षरता 4.6 प्रतिशत से घटकर 2 प्रतिशत रह गई। इसी प्रकार चीन, इण्डोनेशिया और थाईलैण्ड सभी ने भारत के मुकाबले प्रति व्यक्ति आय के उच्च स्तर प्राप्त किए हैं और उन्हें बरकरार रखा है क्योंकि उन्होंने मानव क्षमताओं का विस्तार करने में काफी बेहतर कार्य किए हैं। इन देशों ने मान्यता प्राप्त की। यदि मानव गरीबी का उन्मूलन करता है तो भारत को प्राथमिकता के तौर पर अपने लोगों में उनके स्वास्थ्य और शिक्षा पर निवेश करना चाहिए।

(3) भारत को अपने विकास में संतुलन बनाए रखने की आवश्यकता है। केवल आर्थिक मुकाबले पर ही – आय और निवेश के बीच आयात और निर्यात के बीच, बचत और निवेश के बीच संतुलन नहीं बनाना है। अपितु आर्थिक विकास और सामाजिक अवसरों के विस्तार के बीच भी संतुलन की आवश्यकता है। आर्थिक अधिकारों और राजनीतिक अधिकारों के बीच संतुलन चाहिए। भौतिक अवस्थापना और मौलिक सामाजिक अवस्थापना के विस्तार के बीच संतुलन आवश्यक है। प्रोत्साहन स्वास्थ्य केंद्र, मूलभूत आर्थिक सुरक्षा और जीविकोपार्जन के आश्वासन पर प्राथमिकता देनी है। साथ ही साथ पुरुष और महिलाओं के बीच, देहाती और शहरी क्षेत्रों के बीच, सामाजिक रूप से पिछड़े हुए समुदायों और शेष समाजों के बीच कई असंतुलनों को भी ठीक करने की आवश्यकता है।

संसाधनों का मुद्दा है, स्पष्ट तौर पर अधिक वित्तीय संसाधन अपेक्षित होंगे यदि सभी बच्चों को स्कूल भेजना है, सभी गाँवों में प्राथमिक स्वास्थ्य केंद्र बनाने हैं, सभी समुदायों को स्वच्छ पानी पिलाना है अथवा सभी गर्भवती महिलाओं को सुरक्षित मातृत्व सुनिश्चित करना है। अतिरिक्त संसाधन रक्षाखर्चों में कटौती करके जुटाए जा सकते हैं। परंतु प्राथमिकताओं को ठीक तरह से लागू करने की आवश्यकता है। सेवाओं की गुणवत्ता और प्रभावकारिता में सुधार के लिए, सार्वजनिक खर्च में असंतुलन को ठीक करने के लिए, व्यवस्था में छिद्रों को रोकने और अपव्यय को कम करने के लिए तथा खर्च में अधिकतम दक्षता सुनिश्चित करने के लिए धन का उपभोग किया जाना चाहिए।

(4) आर्थिक और राजनीतिक नीति निर्णयों में महिलाओं की पूरी तरह सहभागिता के लिए अवसरों का सृजन और विस्तार किया जाना चाहिए। मणिपुर और केरल में मानव विकास अनुभव से संकेत मिलता है कि समाज की समृद्धि में तभी सुधार होता है जब महिलाएँ आर्थिक, सामाजिक और राजनीतिक क्षेत्र में अधिक स्वतंत्रता प्राप्त करती हैं। परंतु महिलाओं के लिए अधिक स्वतंत्रता सुनिश्चित करना आसान नहीं है। दुर्भाग्यवश, कई इसे बिना किसी लाभ के आदमी की ताकत को बलात् छीनना मानते हैं। इसके बिल्कुल प्रतिकूल उस समय समाज का समग्र लाभ कई गुना बढ़ जाता है जब पुरुष और महिलाएँ बराबर सहयोग करते हैं। तथापि, इसे प्राप्त करने के लिए, हमें उसी तरह से परिवर्तन करने पड़ेंगे जिस तरह जनता सोचती है और व्यवहार करती है, समाज महिलाओं की भूमिका और अंशदान को महसूस करता है।

(5) राज्य को सामाजिक अवसरों के विस्तार के लिए अपने उत्तरदायित्वों का परित्याग करने की बजाय गत समय की अपेक्षा अधिक सक्रिय भूमिका निभाने की आवश्यकता है। भारत में राज्य केवल उतना ही प्राप्त करता है जितना उसे प्राप्त करने के लिए निर्धारित किया जाता है। यदि कोई कार्य नहीं हो पाता है तो आमतौर पर उसकी अनिच्छा का सूचक है न कि उसकी अक्षमता का। उदाहरण के लिए राज्य के नियंत्रणों में कमी लाने, अर्थव्यवस्था का उदारीकरण करने और अर्थव्यवस्था को खोलने में गतिशीलता दिखाई है। स्थानीय सरकारों में महिलाओं की सहभागिता सुनिश्चित करने के लिए हाल ही में किया गया संविधान संशोधन उसके एक अत्यधिक प्रभावी और सक्रिय चेहरे को प्रस्तुत करता है। दूसरी तरफ, बाल–श्रम को समाप्त करने, शिशु वेश्यावृत्ति रोकने और अभी हाल तक एड्स की समस्याओं से सबको अवगत करने के राज्य के प्रयास उसके चकित करने वाले अक्खड़पन को प्रकट करते हैं। इसी प्रकार, संविधान में पुष्टि करने के बावजूद प्राथमिक शिक्षा को अनिवार्य न करना उसकी अव्याख्येय अनिच्छा को प्रकट करता है। इनमें से कई मामलों में, दीर्घकालिक वकालत; खुली बहसें, निरंतर दबाव और सार्वजनिक कार्रवाई पर राज्य से अवश्यमेव अनुकूल प्रतिक्रिया की आवश्यकता है।

प्रश्न 3. गरीबी अनुपात में रुझान पर एक नोट लिखिए।

उत्तर– भारत की विकास प्रक्रिया का अभिभावी उद्देश्य बड़े पैमाने पर गरीबी का उन्मूलन करता है। भारत में गरीबों का अनुपात गत वर्षों में व्यापक रूप से घटता–बढ़ता रहा है परंतु रुझान अधोमुखी है। आय की गरीबी के रुझान एकसमान नहीं है। इनको मोटे तौर पर तीन अवधियों में बाँटा जा सकता है।

1951 और मध्य 1970 के बीच–आय की गरीबी में कमी से किसी विवेचना योग्य रुझान का पता नहीं चलता। 1951 में, भारत की ग्रामीण जनसंख्या का 47 प्रतिशत गरीबी रेखा से नीचे था। इस अनुपात में 1954–55 में 64 प्रतिशत कि वृद्धि हुई, 1960–61 में यह घटकर 45 प्रतिशत हुआ परंतु 1977–78 में पुनः बढ़कर 51 प्रतिशत हो गया।

मध्य 1970 और 1980 के अंत के बीच–1977–78 और 1987–88 के बीच ग्रामीण आय की गरीबी में 53 प्रतिशत से 39 प्रतिशत तक जबर्दस्त गिरावट आई। 1990 में यह और घटकर 34 प्रतिशत रह गई। शहरी आय की गरीबी 1977–78 में 45 प्रतिशत से घटकर 1982–83 में 38 प्रतिशत हुई तथा 1989–90 में और अधिक घटकर 33 प्रतिशत रह गई।

1991 के बाद–1991 के बाद आर्थिक सुधार से बाद की अवधि में, उतार–चढ़ाव दर्ज किए गए। ग्रामीण आय की गरीबी 1989–90 में 34 प्रतिशत से बढ़कर 1992–93 में 43 प्रतिशत हो गई और इसके बाद 1993–94 में 37 प्रतिशत तक घटकर नीचे आ गई। शहरी आय की गरीबी 1998–99 में 36 प्रतिशत से घटकर 1992–93 में 34 प्रतिशत हो गई तथा 1993–94 में पुनः घटकर 30 प्रतिशत हो गई।

व्यष्टि राज्यों के वृद्धि निष्पादन में अंतरों में गरीबी में कमी के लिए महत्त्वपूर्ण निहितार्थ अंतर्ग्रस्त हैं जो राष्ट्रीय नीति का निर्णायक उद्देश्य है। व्यष्टि राज्यों में गरीबी के एकमात्र उपलब्ध अनुमान इस प्रकार किए गए लगभग 1,20,000 गृहस्थों के उन प्रतिदर्शी सर्वेक्षणों से व्युत्पन्न हैं जो प्रतिवर्ष NSS द्वारा कराए जाते हैं। NSS वार्षिक सर्वेक्षण भी करता है। परंतु प्रतिदर्शक आकार इतना छोटा होता है कि उससे व्यष्टि राज्यों के लिए गरीबी के विश्वस्त प्राक्कलन प्राप्त नहीं हो सकते। 1983, 1987–88 और 1993–94 में बड़े प्रतिदर्शक सर्वेक्षण किए गए थे तथा इन सर्वेक्षणों को प्रयोग करके योजना आयोग द्वारा संगठित राज्य विशिष्ट गरीबी अनुमान में दर्शाए गए हैं। इनसे पता चलता है कि कुल मिलाकर 14 प्रमुख राज्यों में (जो कुल मिलाकर जनसंख्या का 95 प्रतिशत बनते हैं), गरीबी रेखा से नीचे जनसंख्या की प्रतिशतता 1983 में 42.8 प्रतिशत से घटकर 1993–94 में 36.3 प्रतिशत हो गई।

राज्य स्तर से पता चलता है कि दो राज्यों–बिहार और हरियाणा को छोड़कर जिन्होंने वृद्धि दर्शाई थी, 10 वर्ष की अवधि में सभी राज्यों में गरीबी में कमी महसूस की गई। बिहार

में गरीबी का कारण यह था कि राज्य में प्रति व्यक्ति राज्य घरेलू उत्पाद 1983-84 और 1993-94 के बीच प्रति वर्ष 0.8 प्रतिशत से कम था। तथापि, यह देखा गया है कि हरियाणा में गरीबी में गिरावट की विवेचना करना मुश्किल है क्योंकि उसी अवधि के दौरान प्रतिवर्ष प्रतिव्यक्ति राज्य घरेलू उत्पाद 3.4 प्रतिशत था। प्रति व्यक्ति आय में वृद्धि के बावजूद गरीबी में वृद्धि होना संभव है यदि वितरण पर्याप्त रूप से बदतर हो। परंतु यह विश्वास करना मुश्किल है कि हरियाणा में इस अवधि के दौरान प्रतिव्यक्ति राज्य घरेलू उत्पाद में 40 प्रतिशत की वृद्धि दर्ज करने के लिए वितरण पर्याप्त रूप से बदतर हो सकता था। यह विशेषतः ऐसा है क्योंकि हरियाणा में रुझान पंजाब जैसे थे। इससे इसी अवधि में गरीबी की तीव्र गिरावट का पता चलता है।

व्यष्टि राज्यों में 1993-94 से आगे गरीबी के प्राक्कलन केवल तभी उपलब्ध होंगे जब 1999-2000 के लिए NSS के 60वें दौर के आँकड़े प्राप्त हो जाएँ। तुलनात्मक सर्वेक्षण के आधार पर प्राक्कलनों के न होने पर हम केवल अनुमान लगा सकते हैं कि व्यष्टि राज्यों में गरीबी का क्या हुआ जिसके आधार पर हमें इन राज्यों में 1993-94 से आगे आर्थिक वृद्धि का पता चलता है। 1960 के दशक और 1970 के अधिकांश काल में अखिल भारतीय अनुभव से पता चला कि गरीबी में कमी नगण्य थी जब प्रति व्यक्ति सकल घरेलू उत्पाद वृद्धि 2 प्रतिशत से नीचे थी, परंतु इसमें गिरावट आना शुरू हुई जब प्रति व्यक्ति वृद्धि 3 प्रतिशत तक हुई तथा 1970 और 1980 के अंतिम दौर में और अधिक हो गई। इस अनुभव का सामान्यीकरण करके हम अनुमान लगा सकते हैं कि सभी राज्यों में गरीबी में कुछ कमी आनी चाहिए, जहाँ प्रति व्यक्ति वृद्धि 1993-94 के बाद इस स्थिति में 3 प्रतिशत अथवा आस-पास होती है जब वृद्धि के स्वरूप में पूर्ववर्ती वर्षों की तुलना में महत्त्वपूर्ण परिवर्तन हुआ हो।

अर्थविदों के अनुसार, निम्न वृद्धि दर निम्नलिखित चार नीतियों के कारण थी—

(1) भूमंडलीकरण के प्रतिकूल नीतियाँ जिनका अर्थ था कि भारत बढ़ती हुई विश्व अर्थव्यवस्था द्वारा व्यापार और प्रत्यक्ष विदेशी निवेश के अंतर्प्रवाह संबंधी उपलब्ध अवसरों का लाभ उठाने में विफल रहा;

(2) अपरिहार्य अधिक कर्मचारियों और प्रोत्साहनों की कमी से त्रस्त लोक क्षेत्र उपक्रमों पर विश्वास जिससे प्रत्यक्ष तौर पर हानियाँ हुईं जिसका अर्थ था गंभीर अक्षमताएँ और साथ ही साथ राजस्व पर भारी दबाव;

(3) लोक क्षेत्र उपक्रमों में प्रौद्योगिकियों की पूँजीगत गहन प्राथमिकताओं की रक्षा उससे इन उपक्रमों के दयनीय निष्पादन को बढ़ावा मिला और

(4) प्रत्यक्ष नियंत्रणों का हमारा अत्यधिक विस्तार जिससे स्थायी विकास में रुकावट आई।

अर्थव्यवस्था की संरचना एवं वृद्धि (गरीबी, अधिशेष और विषमता)

दुर्भाग्यवश इस प्रकार की सुधार प्रक्रिया ने अभी तक पर्याप्त रूप से वांछित लक्ष्य प्राप्त नहीं किया है। कुछ प्रमुख लक्ष्यों का वर्णन निम्नलिखित है—

1. सुधार प्रक्रिया बमुश्किल कृषि तक पहुँच पाई है। भारतीय कृषि मात्र विश्व बाजार से ही प्रमुखतः पृथक् नहीं हुई है अपितु कृषि उत्पादों में घरेलू व्यापार पर भी प्रतिबंध हैं जैसे महाराष्ट्र सरकार द्वारा अधिप्राप्ति पर एकाधिकार और कपास पर निर्यात प्रतिबंध, कतिपय पण्यों के निजी तौर पर अंतर्राज्यीय आवागमन पर प्रतिबंध आदि।

2. दूसरे, मजदूर बाजार विनियमन में कोई सुधार नहीं हुआ है। संघटित विनिर्माण और लोक क्षेत्र में नियोजित श्रमिक बल के 10 प्रतिशत से कम एक छोटे हिस्से को रोजगार सुरक्षा, अपेक्षाकृत अधिक वेतन और अन्य उपलब्धियाँ प्राप्त हैं। शेष श्रमिक बल को कोई संरक्षण नहीं है।

3. तीसरे, अपंगकारी विनियमन है जो लघु उद्योगों द्वारा उत्पादन के लिए कतिपय वस्तुएँ अनुमत करता है। इससे कार्यों में अनिपुणता तथा अर्द्धअनुकूल स्थिति पैदा हुई है। तथापि, कतिपय स्फूर्त निर्यात पण्य जैसे वस्त्र, चमड़े के उत्पाद, जूते और खिलौने लघु उद्योग क्षेत्र के लिए आरक्षित हैं जिससे चीन जैसे देशों ने निर्यात लाभ कमाने में भारत को एक तरफ कर दिया है।

4. चौथे, विदेश व्यापार और निवेश लाइसेंस सुधारों का लाभ अन्य शर्तों पर भी निर्भर होगा जैसे पर्याप्त विद्युत की उपलब्धता, दक्ष और सस्ता परिवहन और दूरसंचार, विशेषतः ग्रामीण सड़कें और टेलीफोन तथा श्रमिक बल के शिक्षाग्रहण में सुधार। रैवेलियन और दत्त के अध्ययन ने सुझाव दिया है कि सुधारों से अभिप्रेत विकास की गरीबी उन्मूलन क्षमता और अधिक हो जाएगी बशर्ते ये संघटक वर्तमान की तुलना में अधिक अनुकूल हों। उपसंहार के तौर पर कहा जा सकता है कि इस बात का कुछ साक्ष्य है गरीबी में गिरावट 1991 के सुधारों के लागू होने के बाद आई है, चूँकि सुधार अपरिहार्य थे, वास्तविक सवाल यह है कि गरीबी उन्मूलन के लिए सुधारों द्वारा अभिप्रेत विकास को किस प्रकार अधिक प्रभावी बनाया जाए। सुधारों को कृषि ग्रामीण क्षेत्र तक बढ़ाए जाने, श्रमिक और उत्पाद बाजार के लिए सुधारों को कृषि ग्रामीण क्षेत्र तक बढ़ाए जाने, श्रमिक और उत्पाद बाजार के लिए सुधारों को इस तरह लागू करने कि विकास श्रमिक प्रेरक अधिक हो तथा अवस्थापना सेवाओं की गुणवत्ता और प्रमात्रा में सुधार, शैक्षणिक उपलब्धि और सुधारों को गहन करने से गरीबी की गिरावट में महत्त्वपूर्ण गतिशीलता आएगी।

प्रश्न 4. क्या भारत में सकल घरेलू उत्पाद में वृद्धि के परिणामस्वरूप राज्य घरेलू उत्पाद की वृद्धि दर में समान वृद्धि हुई है?

उत्तर— राष्ट्रीय घरेलू उत्पाद में वृद्धि के फलस्वरूप राज्यों के घरेलू उत्पाद में वृद्धि नहीं हुई, क्योंकि राज्यों के पास संसाधनों की कमी रही है। राज्यों में निजी निवेश की संभावना

बहुत कम है। भारत के कुछेक राज्यों में ही निजी निवेश हुआ है। दक्षिण भारत में जहाँ औद्योगिक निवेश के मामले में तमिलनाडु आगे है, वहीं उपभोक्ता बाजार के मामले में केरल ने भारत में अग्रणी स्थान बना रखा है। राज्यों के सामने कर्ज की समस्या पहले से विद्यमान होने के कारण उनकी हालत ठीक नहीं है। विकास योजनाओं पर जो व्यय किया जा रहा है, वह लाभ की जगह हानि पहुँचा रहा है। राज्य सरकारों द्वारा खर्च बढ़ाया जा रहा है, परंतु आय के नये स्रोतों का सही तरीके से इस्तेमाल नहीं किया जा रहा। कर संग्रह तथा गैर-कर स्रोतों से धन उगाहने में भी पीछे रहीं और न ही इनमें वृद्धि के लिए किसी प्रकार की ठोस योजनाएँ शुरू की जा सकीं। आमदनी अठन्नी, खर्चा रुपये से स्थिति और खराब हो रही है। आँकड़े भी राज्यों के खर्च के हाल का बयान करते हैं। 2002-03 में राज्य सरकारों का बजट खर्च 4,30,944 करोड़ रुपए था, जबकि उसी वर्ष केंद्रीय सरकार का बजट 4,10,309 करोड़ रुपए था। राज्यों में भ्रष्टाचार के कारण विकास के परखच्चे उड़ रहे हैं। राज्य सरकारें विकास के नाम पर अपने बजट का 56 प्रतिशत खर्च करती हैं जबकि केंद्र सरकार 29 प्रतिशत अपने बजट का व्यय करती हैं।

8 विधायिका

प्रश्न 1. हमारी संसदीय व्यवस्था में लोकसभा की भूमिका का परीक्षण कीजिए।
[Dec 2009, Q. 3.]

उत्तर– लोकसभा भारतीय संसद का प्रथम सदन है, जिसके प्रायः सभी सदस्य जनता द्वारा प्रत्यक्ष रीति से चुने जाते हैं। संघीय संसद के निम्न सदन या लोकप्रिय सदन को लोकसभा का नाम दिया गया है। इसका निर्वाचन जनता प्रत्यक्ष रूप से करती है। भारत का हर नागरिक जिसकी आयु 18 वर्ष से कम नहीं है, लोकसभा के चुनावों में वोट देने का अधिकारी है जब तक विधि के अधीन उसे अन्यथा अयोग्य न ठहरा दिया जाए। संविधान का उपबंध है कि लोकसभा में राज्यों के प्रादेशिक निर्वाचन क्षेत्रों से प्रत्येक निर्वाचन द्वारा चुने गए 530 से अधिक तथा संघ राज्य क्षेत्रों का प्रतिनिधित्व करने के लिए ऐसी रीति से जो संसद विधि द्वारा उपबंधित करे, चुने गए 20 से अधिक नहीं होंगे। राष्ट्रपति आंग्ल–भारतीय समुदाय का प्रतिनिधित्व सुनिश्चित करने के लिए दो सदस्य नामजद कर सकता है। इस प्रकार संविधान में लोकसभा के सदस्यों की अधिकतम संख्या 552 निश्चित की गई है।

लोकसभा में अनुसूचित जातियों तथा अनुसूचित जनजातियों के लिए स्थानों का आरक्षण राज्यवार जनसंख्या अनुपात के आधार पर किया गया है। मूलतः आरक्षण 10 वर्षों के लिए था, लेकिन उसे हर बार अगले 10 वर्षों के लिए बढ़ाया जा रहा है।

लोकसभा का प्रमुख कार्य है–विधि निर्माण करना। कानून निर्माण के सभी प्रस्ताव विधयेकों के रूप में संसद के समक्ष आते हैं। जैसे ही कोई विधायी प्रस्ताव संसद के समक्ष आते हैं, संबंधित मंत्रालय यह देखता है कि उसके राजनीतिक, प्रशासनिक, वित्तीय और अन्य परिणाम क्या हो सकते हैं। यदि अन्य मंत्रालय या राज्य सरकारें भी उससे संबंधित हो तो उसका परामर्श लिया जाता है। उस प्रस्ताव के वैधिक एवं संवैधानिक पहलुओं के संबंध में विधि मंत्रालय और भारत के महान्यायवादी का परामर्श लिया जाता है। व्यावसायिकों एवं हित समूहों आदि का भी यदि आवश्यक समझा जाए, तो परामर्श लिया जाता है। जब प्रस्ताव के सभी पहलुओं का अध्ययन कर लिया जाता है, तब विभागीय विशेषज्ञों एवं अधिकारियों की सहायता से प्रस्ताव को विधेयक का रूप दिया जाता है। प्रत्येक विधेयक के तीन वाचन होते हैं। प्रथम वाचन से अभिप्राय है–विधेयक को पेश करने की अनुमति का प्रस्ताव, जिसके पास होने पर विधेयक पेश होता है जोकि पहले गजट में प्रकाशित किया जा चुका हो। दूसरे वाचन में विधेयक के सिद्धांतों और उपबंधों पर सामान्य रूप से चर्चा की जाती है। दूसरे चरण में सदन

चाहे तो विधेयक को सदन की प्रवर समिति को या दोनों सदन के संयुक्त समिति को निर्दिष्ट करने या उस पर राय जानने के लिए परिचालित कर सकता है या यदि चाहे तो सीधे उस पर विचार कर सकता है। तीसरे वाचन में उस प्रस्ताव पर चर्चा होती है कि विधेयक को पास किया जाए। तत्पश्चात् विधेयक पर मतदान कराया जाता है। यदि अध्यक्ष उसे पारित होने की पुष्टि कर दे तो विधेयक को दूसरे सदन में भेज दिया जाता है, जहाँ संपूर्ण प्रक्रिया की पुनरावृत्ति होती है। जब संसद के दोनों सदन विधेयक को समान रूप से पारित कर देते हैं तो यह राष्ट्रपति को उनके अनुमोदनार्थ भेजा जाता है और उनकी सहमति मिलने पर कानून बन जाता है।

लोकसभा का अध्यक्ष लोकसभा की बैठकों की अध्यक्षता करता है। लोकसभा की बैठकों के लिए न्यूनतम सदस्यों की संख्या कुल सदस्यों का 10वाँ हिस्सा है। लोकसभा अध्यक्ष सदन में शांति एवं व्यवस्था बनाए रखने के उपाय करता है। सामान्यतः वह अपना मत किसी विषय पर हुए मतदान में नहीं डालता, पर जब कभी किसी प्रश्न पर मत समान संख्या में दोनों पक्ष में हो, तो वह अपना निर्णायक मत दे सकता है। किसी विधेयक को धन विधेयक होने का निर्णय भी लोकसभा अध्यक्ष ही करता है। जब किसी विधेयक पर दोनों सदनों में मतभेद हो जाता है एवं उसे दूर करने के लिए दोनों सदनों की संयुक्त बैठक बुलाई जाती है, तो उसकी अध्यक्षता लोकसभा का अध्यक्ष ही करता है।

संविधान के अनुसार संघीय कार्यपालिका अर्थात् मंत्रिमंडल संसद (व्यवहार में लोकसभा) के प्रति उत्तरदायी होता है। मंत्रिमंडल उसी समय तक अपने पद पर रहता है जब तक कि उसे लोकसभा का विश्वास प्राप्त हो। संविधान द्वारा वित्तीय क्षेत्र के संबंध में शक्ति लोकसभा को प्रदान की गई है। अनुच्छेद 109 के अनुसार वित्त विधेयक लोकसभा में ही प्रस्तावित किए जाएँगे। वार्षिक बजट और अनुदान संबंध माँगें भी लोकसभा के समक्ष ही रखी जाती हैं और इस प्रकार से समस्त व्यय की स्वीकृति देने का एकाधिकार लोकसभा को ही प्राप्त है।

संविधान के अनुसार भारतीय संसद संघ सूची, समवर्ती सूची, अवशेष विषयों और कुछ विशेष परिस्थितियों में राज्य सूची के विषयों पर कानून का निर्माण कर सकती है। भारतीय संघ में किसी राज्य को मिलाने या नया राज्य बनाने, किसी संघ राज्य क्षेत्र के लिए उच्च न्यायालय बनाने या किसी उच्च न्यायालय का अधिकार क्षेत्र बढ़ाने या कम करने की शक्ति लोकसभा को ही राज्यसभा की सहमति से करने का अधिकार है। इसे निर्वाचक मंडल के रूप में राष्ट्रपति एवं उपराष्ट्रपति के चुनाव में कार्य करना पड़ता है। अंततः जनता की शिकायतों का निवारण लोकसभा करती है।

प्रश्न 2. भारत में संसदीय संप्रभुता की अवधारणा पर एक निबंध लिखिए।
[June 2009, Q. 3.]

उत्तर— भारतीय संसद लिखित संविधान की सीमाओं से बँधी है जोकि ब्रिटिश संसद की भाँति पूर्णतया प्रभुसत्ता संपन्न नहीं है तथा राजनीतिक सिद्धांत के रूप में, संप्रभुता इस धारणा की प्रतीक है कि शासन की प्रत्येक व्यवस्था में अंतिम निर्णय के लिए कुछ निरपेक्ष शक्ति होनी

चाहिए। इस तरह का निर्णय करने वाला व्यक्ति अथवा निकाय विधिक तौर पर निर्णय लेने और उस निर्णय को व्यावहारिक तौर पर लागू करने के लिए सक्षम होना चाहिए। इस विशेष में परिप्रेक्ष्यात्मक और विवरणात्मक घटक सन्निहित है। प्रतिकूल वास्तविकता यह है कि बहुत से राज्यों में संप्रभुता की धारणा में अभिव्यक्त आदेश की एकता, स्पष्टता तथा प्रभावकारिता नहीं होती।

भारत में, सरकार और न्यायपालिका के बीच इस बात पर संघर्ष बना रहता है कि ससंद किस सीमा तक संविधान में संशोधन कर सकती है। गोलखनाथ मामले में (1967) न्यायालय ने 6:5 के बहुमत से नियम बनाया कि संसद मौलिक अधिकारों में संशोधन के लिए सक्षम नहीं है क्योंकि ये अधिकार और हैं यद्यपि संविधान संशोधन की शक्ति विधायी शक्ति है (अनुच्छेद 245) और इस प्रकार संविधान संशोधन अनुच्छेद 13(2) के दायरे में एक कानून बन जाता है। तथापि, 1971 में, 24वें संशोधन अधिनियम के द्वारा संसद ने संविधान संशोधन अधिनियम बनाकर इसकी संप्रभुता को बरकरार रखने की माँग की जिसे इस आधार पर न्यायिक समीक्षा से छूट प्राप्त होगी कि यह मौलिक अधिकारों को हटाती है अथवा उन्हें प्रभावित करती है। अनुच्छेद 368 के अनुसार पारित संविधान संशोधन अनुच्छेद 13 के संदर्भ में 'कानून' नहीं होगा। 25वें संविधान संशोधन अधिनियम ने संसद को उस स्थिति में मौलिक अधिकारों के उल्लंघन की शक्ति प्रदान की यदि यह उल्लंघन राज्य नीति के दिशा–निर्देश सिद्धांतों को लागू करने के लिए किया जाए।

1973 में, केशवानन्द भारती मामले में, सर्वोच्च न्यायालय ने व्यवस्था दी कि यद्यपि संसद संविधान द्वारा 'अभिनिश्चित' मौलिक अधिकारों में भी संशोधन कर सकती है परंतु यह संविधान के 'मूलभूत स्वरूप' अथवा ढाँचे को बदलने के लिए सक्षम नहीं है। 42वें संशोधन अधिनिमय (1976) में स्पष्ट तौर पर उद्घोषणा की गई कि ससंद संविधान के सभी उपबंधों का संशोधन करने के लिए सक्षम है और न्यायालय संसदीय अविनियमनों पर प्रश्न–चिन्ह नहीं लगा सकते।

'कानून की उचित प्रक्रिया' और 'कानून द्वारा स्थापित क्रियाविधि' के बीच संघर्ष के दृष्टिगत संसदीय संप्रभुता के दावे का कारण इसे जनता की इच्छा के प्रतीक के रूप में मानना है क्योंकि यह प्रत्यक्षतः जनता द्वारा चुनी जाती है और जनता के प्रति जवाबदेह होती है। वास्तव में, सभी प्रौढ़ नागरिकों द्वारा चुनी गई संसद निर्वाचित सभा जो बहुत ही सीमित मतदान द्वारा चुनी जाती है, की तुलना में आम राय का अधिक प्रतिनिधित्व करती है। तथापि, न्यायालय वर्षों से विवादात्मक निर्णय देते आ रहे हैं तथा न्यायिक निर्णयों की असमानता से संवैधानिक भ्रम की स्थिति पैदा हुई। संविधान वह है जो उसके उपखंडों में कहा गया है न कि वह जो न्यायपालिका द्वारा स्पष्ट किया गया है, विशेषतः 'मूलभूत स्वरूप' की धारणा स्वयं संविधान में कहीं नहीं मिलती तथापि यह न्यायाधीशों का आविष्कार है। 1980 में, **मिनर्वा मिल्स प्रकरण** में, न्यायपालिका ने अनुच्छेद 368 के उपखंड (4) और (5) की वैधता को

प्रतिकूल उद्‌घोषित करके सत्ता का संतुलन अपनी तरफ मोड़ लिया क्योंकि उनमें न्यायिक समीक्षा की व्यवस्था नहीं है जो संविधान का आधारभूत लक्षण है। तथापि, इस बात पर जोर देना कि संविधान को न्यायिकता के बिना संसद की इच्छा पर संशोधित किया जा सकता है, संविधान प्रधानमंत्री की निजी निधि बनकर रह जाएगा।

प्रश्न 3. भारत में संसद की कार्यप्रणाली का आलोचनात्मक आकलन कीजिए।

[June 2008, Q. 2.]

उत्तर– स्वतंत्र भारत की संसद तकनीकी रूप से 26 जनवरी 1950 से आरंभ हुई थी। परंतु लोकतंत्र रूप से यह 1952 में जीवंत रूप में प्रकट हुई थी। श्रीमती गाँधी के शासन काल के अंतिम दिनों में संसद के ह्रास की चर्चा एक आम बात हो गई थी। प्रसिद्ध राजनीतिक समीक्षक **वर्गीज** ने तो यह कह दिया था कि "भारतीय संसदीय व्यवस्था विनाश के कगार तक पहुँच चुकी है।" आपातस्थिति (1975–77) के दौरान संसद असामान्य दबावों के अंतर्गत कार्य कर रही थी। जनता पार्टी के शासन–काल (1977–80) में भी आपसी मनमुटाव ने राजनीतिक संस्थाओं को एक हद तक उद्देश्य हीन बना दिया था। 1980 के बाद 'वैयक्तिक राजनीति' के विकास के कारण लोकतांत्रिक परंपराओं का तेजी से पतन हुआ। उन दिनों व्यक्तिगत नेतृत्व पर जितना जोर दिया गया, उतना राजनीतिक संस्थाओं के विकास पर नहीं। राजीव गाँधी ने प्रधानमंत्री बन जाने के बाद यह घोषणा की थी कि विपक्ष से राय लेकर जहाँ तक संभव हो सकेगा 'आम सहमति' के अनुसार कार्य करेंगे। पर बाद में कई ऐसी घटनाएँ हुई जिससे राजीव गाँधी की विश्वसनीयता में कमी आई। राष्ट्रीय मोर्चा सरकार और उसके बाद गठित चन्द्रशेखर सरकार बहुत शीघ्र टूट गई। 1991 में हुए लोकसभा चुनाव में किसी भी दल को स्पष्ट बहुमत प्राप्त नहीं हो सका। अल्पमत प्राप्त करने के बाद भी नरसिंह राव पाँच वर्षों तक शासन सूत्र का संचालन कर सके। संयुक्त मोर्चा सरकार अल्पजीवी साबित हुई। 1998 और 1999 में पुनः मतदाताओं ने भाजपा गठबंधन में विश्वास प्रकट किया।

पिछले कुछ वर्षों के दौरान संसदीय संस्थाओं के कार्य–संचालन में कुछ कमियाँ रही हैं जो निम्नलिखित है–

(1) सदस्यों की प्रायः गैरहाजिरी (Phenomenon of Absenteeism)–संसद के दोनों सदनों की बैठकें वर्ष में लगभग 120 दिनों तक ही चलती हैं। इस तरह की शिकायतें भी रही हैं कि संसद–सदस्य विधि–निर्माण के कार्य में कोई खास दिलचस्पी नहीं दिखाते। कुछ विशिष्ट अवसरों को छोड़कर सदन की उपस्थिति बहुत कम रही है। 30 मार्च, 1990 को एक महत्त्वपूर्ण संशोधन–विधेयक लोकसभा में इसलिए गिर गया चूँकि उस समय सदन में उतने सदस्य उपस्थित

नहीं थे, जितने कि होने चाहिए थे। इस विधेयक का संबंध पंजाब में राष्ट्रपति शासन की अवधि बढ़ाना था। बाद में 6 अप्रैल को वह पारित किया जा सका। संसद व सदस्यों के रख–रखाव पर प्रतिवर्ष करोड़ों रुपये खर्च होते हैं। ऐसी स्थिति में संसद–कार्य के प्रति सदस्यों की उदासीनता एक चिंता का विषय है।

(2) **दल–बदल विरोधी और क्रॉस वोटिंग (Defection and Cross Voting)**–यदि किन्हीं सैद्धांतिक कारणों से अपने दल का परित्याग करना पड़े तब तो एक अलग बात है, पर यदि यह कार्य सत्ता प्राप्ति और काला धन बटोरने के लिए किया जाए तो इसे मतदाताओं के साथ विश्वासघात माना जाएगा। इससे भी ज्यादा गंभीर बात यह है कि दल–बदल की स्थिति में लोकसभा अध्यक्ष और विधानसभा अध्यक्षों ने जो आदेश या निर्णय दिये, वे स्वयं दलबंदी से प्रेरित रहे हैं और इसलिए उन्हें चुनौती भी दी गई। ऐसे कुछ निर्णयों को उच्चतम या उच्च न्यायालयों ने अवैध ठहराया। मार्च 2000 में राज्यसभा के द्विवार्षिक चुनावों में निर्दलीय या विरोधी उम्मीदवार जीत गये, जबकि पार्टी उम्मीदवारों को हार का मुँह देखना पड़ा। राज्यसभा के सदस्यों का चुनाव साधारण निरक्षर मतदाता नहीं, बल्कि विधायक करते हैं। इसका अर्थ यह हुआ कि इन चुनावों में या तो रुपयों की भूमिका ज्यादा रही अथवा विधायकों ने पार्टी–अनुशासन को उतना महत्त्व नहीं दिया जितना कि निजी संबंधों को। इसे 'क्रॉस वोटिंग' यानी पार्टी के विरोध में मत देना कहते हैं। लोकतंत्र में जनता का विश्वास बना रहे, इसके लिए यह जरूरी है कि विधायक और संसद–सदस्य अपने दल के अनुशासन व सिद्धांतों के प्रति निष्ठा रखें।

(3) **अध्यादेशों और सरकारी आदेशों के माध्यम से कानून–निर्माण की प्रवृत्ति (Tendency to legislate through Ordinances)**–राष्ट्रपति को संसद के अवकाश के दौरान अध्यादेश जारी करने का अधिकार प्राप्त है। परंतु इस शक्ति का इस्तेमाल अत्यंत अनिवार्य परिस्थितियों में ही किया जाना चाहिए। कई बार इस शक्ति का दुरुपयोग किया गया। यहाँ तक कि अध्यादेश द्वारा नहीं, अपितु सामान्य सरकारी आदेशों द्वारा, मूल्यों में वृद्धि की गई। उदाहरण के लिए, फरवरी 1983 में सरकार ने संसद–सत्र शुरू होने से कुछ ही दिन पूर्व एक सरकारी आदेश द्वारा पेट्रोल और डाक सामग्री की कीमतें बढ़ा दी। मार्च 1996 में नरसिंह राव सरकार ने राष्ट्रपति से दो अध्यादेशों पर हस्ताक्षर कराने चाहे। इनमें से एक चुनाव–प्रचार की अवधि घटाने और दूसरा दलित ईसाईयों को आरक्षण देने से संबंध रखता था। राष्ट्रपति ने चुनाव के ठीक पूर्व इन अध्यादेशों पर हस्ताक्षर करना उचित नहीं समझा। कानून विशेषज्ञों ने राष्ट्रपति के इस फैसले को सही बतलाया। चुनावों की घोषणा हो जाने के बाद विवादास्पद मामलों में अध्यादेश जारी करना लोकतांत्रिक

सिद्धांतों के प्रतिकूल है। इस तरह के मामलों में संसद-सत्र का इंतजार किया जा सकता है, क्योंकि लोकतांत्रिक बहस या वाद-विवाद का सर्वश्रेष्ठ और सर्वोच्च मंच संसद है।

(4) **संसद-सदस्य अपने विशेषाधिकारों के प्रति जरूरत से ज्यादा संवेदनशील हैं (MPs are over-sensitive regarding their Privileges)** – संसद-सदस्यों का यह विशेषाधिकार है कि सदन में कही गई किसी भी बात के लिए उनके विरुद्ध किसी भी अदालत में कोई कार्रवाई नहीं की जा सकेगी। यह अधिकार उन्हें इसलिए दिया गया ताकि वे अपने दायित्व को समुचित रूप से संपन्न कर सकें। देखने में आया है कि संसद-सदस्य अपने विशेषाधिकारों के प्रति बड़े संवेदनशील हैं। कई बार तो वे समाचार-पत्रों में छपे ऐसे विवरणों को भी अपनी मानहानि का मामला मान लेते हैं जो वास्तविक तथ्यों या घटनाओं पर आधारित होते हैं। रिपोर्ट यदि सच्ची और दुर्भावनाविहीन है तो संसद-सदस्यों और विधायकों को उसके प्रति उदार दृष्टिकोण अपनाना चाहिए।

(5) **सदन की गरिमा और शालीनता का प्रश्न (Dignity and Decorum of the House)** – सदन में अनुशासनहीनता की प्रवृत्ति जोर पकड़ती जा रही है। लोकतंत्र में निर्णयों पर पहुँचने का एकमात्र तरीका आपसी विचार-विमर्श होता है। पर यदि संसद या विधान सभा में बहस के बजाय शोर-शराबा होता हो अथवा मुक्के चलने लगें तो किसी भी विषय पर तर्कसंगत निर्णय की अपेक्षा कैसे की जा सकती है। 23 दिसम्बर 1999 को लोकसभा में जब महिला आरक्षण विधेयक पेश किया गया तो कई पार्टियों के सांसदों ने काफी होहल्ला किया। चीखने-चिल्लाने, अध्यक्ष के आसन तक पहुँच जाने और सदन-सौंध में ही धरने पर बैठने जैसे कार्य आत्मघाती हैं। इनमें संसद-सदस्यों की प्रतिष्ठा गिरती है। कई बार मंत्रिगण भी सवालों का सटीक उत्तर देने से कतराते हैं, जिससे संसद-सदस्य उत्तेजित हो जाते हैं।

संक्षेप में, हम इस बात पर गर्व कर सकते हैं कि हमारे देश में संसदीय संस्थाएँ आज भी प्राणवान बनी हुई हैं। संसदीय संस्थाओं को सुदृढ़ बनाने के लिए यह जरूरी है कि संसद-सदस्य सच्चे अर्थों में जनता का प्रतिनिधित्व करें और आम मतदाता बिना किसी हिचकिचाहट के उनके पास पहुँच सके। संसद-सदस्यों को छात्र-छात्राओं की तरह गहन अध्ययन और होमवर्क करना होता है। जब तक पर्याप्त सूचना, तथ्य और आँकड़े उनके पास नहीं होंगे, तब तक वे किसी भी मसले को प्रभावशाली ढंग से नहीं उठा सकेंगे। सभी सांसद उतने पटु या प्रवीण नहीं हो सकते जितने की नेहरू, गोविंदबल्लभ पंत, आचार्य कृपलानी, डॉ. लोहिया, डॉ. श्यामाप्रसाद मुखर्जी, हिरेर मुखर्जी और मधुलिमये थे। पर सांसदों से इतनी अपेक्षा अवश्य है कि वे यह महसूस करें कि जनता ने उन्हें एक भारी जिम्मेदारी सौंपी है और उन्हें सदन के पल-पल का

सार्थक उपयोग करना है। सौभाग्य से 13वीं लोकसभा में कई विशिष्ट विभूतियाँ हैं, जैसे कि अटल बिहारी वाजपेयी, लालकृष्ण आडवाणी, सोमनाथ चटर्जी, इन्द्रजीत गुप्त, ममता बनर्जी, जार्ज फर्नांडीस, मुरासोली मारन, पी.ए. संगमा, पी.एम. सईद और श्रीमती सोनिया गाँधी। आशा की जानी चाहिए कि नयी लोकसभा के सदस्य लोकतांत्रिक मूल्यों की रक्षा करेंगे।

प्रश्न 4. विधायी प्रक्रिया में राष्ट्रपति की भूमिका पर संक्षिप्त टिप्पणी लिखिए।

उत्तर— भारत का राष्ट्रपति इंग्लैंड के राज्य सिंहासन की तरह तथा अमेरिका के राष्ट्रपति से भिन्न भारतीय संसद का एक अभिन्न अंग है, तथापि भारत का राष्ट्रपति अपनी शक्ति और प्रास्थिति के संदर्भ में इंग्लैंड के राज्य–सिंहासन से मेल नहीं खाता जैसे–कतिपय विवेकाधीन शक्तियाँ बनाम कानून और शपथ ग्रहण।

विधायी प्रक्रिया में राष्ट्रपति की भूमिका—राष्ट्रपति संसद का अभिन्न अंग है अतः राष्ट्रपति की स्वीकृति के बिना कोई भी विधेयेक कानून नहीं बन सकता है, इसलिए प्रत्येक विधेयक पर उसके हस्ताक्षर आवश्यक हैं। धन विधेयक पर राष्ट्रपति अपनी स्वीकृति देने से इंकार नहीं कर सकता, किंतु साधारण विधेयकों पर पुनर्विचार के लिए संसद के पास भेज सकता है। यदि संसद बहुमत से दुबारा उसे पास कर दे, तो राष्ट्रपति अपनी स्वीकृति देने से इंकार नहीं करेगा। संविधान के अनुच्छेद 123 के अनुसार जब संसद का अधिवेशन नहीं हो रहा हो, तब राष्ट्रपति अध्यादेश जारी कर सकता है। अध्यादेश उतना ही शक्तिशाली होगा, जितना संसद द्वारा पारित कानून।

प्रश्न 5. राज्य विधायिका पर संक्षिप्त टिप्पणी लिखिए।

उत्तर— राज्य विधायिकाएँ अधिकांश मामलों में भारत की संसद के समान हैं, फिर भी उनमें कुछ महत्त्वपूर्ण अंतर है। एक सदनीय अथवा द्विसदनीय व्यवस्था का चयन राज्यों पर छोड़ दिया गया था, जो इस बात निर्भर था कि वे द्वितीय सदन के कार्यों को इस पर आने वाली लागत के मुकाबले कितना महत्त्व देते थे। कोई विधानसभा स्वयमेव एक विशेष बहुमत (कुल सदस्यता का बहुमत जो विद्यमान और मतदान कर रहे सदस्यों की संख्या के दो तिहाई से कम न हो) से विधान परिषद् का सृजन अथवा उन्मूलन कर सकती है। जिसके अनुसरण में संसद द्वारा अधिनियम बनाया जाता है (अनुच्छेद 169)। परिषद् का आकार 40 से कम तथा सभा की कुल सदस्यता के एक–तिहाई से अधिक नहीं होना चाहिए (अनुच्छेद 171)। राज्य सभा की तरह, राज्य परिषद् के एक तिहाई सदस्य प्रति दो वर्ष बाद चुने जाते हैं। राज्य परिषद् का पाँच–छह भाग एक जटिल सूत्र के तहत अप्रत्यक्ष रूप से चुना जाता है जिनमें स्नातक, शिक्षक और विधान सभा के सदस्य शामिल होते हैं तथा एक छठवाँ भाग राज्यपाल द्वारा नामित किया जाता है। परंतु राज्य परिषद् की भूमिका राज्य सभा के मुकाबले परिस्थितिजन्य होती है—यह मात्र एक सलाहकार बोर्ड है जो विधेयक के पारित होने में विलंब कर सकता है परंतु उसमें संशोधन अथवा उसे छोड़े जाने के लिए मजबूत नहीं कर सकता।

विधान सभाएँ अपने आकार में भी परिवर्तन करती हैं जो न्यूनतम 40 तथा अधिकतम 500 सदस्यों तक हो सकता है, इनके सदस्य प्रत्यक्ष चुनाव के माध्यम से सार्वत्रिक प्रौढ़-के आधार पर पाँच वर्ष की अवधि के लिए चुने जाते हैं। विधान सभा भंग हो सकती है, विधान परिषद् भंग नहीं होती। संसदीय और विधान सभा चुनाव क्षेत्रों के आकार में भारी अंतर होने के कारण विधान सभा सदस्य सांसदों की तुलना में जनता के अधिक नजदीक होते हैं। तदनुसार विधान सभा सदस्य अधिक महत्त्वपूर्ण राजनीतिक कार्यकर्त्ता हैं।

9

नौकरशाही, पुलिस और सेना

प्रश्न 1. सामाजिक परिवर्तनों का संतुलन बनाए रखने में पुलिस के सामने क्या चुनौतियाँ हैं?

उत्तर– *सामाजिक परिवर्तनों का संतुलन बनाए रखने में पुलिस के सामने आने वाली समस्याओं का वर्णन निम्नलिखित है*–

(1) भाषायी समूहों द्वारा भाषायी राष्ट्रवाद को मजबूती देने हेतु भारत के राजनीतिक मानचित्र को नए सिरे से तैयार कराने के लिए हिंसात्मक प्रदर्शन।

(2) मध्य भारत और पूर्वोत्तर भारत के जनजातीय समूहों ने प्रजातीय आधार पर स्वयं को संगठित कर लिया है।

(3) ग्रामीण समाज में अमीर और गरीब के बीच भूमि वितरण का आंदोलन प्रायः हिंसात्मक रूप ले लेता है।

(4) शासन अथवा प्राइवेट पार्टी द्वारा प्रमुख पर्यावरणीय परियोजनाओं के कारण लोगों के विस्थापन के विरोध में राजनीतिक दलों द्वारा संगठित आंदोलन।

(5) आंतकवादी और उग्रवादी आंदोलन

(6) धार्मिक संघवाद में वृद्धि से हिंसात्मक संघर्ष

(7) उच्च और निम्न जातियों के बीच ऐसे युद्धों पर जाति संघर्ष जो सार्वजनिक संपत्ति अथवा आत्मसम्मान आंदोलन से जुड़े होते हैं।

(8) ग्रामीण अमीरों और भूमिहीन मजदूरों के बीच मजदूरी के मुद्दे पर हिंसात्मक झगड़े।

(9) शहरों में जातीय आधार पर कार्यों के आरक्षण के प्रश्न पर उच्च जाति और निम्न जाति के बीच हिंसात्मक संघर्ष।

(10) सामाजिक कानून यद्यपि राज्य द्वारा बनाए जाते हैं तदपि उनके कार्यान्वयन का उत्तरदायित्व पुलिस निभाती है। बच्चों और औरतों के अपराधों पर काबू पाना विद्यमान पुलिस के लिए एक प्रमुख उत्तरदायित्व है।

(11) सूचना प्रौद्योगिकी के लागू होने से साइबर अपराध होने लगे हैं जिनका निदान पुलिस द्वारा किए जाने की आवश्यकता है।

(12) महानगरों में अपराध लोक (Under World) की वृद्धि से पुलिस के लिए समस्याएँ बढ़ी हैं।

प्रश्न 2. पुलिस के विधायिका, कार्यपालिका और न्यायपालिका के साथ संबंधों में पुलिस की भूमिका पर संक्षिप्त टिप्पणी लिखें।

उत्तर– *पुलिस के विधायिका, कार्यपालिका और न्यायपालिका के साथ संबंधों में पुलिस की भूमिका अत्यंत महत्त्वपूर्ण हैं*–

(1) **विधायिका से संबंध**–लोकतांत्रिक शासन प्रणाली में सरकार के तीन प्रमुख अंगों में विधायिका सर्वप्रमुख अंग है। उसके पास कुछ विशेषाधिकार एवं सुविधाएँ हैं, जिनका पालन न होने पर विधायिका में प्रश्न उठाए जा सकते हैं और उनसे निपटने के लिए किसी भी तरह का कानून बनाया जा सकता है। इसलिए पुलिस उन्हें यथोचित सम्मान प्रदान करती है, जो आवश्यक भी है। विधायिका और पुलिस संबंध काफी संवेदनशील हैं।

(2) **कार्यपालिका से संबंध**–सामान्यतः कार्यपालिका के साथ पुलिस के मधुर संबंध रहे हैं। कांग्रेस शासन में आपात्काल के दौरान पुलिस का राजनीतिक दृष्टि से उपयोग किया गया है। शाह कमीशन ने इस बात को स्वीकार किया। इसके बाद श्री धर्मवीर की अध्यक्षता में एक पुलिस आयोग का गठन किया गया। आयोग ने अपनी पहली दो रिपोर्ट ही पूरी की, तो केंद्र में सरकार बदल गई। जिस कांग्रेस शासन में पुलिस बर्बरता ने आयोग के गठन का रास्ता खोला था, वही सरकार दोबारा सत्तारूढ़ हो गई। परिणामस्वरूप उन्होंने आयोग के रिपोर्ट को गैर–लोकतांत्रिक करार दिया।

(3) **न्यायपालिका से संबंध**–पुलिस और न्यायपालिका का संबंध अभिन्न है लेकिन न्यायपालिका द्वारा पुलिस पर अनेक प्रतिबंध लगाए जाने के कारण तथा भारतीय साक्ष्य अधिनियम के कुछ प्रावधान की वजह से इनके संबंधों में असंतोष का रूप देखने को मिलता है। भारतीय संविधान द्वारा नागरिकों को जो न्यायिक उपचार का अधिकार दिया गया, उसके तहत सर्वोच्च न्यायालय एवं उच्च न्यायालय ने नागरिकों की गिरफ्तारी पर अनेक तरह के प्रतिबंध पुलिस पर लगाए हैं। साथ ही न्यायपालिका द्वारा पुलिस पर मानव अधिकारों के उल्लंघन के आरोप से भी इन दोनों के संबंधों में दरार आई है, फिर भी दोनों में काफी संतुलित संबंध है।

प्रश्न 3. राजनीति में सेना की भूमिका की चर्चा कीजिए। भारतीय संदर्भ में इसका क्या स्थान है? [Dec 2008, Q. 2.]

उत्तर– भारतीय उपमहाद्वीप में शांति को बढ़ावा देने और उसे कायम रखने तथा किसी भी आक्रमण का सामना करने के लिए सेना को पर्याप्त रूप से सुसज्जित किया गया है।

विगत उपनिवेशीय विश्व में, सेना की राजनीति में निर्णायक भूमिका रही है। 1960 और 1980 के बीच लैटिन अमेरिकी तीन चौथाई राज्यों, एक तिहाई एशियाई राज्य और आधे अफ्रीकी राज्य, ने बलात् राज्य परिवर्तन महसूस किया। 1980 में यह प्रवृत्ति बलात् बनी

रही। यह इतिहास की परिचर्चा का विषय है कि विश्व के कुछ हिस्सों में बलात् सत्ता परिवर्तन हुए हैं अथवा उसका प्रयास किया गया है। एक विश्व बैंक अध्ययन से पता चलता है कि 1948 से प्रत्येक पाँच वर्ष में प्रत्येक विकासशील देश में कम से कम एक बार सत्ता परिवर्तन का प्रयास अवश्य किया गया है। राजनीति में सेना की भूमिका को विभिन्न संदर्भों में निम्नलिखित प्रकार से वर्णित किया जा सकता है—

(1) राजनीतिक नेतृत्व से संबंध—सैनिक-असैनिक संबंध प्रधानमंत्री के रूप में नेहरू के समय में विकसित हुए। उसने समाज के आर्थिक और मानव विकास को अधिक प्राथमिकता दी। उसने एक प्रभावी विदेशी नीति के माध्यम से भारत के रिश्ते अधिकांश विदेशी राष्ट्रों के साथ बनाए रखे। उसका रक्षा मंत्री **वी.के.एस. मेनन** इन संबंधों को दक्षतापूर्ण ढंग से चलाने में निपुण था। मेनन "नेहरू काल में सेना के असैनिक नियंत्रण का प्रतीक तथा सेना के पेशेगत कारोबार में राजनीतिक हस्तक्षेप का प्रतीक बन गया।"

1962 का भारत चीन युद्ध भारतीय सेना के लिए स्पष्टतः पनढाल के समान था। भारत सरकार ने भारतीय सेना का आधुनिकीकरण, चाहे वह हथियारों की आपूर्ति हो अथवा गोला बारूद की, अथवा सैनिक कर्मियों का प्रशिक्षण, आरंभ कर दिया है तथा भारत ने संयुक्त राज्य अमेरिका और सोवियत रूस दोनों के साथ रक्षा संबंध स्थापित किए हैं। इसकी सैनिक प्रक्रिया बंगलादेश के सृजन के समय पूर्ववर्ती स्थिति में उस समय पहुँची जब श्रीमती गाँधी प्रधानमंत्री थीं। भारतीय सेना ने रक्षा नीति बनाने में एक निर्णायक भूमिका अदा की है। भारत 1974 में परमाणु बम के विस्फोट के साथ नाभिकीय क्लब का छठा सदस्य बन गया है। भारत नाभिकीय विकास में अपनी स्वायत्त नीति की ओर अग्रसर है तथा उसने अपने नाभिकीय हथियार भी विकसित किए हैं।

(2) निर्णय करने की प्रक्रिया में सैन्यबल की भूमिका—निर्णय लेने की प्रक्रिया में सैन्यबल की भूमिका भारत एशिया में एक क्षेत्रीय शक्ति है और संयुक्त राष्ट्र परिषद् में एक स्थायी सदस्य के रूप में उभर रही है। थलसेना, वायुसेना और नौसेना के अध्यक्ष प्रभावी रक्षा नीति बनाने में एक सक्रिय भूमिका निभा रहे हैं। वे मंत्रिमंडलीय बैठकों में रक्षा मंत्री का प्रतिनिधित्व करते हैं। उनके द्वारा रक्षा सचिव जो आमतौर पर एक भारतीय प्रशासनिक सेवा का अधिकारी होता है, की सहायता से एक सुस्पष्ट नीति प्रारूप तैयार किया जाता है। वे राष्ट्रीय सुरक्षा परिषद् के सदस्य हैं। भारतीय सेना विशाल पैमाने पर सांप्रदायिक आंदोलनों अथवा प्रजातीय संघर्ष की स्थिति को छोड़कर मुश्किल से ही आंतरिक राजनीति में प्रयोग की जाती है। लोकतांत्रिक राजनीति में उनकी कोई भूमिका नहीं है। वे एक संवैधानिक भूमिका निभा रहे हैं, जिससे भारतीय लोकतंत्र मजबूत हो रहा है।

(3) भारतीय राजनीति में सैन्यबल—भारत तृतीय विश्व का देश होने के कारण एक स्थायी राजनीतिक लोकतंत्र है। "उत्तरकालीन उपनिवेशी भारत में सैनिक-असैनिक संबंध तृतीय विश्व में कुछ आदर्श के रूप में रहे हैं जिसमें सैनिक क्षमता में अत्यधिक उपनिवेशी

इतिहास से सैनिक तथा असैनिक प्राधिकारियों के बीच पर्याप्त तनाव का पता चलता है तथा इस अवधि के दौरान नीतिगत बहसें भारतीय जीवन में सेना की उचित भूमिका पर एक विवादग्रस्त दृष्टिकोण प्रस्तुत करती हैं।"

(4) सत्ता परिवर्तन की पृष्ठभूमि में मतान्तर—सेना की भूमिका राजनीति में महत्त्वपूर्ण है। सामाजिक वैज्ञानिकों, विशेषतः राजनीतिक वैज्ञानिक के बीच बहस का विषय रहा है। उनके शास्त्रीय मत के अनुसार लोकतांत्रिक राजनीति में सेना की कोई भूमिका नहीं है। वे असैनिक नेतृत्व से एक दूरी बनाए रखते हैं। वे प्रत्यक्षतः राजनीति में रुचि नहीं लेते। यह मध्ययुगीन घटनाक्रम है। संघीय अवधि के दौरान कमजोर शासक उनके सैनिक कमाण्डरों द्वारा प्रतिस्थापित किए गए हैं। आधुनिक राजनीति में ऐसा नहीं होता है। लोकतंत्र में सेना की एक संवैधानिक भूमिका है। उनसे असैनिक नेतृत्व का अनुपालन करने की अपेक्षा की जाती है। तथ्य इस परिकल्पना का अनुमोदन नहीं करते। राजनीतिक सत्ता पर कब्जा करने वाली सेना के समर्थन में अनेक राजनीतिक मतान्तर हैं। आधुनिकीकरण के मत के अनुसार परंपरागत समाज में सेना एक आधुनिकीकृत बल है। वे आधुनिक दृष्टिकोण से लोगों को शिक्षा दे रहे हैं। वे जानते हैं कि परंपरागत समाज को आधुनिक कैसे बनाया जाए। इससे उन्हें राजनीतिक सत्ता में आने में मदद मिलती है। इसके अतिरिक्त वे संगठित लोग हैं जिनके पास हथियारों का नियंत्रण तथा प्रशिक्षित सैनिक कर्मी हैं। वे असैनिक नेतृत्व से सत्ता हड़पने के लिए अभिप्रेरित होते हैं। असैनिक नेतृत्व के पास न तो हमेशा अपेक्षा आधुनिकीकरण की निपुणता रहती है और न उनके पास आधुनिक प्रशिक्षित जवाब होते हैं जो सत्ता के लिए प्रतिस्पर्धा कर सकें। राजनीतिक अर्थशास्त्रियों के एक समूह ने एक सिद्धांत दिया है कि विकासशील देश, अपने लेशमात्र संसाधनों के कारण राजनीतिक लोकतंत्र गरीबों के लिए विलासिता हैं। गरीब को रोटी चाहिए न कि स्वतंत्रता। सामाजिक वैज्ञानिकों का एक तीसरा समूह सांस्कृतिक सिद्धांत की बात करता है कि तृतीय विश्व के अधिकांश देशों के पास लोकतंत्र की सांस्कृतिक परंपरा नहीं है। उनकी जीवन के प्रति अधिकारिक पहुँच है। उनकी पारिवारिक रूपरेखा सत्तावादी है जो सैनिक शासन का समर्थन करती है। अक्सर एकमात्र धार्मिक समूह जिसका एक राष्ट्र पर नियंत्रण है राष्ट्र पर शासन करने के लिए सांस्कृतिक राष्ट्रवाद का प्रयोग करता है। सेना सत्तासीन समुदाय के सांस्कृतिक राष्ट्रवाद की द्योतक है। इसके अतिरिक्त, कुछ राजनीतिक वैज्ञानिक महसूस करते हैं कि जब कोई देश राजनीतिक दलों के बिखराव के कारण अत्यधिक राजनीतिक अस्थिरता पैदा करता है, तो वहाँ पर राजनीतिक स्थिरता के नाम पर सेना की दखलंदाजी होती है। ये वैज्ञानिक मानते हैं कि राजनीतिक स्थिरता की बजाय सामाजिक और राजनीतिक व्यवस्था अधिक महत्त्वपूर्ण है। संवैधानिक सूक्ष्मताओं जैसे संसदीय क्रियाविधि, लोकप्रिय समझौता अथवा राजनीतिक प्रतिनिधित्व की ओर ध्यान नहीं दिया जाता है क्योंकि निर्वाचित सभा भंग हो जाती है जिसके तुरंत बाद सत्ता सेना के हाथ में चली जाती है। चुनाव स्थगित हो जाते हैं और राजनीतिक दलों पर रोक लगा दी जाती है।

(5) सैन्य क्षमता—भारतीय सेना चीन, रूस और संयुक्त राज्य अमेरिका के बाद विशालतम सेनाओं में चौथे स्थान पर है। वायुसेना ने कुछ सुसज्जित लड़ाकू विमान प्राप्त किए हैं। सेना और वायुसेना भारत की रक्षा के लिए एकीकृत योजना बनाती प्रतीत होती हैं। 1980 और 1990 के दौरान, भारतीय नौसेना ने भी अपने प्रतिस्थानी के साथ–साथ आधुनिकीकरण का रास्ता चुना। भारतीय नौसेना के पास 100 जहाज, रक्षा बजट में 1971 से वृद्धि हुई है और यह सकल घेरलू उत्पाद के लगभग 3 प्रतिशत तक पहुँच गया है। भारत के रण कौशल लक्ष्य और रक्षा व्यय के लिए अपने आंतरित सेवा अनुपात अपेक्षाकृत स्थायी रहे हैं।

प्रश्न 4. नौकरशाही और विधायिका पर एक नोट लिखिए।

उत्तर— नौकरशाही और विधायिका—देश के प्रशासनिक तंत्र की विशिष्टताओं, भारत में संसदीय शासन पद्धति के फलस्वरूप कार्यपालिका (मंत्रिमंडल व नौकरशाही) को विधायिका के अंतर्गत कार्य करना पड़ता है। मंत्रिपरिषद् एवं प्रशासन में प्रधानमंत्री की स्थिति सर्वप्रमुख की होती है। संसद (व्यवहार में लोकसभा) के प्रति मंत्रिपरिषद् की सामूहिक जिम्मेवारी होती है।

देश की प्रशासनिक रूपरेखा के विशिष्ट लक्षण निम्नवत् हैं—

1. कार्यपालिका के ऊपर संसद का प्रभुत्व तथा शासन कार्यों के बारे में सूचना मँगाने, प्राप्त करने और उसे सूचित करने का संसद का अधिकार, जिससे प्रशासनिक मशीनरी के कार्यों की समीक्षा की जा सके।
2. मंत्रि परिषद् और प्रशासन में प्रधान मंत्री की स्थिति की उत्कृष्टता।
3. संसद के प्रति मंत्रिपरिषद् की सामूहिक जिम्मेदारी।
4. विभागीय नीतियों के लिए कार्यभार सँभालने वाले प्रत्येक मंत्री की व्यष्टिगत जिम्मेदारी। यह उसकी जिम्मेदारी है कि यह इन नीतियों के प्रशासन और अन्य विभागीय कार्यों का पर्यवेक्षण करें।
5. संविधान और कानून के नियम का समर्थन करने के लिए मंत्रियों और असैनिक कर्मचारियों की ओर से बाध्यता।
6. लोकसेवकों का अपने वरिष्ठों, जिनमें मंत्री भी शामिल हैं, को सलाह देते समय स्वयं को बेझिझक अभिव्यक्त करने का अधिकार।
7. लोकसेवकों द्वारा राजनीतिक उदासीनता, निष्पक्षता और अनायता (anonymity) का पालन।

सचिवालय में मंत्रियों के स्तर से नीचे तथा क्षेत्रीय संगठन में अधिकांश पदों पर असैनिक कर्मचारी कार्य करते हैं। उनका कार्य नीति निर्धारण, कार्यक्रम कार्यान्वयन और देश के कानून को चलाने में राजनीतिक कार्यपालिका की सहायता करना है। वे सजीवता से नीति निर्धारण प्रक्रिया में भी सहयोग करते हैं क्योंकि वे नीति निर्धारण प्रक्रिया में निवेश उपलब्ध कराने में

सक्षम होने के नाते पेशेवर के रूप में माने जाते हैं। अंतिम निर्णय मंत्री तथा तत्पश्चात् मंत्रिपरिषद् द्वारा लिया जाता है। यह सोचना गलत है कि नीति निर्धारण राजनीतिक नेतृत्व द्वारा किया जाता है तथा कार्यान्वयन एजेंसी असैनिक सेवा है। वे नीतियों के कार्यान्वयन के लिए उत्तरदायी हैं। साथ ही साथ वे संसद के प्रति जवाबदेह नहीं हैं। मंत्री संसद के प्रति जवाबदेह होते हैं और नीतियों के कार्यान्वयन से संबंधित मुद्दों को लेकर उठे प्रश्नों का जवाब देते हैं।

10 कानून–व्यवस्था और न्यायपालिका

प्रश्न 1. भारतीय न्यायपालिका की विशेषताएँ तथा दोषों को स्पष्ट कीजिए।

उत्तर– *भारत की न्यायपालिका की प्रमुख विशेषताएँ निम्नलिखित हैं–*

(1) "संघात्मक संविधान के होते हुए भी भारत में सभी न्यायालय; सर्वोच्च से लेकर निम्नतम न्यायालय तक एक ही पद्धति में संगठित (गुँथे हुए) हैं। जैसाकि सर्वविदित है, संयुक्त राज्य अमेरिका में न्यायपालिका के दो पृथक अंग हैं अर्थात् वहाँ पर न्यायालयों की दोहरी व्यवस्था है जिसके अंतर्गत संघीय व राज्य कानूनों के उल्लघंन से उत्पन्न होने वाले मुकदमों के लिए संघीय न्यायालयों में चोटी पर एक सर्वोच्च न्यायालय है, उसके नीचे 10 प्रादेशिक न्यायालय हैं और प्रत्येक ऐसे न्यायालय के नीचे लगभग 6–7 जिला न्यायालय हैं तथा प्रत्येक राज्य के अपने न्यायालय हैं। इसके विपरीत भारत में न्यायपालिका की चोटी पर सर्वोच्च न्यायालय है जिसके नीचे प्रत्येक राज्य में एक उच्च न्यायालय है और उसके नीचे अनेक जिला व अधीन न्यायालय हैं। इस प्रकार देश के सभी न्यायालय एक–दूसरे से विभिन्न स्तरों पर एक ही लड़ी के अंग हैं और सभी न्यायालयों को संघीय व राज्य विधानमंडलों के बनाये गये कानूनों के अनुसार न्याय–प्रशासन के अधिकार प्राप्त हैं।

(2) वर्तमान सर्वोच्च न्यायालय ने पूर्वकालीन संघीय न्यायालय का स्थान ले लिया है और अब वह वास्तव में सर्वोच्च न्यायालय है, क्योंकि उससे आगे अपील की व्यवस्था नहीं है। राज्यों के उच्च न्यायालयों और अधीन न्यायालयों के संगठन और अधिकारों में भी कोई महत्वपूर्ण परिवर्तन नहीं हुए हैं।

(3) न्यायपालिका को स्वतंत्र और निष्पक्ष बनाये रखने के लिए संविधान में आवश्यक उपबंधों की व्यवस्था की गई है। इस संबंध में मुख्य उपबंध इस प्रकार हैं–

(i) न्यायाधीशों की योग्यताओं के विषय में कठोर शर्तों को संविधान में दिया गया है और उच्च न्यायालयों तथा सर्वोच्च न्यायालयों तथा सर्वोच्च न्यायालयों के न्यायाधीशों की नियुक्ति के संबंध में राष्ट्रपति को संबंधित न्यायालयों के मुख्य न्यायाधिपतियों से परामर्श लेना आवश्यक बनाया गया है;

(ii) न्यायाधीशों को प्रायः आजीवन कार्यकाल के लिए नियुक्त किया जाता है और उनके कार्यकाल में उनकी सेवा की शर्तों को उनके अहित में बदला नहीं जा सकता;

(iii) न्यायाधीशों के वेतन आदि उनके पदों के महत्त्व के अनुकूल रखे गए हैं और

(iv) इन्हें सिद्ध कदाचार के आधार पर ही पद से हटाया जा सकता है।

(4) हमारे देश की न्याय–पद्धति ब्रिटेन से प्रभावित होने के कारण उससे मिलती–जुलती है। हमारे देश में सभी व्यक्तियों के लिए एक ही प्रकार के कानून और न्यायालय हैं। इस दृष्टि से भारत में 'विधि के शासन' (Rule of Law) की पद्धति को अपनाया गया है, जो फ्रांस की न्याय–पद्धति से भिन्न है। फ्रांस में प्रशासनिक अधिकारियों के लिए पृथक् कानून और न्यायालय हैं और वहाँ प्रशासनिक कानून (Administrative Law) की पद्धति कायम है।

(5) हमारे देश में प्रधानतः दो प्रकार के न्यायालय हैं–दीवानी और फौजदारी। इनके अतिरिक्त केवल भूमिकर संबंधी मुकदमों के लिए माल के न्यायालय (Revenue Courts) हैं। अन्य देशों की तरह हमारे यहाँ विशेष न्यायालयों यथा सैनिक, तलाक, वसीयत व नाविक सेना आदि न्यायालयों का अभाव है।

भारत के मुख्य न्यायाधीश (Chief Justice of India) ने एक बार यह कहा था कि "अदालतें केवल वकीलों और न्यायाधीशों के लिए नहीं हैं।" (Courts do not exits for lawyers and the judges)। दूसरे शब्दों में, यदि गरीब और कमजोर वर्गों को न्याय नहीं मिलता तो न्यायालयों की क्या उपयोगिता है? न्यायप्रणाली के प्रमुख दोषों का वर्णन निम्नलिखित हैं–

(1) गरीबों के लिए कानूनी सहायता (Legal aid to the poor)–कमजोर लोग, आर्थिक तौर पर पिछड़े वर्गों को न्यायिक सुरक्षा उपलब्ध नहीं है। निर्धनता के कारण ये लोग अपने खर्च पर वकीलों की सेवाएँ प्राप्त करने में असमर्थ हैं। केंद्र ने अपने बजट में कानूनी सहायता के लिए कुछ राशि निर्धारित की है। कानूनी सहायता अधिनियम (Legal Services Authority Act) के अंतर्गत ऐसे प्रत्येक व्यक्ति को जिसकी वार्षिक आय 9,000 रुपये से अधिक न हो, मुफ्त कानूनी सहायता मिलेगी। उच्चतम न्यायालय में चल रहे मामलों के संबंध में आय सीमा 12,000 रुपये है। ऐसे अदालती मामलों में जिनमें अनुसूचित जाति व जनजाति के लोग फँसे हों आय सीमा की शर्त लागू नहीं होगी। महिलाओं, बालकों और विकलांग लोगों को आय का ध्यान रखे बिना हर हालत में निःशुल्क कानूनी सहायता उपलब्ध हो सकेगी। पर समस्या की गंभीरता को देखते हुए ये सुविधाएँ पर्याप्त नहीं हैं।

(2) विधानमंडल और कार्यपालिका का काम न्यायालय नहीं कर सकते (The Judges can not take upon themselves the tasks of the Legislature and the Executive)–न्यायपालिका ने अपने कुछ निर्णयों द्वारा लोगों के मन में विश्वास जगाया है कि कानून के समक्ष सब समान हैं। अदालतों ने ऐसे लोगों को भी कटघरे में खड़ा किया है जो अपने को कानून के ऊपर समझते थे। आम

नागरिकों को भी लग रहा है कि न्यायिक सक्रियता की बदौलत सार्वजनिक जीवन से भ्रष्टाचार समाप्त हो सकता है। यहाँ तक तो सब ठीक-ठाक है। पर अदालतों की भी अपनी सीमाएँ हैं। संविधान में विधायिका (Legislature), कार्यपालिका (Executive) और न्यायपालिका (Judiciary) की भूमिकाएँ बँटी हुई हैं।

(3) **मानवीय उत्पादन (Human Material)**—मानवीय उत्पादन से हमारा अभिप्राय न्यायाधीशों और वकीलों से है। फरवरी, 1983 में पटना में 'न्यायपालिका की गिरावट' (Erosion of the Judiciary) पर एक परिसंवाद (Seminar) आयोजित किया गया। भारत की बार काउंसिल के तत्कालीन सचिव **माधव मेनन** ने अपने भाषण में न्यायाधीशों और वकीलों की कमियों का उल्लेख करते हुए कहा कि "कई बार न्यायाधीशों की व्यावसायिक अयोग्यता के कारण मुकदमों के निबटारे में देरी होती है। कई न्यायाधीश हाजिरी के संबंध में लापरवाह हैं और कुछ 'भ्रष्टाचार' (corrupt practices) में लिप्त हैं।" 'भ्रष्टाचार' से यहाँ यह अभिप्राय है कि "कई न्यायाधीश कुछ वकीलों की विशेष रूप से तरफदारी करते हैं, व्यापारी वर्ग से उपहार स्वीकार करते हैं, राजनीतिक दलों और सरकार का कृपापात्र बनने की कोशिश करते हैं तथा रिटायर होने के बाद राजनीतिक संरक्षण चाहते हैं।" जून 1990 में मुंबई उच्च न्यायालय के वरिष्ठतम न्यायाधीश **एस.के. देसाई** को इसलिए त्यागपत्र देना पड़ा चूँकि वह संदेहों के घेरे में घिर गये थे। उनके विरुद्ध उनके ही न्यायाधीश का यह आरोप था कि उन्होंने किसी मामले में, जिसकी सुनवाई उनका साथी न्यायाधीश कर रहा था, कोई सिफारिश की थी। उन्हीं दिनों उच्चतम न्यायालय के न्यायाधीश (जस्टिस रामास्वामी) के विरुद्ध वित्तीय अनियमितताओं के आरोप थे। लोकसभा में दो-तिहाई बहुमत न मिलने के कारण **वी. रामास्वामी** के विरुद्ध कोई कार्रवाई नहीं की जा सकी। दिलचस्प बात यह थी कि 11 मई, 1993 को हुए मतदान में किसी भी पार्टी ने न्यायाधीश का समर्थन नहीं किया। पर चूँकि कांग्रेस सदस्यों ने मतदान में भाग नहीं लिया, इसलिए सदन में उपस्थित दो-तिहाई सदस्यों का समर्थन प्रस्ताव को नहीं मिल सका। इस तरह की घटनाओं के संदर्भ में न्यायमूर्ति **एच.आर. खन्ना** का यह कथन काफी तर्कसंगत दिखता है कि "न्यायाधीश का एक बहुत आवश्यक गुण 'सत्यनिष्ठा' यानी ईमानदारी है। योग्यता और कानून की पकड़ निश्चय ही दो बड़ी जरूरतें हैं, लेकिन उनके साथ यदि ईमानदारी न हो तो ये दोनों गुण न्याय के साधन न बनकर अपयश भरे कृत्य का साधन बन सकते हैं।"

(4) **विलंब, खर्चे और जटिलता के कारण न्यायप्रणाली कष्टकर बन गई है (Delay, Expense and Complexity have become the Bane of the Judicial System)**—बैंथम ने इंग्लैंड की न्यायप्रणाली के संबंध में यह कहा था कि "जजों और वकीलों ने न्याय को अपने लाभ का धंधा बना रखा है।"

भारतीय न्यायप्रणाली के संबंध में भी किसी हद तक यही कहावत चरितार्थ होती है। अदालतों में लंबी–लंबी बहसें चलती हैं, साक्ष्य या गवाही संबंधी नियम बड़े पेचीदा हैं तथा और भी कई ऐसी तकनीकी बातें हैं कि मुकदमा लंबा खिंचता चला जाता है। विधि मंत्रालय के आँकड़ों के अनुसार दिसम्बर 1998 में देश के विभिन्न उच्च न्यायालयों में 31,98,547 मामले लंबित थे। उच्चतम न्यायालय में भी उस समय विचाराधीन मामलों की संख्या लगभग 20 हजार थी। मुकदमा लड़ते–लड़ते दो–तीन पीढ़ियाँ बीत जाती हैं, पर न्याय नहीं मिलता। वकीलों को हर पेशी के लिए एक मोटी रकम देनी पड़ती है। ऐसी स्थिति में कोई गरीब व्यक्ति पीड़ा और अत्याचार से बचने के लिए अदालत की शरण में कैसे जा सकता है? बार काउंसिल (Bar Council of India) के पूर्व सचिव **माधव मेनन** के शब्दों में, "विचारणीय प्रश्न यह है कि समाज के किन वर्गों को न्याय मिल पाता है और न्याय कितना महँगा बिकता है?" (The question we seem to be asking ourselves at present is : who gets justice from our courts and at what cost?)। सितम्बर 1995 में एक विचाराधीन कैदी के बारे में न्यायालय करीब एक दशक बाद ही इस निर्णय पर पहुँच पाया कि वह बेगुनाह है। "बग्गा सिंह नामक इस कैदी की जेल में गुजरी यह अवधि एक हद तक उम्र कैद के बराबर ठहरती है। यह हमारी न्यायप्रक्रिया की विडम्बना है कि बग्गा सिंह होने को तो निरपराध साबित हो गया, लेकिन साथ में उसने उम्र कैद भी काट ली, जिसके लिए उसने कोई अपराध नहीं किया था।" कहावत है कि "न्याय में विलम्ब का अर्थ है न्याय का वंचन" (Justice delayed is justice denied)। न्याय तक पहुँचने के लिए स्वयं न्यायपालिका का रास्ता इतना पेंचीदा और गुत्थियों से भरा है कि न्याय निरंतर दूर होता नजर आता है।

प्रश्न 2. सर्वोच्च न्यायालय तथा उच्च न्यायालय का विस्तारपूर्वक वर्णन कीजिए।

उत्तर– संघात्मक संविधान में एक सबसे ऊँचे, स्वतंत्र व निष्पक्ष न्यायालय का होना एक आधारभूत आवश्यकता है। संघात्मक संविधान में संघ और इकाई राज्यों के बीच संविधान द्वारा शक्तियों का विभाजन किया जाता है। ऐसे राज्यों में दो सरकारें अपने–अपने क्षेत्रों में स्वाधीन होती हैं अर्थात् संविधान की धाराओं के अनुसार उनके बीच एक प्रकार की कानूनी संधि या संविदा होता है। यदि दोनों सरकारों के बीच किसी प्रकार का अधिकार–क्षेत्र अथवा संविधान की धाराओं के निर्वचन के संबंध में कोई विवाद उठता है तो उसका निर्णय कोई स्वतंत्र या निष्पक्ष न्यायालय ही कर सकता है।

भारत का सर्वोच्च न्यायालय संयुक्त राज्य अमेरिका के सर्वोच्च न्यायालय के समान ही उच्चतम संघीय न्यायालय (Highest Federal Court) है। सर्वोच्च न्यायालय को संविधान की धाराओं का अंतिम निर्वचक भी कह सकते हैं, क्योंकि इस संबंध में इसके निर्णय अंतिम

होंगे। सर्वोच्च न्यायालय को भारत के सभी न्यायालयों के ऊपर अधीक्षण की सामान्य शक्तियाँ प्राप्त हैं। उसे प्राथमिक, अपीलीय और परामर्शदात्री तीनों ही प्रकार का अधिकार क्षेत्र प्राप्त है।

सर्वोच्च न्यायालय की रचना व गठन—संयुक्त राज्य अमेरिका के सर्वोच्च न्यायालय में 9 न्यायाधीश होते हैं जिनकी नियुक्ति राष्ट्रपति सीनेट की सहमति से करता है। उनकी पद–निवृत्ति (retirement) की कोई आयु सीमा नहीं है, परंतु कोई भी ऐसा न्यायाधीश जो लगातर कुछ वर्षों तक पदासीन रह चुका हो, 70 वर्ष की आयु पर अपने सक्रिय कर्त्तव्यों से छुट्टी पाने की प्रार्थना कर सकता है, किंतु उसे वेतन जीवन भर मिलता रहता है। भारत के सर्वोच्च न्यायालय में एक मुख्य न्यायाधिपति और जब तक संसद अधिक न्यायाधीश के लिए व्यवस्था न करे 7 न्यायाधीश रहेंगे, अर्थात् संसद इस संख्या में वृद्धि कर सकती है। सन् 1962 के आरंभ में मुख्य न्यायाधिपति के अतिरिक्त सर्वोच्च न्यायालय में 13 न्यायाधीश और एक अस्थायी न्यायाधीश थे। सभी न्यायाधीशों की नियुक्ति राष्ट्रपति करता है। इस संबंध में राष्ट्रपति सर्वोच्च तथा उच्च न्यायालयों के जिन न्यायाधीश को उपयुक्त समझे उनसे परामर्श करता है, किंतु मुख्य न्यायाधिपति को छोड़कर अन्य न्यायाधीशों की नियुक्ति के विषय में मुख्य न्यायाधिपति से परामर्श करना आवश्यक है। ये सभी न्यायाधीश 65 वर्ष की आयु तक अपने पदों पर आसीन रहते हैं। इस न्यायालय का न्यायाधीश नियुक्त होने वाले व्यक्ति में ये योग्यताएँ होनी चाहिए—

(1) वह भारत का नागरिक हो, (2) वह 5 वर्ष तक किसी उच्च न्यायालय का न्यायाधीश रह चुका हो या कम से कम 10 वर्ष तक किसी एक या अधिक उच्च न्यायालयों में एडवोकेट रह चुका हो या राष्ट्रपति की सम्मति में वह कानूनशास्त्र अथवा न्यायशास्त्र का प्रख्यात विद्वान हो। मुख्य न्यायाधीश को 1,00,000 रुपये तथा प्रत्येक अन्य न्यायाधीशों को 80,000-90,000 रुपये तक मासिक वेतन मिलता है। प्रत्येक न्यायाधीश को बिना किराये का सरकारी निवास–स्थान तथा भारत में यात्रा करने का न्यायोचित भत्ता भी मिलता है। प्रत्येक न्यायाधीश को पद–ग्रहण करने पर विहित शपथ लेनी होती है, जिसका आशय यह है कि वह भारत में संविधान के प्रति सच्ची निष्ठा रखेगा और वह अपने पद के कर्त्तव्यों का बिना भय, पक्षपात, अनुराग व द्वेष भाव के वफादारी, श्रेष्ठ योग्यता व ज्ञान के अनुसार पालन करेगा।

पदच्युति के संबंध में संवैधानिक व्यवस्था इस प्रकार है—कोई भी न्यायाधीश त्याग–पत्र द्वारा पद त्याग कर सकता है। किसी भी न्यायाधीश को इस प्रकार से पदच्युत किया जा सकता है—सर्वोच्च (तथा उच्च) न्यायालय का कोई भी न्यायाधीश तब तक पदच्युत नहीं किया जायेगा जब तक कि राष्ट्रपति ऐसा आदेश न निकाले, किंतु ऐसा आदेश राष्ट्रपति तभी देगा जबकि संसद का प्रत्येक सदन कुल संख्या के 2/3 के बहुमत से यह पास करे कि अमुक न्यायाधीश को सिद्ध कदाचार या अयोग्यता के आधार पर हटाया जाए और इस उद्देश्य से राष्ट्रपति के पास संबोधन भेजा जाए। इससे यह स्पष्ट है कि संसद ऐसा प्रस्ताव पास करने से पूर्व उसके बारे में जाँच करायेगी, साथ ही यह आवश्यक नहीं है कि राष्ट्रपति उसके प्रस्ताव को मान ही

ले। इसके विपरीत आयरलैंड में विधानमंडल को केवल हटाये जाने के कारणों का वर्णन करना होता है। किंतु वहाँ के राष्ट्रपति को उसके प्रस्ताव को मानना आवश्यक है।

कार्यवाहक मुख्य न्यायाधिपति तथा तदर्थ (ad hoc) न्यायाधीशों की नियुक्ति आदि—जब कभी मुख्य न्यायाधिपति अनुपस्थित हो या उसका पद रिक्त हो, चाहे किसी भी कारण से हो, तो उसके कर्त्तव्यों का पालन किसी ऐसे अन्य न्यायाधीश द्वारा किया जाएगा जिसे कि राष्ट्रपति उस प्रयोजन से नियुक्त करे। ऐसे ही यदि किसी समय न्यायालय की कार्यवाही जारी रखने के लिए गणपूर्ति की कमी हो तो मुख्य न्यायाधिपति राष्ट्रपति की पूर्व सहमति से तथा संबंधित उच्च न्यायालय के मुख्य न्यायाधिपति के परामर्श से उस न्यायालय के किसी न्यायाधीश से ऐसी बैठकों में तदर्थ न्यायाधीश के रूप में उपस्थित होने की प्रार्थना कर सकता है, परंतु ऐसा न्यायाधीश भी वही व्यक्ति बनाया जा सकता है जिसमें सर्वोच्च न्यायालय के न्यायाधीश होने की योग्यतायें मिलती हों। इसी प्रकार के मुख्य न्यायाधीश सर्वोच्च न्यायालय के पेंशन प्राप्त न्यायाधीशों को भी विनियुक्त (co-opt) करा सकता है। जबकि तदर्थ न्यायाधीश के प्रति उपलब्धियों आदि के संबंध में सर्वोच्च न्यायालय के न्यायाधीश जैसा ही व्यवहार होगा, कार्यवाहक न्यायाधीशों को राष्ट्रपति द्वारा निर्धारित उपलब्धियाँ मिलेंगी। सर्वोच्च न्यायालय एक अभिलेख न्यायालय (Court of Record) है और उसे ऐसे न्यायालय की सभी शक्तियाँ प्राप्त हैं जिनमें न्यायालय के अवमान (contempt) के लिए दण्ड देना भी सम्मिलित है।

सर्वोच्च न्यायालय के अधिकार क्षेत्र का वर्णन निम्नलिखित है—

(क) प्राथमिक अधिकार-क्षेत्र—केवल सर्वोच्च न्यायालय को ही अग्रलिखित प्रकार के विवादों के विषय में प्राथमिक अधिकार-क्षेत्र प्राप्त हैं—(1) जो विवाद भारत सरकार तथा किसी अन्य राज्य सरकार के बीच उठें। (2) जिस विवाद में भारत सरकार और एक या अधिक राज्य सरकारें एक ओर हों तथा अन्य कोई एक या अधिक राज्य दूसरी ओर हों और (3) जब कभी दो या अधिक राज्यों के बीच में कोई ऐसा विवाद उठे जिसमें कि कानून या तथ्य का कोई प्रश्न अंतर्ग्रस्त हो और जिसके ऊपर किसी कानून अधिकार का अस्तित्व या विस्तार निर्भर हो।

(ख) अपीलीय अधिकार-क्षेत्र—यदि कोई उच्च न्यायालय यह प्रमाणित करें कि अमुक मामले में संविधान के निर्वचन संबंधी कानून का सारमय प्रश्न अंतर्ग्रस्त (involves substantial point of law) जो उच्च न्यायालय के निर्णय, प्रादेश (decree) आदि से 'दीवानी अथवा फौजदारी या अन्य कार्यवाही के फलस्वरूप उठे तो ऐसे मामले की अपील सर्वोच्च न्यायालय में की जा सकेगी। यदि किसी मामले में उच्च न्यायालय अपील करने की आज्ञा न दे तो सर्वोच्च न्यायालय अपील करने की विशेष आज्ञा प्रदान कर सकता है।

(1) उच्च न्यायालय यह प्रमाणित करे कि उनमें कम से कम 20 हजार रुपये मालियत का प्रश्न अंतर्ग्रस्त है; या (2) वह ऐसा उपयुक्त मामला है, जिसमें कि सर्वोच्च न्यायालय में

अपील की जा सकती है। तीसरे, फौजदारी कार्यवाही के फलस्वरूप किसी उच्च न्यायालय द्वारा दिये गये किसी निर्णय अथवा दण्ड के विरुद्ध सर्वोच्च न्यायालय में अपील की जा सकती है, यदि (1) उच्च न्यायालय ने अपील में किसी अभियुक्त की मुक्ति (acquittal) के आदेश को पलट दिया हो और उसे मृत्यु दण्ड दिया हो; या (2) उच्च न्यायालय ने किसी मामले को अधीन न्यायालय से हटाकर स्वयं अभियुक्त को मृत्यु–दण्ड प्रदान किया हो, या (3) उच्च न्यायालय यह प्रमाणित करे कि अमुक मामला ऐसा उपयुक्त मामला है, जिसकी अपील सर्वोच्च न्यायालय में की जा सकती है।

इस दृष्टि से सर्वोच्च न्यायालय की शक्तियाँ इंग्लैण्ड के उच्चतम अपीलीय न्यायालय से अधिक है। दीवानी मामलों में वहाँ 'कोर्ट ऑफ अपील' के निर्णयों की अपील लार्ड सदन में कोर्ट ऑफ अपील अथवा लार्ड सदन की आज्ञा से ही की जा सकती है, परंतु भारत के सर्वोच्च न्यायालय में किसी भी ऐसे मामले की अपील की जा सकती है जिसके बारे में उच्च न्यायालय यह प्रमाणित कर दे कि उसमें 20 हजार रुपये की मालियत से अधिक का प्रश्न अंतर्ग्रस्त है। इंग्लैण्ड में फौजदारी के मामलों में 'कोर्ट ऑफ क्रिमिनल अपील' के निर्णयों के विरुद्ध तभी आगे अपील की जा सकती है जबकि एटॉर्नी–जर्नल यह प्रमाणित करे कि उसमें असाधारण सार्वजनिक महत्व का प्रश्न अंतर्ग्रस्त है और यह भी सार्वजनिक हित में उसकी अपील की जाए। इसके विपरीत, भारत के सर्वोच्च न्यायालय को विशेष आज्ञा प्रदान करने पर किसी भी मामले की अपील सुनने के असीमित अधिकार प्राप्त हैं।

(ग) परामर्शदात्री अधिकार–क्षेत्र–यदि कभी भी राष्ट्रपति को ऐसा प्रतीत हो कि किसी कानून या तथ्य के प्रश्न पर सर्वोच्च न्यायालय की सम्मति ली जानी आवश्यक है तो वह उस प्रश्न पर सर्वोच्च न्यायालय की सम्मति माँग सकता है और सर्वोच्च न्यायालय उसके संबंध में आवश्यक सुनवाई के उपरान्त अपनी सम्मति का प्रतिवेदन राष्ट्रपति को देगा, किंतु न्यायालय ऐसा करने के लिए बाध्य नहीं है और इसकी सम्मति को अन्य न्यायालय भी कानूनी रूप में स्वीकार करने को बाध्य नहीं है।

(घ) सर्वोच्च न्यायालय संविधान के संरक्षक के रूप में–जबकि ब्रिटेन में संसद सर्वोपरि है, संयुक्त राज्य अमेरिका में संविधान सर्वोपरि है। इसका तात्पर्य यह है कि संसद तथा राज्यों के विधानमंडल यदि कभी कोई ऐसा कानून बनायें जो संविधान के विरुद्ध हो तो सर्वोच्च न्यायालय उसे अवैध घोषित करने की शक्ति रखता है, यद्यपि संविधान में इस आशय का कोई प्रावधान स्पष्ट रूप से नहीं दिया गया है।

इसके विपरीत ब्रिटेन में विधायी सर्वोपरिता है। भारत में सर्वोच्च न्यायालय की स्थिति कुछ इन दोनों के बीच की है। कुछ भी हो हमारे संविधान में सर्वोच्च न्यायालय को विभिन्न अनुच्छेदों 13, 32, 226 आदि के अंतर्गत न्यायिक पुनरावलोकन का अधिकार प्रदान किया है, किंतु न्यायोचित विधि (due process of law) की अनुपस्थिति में न्यायिक पुनरावलोकन का अधिकार संयुक्त राज्य अमेरिका की तुलना में सीमित है। हमारे संविधान में

उस स्थान पर 'कानून द्वारा स्थापित प्रक्रिया के सिवाय' (except in accordance with the procedure established by law) का प्रयोग हुआ है।

सर्वोच्च न्यायालय (तथा उच्च न्यायालयों) को विभिन्न प्रकार के लेख (writs) यथाबंदी प्रत्यक्षीकरण (habeas corpus) आदि भी जारी करने की शक्ति प्राप्त है। इस दृष्टि से सर्वोच्च और उच्च न्यायालयों का अधिकार–क्षेत्र समवर्ती है। सर्वोच्च न्यायालय के अधिकारियों व कर्मचारियों की नियुक्ति मुख्य न्यायाधिपति अथवा उसके द्वारा निदेशित न्यायाधीश या पदाधिकारी करता है। परंतु राष्ट्रपति को नियम बनाकर यह आवश्यक ठहराने की शक्ति प्राप्त है कि कोई ऐसा व्यक्ति जो न्यायालय से पहले संबंधित न था न्यायालय से संबंधित किसी भी पद पर संघीय लोक सेवा–आयोग के परामर्श से नियुक्त किया जाएगा।

सर्वोच्च न्यायालय को अपनी कार्यप्रणाली तथा व्यवहार के विनियमन के लिये व्यापक शक्तियाँ प्राप्त हैं। परन्तु किसी भी ऐसे प्रश्न का निर्णय करने के लिये जिसमें संविधान के निर्वाचन से सम्बन्धित कानून का कोई महत्त्वपूर्ण प्रश्न अंतर्ग्रस्त हो, कम से कम 5 न्यायाधीशों की बेंच बैठेगी। अन्य मामलों की सुनवाई एक या अधिक न्यायाधीश करेंगे जैसा कि नियमों द्वारा विहित किया जाये। न्यायालय के सभी निर्णय न्यायाधीशों के बहुमत से किए जाते हैं, किंतु कोई भी न्यायाधीश यदि वह बहुमत निर्णय से सहमत न हो अपना पृथक् निर्णय दे सकता है। सभी निर्णयों और सम्मतियों को खुले न्यायालय में दिया जाता है। इन बातों से एक बात स्पष्ट है, वह यह है कि भारत के संविधान में सर्वोच्च न्यायालय से संबंधित उपबंध अन्य किसी भी देश के संविधान की अपेक्षा अधिक विस्तृत है।

उच्च न्यायालय–संविधान में कहा गया है कि हर राज्य के लिए एक उच्च न्यायालय होगा लेकिन संसद विधि द्वारा दो या अधिक राज्यों के लिए या दो या अधिक राज्यों और किसी संघ क्षेत्र के लिए साझे उच्च न्यायालय की स्थापना कर सकती है। प्रत्येक उच्च न्यायालय में एक प्रमुख न्यायाधीश व कुछ अन्य न्यायाधीश होंगे, जिनकी संख्या निश्चित करने का अधिकार राष्ट्रपति, सर्वोच्च न्यायालय के मुख्य न्यायाधीश और उस राज्य के राज्यपाल के परामर्श से करेंगे तथा अन्य न्यायाधीशों की नियुक्ति में संबंधित राज्य के मुख्य न्यायाधीश का परामर्श भी लेना होगा। भारत के मुख्य न्यायाधीश उच्च न्यायालयों में न्यायाधीशों की नियुक्ति व स्थानांतरण के संबंध में सर्वोच्च न्यायालय के चार वरिष्ठतम न्यायाधीशों के समूह की सर्वसम्मत राय के आधार पर ही राष्ट्रपति को परामर्श देंगे। यदि किसी उच्च न्यायालय में कुछ समय के लिए कार्य बढ़ जाए, तो अस्थायी न्यायाधीशों की नियुक्ति का प्रावधान भी संविधान में है। उच्च न्यायालय के न्यायाधीशों का कार्यकाल 62 वर्ष की आयु तक निश्चित किया गया है, पर इससे पूर्व वे स्वयं त्यागपत्र देकर या सर्वोच्च न्यायालय का न्यायाधीश नियुक्त होकर या राष्ट्रपति द्वारा किसी अन्य उच्च न्यायालय में स्थानांतरण द्वारा अपना पद छोड़ सकते हैं। किसी न्यायाधीश को अयोग्य या दुराचारी प्रमाणित होने पर सर्वोच्च न्यायालय के न्यायाधीश के समान महाभियोग प्रस्ताव द्वारा राष्ट्रपति की सहमति से हटाया जा सकता है।

उच्च न्यायालय का क्षेत्राधिकार–उच्च न्यायालय दीवानी तथा अपराधिक मामलों में राज्य का सर्वोच्च अपीलीय न्यायालय है। यह अपने अधिकार क्षेत्र में आने वाली अदालतों के कार्यों का पर्यवेक्षण करता है। वह अपने अधीनस्थ किसी न्यायालय में से कोई मामला जिसमें विधि का प्रश्न संबंधित हो वह उठा सकता है और उसे सर्वोच्च न्यायालय में अपील के लिए अनुशंसित कर सकता है। यह मूल अधिकारों को लागू करने के लिए आलेख जारी कर सकता है। उच्च न्यायालय सर्वोच्च की तरह एक अभिलेख न्यायालय है तथा यह अपने मानहानी करने वालों को दंडित कर सकता है। उच्च न्यायालय में दीवानी मामलों की या तो प्रथम अपील हो सकती है या द्वितीय अपील। जिला न्यायाधीशों एवं अधीनस्थ न्यायाधीशों के निर्णयों के विरुद्ध तथ्य और कानून के मुद्दों पर अपील की जा सकती है। जब जिला न्यायाधीश या अधीनस्थ न्यायाधीश निचली अदालतों द्वारा प्रदत्त निर्णयों में परिवर्तन कर देते हैं, तो इन न्यायाधीशों के निर्णय के विरुद्ध उच्च न्यायालय में अपील दायर की जा सकती है।

फौजदारी मामलों में उच्च न्यायालय में अपील दायर की जा सकती हैं–

(1) जब सत्र न्यायाधीश द्वारा 7 वर्ष से अधिक का दंडादेश पारित किया गया हो, तब उस दंडादेश के विरुद्ध।

(2) सहायक सत्र–न्यायाधीश, महानगरीय दंडाधिकारी या अन्य दंडाधिकारी द्वारा दिए गए विशेष मामले के विरुद्ध।

राजस्व तथा उसके संग्रह के संबंध में उच्च न्यायालय को प्रारंभिक क्षेत्राधिकार प्राप्त हो। यह अपने क्षेत्राधिकार के अंतर्गत मूल अधिकार के उल्लंघन या निलंबन के मामले में लेख जारी कर सकता है। यह लेख पाँच प्रकार का होता है–

(1) बंदी प्रत्यक्षीकरण,

(2) परमादेश,

(3) प्रतिषेध,

(4) उत्प्रेषण,

(5) अधिकार पृच्छा।

संविधान के द्वारा उच्च न्यायालय को भी न्यायिक पुनर्विलोकन की शक्ति प्रदान की गई है और उसे अधिकार है कि वह किसी भी ऐसे संवैधानिक संशोधन, कानून को अवैधानिक घोषित कर दे, जो संविधान के प्रावधानों के विपरीत हो, अंततः हम कह सकते हैं कि सर्वोच्च न्यायालय के समान ही उच्च न्यायालयों ने भी हाल के वर्षों में जनहित अभियोग एवं न्यायिक सक्रियता के आधार पर भारतीय राज व्यवस्था में अपनी भूमिका को प्रभावशाली बना लिया है।

अधीनस्थ न्यायालय–प्रत्येक राज्य में जिला स्तर पर उच्च न्यायालय के अधीन अधीनस्थ न्यायालय का गठन किया जाता है। जिला न्यायाधीशों की नियुक्ति उच्च न्यायालय के परामर्श से राज्यपाल करता है। अनुच्छेद 233 के अनुसार वह व्यक्ति जो सरकारी सेवा में पहले से नहीं है, उसके पास जिला न्यायाधीश के पद पर पात्र होने के लिए कम से कम 7 वर्ष

अधिवक्ता का अनुभव होना चाहिए। जिला न्यायालय के अधीन अवर न्यायालय, मुंसिफ न्यायालय, द्वितीय श्रेणी विशेष न्यायालय, प्रथम श्रेणी विशेष न्यायालय, श्रम कानून न्यायालय आदि होते हैं। किसी राज्य की न्यायिक सेवा में जिला न्यायाधीशों के अलावा व्यक्तियों की नियुक्ति राज्यपाल राज्य लोक सेवा आयोग एवं उच्च न्यायालय की सलाह से करते हैं।

जिला न्यायालय तथा उसके अधीनस्थ अन्य न्यायालयों पर उच्च न्यायालयों का पूर्ण प्रशासनिक नियंत्रण होता है। यहाँ तक कि राज्य की न्यायिक सेवा के किसी व्यक्ति और जिला न्यायाधीश के पद से अवर किसी पद को धारण करने वाले व्यक्ति की तैनाती, पदोन्नति और उसकी छुट्टी की व्यवस्था भी उच्च न्यायालय करता है।

प्रश्न 3. क्या आप समझते हैं कि भारत में न्यायिक पुनरीक्षण लोकतांत्रिक प्रक्रिया को मजबूत बनाती है? स्पष्ट कीजिए। [June 2008, Q. 3.]

उत्तर– न्यायिक पुनरीक्षण से अभिप्राय न्यायालय द्वारा कार्यपालिका और व्यवस्थापिका के कार्यों की वैधता की जाँच करना अर्थात् ऐसे कानूनों को घोषित करना जो संविधान के किसी अनुच्छेद का अतिक्रमण करते हैं।

जन प्राधिकरणों के कार्यकारी एवं विधायी, दोनों ही कार्यों की संवैधानिक वैधता घोषित करने हेतु न्यायपालिका का अधिकार किसी भी लोकतांत्रिक समाज में, न्यायिक पुनरीक्षा उस व्यवस्था–विशेष की जान होती है क्योंकि इसके बगैर लोकतंत्र तथा कानून का शासन दोनों ही कायम नहीं रखे जा सकते हैं। भारत में न्यायिक पुनरीक्षण संविधान का एक अभिन्न हिस्सा है और इसमें संविधान का 'मूल प्राधार' निहित है। न्यायिक पुनरीक्षा की संपूर्ण संहिता एक केस–दर–केस आधार पर न्यायाधीशों द्वारा विकसित की गई है। परिणामतः न्यायिक पुनरीक्षण की शरण पाने का अधिकार हर वाद–विशेष के तथ्यों पर निर्भर करता है; हालाँकि, कानून के किसी दुर्बोध प्रस्ताव की पुनरीक्षा नहीं हो सकती है।

यद्यपि हमारे संविधान में 'न्यायिक पुनरीक्षा' का कोई उल्लेख नहीं है, न्यायपालिका द्वारा यह अधिकार विभिन्न प्रावधानों से व्युत्पन्न किया गया है। प्रथमतः संविधान और खासकर मौलिक अधिकारों की तुलना में अनुच्छेद 13(2) विषयक सीमाओं की व्याख्या करने का अधिकार, जो यह सुझाता है कि मौलिक अधिकारों का उल्लघंन करने वाला कोई भी कानून अमान्य घोषित होगा। यह सर्वोच्च न्यायालय का कर्त्तव्य है कि लोगों के मौलिक अधिकारों की रक्षा करे और इस प्रकार वह अनुच्छेद 32 के तहत न्यायिक पुनरीक्षा अधिकार एवं संविधान की व्याख्या करने के अधिकारादि से संपन्न है।

न्यायिक पुनरीक्षा संबंधी सर्वोच्च न्यायालय का अधिकार संवैधानिक संशोधनों तक विस्तीर्ण है। तथापि, मौलिक अधिकारों के संबंध में न्यायपालिका द्वारा संवैधानिक पुनरीक्षा व उसकी कानूनी वैधता एक विवादग्रस्त राजनीतिक मुद्दा रहा है। संसद अनुच्छेद 368 के तहत संविधान में संशोधन कर सकती है परंतु आवश्यक है कि ऐसे संशोधन मौलिक अधिकारों का

हनन अथवा उल्लंघन न करते हों और इस नियम के उल्लंघन में बनाया गया कोई भी कानून अमान्य होगा (अनुच्छेद 13)।

गोलकनाथ केस (1967) से पूर्व न्यायालयों का दावा था कि संविधान संशोधन अनुच्छेद 13 के आशय का कानून नहीं है और इस प्रकार, यदि वह किसी मौलिक अधिकार का उल्लंघन करता है तो अमान्य नहीं ठहराया जाएगा। गोलकनाथ केस में यह तय किया गया कि–

(1) सभी संशोधन कानून हों [13 (3)]।

(2) मौलिक अधिकार अंतर्जात एवं अपरिवर्तनीय हैं, अतः संशोधित नहीं किए जा सकते हैं, इस पर भी मौलिक अधिकारों में संशोधन करने के लिए एक नई संविधान सभा बुलायी जाने की आवश्यकता है और

(3) संविधान संशोधन एक नियमित विधायी शक्ति है।

1971 में, संसद ने, 24वें संविधान संशोधन द्वारा, गोलकनाथ के निर्णयों को यह घोषित करते हुए बदल दिया कि अनुच्छेद 368 के तहत किए गए संविधान संशोधन अनुच्छेद 13 के आशय से 'कानून' के रूप में नहीं होंगे और संविधान संशोधन अधिनियम की वैधता इस आधार पर प्रश्नार्थ अनवरुद्ध नहीं होगी कि यह अधिकारों का हनन करती है अथवा उन्हें प्रभावित करती है [अनु. 368 (3)]।

1972 में, संसद ने मौलिक अधिकारों के अतिक्रमण हेतु विधायिका को अनुमति देते हुए 25वाँ संविधान संशोधन अधिनियम पारित किया बशर्ते इसे राज्य के नीति–निर्देशक सिद्धांतों को लागू करने के अनुकूल बताया गया हो। 28वें संशोधन अधिनियम ने भारतीय राज्यों के औपचारिक शासकों को प्रदान की गई मान्यता समाप्त कर दी और उनके राजभत्ते भी बंद कर दिए गए।

प्रसिद्ध केशवानन्द भारती केस, 1973 में, न्यायालय ने दृढ़तापूर्वक कहा कि संसद मौलिक अधिकारों में भी संशोधन कर सकती है, परंतु वह संविधान के 'मूल प्राधार' अथवा 'ढाँचे' को बदल डालने में सक्षम नहीं है। 42वें संशोधन अधिनियम (1976) में यह घोषित किया कि अनुच्छेद 368 उसमें धारा (4) व (5) का सन्निवेश करके न्यायिक पुनरीक्षा के अधीन नहीं आता। तथापि, 1980 में मिनर्वा मिल्स केस में, न्यायालय ने अनुच्छेद 368 से धाराएँ (4) व (5) हटा दी और दृढ़तापूर्वक कहा कि 'न्यायिक पुनरीक्षा' भारतीय संविधान व्यवस्था का मूल अभिलक्षण है जो कि संविधान में संशोधन द्वारा भी छीना नहीं जा सकता। सर्वोच्च न्यायालय, तभी से, 'मूल प्राधार' को केस–दर–केस परिभाषित करता रहा है।

जनहित याचिका समाज के विशेष तौर पर कमजोर तबकों तक न्याय पहुँचाने हेतु न्यायपालिका द्वारा चलाया गया एक सामाजिक–आर्थिक आंदोलन है। यह विचार रोमन स्मृति–न्यायशास्त्र के 'एशियो पॉप्यूलैरिस' से आया, जो कि सार्वजनिक अपराधों के मामलों में अदालत तक प्रत्येक नागरिक की पहुँच प्रदान करता है। जनहित याचिका का उद्देश्य एक व्यक्ति के अधिकार को दूसरे के विरुद्ध लागू करना नहीं है बल्कि समाज के वंचित वर्गों तक

न्याय पहुँचाना है। न्यायालय किसी इतर-संवैधानिक अधिकार क्षेत्र का प्रयोग नहीं कर रहा है और अब अनुच्छेद 14 व अनुच्छेद 21 में मजबूती से जमा है, जो कि क्रमशः सभी प्रकार की यादृच्छिकता एवं अराजकता के विरुद्ध संरक्षण तथा दूसरों के लिए न्यायाकूल संबंध एवं कमजोर वर्गों हेतु व्यवहृत निदेशक सिद्धांतों समेत जीवन-रक्षा हेतु हर उस चीज को मूर्त रूप दिए जाने की व्यवस्था देता है जो एक प्रतिष्ठापूर्ण जीवन के लिए आवश्यक होती है।

जनहित याचिका हेतु अधिकार प्रदान किए जाने पर न्यायालयों में मुकदमों के आधिक्य की ओर प्रवृत्त किया है, जो कि न्यायपालिका द्वारा लोकतांत्रिक अधिकारों के विकास का सूचक है। एस.पी. साठे तजवीज करते हैं कि सर्वोच्च न्यायालय निम्नलिखित प्रतिमानों के अंतर्गत काम करता रहा है—

(1) व्याख्यात्मक टिप्पणियाँ, इस दृष्टि से कि राज्य के अन्य अंगों पर न्यायिक नियंत्रण बढ़ाया जाए ताकि लोगों के लिए स्वतंत्रता, प्रतिष्ठा, समानता एवं न्याय तथा शासी संस्थाओं की अधिक उत्तरप्रदता सुनिश्चित हो।

(2) व्याख्यात्मक रणनीतियाँ, इस दृष्टि से कि सामाजिक परिवर्तन सुसाध्य हो, जो अल्पसंख्यकों, समाज के कमजोर वर्गों एवं राजनीतिक व धार्मिक भिन्न-मतावलम्बियों की अधिक सुरक्षा को प्रोत्साहन दे।

(3) न्याय तक पहुँच बढ़ाने के लिए नए तरीके ईजाद करना (जैसे जनहित याचिका एवं लोक अदालतें)।

11 संघवाद

प्रश्न 1. 'संघ' शब्द का अर्थ तथा प्रभाव बताइए।

अथवा

भारत के संघीय ढाँचे के वर्णन के लिए 'यूनियन' शब्द के प्रयोग के पीछे क्या कारण था? [June 2010, Q. 4.]

उत्तर– भारतीय संविधान के प्रथम अनुच्छेद के अनुसार भारत को राज्यों के संघ के रूप में घोषित करता है जिससे भारत के संघ और उसकी एकता के अविनाशी होने का पता चलता है। निहितार्थ यह है कि किसी भी इकाई के पास छोड़ने का अधिकार नहीं है। भारत की विद्यमान आंतरिक सीमाओं के विभाजन, विलय और रूपांतरण से राज्यों का गठन करना संघ का एक मात्र विशेषाधिकार है। संघ के पास भारत के संघ में नये क्षेत्र को शामिल करने का अधिकार है। आज भारत 28 राज्यों और 7 संघीय राज्य क्षेत्रों से मिलकर बना है। कुल मिलाकर, भारत के संघ ने राज्य के गठन के चार संस्थागत सिद्धांतों पर अपनी इकाइयों को मान्यता दी है। राज्य पुनर्गठन आयोग (1955) द्वारा यथा–अवधारित सिद्धांतों में शामिल हैं– (1) राष्ट्रीय योजना का सफल प्रचालन (2) भाषाई और सांस्कृतिक एकरूपता (3) भारत की एकता और सुरक्षा को संरक्षित और मजबूत करना (4) वित्तीय, आर्थिक और प्रशासनिक पहलुओं पर विचार करना। भारत ने 'अभिज्ञात सीमा' और 'प्रशासनिक सीमा' के सापेक्ष समरूपता के आधार पर अपनी इकाइयों के पुनर्गठन का यथासंभव प्रयास किया है। भाषा, संस्कृति और पारिस्थितिक विज्ञान का पुनर्गठन करने की सतत प्रक्रिया पर निर्णायक प्रभाव डालता है। यद्यपि संघ को राज्य के गठन का एक मात्र विशेष अधिकार है, तब भी ऐसा प्रभावित राज्यों की विधानसभा द्वारा पारित संकल्प के आधार पर किया जाता है।

शब्द 'संघ' का एक और निहितार्थ यह है कि भारतीय संघवाद दो पहले से ही विद्यमान संप्रभु सत्ताओं के बीच सुसंहत (Compacted) संघवाद नहीं है। यह संघ राष्ट्रीय आंदोलन के दौरान पोषित, मात्र भारत की जनता के एकीकृत संकल्प से अस्तित्व में आया है। संभवतः यही कारण है कि उच्च सदन (राज्यसभा) जिससे संघ की इकाइयों के हितों का प्रतिनिधित्व करने की उम्मीद की जाती है, संतुलित (बराबर) प्रतिनिधित्व नहीं करता। यह जनसंख्या आकार के समानुपाती आधार पर गठित है। जनसंख्या आकार के अनुसार, प्रत्येक राज्य को राज्यसभा में सापेक्ष संख्या में सीटों का आबंटन किया गया है। इस प्रकार जहाँ उत्तर प्रदेश के पास 31 सीटें हैं वहीं मणिपुर, गोवा जैसे छोटे राज्यों को मात्र एक सीट आबंटित की गई है।

शब्द 'संघ' के तर्कसंगत परिणामस्वरूप, संघ और इसकी संघटक इकाइयाँ एकमात्र संविधान द्वारा विनियंत्रित हैं। प्रत्येक इकाई एक ही संविधान से अपना अधिकार प्राप्त करती है। ध्यान देने योग्य बात यह है कि संघ और राज्यों के पास संविधान के आवश्यक अथवा मूलभूत स्वरूप को बदलने के लिए मौलिक प्राधिकार नहीं हैं। संघ और राज्यों के विधायी प्रकार से संवैधानिक उद्देश्यों को प्राप्त करने तथा संघ और राज्य के सुचारु प्रशासनिक कार्यचालन को आसान बनाने के लिए उपायों में संशोधन की शक्ति है परंतु उसे एक पक्षीय तौर पर प्रयोग नहीं किया जा सकता है। सातवीं अनुसूची की तीन सूचियों में प्रविष्टियों का संशोधन, संसद में राज्यों का प्रतिनिधित्व, अनुच्छेद 368 में यथा अवधारित संशोधन के उपबंध और क्रियाविधि, संघ न्यायपालिका और राज्यों के उच्च न्यायालय से संबंधित विधायी संबंध, राष्ट्रपति और उपराष्ट्रपति का चुनाव, संघ और राज्यों की कार्यकारी शक्तियों की सीमा, संघ राज्य क्षेत्रों के लिए उच्च–न्यायालयों से संबंधित उपबंध जैसे अनेक उपबंध हैं जिन्हें संघ के न्यूनतम आधे राज्यों के समर्थन और अनुमोदन के बिना संघ संसद द्वारा संशोधित नहीं किया जा सकता। इससे राज्यों के संघ के बराबर संघीय आधार का पता चलता है।

संविधान के अनुच्छेद 312 में प्रावधान है, "यदि राज्य परिषदों ने विद्यमान और मतदान कर रहे कम से कम दो तिहाई सदस्यों द्वारा समर्पित संकल्प द्वारा घोषणा की है कि ऐसा करना राष्ट्रीय हित के लिए आवश्यक अथवा समीचीन है, उस स्थिति में संसद कानून बनाकर संघ और राज्यों के लिए एक अथवा एक से अधिक सार्वजनिक अखिल भारतीय सेवाओं का प्रावधान कर सकती हैं।" ये संघवत् संघवाद के कुछ सामान्य लक्षण हैं। भारतीय संघवाद में संघीय शक्तियों के केंद्रीकरण के दो व्यापक प्रकार मिलते हैं पारिस्थितिजन्य और सामंजस्य पूर्ण। संविधान ने केंद्र को 'आंतरिक कलह' और 'बाहरी खतरा' जैसे युद्ध और आक्रमण से सरंक्षण के लिए महत्त्वपूर्ण शक्तियाँ सौंपी हैं। आंतरिक कलह में प्राकृतिक आपदा की स्थिति में भौतिक विफलता, राजनीतिक और संवैधानिक, विफलता तथा वित्तीय–आर्थिक संकट शामिल हैं। अनुच्छेद 352 से 360 तक कतिपय आपात्कालीन स्थितियों और संघीय व्यवस्था कार्यचालन पर उसके प्रभाव के बारे में है। संविधान, यहाँ 'सुरक्षा बाल्व' के सिद्धांत को मान्यता देता है जिसके उद्देश्यों में निम्नवत् शामिल हैं–

(1) बाहरी आक्रमण, आंतरिक आक्रमण, विनाशकारी आतंकवादी गतिविधियाँ और राज्य के विरुद्ध सशस्त्र विद्रोह से संघ की इकाइयों का संरक्षण।

(2) संविधान का अभिरक्षण : इसके कारण, संवैधानिक राजनीतिक व्यवस्था पुनः प्रतिष्ठापित होती है। जो अन्यथा गलत प्रशासन, मंत्रालयीन/लिपिक वर्गीय संकट (अस्पष्ट मतदाता चुनाव अथवा निलंबित संसद/विधानसभा अथवा बार–बार दल बदल और दल व्यवस्था की विफलता के कारण शासकीय अस्थिरता), प्राकृतिक आपदाएँ और इसी प्रकार की अन्य भौतिक तथा राजनीतिक अव्यवस्था।

(3) संघीय राष्ट्र की एकता और अखंडता का संरक्षण : संघ इस स्थिति में राज्य सरकार की शक्तियों को स्वयं ग्रहण कर सकता है जब कोई विशेष राज्य सरकार स्वयं भारत की क्षेत्रीय अखंडता के विरुद्ध जाती है अथवा राज्य में संवैधानिक प्रक्रिया समाप्त हो सकती है।

(4) संघ और प्रांतों को वित्तीय संकट और आर्थिक अव्यवस्था से बाहर लाना : वित्तीय आपातकाल का सार सर्वोत्कृष्ट तथ्य की इस प्राप्ति में निहित है कि देश की आर्थिक संरचना एक और अविभाज्य है। यदि कोई राज्य वित्तीय रूप से अभावग्रस्त है तो यह केंद्र के वित्त को प्रभावित करेगा, यदि केंद्र त्रस्त है तो सभी राज्य संकटग्रस्त हो जाएँगे। इस प्रकार राज्यों और केंद्र की अंतर निर्भरता इतनी विशाल है कि देश की संपूर्ण वित्तीय अखंडता एक है और ऐसा समय आ सकता है जब निरपेक्ष रूप से एकात्मक की आवश्यकता पड़े।

भारतीय संघवाद का एक अन्य लक्षण यह है कि यह सहमति द्वारा केंद्रीकरण अथवा सामंजस्यपूर्ण केंद्रीकरण के लिए प्रावधान करती है। अनुच्छेद 252 में प्रावधान है,"यदि दो या दो से अधिक राज्यों की विधान सभाओं को यह वांछनीय प्रतीत होता है कि ऐसा कोई मामला जिसके बारे में संसद को अनुच्छेद 249 और 250 में यथाप्रदत्त को छोड़कर राज्यों के लिए कोई कानून बनाने की शक्ति नहीं है, उन राज्यों के लिए संसद द्वारा कानून बनाकर विनियमित किया जायेगा और यदि उन राज्यों की सभी विधानसभाओं द्वारा उस प्रभाव के कोई संकल्प पारित किए जाते हैं तो संसद के लिए तदनुसार उस मामले के विनियमन हेतु कानून पारित करना विधिसंगत होगा।" इस उपबंध में दो राज्यों के बीच सार्वजनिक चिंतन के मुद्दों को विनियमित करने का उद्देश्य संनिहित है, जो अन्यथा स्थिति में कानून की विविधता और मुद्दों के विविध परिप्रेक्ष्य के कारण संभव नहीं हैं। सामंजस्यपूर्ण केंद्रीकरण केंद्र को राज्य सूची में उन विषयों पर मध्यस्थता करने तथा सार्वजनिक नीति अभिगम का निर्माण करने की अनुमति देता है जिन्होंने राष्ट्रीय अथवा परास्थानीय महत्त्व प्राप्त कर लिया है। समर्थकारी उपबंध अंत मुद्दों के बेहतर समन्वयन के लिए प्रावधान करते हैं।

प्रश्न 2. भारतीय संघीय व्यवस्था की कार्यप्रणाली पर एक निबंध लिखिए।

[June 2008, Q. 4.][Dec 2008, Q. 4.][Dec 2010, Q. 5.]

उत्तर– भारतीय संघीय व्यवस्था की कार्यप्रणाली को विभिन्न व्यवस्थाओं से गुजरना पड़ता है और संघवाद आधुनिक संवैधानिक व्यवस्थाओं की एक लोकप्रिय प्रवृत्ति रही है। भारत सहित विश्व के कई प्रमुख देशों में इसे अपनाया गया है। वस्तुतः एक बड़े भौगोलिक आकार वाले देश के लिए जिसमें सांस्कृतिक भाषाओं एवं जातिगत विभिन्नता विद्यमान हो, शासन को विकेंद्रित करने एवं शासन की इकाइयों को प्रजातांत्रिक आकार प्रदान करने के लिए संघवाद को सर्वश्रेष्ठ उपकरण माना जाता है। विश्व की सर्वप्रथम संघीय व्यवस्था संयुक्त राज्य

अमेरिका के संविधान में 1787 में अपनाई गई थी। उसके पश्चात् अनेक देशों ने इसकी उपयोगिता एवं सार्थकता को अपने देश की परिस्थिति के अनुकूल समझते हुए उन्हें लागू किया स्वतंत्रता प्राप्ति के बाद भारतीय संविधान निर्माताओं ने तत्कालीन विश्व की कई शासन व्यवस्थाओं का अध्ययन किया एवं भारत की भौगोलिक विस्तार एवं बहुसांस्कृतिक आयामों से युक्त सामाजिक राजनीतिक परिस्थितियों के लिए संघीय प्रणाली को ही उपयुक्त पाया। भारतीय संविधान में भी अन्य संघात्मक राज्यों की तरह केंद्र तथा राज्यों के स्तर पर दो समानांतर सरकारों की स्थापना की गई।

केंद्र व राज्य सरकारों के बीच संविधान की सातवीं अनुसूची में शक्तियों के विभाजन का विस्तृत उल्लेख किया गया है, जिसमें विगत 54 वर्षों के अनुभव से यह साबित होता है कि अपने प्रारंभिक यात्राक्रम में संघ व्यवस्था की प्रमुख विशेषता थी केंद्र राज्य सहयोग। इस कालावधि में देश के राजनीतिक क्षितिज पर कांग्रेस दल का एकाधिकार था और केंद्र एवं राज्यों के बीच संघर्षपूर्ण स्थिति उत्पन्न नहीं हुई।

प्रत्येक राज्य चाहता था कि केंद्र द्वारा प्रस्तावित औद्योगिक संस्थाओं को उसी के क्षेत्र में स्थापित किया जाए। भाषा एवं केंद्रीय रिजर्व पुलिस को लेकर मतभेद उत्पन्न हुए और राज्यपाल की नियुक्ति का प्रश्न भी विवाद का कारण बन गया, लेकिन विवादों के उपरांत भी केंद्र एवं राज्यों के बीच आपसी सहयोग बना रहा और सहयोगी संघवाद के युग का सूत्रपात हुआ। राज्यों की केंद्र पर अत्यधिक निर्भरता की स्थिति में एक बड़ी सीमा तक केंद्रीकरण की प्रवृत्ति को बढ़ाया।

भारतीय संघ ने प्रशासनिक एकरूपता पर बल देते हुए विकास–कार्यों के संयोजन में भी महत्त्वपूर्ण भूमिका निभाई है। संविधान के अनुच्छेद 356 तथा 357 का भी दुरुपयोग कांग्रेस की सरकार ने सबसे पहले सन् 1959 में किया। उसके बाद अनेक बार इस अनुच्छेद का उपयोग अथवा दुरुपयोग किया गया है जिससे संघीय व्यवस्था पर प्रश्न–चिन्ह ही नहीं लगा है, बल्कि राज्यों के अधिकार क्षेत्र का भी अतिक्रमण किया गया है। प्रतिनिधिक शासन व्यवस्था और लोकतंत्र पर बार–बार चोट की गई है और राष्ट्रपति शासन लागू किया गया है। अधिकांशतः ऐसा दलगत और सत्तापरक राजनीति के तहत केंद्र में सतारूढ़ दल अथवा दलों द्वारा राज्यों के स्तर पर अपने विरोधी दलों की सरकारों को बर्खास्त करने के लिए किया गया है। ऐसा करने में सभी मानकों, मूल्यों और मान्यताओं को तिलांजलि दे दी गई है।

प्रत्यायोजित विधायन के माध्यम से भी केंद्र की शक्ति अद्भुत रूप से विकसित होती गई और जिस द्रुतगति से संविधान में संशोधन किए गए, उससे ऐसा प्रतीत होने लगा कि भारतीय संघ एकात्मकता की ओर उन्मुख हो रहा है। जून, 1975 से मार्च, 1977 तक भारतीय राज्य एकात्मक राज्य में परिवर्तित कर दिया गया था। राज्य की समूची शक्तियाँ केंद्रीय सरकार के हाथों में आ गई थी, लेकिन छठे लोकसभा चुनावों के परिणामों से भारतीय राजनीति में परिवर्तन आया जिसमें कतिपय गैर–जनता सरकारों ने "राज्य स्वायत्तता" का

नारा बुलंद किया। 1989 से 2004 के निर्वाचनों से यह इंगित होता है कि भारतीय लोकतंत्र केंद्रोमुखी बड़े दल के नमूने से अलग होकर एक अत्यंत बहुलवादी संघीय बहुदलीय प्रणाली में विकसित हो रही है। अनेक राज्यों में क्षेत्रीय दलों की सरकारें सत्तारुढ़ हैं, जिनकें कंधों पर केंद्रीय सरकार टिकी है अर्थात् जो दल केंद्र में सत्तारुढ़ हैं, वह सभी राज्यों में शासक दल नहीं हैं। विभिन्न भागों में भिन्न–भिन्न दल सत्तारुढ़ हैं। दूसरी ओर न्यायपालिका ने जनहित में विधि और न्याय का शासन सुरक्षित करने के लिए अपने क्षेत्राधिकार में अधिक सक्रिय एवं प्रभावी भूमिका की ओर कदम बढ़ाया है।

इस प्रकार स्पष्ट है कि एक मजबूत केंद्र के बावजूद भारतीय संघ का झुकाव केंद्र और राज्यों के बीच सहयोगी साझेदारी की ओर है। सहयोगी साझेदारी में स्वतंत्रता और परस्पर निर्भरता होती है। अतः राज्यों के विकास के लिए वास्तविक स्थिति में स्वायत्तता एवं अखिल भारतीय चरित्र के लिए वर्तमान राजनीतिक परिस्थितियों के संदर्भ में संघीय व्यवस्था के कार्यात्मक पहलू में परिवर्तन की आवश्यकता है। विरोधाभासों को समाप्त करने के लिए कुछ बड़े राजनीतिक दलों में आम सहमति स्थापित हो जाए, तो दोनों पक्षों की इच्छानुसार विवादों का समाधान आसानी से प्राप्त किया जा सकता है।

प्रश्प 3. भारतीय संघवाद के मुख्य लक्षणों पर एक संक्षिप्त नोट लिखिए।

उत्तर— भारतीय संघवाद किसी अकेले सामान्यीकरण अथवा विशिष्टीकरण की अवज्ञा करने के लिए पर्याप्त जटिल है। श्रेष्ठतम स्थिति यह है कि कोई भी इसे 'संघवत् संघीय राजतंत्र' के रूप में विशिष्ट रूप दे सकता है। संघवत् संघीय राज्यतंत्र दो अंतर्निहित प्रवृत्तियों नामतः संघीकरण और क्षेत्रीकरण के अनिवार्य संतुलन के लिए पूर्वानुमान करता है। संघीकरण प्रक्रिया भारतीय संघवाद को उस समय अद्वैतवादी लक्षणों, सामान्यतया जिनका केंद्रीकृत संघवाद के रूप में हवाला दिया जाता है, को अंगीकार करने की अनुमति देती है, जब एक तरफ राष्ट्रीय एकता, भारत की अखंडता और क्षेत्रीय संप्रभुता को बनाए रखने तथा दूसरी तरफ राज्यों में संवैधानिक–राजनीतिक व्यवस्था के रखरखाव को स्पष्ट खतरा हो। तथापि संघ की बोधगम्यता का विशेषाधिकार तथा 'धमकी' की परिभाषा निरपेक्ष नहीं हैं। यह उच्चतम–न्यायालय की समीक्षा के अध्यधीन है। यह एस. आर. बोम्बई मामले में उच्चतम न्यायालय के विनियमन से पूर्णरूपेण स्पष्ट हो चुका है। केवल असामान्य स्थिति (जैसा कि आपात्कालीन उपबंधों की भावना में निहित है) में भारतीय संघवाद अद्वैतवादी स्वरूप को ग्रहण करता है। तथापि, इससे भी अधिक संघीकरण प्रक्रिया संवैधानिक तौर पर संघ सरकार पर लागू होती है, जिसके पास मिश्रित अर्थव्यवस्था के साधनों और उपायों तथा राज्य विनियमित कल्याणकारी नियोजन के माध्यम से क्षेत्रीय और सामाजिक क्षेत्रकों में संतुलित आर्थिक विकास और सामाजिक परिवर्तन प्राप्त करने का अतिरिक्त उत्तरदायित्व होता है। इस प्रयास में संविधान संघ सरकार के सहयोगी भागीदार के रूप में राज्यों की भूमिका निर्धारित

करता है। इसके अतिरिक्त, संघीकरण प्रक्रिया की कोई और अधिक राजनीतिक अर्थ और सुसंगतता नहीं है।

संघीकरण सिद्धांतों के साथ भारत का संविधान 'क्षेत्रवाद' और 'क्षेत्रीकरण' को भी राष्ट्र निर्माण और राज्य के गठन के वैध सिद्धांतों के रूप में मान्यता देता है। संवैधानिक उपबंधों की एक गहन संवीक्षा से पता चलता है कि भारत का संविधान शक्ति वितरण की विभिन्न अवस्थाओं वाले बहुस्तरीय अथवा बहुपर्त्तीय संघ के गठन को स्वीकृति और मान्यता देता है। बहुपर्त्तीय संघ में संघ, राज्य, उपराज्यीय संस्थागत प्रबंधन जैसे क्षेत्रीय विकास, स्वायत्त परिषदें और निम्न स्तरों पर स्थानीय स्व–शासन की इकाइयाँ शामिल हैं। संघ और राज्य मिलकर संघीय अपसंरचना का गठन करते हैं तथा शेष दो घटक संघीय अवसंरचना का निर्माण करते हैं। प्रत्येक स्तर पर संवैधानिक रूप से गठित विनिर्दिष्ट संघीय कार्य होते हैं, जिन्हें वे लगभग एक–दूसरे से स्वतंत्र निष्पादित करते हैं। तथापि अपसंरचना का अब उपसंरचनाओं पर कतिपय वित्तीय और राजनीतिक नियंत्रण होता है। उपसंरचनाओं की विभागीय विधियाँ दो अपसंरचनाओं द्वारा निर्मुक्त की जाती हैं।

संविधान में अनुच्छेद 370, 371, 371–क से ज, पाँचवीं और छठी अनुसूचियाँ जैसे कई उपबंध हैं, जो विशेष प्रकार के संघ–राज्य संबंधों की अनुमति देते हैं। संक्षिप्त में, ये उपबंध कई संघीय नियमों के अनुप्रयोग को सीमित करते हैं, संसद और समृद्ध राज्य विधायिकों की विधि निर्माण शक्ति को प्रभावित करने वाले संसदीय कार्यों के अनुप्रयोग की क्षेत्रीय सीमा का परिसीमन करते हैं और कुछ राज्यों जैसे अरुणाचल प्रदेश, सिक्किम, असम, मणिपुर, नागालैंड, जम्मू व कश्मीर, महाराष्ट्र और गुजरात में विशेष शक्तियों और उत्तरदायित्व वाले राज्यपाल के कार्यालय पर लागू होते हैं। यदि हम संविधान के उपबंधों की सूक्ष्मता से जाँच करें तो ऐसा प्रतीत होता है कि भारत में संघवाद प्रजातीय विविधता और प्रजातीय माँगों जैसे दीवानी और फौजदारी न्याय आदि के प्रशासन में परंपरागत काननू के अनुप्रयोग का समायोजित करने के लिए स्वरबद्ध किया गया है।

नीतियों के गठन में प्रजातीय स्वरूप को समायोजित करने का कारण यह है कि संविधान विशेष रूप से सृजित संस्थाओं जैसे स्वायत्त क्षेत्रीय और जिला परिषदों के माध्यम से प्रजातीय स्वशासन की अनुमति देता है। ऐसी दर्जनों परिषदें पूर्वोत्तर क्षेत्रों और भारत के अन्य हिस्सों में विद्यमान हैं। ये परिषदें देशी पहचान और विकास के संरक्षण और प्रोत्साहन की अपेक्षा करती हैं। चौथे स्तर स्वशासन की इकाइयाँ विद्यमान है। 73वें और 74वें संविधान संशोधन अधिनियमों के पारित होने के बाद, भारत का संविधान गाँव और नगरपालिका स्तरों पर अपनी शक्तियों और प्राधिकारों को और अधिक संघीकृत करता है। पंचायत राज संस्थान प्रमुखतः विकासोन्मुखी कार्य कर रहे हैं। प्रत्यक्ष चुनाव से गठित पंचायतों और नगरपालिका निकायों से (1) सड़क, परिवहन आदि जैसी विकास की अवसंरचना का निर्माण करने; (2) सामुदायिक परिसंपत्तियों का निर्माण और रखरखाव करने; (3) लघु सिंचाई के प्रबंधन और नियंत्रण तथा जल प्रबंधन,

भूमि संरक्षण और भूमि सुधार के माध्यम से कृषिक विकास को बढ़ावा देने; (4) सामाजिक वृक्षारोपण, पशुपालन, दुग्ध और मुर्गीपालन उद्योग को बढ़ावा देने; (5) ग्रामीण उद्योग के विकास को बढ़ावा देने; और (6) स्थानीय स्तर पर शिक्षा और स्वास्थ्य के प्रबंधन और नियंत्रण की अपेक्षा की जाती है। संक्षिप्त में पंचायत राज संस्थाएँ स्व-शासन के लिए लोगों को शक्ति संपन्न बनाने की संस्थाएँ हैं। संघीय दृष्टिकोण से, पंचायत राज्य संस्थानों, राज्य और केंद्र के बीच रिश्ता 'एक के प्रति एक' आधार पर विद्यमान है। जहाँ केंद्र की बहुत-सी विकास योजनाएँ राज्य के हस्तक्षेप के बिना पंचायतों द्वारा लागू की जाती हैं, वहीं राज्य सरकार अपनी विकास योजनाओं और बजट का कुछ प्रतिशत पंचायतों को आवंटित करती है। यदि भारत में संघवाद प्रतिष्ठित संदर्भ से अमेरिकी संघवाद के प्रति अंतरित होता है तो यह मात्र विविधताओं को समायोजित करने तथा राष्ट्रीय हितों को पूरा करने के प्रयोजनार्थ है। परंतु इससे किसी भी प्रकार संघीय शासन के सहभागिता स्वरूप पर कोई फर्क नहीं पड़ता है। ऐसा इसके बहुपर्त्तीय होने के कारण है, जिसे कोई भी शक्ति वितरण की सममितिक और असममितिक दोनों व्यवस्थाओं में पा सकता है।

12 सत्ता–हस्तांतरण एवं स्थानीय स्वशासन

प्रश्न 1. 73वाँ संविधान–संशोधन अधिनियम के प्रमुख प्रावधान बताइए।

अथवा

भारत में पंचायती राज व्यवस्था स्थापित करने में 73वाँ संवैधानिक संशोधन के महत्त्व पर प्रकाश डालें। **[June 2009, Q. 4.]**

अथवा

73वें और 74वें संविधान संशोधनों के लागू होने के पश्चात् स्थानीय सरकार की बदलती हुई प्रकृति की चर्चा कीजिए। **[Dec 2008, Q. 6.]**

उत्तर– 73वाँ संविधान संशोधन अधिनियम 24 अप्रैल, 1993 को लागू किया गया। इस अधिनियम के कुछ प्रमुख प्रावधान इस प्रकार हैं– (1) राज्य की संचित निधि में पंचायती राज संस्थाओं के लिए सहायता अनुदान की व्यवस्था होगी। पंचायतों को अनुदान राज्य के वित्त आयोग की सिफारिशों के अनुसार मिलेगा। (2) सिंचाई, पशुपालन, पेय जल, ईधन, विद्युतीकरण, शिक्षा और स्वास्थ्य विकास के अलावा पंचायतें और भी बहुत–से महत्त्वपूर्ण कार्य संपन्न करेंगी, जैसे बाल–विकास, महिला–कल्याण, वितरण प्रणाली का सुधार, अपंग और मानसिक दृष्टि से अशक्त लोगों तथा समाज के कमजोर वर्गों का कल्याण, कुटीर उद्योगों का विकास, तकनीकी और व्यावसायिक शिक्षा का प्रबंध, आवास व्यवस्था (rural housing) तथा गरीबी निवारण कार्यक्रम (poverty alleviation programme) और रोजगार कार्यक्रमों को लागू करना। (3) पंचायती राज के लिए त्रिस्तरीय ढाँचा सुझाया गया (4) प्रत्येक पंचायत में कम–से–कम तीस प्रतिशत सीटें महिलाओं के लिए आरक्षित होंगी। अनुसूचित जातियों और अनुसूचित जनजातियों के लिए उतने स्थान आरक्षित होंगे जितने कि जनसंख्या में उनके अनुपात की दृष्टि से जरूरी है। (5) पंचायतों का कार्यकाल 5 वर्ष का होगा। यदि वे भंग की गई तो उनके चुनाव छः महीने में कराने होंगे। (6) हर राज्य में एक निर्वाचन आयोग होगा जो सभी पंचायती राज संस्थाओं के चुनाव कराएगा।

संविधान के 73वें संशोधन द्वारा पंचायती राज संस्थाओं को संवैधानिक मान्यता प्राप्त हुई थी। 73वाँ संशोधन अधिनियम एक त्रि–पंक्ति पंचायती राज व्यवस्था मुहैया कराता है–ग्राम, माध्यमिक (खंड अथवा तालुका) तथा जिला स्तर। बीस लाख से कम आबादी वाले छोटे राज्यों को माध्यमिक स्तर पर पंचायत गठित करने या न करने की छूट दी गई है। इस अधिनियम ने ग्रामीण लोगों के सशक्तीकरण में ग्राम सभा (जनसाधारण की सभा) की भूमिका

को स्वीकारा और पंचायती राज संस्थाओं के सफलतापूर्वक कार्य-संपादन के लिए ग्राम सभाओं को मजबूत किए जाने की व्यवस्था दी। इस अधिनियम का अभिप्राय इसे एक सशक्त निकाय बनाना था, यथा लोकतांत्रिक शक्ति का चरम स्रोत और ग्राम पंचायत स्तर पर जनशक्ति का निचोड़। ग्राम सभा में एक गाँव के सभी निवासी होते हैं और जो 18 वर्ष की आयु से बड़े होते हैं, गाँव के चुनाव-संबंधी सूचियों में होते हैं। लगभग सभी राज्य अधिनियम ग्राम सभा के प्रकार्यों का उल्लेख करते हैं। ग्राम सभा के इन प्रकार्यों में शामिल हैं—वार्षिक लेखा विवरण, प्रशासन, सरकारी बयान, दरिद्रता-विरोधी कार्यक्रमों के लाभग्राहियों का चुनाव आदि विषयक चर्चा। हरियाणा, पंजाब व तमिलनाडु के राज्य अधिनियम ग्राम सभा को बजट स्वीकृति का अधिकार प्रदान करते हैं। ग्राम सभा द्वारा एक ग्राम प्रधान चुना जाता है। वह ग्राम पंचायत के अन्य सदस्यों को भी चुनती है। सदस्य-संख्या राज्य-राज्य में भिन्न-भिन्न होती है और उनकी आबादी के अनुसार उनमें से कुछ स्थान अनूसूचित जातियों व अनुसूचित जनजातियों के लिए आरक्षित किए गए हैं तथा कुल सीटों की एक-तिहाई संख्या महिलाओं के लिए आरक्षित की गई है।

खंड स्तरीय पंचायती राज संस्थाओं को देश के विभिन्न भागों में विभिन्न नामों से जाना जाता है। गुजरात में उन्हें तालुका पंचायत कहा जाता है, उत्तर प्रदेश में क्षेत्र समिति और मध्यप्रदेश में उन्हें जनपद पंचायत कहा जाता है। इनमें शामिल हैं— (1) पंचायतों के सरपंच (2) उस क्षेत्र के संसद सदस्य, विधायक व पार्षद, (3) जिला परिषद् के निर्वाचित सदस्य तथा (4) उस क्षेत्र की नगर क्षेत्र समिति का अध्यक्ष। पंचायत समिति की शक्तियों में शामिल हैं—बीजों व उर्वरकों की उन्नत किस्मों का प्रावधान, स्कूलों, अस्पतालों का रख-रखाव, दरिद्रता-विरोधी कार्यक्रम लागू करना और ग्राम पंचायतों के कार्यप्रणाली की देख-रेख करना। जिला परिषद् ही पंचायती राज संस्थाओं का शीर्ष निकाय है। यह पंचायत समितियों की गतिविधियों का समन्वय करती है। इसमें होते हैं—जिले की पंचायत समितियों के प्रधान, जिले से निर्वाचित सांसद व विधायकगण, जिले के प्रत्येक सहकारी समिति से एक-एक प्रतिनिधि और जिले की नगरपालिकाओं का अध्यक्ष भी। जिला परिषद् पंचायत समितियों के बजट स्वीकृत करती है। वह शैक्षणिक संस्थानों, सिंचाई परियोजनाओं का रख-रखाव करती है और कमजोर तबकों के लिए कार्यक्रम चलाती है।

संविधान के 74वें संशोधन अधिनियम 1992 में संविधान में जोड़ा गया, जो नगर स्वशासन से संबंधित मामले की व्याख्या करता है।

74वाँ संशोधन अधिनियम शहरी क्षेत्रों में तीन प्रकार की स्थानीय स्वशासी संस्थाओं के गठन हेतु व्यवस्था देता है। यह दिल्ली, मुंबई, चेन्नई, कोलकता, इलाहाबाद, लखनऊ, पटना आदि जैसे प्रमुख शहरों के लिए नगर-निगमों की व्यवस्था करता है। मध्यम श्रेणी के शहर नगर परिषदें तथा अपेक्षाकृत छोटे कस्बे नगर पंचायतें रखते हैं। प्रत्येक नगर-निगम में एक महापरिषद् होती है। इसमें शहर के वयस्क नागरिकों द्वारा निर्वाचित सदस्य होते हैं। इन

सदस्यों को पार्षद कहा जाता है। निर्वाचित सदस्यों के अलावा, परिषद् में निर्वाचित पार्षदों द्वारा चुने गए वयोवृद्ध जन भी होते हैं। सांसद व विधायक भी इसके सदस्य होते हैं। महापौर सदस्यों द्वारा स्वयं के बीच से ही चुना जाता है। कुछ राज्य महापौर के सीधे चुनाव की व्यवस्था करते हैं। उसे शहर के प्रथम नागरिक के रूप में जाना जाता है। नगर–निगम आयुक्त निगम का मुख्य कार्यकारी अधिकारी होता है। महापौर निगम आयुक्त को किसी भी विषय पर रिपोर्ट तैयार करने व प्रस्तुत करने को कह सकता है। एक नगर–निगम के अनिवार्य कार्यों में शामिल हैं–अस्पतालों का रख–रखाव, स्वच्छ पेयजल आपूर्ति, बिजली, स्कूल चलाना और जन्मों व मौतों का लेखा–जोखा रखना। नगर–निगम के विकासात्मक प्रकार्यों में कमजोर वर्गों के लिए दरिद्रता उन्मूलन कार्यक्रम शुरू करना शामिल है। नगर–पालिका स्थानीय जनता द्वारा निर्वाचित पार्षदों से मिलकर बनती है। अनुसूचित जातियों व जनजातियों के लिए शहर में आबादी से उनके अनुपात के अनुसार सीटों का आरक्षण होता है और सीटों का एक–तिहाई महिलाओं के लिए आरक्षित होता है। नगर–निगम कोर्ड का पीठासीन अधिकारी अध्यक्ष कहलाता है जो शहर के मतदाताओं द्वारा चुना जाता है। कुछ राज्यों में नगर–निगम बोर्ड का अध्यक्ष प्राथमिक स्कूल अध्यापकों और निचले स्तर के कर्मचारियों की नियुक्ति का अधिकार भी रखता है। एक कार्यकारी अधिकारी नगर–पालिका के दिन–प्रति–दिन के प्रशासन को देखता है। अनिवार्य कार्यों में आते हैं–बिजली, पेयजल, स्वास्थ्य सुविधाएँ, विद्यालय आदि मुहैया कराना और सड़कों का रख–रखाव करना तथा समाज के कमजोर वर्गों का हिसाब रखना। छोटे शहर नगर पंचायतें रखते हैं। इसके सदस्य शहर के वयस्क नागरिकों द्वारा चुने जाते हैं। जैसाकि अन्य स्थानीय स्वशासी संस्थाओं में है, अनुसूचित जातियों व जनजातियों तथा महिलाओं के लिए सीटें आरक्षित हैं। उनके कार्यों में शामिल हैं–पेयजल की व्यवस्था, प्राथमिक विद्यालयों का रख–रखाव तथा जन्मों व मौतों का पंजीकरण।

प्रश्न 2. पंचायती राज का क्या अर्थ है? भारत में पंचायती राज की तीन–स्तरीय संरचना का वर्णन कीजिए।

उत्तर– पंचायती राज का अभिप्राय जनता के द्वारा चुने गए व्यक्ति एक परिषद् या 'पंचायत' के माध्यम से ग्रामीण क्षेत्रों में स्वयं स्थानीय स्वशासन का संचालन करें। पंचायती राज संस्थाएँ कई तरह के कार्यक्रमों के लिए उत्तरदायी हैं, जैसे कृषि का विकास, ग्राम उद्योग, चिकित्सा, सफाई, सड़कों, कुओं व तालाबों का रख–रखाव, पेयजल की व्यवस्था और बाल–कल्याण। पंचायती राज संस्थाएँ इन कार्यक्रमों को लागू करने के लिए प्रशासनिक तंत्र प्रदान करती हैं।

पंचायती राज संस्थाएँ–73वें संविधान–संशोधन अधिनियम के अनुसार तीन स्तरों पर पंचायती संस्थाएँ कायम की जानी हैं–ग्राम स्तर पर, ब्लाक या खंड स्तर पर और जिला स्तर पर।

(अ) ग्राम स्तर पर—ग्राम स्तर पर तीन निकायों की चर्चा की जा सकती है, जो एक-दूसरे से जुड़े हैं। ये निकाय हैं— (1) ग्राम सभा (2) ग्राम पंचायत तथा (3) न्याय पंचायत।

(1) **ग्राम सभा (Gram Sabha)**—गाँव का प्रत्येक नागरिक अर्थात् हर वह स्त्री-पुरुष जिसकी आयु कम-से-कम 18 वर्ष है, ग्राम सभा का सदस्य माना जाता है। ग्राम सभा एक प्रकार से एक 'आम सभा' (General Body) के समान है। केवल वे व्यक्ति उसके सदस्य नहीं हो सकते जो नाबालिग हैं अथवा पागल हैं अथवा अदालत द्वारा गाँव सभा की सदस्यता के अयोग्य ठहराए गए हैं। ग्राम सभा 'ग्राम प्रधान' का चुनाव करती है। ग्राम प्रधान का कार्यकाल 5 वर्ष है। उपप्रधान का चुनाव 'ग्राम सभा' नहीं करती, वह ग्राम पंचायत द्वारा चुना जाता है।

ग्राम सभा की वर्ष में दो बैठकें होती हैं। प्रथम बैठक खरीफ (गर्मी) की फसल के बाद होती है और दूसरी रबी (जाड़े) की फसल के बाद। प्रधान यदि चाहे तो ग्राम सभा की विशेष बैठक बुला सकता है। ग्राम सभा के कम-से-कम 1/5 सदस्य यदि निवेदन करें तो बैठक अवश्य बुलानी पड़ेगी। बैठक में कुल 1/5 सदस्य होने चाहिए अगर उतने सदस्य उपस्थित न हों तो बैठक स्थगित करनी पड़ेगी।

ग्राम सभा के कार्य इस प्रकार हैं—(क) पूरे वर्ष के लिए बजट पास करना; (ख) ग्राम पंचायत यदि नए कर लगाना चाहे तो उन पर विचार करना; (ग) गत वर्ष के हिसाब-किताब की ऑडिटरों द्वारा जो जाँच की गई उसकी समीक्षा करना। ग्राम पंचायत की आय व व्यय की जो ऑडिट रिपोर्ट होती है वह ग्राम सभा के पास भेज दी जाती है। ग्राम सभा उस रिपोर्ट पर विचार करती है; (घ) ग्राम सभा 'ग्राम प्रधान' का चुनाव करती है। वह ग्राम पंचायत के सदस्यों का भी चुनाव करती है; (ङ) ग्राम प्रधान का उपप्रधान यदि ठीक कार्य न कर रहे हों तो उन्हें उनके पदों से अलग किया जा सकता है। उन्हें उनके पदों से तभी हटाया जा सकता है जबकि ग्राम सभा के दो-तिहाई सदस्य उस प्रस्ताव का समर्थन करे; (च) ग्राम सभा विकास की योजनाएँ बनाती है तथा (छ) ग्राम सभा विकास संबंधी अन्य सभी कार्यों की देख-रेख करती है।

(2) **ग्राम पंचायत (Village Panchayat)**—ग्राम पंचायत के सदस्य ग्राम सभा द्वारा चुने जाते हैं। ग्राम सभा के प्रधान व उपप्रधान ग्राम पंचायत के 'पदेन सदस्य' (ex officio members) होते हैं। 'पंचायत' का अर्थ यह नहीं है कि उसके केवल पाँच सदस्य होंगे। सदस्यों की संख्या तो अलग-अलग राज्यों में अलग-अलग है। राज्य-सरकार द्वारा यह तय कर दिया जाता है कि कितनी जनसंख्या वाले गाँव में कितने पंच होंगे। उदाहरण के लिए, उत्तर प्रदेश में पंचों की संख्या 15 से लगाकर 30 तक होती है। पंजाब के गाँवों में कम-से-कम 5 और अधिक-से-अधिक 9 पंच व एक सरपंच होता है। बिहार में अधिक-से-अधिक 9 पंच हो सकते हैं तथा राजस्थान में ज्यादा-से-ज्यादा 5 पंच और एक

संरपंच होता है। 73वें संशोधन अधिनियम में अनुसूचित जातियों व अनुसूचित जनजातियों के लिए उनकी जनसंख्या के अनुपात में आरक्षण का प्रावधान है। कम–से–कम एक तिहाई पद महिलाओं के लिए आरक्षित होंगे।

ग्राम पंचायत का कार्यकाल अलग–अलग राज्यों में अलग–अलग रहा है। नये अधिनियम में पाँच वर्ष की समान अवधि का प्रावधान है। यदि पंचायतें भंग की गईं तो उनके चुनाव छह महीनों के भीतर कराने होंगे। चुनावों की जिम्मेदारी 'राज्य निर्वाचन आयोग' को सौंपी गयी है, ताकि चुनाव निष्पक्ष ढंग से हो सकें। कोई भी सदस्य जब चाहे अपने पद से त्यागपत्र दे सकता है। स्थान रिक्त हो जाने पर उस स्थान के लिए पुनः उसी ढंग से चुनाव होता है।

ग्राम पंचायत की महीने में एक बैठक अवश्य होती है। बैठकों की अध्यक्षता 'सरपंच' करता है। बैठक में सभी निर्णय बहुमत से किए जाते हैं। यदि मतदान में पक्ष व विपक्ष के बराबर मत हों तो सरपंच अपना मत देकर उस मामले का निबटारा कर सकता है। सरपंच का कर्त्तव्य है कि वह बैठकों की कार्रवाई का रिकार्ड ठीक–ठाक रखे तथा सभी निर्णयों को रजिस्टर में दर्ज कराए।

पंचायत के कार्य व शक्तियाँ (Powers and Functions of the Panchayats)– आमतौर पर पंचायत के कार्यों को दो भागों में बाँटा जाता है–अनिवार्य कार्य और ऐच्छिक कार्य। 73वें संशोधन में संविधान में 11वीं अनुसूची जोड़ दी है, जिसमें कुछ ऐसे कार्यों का विवरण मिलता है जो अब तक पंचायतें संपन्न नहीं किया करती थीं। इस प्रकार अब हम पंचायतों के कार्यों को तीन वर्गों में कर सकते हैं।

अनिवार्य कार्य (Obligatory Functions)–अनिवार्य कार्यों के अंतर्गत निम्नलिखित कार्य आ जाते हैं–स्वास्थ्य रक्षा के क्षेत्र में पंचायतें बहुत से कार्य संपन्न करती हैं, जैसे–औषधालयों और चिकित्सा, केंद्रों की स्थापना, संक्रामक रोगों की रोकथाम, कुओं और तालाबों की सफाई, मरे हुए पशुओं को उठवाना तथा शमशानगृहों व कब्रिस्तानों की व्यवस्था करना। पंचायतें प्रसूती और बाल–कल्याण की जिम्मेदारियाँ सँभालती हैं। पानी के लिए पंचायतें जल–निकास की भी व्यवस्था करती हैं।

पंचायतें प्राथमिक और माध्यमिक विद्यालय स्थापित करती हैं, हाटों और मेलों का प्रबंध करती हैं तथा कृषि–विकास के लिए उत्तरदायी हैं। इसके लिए वे चरागाहों, खाद और अच्छे बीजों का प्रबंध करती हैं तथा पशु–पालन के कार्य में ग्रामवासियों की सहायता करती हैं। ग्राम पंचायतों का कर्त्तव्य है कि वे अपराधियों को खोज निकालने में पुलिस की मदद करें। वे पटवारी, अमीन, चौकीदार, आदि पर अंकुश रखती हैं और जिला अधिकारियों को उनके अनुचित कार्यों की सूचना देती हैं।

ऐच्छिक कार्य (Discretionary Functions)–कुछ कार्य ऐसे हैं जो पंचायतों के आर्थिक साधनों पर निर्भर करते हैं। पंचायतों के साधन यदि इजाजत दें तो वे ये कार्य संपन्न कर सकती हैं– (1) सड़कों के दोनों ओर पेड़ लगवाना; (2) पशुओं के लिए गर्भाधान केन्द्र

स्थापित करना; (3) अकाल और बाढ़ के समय ग्रामवासियों की मदद करना; (4) ग्रामवासियों के मनोरंजन के लिए पंचायत घरों में रेडियो व टेलीविजन आदि का प्रबंध करना तथा (5) पुस्तकालयों व वाचनालयों की स्थापना। कुछ राज्यों में पंचायतें भू-राजस्व की उगाही का काम भी करती हैं।

(3) **न्याय पंचायत (Nyaya Panchayat)**—पंचायतों की एक महत्त्वपूर्ण जिम्मेदारी यह भी है कि गाँववासियों को सस्ता और शीघ्र न्याय मिल सके। कई राज्यों में पंचायतें स्वयं यह जिम्मेदारी निभा रही हैं, जबकि अन्य राज्यों में अलग से न्याय पंचायतों का गठन किया गया है। न्याय पंचायतें छोटे-छोटे दीवानी और फौजदारी मुकदमें तय करती हैं।

मुकदमों के निपटारे के लिए सरपंच पाँच सदस्यों वाली एक 'न्याय पीठ' (Bench) का गठन करता है। इन पाँचों न्याय पंचों में उन ग्रामों के पंच अवश्य लिए जाते हैं जिनके निवासियों के बीच कोई विवाद हो। बेंच में ऐसा कोई सदस्य नहीं बैठ सकता जिसका मुकदमा लड़ने वाली किसी भी पार्टी के साथ कोई निकट का संबंध हो।

न्याय पंचायत फौजदारी के छोटे-छोटे मुकदमें तय कर सकती है। छोटी-मोटी चोरियाँ, बिना इजाजत किसी के घर में प्रवेश करना, सार्वजनिक स्थानों पर अवैध कब्जा, किसी को धमकी देना या उससे बेगार लेना, मारपीट करना तथा धोखाधड़ी का व्यवहार करना, ये सब बातें न्याय पंचायत के अधिकार क्षेत्र में आती हैं। न्याय पंचायतें कारावास की सजा नहीं दे सकती हैं। वे सिर्फ जुमाना कर सकती है। जुर्माने की अधिकतम राशि अलग-अलग राज्यों में अलग-अलग है। न्याय पंचायतों को 50 रुपये से लेकर 1,000 रुपये तक के जुर्माने का अधिकार प्राप्त है।

दीवानी मुकदमों की दृष्टि से न्याय पंचायतों को कई वर्गों में रखा जा सकता है। कुछ पंचायतें 1,000 रुपये तक के मामले तय कर सकती हैं और कुछ केवल छोटी-मोटी राशि वाले मुकदमों का निबटारा करती हैं। न्याय पंचायतों का गठन इस उद्देश्य से किया गया है कि गाँव के लोगों को न्याय जल्दी मिले और न्याय-व्यवस्था सस्ती हो। इसलिए न्याय पंचायत के सामने जो मुकदमें जाते हैं उनकी पैरवी के लिए वकीलों की सेवाएँ उपलब्ध नहीं होती।

(ब) खंड या क्षेत्रीय स्तर पर (At the Block Level)—खंड या क्षेत्रीय स्तर पर भी पंचायत समितियाँ स्थापित की गई हैं। अभिप्राय यह है कि प्रत्येक विकास खंड (Development Block) के अंतर्गत जितनी ग्राम पंचायतें हैं उनके कार्यों की देख-रेख के लिए एक क्षेत्रीय समिति होती है। शुरू-शुरू में एक सामुदायिक विकास खंड (Community Development Block) के अंतर्गत 300 गाँव तथा लगभग 2 लाख आबादी होती थी। बाद में यह स्वरूप बदल दिया गया। अब एक सामुदायिक विकास खंड के अंतर्गत आमतौर पर 100 गाँव आते हैं। इस समय सारे देश में लगभग पाँच हजार सात सौ पंचायत समितियाँ हैं।

खंड या पंचायत समिति को विभिन्न राज्यों में विभिन्न नाम दिए गए हैं। उत्तर प्रदेश में उसे **'क्षेत्र–समिति'** कहते हैं; मध्य प्रदेश में 'जनपद परिषद्' तथा गुजरात में 'तालुका पंचायत'। इस समिति में निम्नलिखित सदस्य होते हैं–(1) खंड के अंतर्गत जितनी पंचायतें हैं उन सभी के सरपंच; (2) उस क्षेत्र से निर्वाचित संसद–सदस्य तथा विधानमंडल के सदस्य; (3) क्षेत्र के अंतर्गत जो टाउन एरिया समितियाँ या अधिसूचित क्षेत्र समितियाँ (नगर पंचायतें) हैं उनके अध्यक्ष; (4) उस खंड से निर्वाचित जिला परिषद् के सदस्य तथा (5) अनुसूचित जातियों, अनुसूचित जनजातियों और महिलाओं के प्रतिनिधि। अनुसूचित जातियों और अनुसूचित जनजातियों के लिए उनकी जनसंख्या के अनुपात में आरक्षण का प्रावधान है। कम–से–कम एक–तिहाई सीटें महिलाओं के लिए आरक्षित की गई हैं।

पंचायत समितियों का कार्यकाल पाँच वर्ष है। किसी भी कारण से भंग किए जाने की दशा में यह जरूरी है कि नयी समिति के गठन के लिए छह महीनों के भीतर चुनाव करवाए जाएँ।

पंचायत समिति अपना अध्यक्ष स्वयं चुनती है। उसके मुख्य प्रशासनिक अधिकारी को **खंड विकास अधिकारी (Block Development Officer)** कहते हैं। राजस्थान में उन्हें विकास अधिकारी के नाम से पुकारा जाता है। विकास अधिकारी (BDO) के नीचे कई सहायक अधिकारी (ADO) होते हैं जो कृषि, सहकारिता, पशुपालन, इत्यादि के विशेषज्ञ होते हैं।

पंचायत समिति के कार्य (Functions of Panchayat Samiti)–ग्राम विकास एक व्यापक कार्यक्रम है जिसमें बहुत–सी चीजें शामिल हैं। पंचायत समिति का उद्देश्य केवल विकास कार्यों को प्रोत्साहन देना ही नहीं, बल्कि क्षेत्र में चल रहे विभिन्न कार्यक्रमों को आपस में जोड़ना भी है। इसके कुछ प्रमुख कार्य इस प्रकार हैं–उन्नत किस्म के बीच और रासायनिक खाद का प्रबंध करना, कीटनाशक दवाईयों का वितरण तथा उन्नत किस्म के कृषि–यंत्र बाँटना। पंचायत समितियाँ अब 'लघु सिंचाई योजनाएँ' भी चालू कर सकती हैं। समितियाँ किसानों को कृषि–बैंकों से ऋण दिलाने का प्रयत्न करती हैं। विकास खंडों की देख–रेख में राज्यों में पड़ी 90 लाख हेक्टेयर बंजर, परती अथवा अन्य कोटि की भूमि में से अधिकांश का वितरण भूमिहीन किसानों में कर दिया गया है। विकास समितियाँ उन्नत किस्म के पशु–पक्षियों के विकास और मछली पालन में सहायक होती हैं और पशुओं के कृत्रिम गर्भाधान का प्रबंध करती हैं। ग्रामीण क्षेत्रों में अतिलघु किसान विकास एजेंसियाँ कायम की गई हैं जो छोटे किसानों को वित्तीय सहायता देती हैं।

ग्रामीण क्षेत्र में शौचालय व पक्की नालियाँ बनवाना, धुआँ रहित चूल्हों तथा गोबर गैस संयंत्रों का वितरण तथा गाँवों में चिकित्सालय व स्वास्थ्य केंद्रों की स्थापना करना स्वास्थ्य और सफाई कार्यक्रमों के अंतर्गत आते हैं। पंचायत समितियाँ प्राथमिक और माध्यमिक स्कूलों की व्यवस्था करती हैं। वे तकनीकी और व्यावसायिक शिक्षा का भी प्रबंध करती हैं। इसके अतिरिक्त वे इन कार्यों को भी संपन्न करती हैं–प्रौढ़ साक्षरता केंद्रों की स्थापना, सिलाई केंद्र चालू करना तथा सिलाई केंद्रों पर महिलाओं को प्रशिक्षित करना।

रोजगार के अवसर बढ़ाने के लिए हथकरघा, हस्तशिल्प व लघु उद्योगों को बढ़ावा दिया गया। इसके अलावा भूमिहीन रोजगार गारंटी कार्यक्रम तथा जवाहर रोजगार योजना लागू की गई। 11वीं अनुसूची में वनोद्योग का भी जिक्र किया गया है। यह सूची सामाजिक–आर्थिक विकास कार्यक्रम का उल्लेख करती है, जिसमें ये बातें शामिल हैं—महिला और बाल–कल्याण, अपंग और मानसिक रूप से अशक्त लोगों का विकास तथा समाज के कमजोर वर्गों, विशेषकर अनुसूचित जातियों और अनुसूचित जनजातियों का कल्याण। 11वीं अनुसूची में सार्वजनिक वितरण प्रणाली का भी उल्लेख मिलता है। अभिप्राय यह है कि गाँववासियों को जरूरत की सभी चीजें उचित दामों पर सुलभ कराने की जिम्मेदारी अब पंचायती राज संस्थाओं की होगी।

(स) जिला स्तर पर (At the District Level)

अधिकांश राज्यों में जिला परिषदें कायम की जा चुकी हैं। जिला परिषद् वास्तव में पंचायती राज का एक सर्वोच्च निकाय है। जिला परिषद् विभिन्न पंचायत समितियों के बीच समन्वय स्थापित करती है तथा उन्हें आपस में एक–दूसरे से जोड़ती है।

जिला परिषद् में आमतौर पर ये लोग होते हैं— (1) जिले की पंचायत समितियों के प्रधान; (2) उस जिले से निर्वाचित संसद–सदस्य व विधानमंडल के सदस्य; (3) जिले की प्रत्येक सहकारी समिति का एक प्रतिनिधि; (4) महिलाओं, अनुसूचित जातियों तथा अनुसूचित जनजातियों के प्रतिनिधि। अनुसूचित जातियों और अनुसूचित जनजातियों के लिए उनकी जनसंख्या के अनुपात में आरक्षण का प्रावधान है। कम–से–कम एक–तिहाई पद महिलाओं के लिए आरक्षित हैं तथा (5) जिले में जो नगरपालिकाएँ हैं उनके अध्यक्ष। उत्तर प्रदेश और बिहार में जिलाधीश को यह अधिकार दिया गया है कि वह जिला परिषद् की बैठकों में भाग ले सके, परंतु उसे वोट देने का अधिकार नहीं होता। महाराष्ट्र और गुजरात में जिलाधीश को ऐसा कोई अधिकार प्राप्त नहीं है।

सभी जिला परिषदों के लिए पाँच वर्ष की समान अवधि का प्रावधान है। किसी भी कारण से उसके भंग हो जाने की दशा में यह आवश्यक होगा कि नयी जिला परिषद् के गठन के लिए 6 महीनों के भीतर चुनाव कराये जाएँ।

जिला परिषद् के कार्य (Functions of the Zila Parishad)—जिला परिषद् के कार्यों को इस प्रकार रेखांकित किया जा सकता है—(1) जिले की सभी ग्राम पंचायतों व पंचायत समितियों के कार्यों में तालमेल कायम करना; (2) पंचायत समितियों के कार्यों पर निगरानी रखना; (3) कृषि–विकास, आर्थिक व सामजिक उन्नति, भूमि व ग्राम नियोजन, जन–स्वास्थ्य, और साक्षरता से संबंधित गतिविधियों को सुनियोजित करना; (4) देहाती लोगों के लिए रोजगार कार्यक्रमों को गति प्रदान करना; (5) भूमि, जल तथा मानव संसाधनों का विकास; (6) आदिवासी और पर्वतीय क्षेत्रों के लिए विकास योजनाएँ लागू करना; (7) गरीब किसानों, अपंग लोगों और कमजोर वर्गों, विशेषकर अनुसूचित जातियों और जनजातियों के विकास को प्रोत्साहन देना; (8) सूखे और बाढ़ की संभावना वाले क्षेत्रों के लिए विशेष कार्यक्रम

तैयार करना तथा (9) वनोद्योग और लघु उद्योगों को विकसित करना, लघु सिंचाई योजनाएँ चालू करना तथा सार्वजनिक वितरण प्रणाली को सक्षम बनाना।

आय के साधन (Sources of Income)— 73वें संविधान अधिनियम द्वारा यह व्यवस्था की गई कि जिला परिषदों के पास एक मजबूत वित्तीय आधार हो। राज्य वित्त आयोग पंचायती राज संस्थाओं के संसाधन–आधार को मजबूत बनाने के लिए उचित सुझाव देगा। इस समय जिला परिषद् की आय के प्रमुख स्रोत ये हैं—(क) जिला परिषद् को राज्य–सरकार अनुदान देती है; (ख) राज्य–सरकार की अनुमति से जिला परिषद् सभी पंचायतों से कुछ राशि इकट्ठा कर सकती है; (ग) जिला परिषद् की जो अचल संपत्ति है, उसे किराये पर उठाकर भी कुछ आय प्राप्त की जा सकती है तथा (घ) भूमिकर में भी जिला परिषद् का हिस्सा होता है।

प्रश्न 3. भारत में विकेंद्रीकरण व स्थानीय स्वशासन पर एक विश्लेषणात्मक टिप्पणी लिखें।

उत्तर— प्रकार्यों एवं उत्तरदायित्वों के साथ सरकार के स्वतंत्र प्राधिकार–स्तर को बनाने का प्रयास विकेंद्रीकरण कहलाता है। यह एक प्रकार का हस्तांतरण ही है। यह केंद्र अथवा राज्य सरकारों के लिए एक व्यवस्था है ताकि वे अपने कुछ कार्य सरकार की उन नई इकाइयों पर छोड़ सकें जो उनके नियंत्रण से बाहर हों। ऐसा संविधान में ही इसकी व्यवस्था करके अथवा देश के सामान्य कानून द्वारा किया जा सकता है। भारत में स्थानीय स्वशासी संस्थाओं की विफलता हेतु प्रमुख कारणों में एक उन्हें शक्तियों का हस्तांतरण उत्साह के साथ किया जाना रहा है। 73वें तथा 74वें संशोधनों में ग्रामीण (पंचायती राज संस्थाओं) तथा शहरी (नगरपालिकाओं) स्थानीय स्वशासी संस्थाओं को शक्तियों व जिम्मेदारियों के हस्तांतरण हेतु प्रावधान भी थे। इन संशोधनों ने क्रमशः यह व्यवस्था दी कि गाँव, खंड व जिला स्तरों पर पंचायतों के पास ग्रामीण महत्त्व के वे 29 विषय होंगे जो कि 11वीं अनुसूची में दर्ज हैं और स्वायत्तशासन–संपन्न नगरों के पास शहरी महत्त्व के 18 विषय होंगे जो कि 12वीं अनुसूची में दर्ज हैं। इन संशोधनों ने स्थानीय स्वशासी निकायों–ग्रामीण व शहरी दोनों–को स्थानीय लोगों की आवश्यकताओं पर आधारित अनेक विकास योजनाएँ बनाने व लागू करने की जिम्मेदारी सौंपी है। वे भारत में विकेंद्रीकृत सामाजिक–आर्थिक विकास में सहायतार्थ स्थान–संबंधी योजना तथा लघु स्तरीय योजना संबंधी संकल्पनाओं को कार्यरूप देते हैं। इन शक्तियों की मदद से स्थानीय स्वशासी संस्थाओं से अपेक्षा की जाती है कि वे कृषि, उद्योग, वांछित आधारभूत ढाँचा व पर्यावरण विकास, दरिद्रता उन्मूलन तथा महिलाओं, बच्चों, अनुसूचित व पिछड़ी जातियों के विकास को प्रोत्साहन दें। ये विकास कार्य पेय–जल आपूर्ति, पथ–प्रकाश, स्कूलों व अस्पतालों आदि का रखरखाव जैसे अवश्यकरणीय कार्यों के अतिरिक्त हैं।

ऐसी बहसों की भरमार लगती है जिनमें स्थानीय स्वशासी संस्थाओं की संकल्पना,

उपादेयता एवं प्रभावशीलता शामिल है। आरंभिक ग्राम परिषदों में समुदाय की सहमति एवं एक सक्रिय समझदारी द्वारा सरकार का प्रबंध जाति विभाजनों पर किया जाना प्रचलित था। शुरुआत से ही, पंचायती राज संस्थाओं के ये अभिलक्षण उन्हें वैध सिद्ध करने में प्रयोग किए जाते रहे थे। लीटन एवं श्रीवास्तव के अनुसार, ग्राम पंचायतें स्थानीय स्वशासन की इकाइयों के रूप में स्थापित की गई थीं और देश में विकास के केंद्रबिंदु सामान्यतः भ्रष्ट नेताओं के कब्जे में थे। जैसा कि कुछ अन्य विद्वानों ने दावा किया है, ये संस्थाएँ ग्रामीण शक्तिसंपन्नों द्वारा अपने फायदों के लिए ही प्रयोग की जाती थीं। पॉल ब्रास का विचार था कि पंचायती राज संस्थाओं को जिला स्तर पर अधिक शक्तियाँ हस्तांतरित करने में राजनयिकों की अनिच्छा के कारण ही विफल किया गया क्योंकि उन्हें डर था कि ऐसी स्थानीय संस्थाओं को यदि वास्तविक शक्तियाँ मिल गयीं तो वे प्रभाव एवं संरक्षण की वैकल्पिक स्रोत बन जाएँगी। रजनी कोठारी के अनुसार ग्राम परिषदें आकर्षक नारों के सिवा कुछ नहीं थीं और ये दावे झूठे थे कि शासकगण विद्रोह व प्रतिरोध बलों को रखने तथा जन-असंतोष को संगठित होने से बचाने में समर्थ थे। अशोक मेहता जो पंचायती राज विषयक दूसरी कमेटी के प्रमुख थे, ने पंचायती राज संगठनों के प्रति निराशावादी दृष्टिकोण रखने से इंकार कर दिया। उनका सोचना था कि भारत की धरती में लोकतंत्र के बीज बोने की प्रक्रिया ने लोगों को उनके अधिकारों के प्रति सचेत कर दिया है और उनमें एक विकासात्मक मानस भी जगाया है। उनका मत था कि ये संस्थाएँ विफल रहीं क्योंकि विकास योजनाएँ कार्यालयी सरकारी नौकरशाही के माध्यम से चलायी जाती थीं, वित्त बेलोच रहता था और इन संस्थाओं पर समाज के विशेषाधिकार प्राप्त वर्गों का प्रभुत्व था। नूरजहाँ बाबा का तर्क है कि केंद्रीकृत योजना व प्रशासन को अर्थव्यवस्था को दिशानिर्देशित व नियंत्रित करने तथा औपनिवेशिक शासनों की लंबी अवधियों से उद्गमित होते नए राष्ट्रों को एकीकृत व एकरूप करने हेतु आवश्यक माना जाता था। ऐसा संभव हो सकता है क्योंकि जैसा कि लीटन एवं श्रीवास्तव सोचते हैं, भारतीय राज्य एक ज्ञानसंपन्न दृष्टिकोण एवं एक विकासात्मक दूतकार्य रखने के लिए सुविख्यात् था। बाबा के अनुसार, साठ के दशक में केंद्रीकृत योजना के साथ एक बड़ा मोहभंग हुआ क्योंकि यह विकासशील देशों में क्षेत्रों व समूहों के बीच आर्थिक वृद्धि के न्यायसंगत लाभ-वितरण को दिलाने में असफल रही थी। हैनरी मैडिक का मत है कि लोकतंत्र, विकेंद्रीकरण एवं विकास के बीच एक त्रिकोणीय संबंध होता है।

देश के विभिन्न राज्यों में पंचायती राज संस्थाओं का अनुभव एक-सा नहीं रहा है। औपचारिक शुरुआत तब हुई जब जवाहरलाल नेहरू ने अक्तूबर 1959 में राजस्थान के नागौर में पंचायती राज संस्थाओं का उद्घाटन किया। पंचायती राज संस्थाओं का राजस्थान मॉडल तीन पंक्तियों–ग्राम पंचायत, पंचायत समिति तथा जिला परिषद् के इर्द-गिर्द घूमता रहा। खंड स्तर पर पंचायत समिति राजस्थान मॉडल का मुख्य काबला था। पंचायत समिति की कार्यकारी भूमिका की तुलना में जिला परिषदें परामर्शी निकाय थीं। महाराष्ट्र व गुजरात ने

एक ऐसा मॉडल अपनाया जिसमें जिला परिषदें योजना, विकास व प्रशासन की मुख्य इकाइयों के रूप में मध्य बिंदु थीं। महाराष्ट्र में जिला परिषद् न सिर्फ समुदाय विकास योजना के तहत कार्यक्रम ही बल्कि विभिन्न सरकारी विभागों के कार्यक्रमों का एक बड़ा हिस्सा भी चलाती थी। कर्नाटक में, पंचायत सुधार अधिनियम, 1985 लागू होने के बाद विकास विभागों के सभी कार्य व कार्यकर्त्ता पंचायती राज संस्थाओं को हस्तांतरित कर दिए गए। जिला ग्रामीण विकास अभिकरण पंचायती राज संस्थाओं के साथ मिला दिए गए। विकेंद्रीकरण के विचार को कार्य रूप देने के लिए, कर्नाटक का राज्य बजट पंचायती राज संस्थाओं के लिए एक पृथक् बजट प्रदान करते हुए दो भाग कर दिया गया। वहाँ मंडल पंचायतों द्वारा बनाई गई योजनाओं व बजट को जिला परिषद् अथवा राज्य सरकार द्वारा बदला नहीं जा सका। इसी प्रकार जिला परिषद् की जिला योजनाओं को राज्य सरकार द्वारा छुआ नहीं जा सका। आंध्र प्रदेश में, सीमित प्रकार्यसंपन्न जिला परिषदों ने शिक्षा के क्षेत्र में उत्साहवर्धक परिणाम दर्शाये हैं। तमिलनाडु में भी पंचायती राज संस्थाओं ने शिक्षा, जलापूर्ति, सड़कों व पोषण आदि क्षेत्रों में एक प्रशंसनीय कार्य किया है।

सफलता के विभिन्न मापदंडों के साथ पंचायती राज संस्थाएँ पश्चिम बंगाल, कर्नाटक, केरल, महाराष्ट्र, गुजरात व आंध्र प्रदेश में काम करती रहीं। किंतु जब से 73वाँ व 74वाँ संशोधन अधिनियम बने हैं स्थानीय स्वशासी संस्थाओं के क्षेत्र में अनुभव गुणात्मक रूप से भिन्न रहा है, क्योंकि उन्होंने हमारे देश में संसदीय लोकतंत्र को सही मायने में सहभागितापूर्ण बना दिया है। इन संशोधनों ने समाज के कमजोर वर्गों, जैसे दलितों, जनजातियों व महिलाओं के सशक्तीकरण के मार्ग की बाधाओं को दूर कर दिया है। इस अधिनियम के लागू होने के फलस्वरूप लगभग सभी राज्यों व केंद्रशासित प्रदेशों ने अपने विधान अधिनियमित कर दिए हैं। पंचायती राज संस्थाओं के चुनाव देशभर में कराये जा चुके हैं। देश के विभिन्न भागों में पंचायती राज संस्थाओं के चुनावों से कुछ उत्साहजनक तथ्य सामने आये हैं। कर्नाटक सबसे अधिक संख्या में महिलाओं को पंचायती राज संस्थाओं में भेजता है, उसके बाद केरल व मणिपुर का स्थान है। उत्तर प्रदेश इस सूची में सबसे नीचे है। महिला सशक्तीकरण का रास्ता कोई आसान नहीं रहा है। ऐसे उदाहरण भी सामने हैं जहाँ महिला सदस्याएँ अपने पतियों अथवा परिवार के किसी पुरुष सदस्य के साथ ही रही हैं। महाराष्ट्र व मध्यप्रदेश ने सभी महिला पंचायतों को चुने जाने में विशिष्टता हासिल की है। अनुसूचित जातियों व अनुसूचित जनजातियों के लिए सीटों के आरक्षण संबंधी प्रावधान ने इन तबकों से लोगों के अधिक प्रतिनिधित्व को सुनिश्चित किया है।

अनेक राज्यों में सरकारी महकमों के स्थानीय स्तरीय कार्यकर्त्ताओं को पंचायतों के नियंत्रण में रखा गया है। गुजरात, कर्नाटक व केरल की सरकारों ने इस आशय के आदेश पारित किए हैं। मध्यप्रदेश में स्कूल अध्यापकों की भर्तियाँ खंड स्तर पर शुरू हुई हैं और उनके कौशल प्रदर्शन के मूल्यांकन एवं स्थायीकरण की शक्तियाँ खंड में ही पंचायती राज संस्थाओं को सौंप दी गई हैं। राजस्थान व हरियाणा में अपनी सेवाओं को राज्य सरकारों द्वारा पंचायतों

के नियंत्रण व पर्यवेक्षण के तहत हस्तांतरित कर दिए जाने की मुहिम के खिलाफ शालिहोत्री व शिक्षा विभागों के कर्मचारियों द्वारा हड़ताल देखी गई। शीर्ष जिला स्तरीय विकास अभिकरण जिला ग्रामीण विकास अभिकरण (डी.आर.डी.ए.) उड़ीसा, मध्यप्रदेश व महाराष्ट्र में पंचायती राज संस्थाओं के साथ विलय की स्थिति में है। कर्नाटक में यह विलयन 1987 में ही हो गया था। राजस्थान सरकार विलयन के पक्ष में नहीं रही है।

13 राजनैतिक दल एवं राजनैतिक सहभागिता

प्रश्न 1. प्रजातंत्र में राजनीतिक दलों की आवश्यकता को स्पष्ट कीजिए।

उत्तर— प्रजातंत्र में राजनीतिक दलों की आवश्यकता—राजनीतिक दलों में दोष हों और चाहे बहुत से विचारक उनसे घृणा करते हों, लोकतंत्र की स्थिति अनिवार्य है, वे वास्तव में संसदात्मक शासन के भारी भवन के स्तंभ हैं। प्रतिनिध्यात्मक ढंग के प्रजातंत्र में दलों का होना अत्यंत आवश्यक है और संसदात्मक ढंग के प्रजातंत्र में तो उनकी आवश्यकता कहीं अधिक है। वास्तव में राजनीतिक दल ही प्रजातंत्र का जीवन—रक्त होते है, उनके बिना प्रजातंत्र सर्वाधिकारवाद (totalitarianism) की ओर बढ़ता है। अतएव भारत में राजनीतिक दल होने चाहिए—इस बात पर दो मत नहीं, किंतु दल किस प्रकार के हों तथा सतारूढ़ दल और विरोधी दल में क्या संबंध हो? ये बातें आवश्यक ही विचारणीय हैं। हमारे सामने ब्रिटेन और फ्रांस के दो उदाहरण हैं और वहाँ की दलीय पद्धति की जानकारी से हमें लाभ उठाना चाहिए।

यह सभी जानते हैं कि ब्रिटेन में दो प्रमुख दल रहें हैं और फ्रांस में दलों की संख्या साधारणत: 10, 15 तक रही है। यह सभी विचारवान व्यक्ति स्वीकार करेंगे कि ब्रिटेन में मंत्रिमंडल के स्थायित्व और फ्रांस में मंत्रिमंडल के स्थायीपन का सबसे प्रमुख कारण उन देशों की दलीय पद्धतियाँ हैं। उन तथा अन्य देशों का अनुभव भी यह बताता है कि जिन देशों में आनुपातिक प्रतिनिधित्व प्रणाली चल रही है, वहाँ पर अनेक छोटे—छोटे दल बनते हैं। इसके विपरीत एक सदस्य वाले निर्वाचन—क्षेत्रों की व्यवस्था के परिणामस्वरूप दलों की संख्या बहुत कम हो जाती है। मौरिस डुवरगर ने इस मत का जोरदार समर्थन किया है कि बहुसंख्यक दलीय पद्धति और आनुपातिक प्रतिनिधित्व प्रणाली में बड़ा संबंध है और उसने उदाहरणों द्वारा यह बताया है कि किस प्रकार आनुपातिक पद्धति के जारी होने पर मृतप्राय दल भी पुनः जीवित हो उठे और किस प्रकार एक सदस्य वाले निर्वाचन—क्षेत्रों की व्यवस्था में साधारण बहुमत के शासनाधीन दलों की संख्या कम हो गई।

राजनीतिक दलों की अनेकता के फलस्वरूप मत्रिमंडल अस्थायी रहते हैं और प्रजातंत्र क्षीण बनता है, अतएव प्रजातंत्र को सुदृढ़ और सफल बनाने के लिए दलों की संख्या कम हो तो बहुत अच्छा है। इसी कारण विशेष रूप से भारत के संविधान निर्माताओं ने भी एक सदस्य वाले निर्वाचन—क्षेत्रों की पद्धति को अपनाया है और अधिकांश समझदार व्यक्ति इस निर्णय से सहमत हैं, परंतु भारत में ब्रिटेन की संसदात्मक पद्धति के साथ दो दल वाली प्रथा अभी स्थापित होनी शेष है। स्वतंत्रता प्राप्ति के उपरांत अनेक छोटे—बड़े दलों ने सन् 1952 के निर्वाचनों में भाग लिया था। निर्वाचन आयोग की रिपोर्ट से पता चलता है कि 29 दलों ने

राष्ट्रीय दल के रूप में मान्यता प्राप्त करने का आवेदन दिया था और उनके अतिरिक्त अनेक दलों ने राज्यों में मान्यता प्राप्त करनी चाही थी। तब से स्थिति में कोई उल्लेखनीय सुधार नहीं हुआ है। इस प्रकार हम इस निष्कर्ष पर पहुँचते हैं कि भारत में प्रमुख राजनीतिक दलों की संख्या दो होनी चाहिये। लोक–सभा के प्रथम अध्यक्ष स्वर्गीय मावलंकर ने तो एक भाषण में स्पष्ट कहा था; भारत में जब तक दलों की संख्या घटकर ऐसे दो संतुलित बड़े दलों तक न आयेगी कि उनमें से एक सतारूढ़ हो और दूसरा विरोध में रहे, तब तक प्रजातंत्र का उचित दिशा में विकास न होगा। देश में प्रजातंत्र के निर्माण काल में ही दलों की संख्या कम हो इस बात को उत्साहित करना चाहिये। दलों की संख्या कम करने में निर्वाचन आयोग ने महत्त्वपूर्ण कार्य किया। सन् 1952 में उसने 18 दलों को तदर्थ मान्यता प्रदान की थी, किंतु उसके बाद उसने यह नियम निर्धारित किया कि किसी भी राजनीतिक संगठन को दल का पद प्राप्त करने के लिए कुल डाले गये मतों का कम से कम 3 प्रतिशत प्राप्त करना आवश्यक है। फलतः उसके बाद सर्व–देशीय दलों की संख्या केवल चार रह गई और ये कांग्रेस, साम्यवादी दल, प्रजासमाजवादी दल और जनसंघ हैं। इसी प्रकार विभिन्न राज्यों में भी दलों की संख्या पहले चुनावों की अपेक्षा घटी है। छोटे–छोटे दलों अथवा समूहों (splinter parties) का कम होना दो दलीय पद्धति के विकास में अवश्य ही सहायक होगा।

प्रश्न 2. भारतीय लोकतंत्र में राजनीतिक दल लोगों को सशक्त बनाने के साधन हैं? चर्चा कीजिए। [June 2008, Q. 6.]

अथवा

भारतीय लोकतंत्र में राजनीतिक सहभागिता पर टिप्पणी लिखिए।

[June 2009, Q. 10. (b)]

उत्तर– भारतीय लोकतंत्र में राजनीतिक दल लोगों को सशक्त बनाने का साधन है, क्योंकि राजनैतिक सहभागिता के निर्माण में मनोवैज्ञानिक विचार को महत्त्वपूर्ण माना जाता है। मनुष्य एक विवेकशील प्राणी है और उसे सामाजिक परिवेश के अंतर्गत अपनी भूमिका का संपादन करना पड़ता है और राजनैतिक व्यवस्था सामाजिक व्यवस्था की उपव्यवस्था है, इसलिए मनुष्य अपने कार्यों का सही संपादन तभी कर सकता है, जब वह राजनीति में सहभागी बने।

राजनीति विज्ञान के क्षेत्र में जो आनुभाविक विश्लेषण किए गए हैं, उसमें यह बात स्पष्ट हो गई है कि अनेक ऐसे सामाजिक तत्त्व हैं, जो राजनैतिक सहभागिता के निर्णायक तत्त्व के रूप में कार्य करते हैं या राजनैतिक सहभागिता के स्तर को बढ़ाते हैं। इस संदर्भ में कहा जा सकता है कि जो समाज जितना अधिक शिक्षित होगा अर्थात् शिक्षा का स्तर जितना ऊँचा होगा, राजनैतिक सहभागिता भी उतनी ही अधिक मात्रा में पायी जाएगी। यही कारण है कि ब्रिटेन, जर्मनी, स्वीडन आदि देशों में राजनैतिक सहभागिता का स्तर ऊँचा है और भारत जैसे विकासशील देश में जहाँ अशिक्षित व्यक्तियों की संख्या अधिक है, वहाँ सहभागिता की मात्रा

अधिक सीमित है। फिर आर्थिक दृष्टिकोण से संपन्न व्यक्ति का राजनीति में अधिक सम्मिलित होने का अर्थ है सत्ता की प्राप्ति और सत्ता की प्राप्ति के लिए अर्थ की आवश्यकता होती है। इसलिए जो राजनीतिक समाज आर्थिक दृष्टिकोण से सुदृढ़ है, वहाँ राजनीतिक सहभागिता का स्तर व्यापक है, लेकिन दूसरी ओर गरीब व्यक्तियों का अपने जीवकोपार्जन में ही व्यस्तता उसे राजनीति की ओर अभिमुखीकृत नहीं होने देते और यही कारण है कि एशिया और अफ्रीका के अधिकांश देशों में राजनैतिक सहभागिता का स्तर नगण्य है।

राजनैतिक सहभागिता को प्रभावित करने वाला सबसे महत्त्वपूर्ण तत्त्व राजनीतिक तत्त्व है। इसके परिणामस्वरूप व्यक्ति राजनीतिक क्रियाकलापों में अधिक सक्रिय रहते हैं। इस क्रम में सत्ता लोलुपता महत्त्वपूर्ण मानी जाती है अर्थात् व्यक्ति सत्ता की प्राप्ति के लिए अपने–आपको राजनीति के साथ सम्बद्ध करना चाहता है।

भारत में राजनीतिक सहभागिता के संबंध में अब तक यह समझा जाता रहा है कि अपनी अशिक्षा, निर्धनता और अनेक कारणों से मतदाता मताधिकार का उचित प्रयोग करने में असमर्थ रहा है, जिससे राजनीतिक सहभागिता को व्यापक आधार नहीं मिल पाता। लेकिन अब मतदान व्यवहार के अध्ययन से यह स्पष्ट होने लगा है कि अनेक विरोधाभासों के बावजूद भारतीय जनता का मतदान ठोस विवेक पर आधारित है। इनकी राजनीतिक सहभागिता की स्थिति भी विकासशील समाज में तुलनात्मक रूप से अच्छी है। वर्तमान समय में 6 राष्ट्रीय दल एवं 36 क्षेत्रीय दल और अन्य 200 के आस–पास पंजीकृत राजनीतिक दल सक्रिय हैं। इसके अतिरिक्त राजनीतिक दलों में बिखराव, विभाजन और अस्थायित्व की स्थिति रहती है। आज एक राजनीतिक दल का जन्म होता है, तो कल उसमें टूटन, समाप्ति या अन्य किसी दल में उसके विलय की स्थिति उत्पन्न हो जाती है। फिर भी आम चुनाव राजनीतिक भागीदारी प्रदान करते हैं और भारत की विशाल जनता अब तक 14 लोकसभा चुनावों में हिस्सा ले चुकी है। राज्य विधान सभाओं के चुनाव भी समय–समय पर होते रहते हैं। साथ ही 73–74 वें संविधान संशोधन के बाद ग्रामीण व शहरी स्थानीय स्वशासन के विभिन्न मंचों के माध्यम से आम जनता की शासन में राजनैतिक सहभागिता का मार्ग प्रशस्त हुआ है।

प्रश्न 3. भारत में राजनैतिक सहभागिता में विकासशील प्रतियोगी दल प्रणाली और अधिक वोटर उपस्थिति की राजनैतिक पार्टियों का विवरण दीजिए।

उत्तर– भारतीय राजनीतिक प्रणाली के अध्ययन में यह बताया गया है कि भारत की चुनावी राजनीति में मतदाता एवं राजनीतिक दोनों की शक्ति में वृद्धि हुई है? और भारत में राजनैतिक सहभागिता की प्रकृति तथा सीमा और इस संबंध में राजनैतिक दलों की भूमिका की तुलनात्मक जानकारी का तत्काल आधार नहीं मिलता। इसके लिए हमें भारतीय राजनीति की विशिष्टताओं तथा भारत में दलगत राजनीति का उल्लेख अवश्य करना होगा। समकालीन विकासशील समाजों में भारतीय राजनीति की विशेष पहचान है क्योंकि लघु आपातकाल

अवधि को छोड़कर 50 वर्ष का लोकतंत्र है जिसकी कुछ विरोधाभासी विशेषताएँ हैं–निरक्षरता की उच्च दर तथा कृषि से जुड़ी जनसंख्या होने के बावजूद अधिक मतदाता उपस्थिति। कई मतदान क्षेत्रों पर संगठित राजनैतिक दलों का संगठन या नियंत्रण न होने पर भी बहुस्तरीय चुनावी प्रक्रिया, जनता और नौकरशाही के बीच बिचौलियों, गैर दलीय आंदोलनों, विशेषकर धार्मिक तथा जातीय समूहों सहित भारतीय प्रकार के हित समूहों के साथ–साथ विविध संगठित हित संघों का होना। भारतीय दल प्रणाली भी विशिष्ट है तथा यूरोपीय और अमरीकी प्रणालियों से काफी भिन्न है। **पॉल ब्रास (Paul Brass)** के अनुसार "भारत में दलगत राजनीति की कई विरोधाभासपूर्ण विशेषताएँ हैं जिनमें देसी प्रक्रियाओं और संस्थाओं की नौकरशाही संस्था और सहभागिता राजनीति के पश्चिमी तथा आधुनिक रूपों का साथ संगम दृष्टिगोचर होता है।" भारत के प्रमुख राजनैतिक दल, भारतीय राष्ट्रीय कांग्रेस विश्व में सबसे पुराने दलों में से है फिर भी यह संस्थागत पार्टी प्रणाली का केंद्रक नहीं बन पाई जो पश्चिम की पार्टी प्रणाली की किसी परंपरागत श्रेणी के लिए उपयुक्त हो। भारत की सामाजिक विविधता ने भारतीय पार्टी प्रणाली की जटिलता को और बढ़ा दिया है। पार्टी प्रणाली में परिवर्तन का केंद्र भारतीय जनता पार्टी का विकास है। पार्टी प्रणाली में परिवर्तन की प्रकृति के बावजूद दल भारतीय राजनीति के केंद्र रहे हैं। भारत में ओपिनियन पोल (Opinion Poll) ने बार–बार दर्शाया है कि लोग आमतौर पर उम्मीदवार की अपेक्षा पार्टी को वोट देते हैं। कई मामलों में तो पार्टियाँ मजबूत रही हैं, उन्होंने गहरी वफादारी का संबंध पीढ़ी–दर–पीढ़ी बनाए रखा है और पार्टियों के चुनावी चिन्ह को अत्यधिक मनोवैज्ञानिक महत्त्व दिया गया है। संविधान के 73वें तथा 74वें संशोधन के बाद दलों ने पंचायत तथा नगरपालिका संस्थानों में कार्यप्रणाली का नया स्तर पाया है। इससे चुनाव तंत्र की पहुँच बढ़ी है तथा राजनैतिक सहभागिता के एजेंटों के रूप में राजनीतिक दल अधिक महत्त्वपूर्ण बन गए हैं।

विकासशील प्रतियोगी दल प्रणाली के माध्यम से राजनैतिक सहभागिता—भारतीय राजनैतिक परिदृश्य का कोई भी पर्यवेक्षक राजनैतिक दलों की शक्ति में अत्यधिक वृद्धि को अनदेखा नहीं कर सकता। यह वृद्धि राष्ट्रीय तथा राज्य दोनों स्तरों पर हुई है। मतदान अंश, सीटों के बँटवारे के रूप में वर्तमान दलों के टूटने, राष्ट्रीय तथा राज्य स्तरों पर चुनावी गठबंधनों के बनने, कई राजनैतिक पार्टियों जैसे भारतीय जनता पार्टी तथा बहुजन समाज पार्टी के उदय तथा एन.डी.ए जैसी पार्टियों के गठबंधन के कारण इसे और बल मिला है। कांग्रेस पार्टी पर विहंगम दृष्टिपात से पार्टी के भीतर के स्तर पर राजनैतिक सहभागिता का क्षेत्र संकुचित होते जाने तथा पार्टी के बाहर राजनैतिक सहभागिता के व्यापक होने का पता चलता है। सत्ता हस्तांतरण से पहले कांग्रेस को राष्ट्रवादी आंदोलन का पर्यायवाची समझा जाता था तथा यह जन लहर का प्रतिनिधित्व करती थी और विभिन्न राजनैतिक समूह जैसे साम्यवादी तथा समाजवादी सब इसी में थे। इसमें भारतीय जनता की व्यापक राजनैतिक सहभागिता थी क्योंकि राष्ट्रवादी आंदोलन का उद्देश्य स्वतंत्रता प्राप्ति था।

"औपचारिक चुनावों से पहले सदस्यता प्राप्त करने की होड़ के माध्यम से, जिसमें प्रतियोगी गुट के नेताओं ने नामांकन का प्रयास किया तथा अधिक से अधिक सदस्य

सहयोगियों के माध्यम से, भले ही इनकी संख्या कागजों पर ही क्यों न हो, प्रत्येक स्तर पर महत्त्वपूर्ण समितियों के नियंत्रण के लिए दलों ने चुनाव लड़ा। यद्यपि पनप चुके दलगत विवाद अक्सर गहरा गए, इनमें कड़वाहट आ गई तथा "जाली नामांकन" के अक्सर आरोप लगाए तथापि इनसे पार्टी संगठन को जिंदा रखा जा सका तथा पार्टी नेताओं पर देश भर में जिला और स्थानीय निकायों में सहयोग प्राप्त करने के लिए दबाव डाला जा सका।"

आठवें आम सभा चुनाव दिसम्बर, 1984 में श्रीमती इंदिरा गाँधी की हत्या के बाद हुए तथा राजीव गाँधी कांग्रेस के नेता के रूप में सत्ता में आए। इससे भी पार्टी में राजनैतिक केंद्रीयकरण की प्रवृत्ति में कोई परिवर्तन नहीं आया। देश में बढ़ते राजनैतिक मतभेदों तथा बोफोर्स तोप सौदे के विवाद की पृष्ठभूमि में 1989 में आम चुनाव हुए। कांग्रेस को हार का मुँह देखना पड़ा, इसे लोकसभा में केवल 197 सीटें मिली। नेशनल फ्रंट को यद्यपि बहुमत प्राप्त नहीं था, तथापि इसने भारतीय जनता पार्टी तथा वामपंथी दलों के बाह्य समर्थन से सरकार बनाई तथा वी.पी. सिंह इस सरकार के प्रधानमंत्री बने। सरकार केवल एक वर्ष चली तथा कांग्रेस के समर्थन से चन्द्रशेखर सरकार बनी, कांग्रेस ने अपना समर्थन वापस ले लिया और नौंवी लोकसभा अपने गठन के डेढ़ वर्ष के भीतर ही भंग हो गई। आम चुनाव होने से पहले ही राजीव गाँधी की हत्या हो गई तथा सहानुभूति और इसके पक्ष में चुनावी समर्थन से कांग्रेस की स्थिति कुछ हद तक सुधरी परंतु फिर भी इसे बहुमत प्राप्त नहीं हुआ तथा 232 सीटों के साथ यह सबसे बड़ी पार्टी के रूप में सामने आई। पार्टी के चुने गए नेता, पी.वी. नरसिंह राव को प्रधानमंत्री नियुक्त किया गया। बाद में राव को जनता दल अजीत सिंह घटक का समर्थन मिलने से बहुमत प्राप्त हो गया परन्तु पार्टी संगठनात्मक शक्ति को फिर से प्राप्त नहीं कर पाई तथा धीरे–धीरे पतन की ओर बढ़ने लगी जिसकी परिणति 1996 के चुनावों के बाद से सत्ता के हटने के रूप में हुई जब भारतीय जनता पार्टी सबसे बड़ी पार्टी के रूप में उभरी। हालाँकि इसे बहुमत नहीं मिला था तथा विभिन्न क्षेत्रीय पार्टियाँ जैसे तेलगु देशम पार्टी, डी. एम.के, ए.जी.पी तथा जनता दल, जी के मूपनार की अध्यक्षता में तमिलनाडु में कांग्रेस से अलग हुआ समूह तथा वामपंथी दलों ने इकट्ठा होकर एन.एफ–एल.एफ ब्लॉक बनाया जिसे बाद में यूनाईटिड फ्रंट कहा गया किंतु राष्ट्रपति शंकर दयाल शर्मा ने यूनाईटिड फ्रंट को कांग्रेस के समर्थन के बावजूद भारतीय जनता पार्टी के अटल बिहारी वाजपेयी को सरकार बनाने के लिए बुलाया। वाजपेयी ने सरकार भी बनाई परंतु यह केवल 7 दिन तक चली। उसके बाद जनता दल के एच.डी. देवगौड़ा ने कांग्रेस के सहयोग से सरकार बनाई जब पहली बार किसी वामपंथी दल के इतिहास में सी.पी. आई केंद्र में सरकार में शामिल हुई। 1996 में ही भारतीय जनता पार्टी ने शिव सेना के साथ गठबंधन किया। 1998 में हिन्दुत्व के प्रति नये रवैये की छवि को अपनाकर इसने अपने गठबंधनों को सुदृढ़ किया तथा क्षेत्रीय अथवा राज्य आधारित कांग्रेस विरोधी अथवा कांग्रेस से गठबंधन की क्षेत्रीय विपक्षी पार्टी (पंजाब, महाराष्ट्र, तमिलनाडु, कर्नाटक, हरियाणा, उड़ीसा) या कांग्रेस के अलग हुए किसी घटक (तृणामूल कांग्रेस) बनाम प्रमुख क्षेत्रीय पार्टी (पश्चिम बंगाल) की सहयोगी पार्टी के रूप में उभरकर

सामने आई। यह राष्ट्रीय एजेंडा अपनाने में सफल रही तथा चुनाव के बाद भी इसके सहयोगी बने (चौटाला का हरियाणा लोकदल) तथा बाह्य समर्थन से (टी.डी.पी. एन से) केंद्र में गठबंधन सरकार बनाने में सफल रही। कांग्रेस पुनः सत्ता में नहीं आ सकी क्योंकि भारतीय जनता पार्टी अपना वर्चस्व बनाए रखने तथा उसी गठबंधन में और पार्टियाँ जोड़ने में सफल रही जिसका औपचारिक नाम राष्ट्रीय जनतांत्रिक गठबंधन (एन.डी.ए) है जिसमें टी.डी.पी. गोवा की एम.जी.पी तथा कनार्टक जनता दल का पटेल गुट शामिल हैं तथा यह गठबंधन तमिलनाडु और हरियाणा में सहयोगी दल बदल चुका है। उपरोक्त प्रवृत्तियों से कांग्रेस के पतन तथा केंद्रीय स्तर पर सत्ता के नए दावेदारों के उभरने से पता चलता है कि चुनावी गठबंधनों के साथ–साथ पार्टी प्रणाली में विघटन का पैटर्न आता जा रहा है जिससे पार्टी प्रणाली की सक्षमता में विकास हुआ है तथा सत्ता में अधिक पार्टियों की भागीदारी हुई है जिसके कारण राष्ट्रीय स्तर पर कुछ हद तक द्विदलीय प्रणाली का आविर्भाव हो रहा है।

स्वतंत्र पार्टी (IND)	अन्य	प्रजा समाजवादी पार्टी (SSP) (SOC) 1962 तक	बहुजन समाज पार्टी (BSP)	समाजवादी पार्टी (SP) 1991 में (JP) 1989 तक	लोकदल (LKD) (JPS) 1980 में (INCO) 1977 तक	भारतीय मार्क्सवाद साम्यवादी पार्टी (CPIM)	भारतीय मार्क्सवाद साम्यवादी पार्टी (CPI)	जनता दल (United) 1999 में (JD) 1989-98 (SWA) 1971 तक	भारतीय जनता पार्टी (BJP) (BLD) in 1977 (BJS) 1971 तक	भारतीय राष्ट्रीय कांग्रेस (INC) 1980 में
38 15.9%	47 16.59%	12(254) 10.%	-	-	-	-	16(49) 3.3%	-	3(94) 3.1%	(479)
42 19.4%	31 7.6%	-	-	-	-	-	27(110) 8.9%	-	4(130) 5.9%	(490)
20 11.1%	34 10.5%	6(107) 2.7%	-	-	-	-	29(137) 9.9%	18(173) 7.9%	14(196) 6.4%	(488)
35 13.7%	45 10.0%	23(122) 4.9%	-	-	-	19(62) 4.4%	23(106) 5.0%	44(178) 8.7%	35(251) 9.4%	(516)
14 8.4%	53 13.8%	3(93) 2.4%	-	-	16(238) 10.4%	25(85) 5.1%	23(87) 4.7%	8(56) 3.1%	22(160) 7.4%	(441)
9 5.5%	52 9.9%	-	-	-	3(19) 1.7%	22(53) 4.3%	7(91) 2.8%	-	295(405) 41.3%	(492)
9 6.4%	35 8.5%	-	-	31(432) 19.0%	41(294) 9.4%	36(63) 6.1%	11(48) 2.6%	-	-	(492)
5 8.1%	44 10.0%	-	-	10(219) 6.7%	3(174) 5.6%	22(64) 5.7%	6(66) 2.7%	-	2(229) 7.4%	415 (517)
12 5.2%	44 12.2%	-	-	0(156) 1.0%	0(117) 0.2%	33(4) 6.5%	12(50) 2.6%	142(243) 17.7%	86(226) 11.5%	48.1% (510)
1 3.9%	41 12.1%	-	-	5(345) 3.4%	0(78) 0.1%	35(60) 6.2%	14(42) 2.5%	59(307) 11.8%	120(468) 20.1%	252 (492)
9 6.3%	115 21.5%	-	11(117) 3.6%	17(111) 3.3%	-	32(75) 6.1%	12(43) 2.0%	46(196) 8.1%	16(471) 20.3%	36.5% (140)
6 2.4%	141 26.3%	-	5(249) 4.7%	20(164) 5.0%	-	32(71) 5.2%	9(58) 1.8%	6(190) 3.2%	179(384) 25.5%	20.0% (474)
6 2.8%	143 27.1%	-	14(225) 4.2%	26(515) 3.8%	-	33(72) 5.4%	4(54) 1.5%	21(60) 3.1%	182(339) 23.8%	(453)

उपरोक्त प्रवृत्ति न केवल राष्ट्रीय स्तर पर रही है अपितु इसने 1967-1989 के बीच हुए आम चुनावों में राज्यों को भी प्रभावित किया है। गैर-कांग्रेस वोट को मजबूती (मध्य प्रदेश, राजस्थान, हिमाचल प्रदेश इत्यादि) राज्य पर आधारित छोटी पार्टियों के साथ कांग्रेस गठबंधन (केरल, त्रिपुरा) वामपंथी गठबंधन तथा इसी प्रकार के अन्य गठबंधन हुए हैं। ऐसा ही राज्य विधानसभा चुनावों में भी हुआ। यहाँ संसदीय चुनावों की अपेक्षा कांग्रेस की स्थिति और विकट हो गई है तथा प्रमुख चुनौती देने वाली पार्टियों अथवा गठबंधनों का सुदृढ़ीकरण हुआ है। राज्य स्तर पर गठबंधन की प्रक्रिया जटिल अथवा बहुपक्षीय है परंतु यह नोट करने योग्य है कि इनका गठबंधन सैद्धांतिक विचारों अथवा सामाजिक वर्ग की अपेक्षा कुल वोटों की संख्या बढ़ाने से अधिक हुआ। कुल मिलाकर यह कहा जा सकता है कि भारत में राजनैतिक पार्टियाँ एजेंटों के रूप में न केवल बढ़ी हैं अपितु सत्ता के बँटवारे तथा इसके रख-रखाव में भी इनकी भागीदारी बढ़ी है।

अधिक वोटरों की उपस्थिति—भारत में राजनीतिक सहभागिता के अध्ययन से यह स्पष्ट होता है कि भारत में मतदाता की उपस्थिति लगातार बढ़ रही है। भारत में प्रथम आम चुनाव (1952) के समय मतदाता सूची में जहाँ 17 करोड़ 30 लाख मतदाताओं को पंजीकृत किया गया, वहीं विगत 14वें लोकसभा चुनावों (2004) में 67, 15, 24, 934 मतदाताओं को पंजीकृत किया गया। उच्च राजनीतिक सहभागिता की यह प्रवृत्ति, नागरिकों की राजनीति में बढ़ती भागीदारी प्रदर्शित करती है। पिछले कुछ वर्षों से उम्मीदवारों की संख्या में काफी वृद्धि हुई है। विगत 14वें लोकसभा चुनावों (2004) में कुल 543 सीटों के लिए 5,435 उम्मीदवार थे।

अब तक संपन्न 14 लोकसभा चुनावों में मतदाओं की राजनैतिक सहभागिता को निम्न तालिका द्वारा देखा जा सकता है—

आम चुनाव	वर्ष	पुरुष	महिला	कुल
प्रथम	1952	-	-	61.2
द्वितीय	1957	-	-	62.2
तृतीय	1962	63.31	46.63	55.42
चतुर्थ	1967	63.73	55.48	66.33
पंचम	1971	60.90	49.11	55.29
षष्टम	1977	65.63	54.91	60.49
सप्तम	1980	62.16	51.22	56.92

अष्टम	1984	68.18	58.60	63.56
नवम	1989	66.13	57.32	61.95
दशम	1991	61.58	51.35	56.93
ग्यारह	1996	62.06	53.41	57.94
बारह	1998	65.72	57.88	61.97
तेरहवें	1999	63.97	55.64	59.99
चौदहवें	2004	61.66	53.30	57.65

प्रश्न 4. राजनीतिक भागीदारी की संकल्पना पर एक नोट लिखें।

[Dec 2008, Q. 5. (क)]

उत्तर— राजनैतिक सहभागिता की संकल्पना जिस राजनैतिक व्यवस्था में सहभागिता का स्तर जितना व्यापक होगा। वह राजनैतिक व्यवस्था उतनी ही विकसित, स्थायी और व्यवस्थाओं के लिए उपयोगी सिद्ध होगी। आधुनिक युग में विशेषकर राजनीति विज्ञान के क्षेत्र में व्यवहारवादी आंदोलन के अंतर्गत राजनैतिक व्यवस्थाओं के विकास के लिए अनेक मापदण्ड स्थापित किए गए हैं, उनमें राजनैतिक सहभागिता एक महत्त्वपूर्ण अभिकरण है। राजनैतिक सहभागिता के आधार पर राजनीतिक विकास को, राजनीतिक विकास के आधार पर राजनैतिक संस्कृति को एवं राजनीतिक स्थायित्व व सत्ता के औचित्य आदि को समझा जा सकता है।

राजनीतिक सहभागिता के विश्लेषण के क्रम में पहले इसके अर्थ को समझ लेना आवश्यक है। राजनीति से तात्पर्य अंतः–क्रियाओं की वैसी प्रक्रिया से है, जिसके द्वारा मूल्यों का आधिकारिक आबंटन किया जाता है और सहभागिता से अभिप्राय इन मूल्यों के आधिकारिक आबंटन में अपने अधिक से अधिक उद्देश्यों की पूर्ति के लिए शामिल होना है अर्थात् राजनैतिक सहभागिता राजनैतिक व्यवस्था में व्यक्तियों की हिस्सेदारी को प्रदर्शित करती है।

राजनैतिक सहभागिता के आधार पर राजनीतिक विकास को समझा जा सकता है अर्थात् किसी देश की राजनीतिक व्यवस्था कितनी विकसित हैं। इसका मापदण्ड इस आधार पर किया जाता है कि वहाँ कितने प्रतिशत व्यक्ति राजनीतिक व्यवस्था के प्रति रुचि रखते हैं या उसमें सक्रिय भूमिका निभाते हैं। ब्रिटेन और अमेरिका में राजनैतिक सहभागिता की मात्रा अधिक होने के कारण ही वहाँ की व्यवस्था को विकसित राजनीतिक लोकतंत्र की श्रेणी में रखा जाता है। **विर्च** के अनुसार, "राजनैतिक सहभागिता सरकार की प्रक्रिया में सहभागिता है और राजनैतिक

सहभागिता आवश्यक रूप से नागरिकों द्वारा आम चुनाव के माध्यम से नेता चुनने की प्रक्रिया एवं सरकार की नीतियों के निर्माण व कार्यान्वयन की प्रक्रिया में भाग लेने का मामला है। इसके माध्यम से ही व्यक्ति की राजनीतिक संस्कृति का निर्माण होता है।" राजनीतिक संस्कृति एवं व्यवस्था में व्यक्ति किसी उद्देश्य विशेष को प्राप्त करने में सक्रिय भूमिका निभाने के लिए सहभागी होता है और उसकी सहभागिता की प्रक्रिया ही व्यक्ति की राजनैतिक संबंधी मान्यताएँ एवं विचारों का निरूपण करती है।

राजनीतिक सहभागिता राजनैतिक स्थायित्व का परिलक्षक है। किसी देश की राजनीतिक व्यवस्था अधिक सुदृढ़ या राष्ट्रीयता की भावना से विकसित हो सकती है, जहाँ व्यक्ति अपने आपको राजनैतिक व्यवस्था की एक इकाई समझे और अपने आपको राजनीति के साथ समाहित कर दे। द्वितीय विश्व-युद्ध के दौरान जापान पर परमाणु बम गिराए गए। परमाणु बम की विभिषिका से ग्रस्त जापान इतने कम दिनों में ही काफी सुदृढ़ स्थिति में आ गया है। इसका एक कारण यह भी माना जा सकता है कि वहाँ व्यक्तियों को अपनी व्यवस्था के प्रति अभिरुचि है और उसके लिए अपने-आपको समर्पित कर देने के लिए तैयार हैं। साथ ही यह राजनैतिक व्यवस्था को औचित्य प्रदान करता है। हर राजनैतिक व्यवस्था चाहे वह लोकतंत्रीय हो या सर्वाधिकारवादी, अपने औचित्य के लिए जनसामान्य पर आधारित रहती है और उस व्यवस्था की औचित्यता अधिक सुदृढ़ रहती है, जहाँ राजनैतिक सहभागिता का स्तर व्यापक रहता है। इसलिए यह कहा जा सकता है कि प्रत्येक शासक चाहे वह तानाशाह ही क्यों न हो, अपने-आपको जनसामान्य का बहुमत प्राप्त होने का दावा करता है। यही कारण है कि पाकिस्तान के सैनिक शासक अपने अस्तित्व को जनसामान्य पर आधारित रखने का प्रयत्न करते हैं और यह तभी संभव है, जब राजनीति के प्रति लोगों का अभिमुखीकरण हो।

☐

14 भारत में श्रमिक वर्ग एवं कृषक आंदोलन

प्रश्न 1. स्वतंत्रता पूर्व काल में श्रमिक वर्ग आंदोलनों के इतिहास की व्याख्या कीजिए। **[June 2009, Q. 5. (a)]**

उत्तर– समकालीन भारत में किसानों के सामाजिक आंदोलनों का दायरा बढ़ा है। श्रमिक वर्ग औद्योगिक समाज की उपज है तथा ब्रिटिश पूँजीवाद के विकास के दौर में जो औद्योगिक विकास हुआ, उसी से भारतीय श्रमिक वर्ग का जन्म हुआ अर्थात् भारत में मजदूर वर्ग की पैदाइश चाय, कॉफी, रबर के बागानों में, रेल निर्माण की प्रक्रिया में तथा 1850 के बाद आरंभ हुए, औद्योगीकरण की प्रक्रिया के संदर्भ में हुई।

बड़े–बड़े आधुनिक कारखानों की स्थापना से श्रमिकों पर काफी दबाव पड़ा और उन्हें तरह–तरह की कठिनाइयों एवं मुसीबतों का सामना करना पड़ा। कामगारों के रहने का, काम करने के हालातों में भारी गिरावट आई। नौकरी की असुरक्षा, यूरोपीय निरीक्षकों का अमानवीय व्यवहार, बिना आराम के कई–कई घंटों तक काम, करने करने की जगह पर किसी सुरक्षा साधनों का न होना, स्त्रियों को काम पर लगाना, बालश्रम और इस सबसे ज्यादा उनकी मजदूरी का निर्वाह स्तर से भी कम होना ये कुछ ऐसे तत्त्व थे, जो पूरे भारत में आमतौर पर स्पष्ट देखे जा सकते थे। अपनी खराब हालत से मजदूरों में जो अंसतोष फैला उससे भारतीय सर्वहारा वर्ग का जन्म हुआ तथा नवोदित भारतीय मजदूर वर्ग की हृदय विदारक हालत ने कुछ शिक्षित परोपकारियों एवं समाज–सेवियों का ध्यान अपनी ओर आकर्षित किया। **श्री. एन. एम. लोखंडे** को भारतीय मजदूर वर्ग का प्रथम नेता माना जा सकता है। इस समय उभरते हुए कारखानों में जो हालात थे उनके खिलाफ विरोध का गठन करने में लोखंडे ने पहल की। उन्होंने बंबई मिल मजदूर संघ नामक संगठन की स्थापना की। इसी तरह 19वीं सदी के उत्तरार्द्ध के आंरभिक वर्षों में मजदूर वर्ग की मुसीबतों तथा शोषण के प्रति बुद्धिजीवी वर्ग उनके पक्ष के समर्थन में कुछ पत्रिकाओं का प्रकाशन किया, जिससे बुनियादी शिक्षा के प्रचार–प्रसार के साथ–साथ मजदूरों के वास्तविक संघर्ष शुरू हो गए।

20वीं सदी के प्रारंभ में औद्योगीकरण की प्रक्रिया में तेजी आई और इनके साथ ही मजदूर वर्ग की संख्या में भारी वृद्धि हुई। 1914 के अंत तक भारत में औद्योगिक मजदूरों की संख्या 9.5 लाख तक पहुँच गई थी। 1904 और 1911 के दौरान श्रमिक आंदोलन के गठन में उल्लेखनीय प्रगति हुई, जब बंबई की मिलों में हड़ताल हुई और साथ ही रेलवे तथा कलकत्ता की गवर्नमेंट प्रेस में एक के बाद एक कई हड़तालें हुई। श्रमिक आंदोलन का

यह दौर अपने चरम उत्कर्ष पर उस समय पहुँचा, जब 1908 में बाल गंगाधर तिलक को राजद्रोह के अपराध में सजा हुई और उसके खिलाफ बंबई में छ: दिन की राजनीतिक हड़ताल की गई।

प्रथम विश्व-युद्ध एवं रूसी क्रांति के परिणामस्वरूप राष्ट्रीय तथा अंतर्राष्ट्रीय स्थिति में परिवर्तन स्पष्ट देखे जा सकते हैं। अंतर्राष्ट्रीय श्रमिक संघ की स्थापना ने आंदोलन को एक नवीन गरिमा प्रदान की तथा असहयोग आंदोलन ने मजदूर वर्ग को आगे बढ़ने के लिए अपेक्षित शक्ति दी। वैसे 1918 में वी.पी. वाडिया के नेतृत्व में मद्रास संघ बना तथा 1918 में ही अहमदाबाद में कपड़ा मिल मजदूरों के लिए अच्छी मजदूरी की माँग को लेकर सूती कपड़ा श्रमिक संघ का गठन किया गया। मद्रास श्रमिक संघ तथा सूती कपड़ा श्रमिक संघ के गठन के बाद बंबई, बंगाल, उत्तर प्रदेश तथा पंजाब में कई संघों का गठन हुआ। 21 अक्तूबर, 1920 को लाला लाजपतराय की अध्यक्षता में अखिल भारतीय ट्रेड यूनियन कांग्रेस (AITUC) के निर्माण के साथ ही भारतीय श्रमिक संघ के विकास ने एक महत्त्वपूर्ण चरण में प्रवेश किया। श्रमिकों के इस पहले राष्ट्रीय संगठन का निर्माण इस बढ़ती हुई उत्तर का माँग था कि भारत में कोई ऐसी मनोनयन संस्था (Nominating Body) होनी चाहिए जो जेनेवा में होने वाले अंतर्राष्ट्रीय श्रमिक सम्मेलन में भारतीय श्रमिकों का प्रतिनिधित्व कर सके। 20वीं सदी के तीसरे दशक के प्रारंभ में देश के विभिन्न भागों में हड़ताल की लहर देखने को मिली। स्थिति की गंभीरता को समझते हुए सरकार के अनेक वैधानिक उपाय लागू किए जिसमें प्रमुख था, 1926 का भारतीय ट्रेड यूनियन अधिनियम। यह अधिनियम श्रमिक संघ के विकास की दृष्टि से महत्त्वपूर्ण था, क्योंकि इसने औपचारिक तौर पर श्रमिकों को संघ बनाने और उसका सदस्य बनने का अधिकार प्रदान किया। किंतु अखिल भारतीय ट्रेड यूनियन कांग्रेस में शीघ्र ही मतभेद उत्पन्न हो गए। एन.एम. जोशी, वी.वी. गिरि, वी. शिवाराम के नेतृत्व में सुधारवादियों ने मजदूरों की समस्या हल करने के लिए उग्रवादियों के राजनीतिक संघर्ष की बजाय संवैधानिक तरीके अपनाए जाने पर बल दिया। उग्रवादी गुट का नेतृत्व एम.ए. डांगे, डी.एन. दत्त जैसे लोग कर रहे थे। इस मतभेद के परिणामस्वरूप अखिल भारतीय ट्रेड यूनियन कांग्रेस के नागपुर अधिवेशन में इसका विभाजन हो गया। सुधारवादी गुट एन.एम. जोशी की पहल पर मूल संस्था से अलग होकर एक नई संस्था अखिल भारतीय ट्रेड यूनियन (AITU) का गठन किया गया।

1930 से प्रारंभ होने वाले दशक में भारी मंदी का दौर आया, जिससे नियोजकों ने भारी संख्या में मजदूरों की छँटनी एवं वेतन में कटौती की, लेकिन श्रमिकों के प्रति सरकार की नई भूमिका ने राष्ट्रीय संगठन की ओर से एक समन्वित एवं मिला-जुला आधार प्रस्तुत करते हुए राष्ट्रीय ट्रेड यूनियन संघ नाम से एक संयुक्त संस्था का गठन किया। उधर गाँधी सेवा संघ नामक समाज-सेवा संगठन ने श्रमिकों के बारे में एक उप-समिति श्री बल्लभ भाई पटेल की अध्यक्षता में नियुक्त की, जिसने हिन्दुस्तान मजदूर सेवक संघ का रूप ग्रहण कर लिया।

इसका मुख्य कार्य श्रमिक संगठनों को गाँधीवादी ट्रेड यूनियन के सिद्धांत एवं व्यवहार में प्रशिक्षित करना था। जब महात्मा गाँधी ने 'हिन्दुस्तान मजदूर सेवा संघ' की गतिविधियों को स्वीकृति दे दी, तो कांग्रेस कार्यकर्त्ता भी इसमें हिस्सा लेने लगे। द्वितीय विश्व-युद्ध छिड़ने के बाद श्रमिक संगठन आंदोलन ने महत्त्वपूर्ण चरण में प्रवेश किया, लेकिन अखिल भारतीय ट्रेड यूनियन कांग्रेस का पुनः विभाजन हो गया और भारतीय श्रमिक संघ के नाम से एक समानांतर केंद्रीय संगठन बना।

प्रश्न 2. भारत में ग्रामीण अमीरों के साथ ग्रामीण गरीबों के आंदोलनों की विशिष्टताओं की तुलना कीजिए। [June 2008, Q. 7.][June 2010, Q. 5.]

अथवा

तेलंगाना कृषक आंदोलन पर एक टिप्पणी कीजिए।

उत्तर— भारत में औपनिवेशिक शासन का मुख्य आघात कृषक वर्ग को सहन करना था फलतः भारतीय राष्ट्रीय कांग्रेस की स्थापना या उनके द्वारा किसानों को संगठित किए जाने से पूर्व भारत के विभिन्न क्षेत्रों में विभिन्न प्रकार के कृषक विद्रोह हुए। इनमें से कुछ प्रमुख विद्रोह हैं—बंगाल का नील कृषक विद्रोह, मराठा किसान जागरण, बंबई के किसान विद्रोह, पंजाब का कूका आंदोलन और मालाबार क्षेत्र का मोपला विद्रोह।

भारतीय राष्ट्रीय कांगेस ने अपनी स्थापना के प्रारंभिक वर्षों में किसानों की समस्याओं पर विशेष ध्यान नहीं दिया। गोपाल कृष्ण गोखले एवं बाल गंगाधर तिलक जैसे राष्ट्रीय नेताओं ने कृषकों को राहत दिए जाने की वकालत की और उनकी दुःखद हालत पर लिखा, मगर किसान प्रथम विश्व-युद्ध के अंत तक असंगठित ही बने रहे। 1917 के अंत में देश के विभिन्न भागों में किसान सभाओं की स्थापना की गई। इसमें महात्मा गाँधी की पहल से एक नई दिशा मिली। कांग्रेस का राष्ट्रीय नेतृत्व विदेशी शासन के खिलाफ चलाए जा रहे राष्ट्रीय आंदोलन में हिस्सा लेने के लिए किसानों को प्रेरित करना चाहते थे, तो दूसरी ओर चंपारन और खेड़ा सत्याग्रह की घटना से कृषकों में यह आत्मविश्वास उत्पन्न हुआ कि यदि वे निरंतर कांग्रेस के साथ मिलकर कार्य करेंगे, तो वे अपने उद्देश्य में सफल होंगे। इसके परिणामस्वरूप कांग्रेस के अनेक महत्त्वपूर्ण नेताओं ने किसानों के बीच काम किया, जिससे ग्रामीण भारत में यह शीघ्र ही एक सशक्त संस्था बन गई, लेकिन कांग्रेस के कृषक आंदोलन से भूमिपतियों को ही लाभ हुआ।

कांग्रेस भूमि-मालिकों तथा मुजारों के संबंधों के विषय में कुछ नहीं कर रही थी। वह भूमि रहित किसानों के प्रति भी उदासीन थी। साम्यवादी तथा अन्य वामपंथी दलों ने किसान में वर्ग जागरण उत्पन्न किया और किसान सभाओं के गठन में महत्त्वपूर्ण भूमिका निभाई। लेकिन 1928-29 के बारदोली किसान संघर्ष, जिसका नेतृत्व सरदार पटेल ने किया था, इसमें किसानों की अधिकांश माँगों को मान लेने की वजह से कांग्रेस की विश्वसनीयता में वृद्धि हुई

और किसान आंदोलन को नई प्रेरणा मिली। वस्तुतः वामपंथी राष्ट्रवादियों, यथा–जय प्रकाश नारायण, आचार्य नरेन्द्र देव आदि के आविर्भाव के बाद कांग्रेस किसानों की माँग को उठाने लगी तथा इसने कई प्रांतों में किसान आंदोलनों का गठन किया, उन्हें मान्यता दी।

1934 में सहजानंद सरस्वती के प्रयासों से बिहार किसान सभा ने, जिसकी स्थापना 1927 में हुई थी, एक व्यापक संगठन का रूप ले लिया। इसमें आचार्य नरेन्द्र देव और जय प्रकाश नारायण का सक्रिय सहयोग उन्हें हासिल था। 1935 में उत्तर प्रदेश में किसान सभा गठित हुई और 1936 में साम्यवादियों एवं कांग्रेस समाजवादी पार्टी ने एक अखिल भारतीय किसान सभा की स्थापना की। अखिल भारतीय किसान सभा संगठित किसान आंदोलन की दिशा में भारी प्रगति का सूचक थी। भले ही इसमें संपूर्ण देश के काश्तकार वर्ग को नहीं समेटा जा सका, लेकिन यह संगठन भारतीय किसानों की माँग को लेकर इसने कई संघर्ष भी किए। संयोगवश अखिल भारतीय किसान सभा के आविर्भाव के साथ अर्थात् 1936 में ही कलकत्ता में ही 'बंगीय प्रादेशिक किसान सभा' की स्थापना हुई। इसकी स्थापना भारतीय साम्यवादी पार्टी (C.P.I) की बंगाल इकाई ने की थी। 1939 में आचार्य नरेन्द्र देव ने किसान सभा को कांग्रेस से पृथक् कर लिया क्योंकि उनके विचार में किसानों की माँगों की पूर्ति के लिए कांग्रेस (जो एक बहुवर्गीय संगठन था) पर दबाव डालने का यही एकमात्र तरीका था। इसके फलस्वरूप 1942 तक अनेक गैर–कम्युनिस्टों ने अखिल भारतीय किसान सभा को छोड़ दिया। दुखी होकर स्वामी सहजानंद सरस्वती ने 1945 में किसान सभा से त्यागपत्र दे दिया, जिसके फलस्वरूप 1947 तक अखिल भारतीय किसान सभा का नेतृत्व कम्युनिस्ट पार्टी के हाथों में चला गया और किसान सभाओं पर कम्युनिस्ट पार्टी का प्रभुत्व छा गया। लेकिन सभा भारत के किसानों की मुख्य संस्था बनी रही।

तिभागा आंदोलन—भारत में हुए किसान आंदोलनों में बंगाल का तिभागा आंदोलन महत्त्वपूर्ण स्थान रखता है। यह आंदोलन ब्रिटिश शासन के अंतिम दिनों में आरंभ होकर स्वतंत्रता के बाद तक चलता रहा। यह मुख्यतः जोतदारों के विरुद्ध मझोले किसानों एवं बटाईदारों का संयुक्त प्रयत्न था। इस आंदोलन द्वारा यह माँग की गई थी कि फसल का दो–तिहाई भाग वर्गदारों (किसानों) को दिया जाए। उल्लेखनीय है कि जहाँ यह आंदोलन प्रारंभ हुआ, हाँ 1793 के स्थायी बंदोबस्त ने किसानों को एकदम असहाय तथा कंगाल बना दिया था। इस बंदोबस्त द्वारा उपज के तीन भागीदार बनाए गए–सरकार, बिचौलिए या जमींदार और कृषक या काश्तकार। इनमें पहले दो भागीदारों की स्थिति निश्चित कर दी गई और काश्तकारों द्वारा भुगतान किए जाने वाले लगान को अनिश्चित छोड़ दिया गया था, उसका निर्धारण जमींदारों की इच्छा पर छोड़ा गया था। इसके परिणामस्वरूप किसानों के असीमित शोषण का दौर शुरू हुआ। 1943 में बंगाल में पड़े अकाल की लंबे समय तक चलने वाली तकलीफों से इस आंदोलन को बल मिला। बंगाल किसान सभा द्वारा गठित सभाओं और प्रदर्शनों ने इंकलाब जिंदाबाद और तिभागा पाई (हम दो–तिहाई भाग चाहते हैं) जैसे नारे

लगाए गए। बटाईदार फसल को जोतदार के घर की बजाय अपने घर ले गए। झुंड के झुंड स्वयंसवेक हाथ में लाठी लेकर ऊपर बताए गए नारे लगाते हुए विभिन्न गाँवों से निकले। बंगाल की कम्युनिस्ट पार्टी के सदस्यों ने इस आंदोलन में प्रमुख भूमिका निभाई। बाद में बंगाल के देहाती इलाकों में बटाईदारों और सरकारी सुरक्षा सेना के बीच हिंसक मुठभेड़ हुई, जिनमें कभी सेना का पलड़ा भारी रहा और कभी किसानों का। यह आंदोलन स्वतंत्रता प्राप्ति के काफी समय बाद तक चलता रहा और अंत में पुलिस की कार्रवाई की वजह से धीरे–धीरे समाप्त हो गया। इसकी उपलब्धि 1949 के बर्गदार अधिनियम के रूप में सामने आई, जिसे वी.सी.राय की सरकार ने एक अध्यादेश द्वारा जारी किया था। बाद में भारत में भूमि सुधार पर भी इसने अपना प्रभाव छोड़ा।

तेलंगाना कृषक क्रांति—स्वतंत्रता के बाद के वर्षों में हुआ दूसरा मुख्य किसान विद्रोह तेलंगाना कृषक क्रांति थी। स्वरूप और उद्देश्य की दृष्टि से यह एक क्रांतिकारी आंदोलन जैसा था। इसका आरंभ निजाम के शासन के अधीन हैदराबाद राज्य में 1946 में हुआ और शीघ्र ही राज्य के अन्य जिलों में फैल गया। यह आंदोलन जागीरदारों द्वारा की जा रही जबरन एवं अत्यधिक वसूली के विरोध में चलाया गया था और इसमें यह माँग की गई कि किसानों के सभी ऋण माफ कर दिए जाएँ। उल्लेखनीय है कि तेलंगाना क्षेत्र में पटेल एवं पटवारियों की सहायता से देशमुखों ने अच्छी भूमि के अधिक से अधिक भाग पर कब्जा करके उसे अनाप–शनाप लगान पर उठाना शुरू कर दिया। कालांतर में उन्होंने अपने प्रभाव क्षेत्र को बढ़ा लिया और उनकी शक्ति एवं हैसियत में काफी वृद्धि हो गई, जिससे वे ग्रामीण समाज के कर्त्ता–धर्त्ता बन गए। भूमि पर कब्जा करने संबंधी उनकी गतिविधियाँ फिर भी जारी रही और राज्य के पुलिस एवं राजस्व अधिकारियों की सहायता और समर्थन से उन्होंने विभिन्न आरोपों, जैसे—कुछ अवैध करों को न देने, बेगार न करने, ऋण अदा न कर पाने या गाँव के कुछ विवादों के संदर्भ में किए गए जुर्माने को न भरने आदि के आधार पर किसानों की भूमि पर जबरदस्ती कब्जा कर लिया। उन्होंने इस भूमि को इतनी तेजी से लूटा कि 20वीं सदी के पाँचवें दशक तक पहुँचते–पहुँचते उन्होंने कुछ जिलों में 60 से 70% भूमि पर कब्जा कर लिया और कई बार एक–एक देशमुख के पास 40,000 से 1,00,000 या 1,50,000 एकड़ तक भूमि हो गई। इन देशमुखों एवं जागीरदारों को निजाम की सरकार का संरक्षण मिला हुआ था। द्वितीय विश्व–युद्ध के दौरान उन्होंने भारी मुनाफा कमाया था, क्योंकि तेलंगाना की ग्रामीण अर्थव्यवस्था पूँजीवादी दुनिया तथा विश्व बाजार से जुड़ गई थी, जिसने सामंती दमन तथा जबरन वसूली की गति और तेज कर दी। अतः किसानों और खेतिहरों ने जिनका इस अवधि में भरपूर शोषण किया गया था अपने शोषकों के खिलाफ आंदोलन छेड़ दिया और धीरे–धीरे स्थानीय कम्युनिस्ट, मझोले किसान और कांग्रेस संगठन भी इसमें शामिल हो गए। इस अवधि में यह आंदोलन पूरी तरह शांत रहा। जनता की पहल पर शस्त्र उठाने की कार्रवाई और जमींदारों की भूमि पर कब्जा करने की माँग आंदोलन के पराकाष्ठा पर पहुँचने पर उस

समय की गई जब भारत सरकार द्वारा निजाम की सरकार के खिलाफ पुलिस कार्रवाई के बाद मझोले किसानों, आंध्र महासभा और कांग्रेस ने अपने-आपको इस आंदोलन से अलग कर लिया। जमींदारों से लगभग 3,000 एकड़ भूमि छीन ली गई और उस पर पहले जिनके मालिकाना अधिकार थे, उन्हें ही लौटा दिया गया। 1947 तक इस आंदोलन में गुरिल्ला सेना भी संगठित हो गई। इस सेना ने जमींदारों से भारी मात्रा में हथियार छीन लिए और जमींदारों तथा स्थानीय पदाधिकारियों को भगा दिया। किसान सोवियतों की सरकार भी कायम हुई। इसने बड़ी मात्रा में भूमि का वितरण किया, किंतु स्वतंत्र भारत की सेना ने तेलंगाना आंदोलन को कुचल दिया।

इस प्रकार भारत सरकार ने तेलंगाना आंदोलन का मुकाबला जहाँ दमनात्मक कार्यवाही द्वारा किया वहाँ गाँधीजी के आध्यात्मिक उत्तराधिकारी विनोबा भावे ने इसका जवाब अपने प्रसिद्ध 'भूदान आंदोलन' द्वारा दिया। भूदान आंदोलन ने आगे चलकर ग्रामदान आंदोलन का रूप ग्रहण कर लिया। इस प्रकार विनोबा भावे किसानों का ध्यान बाँटकर उन्हें वर्ग-संघर्ष से दूर कर सके और अपने प्रयासों से किसानों को यह समझाने की कोशिश की कि उनकी समस्याओं को भूदान, ग्रामदान एवं सर्वोदय जैसे शांतिपूर्ण आंदोलनों के द्वारा सुलझाया जा सकता है। कांग्रेस सरकार भी इसी लक्ष्य को सामने रखकर भूमि-सुधार और सामुदायिक विकास योजनाओं को लेकर आगे आई, किंतु जैसा कि स्वातंत्र्योत्तर भारत में इन आंदोलनों के परिणाम से स्पष्ट है, जमीन पर जमींदारों का दमनात्मक प्रभाव और कृषक वर्ग तथा भूमिहीन मजदूरों का शोषण ज्यों का त्यों जारी रहा।

निष्कर्ष के रूप में यह कहा जा सकता है कि औपनिवेशिक भारत में किसान तथा किसान संगठन प्रायः असंगठित या कुसंगठित ही रहे और गरीब किसानों एवं भूमि रहित किसानों की समस्या पर राष्ट्रीय दलों एवं साम्यवादियों दोनों ने कोई विशेष ध्यान नहीं दिया। कांग्रेस जहाँ इस बात पर दृढ़ थी कि किसानों को न्याय मिले और जमींदारों के प्रति भी अन्याय न हो, वहीं वामपंथी अपने उद्देश्यों में ईमानदारी के बावजूद कृषक वर्ग पर कोई उल्लेखनीय प्रभाव छोड़ने में असमर्थ रहे।

औपनिवेशिकोत्तर भारत में ग्रामीण निर्धन आंदोलन—भारत में स्वतंत्रता की प्राप्ति एक सफल राजनीतिक संघर्ष का अंत था परंतु एक नए सामाजिक संघर्ष की शुरुआत भी थी, क्योंकि देश की अर्थव्यवस्था को एक नया रूप देना था, कृषि के क्षेत्र में आर्थिक संबंधों का एक नया ढाँचा खड़ा करना था, जो उभरती हुई आकांक्षाओं तथा ग्रामीण जीवन की आवश्यकताओं को पूरा कर सके। भारत में कृषि समाज के ढाँचे में सामाजिक-आर्थिक असमानता आदि विशिष्ट लक्षण थे।

वामपंथी दलों ने भी सक्रियता से गरीबों के लिए राजनीतिक एवं आर्थिक अधिकार सुनिश्चित करने हेतु जोरदार अभियान संगठित करने का आह्वान किया तथा कुछ जगह जन-संस्थाओं के माध्यम से एकजुटता व आंदोलनों के संसदीय तरीकों को अपनाया, लेकिन

वामपंथी पार्टियों के संसदीय राजनीति में व्यस्त रहने के परिणामस्वरूप इन पार्टियों के अधिक संघर्षशील वर्ग पार्टी से अलग होकर जनकार्य करने लगे और विभिन्न मुद्दों पर कृषकों तथा कृषि कार्यकर्त्ताओं को संगठित एवं एकजुट करते रहे।

नक्सलवाड़ी कृषक क्रांति—1967 में जब भारतीय कम्युनिस्ट पार्टी (मार्क्सवादी) के नेतृत्व में संयुक्त मोर्चा सरकार पश्चिम बंगाल में स्थापित हुई। लगभग उसी समय उत्तर–पश्चिम बंगाल में दार्जिलिंग जिले के नक्सलवाड़ी नामक स्थान पर किसान विद्रोह भड़क उठे। यह विद्रोह दो महीने तक चला। इसकी प्रमुख माँगों में गैर–स्वामित्व वाली तथा कृषकों द्वारा जोती जाने वाली भूमि का पुनर्वितरण, किसानों द्वारा सभी वैधानिक अभिलेखों तथा कागजातों को जलाया जाना, किसानों तथा साहूकारों के असमान समझौतों को रद्द करना, भंडारित चावल पर किसानों द्वारा कब्जा करना व किसानों में बाँटा जाना तथा सभी जोतदारों की न्यायिक जाँच करके उन्हें मृत्युदंड देना प्रमुख माँगें थीं। लेकिन पुलिस और पारा सैनिकों द्वारा इसे दबा दिया गया, किंतु इसकी पूरे भारत में भारी प्रतिक्रिया हुई। इससे विभिन्न प्रांतों में क्रांतिकारी आंदोलनकर्त्ता सक्रिय हो गए, जो नक्सलवादी के नाम से प्रसिद्ध हुए।

इन्होंने एक तीसरी वामपंथी पार्टी की स्थापना की, जिसका नाम 'भारतीय कम्युनिस्ट पार्टी' (मार्क्सवादी लेनिनवादी), था। इस पार्टी का विश्वास था कि किसानों द्वारा स्वैच्छिक सशस्त्र संघर्ष और शोषण करने वाले जमींदार वर्ग से बलपूर्वक जमीन छीनकर ही उसे जमीन जोतने वाले किसानों में वितरित किया जा सकता है और समाजवाद लाया जा सकता है।

इस प्रकार नक्सलवाड़ी किसान आंदोलन ने किसान समितियों का शासन स्थापित करने, संगठित व शस्त्र सज्जित होने, भूमि पर जोतदारों के स्वामित्व का अंत करने एवं किसान समितियों के माध्यम से भूमि का पुनः वितरण करने के लिए आह्वान किया। इस आंदोलन ने समस्त भारत पर अपना प्रभाव डाला। यह विद्रोह क्रांतिकारी आंदोलन का ही नहीं, वरन् समस्त भारत के किसान आंदोलन का ऐतिहासिक चरण था। गरीब ग्रामवासियों की समस्याएँ, ग्रामीण क्षेत्रों की तनावपूर्ण स्थिति और भूमि पर मेहनत करने वालों को समुचित न्याय न मिलना, ये सभी बातें राजकीय नीतियों का केंद्रबिंदु बन गई।

ग्रामीण धनी वर्ग के आंदोलन–समकालीन भारत में किसान आंदोलन—स्वतंत्रता के उपरांत कांग्रेस ने ग्रामीण जीवन को नया रूप देने के लिए जिन नीतियों का पालन किया, उनका उद्देश्य था–भूमि का समान बँटवारा, आर्थिक विषमताओं को दूर करना तथा अधिकतम लोगों को रोजगार प्रदान करना। भूमि सुधार कानूनों की एक लंबी शृंखला के बावजूद भू–स्वामित्व के रूप में कोई मौलिक परिवर्तन नहीं हो पाया। प्रारंभिक वर्षों में भूमि का केंद्रीकरण बढ़ा। वैसे केंद्र सरकार के निर्देशों के अंतर्गत सभी राज्यों ने भूमि सीमा कानून, 1975 तक बना लिए, लेकिन उन्हें लागू करने में राज्य सरकारों को कोई विशेष सफलता नहीं मिली। इस प्रक्रिया में जमींदारी तो समाप्त हो गई पर उनका स्थान नये अमीर वर्गों ने ग्रहण कर लिया। नये राजनीतिक वातावरण में शिक्षित होने, ग्रामीण क्षेत्रों में ये भूमिधारक

सामाजिक दृष्टि से श्रेष्ठ, आर्थिक दृष्टि से संपन्न तथा जातीय स्तर पर उच्च वर्ग के हैं इसलिए केंद्र और राज्य स्तर के राजनीतिक दलों के लिए दिलचस्पी का केंद्र बने हुए हैं। ग्रामों में ये वर्ग काफी शक्तिशाली वर्ग हैं, जो राजनीतिक दलों के वोट बैंक के रूप में काम करते हैं।

इसमें सर्वप्रथम शरद जोशी के नेतृत्व में शेतकारी संगठन के माध्यम से कृषि उत्पाद वस्तुओं की ऊँची दरों के लिए आंदोलन किया गया। यह कपास, प्याज, तम्बाकू, अंगूर तथा गन्ना उत्पादक किसानों के हित के लिए 1980 के दशक में प्रारंभ किया गया था। महाराष्ट्र एवं गुजरात इसका प्रमुख क्षेत्र था, जहाँ यह आंदोलन अपने प्रभाव को स्थापित करने में सफल रहा। इस आंदोलन के परिणामस्वरूप इन फसलों की कीमतों में वृद्धि हुई फलतः इनका प्रभाव बढ़ा। बाद में 'निपानी आंदोलन' के माध्यम से किसानों की समस्या पर आंदोलन चलाया गया। 1987 में कपास की कीमतों को लेकर आंदोलन चलाया गया, लेकिन हाल के वर्षों में इनके द्वारा कोई आंदोलन नहीं चलाया गया है।

दूसरी ओर 1987–88 में ही भारतीय किसान यूनियन के तत्त्वाधान में उत्तर प्रदेश में चौधरी महेन्द्र सिंह टिकैत द्वारा संचाालित किसान आंदोलन दलीय व्यवस्था से परे थे तथा इसका स्वरूप क्षेत्रीय था। इसने बिजली की दरों में वृद्धि तथा बिजली की आपूर्ति नियमित न होने के विरुद्ध आवाज उठाई। इस आंदोलन के परिणामस्वरूप बिजली की दरों में 1/6 प्रतिशत कमी की गई, जिससे महेन्द्र सिंह टिकैत की लोकप्रियता में वृद्धि हुई। बाद में मेरठ एवं दिल्ली के धरने से इसे देशभर में प्रसिद्धि मिली। मेरठ धरना की प्रमुख माँग थी—बिजली की उचित कीमत तथा फसलों की कीमत निर्धारण में सरकार द्वारा गठित समिति में भारतीय किसान यूनियन का प्रतिनिधि शामिल करना आदि। वर्तमान समय में भी किसान यूनियन विभिन्न मुद्दों पर जब–तब आंदोलन करती रहती है।

प्रश्न 3. भारत में किसान आंदोलन के स्वरूप और लक्ष्यों का विश्लेषण कीजिए।

उत्तर— कृषि भारतीय अर्थव्यवस्था अंग्रेजी शासन–काल में पूर्वी भारत, मध्य भारत और उत्तरी भारत में जमींदारी प्रथा प्रचलित थी तथा पश्चिमी भारत व दक्षिणी प्रांतों में रैयतवाड़ी प्रथा। जमींदारी प्रथा के अंतर्गत किसानों से लगान उगाहने का काम जमींदारों को सौंप दिया गया और सरकार ने उन्हें भूमि का मालिक मान लिया। सरकार को लगान के रूप में जो कुछ मिलता उसमें से कुछ हिस्सा वह जमींदार वर्ग को दे देती, जिससे इनके सहारे वह भारत पर सदा–सर्वदा शासन कर सके। जमींदारों ने किसानों का खूब शोषण किया। इस तरह यह वर्ग धनाढ्य होता गया। रैयतवाड़ी प्रथा में सरकार का किसानों से सीधा संबंध था अर्थात् करों की उगाही सरकार किया करती थी, जमींदार नहीं, पर लगान की राशि इतनी अधिक थी कि अधिकांश किसान उसे चुकाने में असमर्थ थे।

भूमिकर या लगान के अतिरिक्त किसानों को और भी कई तरह के कर देने पड़ते थे, जिससे उनकी आर्थिक स्थिति पर बुरा प्रभाव पड़ा। समय-समय पर होने वाली प्राकृतिक विपदाओं-सूखा और अतिवर्षा-से उनकी कंगाली बढ़ी। किसान गरीबी के कारण जब स्वयं भरपेट भोजन नहीं कर पाता था, वह अपने पशुओं को भला अच्छी हालत में कैसे रखता। तंगहाल किसानों और भूखे-बेजान जानवरों की तादाद बढ़ने से भूमि की उत्पादकता और भी घटी। किसानों का ऋणभार लगातार बढ़ता ही गया, जिसके कारण कुछ किसानों को भूमि बेचनी पड़ी और वे खेतिहर मजदूरों की स्थिति में पहुँच गए। कृषकों की दशा सुधारने के लिए कई कानून बनाए गए, जैसे कृषि ऋण अधिनियम (Agricultural Loans Act) तथा भूमि-सुधार अधिनियम (Land Improvement Act), परंतु कृषक हितों की प्रभावी ढंग से रक्षा नहीं की जा सकी।

भारत में किसान संघर्ष की परंपरा बहुत पुरानी है। आधुनिक काल, विशेषकर 1857 के बाद, के किसान आंदोलनों का यदि वर्गीकरण किया जाए तो हम इस निष्कर्ष पर पहुँचते हैं कि संघर्ष के सात मुख्य लक्ष्य रहे हैं- (1) जमींदारों और साहूकारों से बदला लेने की भावना; (2) धार्मिक और सांप्रदायिक उद्देश्य से किए गए आंदोलन अर्थात् किसी खास प्रदेश या इलाके से दूसरे धर्मावलंबियों या संप्रदाय वालों की प्रभुता को समाप्त करना; (3) एक विशेष प्रकार की फसल पैदा करने की मजबूरी से उत्पन्न रोष; (4) महज लूटमार (Banditry) के लिए किया गया संघर्ष; (5) राजनीतिक जागृति से उत्पन्न संघर्ष अर्थात् महात्मा गाँधी या कांग्रेस के आह्वान पर छेड़ा गया आंदोलन; (6) सूखा पड़ने पर और फसल नष्ट हो जाने के कारण आंदोलन तथा (7) स्वतंत्रता के बाद के कई प्रमुख गैर-राजनीतिक आंदोलन।

15 संचार माध्यम और जन नीतियाँ

प्रश्न 1. भारत में लोकतंत्र को सशक्त बनाने में मीडिया की भूमिका की चर्चा कीजिए। **[June 2008, Q. 8.][Dec 2010, Q. 8.]**

उत्तर– जनहित नीति एक ऐसी प्रक्रिया है जिसके द्वारा किसी भी देश की राष्ट्रीय या प्रांतीय सरकार, नगर पालिका और पंचायतों को लोकहित में कुछ कदम उठाने में मदद करती है। स्वास्थ्य, समाज कल्याण, संचार माध्यमों, रक्षा, कृषि, आदि से जुड़े मसले ऐसे हैं जिनका जन सामान्य पर असर पड़ता है और इसलिए इन्हें जनहित नीतियों के मसले मानते हैं।

परिभाषाएँ–कोंसीडीन ने जननीतियों को परिभाषित किया है जिसमें वह कहते हैं जन नीति वह कार्रवाई है जो प्रशासकीय सत्ता को अपने संसाधन निश्चित मूल्यों के समर्थन में करने को बाध्य करती है। उनके अनुसार नीति निर्धारण में जन मूल्यों का स्पष्टीकरण, पैसे और सेवाओं की वचनबद्धता और अधिकार और पद देना शामिल होता है।

एक विद्वान के अनुसार जन नीतियाँ वहाँ होती हैं जहाँ समुदाय समुदायों के तौर पर बातें तय करना चाहते हैं, लेकिन एक अन्य विद्वान कहते हैं कि जन नीतियाँ सरकार के जनता की समस्याओं को हल करने वाले फैसले और कार्रवाई होती हैं। जन नीतियों को परिभाषित करते हुए वह यह भी कहते हैं कि जन नीतियाँ अच्छे समाज की परिभाषा और उसको बनाने के तरीकों के लिए होने वाले संघर्ष का परिणाम होती हैं। जन नीतियों की एक और परिभाषा हो सकती है जो जन नीतियों को सत्ता, अधिकारों, संसाधनों, सूचनाओं और लाभों के वितरण और प्रबंधन के जरिए जनहित के लक्ष्यों को प्राप्त करने की रणनीति हो।

लोकतंत्र में संचार माध्यम : भूमिका और प्रभाव–मुद्रणालय के आविष्कार के समय यह विशेषकर यूरोप में जनतंत्र की स्थापना के बाद से ही प्रेस और राजनीति का परस्पर साथ रहा है। भले ही यूरोप में मुद्रणालय का आगमन पूँजीवादी क्रांति से बहुत पहले हुआ उसे उसकी असली जगह और महत्त्व इस क्रांति के दौरान और बाद में ही मिल पाया। सामंती व्यवस्था को इसलिए उखाड़ फेंका गया कि स्वतंत्रता, समानता और भाईचारे के मूल्यों पर निर्भर पूँजीवादी जनतंत्र स्थापित किया जाना था। हालाँकि क्रांति से पहले ही प्रेस विमर्श का एक ऐसा प्रमुख औजार बन गया था। जिसके बिना जॉन स्टुआर्ट मिल, हॉब्स, रूसो, बॉल्टेर, मोंतोस्क्यि के साथ कई अन्य दार्शनिकों और चिंतकों के विचारों का प्रचार संभव नहीं था। पास्कल और देकार्त की बहुचर्चित दार्शनिक बहस भी प्रेस की वजह से संभव हुई। कहना अनुचित न होगा कि प्रेस इस प्रकार की बहसों का माध्यम बना जिन्होंने पूँजीवादी जनतंत्र के

आंदोलन को वैचारिक आधार दिया। यही वजह थी कि आधुनिक जनतंत्र में प्रेस को चौथे स्तंभ का दर्जा दिया गया।

पूँजीवाद के आरंभिक दिनों में पत्रकारिता का काम उभरते हुए जनतंत्र की उपलब्धियों को प्रचारित करना था। यही वह काल खंड है जहाँ पत्रकारिता की राजनीतिक विकास में भूमिका तय हुई। वह पूँजीवादी जनतंत्र के विचारधारात्मक विकास का प्रमुख माध्यम बना और उसने सत्ता के प्रतिनिधि के तौर पर जनता से संवाद किया। जो लोग सत्ता में आए थे वह यह दावा कर रहे थे कि वह – जनता द्वारा, जनता के लिए, जनता की सरकार – बना रहे हैं। आर्थिक, राजनीतिक, सामाजिक और सांस्कृतिक क्षेत्र की जो कुछ बातें बतानी थी वह नहीं बताई जा सकती थी यदि ऐसा करने से नवस्थापित व्यवस्था की उपलब्धियों का महत्त्व कम हो या ऐसा करने से समाज पुरानी व्यवस्था की ओर लौटता हो। यही वजह थी कि जनतंत्र के प्रवक्ताओं ने कहा कि – यदि स्वतंत्रता का दुरुपयोग इस हद तक हो कि सही नैतिक मूल्यों और राज्य सत्ता को खतरा पहुँचे तो उस पर नियंत्रण किया जाना चाहिए।

स्वतंत्रता, समानता और भाईचारे के उच्च आदर्शों वाले आधुनिक जनतंत्रों ने संसद (विधान पालिका), सरकार (कार्य पालिका) और न्यायालय (न्याय पालिका) की मदद से राज्यों में राजनीतिक प्रक्रिया को नियंत्रित किया। उन्होंने प्रेस को जनतंत्र का चौथा स्तंभ घोषित किया। तभी से यूरोप और अमेरिका में प्रेस स्वतंत्र विमर्श का प्रमुख कारक बन गया।

अमेरिकी प्रेस के उद्देश्यों के बारे में हर्बट जे. एल्टथुल ने अपने व्याख्यानों में जनतंत्र और पत्रकारिता के संबंधों की चर्चा की है। वह कहते हैं–

जनतंत्र में जनता ही शासन करती है और उनकी आवाजें मतदान पेटियों में सुनी जा सकती हैं। मतदान पेटियों में व्यक्त जनता के निर्णय उन्हें प्राप्त सूचनाओं पर निर्भर करते हैं। समाचार माध्यम मूलतः यह सूचनाएँ उपलब्ध कराते हैं। अतः समाचार माध्यम जनतंत्र के बने रहने के लिए अनिवार्य हैं। इसी बात को आगे बढ़ाते हुए हम कह सकते हैं कि जनतंत्र एक स्वतंत्र समाज है। किसी अन्य शासन प्रणाली में नागरिक स्वतंत्र नहीं होते।

आधुनिक जनतंत्र और पत्रकारिता–किसी भी देश में जनसंचार के साधन जनतांत्रिक प्रक्रियाओं से अधिक जुड़े हुए होते हैं तथा राजनीति या सरकारी अधिकारी अपने कार्यक्रमों एवं लक्ष्यों को आगे बढ़ाने के लिए प्रयोग करते हैं। जनता भी यह निर्णय करने के लिए संचार माध्यमों पर अधिक से अधिक निर्भर करती है ताकि उनके नेता अपने विचारों को कैसे व्यक्त करते हैं, कैसे प्रचार करते हैं, कैसे शासन करते हैं और कैसे जन नीतियों का निर्धारण करते हैं। आश्चर्यजनक है कि संचार माध्यमों के प्रभाव के बढ़ने से मतदाताओं की भागीदारी घटती है। सुसंज्ञानित नागरिक और हमारे लोकतंत्र के सक्रिय भागीदार होने के लिए जनता को प्रशासनिक प्रक्रिया और उसमें संचार माध्यमों की भूमिका की जानकारी होना आवश्यक है।

आम नागरिक को मनोरंजन और संस्कृति की दुनिया का तो संचार माध्यमों से अच्छा ज्ञान हो जाता है लेकिन इनमें से अधिकांश यह नहीं जानते कि राजनीति और जननीति के

साथ संचार माध्यमों का क्या संबंध है और वह किस तरह से उनके जीवन को प्रभावित करते हैं। यह आवश्यक है कि वह इन बातों को जाने ताकि वह राजनीति से जुड़े माध्यम संदेशों का विचारवान उपभोक्ता बने। संचार माध्यम और जनंतत्र के बदलते रिश्तों को खोजने के लिए हम उन्हें कैसे प्रेरित कर सकते हैं? ऐसे ही कुछ सवालों पर शिक्षाविदों, पत्रकारों, माध्य प्रबंधकों और नागरिकों को मिलकर सोचना चाहिए।

आधुनिक जनतंत्रों में संचार माध्यमों और जन नीतियों के संबंध लगातार आलोचनात्मक और जटिल हुए हैं। ऐसे समाज में जहाँ 24 गुणा 7 समाचार वृत्त विभाजित जनता पर सूचनाओं की बौछार करता हो, जहाँ सूचनात्मक मनोरंजन और विमर्श संस्कृति अक्सर पारंपरिक पत्रकारिता पर छा जाती है वहाँ जन नीतियों में परिवर्तन करने या उन्हें बनाने के लिए आवश्यक राजनीतिक सहमति बनाना और इसके लिए लक्षितजन विमर्श करना कठिन हो गया है। चुनाव, लक्षित समूह विमर्श के अंश, बहसें विशेष रुचि पर होने वाला व्यापक खर्च और निगमों की लोकप्रियता सूचकांक और प्रसार के दबाव महत्त्वपूर्ण मसलों को बदशक्ल कर सकते हैं या उन पर ग्रहण लगा सकते हैं।

यह जानना भी उतना ही महत्त्वपूर्ण है कि समाचार कक्षों में जन नीतियों से संबंधित मुद्दों को शामिल करने के निर्णय कैसे होते हैं, प्रवक्ता अपने संदेशों को आगे बढ़ाने के लिए संचार माध्यमों का उपयोग कैसे करते हैं।

नई संचार प्रौद्योगिकी और जनतंत्र–नई संचार प्रौद्योगिकी के आगमन के अनुसार संचार की प्रकृति में परिवर्तन पाए गए हैं। संचार माध्यम का पहले अर्थ केवल समाचार पत्र पत्रिकाएँ होता था वहीं अब रेडियो, टेलीविजन और कम्प्यूटर के इसमें शामिल होने की वजह से इसका अर्थ और व्यापक हो गया है। साथ ही सूचना प्रौद्योगिकी के बढ़ते इस्तेमाल से प्रेस के स्वभाव में कई नए परिवर्तन हुए हैं। सूचनाएँ इंटरनेट पर बहुतायत से उपलब्ध हैं जिससे पाठकों और नागरिकों की समाचार–पत्रों पर निर्भरता कम हुई है। विश्व भर में सरकारें अब सूचनाएँ नागरिकों तक पहुँचाने के लिए न केवल इंटरनेट का इस्तेमाल कर रही हैं बल्कि आवेदन पत्र जमा करने, उन्हें भरने के लिए, आदेश और विज्ञप्तियाँ जारी करने जैसे रोजमर्रा के कामों के लिए इंटरनेट और अंकीय प्रौद्योगिकियों के प्रयोग को प्रोत्साहन दे रही है। अंकीय प्रौद्योगिकी के इसी प्रयोग को **ई–प्रशासन** कहते हैं।

अभी कम्प्यूटर और इंटरनेट की प्रगति सीमित है लेकिन सूचना प्रौद्योगिकी और दूरसंचार सुविधाओं की कीमतों में और सुधार होने के बाद नई माध्यम प्रौद्योगिकियों में स्वतंत्र अभिव्यक्त की संभावनाएँ ज्यादा होंगी क्योंकि प्रेस, रेडियो और टेलीविजन जैसी प्रौद्योगिकियों की तुलना में इससे कथ्य पर निजी या सरकारी नियंत्रण कम है। पहले संचार माध्यमों को स्वतंत्रता इसलिए प्रदान की गई थी कि वह जनता का प्रतिनिधित्व करें लेकिन इन प्रौद्योगिकियों की कीमत और प्रबंधन की वजह से इन माध्यमों के मालिकों को अपनी रुचि एवं हितों के अनुसार सामग्री प्रस्तुत करने का विशेषाधिकार मिला हुआ था।

अब ई–प्रशासन और इंटरनेट पर नियंत्रण की कमी की वजह से सरकार और जनता के बीच एक जीवंत माध्यम है और अधिक से अधिक समान हित समूह समानधर्मी लोगों से संबंध कायम कर रहे हैं और अनेक मसलों पर जनमत बनाने में भी सक्षम हैं।

प्रश्न 2. संचार माध्यम और जनमत पर एक नोट प्रस्तुत कीजिए।

उत्तर– भारत में लोकतंत्र को सशक्त बनाने में मीडिया की महत्त्वपूर्ण भूमिका है, संचार माध्यम काफी हद तक जनमत तैयार करते हैं। ऐसे कई अध्ययन हुए हैं जो दर्शाते हैं कि संचार माध्यम ही लोगों की राय बनाने के एकमात्र साधन नहीं है। 1940 के अमेरिकी राष्ट्रपति के चुनाव के दौरान पॉल इ लाज़ारफेल्ड और अन्य विद्वानों ने जो शोध किया इससे पाया कि लोगों के निर्णय लेने की प्रक्रिया पर संचार माध्यमों का सीधा प्रभाव नहीं पड़ता। अपनी पुस्तक 'द पीपुल्स चॉइस' में उन्होंने अंतर्वैक्तिक संप्रेषण, हमजोली समूहों और ओपिनियन लीडरों को भी जनमत निर्माण के प्रमुख घटक माना। फिर भी दो पायदानों वाले सूचना माडल में भी जनसंचार माध्यमों की भूमिका को पूरी तरह से नकारा नहीं गया बल्कि उसे जनता और ओपीनियन लीडर तक सूचनाएँ प्रेषित करने की अहम् भूमिका में दर्शाया गया।

1970 के दौरान संचार सिद्धांतकारों ने जनमत निर्माण में पुनः संचार माध्यमों की भूमिका को रेखांकित किया। जॉर्ज गार्बनर (1967) ने कल्टीवेशन सिद्धांत प्रतिपादित किया जिसमें संचार माध्यमों को समाज का निर्माता घोषित किया। उनका मत था कि संचार माध्यमों का लोगों के नजरिए पर व्यंजनात्मक प्रभाव पड़ता है क्योंकि उन्होंने दर्शाया कि अपने बार–बार और लम्बे प्रसार की वजह से वह प्रभावी प्रतीकों का निर्माण करता है। उनके शोध समय के अनुकूल थे क्योंकि उस समय विज्ञापन समाज को प्रभावित कर रहे थे। बाद में संचार माध्यमों और राजनीति के संबंधों की पड़ताल भी की गयी और मेक्सवैल मकोम्ब और डोनाल्ड शॉ (1972) ने चुनावों के दौरान माध्यमों द्वारा एजेंडा तय करने की जाँच की। एजेंडा तय करने वाले सिद्धांत के प्रणेताओं का मानना है कि संचार माध्यम लोगों को क्या सोचना है की तुलना में सोचने के लिए क्या–क्या है बताने में सफल होते हैं। इस अध्ययन में संचार माध्यमों द्वारा तय किए गए मुद्दों की तुलना लोगों और राजनेताओं द्वारा तय किए गए मुद्दों से की गई। इस अध्ययन में बताया गया है कि समय के साथ माध्यमों द्वारा तय किए गए मुद्दे जनता के मुद्दे बन जाते हैं।

मेल्विन द फ्लर और सैंड्रा बॉल राकीक ने निर्भरता का सिद्धांत सामने रखा जिसमें कुछ सामरिक तथा मनोवैज्ञानिक घटक संचार माध्यमों का उनके पाठकों और दर्शकों पर नियंत्रण रखने से बचाव करते हैं। वह कहते हैं–जनसंचार माध्यमों का उनके पाठकों और दर्शकों पर नियंत्रण रखने से बचाव करते हैं। वह कहते हैं–जनसंचार माध्यमों में न केवल यादृच्छिक संप्रेषण कर पाने में भी सक्षम नहीं होते। माध्यम और उसके श्रोता या दर्शक समाज के अभिन्न अंग है अतः आस–पास का सामाजिक सांस्कृतिक संदर्भ न केवल उनके संदेशों पर नियंत्रण

रखते हैं बल्कि उन संदेशों के दर्शकों पर पड़ने वाले प्रभाव को भी नियंत्रित करते हैं। दूसरा महत्त्वपूर्ण सिद्धांत विकास संचार का सिद्धांत कहलाता है जिसे विकासशील देशों के संचार समस्याओं के अध्ययन के लिए मैक्ब्राइड आयोग ने प्रतिपादित किया। संचार की अंतर संरचना के अभाव, यंत्रों और सामग्री के लिए विकसित देशों पर निर्भरता आदि वह समस्याएँ थीं जिनका अध्ययन किया गया। अपने–अपने समाजों के आर्थिक, राजनीतिक और सामाजिक विकास को राष्ट्रीय प्राथमिकता की श्रेणी वाला कार्य मानने की उनकी प्रतिबद्धता और समान हितों वाले देशों की पहचान करना इन देशों के लक्ष्य थे। विकास संचार सिद्धांतकारों की प्रमुख चिंता गरीबी उन्मूलन, जनसंख्या नियंत्रण, साक्षरता, रोजगार, आदि के विकास कार्यक्रमों में संचार माध्यमों का इस्तेमाल करने के तरीके ढूँढ़ना था। इस सिद्धांत की सफलता सरकारों पर निर्भर करती है क्योंकि वही विधाई नीतियों की मदद से संचार माध्यमों की स्वतंत्रता या उन पर नियंत्रण लगा सकती हैं।

संचार माध्यम सूचनाओं के प्रसार, लोगों को मुख्य मुद्दों के बारे में शिक्षित करने और उनके मनोरंजन करने के शक्तिशाली औजार हैं। संचार माध्यमों की लोगों को प्रभावित करने की इसी क्षमता की वजह से कई बार सरकारें सेंसरशिप जैसे काले कानून लाकर इन पर नियंत्रण करना चाहती हैं।

प्रश्न 3. जनमत के निर्माण तथा अभिव्यक्ति के साधनों की व्याख्या कीजिए।

उत्तर– *जनमत के निर्माण एवं अभिव्यक्ति के साधन निम्नलिखित हैं–*

(1) **राजनीतिक साहित्य**–प्रत्येक देश में सैद्धांतिक और व्यवहारिक राजनीति की अनेक पत्र–पत्रिकाएँ होती हैं, जिसका जनता की इच्छा एवं विचार पर काफी प्रभाव पड़ता है। दूरदर्शन, सिनेमा एवं नई संचार प्रौद्योगिकी, इनके माध्यम से व्यक्ति का न सिर्फ मनोरंजन होता है, बल्कि विभिन्न समाचार तथा सामाजिक, आर्थिक, राजनीतिक एवं सांस्कृतिक मसलों पर विभिन्न विशेषज्ञों द्वारा महत्त्वपूर्ण जानकारी दी जाती है, जो एक तरह से समस्याओं की वास्तविक स्थिति का ज्ञान कराती हैं और समस्याओं के प्रति जागरूकता उत्पन्न करके जनमत के निर्माण में सहायक होती है।

वर्तमान समय श्रव्य के स्थान पर दृश्य एवं श्रव्य–दृश्य का अधिक प्रयोग हो रहा है इससे लोगों की रुचि बहुत बढ़ जाती है जनमत का निर्माण भी आसानी से होता है।

(2) **सार्वजनिक सभाएँ**–सार्वजनिक सभाओं में वाद–विवाद होता है तथा सरकारी नीतियों, सार्वजनिक प्रश्नों और कठिनाइयों पर विचार–विमर्श होता है। सभाओं में सरकार विभिन्न दलों तथा संगठनों के प्रतिनिधि अपने विचारों को जनसमूह के समक्ष रखते हैं। फलतः जनता में राजनीतिक चेतना का विस्तार होता है, उनका राजनीतिक प्रशिक्षण होता है और जनमत का निर्माण होता है।

संचार माध्यम और जन नीतियाँ

(3) समाचार-पत्र—यह जनमत के निर्माण का सर्वप्रमुख साधन है। समाचार-पत्र देश-विदेश के समाचार जनता तक पहुँचाते हैं। वे संपादकीय तथा आलोचनात्मक लेखों द्वारा जनमत को प्रभावित करते हैं। विभिन्न प्रकार के समाचारों, वक्तव्यों एवं लेखों को प्रकाशित कर समाचार-पत्र जनमत को एक निश्चित दिशा प्रदान करते हैं। वे जनता एवं सरकार के बीच एक कड़ी का कार्य करते हैं। वे जनता की बात सरकार तक पहुँचाते हैं और सरकार की कार्यवाही की सूचना जनता को देते हैं। इस प्रकार समाचार-पत्र जनता में राजनीतिक चेतना उत्पन्न करते हैं।

(4) धार्मिक एवं सांस्कृतिक संस्थाएँ—जनता की विचारधारा के निर्माण में धार्मिक एवं सांस्कृतिक संस्थाओं का प्रबल प्रभाव पड़ता है। धर्म मानव-जीवन का विशिष्ट पहलू है। इसका मनुष्य के जीवन पर व्यापक प्रभाव पड़ता है। अतः धार्मिक संगठन, सामाजिक, आर्थिक और राजनीतिक धारणाओं को संचालित एवं संगठित करते हैं। सांस्कृतिक संगठनों के साथ विचार-विमर्श एवं विभिन्न पर विचार के आदान-प्रदान से सार्वजनिक चेतना उत्पन्न करते हैं।

(5) राजनीतिक दल—जनमत के निर्माण तथा अभिव्यक्ति के साधनों में राजनीतिक दल सर्वप्रमुख साधन हैं, क्योंकि राजनीतिक दल अपने स्वार्थों के समर्थन के लिए लोकमत को आकर्षित करने के उद्देश्य से विस्तृत विचार-विमर्श करते हैं। अपने दृष्टिकोण के अनुकूल समाचार-पत्रों एवं पत्रिकाओं के अतिरिक्त वे दल के मंच, पाठ्यपुस्तकों तथा प्रलेखों, विज्ञापन पत्रों एवं अन्य विभिन्न रूपों में करते हैं और इस प्रकार जनता के समक्ष राजनीतिक समस्याओं के विभिन्न पहलुओं को रखते हैं और जनता की रक्षा को स्पष्ट तथा संगठित रूप देते हैं।

(6) अफवाहें—जनता के बीच विचारों का प्रभाव डालने तथा उसको एक निश्चित दिशा में मोड़ने में अफवाहों का बहुत हाथ होता है, जिससे जनमत एक रूप ग्रहण करता है।

(7) निर्वाचन—निर्वाचन के समय विभिन्न विरोधी विचारों की अभिव्यक्ति होती है। विभिन्न राजनीतिक दल अपनी नीतियों, उद्देश्यों और उपक्रमों को जनता के समक्ष रखते हैं और देश में विभिन्न राजनीतिक विचारधाराएँ प्रवाहित होने लगती हैं, जिसमें जनता किसी सार्वजनिक मसले पर अपने विचार निर्धारित करती है।

(8) शिक्षण संस्थाएँ—विश्वविद्यालय, महाविद्यालय, विद्यालय, साहित्य-समाज, अध्ययन मंडल इत्यादि शिक्षण संस्थाएँ प्रत्यक्ष रूप से जनमत के निर्माण में अपना योगदान देती हैं।

16

हित समूह एवं नीति निर्माण

प्रश्न 1. हित समूह की परिभाषा कीजिए। सरकार के हित समूह सिद्धांत की व्याख्या कीजिए।

उत्तर– कुछ लेखकों के अनुसार, 'दबाव गुट' से यह ध्वनि निकलती है कि विभिन्न संघ व समुदाय अपने हितों की पूर्ति के लिए अनुचित साधनों का प्रयोग करते हैं और सरकार पर लगातार दबाव डालते रहते हैं। इसलिए ये लेखक 'दबाव गुट' (Pressure Group) के स्थान पर 'हित–समूह' (Interest Group) कहना ज्यादा पसंद करते हैं। **एस.ई. फाइनर** ने 'दबाव गुटों' के लिए 'लाबी' (lobby) शब्द का प्रयोग किया है, पर साथ ही उसने यह भी कहा है कि "इस क्षेत्र में सर्वाधिक प्रचलित शब्द 'दबाव गुट' या 'हित–समूह' है।" वास्तव में, राजनीति के अधिकांश विद्वान–जीन ब्लोण्डेल, रॉबर्ट बोन और माइरन वीनर–इस विभिन्न शब्दों का एक–दूसरे के स्थान पर प्रयोग करने लगे हैं। 'हित समूह' अथवा 'दबाव गुट' की कुछ महत्त्वपूर्ण परिभाषाएँ इस प्रकार हैं–

1. **एच. जीगलर (H. Zeigler)** के शब्दों में, "दबाव गुट उस 'संगठित समूह' को कहते हैं जो अपने सदस्यों को सरकारी जगहों पर बैठाने के बजाए सरकारी निर्णयों को प्रभावित करने की कोशिश करता है।" दूसरे शब्दों में, दबाव गुट स्वयं सरकार नहीं बनाना चाहते, पर वे सरकारी नीतियों को बदलने का प्रयास अवश्य करते हैं।
2. **पीटर ओडीगार्ड (Peter Odegard)** के अनुसार, "दबाव गुट ऐसे व्यक्तियों का औपचारिक संगठन है जिसके एक या एक से अधिक उद्देश्य या हित हों और जो विभिन्न घटनाओं को इसलिए प्रभावित करने की कोशिश करे ताकि उसके अपने हितों की रक्षा और उन्नति हो सके।"
3. **मैकेंजी (McKenzie)** ने दबाव गुटों को इस प्रकार परिभाषित किया है, "वे संगठित समूह जिनकी बाकायदा एक संरचना (कार्यालय, कर्मचारी व अफसरशाही) होती है, जिसके सदस्यों के कुछ साझे हित होते हैं और जो सरकारी विभागों के निर्णयों को प्रभावित करते हैं।"

जोकि वर्तमान विश्व की जटिल वर्गीकृत स्थिति से संभव हुआ है, आज प्रत्येक राजनीतिक व्यवस्था में हित समूह अपनी विशिष्ट भूमिका का निर्वाह कर रहे हैं। शासन के लिए सूचनाएँ एकत्रित करने वाले संगठन के रूप में कार्यरत हैं। प्रत्येक देश में संविधानविद् इसके महत्त्व को स्वीकार करने लगे हैं तथा इस बात का समर्थन करते हैं कि समूहों के विकास के लिए

उपयुक्त सुविधाएँ प्रदान की जाएँ। इसके अनुसार समाज विभिन्न हितों का सुंदर नमूना है और इन हितों में आपस में अंतःक्रिया चलती रहती है। विभिन्न हित समूह सरकार से अपने आग्रह करते हैं और सरकार अपनी ओर से सामाजिक गुटों के हितों में समायोजना अथवा संतुलन स्थापित करने का कार्य करती है। इसका परिणाम यह होता है कि इसमें से हरेक मुख्य सामाजिक गुट विचारधारा अथवा राजनीति की विशिष्ट व्यवस्था के साथ अपने–आपको संबंधित करने की प्रवृत्ति की ओर अग्रसर होता है। इसमें संगठन की मात्राओं, नियंत्रण के प्रतिमानों और सदस्यों की प्रवाहशीलता से संबंधित मामलों पर भी प्रकाश डाला जाता है।

इसलिए आधुनिक संवैधानिक पद्धतियों के कार्यकरण में हित समूहों की उपेक्षा नहीं की जा सकती। राजनीति के समूह सिद्धांत के प्रवर्त्तक और आधुनिक बहुलवादी विचारधारा के समर्थक इस तथ्य पर बल देते हैं कि व्यक्ति और समूह में एक संबंध होता है, जिसके कारण 'व्यक्ति' तो 'सिर' के उत्तराधिकारी होते हैं, जबकि समूह वे अंग है जिन पर शरीर का आधार होता है। अगर आधुनिक लोकतांत्रिक पद्धति के लिए राजनीतिक दलों का अस्तित्व अपरिहार्य है, तो राजनीतिक व्यवस्था में हित समूहों की अपनी ही महत्ता है। राजनीति को राजनीतिक व्यवस्था के अंगों के बीच साधारण संबंध समझने की बजाय एक प्रक्रिया समझकर व्यक्ति और सामूहिक राजनीतिक सहभागिता के बीच विरोध की आशंका से बचा जा सकता है। परस्पर विरोधी हितों की संवीक्षा करना या खत्म करना अक्लमंदी का कार्य नहीं है, बल्कि कार्य तो यह रहता है कि अक्सर विरोधी विशेष हितों में से सार्वजनिक हितों को निथारा जाए, जो पूर्ण में से अंश होता है। किसी राजनीतिक समाज में हित समूह आधुनिक प्रतिनिधि प्रणाली के जीवन के भागीदार बनते हैं। सत्ता व्यक्ति को भ्रष्ट बनाती है और सत्ता ही सत्ता पर नियंत्रण रखती है। इस प्रकार हित समूह सत्ता के मनमाने उपयोग पर शक्तिशाली नियंत्रण पर कार्य करते हैं, क्योंकि वे अपनी सत्ता के अंश का दुरुपयोग कर सकते हैं, इसलिए आवश्यक है कि विभिन्न समूहों को एक–दूसरे पर नियंत्रक के रूप में कार्य करने दिया जाए ताकि नियंत्रण और संतुलन की पद्धति न केवल स्थापित हो बल्कि उसे जीवित भी रखा जा सके। **वर्नी (Verney)** ने लिखा है, "हित समूह शब्द इस बात का सुझाव देता है कि जनता की अपेक्षा बाह्य हितों को अधिक तरजीह दी जा रही है, लेकिन यह भी सही है कि हित समूह सरकार को इस बात से रोकने की कोशिश करते हैं कि वह असंगठित लोगों पर अनुचित भार आरोपित न करती जाए। साथ ही जब दलीय कार्यक्रम आवश्यकतानुसार सामान्य बनाने का प्रयास करते हैं, वहीं हित समूह की नीतियों और प्रस्तावों को आवश्यकतानुसार सामान्य बनाने का प्रयास किया जा सकता है।" दूसरे राजनीति सत्ता के लिए संघर्ष है जो विरोध और तनाव उत्पन्न करती है और फिर उनके समाधान और समायोजन उन्हें खोजकर प्रस्तुत करती है।

इस प्रकार एक प्रकार से हित समूह जनसाधारण और विशिष्ट जनों (Masses and Elite) के बीच कड़ी एवं संचार का साधन है। ये बढ़ती हुई हिस्सेदारी (Participation) के लिए अवसर प्रदान करते हैं। एक असंवेदनशील राजनीतिक व्यवस्था के विकास में ये एक

महत्त्वपूर्ण तत्त्व हैं, क्योंकि ये समाज में व्याप्त राजनीतिक वातावरण को दर्शाने वाले यंत्र हैं जिसका नीति–निर्धारक वातावरण एवं उसकी आवश्यकता को समझने के लिए उपयोग कर सकते हैं। जहाँ हित समूह अपने हितों की रक्षा और दावों की स्वीकृति के लिए समाज से माँग करते हैं, वहाँ यही हित समूह इन माँगों को सीमित भी करते हैं और अपने सदस्यों में चेतना व जागृति उत्पन्न करके राजनीति में उनको भाग लेने के लिए प्रोत्साहित करने के लोकतांत्रिक दायित्व को निभाते हैं। हित समूह नेतृत्व के भंडार भी माने जा सकते हैं और ये सामाजिक एकता बनाने में महत्त्वपूर्ण योगदान देते हैं। व्यक्तियों को पुराने संकुचित दायरे से बाहर निकाल कर सामान्य हितों को प्रकट करने के लिए उन्हें आधुनिक और नए संगठनों में लाकर ये समूह न केवल जनसाधारण एवं विशिष्ट वर्ग के बीच की खाई को पाटते हैं, बल्कि समाज में विभिन्न परंपरागत वर्गों को जोड़ने का भी कार्य करते हैं। इस प्रकार हित समूह क्षैतिज तथा ऊर्ध्वाधर (Vertical) दोनों ही स्तरों पर एकता कायम करते हैं।

प्रश्न 2. लोकतंत्र की कार्यप्रणाली में राजनैतिक दलों की तुलना में हित समूहों को कैसे महत्त्व मिला? [Dec 2008, Q. 7.]

अथवा

दबाव समूह और राजनीतिक दलों के बीच भेद पर टिप्पणी कीजिए। [Dec 2009, Q. 5. (b)]

उत्तर– हित समूह जिन्हें दबाव समूह भी कहा जाता है तथा राजनीति में ये एक निर्णायक भूमिका निभाते हैं। एलेन वाल ने कहा है कि सामान्यतया हित समूहों के हितों में राजनीतिक दलों की भी रुचि होती है। इसके अतिरिक्त कुछ दल विभिन्न समूहों से ही मिलकर बनते हैं। ब्रिटेन के श्रमिक दल के बारे में कहा जाता है कि इसका निर्माण अनेक श्रमिक संगठनों के संयुक्त संघ के रूप में हुआ था। भारत की स्वतंत्र पार्टी भी ऐसा ही उदाहरण है। हित समूह सही अर्थों में राजनीतिक दलों के माध्यम से ही हर स्तर पर राजनीतिक प्रक्रिया से संबंध सूत्र स्थापित कर पाते हैं। राजनीतिक दल एवं हित समूहों में पारस्परिक अंतःसंबंध एवं अंतःनिर्भरता दिखाई पड़ती है। राजनीतिक दल हित समूहों से निर्वाचन के समय जो सहयोग प्राप्त करते हैं, उसके कारण दोनों में पारस्परिक घनिष्ठता स्थापित हो जाती है, लेकिन हित समूहों एवं राजनीतिक दलों में पारस्परिक समानता होते हुए भी अनेक अंतर दृष्टिगोचर होते हैं, जो इस प्रकार से हैं–

(1) हित समूह राजनीतिक दलों की तरह निर्वाचन के लिए अपने उम्मीदवार खड़े नहीं करते। अतः उनका कोई चुनाव क्षेत्र नहीं होता, परंतु राजनीतिक दल निर्वाचनों में सर्वाधिक सक्रिय भूमिका निर्वाह करते हैं। वे अपने प्रत्याशी चुनाव मैदान में खड़े करते हैं तथा अधिकाधिक स्थानों पर विजय प्राप्ति हेतु प्रयत्नशील रहते हैं। इस संबंध में कर्टिस का कथन है, "आवश्यक रूप से दल का अभिप्राय लोगों के ऐसे समूह से है,

जिनके कुछ समान विश्वास होते हैं, जिससे चुनाव में विजय प्राप्त करने के लिए समन्वित रूप से काम कर सकें। राजनीतिक सत्ता प्राप्त करें और फिर उसे अपने कब्जे में बनाए रखें। राजनीतिक दल का केंद्रीय लक्ष्य सत्ता प्राप्त करना है, चाहे वे अकेले हों या अन्य दलों की सहायता से।"

(2) हित समूह राजनीतिक प्रक्रिया का स्वयं भाग नहीं बनते, जबकि राजनीतिक दल राजनीतिक प्रक्रिया पर अधिकार प्राप्त करने का प्रयत्न करते हैं। इस प्रकार हित समूह राजनीतिक दल के नेता न होकर तमाशबीन ही रहते हैं। वे निर्णय प्रक्रिया को प्रभावित करने में ही रुचि रखते हैं, स्वयं निर्णय लेने वाले बनने का प्रयत्न नहीं करते। वे अपने हितों के अनुकूल विधि निर्माण कराने का प्रयास करते हैं और अपने हितों के प्रतिकूल निर्मित विधियों का तीव्र विरोध करते हैं।

(3) राजनीतिक दल सदैव निर्वाचन की स्थिति में या निर्वाचन न होने पर भी सक्रिय दिखाई देते हैं। उनमें दलीय अनुशासन की अनिवार्यता होती है, लेकिन हित समूह अपने हितों की आवश्यकता के अनुसार सक्रिय भूमिका का निर्वाह करते हैं और आवश्यकता न होने पर निष्क्रिय बने रहते हैं तथा हित समूह में अनुशासन भी आवश्यक नहीं है।

(4) हित समूह एक या अधिक हितों का प्रतिनिधित्व करते हुए सरकार पर प्रभाव डालते हैं। न्यूमेन के अनुसार राजनीतिक दल सत्ता प्राप्त करके नीति-निर्धारण का कार्य करना चाहते हैं। राजनीतिक दल में अनेक हित समूह सम्मिलित होते हैं। इस प्रकार राजनीतिक दल समाज में एकीकरण का महत्त्वपूर्ण कार्य करते हैं।

हित समूह एवं राजनीतिक दलों में इन अंतरों के उपरांत भी यह अर्थ नहीं कि दोनों समानताएँ नहीं रखते। वास्तव में वे एक-दूसरे के विरोधी न होकर सहायक व पूरक होते हैं। हित समूह अपने हितों की ओर दलों का अर्थात् नीति-निर्माताओं का ध्यान आकर्षित करके उनसे इस दिशा में सहयोग प्राप्त करते हैं।

प्रायः यह कहा जाता है कि जब हित समूह अत्यधिक संगठित और प्रभावशाली रूप में व्याप्त रहते हैं, तो राजनीतिक दल उनके प्रभाव एवं संगठन की तुलना में कमजोर पड़ जाते हैं और जहाँ राजनीतिक दल विशेष रूप से संगठित एवं सबल होते हैं वहाँ हित समूह पिछड़ जाते हैं। **हरमन फाइनर** का यह कथन पश्चिमी लोकतांत्रिक व्यवस्था में सही साबित होता है लेकिन विकासशील राजनीतिक व्यवस्था में अभी दलों एवं हित समूहों का सुदृढ़ संगठन नहीं बन पाया है। अतः इन व्यवस्थाओं में दोनों में विशेष अंतर नहीं किया जा सकता क्योंकि इन व्यवस्थाओं में अनेक दल तो मुख्यतः चुनाव की अवधि में ही अस्तित्व में रहते हैं और बाद में हित समूह की भाँति निष्प्रभावी बन जाते हैं।

(5) हित समूहों की तुलना में राजनीतिक दल का कार्यक्षेत्र वृहद् होता है, जो समाज के सामान्य हितों का प्रतिनिधित्व करते हैं। हित समूह किसी एक अथवा कुछ हितों को लेकर चलते हैं तथा इनका कार्यक्षेत्र विशिष्ट व संकीर्ण होता है, जबकि राजनीतिक दलों का कार्यक्षेत्र बहुमुखी और विस्तृत होता है, क्योंकि उन्हें करोड़ों मतदाताओं का समर्थन प्राप्त करना होता है तथा एक विशाल व जटिल कार्यक्रम के आधार पर विभिन्न समस्याओं से जुड़ना पड़ता है।

(6) राजनीतिक दलों में संगठन की अनिवार्यता देखने को मिलती है तथा अपने उद्देश्य प्राप्ति के लिए केवल संवैधानिक साधनों का ही प्रयोग करते हैं, जबकि हित समूह संगठित व असंगठित दोनों रूपों में देखने को मिलते हैं तथा अपने हितों की सुरक्षा एवं अभिवृद्धि के लिए संवैधानिक व असंवैधानिक सभी तरह के उपायों को अपनाते हैं।

(7) हित समूहों की सदस्यता परस्पर व्यापी होती है अर्थात् एक व्यक्ति एक ही समय में एक से अधिक हित समूहों का सदस्य बन सकता है, जबकि राजनीतिक दलों की सदस्यता अनन्य होती है। एक व्यक्ति एक समय में केवल एक ही राजनीतिक दल का सदस्य रह सकता है।

प्रश्न 3. भारतीय लोकतंत्र में हित समूहों की विशेषताओं को स्पष्ट कीजिए।

[Dec 2008, Q. 7.]

अथवा

लोकतंत्र और दवाब समूह पर एक टिप्पणी प्रस्तुत कीजिए।

[June 2009, Q. 5. (b)]

उत्तर– हित समूहों की मुख्य विशेषताओं के संबंध में **यंग** ने लिखा है, हित समूहों को संक्रियता के समुच्चय न कि व्यक्तियों के समूहों के रूप में और स्थैतिक रूप की अपेक्षा प्रतिनिधित्व प्रक्रिया के रूप में देखा जा सकता है। ऑल्सन ने उनके राजनैतिक चुनाव क्षेत्र के आधार पर हित समूहों की तीन श्रेणियों का वर्णन किया है–विशेषाधिकारयुक्त, मध्यवर्ती और गुप्त। एक विशेषाधिकारयुक्त समूह में एक सदस्य जो सार्वजनिक धन से निजी तौर पर पर्याप्त लाभ उठाता है, यदि आवश्यक हो तो वह स्वेच्छा से उसे दे सकता है। ऐसे समूह सामान्यतः छोटे होते हैं परंतु ऐसा सदैव नहीं होता। यह एक ऐसा उद्योग हो सकता है जिसे शुल्क से लाभ प्राप्त होता है जैसे–रिलायंस अथवा कोई ट्रेड यूनियन हो सकती है जो किसी राजनैतिक दल का हिस्सा हो जैसे ऑल इंडिया ट्रेड यूनियन कांग्रेस अथवा भारतीय राष्ट्रीय ट्रेड यूनियन कांग्रेस। यह कोई व्यावसायिक समूह भी हो सकता है जैसे मजदूर किसान संघर्ष समिति अथवा शुगर मिल मालिक संघ। मध्यवर्ती समूह विशेषाधिकार प्राप्त नहीं होते परंतु एक दूसरे के प्रति व्यवहार में परस्पर समझ के साथ सामूहिक कार्य करते हैं जैसे शिक्षक संघ, जो प्रारंभिक, उच्चतर माध्यमिक विद्यालय स्तर से महाविद्यालय तथा विश्वविद्यालय शिक्षक संघ

तक, जोकि अपने सीमित क्षेत्र तथा कम भागीदारीपूर्ण ढंग से कार्य कर रहे हैं। ऑल्सन का मानना है कि सामूहिक कार्य धमकियों, वादों तथा सशर्त सहयोग द्वारा सुनिश्चित किए जाते हैं। हित समूहों का तीसरा समूह न तो विशेषाधिकार प्राप्त अथवा मध्यवर्ती लोग होते हैं अपितु इनका अस्तित्व लगभग न के बराबर होता है। ऑल्सन ने इसे "अंतर्निहित" समूह का नाम दिया है क्योंकि समूह के हित विशिष्ट तथा महत्त्वपूर्ण होते हुए भी एक समूह में समेकित नहीं हो पाते। इसमें बेरोजगार लोगों का समूह, उपभोक्ता संघ अथवा वरिष्ठ नागरिक समूह जैसे ऐज केयर अथवा हेल्पेज इंडिया। इनमें पीपल फॉर एनीमल्स जैसे समूह भी शामिल हैं। इस प्रकार के हित समूह अपने सदस्यों को कुछ लाभ पहुँचा सकते हैं तथा इस प्रकार से उन लाभों पर रोक लगाई जा सकती है जो केवल सदस्यों को उपलब्ध कराए जाते हैं। मैक्लीन ने हित समूहों को एक अन्य रूप में वर्गीकरण किया है—उत्पादक समूह, उपभोक्ता समूह तथा परमार्थवादी समूह। इनमें से उत्पादक समूहों की प्रथम श्रेणी सर्वाधिक सशक्त होती है क्योंकि उनके हाथ में उत्पादन की शक्तियों का नियंत्रण रहता है जिन्हें बाजार से हटा लेने पर लोगों के लिए प्रमुख समस्या खड़ी हो सकती है। इनमें फैक्टरी मालिक, ट्रेड यूनियन तथा किसान शामिल हैं। यदि वे अपने उत्पाद को बाजार से हटा लेते हैं जो किसी न किसी रूप में भौतिक जिन्स होती है जैसे उत्पादित पदार्थ श्रम, जो सरकार पर भारी दबाव ला सकती है। दूसरा समूह पहले समूह की अपेक्षा कमजोर होता है क्योंकि उपभोक्ता बाजार में ऐसा कुछ नहीं हटा सकते जिन पर पूरी तरह नियंत्रण हो। परमार्थवादी समूह और भी कमजोर होते हैं क्योंकि उनमें न तो स्वहित की इच्छा होती है और न ही किसी भौतिक उत्पादन का नियंत्रण उनके हाथ में होता है। इस प्रकार से मैक्लीन (1987:64) ने पाया है कि ऐसे समूह को ऑल्सन के "अंतर्निहित" अथवा कुछ मध्यवर्ती समूहों में भी रखा जा सकता है। मैक्लीन के उत्पादक समूह ऑल्सन की किसी श्रेणी के अंतर्गत आ सकते हैं। अनुभव के आधार पर पाया गया है कि किसी उत्पादक समूह में जितने कम सदस्य होंगे, उतना ही वह समूह अधिक विशेषाधिकार प्राप्त तथा संगठित होगा।

प्रश्न 4. दबाव समूहों के विभिन्न प्रकार तथा गुण व दोष का विवरण दीजिए।

उत्तर— दबाव समूहों में कई प्रकार के भेद होते हैं। वे स्थायी तथा अस्थायी, आकार में बड़े व छोटे, शक्तिशाली या कमजोर हो सकते हैं। अन्य आधार पर उन्हें आर्थिक तथा अन्य कई बड़े समूह में विभाजित किया जा सकता है। अखिल भारतीय ट्रेड यूनियन कांग्रेस, फेडरेशन ऑफ चेम्बर्स ऑफ कामर्स, किसान सभा आदि आर्थिक हित समूह हैं। डॉक्टरों, शिक्षकों, वकीलों, विद्यार्थियों आदि के संघ अधिकांशतः आर्थिक नहीं हैं। ब्रिटेन व भारत में दबाव व हित समूहों की काफी बड़ी संख्या है; किंतु संयुक्त राज्य अमरीका में उनकी संख्या 3 लाख से भी ऊपर है और वे इतने प्रकार के हैं कि उनका वर्गीकरण करना भी कठिन है। आर्थिक तथा अन्य समूह प्रत्यक्ष अथवा अप्रत्यक्ष रूप से राजनीतिक कार्यों में दिलचस्पी लेते

हैं, इसी कारण उन्हें दबाव समूह कहना अधिक उपयुक्त है। उनमें से कुछ किसी विचारधारा के मानने वाले अथवा समर्थक (idea groups) हैं; ये किसी राजनीतिक दर्शन या कार्यक्रम का अनुमोदन करते हैं। इनके विपरीत आर्थिक समूह अपने हित साधन के लिये कानून बनवाने, उनमें परिवर्तन कराने आदि कार्यों में लगे रहते हैं।

दबाव समूहों के गुण व दोष—पूँजीवादी और प्रजातंत्रात्मक समाज में ऐसे समूहों का होना स्वाभाविक है। वे अपने हितों को आगे बढ़ाने के लिये संगठित होते हैं। इन समूहों के संगठन होते हैं जो उपयोगी सूचना व आँकड़े एकत्रित करते है और प्रचार कार्य भी करते हैं। उनमें से कुछ संगठन तो विशेषज्ञों को रखते हैं और उपयोगी साहित्य का प्रकाशन करते हैं। विधायकों और प्रशासकों को भी संगठित समूहों के प्रतिनिधियों से मंत्रणा या परामर्श करने में सुविधा होती है। परंतु दबाव समूहों के कारण कई दोष भी पैदा होते हैं। हित समूहों के कारण विभिन्न समूहों के बीच हितों का संघर्ष चलता है और कभी-कभी उनके वर्गीय हितों से सामान्य हितों को भी हानि पहुँचने का खतरा रहता है। चूँकि इन समूहों के साधन अलग-अलग होते हैं और उनकी सदस्य संख्या भी बड़ी या छोटी होती हैं; इस कारण से अधिक शक्तिशाली और साधनयुक्त समूह अधिक दबाव या प्रभाव डालने में सफल हो जाते हैं, जो कभी-कभी अनुचित भी हो सकता है।

17 भारत में अभेदवाद की राजनीति (जाति, धर्म, भाषा तथा संरचना)

प्रश्न 1. अभेदवाद की राजनीति क्या है तथा भारतीय राजनीति में भाषा की भूमिका की विवेचना कीजिए।

उत्तर– अभेदवाद की राजनीति से तात्पर्य "किन्हीं विशेष सामाजिक समूहों के सदस्यों के अन्याय से संबंधित सामान्य अनुभवों से उत्पन्न व्यापक राजनैतिक कार्यकलापों तथा इसके सिद्धांतों से है।" अतः राजनैतिक कार्यकलाप का अर्थ उन राजनैतिक परियोजनाओं से है जिनके अंतर्गत "आत्मतत्व" को निर्धारित करने वाली विशेषताओं जैसे–संजातीयता, लिंग, लैंगिक अभिरुचि, जातीय स्थिति इत्यादि के भेदों के आधार पर हाशिए पर रखे गए समूहों को "बहिष्करण तथा निंदा से उबारने" के प्रयासों पर बल दिया गया है। इसके अनुसार अभेदवाद की राजनीति में उन सामाजिक समूहों के सशक्तीकरण, प्रतिनिधित्व तथा अन्य समूहों से उनकी अलग पहचान बनाने वाले तथा अलग करने वाले कारकों पर बल देते हुए उनके माध्यम से आत्मतत्व तथा भेद पर आधारित न कि समानता पर आधारित अभेद का प्रयास किया गया है। तुलनात्मक दृष्टि से अध्ययन करने पर इसका अर्थ यह हुआ कि अभेदवाद की राजनीति की विशेषताएँ निश्चित रूप से वे मार्कर हैं जो किसी परिभाषात्मक मूल तत्त्व वाले समुच्चय के इर्द–गिर्द सामाजिक समूहों की पहचान सुनिश्चित करते हैं। ये मार्कर वृत्तिभाषा, लक्षणा, प्ररूप तथा शैक्षिक साहित्य में स्थापित और सकारात्मक विभेदन अथवा कार्रवाई द्वारा लागू भाषा, संस्कृति, संजातीयता, लिंग, लैंगिक अभिरुचियों, जातीय स्थितियों, धर्म, जनजाति, प्रजाति इत्यादि के हैं। अतः अभेदवाद की राजनीति के समर्थक किसी "तत्त्व" अथवा अन्यों को छोड़कर केवल समूह के सदस्यों की सामूहिक विशेषताओं को प्राथमिकता देते हैं तथा वे व्यक्ति विशेष के एकमात्र, आंतरिक, सुव्यवस्थित और निश्चित अभेद को स्वीकार करते हैं। ये अत्यंत अनिवार्य मार्कर उन संस्थागत मार्करों से भिन्न होते हैं जैसे श्रमिकों के मार्कर, जो किसी न किसी रूप में अभेद की राजनीति से जुड़े अत्यंत अनिवार्य प्राकृतिक हितों द्वारा परिभाषित लक्षणों से युक्त होते हैं। यद्यपि कई विद्वान यह तर्क दे सकते हैं कि "श्रमिक" एक वैध अधिकार प्राप्त अस्तित्व है तथा समूह के रूप में इसके आंदोलनों को अभेदवाद की राजनीति का नाम दिया जा सकता है परंतु राजनैतिक परियोजनाओं के समूह के रूप में अभेदवाद की राजनीति का संबंध संभवतः सार्वभौमिक विचारों अथवा कार्यसूची की अपेक्षा कुछ अनिवार्य, स्थानीय विशेष वर्गीकृत पहचान तत्त्वों से है। अभेदवाद की राजनीति के सहवर्ती लक्षणों में साँझा समुदाय की भावना को मूर्त रूप देने के लिए पौराणिक, सांस्कृतिक चिन्हों तथा सगोत्रता के

संबंधों को उपयोग में लाया जाता है तथा उसके बाद इन पहलुओं का राजनीतिकरण किया जाता है ताकि उन विशेष विशिष्टताओं की पहचान का दावा किया जा सके।

अभेद की राजनीति की सबसे जबरदस्त आलोचना इस आधार पर की जाती है कि इसे अक्सर उन्हीं मार्करों द्वारा चुनौती दी जाती है जिन्हें स्वयं अथवा समुदाय की विशिष्टता का आधार बनाकर पहचान दी जाती है।

दूसरे शब्दों में, समुदाय को कथित रूप से परिभाषित करने वाले मार्कर उस सीमा तक निर्धारित किए जाते हैं कि वे दृढ़ हो जाते हैं तथा समूह में ही अनिवार्यता की ऐसी प्रक्रिया आरंभ हो जाती है जो अक्सर समूह के भीतर तथा समूह के बिना आंतरिक विकल्पानुमान का मार्ग बंद कर देती है तथा स्वयं अवरोध और अवशोषण का नया रूप धारण कर लेते हैं।

अभेदवाद की राजनीति पर अध्ययन को बौद्धिक वैधता बीसवीं शताब्दी के उत्तरार्द्ध अर्थात् 1950 तथा 1960 के दशक के दौरान संयुक्त राज्य अमेरिका से मिली जब द्वितीय दौर के नारी अधिकारवादियों, ब्लैक सिविल राइट, समलैंगिक लोगों के आंदोलन तथा संयुक्त राज्य अमेरिका और विश्व के अन्य भागों के विविध देशी आंदोलनों को उनके संबंधित सामाजिक समूहों के प्रति हुए अन्याय के आधार पर उचित ठहराया जा रहा था और वैधता दी जा रही थी परंतु हेज जैसे विद्वानों ने इस तथ्य का उल्लेख किया है कि यद्यपि "अभेदवाद की राजनीति" का उल्लेख मैरी वॉलस्टोनक्राफ्ट से लेकर फ्रैंटज फैनन से पूर्व के विद्वानों के लेखन में है तथापि – अभेदवाद की राजनीति–इन शब्दों का वास्तविक रूप से उपयोग केवल पिछले 15 वर्षों में हुआ है।

भाषा—भाषा के फलस्वरूप जुड़े अभेदवाद संबंधी दावों का आरंभ कांग्रेस की स्वतंत्रता पूर्व की राजनीति से है जिसने स्वतंत्रता प्राप्ति के पश्चात् भाषा के आधार पर राज्यों के पुनर्गठन का विश्वास दिया था परंतु जे वी पी (जवाहरलाल नेहरू, वल्लभ भाई पटेल और पताभी सितारामैय्या) समिति का यह मानना था कि यदि सार्वजनिक भावना "आग्रहपूर्ण तथा अत्यधिक" है तो तत्कालीन मद्रास के तेलगुभाषी क्षेत्र से आंध्र प्रदेश के गठन को स्वीकृति दी जा सकती थी जिसका वर्णन माइकल ब्रेकर ने "भारतीय राजनीति में 1953 से 1956 के दौरान चले राज्यों के पुनर्गठन से संबंधित कटु संघर्ष का शुरुआती कदम था" परंतु यह विडम्बना रही कि भाषायी सामूहिकता के लिए अलग राज्यों के दावे 1956 में समाप्त नहीं हुए, यहाँ तक कि आज भी यह माँग भारतीय नेताओं के लिए चुनौती बनी हुई है परंतु समस्या यह रही है कि गठित किए गए अथवा राज्य की माँग करने वाले राज्यों में से कोई भी एकल–संजातीय नहीं है तथा कुछ में तो संख्या तथा राजनीति की दृष्टि से सशक्त अल्पसंख्यक भी हैं जिसके परिणामस्वरूप राज्यों के लिए माँग के कारण वर्तमान राज्यों की सीमाओं को खतरा जारी है तथा भाषायी राज्यों के बीच सीमा विवाद के संघर्ष चल रहे हैं। उदाहरण के तौर पर बेलगाँव जिले से संबंधित महाराष्ट्र तथा कर्नाटक के मध्य विवाद अथवा मणिपुर के कुछ भागों के लिए नागालैण्ड का दावा।

संपूर्ण देश के लिए एक समान भाषा नीति न होने के कारण भाषायी राज्यों की समस्या और जटिल हुई है। चूँकि प्रत्येक राज्य में प्रमुख क्षेत्रीय भाषा ही शिक्षा तथा सामाजिक संचार का माध्यम रहती है, अतः प्रत्येक की अपनी भाषा के प्रति लगाव तथा निष्ठा, अपनी भाषा के उद्‌गम राज्य के बाहर भी अभिव्यक्त हो जाती है। उदाहरणतया अपने उद्‌गम राज्य के बाहर भाषायी सांस्कृतिक तथा सामाजिक समूहों से अलग भाषायी समाज में एकता और सांप्रदायिक भावना सुदृढ़ की जा सकती है। अतः भाषा के आधार पर अभेद किया जाता है तथा "समूह" और "समूह के बाहर" की परिभाषा निर्धारित की जाती है।

यद्यपि यह आमतौर पर माना जाता है कि भाषायी राज्यों में विषम जातीय समाज में सामूहिक स्वतंत्रता तथा स्वायत्तता आती है, तथापि आलोचकों का मत है कि भाषायी राज्यों ने क्षेत्रवाद को बढ़ावा दिया है और देश में अभेद संबंधी दावों में तीव्र वृद्धि हुई है, जहाँ 1652 "मातृभाषाएँ" हैं तथा केवल 14 मान्यता प्राप्त भाषाएँ हैं जिनके आधार पर राज्य बने हैं। उनका तर्क है कि भाषायी समूहों की पहचान के परिणामस्वरूप राष्ट्रीय एकता तथा राष्ट्रीयता की भावना को बढ़ावा नहीं मिला तथा "मराठियों" के लिए महाराष्ट्र तथा गुजरातियों के लिए गुजरात इत्यादि की भावना के कारण भाषायी अविश्वास उत्पन्न हुआ है और आर्थिक तथा राजनैतिक लाभ को भाषायी दृष्टि से परिभाषित किया गया है।

प्रश्न 2. भारतीय राजनीति में धर्म तथा जाति की भूमिका पर टिप्पणी कीजिए। [Dec 2008, Q. 8.]

अथवा

भारत में धर्म आधारित राजनीति के विकास को रेखांकित कीजिए। [June 2009, Q. 9.][June 2010, Q. 9.]

उत्तर– *भारतीय राजनीति में जाति और धर्म एक अत्यंत महत्त्वपूर्ण भूमिका निभाते हैं*–

(1) जाति–जाति पर आधारित विभेद भारतीय समाज का दोषपूर्ण गुण रहा है तथा स्वतंत्रता के बाद राजनीति के साथ इसके जुड़ने से न केवल शोषित जातीय समूहों को राजनैतिक स्वतंत्रता एवं मान्यता दी जा सकी, वरन् राजनैतिक पूँजी के रूप में इसकी प्रभावकारिता के प्रति सजगता आई। कुछ विद्वानों ने अम्बेडकर एवं मंडल कमीशन की जाति के बारे में धारणा में अंतर करते हुए उसके विरोधाभास को काफी अच्छे ढंग से दिखाया है। डॉ. अम्बेडकर ने भारतीय सामाजिक जीवन तथा शासन प्रणाली से अस्पृश्यता को खत्म करने का विशेषाधिकार या संरक्षित भेदभाव की नीति तैयार की, जबकि मंडल आयोग ने जाति को महत्त्वपूर्ण माना है। वस्तुतः मंडल आयोग की जाति पर आधारित समता को परिसंपत्ति के रूप में परिवर्तित करने के पीछे बौद्धिक प्रेरणा माना जा सकता है, जिसका प्रयोग राजनैतिक एवं आर्थिक लाभ प्राप्त करने के लिए किया जा सके। इसके अनुसार यह पहले से ही प्रबल स्थिति के कारण उच्च जातियाँ राजनीतिक और आर्थिक प्रणाली में प्रभावी स्थानों पर थीं तथा जब

मंडल आयोग ने जातीय समता की हानि की पहचान करते हुए इनके लाभ का दलितों को ज्ञान कराया, तब से संघर्ष जारी है। शुद्धता व अशुद्धता, अधिक्रम एवं विभेद पर अवस्थिति जाति प्रथा सामाजिक सजगता के बावजूद शूद्रों एवं जाति बहिष्कृतों के लिए विनाशकारी सिद्ध हुई है, जिन्हें आनुष्ठानिक अशुद्धता का धब्बा झेलना पड़ा है। वे निर्धनता एवं निरक्षरता की कैद में रहे तथा उन्हें राजनीतिक शक्तियों से वंचित रखा गया। जाति पर आधारित विरोधी अभेदवाद की राजनीति का उद्गम संरक्षित विभाजन के रूप में शोषित जाति समूहों को राज्य द्वारा सहयोग देने के मुद्दों से जुड़ा। जाति पर अवस्थित समूह समतावाद को जाति समता से संबंधित राजनीतिक ज्ञान से समर्थन मिला तथा जाति सहित विशिष्ट अभेदों के हितों की रक्षा का दावा करने वाले राजनीतिक दल ने इसे संस्थागत बनाया। फलतः भारत में सवर्ण मुख्यतः भारतीय जनता पार्टी, दलित प्रधान बहुजन समाज पार्टी या समाजवादी पार्टी है। राजनीतिकरण का कुल मिलाकर यह अर्थ निकलता है कि हम यह कह सकते हैं कि जाति पर आधारित अभेदवाद की राजनीति की भारतीय समाज एवं शासन प्रणाली में दोहरी भूमिका है। इससे जाति पर अवस्थित भारतीय समाज में बहुत हद तक जनतंत्रीकरण के साथ-साथ वर्ग पर आधारित संस्थाओं के विकास पर विपरीत प्रभाव पड़ा।

कुल मिलाकर जाति भारतीय समाज का तथा राजनीति का प्रमुख नियंता बन गई और अब तक उपेक्षित जाति समूहों की संगठित राजनीति एवं जातीय संबंधों में प्राप्त हुई जानकारी से भारतीय राजनीति में महत्त्वपूर्ण परिवर्तन हुए हैं। जहाँ जाति वर्ग गठबंधन में बदलाव दिखाई पड़ता है, वहीं जाति अभेद के अनुसार इनकी एकजुटता के विशुद्ध प्रभाव के परिणामस्वरूप न केवल नए समूहों का सशक्तिकरण हुआ है, वरन् प्रतिरोधी राजनीति की सघनता में वृद्धि हुई है।

(2) **धर्म**–अभेदवाद द्वारा अपनाई राजनीति का एक अन्य स्वरूप धर्म के सम्मिलित संबंध के आधार संयोजित समुदाय द्वारा प्रभावित होता है। भारत में हिन्दू, इस्लाम, सिक्ख, इसाई इत्यादि कुछ धर्म को लोग मानते हैं। जनसंख्या की दृष्टि से हिन्दुओं की संख्या अधिक है, जिसके परिणामस्वरूप कई हिन्दू समर्थक समूहों यथा हिन्दू महासभा, राष्ट्रीय स्वयंसेवक संघ एवं राजनैतिक दलों, यथा भारतीय जनता पार्टी एवं शिवसेना के अनुसार हिन्दुओं की संख्या अधिक होने के कारण इसे हिन्दू राष्ट्र कहा जा सकता है। इनसे भारतीय इतिहास की मिथ्या धारण को बढ़ावा मिला है। इस मत का अन्य धार्मिक समूहों ने खंडन किया है, जिन्हें इस धर्म संबंधी मान्यता से अपने धार्मिक व सांस्कृतिक जीवन की स्वायत्तता को मिटने का जोखिम नजर आता है। इसके कारण विवाद हुए। फलतः कभी-कभी सांप्रदायिक दंगे भी हुए। धार्मिक आधार पर मान्यता का विभाजन करने वाली प्रक्रिया तुष्टिकरण सिद्धांत, बलात् धर्म-परिवर्तन, अल्पसंख्यक धार्मिक समूहों के सामान्यतः हिन्दू विरोधी तथा एक प्रकार से भारत विरोधी विचारों, बहुसंख्यक समूहों की प्रधान बनने की आकांक्षाओं तथा अल्पसंख्यक समूहों की सामाजिक-सांस्कृतिक दृष्टि से हिस्सेदार न बनाने पर आधारित प्रायः समर्थित

मिथ्या धारणाओं के कारण है। ऐतिहासिक दृष्टि से 19वीं सदी के हिन्दू नवजागरण आंदोलन को वह समय माना गया है, जब धर्म के आधार पर दो भिन्न-भिन्न संस्कृतियों के मध्य खाई का निर्माण हुआ। हिन्दू और मुस्लिम में देश-विभाजन के बाद यह खाई और अधिक गहरी हो गई। सांप्रदायिक विचारधारा के रूप में इस खाई का संस्थानीकरण किया गया जो भारत के धर्म-निरपेक्ष ढाँचे तथा लोकतांत्रिक शासन प्रणाली के लिए चुनौती बन गई। हाल के वर्षों में हिन्दू-मुस्लिम संघर्ष सांप्रदायिक विवाद रहे, वहीं हाल के वर्षों में हिन्दू-सिक्ख, हिन्दू-इसाई संघर्षों ने भी सांप्रदायिक बोध, सामाजिक-आर्थिक संसाधनों के लिए प्रतियोगिता तथा हिन्दू अवकथनवाद सांप्रदायिक विचारधाराओं के जन्म लेने का प्रमुख कारण है।

धर्म पर आधारित अभेदवाद न केवल अंतर्राष्ट्रीय संदर्भ में विवाद कारण बना, वरन् 1990 के दशक के प्रारंभ में यह भारतीय लोकतंत्र एवं धर्म-निरपेक्षता के लिए भी चुनौती बन गया। बहुसंख्यक अभिकथनात्मकता भारतीय जनता पार्टी द्वारा हिन्दू समूहों के साथ मिलकर हिन्दू बोध को सुदृढ़ करने के लिए राजनैतिक सहयोग एवं उसके द्वारा सरकार बनाने से यह संस्थागत बन गई, लेकिन सभी अभेदवादी प्रक्रियाओं की भाँति धार्मिक सांप्रदायिकता के अंतर्गत हम सब एक जैसे हैं, की भावना को जन्म देते हुए विशेष धर्म के अंदर आंतरिक मतभेदों को कम कर देना होता है और सहधर्मी हिन्दू अभेदवाद के अंदर जाति समूहों के बीच विवाद एवं इस्लाम के अंतर्गत भाषायी एवं शाखायी विवादों को स्थगित रखना पड़ता है, ताकि संक्षिप्त धार्मिक अभेदवाद की प्रक्रिया बन सके।

स्वतंत्र भारत में अल्पसंख्यकों द्वारा स्वयं को समाज में प्रबल सिद्ध करने की वजह से अल्पसंख्यक धर्म में प्रगाढ़ रूप से विरोधाभास ने जन्म लिया। फलतः विवादपूर्ण राजनीति का उदय हुआ, जिससे भारत में नागरिक समाज के समन्वयात्मक पहलुओं की उपेक्षा हुई।

18 नागरिक समाज : सामाजिक आंदोलन, गैर–सरकारी संगठन और स्वैच्छिक कार्य

प्रश्न 1. भारतीय समाज में नए सामाजिक आंदोलन का वर्णन कीजिए।

[Dec 2009, Q. 10. (b)]

उत्तर– मनुष्य के स्वभाव की प्रकृति ने उसे सामाजिक जीवन व्यतीत करने के लिए प्रेरित किया, लेकिन जैसे–जैसे उसका सामाजिक जीवन जटिल होता गया वैसे–वैसे परिस्थिति बदलती गई उसके विचार भी बदल गए इस प्रकार भारतीय समाज के वर्तमान काल में ऐसी अनेक घटनाएँ हो रही हैं जो संगठित भी हैं और असंगठित भी। अतः ऐसी स्थिति में यह स्पष्ट रूप से समझना आवश्यक है कि इनमें से किसे आंदोलन कहा जाए और किसे नहीं। किसी भी सामूहिक कार्यवाही को आंदोलन के रूप में तभी परिभाषित किया जाता है जब वह दीर्घकालिक हो और वह केवल छुटपुट, स्वतः उत्पन्न तथा अलग–अलग घटना न हो। साथ ही ऐसी घटना किसी न किसी रूप में संगठित होनी चाहिए। किसी जनसमुदाय का केवल क्रियाशील होना ही आंदोलन नहीं माना जा सकता। इस प्रकार भारत में विरोधी आंदोलनों और सामाजिक आंदोलनों में अंतर करना आवश्यक हो जाता है। विरोधी आंदोलन की उत्पत्ति निषेधात्मक तत्त्वों से होती है, भले ही आंदोलन करने वालों को वास्तविक फल मिलता हो और समाज पर उसका सकारात्मक प्रभाव पड़ता हो। सामाजिक आंदोलन का उद्देश्य वर्तमान के प्रति गहन असंतोष की भावना व्यक्त करने के साथ–साथ समाज का पुनर्निर्माण होता है, ताकि समाज सशक्त व समतावादी हो सके।

सामाजिक आंदोलनों में सर्वप्रथम 1950 के दशक में गाँधीवाद के तहत भूदान आंदोलन चला। भूदान आंदोलन का उद्देश्य था संपन्न जमींदारों से जमीन लेकर भूमि रहित किसानों में बाँटना। यह भूमि के पुनर्वितरण का हिंसारहित शांतिप्रिय तरीका था। यह कार्यक्रम उत्तर प्रदेश, गुजरात, महाराष्ट्र, मध्य प्रदेश इत्यादि राज्यों में चला।

1960 के दशक में भारतीय लोकतंत्र में बंगाल और बिहार में नक्सलवादी आंदोलन ने जोर पकड़ा। भूमि का समान वितरण व मजदूरी बढ़ाना इनका प्रमुख उद्देश्य था। भूमिहीन श्रमिक एवं महिलाओं का इसमें प्रमुख योगदान था।

उत्तराखण्ड में ग्रामीण महिलाओं ने एक पर्यावरणीय आंदोलन चलाया, जो 'चिपको आंदोलन' के नाम से प्रसिद्ध हुआ। इस आंदोलन द्वारा सरल पहाड़ी ग्रामीण महिलाओं ने स्थानीय, राष्ट्रीय एवं अंतर्राष्ट्रीय स्तर पर बहुत–से बुनियादी मुद्दों की ओर ध्यान खींचा। यह 1970 के दशक में गढ़वाल कुमायूँ इलाकों में फैला। इसने पर्यावरणीय महत्त्व बताते हुए

जंगलों को कटने से रोका। वे कहते थे कि जंगल हमारी माँ है। पहले हमें काटो, तब पेड़ को काटो। इसके परिणामस्वरूप सरकारी समितियाँ बनीं, अनुसंधान हुए और ऊपरी पहाड़ी इलाकों में जंगलों की कटाई पर रोक लगी।

पर्यावरणीय सुरक्षा का दूसरा बड़ा आंदोलन बड़े बाँधों का विरोध था। पिछले दो दशकों से टिहरी बाँध के निर्माण के खिलाफ विरोध चल रहा है। भगीरथी नदी पर बनाए जाने वाले इस बड़े बाँध से टिहरी नगर और 123 गाँव डूब जाएँगे। साथ में तमाम पर्यावरणीय संपत्ति और स्वपोषित स्थायी जीवन–शैली भी बलि चढ़ेगी। यहाँ के लोगों के विस्थापित होने से गरीबी बढ़ेगी।

इसी तरह नर्मदा बाँध विरोधी संघर्ष मध्य प्रदेश, महाराष्ट्र, गुजरात में सन् 1990 के दशक में फैला। 'नर्मदा बचाओ' समिति की नेता मेधा पाटेकर द्वारा चलाए गए आंदोलनों के परिणामस्वरूप बड़े–बड़े बाँध बनाने के मुद्दे पर काफी संवेदनशील होकर विचार किया जाता है।

एक आंदोलन अन्ना हजारे का है जिनकी माँग प्रशासनिक तंत्र में पारदर्शिता लाने की है। इससे सरकार पर सूचना का अधिकार लाने का दबाव बढ़ा है।

1970 के दशक में देश के कई भागों में महिलाओं ने शराबखोरी के खिलाफ आंदोलन छेड़ा। हरियाणा, आंध्र प्रदेश, तमिलनाडु, उत्तर प्रदेश एवं महाराष्ट्र में यह आंदोलन चला। महिलाओं का कहना था कि इससे परिवारों का वित्तीय संकट बढ़ता है, घरेलू हिंसा बढ़ती है। आंदोलन से कई राज्यों में शराबबंदी हुई, लेकिन फिर राजस्व घाटे को देखते हुए प्रतिबंध हटा लिया गया।

प्रश्न 2. भारतीय लोकतंत्र व्यवस्था में सामाजिक आंदोलन पर एक नोट प्रस्तुत कीजिए।

उत्तर— भारतीय लोकतांत्रिक व्यवस्था में सामाजिक आंदोलन पूँजीवाद और समाजवाद के बीच वैकल्पिक व्यवस्था की तलाश में है। यह स्पष्ट करती है कि सरकार भौतिक एवं सामाजिक क्षेत्र की जिम्मेवारी से बचकर नहीं रह सकती।

नए सामाजिक आंदोलन इस धारणा का प्रमाण हैं कि वे विकास संबंधी उस व्यवस्था को नहीं अपनाएँगे जिसमें वे सम्मिलित नहीं हैं या जिसमें उनकी हिस्सेदारी प्रतिबंधित है। वे लोकशक्ति के माध्यम से राज्य को प्रभावित करना चाहते हैं तथा मानवीय आधार पर विकास चाहते हैं तथापि इसके विश्लेषण देखने से यह स्पष्ट होता है कि इस आंदोलन में भीतरी मतभेदों व टकरावों के कारण काफी शक्ति बर्बाद होती है। कई बार एक–दूसरे को ठीक से न समझ पाने के कारण आंदोलन के बढ़ते संस्थागत ढाँचे से संघर्ष उत्पन्न हुए तथा निजी महत्त्वाकांक्षा के कारण आंदोलन विकृत हुआ।

इनका जन्म समाजों के संक्रमण काल की संस्कृतियों के मुख्य विरोधाभासों से होता है। सामाजिक आंदोलनों ने समता लाने में महत्त्वपूर्ण भूमिका निभाई है। पर्यावरणीय आंदोलनों में विश्वबंधुत्व की गूँज सुनाई देती है। इनमें धर्म, जाति, वर्ग, प्रजाति, श्रेणियों और जैविक एवं

अजैविक संसार का विभाजन नहीं है। इन सामाजिक आंदोलनों ने जन-आंदोलन के आधार के रूप में ऐसे मापदण्ड निर्धारित किए हैं, जिनसे भविष्य में आवाम की मूल समस्याओं से जुड़े आंदोलन हेतु समाधान ढूँढने में मदद मिलेगी।

वस्तुतः आज किसी भी आंदोलन की वास्तविक समस्या तेजतर्रार नेताओं का अभाव है। इसमें युवा नेताओं का योगदान न के बराबर होता है। सामाजिक आंदोलन भी इससे अछूता नहीं है। इसके बावजूद समय आने पर यह अपने महत्त्व का एहसास कराता है और कराएगा।

19 मानव विकास : स्वास्थ्य, शिक्षा और सामाजिक सुरक्षा

प्रश्न 1. मानव विकास से आप क्या समझते हैं? मानव विकास के विभिन्न अभिगम का वर्णन कीजिए।

अथवा

मानव विकास के अर्थ और मानकों का परीक्षण कीजिए। [June 2009, Q. 6.]

उत्तर– मानव विकास जनता की रुचियों को बढ़ाने की प्रक्रिया है। यह वृहद् दायरे वाली रुचियों का सर्वाधिक आलोचनात्मक पहलू स्वास्थ्य एवं लंबा जीवन, शिक्षा ग्रहण करना तथा जिंदगी जीने के लिए आवश्यक संसाधनों तक पहुँच होना है। अतिरिक्त रुचियों में राजनीतिक स्वतंत्रता, मानव अधिकार एवं व्यक्तिगत आत्म–सम्मान शामिल है। इसके अतिरिक्त रिपोर्ट में चर्चा की गई थी–विकास का लक्ष्य होना चाहिए जनता के लिए लाभकारी पर्यावरण ताकि वे अपनी पूरी क्षमताओं का विकास कर सकें एवं अपनी आवश्यकता एवं रुचियों के अनुरूप उत्पादक एवं सृजनात्मक जीवन के लिए युक्तियुक्त अवसर प्राप्त कर सकें। विकास में स्वास्थ्य एवं ज्ञान जैसी मानवीय क्षमता में वृद्धि पर ध्यान दिया जाना चाहिए तथा सामाजिक जीवन के सभी संभावित क्षेत्रों में इन क्षमताओं को प्राप्त करने में केंद्रित करना चाहिए।

मानव विकास के लिए मानव स्वतंत्रता एक सजीव खंड है। जनता को अपनी रुचियों को अभिव्यक्त करने की स्वतंत्रता को तथा मूलभूत आवश्यकता को पूरा करते हुए सहभागिता एवं गतिशील प्रक्रिया से रुचियों व प्रसन्नता के साथ मानव विकास करना है।

मानव विकास के अभिगम–बहुत से विद्वान और विचारकों में गत समय में विभिन्न समयों पर मानव विकास की धारणा बनाने और उसको परिभाषित करने के लिए विभिन्न अभिगम विकास करने का प्रयास किया गया है। उनमें से सर्वाधिक विवादित कुछ अभिगम निम्नलिखित हैं–

आय/सकल घरेलू उत्पाद अभिगम–"परमात्मा का वास्तविक नाम स्वर्ण है" अथवा "सर्वे गुण कंचनम् आश्रयन्ति।" किसी व्यक्ति अथवा राष्ट्र की दौलत अथवा आय केवल उसकी वांछित रुचियों की ही अच्छी सूचक नहीं अपितु स्वतंत्र और संभावनाओं की व्यापकता की पहचान है। दौलत किसी व्यक्ति की परिसंपत्ति ही नहीं है अपितु उसकी ऐसी व्यवस्था में पूर्णतः मौजदूगी भी दर्शाती है जहाँ होना उसके 'अस्तित्व का अवधारण' करता है। यह शायद सरलतम तथा किसी समय मानव विकास को मापने के लिए व्यापक रूप से प्रयुक्त अभिगम था। इस अभिगम के अनुसार देश का कुल (समग्र/निवल) उत्पादन उसके मौद्रिक मूल्य में

परिवर्तित किया जाता है और उसे देश की कुल जनसंख्या से विभाजित कर दिया जाता है। परंतु हाल ही में इस अभिगम की बहुत से कारणों से कटु अलोचना हुई है–

(1) आय सामाजिक परिसंपत्तियों के मात्र प्रत्यक्ष पहलुओं को हिसाब में लेती है तथा यह अप्रत्यक्ष घटकों की ओर ध्यान नहीं देती। समृद्धि मुख्यत: किसी विशेष समाज में व्यक्ति को उपलब्ध अवसरों और उसकी क्षमताओं पर निर्भर करती है जो बदले में "न्यास, मानदंड और नेटवर्क जैसे संगठन जो समाज में किसी व्यक्ति से संबंधित कार्य को बेहतर कर सकता है, के लक्षण वाली सामाजिक पूँजी" के स्वरूप पर निर्भर करता है।

(2) अधिकतर विषमताओं वाली उच्च आय समृद्धि का कम विषमताओं वाली मध्यम आय की अपेक्षाकृत निम्नस्तर दर्शाएगी। देशों के अनुभव बताते हैं कि मानव विकास के उच्च स्तर मलिन स्तर पर्याप्त रूप से उच्च आय के स्तरों को दर्शाते हैं।

(3) आय मात्र एक साधन है और स्वयमेव यह अंतिम लक्ष्य नहीं है। उच्च आय अवश्यमेव बेहतर गुणवत्ता वाला जीवन नहीं है। किसी व्यक्ति अथवा समाज का समृद्ध होना अधिकतर इस तथ्य पर निर्भर करता है कि उसकी आय किस प्रयोजन में प्रयुक्त हुई न कि मात्र आय के स्तर पर। दारूबाज, बीमार व्यक्ति और लंबे समय से युद्ध और गृहयुद्धों से ग्रस्त देश की उच्च आय उनकी समृद्धि के बेहतर स्तर को प्रदर्शित नहीं कर सकती।

(4) किसी विशेष समय पर किसी देश अथवा व्यक्ति की आय भविष्य में क्षमताओं और उन्नति की संभावनाओं का निर्धारण करने में अक्षम होती है। ऐसे देश जिन्होंने शिक्षा और निपुणता मुहैया कराने जैसे मानव संसाधन विकास में अच्छे निवेश किए हैं आय का निम्न स्तर सूचित करेंगे परंतु भविष्य में उन देशों की तुलना में अधिक समक्ष होंगे जो विद्यमान में आय के उच्च स्तर में आते हैं परंतु इस प्रकार निवेश कम करते हैं।

मानव पूँजी निर्माण अभिगम—मानव पूँजी निर्माण अभिगम मानव को निश्चित लक्ष्य के बदले प्रमुख माध्य के रूप में देखता है। यह मानव को अंतिम लक्ष्य की बजाय प्रमुखत: साधन के रूप में देखता है। ये सिद्धांत मुख्यत: आपूर्ति पक्ष पर विचार करते हैं और मानव को महँगी उपयोगी वस्तुओं के प्रजनन के विस्तार में एक उपकरण के तौर पर लेते हैं। एक बार पुन: कोई इस तथ्य से इंकार नहीं कर सकता कि प्रमुखत: मानव योग्यता ही ऐसा उत्पादन करती है जो उसे जानवरों की बस्ती में उन्हें अन्य प्रजातियों से अलग करता है परंतु मानव उत्पादक क्षमताओं का बहुत ही संकीर्ण दृष्टिकोण है। उपयोगी वस्तु का उत्पादन करने के अलावा मानव ने अपना निजी इतिहास भी रचा है जो अपूर्व ही नहीं अपितु जहाँ तक मानव योग्यता के मूल्यांकन का संबंध है सर्वाधिक महत्त्वपूर्ण साहसिक गाथा है। सभी वर्ग समाजों के दो प्रमुख विरोधाभासों में से एक मानव के बहुमत से इस मूल्यांकन को स्वीकार नहीं करता था कि वे मानव इतिहास के पन्नों में महत्त्वपूर्ण नायक हैं।

मानव कल्याण अभिगम—इस अभिगम को आधुनिक कल्याणकारी राज्यों की परिपक्वता से लोकप्रियता मिली है। यह मानव के विकास की प्रक्रिया में भागीदारी की अपेक्षा विकास के हिताधिकारी के रूप में मानव पर अधिक केंद्रित है। सरसरी तौर पर यह अभिगम सामान्य समृद्धि और आम की अच्छाई के हित में प्रतीत होता है। परंतु इसके ढाँचागत तर्क पर आलोचनात्मक रूप से विचार करने पर प्रकट होता है कि विश्वभर में विभिन्न राज्यों द्वारा चलाए जा रहे विभिन्न लोकहितकारी उपाय अधिकांश से वैधता और सहमति प्राप्त करने के दबाव में तुरंत लागू किए जाते हैं। यह प्रमुखतः फ्रांसीसी क्रांति के बाद का परिणाम था जब सामाजिक सत्ता के स्वरूप में रूपांतरण देखा गया। इसके बाद सर्वशक्तिमान से आम आदमी की वैधता का युगांतर हुआ।

परिणामतः अधिकांश को जो लोकहितकारी उपाय प्रतीत होते हैं वे विश्व प्राधान्य नियंत्रण के नितांत आवश्यक घटक और शासकीयता के पहलू हैं। लोकहितकारी उपायों के नाम पर विश्वभर में कई राज्यों द्वारा प्रदत्त शैक्षणिक और स्वास्थ्य सुविधाएँ ढाँचागत नियंत्रण और शासकीयता के श्रेष्ठतम उदाहरण हैं।

मौलिक न्यूनतम आवश्यकता अभिगम—यह सबसे महत्त्वपूर्ण परंतु निर्ममता से विवादित अभिगमों में से एक अभिगम है। इसे आरंभ में अंतर्राष्ट्रीय श्रम संगठन द्वारा विकास प्रक्रिया की पर्याप्तता के उपाय के रूप में प्रस्तुत किया गया था। अंतर्राष्ट्रीयता श्रम संगठन ने छह मौलिक आवश्यकताओं की पहचान की है जिनके नाम हैं—स्वास्थ्य, शिक्षा, भोजन, जल आपूर्ति, स्वच्छता और गृह निर्माण। यह आधारभूत रूप से उन वस्तुओं, पण्यों और सेवाओं की मात्रा पर केंद्रित रहता है जिनकी अभावग्रस्त जन समुदाय को आवश्यकता होती है न कि मानव प्रमुखताओं के मुद्दे पर। यह मानव विकास जैसे इस प्रकार के संवेदनशील और मानवीय मुद्दे के प्रति इस स्थूल सत्तात्मक अभिगम के कारण है। जिसकी कईयों द्वारा आलोचना की गई हैं। इस अभिगम से उत्पन्न कुछ महत्त्वपूर्ण मुद्दे हैं—

(1) क्या मूलभूत आवश्यकताएँ उन वस्तुओं और सेवाओं की विशिष्ट आवश्यकता शर्तों का हवाला देती है जो संपूर्ण, चिरायु और स्वरूप जीवन के लिए अवसर मुहैया कराती है। यह कल्पना करने का क्या आधार है कि उन उपभोक्ताओं, जिन्हें बाजार की पूरी जानकारी होती है, द्वारा अभिव्यक्त मूलभूत आवश्यकताएँ बाजार में उपलब्ध होती हैं तथा वे विज्ञापनों आदि के माध्यम से गलत सूचना के लालच से प्रभावित नहीं होते हैं।

(2) क्या मूलभूत आवश्यकता की धारणा व्यक्तिपरक अथवा वस्तुपरक है? यदि बाजार में किसी भी प्रास्थिति के कारण मतभेद पैदा होते हैं तो उनका निराकरण कैसे किया जाए? आपूर्ति पक्ष के मद्देनजर, परोक्ष रूप से जैसे भोजन, कपड़ा, मकान, जल और स्वच्छता जो बीमारी से रोकथाम के लिए आवश्यक है जैसी वस्तुओं, पण्यों तथा सेवाओं की विशिष्ट मात्रा प्रमात्रा को मूलभूत आवश्यकता के रूप में माना जा सकता है।

(3) मूलभूत आवश्यकताओं का निर्धारण कौन करता है? क्या यह जनता, सरकार अथवा राज्य का अंग है? क्यों कोई कुछ चीजें अवधारित कर सकता है जिन्हें जनता मूलभूत माने? उदाहरण के लिए, अंतर्राष्ट्रीय संगठन रोजगार को एक मूलभूत आवश्यकता मानता है; **सिडनी वेव** के अनुसार, इसमें विश्राम काल शामिल है; चीन में शानदार शवयात्रा है तथा अन्य लोग सुरक्षा को मौलिक आवश्यकता मानते हैं।

(4) विकास और मूलभूत आवश्यकता अभिगम तथा पुनर्वितरण अभिगम के बीच क्या संबंध हैं? क्या मूलभूत आवश्यकता अभिगम मूलचूल योजनाबद्ध परिवर्तन आवश्यक है अथवा यह उपशामक है? सहभागिता का अभिप्राय सर्वदा शक्तिसंपन्नता अथवा लोकतांत्रिकता नहीं है। ऐतिहासिक अभिलेखों से सिद्ध होता है कि निरंकुश शासकों और तानाशाहों ने भी अत्यधिक अप्रजातांत्रिक साधनों के माध्यम से कार्यकर्त्ताओं, विद्यार्थियों, राजनीतिज्ञों, वैज्ञानिकों और दार्शनिकों की सहभागिता को प्रोत्साहित किया था। वे वास्तविक जन आंदोलन की बजाए जोड़–तोड़ करके नेताओं के रूप में उभरते हैं। पाश्चात्य लोकतंत्रों के अनुभव से भी सिद्ध होता है कि इन देशों में श्रमिक स्वेच्छाचारिता से श्रमिक वर्ग के आंदोलनों पर अलाभकारी प्रभाव हुआ।

(5) सहभागिता का क्या प्रयोजन है? यह किस रूप में की जानी चाहिए? सहभागिता (यदि यह मौजूद है) का अधिकार मूलभूत आवश्यकता उद्गम के दक्षतापूर्ण कार्यान्वयन के लिए आवश्यक राजनीतिक/प्रशासनिक ढाँचे से किस प्रकार संबंध रखता है? जनता की सहभागिता को उसकी शक्ति संपन्नता और समृद्धि के लिए प्रमुख प्रगतिशीलता के रूप में देखा जाता है, इसी प्रकार, सहभागिता का स्वरूप और आकार कैसा होना चाहिए।

(6) गरीबी उन्मूलन और आय की असमानताएँ कम करने के बीच क्या संबंध है?

(7) भूमंडलीकरण के इस दौर में मूलभूत आवश्यकताओं की लामबंदी में भूमंडलीकरण की शक्तियों और अंतर्राष्ट्रीय समर्थन की क्या भूमिका होगी?

ए.के. सेन मूलभूत आवश्यकता अभिगम के सर्वाधिक जोरदार समालोचकों में एक है। उसके अनुसार आवश्यकता, संतुष्टि प्रसन्नता और पण्य आधारित अभिगम मात्र एक पक्षीय दृष्टिकोण को प्रस्तुत करता है।

प्रश्न 2. भारत में मानव विकास पर संक्षिप्त टिप्पणी लिखें।

[Dec 2008, Q. 10. (ख)]

उत्तर— संयुक्त राष्ट्र विकास कार्यक्रम की मानव विकास रिपोर्ट की तर्ज पर भारत की पहली मानव विकास रिपोर्ट 2002, में जारी की गई। योजना आयोग द्वारा तैयार रिपोर्ट में मानव विकास सूचकांक 1980–2001 की अवधि के भारतीय समाज की आर्थिक स्थिति,

स्वास्थ्य शिक्षा, जीवन स्तर विभिन्न पहलुओं पर केंद्रित किया गया है। तथापि यह महसूस किया गया था कि ये एजेंसियाँ विभिन्न पहलुओं पर सूचना एकत्रित करने में महत्त्वपूर्ण सहयोग कर रही हैं। परंतु सूचना में समन्वयन की कमी है और यह प्रत्यक्ष रूप से जहाँ तक आँकड़ों का सवाल है, एक-दूसरे से संबंधित नहीं है। NCAER के अबुसालेह शरीफ के अनुसार-

"जनसंख्या जनगणना जनसांख्यिकी लक्षणों और अन्य विभिन्नताओं पर विस्तृत सूचना उपलब्ध कराती है। इसमें आय, परिसंपत्ति, स्वामित्व, खपत प्रतिदर्श और अन्य विभिन्नताओं पर कोई सूचना नहीं होती। यह महसूस किया गया कि ऐसा एकीकृत सर्वेक्षण उपयोगी रहेगा जिसमें मानव विकास के विभिन्न पहलू, जीवनस्तर, रोजगार और नौकरियाँ, साक्षरता और शिक्षा, अस्वस्थता, अक्षमता और पोषण, पीडीएस, शिक्षा और स्वास्थ्य रक्षा आदि जैसी लोकसेवाओं की प्रभावकारिता और जनसांख्यिकीय लक्षण शामिल हों। ऐसे एकीकृत सर्वेक्षण से अनुसंधान करने वाले इन अलग-अलग विभिन्नताओं के बीच अंतर्संबंध स्थापित करने और उसके द्वारा बेहतर जानकारी प्राप्त करने में सक्षम होंगे।"

परिणामतः आज हमारे पास राष्ट्रीय स्तर पर प्रतिवर्ष प्रकाशित मानव विकास प्रतिवेदन है। यह प्रक्रिया योजनाओं और विद्वानों के बीच इतना लोकप्रिय हो चुकी है कि महाराष्ट्र, मध्यप्रदेश, कर्नाटक, राजस्थान, उत्तरप्रदेश आदि कुछ प्रमुख राज्यों ने अपने-अपने राज्यों में मानव विकास प्रतिवेदन तैयार किए हैं। यह ध्यान देने योग्य है कि इस मामले में विश्लेषण एक जिले के रूप में कार्य करता है। इन प्रतिवेदनों का एक महत्त्वपूर्ण पहलू यह है कि उन्होंने प्रतिवेदन तैयार करने के लिए भारत और राज्य विशिष्ट के सूचकांकों को शामिल करने की कोशिश की। उदाहरणार्थ, महाराष्ट्र राज्य के प्रतिवेदन में निम्नलिखित सूचकांक लिए गए हैं-

(1) कच्चा, आधा पक्का, पक्का और सुविधाजनक घरों की जनगणना का प्रतिशतता वितरण।
(2) 1991-2001 के लिए साक्षरता के उपलब्धि और सुधार सूचकांक
(3) ग्राम्य सुविधाओं का जिलेवार वर्गीकरण
(4) मानव विकास सूचकांक और प्रतिव्यक्ति जिला घरेलू उत्पादन (वर्तमान मूल्य)
(5) साक्षरता दर, विद्यालय जाने का औसत वर्ष और उसे छोड़ने की दर
(6) शिशु मृत्यु और बाल मृत्यु दर
(7) पोषण (2 वर्ष से कम आयु)

20

लिंगभेद और विकास

प्रश्न 1. विकास और जेन्डर के संबंध को समझाइए। **[Dec 2009, Q. 6.]**

अथवा

विकास और लिंगभेद के संबंध को स्पष्ट कीजिए।

उत्तर— स्त्रियों की स्थिति ठीक करने से संबंधित सरकारी नीतियों का विश्लेषण करने के लिये स्थापित की गई समिति ने स्त्रियों की स्थिति पर 1974 में कहा था, कि समाज और अर्थशास्त्र पर स्त्रियों का लगातार निम्न और अधीनस्थ दर्जा सीधे रूप से मुख्य विकास का परिणाम है।

आत्म–विश्वास की धारणा से–स्वतंत्र आर्थिक निर्णय लेने और विकास का स्वतंत्र मार्ग अपनाने की क्षमता, दोनों – विभिन्न महाद्वीपों के नेतागण सहमत थे। शोषण के आर्थिक आधार की श्रेष्ठता वाली मार्क्सवादी व्याख्या ने ऐसी धारणाओं को एक अतिरिक्त योग्यता प्रदान की। उन नारी अधिकारिवादियों के लिए जो मार्क्सवादी विश्लेषण के साथ–साथ राजनीति का भी अनुकरण करते थे, इसलिए विकास की धारणा कोई ऐसी चीज नहीं थी जो उनके मूल कार्यक्रम के विरुद्ध हो। यदि विकास से आशा की जाती थी कि उन आर्थिक आधारों को बदल देगा जिन पर लिंगभेद संबंध परिभाषित था तो यह माना जाता था कि उन आधारों को बदलने का अधिमत तरीका विकास ही है। इसी वजह से यह कोई संयोग नहीं कि बड़े–बड़े नारी आंदोलन कभी भी विकास–विरुद्ध नहीं रहे।

विकास की यह अभिदृष्टि, हालाँकि, मात्र आर्थिक प्रगति नहीं थी परंतु स्वतंत्रता की राजनीतिक अभिव्यक्ति से निकट से भी जुड़ी थी। लोकतंत्र स्वतंत्रता की इस अभिदृष्टि से निकट से जुड़ा था। लोकतंत्र और लोकतांत्रिक संस्थाएँ उदाहरणतया, जैसा कि भारत के संविधान–निर्माता सोचते थे, नारी अधिकारों और नारी कल्याण की सबसे बड़ी गारंटी थे। जैसा कि अनुभव ने दर्शाया है, लोकतांत्रिक प्रणाली ने ही महिलाओं को स्थान दिया है ताकि वे अपनी व्यक्तिगत के साथ–साथ सामूहिक आवाज को भी महसूस करा सकें।

विकासात्मक अभिदृष्टि में राज्य ने बिल्कुल बीच का स्थान ग्रहण किया। प्रथम, उपनिवेश–विरोधी आंदोलन के नेतृत्व ने ही राज्य प्रणाली को सँभाला और इसी कारण नेतृत्व, राज्य और आम जनता के बीच थोड़ा–बहुत घनिष्ट संबंध बना। दूसरे, राज्य ही इतनी बड़ी प्रमात्रा में संसाधनों की लामबंदी कर सका था और इसीलिए वह पूर्णरूपेण निर्णायक बन गया।

आर्थिक विकास और राजनीतिक विकास राज्य, समाज और उसकी संस्थाओं के आधुनिकीकरण हेतु अभियान के साथ प्रायः पूर्णरूप से सह–लक्ष्य था। समानता, स्त्री–पुरुषों के कानूनी अधिकार और नागरिकता का विचार इस प्रकार के आधुनिकीकरण के मूल सिद्धांत थे। उदाहरण के लिए, मिस्र में आमेल अब्दुल नासिर के प्रशासन ने ही अर्थव्यवस्था का विस्तार किया और वृहद् महिला कार्य–बल को उनके पारंपरिक परिवेश से बाहर निकाला, उन्हें समान अधिकार का वचन दिया और 1754 से समान वेतनों की गारंटी दी। इसी प्रकार, ट्यूनीशिया में आधुनिकीकरण व धर्मनिरपेक्ष राष्ट्राध्यक्ष बॉरघुइबा तथा इराक में बाथ सोशलिस्ट पार्टी ही थे जिन्होंने अपनी अर्थव्यवस्था को विकसित करके आधुनिकीकरण को जन्म देने का प्रयास किया। भारत में भी राज्य ने ही प्रथम सुधार उपाय तब शुरू किया जब काफी बहस और विचार–विमर्श के बाद उसने 1956 में हिन्दू उत्तराधिकार अधिनियम में सुधार किया जिसमें महिलाओं को समान रूप से अधिकार दिया गया।

भारत, मिस्र, इराक, पाकिस्तान जैसे अनेक देशों में और यहाँ तक कि ईरान में भी, राज्य ने ही संसाधन लामबंदी के साथ–साथ संसाधन वितरण को भी नियोजित करके संपूर्ण कार्यकलाप का आरंभ और पर्यवेक्षण किया।

अपनाई गई दूसरी रणनीति थी–निर्यातोन्मुखी विकास। मुख्यतः लघुतम आकार वाले देशों में अपनाई गई इस रणनीति ने विश्व अर्थव्यवस्था से निकट से जुड़ना और विश्व बाजार हेतु उत्पादित वस्तुओं व सेवाओं में विशेषज्ञता प्राप्त करना आवश्यक बना दिया। यह मुख्य तौर पर पूर्व–एशियाई देशों, इजरायल, ट्यूनीशिया आदि में अपनाई गई।

प्रश्न 2. विकास अभिकरणों की पहचान करें। वे महिलाओं को उत्पादन क्षेत्र में लाने की दिशा में कैसे योगदान करते हैं?

उत्तर– विकास के तीन अभिकरण है। जिनकी नारी हेतु संघर्ष में महत्त्वपूर्ण समझा जाता है। यह है, व्यक्ति, राज्य, और समुदाय इस प्रकार आधुनिक युग में महिलाओं के विकास के लिए महिला समाज विभिन्न संगठनों के माध्यम से उनके हितों की देखभाल कर रहा है, वहीं राज्य भी एक एजेंट के रूप में उनके विकास हेतु न केवल अनेक कानूनों का निर्माण कर रहा है। अपितु उनके क्रियान्वयन में भी रुचि ले रहा है। इनके अतिरिक्त संयुक्त राष्ट्र संघ, विश्व बैंक आदि अपने विभिन्न मंचों के माध्यम से इनके विकास अभिकरण के रूप में कार्य कर रहे हैं।

1990 के दशक में महिलाओं की प्रशासन में भागीदारी बढ़ाने के लिए भारतीय संविधान में 73वाँ और 74वाँ संशोधन लाया गया। स्थानीय स्वशासन में महिलाओं की कम से कम 33 प्रतिशत भागीदारी आरक्षित कर दी गई। इससे सामाजिक सोच एवं महिलाओं की भागीदारी से महत्त्वपूर्ण मुद्दों पर बदलाव दिखता है। कई महिला संगठन और गैर–सरकारी संगठन ग्रामीण महिलाओं को प्रशासन संबंधी बुनियादी प्रशिक्षण की जानकारी दे रहे हैं और वे अपना कर्त्तव्य बखूबी निभा रहे हैं। उन्होंने भ्रष्टाचार का विरोध करते हुए सिंचाई, विद्यालय, स्वास्थ्य एवं सड़क आदि के क्षेत्र में कई मुद्दों को आगे बढ़ाया है।

प्रश्न 3. "क्या विकास महिला–विरोधी रहा है?" इस कथन पर एक विस्तृत नोट लिखें।

उत्तर– स्वतंत्रता प्राप्ति के बाद भारत के विकास के मॉडल की प्राथमिकता उत्पादन वृद्धि रही है न कि वितरण संबंधी न्याय। पूरी विकास नीति और चिंतन इस सोच पर आधारित रहा कि विकास प्रक्रिया स्वयं वितरण संबंधी न्याय के प्रश्न को हल कर लेगी अर्थात् कि उत्पादन वृद्धि के लाभ अपने–आप लोगों के जीवन–स्तर को ऊपर उठाने मे मदद करेंगे। लेकिन विकास के मॉडल के परिणामस्वरूप ताकतवर आर्थिक–राजनीतिक हितों का पूरी सामाजिक–आर्थिक विकास प्रक्रिया और नीति निर्माण व कार्यान्वयन पर नियंत्रण बढ़ता गया, जिसने लोकतंत्रीकरण, विकेंद्रीकरण और वितरण–आधारित न्याय की प्रक्रिया को धीमा कर दिया। विकास का मॉडल पूँजी प्रधान रहा, जिसमें बढ़ती हुई श्रम–शक्ति को खपाने के अवसर कम हो गए। दूसरी तरफ संरचनात्मक परिवर्तनों के लिए किए जाने वाले अधूरे प्रयत्नों के फलस्वरूप शासक और प्रशासक वर्गों पर ताकतवर हितों के दबाव बढ़ते गए। राज्य के द्वारा संपन्न वर्गों के हितों के साथ लगातार सामंजस्यपूर्ण रवैया अपनाए जाने से गरीब और वंचित वर्गों के हित पीछे छूटते गए, जिसमें महिलाएँ भी शामिल थीं। महिलाएँ इस प्रकार के दुष्प्रभावों के अतिरिक्त समाज में व्याप्त पितृसत्ता के ढाँचे और विचारधारा से भी प्रभावित होती हैं। पितृसत्ता के ढाँचे से उत्पन्न सत्ता संबंध (जो स्त्रियों को अधीनता की स्थिति में रखते हैं) केवल वैचारिक स्तर पर व्याप्त नहीं, बल्कि वे अपनी ताकत समाज में उपस्थित सामाजिक श्रम विभाजन के संबंधों में हासिल करते हैं। लिंग पर आधारित यह श्रम विभाजन बहुत ही गहरे रूप में उत्पादन के संबंधों से जुड़ा है। इसलिए महिलाएँ विकास की प्रक्रिया में काफी पीछे छूट गईं और आज भी अधिक से अधिक औरतें कुशल कारीगर की श्रेणी से निकलकर अकुशल मजदूर की श्रेणी में आ रही हैं।

विभिन्न देशों में नारी अधिकारवादी समूहों तथा नारी आंदोलन द्वारा अब यह तर्क दिया गया, चूँकि उन्होंने मध्यवर्गी यूरोपियन श्वेत महिलाओं के अनुभव और अपेक्षाओं का परिज्ञान किया था, कि नारी आंदोलन की कुछ मूलभूत आधारिकाएँ बेहद सीमित हैं। यह तर्क दिया गया कि मुक्ति हेतु किसी भी सार्थक संघर्ष में उन समस्याओं को ध्यान में रखा जाना चाहिए जो तीसरी दुनिया की महिलाओं के सामने उनके दैनिक जीवन में आती हैं। तीसरी दुनिया की गरीब औरतों का दोहरा शोषण होता था। प्रथम, वे महिलाएँ हैं और दूसरे, वे तीसरी दुनिया और दरिद्र पृष्ठभूमि से आती हैं। इस प्रकार वर्ग और लिंगभेद दोनों उनमें संलयित होते हैं। उनके मुद्दे मात्र घरेलू हिंसा अथवा यौन विकल्पों हेतु माँग के लिए नहीं वरन् बड़े ही मौलिक मानव विकास विषय, यथा शिक्षा, स्वास्थ्य व रोजगार थे। उन्हें गरीबी के उस दुर्दम्य चक्र से बाहर निकलने की आवश्यकता थी जो उन्हें परंपरा की नादिरशाही तक से निकलने को रोकता था। यह तर्क दिया जाने लगा कि स्त्रियों की अधीनस्थता की समाप्ति हेतु आरंभ निचले सिरे, यथा तीसरी दुनिया की गरीब औरतों से किया जाना चाहिए।

दूसरी ओर, 1975 से (जो महिला वर्ष घोषित किया गया था) संयुक्त राष्ट्रसंघ द्वारा प्रयास किए जा रहे हैं कि महिलाओं से संबंधित मसले मुख्य अंतर्राष्ट्रीय मंच पर और उनके समाधान से संबंधित मसले भूमंडलीय स्तर पर भी लाए जाएँ। परिणामतः महिला विकास और स्वतंत्रता मामलों का एक यथार्थपरक अंतर्राष्ट्रीयकरण हुआ है। वस्तुतः अनुगामी बहस ने अनेक राज्यों तथा नारी आंदोलन पर उनकी योजना व प्राथमिकताओं के पुनरावलोकन हेतु दबाव डाला है। भारत का उदाहरण उल्लेखनीय है क्योंकि उसने मुख्य रूप से योगदान दिया है। महिला आंदोलन उपनिवेश–विरोधी संघर्ष के दौरान फला–फूला। यह तथ्य कि संविधान ने अन्य समानताओं को चुनने के समान अधिकार स्वीकार किए थे, इस बात को एक प्रकार से समर्थन था कि राष्ट्रीय आंदोलन ने 1947 में ही समानता के मूल लोकाचार स्वीकार कर लिए थे। स्वतंत्रोपरांत आंदोलन का केंद्रीय बिंदु था राज्य को विकास योजना में अधिक से अधिक इस प्रकार शामिल करवाना कि महिलाएँ पीछे न रह जाएँ। यही कारण था कि उन्होंने सरकार पर उसके कल्याणवादी उपगम्य से हटने का आक्षेप लगाया। सत्तर के दशक–मध्य से, बहरहाल, महिला आंदोलन में दो मुख्य रणक्षेत्र देखे जा सकते थे। एक वो, जो वृहत्तर राजनीतिक आर्थिक आंदोलन का हिस्सा था और महिलाओं के मामलों में राज्य की और अधिक कार्यवाही की माँग करता था। दूसरे वे स्वायत्त समूह थे जिन्होंने महिलाओं के विशिष्ट मुद्दे हाथ में लिए और उन मुद्दों के सहारे लोगों को संगठित किया।

विकास के विचार की तीखी आलोचनाएँ हुई हैं। आधुनिक उद्योगवाद, राष्ट्र–राज्य और वैज्ञानिक विश्व दृष्टि की धारणाएँ उस विकास अवधारणा से करीब से जुड़ी हैं जो सबसे नई थीं। आलोचना आई कि उन सबने महिलाओं के खिलाफ काम किया है। यह तर्क दिया जाता है कि उन्होंने असमानताओं को बढ़ाया है और महिलाओं को, जिनता भी उनका पहले समुदाय अथवा परिवार के संसाधनों पर नियंत्रण था, से वंचित कर दिया है। आधुनिक राज्य व उसके अभिकर्त्ता ही हैं जिन्होंने माना जाता था कि उन अधिकारों व शक्तियों को अपने नियंत्रण में कर लिया था। इसी प्रकार, आलोचना ने इंगित किया कि महाकाय औद्योगिक भवन–समूह महिला हितों के प्रति विरोधात्मक हैं। तकनीकी भवन–समूह तथा प्रौद्योगिकी संसार नारी स्वभाव व हित के कुछ मूल अभिलक्षणों के विरुद्ध महत्त्व रखते हैं। इस प्रकार पर्यावरण सक्रियतावाद की धारा नारी अधिकारवाद की एक धारा से मिल गयी और एक उग्र आलोचना को जन्म दिया जिसे पारिस्थितिकी–नारी अधिकारवाद (ईकोफैमिनिज्म) के रूप में जाना जाने लगा। कुछ नारी–अधिकारवादी लेखकों ने भारत की हरित क्रांति को इस बात के एक उत्कृष्ट उदाहरण के रूप में दर्शाया है कि विकास किस प्रकार नारी–विरोधी था।

पचास के दशक से सत्तर के दशकांत तक हरित क्रांति ने दुनिया पर फतह कर ली। इसने उत्पादनाधीन क्षेत्र के विस्तारण द्वारा खाद्य उत्पादन बढ़ाने तथा पहले से ही उत्पादनशील क्षेत्रों में तेजी से पकने व अधिक पैदावार देने वाली किस्मों एवं उर्वरकों व कीटनाशकों जैसी ऊँची आगतों के प्रयोग द्वारा उत्पादन बढ़ाने पर ध्यान केंद्रित किया। यह खाद्य उत्पादन में

आश्चर्यजनक वृद्धि और कुछ क्षेत्रों में ऊँचे जीवन–स्तर (आवास, बिजली, यातायात, आदि में वृद्धि) में परिणत हुआ। हरित क्रांति के आलोचकों ने संकेत दिया कि यह लाभों का असमान वितरण लाई है और नई प्रौद्योगिकियों पर इसका जोर वस्तुतः पुरुष और महिलाओं के बीच और अधिक असमानता पैदा कर रहा है। यह एकल संस्कृति में भी परिणत हुई है जिसका अर्थ था कम बहुमुखता और इसकी वजह से बाजार पर निर्भरता जिससे महिलाओं का जीवन पहले से और भी अधिक कठिन हो गया। इसी प्रकार, एकल संस्कृति के सहारे फसलें भी नाशक जीवों/रोगों, अनावृष्टि, आदि के प्रति और अधिक असुरक्षित हो गईं, और फिर न सिर्फ स्थानीय स्तर पर खाद्य सुरक्षा घट गई बल्कि बढ़ी क्षारीयता आदि जैसे पर्यावरण संकट भी लोगों के जीवन को प्रभावित करने लगे। और पूरे प्रकरण में महिलाएँ बड़ी दुर्भाग्यशालिनी रहीं।

अनेक पूर्व–उपनिवेश देशों में स्वतंत्रोत्तर घटनाक्रम को भी समाजवाद के संक्षेत्र से देखा गया। यह तर्क दिया गया कि घटनाक्रम एक पूँजीवादी विकास की ओर उन्मुख है जो महिलाओं के लिए अपशगुन था क्योंकि कहा जाता था कि पूँजीवाद ही सिर्फ लिंगभेद न्यायशीलता के प्रति विरोधात्मक नहीं है, विकास जो पूँजीवाद की ओर ले जा रहा है, भी महिला कल्याण हेतु प्रेरक नहीं है। अपनी बात के समर्थन में वे भारत में पंजाब, हरियाणा व गुजरात जैसे कुछ अपेक्षाकृत अधिक विकसित राज्यों में व्यापकता से फैले बालिका भ्रूण–हत्या के प्रचलन का दृष्टांत देते हैं। यह तर्क प्रस्तुत किया गया कि उन्नीस सौ पचास व साठ के दशक के दौरान विकास को मात्र प्रौद्योगिकीय निवेश द्वारा उत्पादनशीलता बढ़ाने की तकनीकी समस्या समझा जाता था। कहा जाता था कि इसमें राजनीतिक के साथ–साथ सैद्धांतिक का और कूटनीतिक आयाम तक का अभाव है जिससे महिलाओं और बच्चों को विकास के शीर्षक के अंतर्गत नहीं लाया जा सकता है। जब महिलाओं को शामिल भी किया गया तो उनको यदि बिल्कुल नहीं तो प्रायः ही प्रजायी भूमिका तक ही सीमित रखा गया, जो कि तीसरी दुनिया की महिलाओं के विषय में एक रूढ़िबद्धतात्मक पाश्चात्य समझ थी। महिलाओं की अपनी समझ और चिंताओं पर राय देना किसी भी अभिकर्त्ता की आदतों में शुमार नहीं था। एक और अधिक मौलिक स्तर पर उन्होंने तर्क प्रस्तुत किया कि महिलाओं और पुरुषों के बीच समानता हेतु प्रारंभिक चिंता एक ऐसी उदारचरित पाश्चात्य दुनिया के प्रबोध आदर्शों पर आधारित थी जो तीसरी दुनिया की महिलाओं को परिज्ञान नहीं लेती थी। यहाँ वे न सिर्फ पुरुष अधीनता को ही नहीं वरन् गरीबी तथा शोषण व असमानता के अन्य रूपों को भी झेल रही थीं। इस प्रकार, वस्तुतः इस बात की चिंता भी जो नारी अधिकारवादी अध्ययनों के रूप में प्रकट हुई थी, कल्याणवादी अथवा पूर्ण लोकोपकारी हितों की बजाय "बेचारी स्त्रियों" तथा दरिद्रता उपशमन की ओर खिसकनी शुरू हो गई।

21 क्षेत्रीय असंतुलन

प्रश्न 1. 1950 और 60 के दशकों में भारत में क्षेत्रवाद की व्याख्या कीजिए।
[June 2009, Q. 7.]

उत्तर– औपनिवेशिककाल के बाद भारत में हालातों में क्षेत्रीय समस्याएँ मुख्यतः क्षेत्रीय दबावों और इन आंदोलनों के रूप में उभरी जिनका संचलन क्षेत्र भारतीय संघ के विभिन्न राज्यों में संघीय राज्य क्षेत्रीय विभाजन से मेल खाता था। इस संबंध में हम केंद्र–राज्य व अंतर्राज्यीय संघर्षों का भी संदर्भ ले सकते हैं, यथा वे क्षेत्रीय तनाव अथवा आंदोलन जो राज्य सरकारों द्वारा नेतृत्व–प्रदत्त अथवा निर्देशित थे।

एक औपचारिक संस्था के रूप में संघवाद को, भारतीय संविधान में भारत की क्षेत्रीय विषम–जातीयता को मान्यता के रूप में संविधान सभा द्वारा प्रतिष्ठापित किया गया। केंद्रीय सरकारों व राज्यों के बीच उन्हें परस्पर निर्भर बनाते हुए संवैधानिक शक्ति के आबंटन के संबंध में 'सहकारी संघवाद' की संकल्पना के प्रति अपनी निष्ठा के विषय में, संविधान के सदस्यों के बीच यह एक तत्काल महसूस की जाने वाली आवश्यकता के कारण था ताकि सांप्रदायिक कट्टरता कम कर सकें, भीषण खाद्य–संकट से कुशलता से निबट सकें भारत में राजसी राज्यों को एकीकृत कर सकें और औद्योगिक व कृषिक विकास हेतु नीतियाँ शुरू करने व लागू करने का कार्यभार अपने ऊपर ले सकें।

उनमें से कांग्रेस से संबंध रखने वाले स्पष्टतः पंचायत अथवा ग्राम आधारित महासंघ की गाँधीवादी धारणा द्वारा प्रेरित थे जैसी कि कांग्रेस संविधान समिति को प्रस्तुत उनके 1946 के ज्ञापनपत्र में कल्पना की गई थी।

तथापि, प्रबल दल के रूप कांग्रेस के शक्तिशाली अखिल–भारतीय अस्तित्व और विशेषतः मुस्लिम लीग के प्रस्थान के बाद, सशक्त क्षेत्रीय अथवा प्रादेशिक रूप से आधारित राजनीतिक दलों के अभाव को सर्वाधिक सत्य प्रतीयमान व्याख्या कहा जा सकता है जिसकी ही वजह से संविधान सभा ने अंततः एक ऐसा संविधान अंगीकार कर लिया जो अम्बेडकर के प्रसिद्ध शब्दों में 'समय और प्रतिस्थितियों की आवश्यकतानुसार ऐकिक के साथ–साथ संघीय भी' हो सकता था। भारत की संघीय प्रणाली में शक्ति–संतुलन तीन मुख्य परिप्रेक्ष्यों में केंद्र की ओर झुक गया–राज्यों की सीमित राजकोषीय स्वायत्तता, केंद्र की परम संवैधानिक सर्वोच्चता तथा प्रशासनिक क्षमताओं का संतुलन। केंद्र व राज्य, दोनों में ही प्रबल दल के रूप में कांग्रेस की विद्यमानता तथा राष्ट्र–निर्माण की 'मेहराबी' कार्यसूची ने भी सभी क्षेत्रों के प्रति न्यायसंगत

रुख अपनाये जाने हेतु संघीय राजतंत्र की क्षमता पर एक प्रश्न–चिह्न लगाते हुए संघ में केंद्रीकृत प्रवृत्तियों को बढ़ावा दिया। फिर भी हमें मान लेना चाहिए कि हाल के दशकों से भिन्न, कांग्रेस पार्टी के पास 1950 व 1960 के दशकों में एक काफी विकेंद्रीकृत तथा लोकतांत्रिक संघीय संगठन था।

क्षेत्रवाद की प्रथम महत्त्वपूर्ण राजनीतिक अभिव्यक्ति पचास के दशक में भाषायी आधार पर राज्यों के पुनर्गठन हेतु माँगों के रूप में हुई ताकि प्रमुख भाषायी समूहों के उनके अपने राज्यों में अमेकित किया जा सके। इन समूहों का प्रतिनिधित्व करने वाले राजनीतिक दलों/समूहों ने राज्य सीमाओं का पुनरांकन किए जाने की माँग की। तत्कालीन संघीय सरकार ने इन आंदोलनों का प्रतिरोध किया जब कांग्रेस पार्टी के नेताओं ने राष्ट्रीय स्तर पर तर्क दिया कि ये 'कोशिका–विभाजन' रूपी आंदोलन भारतीय संघ के बाल्कन देशों जैसे हश्र की ओर ले जाएगा। राष्ट्रभाषा के रूप में हिन्दी थोपे जाने हेतु राष्ट्रवादी नेतृत्व की ओर से किए गए प्रयास ने भी दक्षिण भारत में हिन्दी–विरुद्ध द्रविड़ आंदोलन को उकसाया।

यह भाषायी क्षेत्रवाद मूल रूप से विभिन्न सामाजिक–सांस्कृतिक उप–क्षेत्रों के बीच अपर्याप्त संसाधनों के अभिकथित असमान वितरण के परिणामस्वरूप उभरा। इस प्रकार के आंदोलनों में आर्थिक कारक ने एक निर्णायक भूमिका निभायी क्योंकि भारत जैसे एक संसाधन–दुर्लभ राज्य में वितरणीय न्याय हेतु माँग ने अपना लोकतांत्रिक आधार विस्तीर्ण कर लेने के साथ ही इस सदा–वर्धमान प्रत्याशा के सामने और सफलता प्राप्त कर ली।

कांग्रेस ने स्वतंत्रता पूर्व काल में राज्यों के भाषायी पुनर्गठन किए जाने का पक्ष लिया था, जैसा कि 1920 में नागपुर सत्र के प्रपत्र में प्रमाणित हुआ। वह अब विभाजन–पश्चात् भारत में इस सिद्धांत की समर्थक नहीं थी क्योंकि उस भारत में बाल्कन देशों जैसा हश्र हो जाने का भय था। तब इस बात में कोई तुक नहीं था कि संविधान सभा में प्रबल मत मजबूत केंद्र के पक्ष में था परंतु वहाँ गाँधीवादी भी थे जिन्होंने गाँधी जी के 'हिन्द स्वराज' बोध से प्रेरणा पाकर सत्ता के और अधिक विकेंद्रीकरण के सिद्धांत का समर्थन किया।

राज्यों के पुनर्गठन हेतु माँग पर विचार किए जाने हेतु क्रमशः जून व दिसम्बर 1948 में गठित एस.के. तदोपरांत जे.वी.पी. समिति (जिसमें जवाहरलाल नेहरू, सरदार पटेल व पी. सीतारमैया थे) के नेतृत्व वाले दोनों ही भाषायी प्रदेश आयोगों ने इस आधार पर राज्यों के भाषायी पुनर्गठन की माँग को ठुकरा दिया कि इससे राष्ट्रीय एकता को खतरा पैदा होता है। उनका विचार था कि बृहत्तर राज्य भाषायी, नृजातीय एवं सांस्कृतिक क्षेत्रवाद की 'कोशिकीय विभाजन' रूपी प्रवृत्तियों को प्रतिसंतुलित करेंगे जिनसे उन नेताओं को डर था कि वे राष्ट्रीय एकीकरण के प्रति अहितकर, प्रांतीय उग्र–राष्ट्रीयता में अधःपतित हो सकते हैं। इसके अलावा, यह सोचा गया कि नियोजित अर्थव्यवस्था के तहत विकास नीतियों को निरूपित करना व लागू करना ज्यादा आसान होगा। यह स्पष्ट करता है कि क्यों जवाहरलाल नेहरू व गोविन्दबल्लभ पंत जैसे कांग्रेसी नेताओं ने उत्तरप्रदेश के विभाजन का सुझाव देने के लिए के.एम. पणिक्कर की आलोचना की।

तथापि, भाषायी क्षेत्रीय आंदोलनों के मामले में यह अवश्य मानकर चलें कि केंद्र में कांग्रेस नेतृत्व में जल्द ही महसूस कर लिया था कि भाषायी राज्यों का सृजन किया जाना इस माँग के साफ–साफ ठुकराये जाने से कहीं कम खतरनाक था। इस प्रकार, फजल अली, एच. एन. कुंजरू और के.एन. पणिक्कर वाले राज्य पुनर्गठन आयोग की सिफारिश के आधार पर भाषायी विभाजन होकर रहा, देखें राज्य पुनर्गठन अधिनियम, 1956।

भाषायी सजातीयता के अलावा अन्य विचारों ने भी राज्यों के पुनर्गठन में महत्त्वपूर्ण भूमिका निभायी। उदाहरण के लिए, पंजाब और महाराष्ट्र के मामले में नवोदगामी मध्य जातीय धनी किसानों ने इस माँग का समर्थन किया जबकि उत्तर–पूर्व, यथा नागालैण्ड, मेघालय, मणिपुर, त्रिपुरा, एवं अरुणाचल प्रदेश के मामले में नृजातीय तथा आर्थिक कारकों ने एक महत्त्वपूर्ण भूमिका अदा की। तब धर्म पंजाब और हरियाणा राज्य–निर्माण के मामले में एक प्रमुख कारक था। उत्तर भारत के हिन्दी–भाषी बिहार, उत्तर–प्रदेश, मध्य प्रदेश व राजस्थान राज्यों के भीतर विभाजन इतिहास, राजनीति तथा पूर्व–राजसी राज्यों को एकीकृत किए जाने की समस्याओं के मुद्दों के साथ हुआ।

चूँकि अब यह ताक पर रख दिया गया है राज्यों का भाषायी पुनर्गठन तथा त्रि–भाषा फॉर्मूला–स्वीकृत देखें 1957 में बी.सी. खेर की अध्यक्षता में कार्यालयी भाषा आयोग की सिफारिश के आधार पर प्रस्तुत कार्यालयी भाषा अधिनियम, 1963–भी एक स्थायीकारी कारक सिद्ध हुआ है। इस फॉर्मूले के तहत राज्य अपनी शिक्षण संस्थाओं में अंग्रेजी, प्रांतीय मातृ–भाषा और एक तीसरी भाषा जो उस प्रांत की न हो, अपनाते हैं। यह एक ऐसे संघ राज्य में हिन्दी को प्रोत्साहन देने का एक गैर–दमनकारी रास्ता साबित हुआ जहाँ केंद्रीय भारतीय भाषा संस्थान द्वारा 1961 में कराई गई जनगणना के हिसाब से 197 भाषाएँ (बोलियाँ/उपभाषाएँ नहीं) बोली जाती थी। 1971 की जनगणना के अनुसार यहाँ 15 लाख से भी अधिक लोगों द्वारा बोले जाने वाली 22 भाषाएँ थी। वर्षों से ये प्रांतीय भाषाएँ अपने–अपने राज्यों में विकसित होती रही हैं, अंग्रेजी के प्रभाव को कम किए बगैर, जोकि संघ राज्य में राजनीति तथा व्यापार एवं वाणिज्य की असल संपर्क भाषा बनी हुई है।

नृजातीय एवं सांस्कृतिक आधार पर, जेम्स मेनर एक राज्यक्षेत्रीय आधार वाली चार विभिन्न प्रकार की प्रांतीय अनन्यताओं की पहचान करते हैं– (1) धर्म की सर्वमान्यता पर आधारित प्रांतीय पहचानें, यथा जम्मू–कश्मीर राज्य स्थित कश्मीर घाटी में मुसलमान और पंजाब के मामले में सिख; (2) मूलतः भाषा पर आधारित पहचानें, जैसे आंध्र प्रदेश के तेलुगुओं और तमिलनाडु के तमिलों के मामले में; (3) जनजातीय मूल पर आधारित पहचानें, जैसे उन आदिवासियों के मामले में जो झारखण्ड और छत्तीसगढ़ राज्यों में पर संस्कृति ग्रहण प्रक्रिया भोग चुके हैं और (4) हिमालयी तथा उत्तर–पूर्वी राज्यों मे रह रहे उन समूहों के बीच जनजातीय पहचानें जो मैदानी क्षेत्रों के लोगों से प्रजातीय रूप से भिन्न हैं, यथा नागा, बोडो और मीती।

नृजातीयता के उपर्युक्त सभी रूपों ने प्रांतीय अथवा उप–प्रांतीय आंदोलनों को बढ़ावा दिया है, या तो पृथक् राज्य के रूप में स्वायत्तता की माँग करने अथवा स्वतंत्रता के गत छप्पन वर्षों में विभिन्न अवधियों में भारत के विभिन्न भागों से संबंध–विच्छेद की।

परिणामस्वरूप यह निष्कर्ष निकलता है कि एक संकीर्णतर, आरोप्य एवं प्रदेश–विशेष भाषायी तथा सांस्कृतिक–नृजातीय पहचानों पर पूर्ववर्तिता का दावा करती एक पूरी तरह से छायी धर्मनिरपेक्ष राष्ट्रीय पहचान का स्थान पृथक् राज्य अथवा स्वायत्तता के रूप में परवर्ती के बढ़ते अभिकथन द्वारा ग्रहण कर लिया गया है। महत्त्वपूर्ण रूप से इतिहास, भाषा, संस्कृति, एवं राज्यक्षेत्रीय वंशक्रम जैसे सर्वमान्य अभिलक्षणों की संख्या घटने के बावजूद ये सब प्रदेश–विशेष नृजातीय, सांस्कृतिक एवं भाषायी पहचानें आवश्यक रूप से प्रच्छन्न राष्ट्रीय पहचानें नहीं है। इसके अलावा, ये उन माँगों की प्रकृति के लिहाज से भी भिन्न हैं जो उनके द्वारा राजनीतिक प्रक्रिया में इस अभिप्राय से की जाती हैं कि बड़ी पहचानें राज्य का दर्जा पाने हेतु प्रयास में प्रवृत्त हो सकती हैं, जबकि छोटी पहचानें एक वर्तमान राज्य के भीतर स्वायत्तता एवं उचित प्रतिनिधित्व का प्रयास कर सकती हैं।

प्रश्न 2. प्रांत व प्रांतवाद की संकल्पनाओं से आप क्या समझते हैं? व्याख्या कीजिए।

उत्तर– मानसिक स्तर तक संकल्पना के रूप में क्षेत्रवाद पर चर्चा शुरू करने से पहले, 'क्षेत्र' शब्द को समझना प्रासंगिक होगा। क्षेत्र की संकल्पना, सारतः, इस अर्थ में क्षेत्रवाद के किसी भी वैचारीकरण के नितांत अभ्यंतर में निहित है कि यह संकल्पना उस क्षेत्रीय निष्ठा के भवजाल प्रकट हेतु अस्तिवपरक आधार प्रदान करती है जो अंततः क्षेत्रवाद के राजनीतिक रूप में व्यक्त हो जाती है। यद्यपि प्रादेशिकता क्षेत्रवाद की आंशिक समझ हेतु आधार प्रदान करती है, समाजशास्त्री गैर–भौगोलिक कारकों से अधिक संबद्ध रहे हैं, क्योंकि उनके लिए, क्षेत्र हमेशा से एक भौगोलिक सत्ता की बजाय एक विश्लेषण–संबंधी विचार अधिक रहा है।

चूँकि क्षेत्र के सामाजिक–सांस्कृतिक पहलुओं के लिहाज से यह विभिन्न उद्देश्यों हेतु सामाजिक एकत्रीकरण का एक केंद्र माना जाता है। इस विचार से, एक प्रदेश विशेष को, एक समयावधि तक, वैशिष्ट्य अर्जित करते हुए दूर रखा जाता है, जबकि विभिन्न परिवर्तनशील मदें विभिन्न अवस्थाओं में व्यवहृत होती हैं। इन परिवर्तनशील मदों में शामिल हैं–भूगोल स्थाकृति, धर्म, भाषा, रीति–रिवाज, विकास की सामाजिक, आर्थिक व राजनीतिक अवस्थाएँ, सामान्य ऐतिहासिक परंपरा तथा अनुभव इत्यादि। मोटे तौर पर, समाजशास्त्रियों ने भारत में क्षेत्रों के चार प्रकारों की पहचान की है–अतीत से जुड़े सर्वमान्य धार्मिक व मिथकों पर आधारित ऐतिहासिक क्षेत्र; सर्वमान्य भाषा पर आधारित भाषायी क्षेत्र; सांस्कृतिक समरूपता पर आधारित सांस्कृतिक क्षेत्र और अंततः जाति पद व सांप्रदायिक प्रतिष्ठा जैसे कुछ प्राधारिक सिद्धांतों पर आधारित पहचान वाले प्राधारिक क्षेत्र।

दो निष्कर्ष निकलते हैं–एक, बेशक कोई क्षेत्र एक प्रादेशिक संकल्पना हो, इसके लक्षण विशिष्टतः प्रादेशिक नहीं होते और दूसरा क्षेत्रवाद मूल रूप से उनके अपने राजनीतिक नेतृत्व तथा जनसाधारण द्वारा उन क्षेत्रों के भिन्न–भिन्न अनुभवों के कारण पैदा होता है।

रशीदुदीन खान का तर्क है कि क्षेत्रवाद भारतीय संघवाद की संकल्पना के लिए सर्वाधिक अधिक महत्त्व का है। भारत का एक बहु–क्षेत्रीय संघ के रूप में उल्लेख करते समय, खान तर्क देते हैं कि राष्ट्रीयता तथा नृजातीयता की अवधारणाएँ देश की सामाजिक–सांस्कृतिक विविधताओं की व्याख्या करने के लिए पर्याप्त नहीं है। भारत में क्षेत्रों के विशिष्ट सामाजिक, सांस्कृतिक, ऐतिहासिक, भाषायी आर्थिक व राजनीतिक संकेतार्थ हैं और 'क्षेत्रीय पहचान' शब्द भारतीय समाज की बहुलता की एक बोधगम्य अभिव्यक्ति के रूप में लिया जाता है।

तथापि, जैसाकि ए.के. बरुआ का तर्क है, नृजातीयता तथा राष्ट्रीयता जैसे कारक नगण्य नहीं किए जा सकते हैं। मेघालय, तमिलनाडु, झारखण्ड तथा गोरखालैण्ड में क्षेत्रीय आंदोलनों ने नृजातीयता की एक विशिष्ट भूमिका देखी है। तब भारत के उत्तर–पूर्वी राज्यों में और कश्मीर में (कश्मीरी मुसलमान) अधिकतर नृजातीय समूह स्वयं को भिन्न राष्ट्रीयताओं के रूप में मानना पसंद करते जो अपरिवर्तनीय रूप से उनमें भारतीय राज्य के प्रति एक प्रकार का विरोध उत्पन्न करना, चूँकि उनकी पहचान का दावा भारतीय राष्ट्र भावना के प्रति द्वेषपूर्ण माना जाता है।

डी.सी.बर्मन भारत में क्षेत्रवाद को इस रूप में देखते हैं–एक सिद्धांत जो एक समूह के भीतर एक क्षेत्रीय आधार पर प्रशासन के विकेंद्रीकरण को सूचित करता है, एक नितांत एकसार राष्ट्रीय एकता के थोपे जाने के विरुद्ध एक सामाजिक–सांस्कृतिक प्रति–आंदोलन, प्रतिनिधि सांस्कृतिक क्षेत्र हेतु और अधिक स्वायत्तता प्राप्त करने पर अभिलक्षित एक राजनीतिक प्रति–आंदोलन है। इस संदर्भ में यह गौर करना सुसंगत होगा कि क्षेत्रवाद एक जटिल दृश्यघटना है और इसे केंद्र के सम्मुख एक स्वायत्ततार्थ आंदोलन के रूप में अथवा संघीय प्रशासनिक असंतुलनों के विरुद्ध एक प्रतिक्रिया के रूप में उतारना अतिसाधारणीकरण करने के समान ही है। पॉल आर. ब्रास का तर्क है कि प्रादेशिकता हमें क्षेत्रवाद की दृश्यघटना का मात्र एक आंशिक बोध कराती है और इस कारण इस दृश्यघटना के अन्य आयामों का अन्वेषण अत्यावश्यक है। क्षेत्रवाद के विश्लेषण हेतु एक वैधानिक मार्ग अपनाते समय वह क्षेत्रीय व राष्ट्रीय न्यायक्षेत्र के अधीन आने वाले विषयों के सीमा–निर्धारण का आश्रय लेते हैं। इस संदर्भ में तर्क दिया जा सकता है कि इन विषयों का कोई संपूर्ण पृथक्करण संभव नहीं हो सकता है।

क्षेत्रवाद को मात्र संघवाद के शब्दों में अथवा एक वैधानिक संकल्पना के रूप में आँके जाने का प्रयास सिद्धांततः अपनी संपूर्णता में इस दृश्यघटना को समझने के लिए अपर्याप्त है। क्षेत्रवाद की प्रकृति का एक अन्य पहलू **डंकन बी. फॉरेस्टर** के लेखों से प्रकट होता है, जिन्होंने क्षेत्रवाद और उप–क्षेत्रवाद के बीच भेद मूलतः क्षेत्रों के सीमाक्षेत्रीय तथा जनसांख्यिक

आकार के लिहाज से किया है। इस प्रकार का तर्क मुश्किल से ही माना जाता है, क्योंकि किसी क्षेत्र का आकार आवश्यक नहीं कि क्षेत्रवाद व क्षेत्रीय आंदोलनों हेतु मापदंड हो ही। इसके अतिरिक्त, क्षेत्रीय व उप–क्षेत्रीय सत्ताओं की माँगें वे शिकायतें हमेशा ही विभेद्य नहीं होतीं, बेशक यह माना जाता है कि पूर्ववर्ती के तहत परवर्ती की अपेक्षा अधिक बड़ा क्षेत्र आता है। तेलंगाना के ठोस संदर्भ में उप–क्षेत्रवाद का वैचारीकरण करते हुए फॉरेस्टर तर्क प्रस्तुत करते हैं कि ऐतिहासिक व आर्थिक कारक उप–क्षेत्रीय पहचानों को जन्म देते हैं और ऐसी बाध्यकारी राजनीतिक प्रतिनिधि संस्कृतियों को प्रोत्साहित करते हैं जो कि न सिर्फ असंबद्ध होती हैं, बल्कि उस भाषायी राज्य के प्रतिनिधित्व वाली भाषा, संस्कृति व जाति के बृहत्तर संगठनों के साथ संघर्षरत भी होती हैं। भारत में क्षेत्रवाद का अध्ययन इकबाल नारायण के प्रतिपादनों पर विचार करते समय काफी उपयोगी होगा। उन्होंने क्षेत्रवाद की संभवतः बृहत्तम परिभाषा दी है, जिसमें भौगोलिक, ऐतिहासिक–सांस्कृतिक, आर्थिक, राजनीतिक–प्रशासनिक तथा मानसिक कारक शामिल हैं। स्वदेशवादी तथा क्षेत्रीय आंदोलनों की हम कैसे तुलना कर सकते हैं? स्वदेशवादी तथा क्षेत्रीय आंदोलनों के बीच समानता इस तथ्य में निहित है कि ये दोनों ही क्षेत्रीय आधार वाले हैं। भिन्नता निम्नलिखित रीति में निहित है–प्रथम, स्वदेशवादी आंदोलनों से भिन्न, क्षेत्रीय आंदोलन आवश्यक रूप से प्रश्नाधीन क्षेत्र के बाहर से आए प्रवासियों की उपस्थिति अथवा प्रवासियों द्वारा मूल निवासियों का शोषण पहले से ही यह मानकर नहीं चलता। इस प्रकार, स्वदेशवादी आंदोलन हमेशा नृजातीय उत्तमता द्वारा अभिलक्षित नहीं होता है। जैसाकि लेविस पी. फिके का विचार है कि राजनीतिक दल क्षेत्रीय संचेतना के उत्प्रेरक की भूमिका निभाते हैं, यह उल्लेख किया जा सकता है कि राजनीतिक दल हमेशा क्षेत्रवाद की राजनीति के लिए अपरिहार्य नहीं होते। विभिन्न प्रकार के आंदोलन अक्सर गैर–राजनीतिक दल आंदोलनों को जारी रखते समय किसी भी क्षेत्र के लोगों की ओर से क्षेत्रीय आकांक्षाओं को व्यक्त करने में सक्षम पाए जाते हैं तथा ऑल असम स्टूडेण्ट 'स' यूनियन (आसू), तेलंगाना आंदोलन, उत्तराखंड आंदोलन, छत्तीसगढ़ आंदोलन आदि। एक संबद्ध परिप्रेक्ष्य में यह तर्क दिया गया है कि सभी क्षेत्रीय माँगें राजनीतिक अभिजात्य वर्ग संघर्षों के रूप में जन्म लेती हैं। माइकल हैक्टर ने क्षेत्रवाद के अध्ययन में योगदान भारत में क्षेत्रवाद की प्रकृति के विश्लेषण हेतु आंतरिक औपनिवेशिक मॉडल को सुव्यक्त करके दिया है। वह कहते हैं कि क्षेत्रवाद परिधीय संप्रदायों के केंद्रीय संप्रदायों द्वारा शोषण के वास्तविक अथवा लिए गए अर्थ का परिणाम है। सारांशत : यह तर्क दिया जा सकता है कि भारत में क्षेत्रवाद क्षेत्रीय नृतत्त्व के लिहाज से एक संगठित प्रयास रहा है कि जरूरी नहीं है कि औपचारिक व अनौपचारिक लोकतांत्रिक सभा–मंचों पर क्षेत्रीय शिकायतों और उम्मीदों को व्यक्त करने में और लोकसम्मत लामबंदी हेतु आधिपत्य को प्रयोग करने में किसी राजनीतिक दल से संबद्ध ही हो।

प्रश्न 3. क्षेत्रीय असंतुलन के कारण तथा इसे दूर करने के उपायों को बताइए।

उत्तर– क्षेत्रीय असमानताओं के लिए काफी सीमा तक ब्रिटिश शासनकाल की नीतियाँ जिम्मेदार हैं। अंग्रेजों ने उन प्रदेशों व क्षेत्रों का विकास किया जिनकी उन्हें आवश्यकता थी। समुद्र के किनारे बड़े–बड़े औद्योगिक नगर विकसित हो गए थे जैसे मुंबई (बंबई), कलकत्ता और चेन्नई (मद्रास) और निश्चय ही इन स्थानों पर रहने वाले लोगों की शिक्षा व रोजगार की ज्यादा सुविधाएँ उपलब्ध रहीं, जिनके लिए निम्नलिखित कारण उत्तरदायी हैं–

(1) राजनीतिक इच्छा शक्ति की कमी के कारण भी बहुत–से विकास कार्यक्रम लागू नहीं किए जा सके हैं। जिन लोगों के हाथ में राजनीतिक सत्ता है, वे समाज के 'विशिष्ट–वर्ग' से संबंध रखते हैं। यह वर्ग विशिष्ट अधिकारों और आरामदेह जिंदगी का अभ्यस्त बन चुका है। इस वर्ग के अपने कुछ निहित स्वार्थ हैं जो समाज के एक बड़े हिस्से को उसके अधिकारों से वंचित रखकर ही पूरे हो सकते हैं। ये लोग जब प्रशासक बनकर गाँवों या आदिवासी इलाकों में जाते हैं तो जनजीवन से जुड़ने की बजाए साहूकारों, महाजनों और ठेकेदरों का पक्ष लेने लगते हैं। इस प्रकार निंरतर शोषण का क्रम चलता रहता है।

(2) विकास योजनाओं का लक्ष्य उत्पादन और रोजगार में वृद्धि लाना था, पर जैसा कि प्रसिद्ध अर्थशास्त्री दंतवाला ने कहा है, "योजनाओं के अधिकतर लाभ राजनीतिक प्रभाव रखने वाले समृद्ध किसानों के पक्ष में मोड़ दिए गए और इन्होंने इन लाभों को हथिया लिया।"

(3) क्षेत्रीय असंतुलन के लिए काफी सीमा तक राजनीतिक और प्रशासनिक परिस्थितियाँ भी उत्तरदायी है। राज्यों में दल–बदल की राजनीति और सरकारों के उथल–पुथल से विकास–कार्य को हानि पहुँचती है। कोई भी सरकार जिसकी सारी शक्ति अपने को बनाए रखने में ही खर्च हो जाती हो, विकास–कार्यों की ओर कैसे ध्यान दे सकती है।

यहाँ तक कि राज्यपाल की भूमिका भी विवादास्पद हो गई है। उत्तर प्रदेश की घटनाओं के संदर्भ में इलाहाबाद हाईकोर्ट ने 19 दिसम्बर 1996 के अपने एक फैसले में यह कहा कि "राष्ट्रपति शासन की सिफारिश करने के पहले राज्यपाल ने लोकतांत्रिक सरकार के गठन के अंतिम संभव विकल्प–सदन में शक्ति परीक्षण को नहीं टटोला। इस तरह से उन्होंने अपने संवैधानिक दायित्व का ठीक से पालन नहीं किया।"

(4) उत्पादन में जहाँ यंत्र या औजार की महत्ता है, वहाँ मानव–पूँजी (Human Capital) की महत्ता भी किसी तरह कम नहीं। जैसा कि हम जानते हैं, पंजाब के आर्थिक विकास में वहाँ के निवासियों की साहसी और परिश्रमी प्रवृत्ति का बड़ा हाथ है। दूसरी ओर वे प्रदेश जहाँ के निवासी अज्ञान या आलस्य के कारण 'नवपरिवर्तन' (Innovation) व नयी तकनीक को ग्रहण करने में झिझकते हैं।

क्षेत्रीय असंतुलन वाले प्रदेश एक अजीब 'दुष्चक्र' (vicious circle) में फँसे हैं। इन राज्यों की 'आधारिक संरचना' चूँकि कमजोर है, इसलिए वहाँ उद्योगपति 'निवेश' से कतराते हैं। विद्युतीकरण, सड़कों, बाजारों और वित्तीय संस्थाओं के अभाव के कारण वहाँ नयी औद्योगिक इकाइयाँ खड़ी नहीं की जातीं और क्योंकि ऐसा नहीं होता, इसलिये ये क्षेत्र और पीछे रह जाते हैं। अभिप्राय यह है कि विकसित प्रदेश और उन्नत होते जाते हैं, जबकि गरीब इलाके और पीछे धकेल दिए जाते हैं।

क्षेत्रीय असंतुलन को दूर करने के प्रमुख उपायों का वर्णन निम्नलिखित हैं–

(1) राजनीतिक इच्छाशक्ति की कमी और अधिकारियों की लापरवाही के कारण बहुत–से विकास कार्यक्रम प्रभावी ढंग से लागू नहीं किये जा सके हैं। इसलिए प्रशासन को चुस्त बनाने की जरूरत है।

(2) उत्पादन में जहाँ यंत्र और औजार की महत्ता है, वहाँ 'मानव पूँजी' (Human Capital) का महत्त्व भी कम नहीं है। इसलिए संचार साधनों के माध्यम से जन–जागरण को बढ़ावा देने की जरूरत है। यह जरूरी है कि लोग बिना किसी झिझक के नयी तकनीक और 'नव–परिवर्तन' (innovation) का स्वागत करें।

(3) अविकसित क्षेत्रों के विकास को उच्च प्राथमिकता देनी होगी। लघु उद्योगों के साथ–साथ मध्य उद्योगों पर भी जोर देने की जरूरत है। इन क्षेत्रों के विकास के लिए आधारभूत सुविधाओं (बिजली, सड़क परिवहन, दूरसंचार और रेलवे) का विस्तार जरूरी है। आधारभूत ढाँचे को मजबूत बनाने पर ही अविकसित क्षेत्रों में देशी–विदेशी पूँजी को आकर्षित किया जा सकता है। विदेशी उद्यमी भारत में तभी अपनी पूँजी लगाना चाहेंगे जबकि उसी तरह का वातावरण उन्हें भारत में भी मिले जिस वातावरण में वे अपने देशों में काम कर रहे हैं।

(4) नौवीं योजना में कृषि क्षेत्र में 4.5 प्रतिशत वार्षिक वृद्धि का लक्ष्य रखा गया। नई राष्ट्रीय कृषि नीति इस उद्देश्य से तैयार की गई कि बढ़ती आबादी हेतु आवश्यक खाद्य पदार्थों की पूर्ति सुनिश्चित हो सके। साथ ही, किसानों को उनकी उपज का लाभदायक मूल्य दिलाने की व्यवस्था की जा रही है। ग्रामीण क्षेत्रों में रोजगार पैदा करने के लिए ग्रामीण उद्योगों को बढ़ाने पर विशेष जोर दिया गया। कृषि नीति ऐसी होनी चाहिए कि किसान परिवारों को पूरे साल रोजगार मिलता रहे।

(5) पर्वतीय क्षेत्रों के संतुलित विकास के लिए निम्नलिखित बातों को सुनिश्चित किया जाना चाहिए–(1) विद्यमान वनों की प्रभावी ढंग से सुरक्षा की जाए; (2) वन्य भूमि पर किसी भी कार्य के लिए कब्जा करने की अनुमति न दी जाए तथा (3) वन्य भूमि का हस्तांतरण गैर वन्य प्रयोजनों के लिए न किया जाए, चाहे वह प्रयोजन कितना ही महत्त्वपूर्ण क्यों न हो। "पर्वतीय क्षेत्रों में जनसंख्या का घनत्व कम है और ग्राम छोटे–छोटे हैं तथा लंबी दूरी तक छितरे हुए हैं। ऐसे स्थानों पर कुली, मजदूरों तथा खच्चरों के लिए पगडंडियाँ बनाकर उनका समुचित रख–रखाव किया जाना चाहिए।"

22 प्रवसन और विकास

प्रश्न 1. भारत में आंतरिक प्रवास के कारण बताइए।

अथवा

माईग्रेशन के आंतरिक कारणों का आलोचनात्मक परीक्षण कीजिए।

[Dec 2009, Q. 7.][Dec 2010, Q. 9.]

उत्तर– यह मान्यता सर्वमान्य है कि मूल स्थान और गंतव्य के बीच उपार्जन जितना अधिक होगा उतनी ही अधिक संभावना सक्षम व्यक्तियों के भ्रमण की होती है। शहरी क्षेत्रों के बहुत से प्रवासी आरंभ में अनौपचारिक क्षेत्र में प्रवेश करते हैं। क्योंकि कुछ लोगों के लिए यह उचित रोजगार मिलने से पहले संक्राम्य चरण होता है। तथापि, इन प्रतिमानों के सांख्यिकीय अध्ययन अनौपचारिक क्षेत्र को परिभाषित करने में सुस्पष्टता की कमी से बाधित हैं और प्रमाण यह स्पष्ट नहीं करता कि क्या उचित और अनौपचारिक क्षेत्र समान कामगारों को ऊपरी तौर पर उच्च भुगतान पेश करते हैं।

इस बात की उपलब्धियाँ अभी स्पष्ट नहीं है कि क्या अलग–अलग स्थानों के बीच बेरोजगारी दरों में अंतर से प्रवास के अवसर बढ़ते हैं। सीमित प्रमाण से संकेत मिलता है कि प्रवासी अक्सर देश छोड़ने से पहले अपने लिए शहरी रोजगार की पहचान करते हैं जबकि कुछ अन्य प्रवासी देशांतरण के बाद काम की तलाश करते हुए प्रतीत होते हैं जो या तो अस्थायी रोजगार में होते हैं अथवा पूरी तरह बेरोजगार होते हैं। तथापि, एक अध्ययन से स्पष्ट है कि विकासशील देशों में कृषि से अन्य प्रवास केवल तभी बंद होगा जब उपार्जन के बीच अंतर पूरी तरह समाप्त हो जाए। यह भी तर्क दिया जाता रहा है कि बेरोजगार कार्यकर्त्ता के पास अपने गृह/देश में बस जाने के लिए पुनर्रोजगार के अधिक अवसर वहाँ होते हैं जहाँ सूचना और सम्पर्क शीघ्रातिशीघ्र उपलब्ध हों।

(1) प्रवास नियंत्रण और प्रोत्साहन–कुछ देशों ने आंतरिक प्रवास पर प्रतिबंध लगाने का प्रयास किया है। जब तक राज्य बड़े उपाय करने को तैयार नहीं होता, इस तरह के नियंत्रण आमतौर पर अप्रभावी रहते हैं। कई संदर्भों में यह पाया गया है कि बहिष्कृत प्रवासी जल्दी ही वापस आ जाते हैं। कुछ साम्यवादी राज्यों में रोजगार, मकान, भोजन राशन और अन्य राज्य प्रसुविधाओं तक पहुँच कुछ विशिष्ट स्थानों तक सीमित है जिससे कार्य का प्रोत्साहन न मिलने से प्रवास पर प्रभावपूर्ण रोक लगती है। तथापि, कम से कम चीन में, अधिकतर बाजार–उन्मुखी व्यवस्था के आने से इन नियंत्रणों की प्रभावकारिता में कमी आई है और प्रवास में भली–भाँति वृद्धि हुई है।

(2) सुख सुविधाओं की उपलब्धता और गुणवत्ता—किसी स्थान विशेष पर सुख सुविधाओं के बढ़ने से उद्योग आकर्षित होते हैं अथवा कृषि का विस्तार होता है। रोजगार वितरण और उच्चतर वेतन की सीमा तक बाहरी प्रवास हतोत्साहित किया जाए तथा देश के भीतर प्रवास को प्रोत्साहित किया जाए। स्थानीय सुख सुविधाओं से प्रवासी के निर्णय पर प्रत्यक्ष प्रभाव पड़ सकता है तथा जीवन स्तर अधिक आकर्षक हो सकता है।

(3) जोखिम पर काबू पाने के लिए परिवार संचालन का कौशल—परिवारों द्वारा अपनी जिम्मेदारी स्वयं वहन करने का एक तरीका है अपने सदस्यों को ऐसे स्थानों पर प्रवासित करना जहाँ आर्थिक प्रतिकूलता का सामान्यतः घर पर सामंजस्य न हो सके। मूल गृह और प्रवासी के बीच संप्रेषण से खपत आसान हो जाती है।

(4) हिंसा, बीमारियाँ और अकाल प्रभार—यह सुस्पष्ट है कि हिंसा और प्राकृतिक अकाल की गाथाओं के परिणामस्वरूप आंतरिक तौर पर विस्थापित व्यक्तियों अथवा अंतर्राष्ट्रीय शरणार्थियों का बड़े पैमाने पर देशांतरण होता है। तथापि, हिंसा, राजनीतिक दबाव और बढ़ते हुए अकालों से बार-बार जोखिम के जारी रहने की सीमा तक प्रवासियों का प्रवाह सुप्रलेखित संख्या से काफी कम है।

(5) परिवार और नेटवर्क—शहरों में परिवार और उसके दोस्तों के बीच नेटवर्क होने से शहरों में प्रवास को प्रोत्साहन मिलता है। इसके प्रतिकूल, घर पर सुविकसित नेटवर्क होने से देशांतरण हतोत्साहित होता है। शादी के समय पत्नी से मिलने अथवा उसका साथ देने के लिए देशांतरण आम प्रतीत होता है। कुछ अध्ययनों से पता चलता है कि माता-पिता जब अपने निजी प्रवास का निर्णय लेते हैं तब उनके दिमाग में उनकी संतान का कल्याण भी सन्निहित होता है।

(6) दूरी—लघु दूरी के लिए प्रवास दूरस्थ स्थानों के प्रवास के मुकाबले अधिक आम है। क्या इससे अधिक दूर जाने पर अधिक लागत का पता चलता है, दूरस्थ विकल्पों के बारे में सूचना की कमी अथवा निकटस्थ आवास में देशांतरण की कमी का अवनिर्धारण नहीं हो पाता है।

(7) धन और पूँजीगत बाजार—अधूरे और अपूर्ण स्थानीय पूँजीगत बाजार बाहरी प्रवास को बढ़ावा देते हैं जो या तो परिवारों की योग्यता पर प्रत्यक्षतः प्रतिबंध लगाकर अथवा रोजगार सृजन को प्रभावित करके अप्रत्यक्ष तौर पर होता है। महँगे प्रवास के वित्तपोषण की सुअवसर लागत संभवतया धनी परिवारों के लिए कम होती है। इसके दो महत्त्वपूर्ण कारण हैं—प्रथम, अन्य बातें समान होने पर धनी परिवारों से प्रवास अधिक आम है और इसके बदले में आय में असमानता बढ़ जाती है। दूसरे, चूँकि, जब एक क्षेत्र धनी हो जाता है तो बाहर प्रवास वस्तुतः बढ़ जाता है क्योंकि वित्तीय अड़चनें कम हो जाती हैं।

प्रश्न 2. भारत में प्रवास प्रवाह प्रबलतः लिंग चयनात्मक क्यों है? क्या साल दर साल इस अनुपात में कोई अंतर पड़ा है? तथा अधिशहरीकरण के क्या कारण हैं प्रकाश डालिए।

उत्तर— भारत में प्रवास प्रवाह प्रबलतः लिंग चयनात्मक होने का मुख्य कारण भारतीय सामाजिक व्यवस्था में पितृसत्तात्मक व्यवस्था का परंपरागत रूप है। पितृसत्तात्मक व्यवस्था में स्त्रियों के जीवन के जिन पहलुओं पर पुरुषों का नियंत्रण रहता है, उनमें सबसे महत्त्वपूर्ण हिस्सा उनकी प्रजनन क्षमता होती है। भारत में प्रजनन क्षमता को शुरू–शुरू में उस कबीले का संसाधन माना जाता था, जिससे वह स्त्री संबद्ध होती थी। सघन कृषि के विकास के साथ, मानव श्रम का शोषण और महिलाओं का यौन नियंत्रण एक–दूसरे से जुड़ गए। इस तरह स्त्री की यौनिकता पर नियंत्रण की आवश्यकता पैदा हुई और यह नियंत्रण निजी संपत्ति के उदय और वर्ग आधारित शोषण के विकास के साथ ही साथ अधिक तीव्र होता चला गया। पितृवंशात्मक समाज में संपत्ति का हस्तांतरण पिता से पुत्र अर्थात् सिर्फ पुरुषों के बीच ही होता है। वर्ग समाज की इस जरूरत की पूर्ति के लिए महिलाओं की यौनिकता को विवाह संबंध के भीतर तक ही सीमित रखने के लिए कानूनी एवं नैतिक प्रावधानों की आवश्यकता होती है। भारत में पितृसत्ता मूल रूप से वर्ग और राज्य दोनों से संबंधित होती है।

पितृसत्ता के तहत स्त्री की यौनिकता पर नियंत्रण के अलावा उसकी पुरुषों के तहत अधीनता से पुरुषों को उसकी उत्पादक या श्रम शक्ति पर नियंत्रण की क्षमता भी प्राप्त हो जाती है। भारतीय समाज में घर के भीतर और बाहर स्त्रियों की उत्पादकता पर पुरुषों का नियंत्रण रहता है। स्त्रियों के श्रम पर नियत्रण का सामान्य अर्थ है कि पुरुष स्त्रियों के अधीनीकरण से आर्थिक लाभ प्राप्त करते हैं। दोहरे नियंत्रण अर्थात् स्त्री की यौनिकता और श्रम पर नियंत्रण के चलते उनकी आने–जाने की स्वतंत्रता बुरी तरह सीमित हो जाती है। इसके लिए भारतीय समाज में ऐसी परंपराओं एवं रीति–रिवाजों का सहारा लेकर उसे घर के अंदर ही बाँध दिया जाता है। नियंत्रणों की पूरी संरचना, महिलाओं को उत्पादक संसाधनों तक सीधी पहुँच से वंचित रखने और उन्हें पुरुषों पर निर्भर बनाने में सुगम साबित होती है।

हाँ, यह बात सही है कि साल दर साल भारत में स्त्री एवं पुरुष अनुपात में अंतर पड़ा है, जो निम्नलिखित आँकड़ों के रुझान से स्पष्ट हो जाता है, जैसे—2001 में प्रति 1000 पुरुषों पर केवल 933 महिलाएँ थी। वर्ष 1991 में प्रति 1000 पुरुषों पर केवल 927 महिलाएँ थी। किसी भी देश के जनांकिकीय विश्लेषण में उस राष्ट्र की लिंग संरचना महत्त्वपूर्ण भूमिका निभाती है। वर्ष 2001 की जनगणना से कुछ परेशान करने वाली बातें सामने आई हैं। यह सच है कि औसत भारतीय की जीवन की प्रत्याशा बढ़ी है और साक्षरता तथा स्वास्थ्य के स्तर में सुधार हुआ है। पर इसके साथ की कुल आबादी में स्त्री और पुरुषों के बीच लिंगानुपात असंतुलित हुआ है, जो एक खतरनाक समस्या की ओर संकेत करती है, क्योंकि समाज को सुचारु तथा संतुलित रूप से चलाने के लिए स्त्री–पुरुषों के बीच संतुलन का होना

आवश्यक होता है। आजादी के इन वर्षों बाद भी भारतीय जनमानस लिंगभेद से बुरी तरह पीड़ित है।

एक महत्त्वपूर्ण विचार यह है कि आर्थिक विकास का संबंध नगरीकरण के विकास के साथ होता है। ग्रामीण–शहरी प्रवास के परिणामस्वरूप ही अधिशहरीकरण का विकास होता है। गाँवों तथा शहरों के बीच यह परिवर्तन आर्थिक विकास की दृढ़ कसौटी माना जाता है। जैसाकि सभी को मालूम है कि 20वीं शताब्दी के पूर्वार्द्ध में भारत आर्थिक गतिरोध के काल से गुजरा, जिसके परिणामस्वरूप नगरीकरण की मात्रा सीमित रही। भारत में नगर जनसंख्या वर्ष 1901, 1911, 1941, 1951, 1961, 1971 1981, 1991 तथा 2001 में क्रमशः 11, 10.3, 14, 17.3, 18, 20, 23.3, 25.7 तथा 27.8 रही। वहीं राज्य स्तर पर वर्ष 2001 में जम्मू–कश्मीर 24.8, हिमाचल प्रदेश 09.8, पंजाब 33.9, चंडीगढ़ 89.8, उत्तरांचल 25.7, हरियाणा 28.9, दिल्ली 93.2, राजस्थान 23.4, उत्तर प्रदेश 20.8, बिहार 10.5, असम 12.9, पश्चिम बंगाल 28.0, झारखण्ड 22.2, उड़ीसा 15.0, छत्तीसगढ़ 20.1, मध्य प्रदेश 26.5 तथा गुजरात में 37.4 प्रतिशत रही है। भारत में नगरीकरण की प्रवृत्ति का जहाँ तक प्रश्न है, उसके संबंध में कहा जा सकता है कि एक लाख से अधिक जनसंख्या वाले प्रथम श्रेणी के नगरों में नगरीय जनंसख्या का अनुपात जो वर्ष 1901 में 25.7 प्रतिशत था, 1991 में बढ़कर 65.2 प्रतिशत हो गया। प्रथम श्रेणी के नगर प्रशासनिक और सामान्य आर्थिक क्रिया के केंद्र हैं। उद्योग, परिवहन, व्यापार और वाणिज्य प्रशासनिक एवं उदार सेवाएँ भी उन्हीं में केंद्रित है। नगर जनसंख्या का इस आकार–श्रेणी के नगरों में संकेंद्रण का मूल कारण यही है। इसके अलावा, द्वितीय श्रेणी की उच्चतम सीमा पर पहुँचे नगर प्रथम श्रेणी में प्रवेश कर जाते हैं। इसका जीता–जागता प्रमाण यह है कि जहाँ भारत में 1951 में 44 नगर प्रथम श्रेणी में थे, वह संख्या बढ़कर 1991 में 296 हो गयी।

यद्यपि भारत में यूरोप की तरह नगरीकरण की प्रक्रिया घटित नहीं हुई, बल्कि 19वीं शताब्दी तथा 20वीं शताब्दी के आरंभिक काल में निम्नलिखित कारणों के चलते नगरीकरण में वृद्धि हुई, जो इस प्रकार है–रेलवे विकास के कारण व्यापार महत्त्वपूर्ण जगहों के द्वारा होने लगा। निर्यात के लिए भारत में महत्त्वपूर्ण व्यापारिक केंद्रों पर तैयार माल तथा कच्चे माल एकत्रित करने के लिए रेलवे का विकास किया गया। विशेषकर 19वीं शताब्दी में व्यापक अकालों के कारण वृहत् पैमाने पर किसान बेरोजगार हो गए। ग्रामीण क्षेत्रों में रोजगार न उपलब्ध होने के कारण ग्रामीण जनसंख्या रोजगार की तलाश में नगरों की ओर पलायन करती गई। वहीं भूमिहीन श्रम वर्ग के विकास से भी नगरीकरण उत्पन्न हुआ। इस वर्ग का मूल आधार कृषि था। जिन लोगों को शहरी क्षेत्रों में स्थायी रोजगार मिल गया, उन्होंने वहीं अपना निवास बना लिया। वहीं धनी वर्गों में भी नगरों में बसने की प्रवृत्ति भी विद्यमान हुई, क्योंकि नगर–जीवन में ऐसे आकर्षण तथा सुख–सुविधाओं के संसाधन उपलब्ध होते हैं, वे आज भी

भारत के ग्रामीण क्षेत्रों में देखने को नहीं मिलते। उन सभी कारणों में औद्योगीकरण का विकास होना रहा है, किंतु भारत में इसका प्रभाव सशक्त नहीं हुआ, क्योंकि भारत में कोई ऐसा नगर विकसित नहीं हुआ, जिसका उद्‌भव औद्योगीकरण के कारण हुआ माना जाता है।

प्रश्न 3. माईग्रेशन पर एक संक्षिप्त नोट लिखिए। [June 2008, Q. 10. (ख)]

उत्तर– मौलिक अधिकार जोकि प्रत्येक भारतीय को प्राप्त हैं और जिनसे प्रत्येक भारतीय अवगत है और जिनका सरकार अपहरण नहीं कर सकती है लेकिन कुछ विशेष स्थिति में धारा 19 के अधीन सभी अधिकार अपने–आप स्थगित हो जाते हैं। संकटकाल में देश के राष्ट्रपति के आदेश द्वारा संवैधानिक उपचारों के अधिकार को भी स्थगित किया जा सकता है। व्यापक अर्थ में उन सभी अधिकारों को मौलिक अधिकार कहा जा सकता है, जो व्यक्तित्व के विकास के लिए अत्यंत आवश्यक है। किंतु शुद्धतः वैधानिक दृष्टि से उन सभी अधिकारों को मौलिक अधिकार कहा जाता है, जो संविधान द्वारा जनता को प्राप्त हैं तथा इनकी रक्षा के लिए न्यायालय की शरण ली जा सकती है। संविधान के तृतीय भाग में मौलिक अधिकारों का वर्णन धारा 12 से 35 तक किया गया है। इन अधिकारों में सामान्य अधिकार तथा संवैधानिक उपचारों के अधिकार के संबंध में कहा जाता है कि सामान्य अधिकार राज्य को मौलिक अधिकारों के विरुद्ध कानून बनाने से रोकता है, यह स्वयं में अधिकार नहीं और संवैधानिक उपचारों का अधिकार भी मौलिक अधिकारों की रक्षा का सिर्फ साधन है, स्वयं अधिकार नहीं है। स्वतंत्रता का अधिकार जिसका संविधान की धारा 19 से 22 में वर्णन किया गया है। संविधान की धारा 19 के अंतर्गत जनता को संपूर्ण भारत में कहीं भी घूमने तथा–आने के साथ ही किसी भी भू–भाग में निवास करने व बसने का अधिकार दिया गया है। परंतु भारत के जम्मू–कश्मीर में अन्य नागरिकों को बसने का अधिकार प्राप्त नहीं हैं। संविधान निर्माताओं द्वारा कुछेक विशेष अधिकार प्रदान किए गए हैं। संविधान में स्वतंत्रता के अधिकार के अधीन जो अधिकार प्रदान किया गया है, उसमें व्यक्तिगत स्वतंत्रता का अधिकार सर्वाधिक मौलिक है। गतिशीलता की यह स्वतंत्रता लोक कल्याणकारी लोकतांत्रिक व्यवस्था वाले देशों में उदारवादी आर्थिक विकास के लिए आदर्श मानी जाती है।

प्रश्न 4. 'प्रवासियों के लक्षण' पर संक्षिप्त नोट लिखिए।

उत्तर– भारतीय प्रवास का प्रमुख लक्षण आयु का चयन है। यह दर्शाया गया है कि 25–30 वर्ष का आयु वर्ग सर्वाधिक प्रवासी ग्रुप है। तथापि, पुरुष प्रवासियों की तुलना में महिला प्रवासी पति स्थानिक विवाह के कारण, कम आयु वर्ग की हैं। इस प्रकार आयु का चयन अंतः राज्य और अंतर्राज्यीय दोनों स्तरों पर सभी प्रवास प्रवाहों में स्पष्ट है और यह एकमात्र लक्षण ऐसा है जो भारत में सभी प्रवास प्रवाहों के लिए सार्वभौमिक है।

भारत में प्रचलित प्रत्येक प्रवास प्रवाह दृढ़ता से लिंग का चयन करता है। अंतःराज्य स्तर पर महिलाएँ गाँव से गाँव प्रवास पर वर्चस्व बनाए हुए हैं जो कुल प्रवासियों के दो–तिहाई से अधिक है। यह वर्चस्व ग्रामीण क्षेत्रों में महिलाओं द्वारा विवाहोत्तर प्रवास की प्रक्रिया के कारण हैं। ग्रामीण–शहरी तथा शहरी–शहरी प्रवाह दोनों पर पुरुषों का वर्चस्व है और अंतर्राज्यीय स्तर पर सभी प्रवास प्रवाहों पर पुरुषों का वर्चस्व है। कुल प्रवासियों के साथ प्रवासी महिलाओं का अनुपात प्रवास की दूरी के विलोमतः बदलता है तथा लंबी दूरी तक ग्रामीण–शहरी और शहरी–शहरी पलायनों के पुरुष वर्चस्व पर जोर देता है। इस प्रकार लिंग चयन के पीछे मुख्य कारण प्रवास के कारणों में समाहित है, यह कल्पना की जाती है कि पुरुष प्रवास प्रमुखतः आर्थिक कारणों से तथा महिला प्रवास शादी के लिए होता है। इस प्रकार ऐसे प्रवास जिनका गंतव्य शहरी है और जहाँ आर्थिक अभिलाभी की इच्छा रहती है, महिलाओं के मुकाबले पुरुष प्रवासियों को आकर्षित करेंगे। जब पुरुष शहरी क्षेत्रों की ओर पलायन करते हैं तो उसके पीछे ग्रामीण क्षेत्रों में परिवार की सुरक्षा के लिए महिलाएँ बनी रहती हैं।

केरल से पुरुष प्रधान प्रवास के प्रभावों के अध्ययन से पता चला कि गृहस्थ स्तर पर संप्रेषण के प्रवाह से प्रमुख प्रभाव आय में वृद्धि था। तथापि, गाँव से शहरी प्रवास का पुरुष वर्चस्व संपूर्ण भारत में एक जैसा नहीं है। उत्तर भारत में ऐसे प्रवास में पुरुष का चयन अधिक है और दक्षिण भारत में ग्रामीण शहरी प्रवास में महिलाओं की सहभागिता बढ़ रही है। उत्तर भारत में प्रवास के लिए पुरुषों के अधिक चयन ने जाति प्रथा और धर्म दोनों को प्रभावित किया है। इस प्रकार जातियाँ आमतौर पर भूमिहीन हैं तथा ग्रामीण क्षेत्रों में भूमि सुरक्षा सुनिश्चित करने के लिए पति–पत्नी के अलग रहने की आवश्यकता कम हो गई है। उत्तर भारत में इस्लाम के प्रवास प्रभाव पर रोक लगी है परिणामस्वरूप कई उत्तरी शहरों में पुरुष लिंग अनुपात प्रभावित हुआ है।

तथापि, सिद्धांत से संकेत मिलता है कि गाँव से शहरी प्रवास अधिकांशतः उन प्रवासियों के लिए आर्थिक रूप से चयनात्मक है जो कम आय ग्रुपों से मूल रूप से संबंधित हैं और उसके परिणामस्वरूप एक बार शहरी क्षेत्रों में आने पर हमेशा के लिए निम्न–आय वर्ग में बने रहते हैं। इस तरह की प्रक्रिया भारत में ग्रामीण–शहरी प्रवास के आर्थिक चयन को पर्याप्त रूप से स्पष्ट नहीं करती है। भारत में निर्धन और धनी दोनों जो प्रवास करते हैं, आमतौर पर बहुत निर्धनतम, मध्य अथवा बहुत धनी वर्ग से संबंध रखते हैं।

यह सुझाव दिया गया है कि निर्धन के लिए शहरी प्रवास ग्रामीण क्षेत्रों में घटती हुई उत्पादकता के प्रति एक जिंदा रहने की कला है, जबकि धनी के लिए ऐसा प्रवास आर्थिक से चयन के लिए होता है। प्रवासी की आर्थिक दशा केवल प्रवास के लिए प्रेरणा ही नहीं देती अपितु प्रवास के साधन भी मुहैया कराती है।

भारत में प्रवास का महिला बहुल गाँव से गाँव तक लघु दूरी पर पलायन का इतिहास है। गत् चार दशकों में प्रवास में अंतर्ग्रस्त लोगों की संख्या में मामूली–सी वृद्धि हुई है जिससे

अधिक दूरी के पलायन वाले शहरी गंतव्यों की ओर प्रवास-प्रवाह में धीरे-धीरे वृद्धि हो रही है। महिलाओं के आर्थिक क्रियाकलापों में हाल में हुए परिवर्तन कुछ प्रवास-प्रवाहों के लिंग चयन में धीरे-धीरे बदलाव लाने के लिए कार्यरत हैं। शहरी क्षेत्रों की वृद्धि और परिणामस्वरूप उद्योग आधारित रोजगार के सृजन से ऐसे प्रवास के लिए आर्थिक प्रोत्साहन मिलने लगे हैं जो शहरी क्षेत्रों में वर्चस्व बनाए हुए हैं।

23

पर्यावरण एवं सतत् विकास

प्रश्न 1. सतत् विकास से आप क्या समझते हैं? सतत् विकास के सिद्धांतों का वर्णन कीजिए।

उत्तर— मनुष्य एक सामाजिक प्राणी है। मनुष्य विवेकशील होने के कारण पर्यावरण से परस्पर क्रिया करता रहता है। मनुष्य एवं उनकी सभ्यता जो पर्यावरण का एक आवश्यक अंग है। इसमें सतत् विकास एक प्रमुख मुद्दा बन चुका है। सतत् विकास का अर्थ है निरंतर तीव्र आर्थिक विकास एवं पर्यावरण संरक्षण, जो भविष्य में आने वाली पीढ़ियों को उन्नत जीवन स्तर एवं बेहतर रक्षित व नियंत्रित पर्यावरण की वर्तमान आवश्यकताएँ पूरी कर सके। विकास के अभाव में पर्यावरण का ह्रास अपरिहार्य है तथा पर्यावरण संरक्षण को मानव से अलग नहीं किया जा सकता। संरक्षण का विशिष्ट आदर्श रूप पर्यावरण की दीर्घकालीन सुरक्षा के महत्त्व को कम कर देता है और विकास को निरर्थक कर देता है। इसलिए पर्यावरण को सुरक्षित करना आवश्यक है। आधुनिक प्रौद्योगिकी द्वारा संवर्धित पारंपरिक और देशी ज्ञान आज भी सतत् विकास के आदर्श हेतु सर्वोत्तम आधार है।

सतत् विकास के सिद्धांत इस प्रकार है—

(1) हर राज्य प्रभावी पर्यावरणीय विधान बनाए। वह यह भी निर्णय करें कि क्या कुछ देशों द्वारा अपनाये गए विद्यमान विभेदकारी विधान का औचित्य है, खासकर ज्यादा गरीब देशों के खिलाफ।

(2) आर्थिक वृद्धि सतत् विकास से जुड़ी हो। राज्य सुनिश्चित करें कि भूमंडलीय आर्थिक प्रणाली खासकर विश्व बाजार संबंध व व्यापार नीतियों जो गरीब देशों के खिलाफ विभेदकारी है, सतत् विकास लाने के लिए बदली जाएँ।

(3) राज्य उनको दण्डित करने के लिए कानून बनाए जो पर्यावरणीय प्रदूषणों व पर्यावरणीय हानि के लिए उत्तरदायी हैं और पर्यावरणीय अवनति के पीड़ितों को समुचित रूप से क्षतिपूर्ति हेतु प्रावधान रखे।

(4) राज्य उन पदार्थों के हस्तांतरण को सक्रिय रूप में निरुत्साहित करें जो मनुष्य के लिए हानिकर पाये जाते हैं और पर्यावरणीय अधःपतन के कारण बनते हैं।

(5) राष्ट्रीय प्राधिकरणों को कुल उत्पादन लागत के हिस्से के रूप में पर्यावरण लागतों के अंतर्राष्ट्रीयकरण हेतु काम करना चाहिए।

(6) प्राकृतिक आपदा के समय यह राज्य का दायित्व है कि ऐसे अन्य राज्यों से सूचना का आदान–प्रदान करे जो इस प्रकार की आपदाओं से प्रभावित होने की संभावना रखते हैं। इस प्रकार प्रभावित राज्यों की मदद को अंतर्राष्ट्रीय समुदायों को आगे आना चाहिए।

(7) हर राज्य को अपनी क्षमताओं पर निर्भर रहकर अपने पर्यावरण की रक्षा के एहतिहाती उपाय करने होंगे। तथापि, वैज्ञानिक तकनीक का अभाव और तकनीकी पिछड़ापन उन गतिविधियों को चलाने के लिए बहाना नहीं होगी जो पर्यावरण के प्रति एक आनंददायक घटना होती है और अनिवार्य हानियों में परिणत होती हैं।

(8) प्रौद्योगिकी में नवीकरण समेत उनके वर्धन, अनुकूलन, मिश्रण व हस्तांतरण हेतु उचित वैज्ञानिक मनोदशा बनाकर राज्यों को सतत् विकास हेतु अंतर्वर्धमान क्षमता–निर्माण उपायों को मजबूत करने में सहयोग करना चाहिए।

(9) राज्य पृथ्वी के पारितंत्र के स्वास्थ्य व अखंडता की रक्षा करने व पुनर्प्राप्ति करने हेतु भूमण्डलीय भागीदारी की भावना रखते हुए सहयोग करेंगे। विकसित देशों को ज्यादा जिम्मेदारियों का निर्वाह करना चाहिए क्योंकि उनकी गतिविधियाँ भूमंडलीय पर्यावरण पर ज्यादा दबाव डालती हैं।

(10) सतत् विकास लाने के लिए यह राज्यों की ही जिम्मेदारी है कि सभी लोगों की सदा–वर्धमान उच्च जीवन–गुणवत्ता पर समझौता किए बगैर उत्पादन व उपभोग के असतत् प्रतिमानों को कम करें और दूर करें।

(11) राज्यों के बीच पर्यावरणीय मुद्दों के संबंध में सूचना का आदान–प्रदान उन राज्यों के बीच नेकनीयती जगाने पर आधारित होगा।

(12) पर्यावरणीय प्रभाव मूल्यांकन राष्ट्रीय आर्थिक नीति का एक अभिन्न हिस्सा बन जाएगा।

(13) पर्यावरण ही हरेक व्यक्ति का चिंतनीय विषय हो और इस मताल्लिक मुद्दे समुचित स्तरों पर संबद्ध नागरिकों की भागीदारी के माध्यम से निबटाये जाएँ। तथापि, यह राज्य का दायित्व है कि संकटमय वस्तुओं के खतरों व उनके लिए संभाव्य उपायों को लेकर लोगों के बीच समुचित सूचना मुहैया कराये और जागरूकता को प्रेरित करे।

(14) व्यक्ति की पहचान की रक्षा संबंधी अधिकार ही सतत् विकास का आधार होना चाहिए। यह विशेष रूप से देशज समुदायों हेतु प्रयोज्य है। हर राज्य को देशज ज्ञान व प्रथाओं को मान्यता देने के समुचित उपाय करने चाहिए और इस समुदायों को सतत् विकास की सफलता में शामिल करना चाहिए।

(15) युद्ध व सतत् विकास परस्पर विरोधी हैं। हर राज्य को सुनिश्चित करना चाहिए कि युद्ध के समय पर्यावरण की कम से कम हानि हो।

(16) लोगों की स्वतंत्रता में उत्पीड़कों द्वारा उनके आधिपत्य, प्रग्रहण व उत्पीड़न की समाप्ति तथा उनका पर्यावरण शामिल होंगे। पर्यावरण व प्राकृतिक संसाधनों पर संपूर्ण अधिकारों की पुनर्प्राप्ति ही स्वतंत्रता की संकल्पना का हिस्सा होना चाहिए।

(17) दुनियाभर के युवा सतत् विकास को लागू करने हेतु ज्यादा जिम्मेदारी रखते हैं क्योंकि यह मुख्यतः उन्हीं की पीढ़ी है, जो पारिस्थितिक आपदाओं की आसन्न–पीड़ित और भुक्तभोगी होने वाली है।

(18) पर्यावरणीय प्रबंधन, सतत् विकास एवं लैंगिक सशक्तीकरण अंतर्निर्भर हैं। इन तीनों में महिलाओं को केंद्र में रखा जाए।

(19) सतत् विकास संबधी विषय के केंद्र में मनुष्य ही है। वह प्रकृति से सामंजस्य रख एक स्वस्थकर और उत्पादनकारी जीवन का हकदार है।

(20) संयुक्त राष्ट्र के घोषणापत्र व अंतर्राष्ट्रीय कानूनों के सिद्धांतों के अनुसार राज्य विकास के लिए अपने संसाधन प्रयोग करने हेतु सर्वसत्ता का अधिकार रखता है। यह भी राज्य का ही दायित्व है कि पर्यावरण के प्रति होने वाले किसी भी नुकसान को रोके।

(21) अल्पतम विकसित देश भी पर्यावरणीय रूप से सर्वाधिक नाजुक है। अंतर्राष्ट्रीय समुदायों को विशेष ध्यान देना चाहिए और इन देशों की जरूरतें जाहिर करने को प्राथमिकता देनी चाहिए।

(22) सतत् विकास लाने के लिए पर्यावरण रक्षा को विकास प्रक्रिया का एक अभिन्न हिस्सा बनना चाहिए।

(23) दरिद्रता उन्मूलन सतत् विकास के लिए एक अपरिहार्य आवश्यकता है। राज्यों व व्यक्ति के बीच सहयोग लोगों के जीवन–स्तर को सुधारने में ज्यादा कारगर सिद्ध हो सकता है।

(24) विकास का अधिकार अंतर–पुश्तीय समदृष्टि रखकर ही सिद्ध किया जाना चाहिए।

प्रश्न 2. विकसित एवं विकासशील विश्व के संदर्श सतत् विकास की संकल्पना के लिहाज से किस प्रकार भिन्न है?

उत्तर– उक्त सम्मेलन की कार्यवाहियों में भाग लेने वाले 160 से भी अधिक देश थे और सम्मेलन–स्थल पर प्रसार में निश्चित रूप से कम से कम 480 से भी अधिक कार्यसूची मदें थी। अपने–अपने राज्यों के सरकारी प्रतिनिधियों द्वारा पटल पर रखे गए कुल160 प्रस्ताव थे। तदोपरांत 160 ऐसे प्रस्तावों का एक सेट और था जो संबद्ध राज्यों में मतभेद के स्वर से खुल्लम–खुल्ला अथवा गुप्त रूप से व्यक्त किए गए। अभी 160 ऐसे प्रस्तावों का

एक सेट और था, जो हर देश के गैर-सरकारी संगठनों (एन.जी.ओ.) द्वारा पेश किए गए थे। अतः यह निर्णायक रूप से इस प्रकार के किसी विवादग्रस्त विषय पर सर्वसम्मति पर पहुँचने हेतु संयुक्त राष्ट्रसंघ के सामने सर्वाधिक कठिन कार्यों में से एक था। तथापि, मतभेद की सर्वाधिक धारा सतत् विकास पर विकसित एवं विकासशील देशों के संदर्शों के बीच फूटी।

विकसित विश्व का परिदृश्य—विकसित देशों ने अपनी विशेषाधिकार प्राप्त स्थिति बरकरार रखी और वे किसी भी चीज पर समझौता करने को राजी नहीं थे क्योंकि उनका विचार था कि इन देशों में उच्च जीवन-स्तर कायम रखने के लिए यह हानिकारक सिद्ध होगा। दरअसल, उन्होंने भूमंडलीय पर्यावरण हेतु एक गंभीर खतरे के रूप में ज्यादा देशों में बढ़ती जनसंख्या पर अधिकतर दोष थोपा। वे सतत् विकास को एक स्वस्थकर जीवन हेतु प्रदूषण-मुक्त पर्यावरण की पुनर्प्राप्ति के दृष्टिकोण से देखते हैं।

विकासशील विश्व का परिदृश्य—इसके विरोध में विकासशील देशों के संदर्श ने एक नाटकीय रूप से विपरीत तस्वीर दिखाई। इस दृष्टिकोण के अनुसार व्यापार, पर्यावरण, संसाधनों, अर्थव्यवस्था, प्रौद्योगिक, ज्ञान व नीतियों, आदि पर विकसित विश्व का आधिपत्यपूर्ण नियंत्रण ही भूमण्डलीय पर्यावरण, शांति एवं विकास के प्रति एकमात्र सर्वाधिक महत्त्वपूर्ण खतरा है। उन्हें एक सुरक्षित एवं संरक्षित पर्यावरण की आवश्यकता है। क्योंकि यही उनकी वैयक्तिक एवं सामाजिक उत्तरजीविता का आधार है। यह महसूस किया गया है कि अधिकांशतः विकसित विश्व द्वारा शुरू की गई वर्तमान विकसित परियोजनाओं के कारण ही पर्यावरण के वर्धमान विनाश के साथ, उपनिवेश-पश्चात् देशों में गरीबी, भुखमरी व लालसा की घटनाओं में आश्चर्यजनक वृद्धि हुई है। विकसित देशों के बीच एक आशंका व्याप्त है कि उदारीकरण, भूमंडलीकरण एवं निजीकरण के नाम पर, विश्व पूँजीवाद उपनिवेश बनाने में लगा है। परंतु अब ये नए उपनिवेश सिर्फ भौगोलिक स्थानों तक ही सीमित नहीं है वरन् जैविक ढाँचे एवं स्वयं जीवन के औपनिवेशीकरण प्रक्रियाओं को भी अपने में शामिल करते हैं। पर्यावरण और उपनिवेश-पश्चात् देशों में रहने वाले देशज समुदायों के भी उन्हें उपलब्ध समुचित प्रौद्योगिक की इच्छा हेतु नई एकस्वकृत शासन-प्रणाली में खतरा है।

प्रश्न 3. सतत् विकास में पर्यावरण के संरक्षण के प्रमुख उपाय बताइए।

उत्तर— पर्यावरण की चिंता एक बड़ी स्वाभाविक चिंता है। वैदिक ऋषियों ने "सर्वे भवन्तु सुखिनः" की जो कामना की थी वह तब तक पूरी नहीं होगी जब तक कि हम यह मानकर न चलें कि "धरती हमारी माँ" है। सैकड़ों वर्षों से प्रकृति को नष्ट करने की जो कार्रवाईयाँ की जा रही हैं, अब उन्हें रोकना होगा। 1992 में संयुक्त राष्ट्र संघ ने रियो-द-जनेरो में पर्यावरण पर विचार-विनिमय के लिए एक सम्मेलन बुलाया था, जिसमें एजेंडा-21 के नाम से एक कार्यक्रम पर सब देशों की सहमति हो गई थी।

प्रकृति और पर्यावरण के संरक्षण के कुछ प्रमुख उपाय निम्नलिखित है—

(1) **आवश्यकताएँ कम करना**—अंत में, हमें प्राचीन भारतीय दार्शनिकों और आधुनिक युग के मनीषी गाँधी की इस सीख पर भी ध्यान देने की जरूरत है कि अपनी आवश्यकताएँ कम करो। गाँधी ने पश्चिम की औद्योगिक सभ्यता पर इसलिए भी प्रहार किया था कि पश्चिम ने अतिभोगवाद का जो मार्ग अपनाया है, भारतवासी उसका अनुकरण न करें। मशीनों द्वारा बड़े पैमाने पर केंद्रीभूत उत्पादन की जो हानियाँ हम भुगत रहे हैं, गाँधी ने अंतर्दृष्टि द्वारा उन्हें पहले ही देख लिया था। उनका संदेश था कि "ग्राम को आधार बनाकर विकास करो।" भारतीय मनीषियों द्वारा दिए गए मंत्र "तेन त्यक्तेन भुंजीथा" में असाधारण ज्ञान भरा पड़ा है। उसका अर्थ है—त्यागपूर्वक उपभोग करो।

(2) **अंतर्राष्ट्रीय सहयोग**—प्रदूषण एक विश्वव्यापी समस्या है और इसका समाधान अंतर्राष्ट्रीय संसाधनों द्वारा ही संभव है। भारत सरकार विभिन्न अंतर्राष्ट्रीय संगठनों (संयुक्त राष्ट्र पर्यावरण कार्यक्रम व दक्षिण एशिया सहयोग पर्यावरण कार्यक्रम) की प्रमुख एजेंसी के रूप में काम करती है। इसके अलावा भारत ने विभिन्न राष्ट्रों (हालैण्ड, नार्वे, स्वीडन, डेन्मार्क, ब्रिटेन व अमेरिका) के साथ जो द्विपक्षी समझौते (bilateral agreements) किए हुए हैं। उन्हें भी कार्यान्वित किया गया है। इन समझौतों का प्रमुख लक्ष्य यह है कि वन्य प्राणियों और वनस्पतियों का अवैध अंतर्राष्ट्रीय व्यापार रोका जाए तथा विभिन्न राष्ट्र खतरनाक पदार्थों के आवागमन पर रोक लगायें। 1992 में रियो-द-जनेरो (ब्राजील) में संपन्न विश्व सम्मेलन के माध्यम से पर्यावरण और विकास से संबंधित उपयुक्त जानकारी का आदान-प्रदान किया गया, जिससे पर्यावरण के संरक्षण में विश्व की सच्ची भागीदारी का मार्ग प्रशस्त हुआ।

(3) **शिक्षा और सूचना**—शिक्षालयों और प्रचार माध्यमों द्वारा पर्यावरणीय शिक्षा (environmental education) पर बल देने की जरूरत है। भारत में प्रतिवर्ष 19 नवम्बर से 18 दिसम्बर तक 'राष्ट्रीय पर्यावरण मास' मनाया जाता है। इस मास के दौरान पर्यावरण के प्रति जागरुकता पैदा करने के लिए विभिन्न कार्यक्रम आयोजित किए जाते हैं। कार्यक्रमों की सफलता के लिए उनमें छात्रों, प्राध्यापकों, महिलाओं, जनजातियों, औद्योगिक श्रमिकों और प्रशासकों की सक्रिय भागीदारी आवश्यक है। उद्योगपतियों और व्यवसायियों को तो उसमें सक्रिय भूमिका निभानी पड़ेगी ही। 1978 में संस्थापित 'राष्ट्रीय प्राकृतिक इतिहास संग्रहालय' की देखरेख में भारत में कई प्रदर्शनियाँ आयोजित की गई ताकि आम जनता को पर्यावरण संरक्षण का महत्त्व बतलाया जा सके। 1982 में भारत में पर्यावरण सूचना-प्रणाली कायम की गई। वह नीति-निर्धारण करने वाले सांसदों और पर्यावरण प्रेमियों को पर्यावरण के विषय में महत्त्वपूर्ण सूचना प्रदान कर रही है। वह पर्यावरण की दृष्टि से उपयुक्त टेक्नोलॉजी और बेकार पदार्थों के निपटान के बारे में भी सुझाव देती है।

(4) **साफ–सुथरी तकनीकों को अपनाना**—जीवनोपयोगी वस्तुओं को बनाने के लिए कारखाने तो चाहिए ही, पर साफ–सुथरी तकनीकों को अपनाना आज जरूरी होता जा रहा है। ताप बिजली घरों की राख से कार्बन मोनॉक्साइड और नाइट्रोजन ऑक्साइड गैसें निकलती हैं जो वनस्पति और मनुष्य के लिए बड़ी हानिकारक हैं। राख का ईंटों और अन्य सामग्री के निर्माण में प्रयोग किया जा सकता है। पुराने शौचालयों को फ्लश में बदलने और विद्युत शवदाह गृहों द्वारा नदियों, विशेषकर गंगा के प्रदूषण को कम किया जा सकता है। कारखानों में भी प्रदूषण निरोधक उपकरण फिट किए जा सकते हैं। कोयले और तेल के उपयोग की प्रवृत्ति पर भी नियंत्रण की जरूरत है। अणुशक्ति इसका एक अच्छा विकल्प है। एक अन्य साधन यह हो सकता है कि सूर्य के प्रकाश से ऊर्जा ग्रहण की जाए। परिवहन साधनों द्वारा पर्यावरण पर पड़ने वाले प्रतिकूल प्रभावों को निर्धारित करना होगा और इस प्रभाव को दूर करने के उपाय करने होंगे। बहुराष्ट्रीय कंपनियाँ पर्यावरण के लिए खतरा न बनें, इस संबंध में भी कार्रवाई की जानी चाहिए।

(5) **वन्य जीवन का संरक्षण**—वन संरक्षण से ही जुड़ा एक महत्त्वपूर्ण मुद्दा वन्य जीवन का संरक्षण है। भारत में हाथियों, घड़ियाल, कछुओं, गेंडे, शेर, बाघ और चीते आदि जीवों की प्रजातियों को गंभीर खतरा पैदा हो गया है। ये प्रजातियाँ लुप्त होती जा रही है। इसलिए इनके शिकार और वन्यजीव उत्पादों (wildlife products) के अवैध व्यापार पर प्रतिबंध लगाया गया है।

(6) **वन–संरक्षण**—वनों की सुरक्षा और विकास बहुत जरूरी है। इससे न केवल प्राकृतिक संपदा की ही रक्षा होगी, बल्कि भूमि कटाव पर भी नियंत्रण लगेगा जिससे नदियों, झीलों और जल धाराओं का बहाव अविच्छिन्न बना रहेगा। वन–उत्पादनों के सही उपयोग से आदिवासी जनता का जीवन–स्तर ऊँचा उठेगा। भारत ने सबसे पहले 1894 में ही वन नीति निर्धारित की थी, जिसे 1952 और फिर 1988 में पुनः संशोधित किया गया। इस नीति का मूल उद्देश्य वनों के अंधाधुंध कटाव को रोकना और वनभूमि के अन्य कार्यों के लिए इस्तेमाल पर प्रतिबंध लगाना है। 1990 में भारत सरकार ने राज्य–सरकारों को यह निर्देश दिया कि नष्ट वनों के पुनर्जीवन के लिए स्वयंसेवी संगठनों का सहयोग प्राप्त करने का प्रयास किया जाए।

ग्रामीण क्षेत्रों में लोग भोजन बनाने के लिए ईंधन का उपयोग करते हैं। इसे हम रोक नहीं सकते और इस पर रोक लगाना इसलिए भी वांछनीय नहीं कि ईंधन का विकल्प गाँवों में गोबर ही हो सकता है, जिसके जलाने से वायु प्रदूषण घटने के बजाए और बढ़ता है। वास्तविक समस्या यह है कि रिहाइशी जरूरतों और उपभोक्ता वस्तुओं, विशेषकर आलीशान फर्नीचर और साज–सामग्री की माँग की वजह से जंगल कट रहे हैं। उन्नत औद्योगिक देशों में अकेले टिशु पेपर की वजह से बेहिसाब

पेड़–पौधे नष्ट किए जा रहे हैं। वनभूमि पर अनाधिकृत कब्जे को रोकने और वन क्षेत्रों में पेड़ गिराने वालों के विरुद्ध सख्त कार्रवाई किए जाने की जरूरत है। विद्युत शवदाह–गृहों का विकास किया जाए।

(7) जनसंख्या–नियंत्रण—जनसंख्या–नियंत्रण हमारी सबसे पहली चिंता होनी चाहिए। जनसंख्या–नियंत्रण के कई तरीके हैं—

(i) विवाह की आयु में वृद्धि की जरूरत है। यह आयु लड़कियों के लिए 18 वर्ष और लड़कों के लिए 21 वर्ष है, पर कानून का ठीक से पालन नहीं हो रहा है। बाल–विवाह की प्रथा आज भी बरकरार है।

(ii) छोटे परिवारों को प्रोत्साहित करने के लिए सरकारी सेवाओं में नियुक्ति के नियमों में फेरबदल की जरूरत है। भारत में राष्ट्रीय जनसंख्या नीति विशेषज्ञ दल ने "कम उम्र में विवाह करने वालों को नौकरी नहीं देने और अधिक बच्चों वालों को नौकरी में पदोन्नति नहीं देने की सिफारिश की है।"

(iii) कैथोलिक मजहब ने गर्भ–निरोध के मुद्दे पर एक कड़ा रुख अपनाया है। कई अन्य मजहबों के नेता भी जनसंख्या नियंत्रण के प्रयासों में बाधा उत्पन्न करते हैं। इस मामले में हम इटली से शिक्षा ले सकते हैं जो एक रोमन कैथोलिक देश होते हुए भी जनसंख्या वृद्धि की शून्य दर हासिल करने में कामयाब रहा। परिवार नियोजन के विषय में जनमत को प्रभावित करने के लिए 'शिक्षा', विशेषकर महिला शिक्षा, एक महत्त्वपूर्ण साधन बन सकती है।

(iv) आकाशवाणी, दूरदर्शन, शिक्षालय, थियेटर, पोस्टर और पुस्तिकाएँ भी जागरूकता पैदा करने में सार्थक भूमिका निभा सकती हैं।

भारत जैसे विकासशील देशों में जनसंख्या समस्या के न सुलझ पाने के कुछ प्रमुख कारण ये हैं—महिला–शिक्षा का अभाव, अल्प आयु में बालक–बालिकाओं का विवाह, पुत्र की कामना, धार्मिक मान्यताएँ और जन–साधारण का निम्न जीवन स्तर जिसकी वजह से बहुत से परिवार गर्भ–निरोधक साधनों का इस्तेमाल नहीं कर पाते। इन महत्त्वपूर्ण मुद्दों को अनदेखा करना हमारे लिए घातक सिद्ध होगा।

प्रश्न 4. सतत् विकास संबंधी संकेतों की कार्य सूची बताइए।

उत्तर— सतत् विकास की पैमाइश कैसे करें? अथवा दूसरे शब्दों में, सतत् विकास के संकेतक क्या हैं? पुनः सतत् विकास को मापने हेतु चुने जाने वाले संकेतकों की प्रकृति के साथ–साथ उनकी संख्या विषयक किसी सर्वसम्मति पर पहुँचना मुश्किल था। संयुक्त राष्ट्रसंघ के तत्त्वावधान में एशिया व प्रशांत आर्थिक एवं सामाजिक आयोग ने सतत् विकास के संकेतकों की एक कार्यसूची तैयार की। यह काम सतत् विकास आयोग (सी.एस.डी.) के सतत् विकास संकेतकों पर कार्यक्रम के तहत किया गया।

सामाजिक		
विषय	उप–विषय	संकेतक
समदृष्टि	दरिद्रता	गरीबी–रेखा से नीचे रहने वाली जनसंख्या का प्रतिशत
		आय असमानता की गिनी इण्डैक्स
		बेरोजगारी दर
	लैंगिक समानता	औसत नारी वेतन के प्रति पुरुष वेतन का अनुपात
स्वास्थ्य	पोषण–संबंधी स्थिति	बच्चों की पोषण–संबंधी स्थित
	नैतिकता	5 वर्ष की उम्र से कम की मृत्यु दर
		जन्म के समय जीवन–प्रत्याशा
	स्वच्छता	उचित मलव्ययन सुविधाओं वाली जनसंख्या का प्रतिशत
	पेयजल	सुरक्षित पेयजल प्राप्त जनंसख्या
	स्वास्थ्य–रक्षा प्रसव	प्राथमिक स्वास्थ्य रक्षा सुविधाएँ प्राप्त जनसंख्या का प्रतिशत
		रोगों के खिलाफ प्रतिरक्षा
		गर्भ निरोधक प्रचलन दर
शिक्षा	शिक्षा–स्तर	प्राथमिक शिक्षा के कक्षा 5 तक पहुँचने वाले बच्चे
		वयस्क अनुपूरक शिक्षा प्राप्ति स्तर
	साक्षरता	वयस्क साक्षरता दर
आवास	निर्वाह–योग्य दशाएँ	प्रति व्यक्ति फर्श क्षेत्रफल
सुरक्षा	अपराध	प्रति 100,000 जनसंख्या दर्ज अपराधों की संख्या
जनंसख्या	जनसंख्या परिवर्तन	जनसंख्या वृद्धि दर
		शहरी औपचारिक एवं अनौपचारिक रिहाइशों की जनसंख्या

पर्यावरण संबंधी		
विषय	उप–विषय	संकेतक
वातावरण	जलवायु परिवर्तन	हरित–गृह गैसों का उत्सर्जन
	ओजोन परत क्षय	ओजोन क्षयकारी पदार्थों की खपत
	वायु गुणवत्ता	शहरी क्षेत्रों में वायु-प्रदूषण का परिवेशी संकेन्द्रण
भूमि	कृषि	जोत्य व स्थायी फसल भूमि क्षेत्र
		उर्वरकों का प्रयोग
		कृषीय कीटनाशकों का प्रयोग
	वन	भूमि क्षेत्र के प्रतिशत रूप में वन क्षेत्र
		काष्ठ उपज प्रचण्डता
	मरुस्थलीय	मरुस्थलीय द्वारा प्रभावित भूमि
	शहरीकरण	शहरी औपचारिक एवं अनौपचारिक रिहाइशी क्षेत्र
महासागर, समुद्र एवं तट	तटीय क्षेत्र	तटीय समुद्र में शैवाल संकेन्द्रण
		तटीय क्षेत्रों में रहने वाली कुल जनसंख्या का प्रतिशत
	मत्स्य क्षेत्र	प्रमुख प्रजातियों के अनुसार वार्षिक पकड़
ताजा जल	जल मात्रा	कुल उपलब्ध जल प्रतिशत के रूप में भूमिगत व सतही जल का वार्षिक दोहन
	जल गुणवत्ता	जल निकायों में बी.ओ.डी. ताजे जल में फीकल कोलाइफॉर्म का संकेन्द्रण
जैव–भिन्नता	परितंत्र	चुनिंदा मुख्य परितंत्रों का क्षेत्र
		कुल क्षेत्र प्रतिशत के रूप में संरक्षित क्षेत्र
	प्रजातियाँ	चुनिंदा मुख्य प्रजातियों की प्रचुरता

पर्यावरण एवं सतत् विकास

आर्थिक		
विषय	उप-विषय	संकेतक
आर्थिक सुधार	आर्थिक निष्पादन	प्रति व्यक्ति जी.डी.पी.
		जी.डी.पी में निवेश का हिस्सा
	व्यापार	माल व सेवाओं में व्यापार संतुलन
	वित्तीय स्थिति	जी.एन.पी अनुपात के प्रति देनदारी
		जी.एन.पी प्रतिशत रूप में प्रदत्त या प्राप्त कुल ओ.डी.ए
उपभोग एवं उत्पादन प्रतिमान	भौतिक खपत	भौतिक प्रयोग की प्रचंडता
	ऊर्जा-प्रयोग	प्रति व्यक्ति वार्षिक ऊर्जा खपत
		पुनर्नव्य ऊर्जा संसाधनों के उपभोग का भाग
		ऊर्जा प्रयोग की प्रचण्डता
	कचरा उत्पादन एवं प्रबंधन	हानिकारक कचरे का उत्पादन
		रेडियोधर्मी कचरे का प्रबंधन
		कचरा पुनर्नवीकरण एवं पुनर्प्रयोग
	परिवहन	परिवहन के साधन द्वारा प्रतिव्यक्ति तय की गई दूरी

संस्थागत		
विषय	उप-विषय	संकेतक
संस्थागत ढाँचा	एस.डी. की रणनीतिक अभिपूर्ति	राष्ट्रीय सतत् विध्य रणनीति
	अंतर्राष्ट्रीय सहयोग	पुष्टीकृत भूमंडलीय समझौतों का परिचालन
संस्थागत क्षमता	सूचक उपगम्य	प्रति 1000 निवासी इंटरनेट ग्राहकों की संख्या
	संचार ढाँचा	प्रति 1000 निवासी मुख्य दूरभाष लाइनें
	विज्ञान एवं प्रौद्योगिकी	जी.डी.पी प्रतिशत के रूप में अनुसंधान एवं विकास पर व्यय
	आपदा तत्परता व प्रत्युत्तर	प्राकृतिक आपदाओं के कारण आर्थिक एवं मानवीय क्षति

दी गई संकेतक-सूची से यह स्पष्ट है कि सतत् विकास केवल एक संपूर्ण बहु-फलक उपगम्य के माध्यम से ही संभव है। अनेक विद्वानों द्वारा सुझावित किसी भी उपगम्य में उस बात की कमी है जो जीवन की गुणवत्ता और पर्यावरण संपन्नता कायम रखने के लिए कम से कम जरूरी है। उदाहरण के लिए, परिसंपत्तियों के स्टॉक की देख-रेख करते समय आय के अधिकतम प्रवाह विषयक हिक्स-लिण्डाल द्वारा प्रतिपादित सतत् विकास हेतु आर्थिक उपगम्य को लेते हैं। इस उपगम्य में अंतर्निहित धारणा उन संसाधनों की आर्थिक क्षमता को सुधारना है जो दुर्लभ रूप से प्राप्य हैं। यह दिए गए दूसरे संबद्ध कारकों को भी लेता है। इसके विपरीत पर्यावरणीय उपगम्य जैविक व भौतिक समवायों की स्थिरता और सर्वोपरि एक भूमंडलीय पारितंत्र के सातत्य, जैव-भिन्नता का संरक्षण आदि पर जोर देता है। यह उपगम्य अन्य मध्यस्थ कारकों को भी उपान्तिक महत्त्व देता है। सामाजिक-सांस्कृतिक उपगम्य के नाम से प्रसिद्ध एक और भी उपगम्य है जो विनाशात्मक संघर्षों को घटाना शामिल करते हुए सामाजिक-सांस्कृतिक प्रणालियों के रखरखाव पर जोर देता है। इस उपगम्य के सूत्रधार के अनुसार भूमंडल पर सांस्कृतिक वैविध्य का संरक्षण सतत् विकास हेतु एक पूर्वशर्त है। पुनः यह उपगम्य भी अपनी समग्रता में विषय को समाविष्ट करने में विफल रहा।

इन सभी उपगम्यों पर एक आलोचनात्मक दृष्टि इसीलिए यह सुझाव देती है कि "एक उपगम्य की बजाय हमें उपगम्यों के सेट की बात करनी चाहिए क्योंकि प्रौद्योगिकी पीढ़ी बदलती रहती है"। इस प्रकार, सभी बातों को ध्यान में रखते हुए, राष्ट्रसंघ के आर्थिक एवं सामाजिक आयोग द्वारा सुझावित संकेतक-सूची अन्य किसी की उपगम्य से अधिक स्वीकार्य लगती है।

प्रश्न 5. विशिष्ट वास्तविक विकास पर संक्षिप्त नोट लिखिए।

उत्तर– विशिष्ट वास्तविक विकास–विकास के प्रभावी लोकाचार के चलते मनुष्य, जिन्सों का रचयिता, जिन्सों द्वारा रचित गुमनामी में खो गया है। आज मनुष्य जीवन व पहचान, दोनों से वंचित है, जबकि उसके द्वारा पैदा की गई जिन्सों के पास दोनों ही चीजें उपलब्ध हैं। मनुष्य के सार्वभौमिक एवं सामान्यीकृत पण्यीकरण के चलते, व्यक्तियों एवं सामाजिक समूहों के बीच अभी तक भेद कायम हैं। विकास ने न सिर्फ विकसित एवं विकासशील देशों के लोगों के बीच बल्कि पुरुष व महिलाओं, गोरे व काले, अधिवासियों व प्रवासियों, शहरी व ग्रामीण, कृषि व औद्योगिक कर्मियों आदि के बीच भी एक पुख्ता दरार पैदा कर दी है। यद्यपि विकास विश्व को एक भूमंडलीय व्यवस्था में एकीकृत करने से सफल हुआ है तथापि यह सिर्फ एक देश व दूसरे देश के नागरिकों के बीच तथा एक देश विशेष के ही लोगों के बीच स्थायी विभाजन पैदा करके ही संभव हुआ है। मनुष्यजन प्रजाति, वर्ग, जाति, मत, धर्म, भाषा, लिंग व अतीत की आर्थिक उपलब्धियों आदि आधारों पर विभाजित एवं विभेदीकृत रहे हैं।

आधुनिक मानव अपने विकास स्तरों तथा विकासार्थ अनिवार्य ज्ञान व साधनों पर नियंत्रण हेतु अपनी क्षमता में अपनी भिन्नताओं पर विभाजित एवं विभेदीकृत हैं। विकास विकसित एवं पिछड़े देशों तथा विकसित एवं पिछड़े समुदायों के बीच एक सभ्यतापरक एवं सांस्कृतिक विभाजन बन गया है। विकास की तर्क–संगति हेतु सत्य, कुछेक की संपन्नता व धनाढ्यता दुर्दमनीय जनसंख्याधिक्य, धर्मों व देशों के कल्याण की लागत पर ही संभव है। पुनः विकास–संबंधी तर्क हेतु यह अत्यावश्यक है कि एक बहुत छोटे से अल्पसंख्यक समूह की उच्च जीवन–गुणवत्ता एक बड़े से बहुसंख्यक समूह की निम्न जीवन गुणवत्ता एवं गिरते जीवन–स्तर की लागत पर संभाव्य हो। चंद लोगों का आर्थिक लाभ वृहत् भूमंडलीय पर्यावरण अवमूल्यन करने पर ही निर्भर है। इसके अतिरिक्त, यह भी देखने में आया है कि आर्थिक संपन्नता मानव सभ्यता, मूल्यों एवं शांतचित्तता की लागत पर ही आयी है। आर्थिक विकास, विकास परियोजना के सारतत्व ने अपना हर एक अर्थ और प्रयोजन खो दिया लगता है। वर्तमान विकास प्रतिमान यह दर्शाता है कि मानव कल्याण एवं स्वतंत्रता के मूल उद्देश्य अपने रास्ते से भटक गए हैं। गुणवत्तात्मक वृद्धि, 1980 के दशक में प्रत्येक आर्थिक जोखिम की सर्वोच्च प्राथमिकता, भी दुनियाभर के लाखों लोगों के लिए महज धोखा ही साबित हुई। इसके निकृष्टतम् भुक्तभोगी धरती के वे हत–भाग्य व्यक्ति ही हैं जिसमें से अधिकांश उपनिवेश–पश्चात् देशों के निवासी हैं। हम शांतिरहित नीतियों एवं धनाढ्यता वाले अर्थशास्त्र के युग में रह रहे हैं। संक्षिप्ततः, विकास अपनी प्रगतिमान संभावनाओं से चुक गया है। वह मनुष्य एवं पर्यावरण दोनों के लिए असतत् हो गया है। इसी कारण तुरंत एक विकल्प तलाशे जाने की जरूरत है।

24 आर्थिक सुधार और भूमण्डलीकरण

प्रश्न 1. उदारीकरण और उसके आर्थिक प्रभावों पर लेख लिखें।

[Dec 2009, Q. 8.]

उत्तर— भारत में विदेश विनिमय नियंत्रण प्रणाली को कच्चा–माल निर्यात उद्योग में लगी कंपनियों के बीच विदेश विनिमय नियतन करना पड़ा। व्यवसाय प्रतिष्ठानों की दक्षता को आँकना बहुत ही मुश्किल काम है। अतः सरकारी अधिकारीगण विदेश विनिमय को उत्पादन अथवा, अधिक प्रायिक रूप से, क्षमता के अनुपात में नियत करने की ओर प्रवृत्त हुए। इसका अर्थ है कि दक्ष और अदक्ष व्यापार प्रतिष्ठानों के बीच अंतर करने हेतु कोई प्रयास नहीं किया गया। यदि नियतन क्षमता के आधार पर किया गया तो उसने व्यापार प्रतिष्ठानों को ज्यादा क्षमता हासिल करने के लिए प्रेरित किया ताकि क्षमता उपयोग कम हो और एक ऐसे देश में पूँजी का अपव्यय किया जा रहा था जो पूँजी अभाव से ग्रस्त था। जिस वक्त विस्तारण के विषय में निर्णय लिए जाने थे, दक्षता पर ध्यान दिए बगैर सभी आवेदकों के बीच अनुज्ञा–पत्र बाँट दिए गए। पुनः इसी कारण दक्ष और अदक्ष व्यापार प्रतिष्ठानों ने लगभग एक ही दर से वृद्धि की। इस प्रकार के नियतन नियम भारतीय उद्योग में उत्पादकता की धीमी वृद्धि हेतु एक मुख्य कारण था जो कि अनेक शोधकर्त्ताओं द्वारा प्रलेखों से सिद्ध किया गया है।

अर्थशास्त्रियों के बीच आम राय यह है कि बहुत ऊँची शुल्क दरें अदक्षता की ओर प्रवृत्त करती हैं और उनसे बचा जाना चाहिए। उदाहरण के लिए भारत में यदि किसी माल पर 400 प्रतिशत का शुल्क वसूला जाता है तो इसका अर्थ यह हुआ कि भारतीय उत्पादक विदेशी उत्पादकों की अपेक्षा 400 प्रतिशत कम दक्ष हो सकते हैं और लागत बेचारे भारतीय उपभोक्ताओं द्वारा वहन की जाती है। भावी लाभ, जैसे कि कालांतर में अधिक दक्ष हो जाना आदि, शायद ही इतने पर्याप्त होते हैं कि इस वर्तमान वृहद् लागत को सही ठहरा सकें। परंतु इस बात पर कोई पूर्ण सहमति नहीं है कि शुल्क का स्तर क्या हो। कुछ अर्थशास्त्री पूरी तरह से मुक्त व्यापार के पक्ष में है, अधिकांश 10 से 25 प्रतिशत चुनेंगे और कुछ 35–45 प्रतिशत तक भी जा सकते हैं। कुछेक शुल्क दरों का पक्ष सभी लेंगे। यह नितांततः प्रशासनिक कारणों से है। यदि दरें अनेक होंगी तो ढेर सारा समय इस बात को तय करने में जाया हो सकता है कि एक वस्तु–विशेष हेतु क्या दर प्रयोज्य हो और भ्रष्टाचार के लिए अवसर पैदा होता है। साथ ही, अर्थशास्त्री सामान्यतौर पर नियतांश (कोटा) के पक्ष में नहीं हैं।

वस्तुतः विकासशील देशों के दृष्टिकोण से यह तस्वीर इतनी लुभावनी नहीं है क्योंकि विकसित देश विकासशील देशों द्वारा निर्यात किए जाने वाले माल पर कहीं अधिक शुल्क लगाने को प्रवृत्त रहते हैं। विकासशील देशों ने आयातों में शुल्क भी घटाये हैं। अधिकतर विकासशील और परिवर्तनशील अर्थव्यवस्थाओं में औसत व्यापार शुल्क अब लगभग दस प्रतिशत है।

भारत के नीति-निर्माताओं ने, 1991 के संकट को जूझते हुए, यह दृष्टिकोण अपनाया कि व्यापार नियामकता कोई उचित नीति नहीं है तथा यह भी कि अर्थव्यवस्था और खुली होनी चाहिए। साथ ही, वे उद्योग नियमन जो किसी उद्योग में प्रवेश को नियंत्रित करते थे और यह भी नियंत्रित करते थे कि एक कंपनी कितना उत्पादन करे, अपनी उपयोगिता अपेक्षाकृत अधिक काल तक जीवित रखे रहे। भारतीय नीति-निर्माताओं ने अर्थव्यवस्थाओं में संरक्षण स्तर प्रभावशाली रूप से घटा दिया है। अधिकतम शुल्क प्रायः 400 प्रतिशत 40-50 प्रतिशत तक घटा दिया गया और औसत शुल्क लगभग 100 प्रतिशत से लगभग 20 प्रतिशत तक। विश्व व्यापार संगठन में विवाद निपटारा बोर्ड के समक्ष भारत के एक विवाद में हारने के बाद विनिर्माण आयातों पर से सभी नियतांश समाप्त कर दिए गए। इससे पहले कृषि आयातों पर सभी नियतांश समाप्त कर दिए गए थे जो कि 'उरुग्वे दौर' के नाम से जाने गए बहुपक्षीय व्यापार समझौतों में हुए करार का एक हिस्सा था। हालाँकि, भारत अपनी व्यापार प्रणाली को काफी हद तक उदारीकृत कर चुका है।

उदारीकरण के बाद का आर्थिक निष्पादन पूर्व काल के आर्थिक निष्पादन से नाटकीय रूप से भिन्न नहीं है इसने काफी विवाद को जन्म दिया है। कृषि व विनिर्माण की वृद्धि दरों के साथ-साथ कुल सकल-घरेलू-उत्पाद लगभग एक ही रहे हैं। इस बात का कोई साक्ष्य प्रमाण नहीं लगता कि उदारीकरण के बाद भारतीय उद्योग में उत्पादकता की वृद्धि-दर बढ़ी है। अस्सी के दशक में गरीबी नितांत तीव्रता से बढ़ी।

प्रश्न 2. भारत की औद्योगिक नीति में किए गए परिवर्तनों पर एक नोट प्रस्तुत कीजिए।

उत्तर– नयी औद्योगिक नीति का उद्देश्य उत्पादकता और रोजगार के अवसर बढ़ाना तथा भारतीय उद्योगों को विश्वव्यापी प्रतिस्पर्धा के लिए तैयार करना है। सरकार ने औद्योगिक नीति में निम्नलिखित परिवर्तन किए हैं–

(1) नये उद्योगों की स्थापना के लिए जरूरी लाइसेंस प्रणाली को समाप्त कर दिया गया है। औद्योगिक लाइसेंसों तथा अन्य नियमनों के द्वारा सरकार निजी उद्योगों पर पर्याप्त नियंत्रण रखती थी। नयी आर्थिक नीति ने सरकार की भूमिका में कुछ कमी अवश्य की है।

(2) सार्वजनिक क्षेत्र के लिए आरक्षित उद्योगों के दरवाजे निजी क्षेत्र के लिए भी खोल दिये गये हैं। दूसरे शब्दों में, संरक्षणात्मक नीतियों का त्याग किया जा रहा है ताकि उद्योगों को एक समुचित सीमा तक प्रतियोगिता की स्थिति में लाया जा सके।

(3) विदेशी पूँजी की सीमा 40 प्रतिशत से बढ़ाकर 51 प्रतिशत और कुछ उद्योगों के लिए शत प्रतिशत कर दी गई है। यह महसूस किया गया कि पूँजी निवेश के अभाव में भारतीय उद्योगों के विस्तार की गति धीमी रही है और वे अंतर्राष्ट्रीय प्रतिस्पर्धा की दौड़ में भी पिछड़ गए हैं। विदेशी पूँजी निवेश बोर्ड की मंजूरी के बाद विदेशी निवेशकों को शेयर जारी करने के लिए भारतीय रिजर्व बैंक की पूर्व अनुमति आवश्यक नहीं होगी। वर्ष 1999 में (जनवरी से जून तक) 16,240 करोड़ रुपये से अधिक के प्रत्यक्ष विदेशी पूँजी–निवेश की अनुमति प्रदान की गई।

(4) विदेशी प्रौद्योगिकी या तकनीकों की प्राप्ति पर लगे प्रतिबंध समाप्त कर दिए गए हैं।

(5) बड़े, मध्यम और छोटे उद्योगों को समान रूप से प्रोत्साहन देने की नीति अपनाई गई है। ग्रामीण क्षेत्रों में लघु और कुटीर उद्योगों के विकास के लिए भी संशोधित नीतियों की घोषणा की गई।

(6) एकाधिकारवादी व्यापार पद्धति के अंतर्गत औद्योगिक परिसंपत्ति की सीमा समाप्त कर दी गई है।

औद्योगिक नीति में किए गए इन परिवर्तनों के द्वारा औद्योगिक विकास में सरकार की बजाय बाजार शक्तियों को नियामक भूमिका अदा करने का अवसर प्रदान किया गया है। परंतु नवीन औद्योगिक नीति आर्थिक विकास को कितनी मजबूती प्रदान कर सकेगी, यह इस बात पर निर्भर करता है कि हम अंतर्राष्ट्रीय दबावों का सफलतापूर्वक मुकाबला कर पाते हैं अथवा नहीं।

प्रश्न 3. बाजार अर्थव्यवस्था क्या है? इसके लाभ और हानि स्पष्ट करें।

उत्तर– किसी अर्थव्यवस्था के प्रबंधन में सरकार व बाजार की आपेक्षिक भूमिका पर अर्थशास्त्रियों के प्रश्न ने 20वीं सदी में ही घेर रखा था। पूँजीवादी अर्थव्यवस्थाओं तथा विकास को तेज करने व अपनी जनता के लोगों का जीवन स्तर सुधारने के लिए नए–नए स्वतंत्र हुए उपनिवेशों द्वारा किए गए प्रयासों को विफल करते हुए इस प्रश्न को तीसवें दशक के अवसाद के सहारे उत्तरोत्तर प्रसिद्धी मिली। हाल के वर्षों में सरकार की और बाजार की भूमिकाओं के बीच यह बहस भूमंडलीकरण और उदारीकरण का रूप ले चुकी है। सामान्यतया वे, जो बाजार का पक्ष लेते हैं उदारीकरण का भी पक्ष लेते हैं और वे जो एक बंद अर्थव्यवस्था का पक्ष लेते हैं अधिक सरकारी हस्तक्षेप का भी पक्ष लेते हैं, यद्यपि युद्ध रेखा कोई स्पष्ट रूप से नहीं खिंची है।

किसी अर्थव्यवस्था को चलाने के बारे में मुख्य रूप से मान्यताओं के तीन समूह हैं। पहले समूह का मानना है कि बाजार एक वांछित परिणाम की ओर प्रवृत्त करते हैं, जिसे तकनीकी भाषा में पैरेटा ऑप्टिमल (पी.ओ.) परिणाम कहा जाता है, अतः यहाँ सरकारी हस्तक्षेप की कोई आवश्यकता नहीं होती। एक अन्य समूह का मानना है कि जब एक पण्य अर्थव्यवस्था को चलाने में खामियाँ हों तो सरकार को हस्तक्षेप नहीं करना चाहिए, क्योंकि इससे अर्थव्यवस्था की कार्यप्रणाली नहीं सुधर सकती। इस समूह में और अधिक निराशावादियों का मानना है कि सरकारी हस्तक्षेप वस्तुतः अर्थव्यवस्था के काम को खराब ही करेगा। एक तीसरे समूह का मानना है कि सरकारी हस्तक्षेप अर्थव्यवस्था की कार्यवाही को सुधार सकता है, हालाँकि इस समूह के सदस्यों में हस्तक्षेप के विस्तार और स्वभाव के बारे में आपस में ही मतभेद हो सकते हैं।

इन मुद्दों की जाँच करने से पहले हम आर्थिक विश्लेषण में एक पी.ओ. परिणाम और उसके महत्त्व की मूल संकल्पना को विस्तार से परिभाषित करते हैं।

ऐसी स्थिति पी.ओ. कहलाती है जिसमें किसी और को नुकसान पहुँचाए बगैर किसी को भी संपन्न नहीं किया जा सकता है। यदि विनोद और कमल दो व्यक्ति हैं तो विनोद को कमल को नुकसान पहुँचाए बगैर संपन्न नहीं बनाया जा सकता है। हमें एक पी.ओ. बेहतर स्थिति प्राप्त होगी यदि कमल और विनोद दोनों को संपन्न बनाया जाए। अतः यदि एक स्थिति पी.ओ. है तो हम उत्पादन कारकों के पुनर्निर्धारण द्वारा अथवा व्यक्तियों के बीच वस्तुओं को पुनर्वितरित करके नहीं सुधार सकते हैं। परंतु एक पैरेटो सुधार इस बारे में कुछ नहीं कहता कि लाभ कैसे वितरित किए जाते हैं। उदाहरण के लिए, यदि अर्थव्यवस्था में कुल उत्पादन 100 है और कमल सभी 100 प्राप्त कर लेता है और विनोद को कुछ भी नहीं मिलता, तो यह एक पी.ओ. स्थिति है क्योंकि हम विनोद को कुछ नहीं दे सकते, यथा कमल को प्राप्य राशि कम किए बगैर यानी उसे हानि पहुँचाएँ बगैर विनोद की स्थिति नहीं सुधार सकते। पी.ओ. संकल्पना की कमजोरियों में से एक यह है कि यह वितरणीय प्रश्नों की उपेक्षा करती है।

इसकी शक्ति क्या है? इसकी शक्ति उनसे उत्पन्न होती है जिन्हें कल्याणकारी अर्थशास्त्र की दो आधारभूत प्रमेय कहा जाता है। पहली कहती है कि प्रत्येक पूर्णतः प्रतिस्पर्धात्मक व्यवस्था का परिणाम पी.ओ. होता है। अतः यदि हमारे पास पूर्णतः प्रतिस्पर्धात्मक पण्यक्षेत्र हैं और यदि उपभोक्तागण उन्हें उपभोग से मिलने वाली संतुष्टि को अधिक से अधिक करने का प्रयास करते हैं और उत्पादकगण अपने लाभों को अधिक से अधिक करने का प्रयास करते हैं तो परिणाम पी.ओ. होगा। परंतु वह पी.ओ. परिणाम जो आयेगा बहुत ही खराब और तकलीफदेह हो सकता है। जैसा कि हमने ऊपर देखा, यदि कमल को सब कुछ मिल जाता है और विनोद को कुछ भी नहीं तो यह एक पी.ओ. परिणाम है। परंतु कुछ लोगों का मानना है कि इस प्रकार का परिणाम वांछनीय होता है। यह कमजोर दूसरी प्रमेय द्वारा दूर की जाती है, जो कहती है एक उचित आरंभिक आय वितरण हो तो एक पूर्णतः प्रतिस्पर्धात्मक अर्थव्यवस्था द्वारा किसी भी पी.ओ. पर पहुँचा जा सकता है। अतः समाज विपणन कार्य होने दे सकता है और किसी भी

मनचाहे परिणाम तक पहुँचकर जब तक बना रहने दे सकता है जब तक कि वह आरंभिक आय वितरण को समायोजित कर सके। अतः स्वार्थपूर्ण व्यवहार एक सामाजिक रूप से वाँछित व्यवहार की ओर ले जाता है। दूसरी प्रमेय का अभिप्राय यह है कि सरकार को एक वाँछित आरंभिक आय वितरण अस्तित्व में आने के लिए ही हस्तक्षेप करना चाहिए और तदोपरांत विपणन कार्य होने देना चाहिए।

ये दो प्रमेयें उस विपणन व्यवस्था की कारगरता में अधिकतर विश्वास हेतु आधार प्रदान करती हैं जो अनेक देशों में हाल के उदारीकरण के मूल में है। परंतु समस्या यह है कि बिना अच्छी तरह समझा–बूझा विश्लेषण इस सीमाकारक की उपेक्षा करता है कि विपणन व्यवस्था वांछित पी.ओ. पर तभी पहुँचेगी जब आय वितरण उचित होगा। विपणन व्यवस्था की एक दूसरी कमजोरी यह है कि अर्थव्यवस्था में बचत व निवेश की एक उचित दर की गारंटी देने वाला कोई माध्यम नहीं है। आय और रोजगार में धीमी वृद्धि की ओर उन्मुख असार्वजनिक व्यक्ति जो सामाजिक रूप से वाँछित है उससे भी कम बचत और निवेश कर सकते हैं ताकि गरीबी कायम रहे; इसके अलावा, यदि बचतें और निवेश समान नहीं होंगे तो मंदी अथवा मुद्रास्फीतिकारी घटनाएँ हो सकती हैं। एक विकासशील अर्थव्यवस्था को चाहिए बचतों व निवेश का एक उचित स्तर, ताकि उसकी वृद्धि–दर तेज हो और उसकी जनता का जीवन स्तर सुधरे।

एक बाजार अर्थव्यवस्था का कार्य निष्पादन किसी नियोजित अर्थव्यवस्था से बेहतर होता है अथवा उससे खराब? यह प्रश्न सर्वप्रथम सोवियत संघ में नियोजन विषयक वाद–विवाद के संदर्भ में उठाया गया था। लेन्ज एवं टेलर ने, एक पण्य अर्थव्यवस्था साम्य की स्थिति में कैसे पहुँचती है, अर्थशास्त्रियों के अंदाज वाले इस संकल्पीकरण का प्रयोग करके यह दर्शाया कि एक नियोजित अर्थव्यवस्था साम्य अवस्था में वैसे ही पहुँच सकती है जैसे कि एक पण्य अर्थव्यवस्था। एक स्वायत्त नीलामकर्त्ता को दायित्व सौंपा जाता है और वह एक मूल्य उद्धृत करता है। लोग उसे उस मूल्य पर अपनी माँगें और आपूर्तियाँ बतलाते हैं। यदि माँग आपूर्ति से अधिक होगी तो फिर वह अगली बार से दाम बढ़ा देगा और यदि आपूर्ति माँग से अधिक होगी वह दाम घटा देगा। लोग अपनी माँगें और आपूर्तियाँ नए मूल्य पर करेंगे और दोबारा यदि माँग आपूर्ति से अधिक होगी तो नीलामकर्त्ता दाम बढ़ा देगा और यदि आपूर्ति माँग से अधिक होगी तो वह दाम घटा देगा। यह प्रक्रिया तब तक जारी रहेगी जब तक एक ऐसा मूल्य तय नहीं हो जाता जहाँ माँग व आपूर्ति समान होंगे, नामतः साम्यावस्था प्राप्त हो। वास्तविक लेनदेन तभी होगा जब हम साम्यावस्था पर पहुँच जाएँगे। लेन्ज और टेलर ने तर्क प्रस्तुत किया कि एक नियोजित अर्थव्यवस्था में यथार्थ–जीवन योजना बोर्ड पण्य मामले में प्राक्कल्पना–आधारित नीलामकर्त्ता की भूमिका निभा सकता है और इसलिए सुनिश्चित कर सकता है कि साम्यावस्था प्राप्त हो। इसके अतिरिक्त, एक नियोजित अर्थव्यवस्था में राज्य पण्य अर्थव्यवस्था में इन दो खामियों को दूर कर सकता है। यह एक वांछनीय आय वितरण अस्तित्व में लाएगा। साथ ही, राज्य अपने स्वयं के निवेशों द्वारा सामाजिक रूप से वाँछित वृद्धि–दर सुनिश्चित कर सकता

है। इस प्रकार, एक नियोजित अर्थव्यवस्था एक पी.ओ. स्थिति में पहुँचेगी और वास्तव में एक अच्छी पी.ओ. स्थिति में पहुँचने की उसकी अधिक संभावना होगी। अत: पहला दौर उनके द्वारा जीत लिया गया प्रतीत हुआ, जो एक नियोजित अर्थव्यवस्था के पक्ष में तर्क देता था।

योजना बोर्ड उचित निर्णय तभी ले सकता है जब उसके पास सही सूचना हो। परंतु इसके पास ऐसा कोई माध्यम नहीं कि वह अपने आप सूचना पैदा कर सके। उसे सूचना उपलब्ध कराने के लिए सार्वजनिक उद्यम में कर्मचारियों व प्रबंधकों पर निर्भर रहना पड़ता है। हो सकता है कि उन्हें यह सूचना उपलब्ध कराने के लिए कोई प्रोत्साहन न मिलता हो। उदाहरण के लिए, योजना बोर्ड को उद्यम हेतु एक उत्पादन लक्ष्य निर्धारित करने की आवश्यकता हो सकती है। योजनाकार की अपेक्षा कर्मचारी और प्रबंधक कहीं बेहतर जानते हैं कि किस चीज का उत्पादन किया जा सकता है। परंतु वे पूरे तौर पर वर्णन करने में असमर्थ हो सकते हैं कि किस चीज का उत्पादन किया जाए— या तो मानदंड से अधिक उत्पादन करने के लिए, ताकि वे बोनस पा सकें, अथवा इस कारण कि यदि वे इस वर्ष अधिक उत्पादन देंगे तो उनसे अगले वर्ष भी अधिक उत्पादन की अपेक्षा की जाएगी और वे अगले वर्ष के लिए यह ऊँचा लक्ष्य नहीं चाहते। इसके अतिरिक्त, प्रत्येक व्यक्ति के पास विशेष ज्ञान होता है, जो किसी केंद्रीय निकाय में स्थानांतरित नहीं किया जा सकता है और एक केंद्रीकृत व्यवस्था में यह निजी ज्ञान खो जाता है। केवल इसी के सहारे एक बेहतर सिद्ध नियोजित अर्थव्यवस्था (स्टिगलिट्ज) के विरुद्ध हयेक की आपत्तियों का महत्त्व था।

उम्मीद यह थी कि एक "समाजवादी अर्थव्यवस्था" में व्यक्ति भिन्न रूप से व्यवहार करेगा। परंतु अनेक कारणों से, नियोजित अर्थव्यवस्थाएँ उस वैरभाव को दूर करने में समर्थ नहीं थीं जिसने पूँजीवाद के अधीन कर्मचारियों पर मुसीबत डाली और नया "समाजवादी आदमी" बनाया। आगे इसलिए ये अर्थव्यवस्थाएँ सूचना की समस्या से उबरने में समर्थ नहीं थीं और यह व्यवस्था अंततोगत्वा ढह गई।

कुछ हद तक इन अर्थव्यवस्थाओं ने अपनी समस्याओं को खुद जन्म दिया। जैसा कि हमने देखा एक नियोजित अर्थव्यवस्था निवेश के अनुचित स्तरों और एक पण्य अर्थव्यवस्था को बरबाद करती एक असंतोषजनक आय वितरण की समस्याओं से उबर सकती है। परंतु दुर्भाग्यवश ऐसे कारणों से जो पूरी तरह स्पष्ट नहीं है, किसी भी समाजवादी अर्थव्यवस्था ने पण्यक्षेत्र का प्रयोग नहीं किया। इसकी बजाय उन्होंने योजना बोर्ड से लेकर विभिन्न अभिकरणों से प्राप्त मात्रात्मक निर्देशों पर भरोसा किया। उदाहरण के लिए, राज्य सरकारी दुकानों के माध्यम से सभी के लिए खाद्य आपूर्ति कर सकता है अथवा सभी को एक आय प्रदान कर सकता है और उन्हें उनके मनचाहे खाद्य खरीदने दे सकता है। परवर्ती उदाहरण में सरकार सभी को उचित पोषण प्रदान करने के लिए पण्यक्षेत्र का प्रयोग करेगी, जबकि पूर्ववर्ती उदाहरण में सरकार को पता लगाना होगा कि हर व्यक्ति कौन-सा खाद्य पदार्थ पसंद करता है, साथ ही यह जोखिम लेना ही होगा क्योंकि हो सकता है आपूर्ति किया गया खाद्य पदार्थ खाया ही न जाए।

प्रश्न 4. 'भारत में विकास नियोजन' पर विचार व्यक्त कीजिए।

उत्तर– ज्ञातव्य है कि लगभग एक सौ वर्षों के स्वतंत्रता संग्राम के बाद भारत 15 अगस्त, 1947 को आजाद हुआ था। देश के लोगों ने आजादी की लड़ाई में हिस्सा लिया तथा साथ ही संघर्ष के बदले सभी प्रकार की यातनाएँ झेलीं। जनमानस के दिलो–दिमाग में केवल एक सपना था कि मैं अपनी मातृभूमि की आजादी तथा उसके बेहतर और संपन्नतापूर्ण भविष्य के लिए अपना जीवन सहित सर्वस्व न्यौछावर कर रहा हूँ। 26 जनवरी, 1950 को भारत में अपना संविधान लागू किया गया और तब भारत एक संप्रभु लोकतांत्रिक गणतंत्र बन गया। 1976 में संविधान के 42वें संशोधन के द्वारा भारत ने एक समाजवादी और धर्मनिरपेक्ष गणराज्य बनने का सौभाग्य प्राप्त किया। जैसा कि हम सभी जानते हैं कि संविधान में राज्य के नीति–निदेशक तत्त्वों में स्वतंत्रता, समानता, भाईचारा, समान न्याय तथा लोक–कल्याणकारी राज्य की अवधारणा को स्वीकार किया गया है। इसके अलावा महिलाओं के सशक्तिकरण के लिए विभिन्न सामाजिक, आर्थिक और कल्याणकारी नीतियों को लागू करने की जिम्मेदारी ली है। भारतीय संविधान प्रत्येक नागरिक का भौतिक विकास, राजनीतिक तथा सांस्कृतिक विकास के संदर्भ में एक समान जीने के लिए आधार देता है।

इन्हीं सब उद्देश्यों की पूर्ति के लिए एक उपयुक्त आर्थिक नीति लागू करना आवश्यक समझा गया। लगभग 200 वर्षों तक साम्राज्यवादियों द्वारा भारतीय अर्थव्यवस्था का भयंकर शोषण किया गया तथा विश्व में द्वितीय विश्व–युद्ध की विनाशलीला के बाद देश के कर्णधारों ने आर्थिक विकास के लिए आर्थिक योजना लागू करना आवश्यक समझा जो कि स्वाभाविक था और यह काम भारतीय कांग्रेस के ऐतिहासिक नेतृत्व में 1 अप्रैल, 1951 को किया गया। परतु आर्थिक नियोजन के लिए सैद्धांतिक प्रयास आजादी प्राप्ति से पहले ही शुरू हो गए थे।

जब भारत ने अपना योजना अभियान शुरू किया, उसकी अर्थव्यवस्था मूलतः कपास और पटसन उद्योगों तक सीमित एक बहुत छोटे औद्योगिक क्षेत्र, और लगभग 10 प्रतिशत की एक छोटी–सी बचत दर वाली एक कृषि–प्रधान अर्थव्यवस्था थी। इसके अतिरिक्त, उद्यमी वर्ग का कार्यशील औद्योगिक उद्यमों के साथ अनुभव सीमित था; भारतीय उद्यम मुख्य रूप से व्यापारिक गतिविधियों में लिप्त थे और सिर्फ वस्त्र उद्योग में काम करने का अनुभव रखते थे। देश में व्याप्त गरीबी को कम करने और जनता का जीवन–स्तर सुधारने के लिए एक ऊँची वृद्धि दर की आवश्यकता थी, परंतु विकास को तेज करने के लिए अधिक निवेश और ऐसे पूँजीगत माल के अधिक आयात की आवश्यकता होगी जो माल घरेलू रूप से उत्पादित नहीं किया जा सकता है। ऐसे आयातों की और अधिक कृषिगत माल के निर्यातों से भरपाई नहीं की जा सकती थी, क्योंकि अधिक कृषिगत निर्यात किया जाना व्यापार शर्तों की दुर्गति की ओर प्रवृत्त करता जिससे निर्यात से होने वाली कमाई अधिक नहीं बढ़ती। इसके अतिरिक्त, भारत में प्रतिकूल भूमि–मनुष्य अनुपात के कारण, विकास को औद्योगीकरण–आधारित होना पड़ा। एक मंथर–गति विश्व अर्थव्यवस्था, विकसित देशों में संरक्षणवाद तथा प्रतिस्पर्धात्मकता के

अभाव के भय से यह औद्योगीकरण बाह्य पण्यक्षेत्र की ओर उन्मुख नहीं हो सका, क्योंकि भारतीय कामगार औद्योगिक रूप से अनुशासनबद्ध नहीं थे और न ही भली-भाँति प्रशिक्षित। इसी कारण विकासशील उद्योगों द्वारा औद्योगीकरण आयातों को रोक कर किया जाना था। अतः भारत द्वारा औद्योगीकरण के बदले आयात (आई.एस.आई.) की नीति अपनाए जाने को सिद्धांततः भारतीय आर्थिक दशा का समर्थन मिला और उसे अधिकांश विकासशील देशों द्वारा अपनाई गई विकास नीतियों से सम्बद्ध किया गया।

भारत में राज्य ही इस औद्योगीकरण को शुरू करने हेतु अभिकरण था। ऐसा इसलिए था क्योंकि मूल उद्योगों में आयात प्रतिस्थापन भारत की आदत बन गई थी। सैद्धांतिक प्रतिमानों ने दर्शाया कि ऐसा आयात प्रतिस्थापन एक उच्चतर वृद्धि दर की ओर ले जा सकता था। मूल उद्योगों का विकास अर्थव्यवस्था को आयातों पर निर्भरता से मुक्ति दिलाएगा और इस प्रकार स्वावलम्बन में मदद करेगा जो एक महत्त्वपूर्ण उद्देश्य है। विशेष रूप से, एक रक्षा उद्योग का विकास सरल हो जाएगा और इस प्रकार रक्षा उत्पादन में भारत का स्वावलम्बन सुनिश्चित हो जाएगा। असार्वजनिक पूँजी ऐसे उद्योगों में निवेश करने को इच्छुक नहीं थे क्योंकि इन उद्योगों में निवेश स्तर विशाल था और अनेक वर्षों तक कोई उत्पादन नहीं होना था। इसके अतिरिक्त, इन मूल उद्योगों में राजकीय निवेश अनुचित धन-संकेंद्रण से भी बचाता। अधिकतर अन्य विकासशील देशों ने आयात प्रतिस्थापन जिन्स उद्योगों में करने का बीड़ा उठाया। इन उद्योगों में निवेश उन पारदेशीय निगमों (टी.एन.सी.) द्वारा किए गए जो पहले से ही विकसित देशों में इन वस्तुओं का उत्पादन कर रहे थे और उन्हें विकासशील देशों में निर्यात कर रहे थे।

बस कुछ ही वर्षों तक विकासशील देशों ने तेजी से उन्नति की; फिर वे समस्याओं से घिर गए, न सिर्फ वे जिन्होंने जिन्सों में आयात प्रतिस्थापन अपनाया था बल्कि वे भी जिन्होंने पूँजीगत वस्तुओं में आयात प्रतिस्थापन अपनाया था। ये समस्याएँ खुद-ब-खुद सामने आयीं क्योंकि विशाल भुगतान अतिशेष (बी.ओ.पी.) घाटों को अपनी निर्यात आयों के रूप में चलाने वाले देश अपनी आयात देयताओं के सामने बहुत छोटे थे और इसलिए अपने आयातों का मूल्य चुकाने में अब अक्षम हो चले थे। अतः विकासशील देशों को समझौता करना पड़ा।

अनेक देशों ने निर्यातों पर और अधिक दबाव डालने के लिए अपनी व्यापार नीतियों में समायोजन किया। ब्राजील और कोलम्बिया जैसे देशों ने अपनी-अपनी विनिमय दर के आवधिक रूप से अवमूल्यन की अनुमति दे दी जिससे उनके निर्यात प्रतिस्पर्धा में डटे रहें और वृद्धि करें। भारत जैसे अन्य देशों ने निर्यात-व्यापार को बढ़ावा देने के लिए निर्यात पर आर्थिक सहायता प्रदान की। पूर्वी एशिया के देशों, कोरिया, ताइवान, सिंगापुर और हाँगकांग ने निर्यातों को बढ़ावा देने के लिए और अधिक परिवर्तनकारी कदम उठाए।

25

धार्मिक राजनीति

प्रश्न 1. धार्मिक राजनीति का अर्थ एवं महत्त्व बताइए।

[Dec 2008, Q. 10. (क)]

उत्तर– धार्मिक राजनीति की अवधारणा ने एक अतिशयोक्तिपूर्ण महत्त्व अर्जित कर लिया है, यद्यपि धर्म एवं राजनीति दो भिन्न संकल्पनाएँ मानी जाती हैं। धर्म का राजनीतिक स्वरूप निर्वाचन में मतदान व्यवहार और प्रत्याशियों के चयन से स्पष्ट होता है। यह राजनीतिक अभिव्यक्ति एवं उद्देश्य का निर्धारक तत्त्व है। यह राष्ट्रीय जागरण में सहायक तत्त्व ही नहीं, वरन् राजनीतिक कार्य–योजना की धार्मिक व्याख्या स्थापित करने में अपना योगदान देता है। राष्ट्रीय स्वतंत्रता आंदोलन के समय लोगों को आकर्षित करने के लिए धर्म का उपयोग किया गया। अतः यह लोगों के संघटन का भी आधार होता है। संस्थाएँ धर्म के आधार पर किसी पर्व के समय लोगों को जो अपील करती हैं, वह कभी–कभी राजनीतिक अपील का भी रूप ले लेती हैं। जामा मस्जिद के शाही इनाम अब्दुल्ला बुखारी एवं जय गुरुदेव की राजनीतिक शक्ति की आधारशिला अपने–अपने सम्प्रदायों में अनुयायियों की संख्या को बढ़ाने पर बल है। भारत में अधिकांश नेता चुनाव के समय धर्म की दलीलों के आधार पर वोट माँगते हैं, वोट बटोरने के लिए मठाधीशों, इमामों, पादरियों एवं साधुओं के साथ साठ–गाँठ करते हैं। भारत में धार्मिक विभिन्नताएँ हैं।

स्वतंत्रता के प्रारंभिक कुछ दशकों तक राजनीति में धर्म का स्वरूप भिन्न था लेकिन धीरे–धीरे समाज और राजनीति ने धर्म को काफी प्रभावित किया है और 1990 के दशक से सरकार में भी काफी प्रभावी है। 1998 में भारतीय जनता पार्टी द्वारा केंद्र में सरकार बनाने के बाद हिन्दुत्व की राजनीति सरकार में काफी प्रभावी बल बन गया। इसलिए संवैधानिक आदर्श में राजनीति और धर्म का जो संबंध था, उसने राष्ट्रवाद के प्रसार में एक अलग रूप धारण कर लिया है।

धार्मिक राजनीति – विविध दृष्टिकोण–राजनीति की विषय–वस्तु किसी न किसी धर्म से या धार्मिक समुदाय से निर्धारित होती है। आज भी धर्म के नाम पर राजनीति को संचालित करने का प्रयास बहुत से नेता व दल करते हैं, यथा–मुस्लिम लीग का संगठन, हिन्दू महासभा इत्यादि अपने–अपने धर्म को राजनीति का आधार बनाने का प्रयास करते हैं, लेकिन राज्य की नीति और कानूनों का आधार कोई धर्म नहीं, बल्कि जन–कल्याण है। बिना किसी भेदभाव के सभी धर्म के अनुयायियों को राज्य की ओर से सभी प्रकार की सुविधाएँ और सेवाएँ समान रूप

से प्राप्त होती हैं, किंतु भारतीय राजनीति में धर्म का प्रभाव राजनीति को गलत दिशा में ले जाता है। आज धर्म केवल व्यक्तिगत विषय नहीं है और न उसका पालन केवल मानसिक शांति के लिए किया जा रहा है, बल्कि यह आपस में फूट पैदा करने, विभिन्न धर्मों के अनुयायियों के बीच वैर उत्पन्न करने एवं अपना–अपना पृथक् राजनीतिक अस्तित्व कायम करने का साधन बना हुआ है। यह भारत के संसदीय लोकतंत्र के मार्ग में बहुत बड़ा विघ्न है। इससे देश की राजनीतिक एकता और स्थायित्व को समय–समय पर खतरा हो जाता है। अतः भारतीय लोकतंत्र की सफलता हेतु यह आवश्यक है कि धर्म का प्रभाव केवल व्यक्तिगत मामलों तक सीमित रखा जाए। गाँधीजी समस्त धर्मों की समानता में विश्वास करते थे। गाँधीजी की धारणा के धर्म का मूल तत्त्व हमें किसी पैगम्बर या अवतार द्वारा प्रतिपादित किसी विश्वास विशेष को स्वीकार करने में है जो कि वेद, बाइबिल या कुरान में पाया जाता है, उसे किसी संस्कार को संपन्न करने में या माला के मनके गिनने अथवा मंदिर में जाने से नहीं खोजना चाहिए। वह हमें मिलेगा सत्य की निष्काम खोज में, जो कि हमारे हृदय को पवित्र करती है और जीवन को बदल देती है। गाँधीजी जिस धर्म को राजनीति में लाना चाहते थे, वह एक सार्वभौमिक धर्म है। यह धर्म सत्य की खोज व अपने सृष्टा को जानने की इच्छा है। गाँधीजी के अनुसार धर्म व्यक्ति को पवित्र बनाता है और उसे शेष सृष्टि से एकात्मकता अनुभव करने के लिए प्रेरित करता है। इसलिए गाँधीजी के विचार में आत्मिक मूल्यों को राजनीति पर प्रभाव डालना चाहिए, नहीं तो राजनीति निरूपाय हो जाएगी। राजनीति उनके अनुसार एक उद्धारक आस्थाओं का गठबंधन है।

प्रश्न 2. हिन्दू पुनर्जागरणवाद से आप क्या समझते हैं?

उत्तर— यह व्यक्ति–व्यक्ति के साथ क्षेत्र–क्षेत्र के लिहाज से भी बहुत भिन्न–भिन्न थी। भारत में तीन क्षेत्रों बंगाल, महाराष्ट्र एवं उत्तरी भारत, यथा तीन क्षेत्र जहाँ पुनर्जागरणवाद काफी लंबा चला। बंगाल में यह सर्वाधिक व्यापक था, साथ ही प्रचण्ड भी, परंतु इसने असाधारण रूप से एक असामान्य रूप ले लिया। यह एक बहुत, सुमित सरकार के शब्दों में, "बौद्धिकृत पुनर्जागरणवाद" में उभरा। इसका मतलब है कि इसने ऊँची भौं वाले, मूर्धन्य प्रकार के बुद्धिजीवियों के बीच बहस का रूप ले लिया। पढ़े–लिखे लोगों के बीच यह चर्चा का विषय था। जब भी पत्रिकाएँ एवं समाचार–पत्र इसमें लिप्त होते थे, शब्द और अर्थ ऐसा होता था कि यह आम आदमी को कम ही अच्छा लगता था। बंकिमचंद्र चटर्जी व अन्य, उदाहरणार्थ, जैसे प्रमुख सदस्यों के बीच इसकी तीन मुख्य प्रेरणाएँ थीं। प्रथम, भारत की कुछ स्मरणातीत परंपराओं पर जोर देना और पश्चिम के मुकाबले अपनी आत्मिक श्रेष्ठता सिद्ध करना, यद्यपि हमें यह स्वीकार करना पड़ता है कि हम भौतिक रूप से कमजोर हैं। दूसरे, इन शब्दों में पूछना कि भारतीय (वस्तुतः) कौन है? हर व्यक्ति जो बंगाल में रहता है आवश्यक नहीं कि बंगाली ही हो। ऐसी ही बात भारत के साथ है। इस तरीके से व्यवहार कि जो भारत में रहता है क्षेत्रीय

राष्ट्रवाद है। हमें कुछ सहजगुण भी अवश्य धारण करने चाहिए और कुछ भावनाएँ–विशेष व्यक्त करनी चाहिए, जो फिर हमें एक भारतीय होने हेतु योग्यता प्रदान करेगी। यह शब्द गढ़ा नहीं गया वरन् यह उस दिशा में पहला कदम था जिसे बाद में सांस्कृतिक राष्ट्रवाद कहा जाने लगा; यथा, कोई व्यक्ति भारतीय तभी है जब वह कुछ निश्चित सांस्कृतिक अभिलक्षण दर्शाये। अंततः असीम बौद्धिक श्रम जीजस क्राइस्ट के मुकाबले भगवान् श्रीकृष्ण की श्रेष्ठता दर्शाने में खर्च हो गया; अत्यंत महत्त्वपूर्ण रूप से एक देशभक्त भारतीय हेतु एक आदर्श भी। परंतु विलक्षण रूप से, बंगाल में जो कुछ हुआ उसका बहुत ही थोड़ा बंगाल में विद्यमान हैं, बावजूद इसके कि भारत के अन्य भागों में यह गुंजायमान है, अपवाद रूप में, शायद, 'वन्दे मातरम्', और सिर्फ एक गीत के रूप में, न कि देशभक्ति की परीक्षा के तौर पर जैसाकि उत्तर में है।

महाराष्ट्र में धार्मिक पुनर्जागरणवाद का एक अधिक भिन्न आधार था। वहाँ निश्चित रूप से बुद्धिजीवी घटक विद्यमान था और इसने, हालाँकि चालाकी से, एक ब्राह्मणवादी पुनर्कथन का रूप ले लिया। यह बात निम्न जातियों के बीच जागरण और दावों का प्रत्युत्तर देने के प्रयासों में सबसे अच्छी तरह देखी जा सकती है, यथा इन्होंने ज्योतिबा फुले के व्यक्तित्व से स्पष्ट और नियत आकार पाया। दूसरे, यहाँ बात बंगाल से कुछ भिन्न भी थी। धार्मिक प्रतीक–चिह्न एवं पर्व 'सार्वजनिक' बनाए गए आम अखाड़े में प्रेरित किए जाते थे ताकि राष्ट्रवाद के उद्देश्य से जन–समाज के संघटन पर प्रभाव पड़े। इनमें सर्वाधिक प्रसिद्ध गणेश पूजा, अब तक एक घरेलू घटना, का 'गणेश–उत्सव' के रूप में जाने–वाले एक जन समारोह में रूप–परिवर्तन। आज यह भारत के कई अन्य भागों में फैल चुका है और इस नजरिए से सांप्रदायिक तनावों का एक स्रोत बन चुका है जो तरीका 'संघ परिवार' द्वारा अपनाया जाता है। गणेश सफलता के देवता हैं और 'परिवार' के कार्यकर्त्ता यह सोचते हैं कि गणेश को विशेषाधिकार प्रदान करके वे पूरे भारत में राजनीतिक सफलता हासिल कर लेंगे। यही जन–संघटन का रास्ता बन गया और बना भी हुआ है। तीसरा रूप जो इसने अख्तियार किया वो था श्रीकृष्ण–एक धार्मिक प्रतिमा से भिन्न, एक पक्की ऐतिहासिक आकृति और एक महान् योद्धा शिवाजी महाराज के संप्रदाय का निर्माण। उसको "हमेशा" मुस्लिम शासन से लड़ने वाले एक आदर्श हिन्दू व्यक्तित्व के रूप में बनाया गया। तत्कालीन और तदोपरांत भारत में स्थान लेते क्षेत्रीय जागरणों में शिवाजी निस्संदेह एक महान महत्त्व वाली विभूति थे परंतु उन्हें एक हिन्दू पंथ के रूप में स्थापित करना जनचेतना का साम्प्रदायीकरण था, जो तब संघटित हो रहा था। महाराष्ट्र में धार्मिक पुनर्जागरणवाद ने जन–संघटन की दिशा में करवट ली थी और इस बात में वह उससे भिन्न था जो बंगाल में हुआ था।

उत्तरी भारत में दो भिन्न रूपांतर उभरे। एक सिन्धु–गंगाई मैदानों में और दूसरा उत्तर–पश्चिमी भारत में, जो अब पंजाब, हरियाणा व पश्चिमी उत्तर–प्रदेश हैं। सिन्धु–गंगाई मैदान में वे मुद्दे थे जिनके माध्यम से हिन्दू पुनर्जागरणवाद ने अपना हक कायम किया, यथा

गौ–वध तथा देवनागरी लिपि में हिन्दी से जुड़े मुद्दे। ज्ञान पाण्डेय ने "मोबिलाईजिंग दि हिन्दू कॅम्यूनिटि" तथा 'हिन्दी, हिन्दू, हिन्दुस्तान' कि दैनिक जीवन में गाय और मुसलमानों द्वारा उसकी हत्या, और खासकर बकरीद के मौके पर हिन्दुओं की भावनाओं को भड़काने तथा मुसलमानों को गायों का वध करने से रोकने के लिए आंदोलनार्थ उन्हें संघटित करने के प्रयासों ने मुद्दों का रूप ले लिया।

उत्तर–पश्चिमी भारत में इस प्रकार के मुद्दे अन्य मुद्दों के साथ एक अलग तरीके से उठाए गए। यही था स्वामी दयानन्द के 'आर्य–समाज' आंदोलन का उदय और प्रसार। एक स्तर पर यह एक "आपत्तिकारक आंदोलन" था परंतु दूसरे स्तर पर यह हर उस चीज के खिलाफ एक निंदात्मक प्रहार भी था जो उचित रूप से 'वेदों' से मेल न खाता हो। इसने सफलतापूर्वक अनेक हिन्दू प्रथाओं, जैसे बहुदेववाद, मूर्तिपूजा, एवं जन्म पर आधारित जाति, पर एक तीखा प्रहार किया तथा अंतर्जातीय एवं विधवा–पुनर्विवाह व अन्य ऐसी ही प्रथाओं की वकालत की। दयानन्द ने अपनी प्रसिद्ध पुस्तक 'सत्यार्थ प्रकाश' में गैर–वैदिक धर्मों जैसे इस्लाम, ईसाइयत, सिखधर्म आदि प्रत्येक पर एक–एक अध्याय लिखते हुए एक निंदात्मक प्रहार भी किया और इस्लाम व उसके पैगम्बर पर प्रहार सर्वाधिक निंदापूर्ण था। उनके अनुयायी तदोपरांत सिखों व मुसलमानों, इस क्षेत्र के दो अन्य प्रमुख धर्मों, के साथ अनावश्यक शास्त्रार्थ में लग गए। कैनेथ जोन्स अपनी पुस्तक आर्यधर्म में दर्शाते हैं कि किस प्रकार यह आंदोलन तेजी से पंजाब में, खासकर खत्री जैसी व्यापारी जातियों के बीच, फैल गया। प्रमुख धर्मान्तरित व्यक्ति थे। लाला लाजपत राय (विख्यात् राष्ट्रवादी नेता), लाल हन्स राज, लाला मुंशीराम (बाद में स्वामी श्रद्धानंद) व अन्य कई। तब से ही उसने विशेष रूप से दो कार्यों पर ध्यान केंद्रित किया–एंग्लो–वैदिक विद्यालय खोलना और एक 'शुद्धि' अभियान–उन लोगों का हिन्दू धर्म में फिर से धर्मान्तरण जिन्होंने अन्य धर्मों को अपना लिया था।

प्रश्न 3. धार्मिक राजनीति में इस्लामिक दृष्टिकोण पर एक टिप्पणी लिखें।

उत्तर– यदि पश्चिम के प्रति प्रारंभिक हिन्दू प्रतिक्रिया जिज्ञासी थे तो मुसलमानों की प्रथम प्रतिक्रिया अपने आपको संकीर्ण दरवाजे में बंद करने और पश्चिम के प्रभाव से बचाने की थी। मुसलमानों में पाश्चात्य प्रभावों के विरुद्ध सर्वप्रथम प्रतिक्रिया हुई, उसे बहावी आंदोलन कहा जाता है। वस्तुतः यह पुनर्जागरणवादी आंदोलन था। शाह वलीउल्लाह 18वीं सदी में भारतीय मुसलमानों के प्रथम नेता थे जिन्होंने भारतीय मुसलमानों में हुई आई गिरावट पर चिंता प्रकट की। उन्होंने मुसलमानों को रीति–रिवाजों तथा मान्यता से आई कुरीति की ओर ध्यान दिलाया। बाद में अब्दुल अजीज तथा सैय्यद अहमद बरेलवी ने वल्लीउल्लाह के विचारों को लोकप्रिय बनाया।

बरेली के शाह वलीउल्लाह अथवा सैय्यद अहमद तथा उनके कम जानने वाले अनुयायी जैसे बंगाल में फरैजिस के हाजी शरीयतुल्लाह अथवा फैजाबाद के मौलवी अथवा जौनपुर के

मौलवी करामत अली, सभी 19वीं सदी के पूर्वार्ध में, वहाबी आंदोलन से प्रभावित थे और उन्होंने अपना ध्यान मुसलमानों के बीच प्रचलित "अन–इस्लामिक" प्रथाओं पर केंद्रित किया, जैसे एक–दूसरे के त्यौहारों में शरीक होने की लोक प्रथाएँ, अभिवादन एवं शुभकामनाओं के तरीके, आसपास के हिन्दू लोकाचार से प्रभावित आम रीतियाँ व शिष्टाचार और सर्वोपरि, शिर्क के रूप में संतों की पूजा, इत्यादि। वे मुसलमानों, खासकर नए धर्मान्तरितों का, अवशिष्ट हिन्दू प्रथाओं से उद्धार चाहते थे और उसके स्थान पर 'बाह्य प्रभावों' से अदूषित इस्लाम का एक शोधित रूप लाना चाहते थे। हस्तक्षेप का दूसरा रूप बाद में 19वीं सदी के उत्तरार्ध में देखने में आया। इस दृष्टिकोण के सर्वोच्च प्रतिनिधि थे सर अहमद खान। अतीत की ओर किसी प्रत्यावर्तन और पैगम्बर मोहम्मद व उनके निकट सहयोगियों के युगोन्मुखक्षेपी व्याख्याओं की बजाय, सर सैय्यद का दृष्टिकोण एक मुस्लिम संप्रदाय संबंधी था।

ऐतिहासिक काल, आंतरिक दबाव तथा अभिप्रायों अथवा प्रयोजनों के लिहाज से पहचानी जा सकती हैं, ऊपर से हस्तक्षेपों के कुछ सामान्य अभिलक्षण व परिणाम भी देखने में आते हैं। ज्यादा सुप्रकट अभिलक्षण हैं, प्रथम, इस्लाम की रक्षार्थ अदालत अथवा अभिजात तंत्र पर भरोसा करने अथवा उससे गुहार करने की बजाय सीधे लोगों को संबोधित करने की दिशा में शिकोह के बीच संघर्ष में किया। कुछ ने संप्रदाय–विशेष में टिकाऊ संचार माध्यम उपलब्ध कराने के लिए मुस्लिम भद्रजन और छोटे तबके के मुसलमानों के बीच दरार पाटने का काम किया।

दूसरे, इन हस्तक्षेपों ने राजनीतिक अपीलों हेतु पढ़े–लिखों को संबोधित धर्मतात्विक तर्कों के स्थान से हटकर व्यापक विषयों पर कुछ–कुछ लोगों की लामबंदी का रूप लेने का प्रयास किया।

तीसरे, इस्लाम को आधार मानकर उसकी एक "अधिक स्वास्थ्य–पद" व्याख्या के पुनर्निर्माण का सुसंगत प्रयास किया जा रहा था, जिस पर मुसलमानों को मिली नई पहचान कायम रह सके। यह समझना गलत नहीं हो सकता कि ये दो प्रवृत्तियाँ "परंपरावादी" एवं "आधुनिकतावादी" के रूप में इन हस्तक्षेपों के कारण ही उत्पन्न हुईं।

इन सब बातों में शामिल विवादास्पद परिणाम गौरतलब हैं। जबकि ये घटनाएँ मुस्लिम समुदाय को धीरे–धीरे बाकी समाज से दूर खींच रही थीं, ये उन्हें धीरे–धीरे एक राष्ट्र के रूप में ऐसे सक्रिय भागीदारों के तौर पर जो अपनी बात सुनी जाने पर आमादा थे, जन रंगमंच पर भी ला रही थीं। ये लोग स्वयं को हिन्दुओं से अलग करते हुए, सार्वजनिक कार्यक्षेत्र में सक्रिय होते जा रहे थे। यह एक महत्त्वपूर्ण घटना थी। यद्यपि, यह स्वयं में बँटवारे का कोई कारण नहीं था, जहाँ राजनीतिक चंगाई तथापि संभव थी, परंतु यह फिर भी एक अंशदायी कारक बन गया।

26

नृजातीयता तथा राष्ट्र–राज्य

प्रश्न 1. नृजातीयता क्या है? इसके अध्ययन हेतु दृष्टिकोणों पर चर्चा कीजिए।

उत्तर– नृजातीयता ऐसे लोगों के समूह को माना जाता है, जो भाषा, धर्म, इतिहास के संदर्भ में सामान्य विशेषता रखते हैं, इसके तीन दृष्टिकोण हैं। जिसमें प्राचीन दृष्टिकोण नृजातीयता विरासत में मिली, यह यंत्र, उपकरण दृष्टिकोण मानता है।

एक क्षेत्र विशेष की सीमाओं में रहकर संस्कृति, भाषा, धर्मों के सर्वमान्य सहजगुणों को अपनाकर अथवा विभिन्न क्षेत्रों से बाहर रहकर भी ये लोग एक समूह–नृजातीय समूह जो कि ऐसे समूहों से भिन्न होते हैं, कैसे बना लेते हैं? उस प्रश्न के उत्तर में मूल रूप से तीन पहलू हैं: आदिम, यंत्रवादी तथा वह पहलू जो आदिम व यंत्रवादी, दोनों की विशेषताओं को सम्मिश्रित करता है। आदिम धारणा के अनुसार लोगों के बीच नृजातीय भेद "प्रदत्त" हैं; वे उन्हें विरासत में मिलते हैं। यह भेद समूहों के बीच नृजातीय संघर्ष का रूप ले लेने की ओर उन्मुख होते हैं। यंत्रवादी धारणा के पक्षधर मानते हैं कि नृजातीय भेद "प्रदत्त" नहीं होते; वे संभ्रांतों द्वारा पैदा किए जाते हैं, जो कि राजनीतिज्ञ, अध्यापक, धार्मिक नेता आदि हो सकते हैं। परवर्ती अपने लक्ष्य प्राप्ति हेतु सामाजिक दरारों अथवा भेदों का छलयोजन करते हैं। विशेष प्रसंगों में ये नृजातीय भेद नृजातीय संघर्षों, दंगों, स्वायत्त आंदोलनों अथवा विद्रोह के भी रूप में पराकाष्ठा पहुँचते हैं। वे मूल सामाजिक दरारें जो नृजातीय समूहों में बदल दी जाती हैं, हमेशा असली नहीं होतीं। इनमें से कुछ तो संभ्रांतों द्वारा "ईजाद" अथवा "निर्मित" भी होती हैं। तीसरी धारणा में मानना है कि ये दोनों पहलू–आदिम तथा यंत्रवादी, दोनों नृजातीयता के विषय को स्पष्ट करने में असमर्थ हैं। वे इस विषय में "द्वि–ध्रुवीयता" में बाँटते हैं। यह इन दोनों ही धारणाओं के सम्मिश्रण की वकालत करती है। इसके पक्षधरों का तर्क है कि आदिम धारणा यह स्पष्ट नहीं करती कि लोग सर्वमान्यता को निभाते–निभाते नृजातीय समूहों में कैसे संक्रमित हो जाते हैं। इसी प्रकार, यंत्रवादी धारणा यह स्पष्ट नहीं करती कि सर्वमान्य सहज गुणों को अपनाने वाले लोग उस संभ्रांत वर्ग के आह्वान का क्यों प्रत्युत्तर देते हैं, जो उन्हें नृजातीय समूहों में छलयोजित करते हैं।

प्रश्न 2. राजनीतिक व्यवस्था पर सांप्रदायिकता के प्रभावों को बताइए।

उत्तर– *भारतीय लोकतंत्र पर सांप्रदायिकता के दुष्परिणामों की चर्चा इस प्रकार की जा सकती है–*

(1) **राष्ट्रीय एकता के लिए खतरा**—चुनावी हिंसा से देश में कटुता बढ़ती है। लोग एक–दूसरे को संदेह और अविश्वास की दृष्टि से देखने लगते हैं। इससे ऐसी परिस्थिति पैदा हो सकती है कि देश की एकता और अखंडता खतरे में पड़ जाए।

(2) **राजनीतिक दलों का सांप्रदायिक आधार**—स्वतंत्रता के बाद भी भारत में सांप्रदायिक आधार पर दलों के गठन का सिलसिला जारी रहा। अपने संप्रदाय या वर्ग की भलाई के लिए काम करना कोई बुरी बात नहीं है, "लेकिन जहाँ इनके प्रति निष्ठा और अपने राष्ट्र के प्रति निष्ठा में टकराहट आई वहाँ राष्ट्र के प्रति निष्ठा को सर्वोपरि महत्त्व देना होगा।"

(3) **तोड़–फोड़ से आर्थिक क्षति**—सांप्रदायिक दंगों के कारण कर्फ्यू लगता है, कल–कारखाने बंद हो जाते हैं और देश की आर्थिक प्रगति रुकती है।

(4) **चुनावों के समय धार्मिक भावनाओं को उभारा जाता है**—भारतीय संविधान में 'धर्मनिरपेक्ष' (Secular) शब्द भले ही 1976 में जोड़ा गया हो, पर धर्मनिरपेक्षता का आदर्श हमारा शुरू से ही रहा है। परंतु राजनीतिक दलों ने इस आदर्श को झुठलाने की कोशिश की है। हर दल में ऐसे नेता हैं जो धर्म या जाति के नाम पर वोट बटोरने की कोशिश करते हैं। हमारे देश में वर्ग–संघर्ष (Class Conflict) से भी ज्यादा जाति–संघर्ष (Caste Conflict) देखने को मिलता है।

(5) **राष्ट्रीय दल भी सांप्रदायिकता से एकदम अछूते नहीं**—दुर्भाग्य की बात यह है कि ऊपर से धर्मनिरपेक्ष दिखने वाले राष्ट्रीय दल भी सांप्रदायिकता से समझौता कर लेते हैं। प्रायः उम्मीदवारों का चयन वे भी इस आधार पर करते हैं कि अमुक चुनाव क्षेत्र में किस संप्रदाय या जाति की प्रधानता है। देश की जनसंख्या में मुसलमानों का अनुपात 12 प्रतिशत से अधिक है। इस दृष्टि से लोकसभा में मुसलमानों को कम से कम 60–65 सीटें जरूर मिलनी चाहिए। लेकिन ऐसा हुआ कभी नहीं। पहली लोकसभा में 36 मुस्लिम सांसद थे, जबकि 12वीं लोकसभा में यह संख्या घटकर 27 रह गई। जो पार्टियाँ स्वयं को धर्मनिरपेक्ष कहती हैं, वे भी चुनावों में मुसलमानों को बड़ी संख्या में उतारने से इसलिए कतराती हैं कि कहीं चुनावी दंगल में वे पिछड़ न जाएँ। मुस्लिम राजनीति करने वाले दलों ने भी मुसलमानों के लिए ठोस कार्यक्रम अपनाने के बजाए उन्हें उर्दू, पर्सनल लॉ और मस्जिद जैसे संवेदनशील मुद्दों में उलझाए रखा है। दिल्ली वक्फ बोर्ड के सदस्य जफरजंग और मुस्लिम विद्वान वहीदउद्दीन खाँ ने यह प्रस्ताव रखा था कि शांति और सांप्रदायिक सद्भावना को प्रोत्साहन देने के लिए मुसलमानों को चाहिए कि वे बाबरी मस्जिद पर अपनी दावेदारी छोड़ दें। पर ऐसा हुआ नहीं, जिसके लिए मुस्लिम नेता उतने जिम्मेदार नहीं थे जितने कि राष्ट्रीय दलों के वे नेता जो मुस्लिम वोट बैंक के सहारे चुनाव के मंच पर चढ़ते हैं।

प्रश्न 3. भारत में नृजातीयता किन-किन रूपों में प्रकट होती है, उसको पंजाब तथा जम्मू एवं कश्मीर के संदर्भ में इंगित कीजिए।

[June 2008, Q. 9.][Dec 2009, Q. 9.]

उत्तर— भारत में नृजातीयता पृथक् राज्य की माँग, स्वायत्तता आंदोलन, विद्रोह तथा जनजाति, भाषा, धर्म आदि के आधार पर संघर्ष के रूप में प्रकट होती है। भाषा एवं धर्म के आधार पर पंजाब में सिक्खों के लिए पृथक् राज्य खालिस्तान की माँग की गई, जबकि जम्मू-कश्मीर के राजा हरिसिंह अपने राज्य को स्वतंत्र बनाए रखना चाहते थे। दूसरी तरफ पंजाब के सिक्ख मुस्लिम-विरोधी रुख अपनाते रहे, वहीं जम्मू-कश्मीर में वहाँ के मुस्लिम नेता हिन्दू-विरोधी रुख अपनाते थे। फलतः दोनों ही राज्यों में शरणार्थियों की एक भयावह स्थिति उत्पन्न हो गई थी लेकिन दोनों जगह अपने हितों की रक्षा के लिए राजनीतिक सत्ता प्राप्त करना, सत्ता के वास्तविक उपयोग के लिए क्षेत्रीय स्वायत्तता की लालसा और केंद्र सरकार पर दबाव डालना था। आज भी अकाली दल पंजाब में तथा नेशनल कांफ्रेंस जम्मू व कश्मीर में अधिक स्वायत्तता की माँग कर रहे हैं।

पंजाब में नृजातीयता मुख्यतः ऐसे स्वायत्तता आंदोलन तथा विप्लव के रूप में प्रकट हुई जिनका आधार क्षेत्रीय, धार्मिक तथा आर्थिक था। यदा-कदा इसने हिन्दुओं व सिक्खों के बीच सांप्रदायिक संघर्ष का रूप भी लिया था। पंजाब में 1950 व 1960 के दशकों के दौरान स्वायत्तता आंदोलन देखा गया था, जिनकी अगुवाई अकाली दल द्वारा की गई थी। अकाली नेतृत्व का तर्क था कि पंजाब के वे क्षेत्र जहाँ मातृ-भाषा पंजाबी तथा सिक्ख धर्म मानने वाले लोग रहते हैं, उनको अपना स्वायत्त प्रांत दे दिया जाए। बलदेव राज नायर के अनुसार, अकाली नेतृत्व ने समर्थन जुटाने के लिए त्रि-फलक रणनीति तैयार की थी–संवैधानिक, घुसपैठ और आंदोलनात्मक। प्रथम में ज्ञापन, रैलियाँ, मार्च आदि जैसे संवैधानिक तरीके शामिल थे; दूसरे ने बड़ी संख्या में घुसने और पंजाबी सूबे के पक्ष में भीतर से ही उसके निर्णयों को प्रभावित करने की अनुमति दी और तीसरे में शामिल थे–तीर्थों को कूच करना, बल-प्रयोग, धमकी देना। आंदोलनात्मक रणनीति ने अक्सर हिंसा को उकसाया। दरअसल अकाली दल के भीतर दो गुट थे–प्रथम, सामाजिक-आर्थिक स्पष्टीकरण देते संत फतहसिंह के प्रतिनिधित्व वाला और दूसरा, मास्टर तारा सिंह के प्रतिनिधित्व वाला, जिन्होंने धार्मिक आधार पर पंजाबी सूबे हेतु माँग को जायज ठहराया–सिक्खों के एक स्वायत्त प्रांत के लिए।

1980 का दशकोपरांत काल पंजाब में स्वायत्त आंदोलन को अगले चरण के रूप में जाना गया। पहले वाले से भिन्न, यह भारतीय राज्य की संप्रभुता को चुनौती देते और सिक्ख धर्म के अनुयायियों पर आधारित खालिस्तान (सिक्ख गृहभूमि) की स्थापना हेतु विप्लव आंदोलन में उभरा था। इसने पंजाब में हिन्दुओं व सिक्खों के बीच सांप्रदायिक विभाजन को भी जन्म दिया। पंजाब में बड़े पैमाने पर हिंसा की पहचान वाले, जो असंख्य मौतों तथा संपत्ति की विशाल क्षति में परिणित हुआ, इस आंदोलन ने भारतीय राष्ट्र-राज्य की इमारत को ललकारा। इस चरण में अकाली आंदोलन का प्रसंग 1950 व 1960 के दशकों से भिन्न

था। पंजाब में कांग्रेस के पतन और अकाली दल के एक महत्त्वपूर्ण शक्ति के रूप में उभरने के बाद 1960 के दशकांत से राज्य की राजनीति में रुझान बदल गए। देश की राजनीति और कांग्रेस संगठन पर अपने नियंत्रण को कायम रखने के प्रयास में इंदिरा गाँधी ने कांग्रेस का वैयक्तिकरण कर दिया और राज्यों की राजनीति में सीधे हस्तक्षेप किया, खासकर कांग्रेस–शासित राज्यों के मुख्यमंत्रियों के चुनाव में। यह बात राज्यों के अधिक अनुकूल होने के लिए केंद्र–राज्य संबंधों में परिवर्तन हेतु बढ़ रही माँग के साथ मेल खा गई। 1970 के दशक में पंजाब में कांग्रेस के प्रभुत्व को अकाली दल द्वारा दी गई चुनौती ने इंदिरा गाँधी को सिक्ख वोटों की लामबंदी के लिए सिक्ख धार्मिक प्रतीकों के प्रयोग हेतु उकसाया। 1980 के पंजाब विधानसभा चुनाव में, उन्होंने सिक्खों का समर्थन पाने के लिए एक सिक्ख धार्मिक नेता, संत जरनैल भिण्डराँवाले की मदद ली। इसके दो परिणाम हुए। एक ओर इसने धार्मिक नेताओं, खासकर भिण्डराँवाले को राजनीतिक नेतृत्व से स्वतंत्र रहकर काम करने और युयुत्सु बन जाने के लिए प्रोत्साहित किया। विदेशी ताकतों के समर्थन से वह एक बड़ी संख्या में युवाओं को जुटाने और एक पृथक् सिक्ख गृहभूमि–खालिस्तान की माँग करने में सक्षम था। खालिस्तानी आंदोलन के दौरान व्यापक हिंसा हुई, जो इंदिरा गाँधी की हत्या में परिणत हुई, जोकि 'ऑपरेशन ब्लू स्टार' के उपरांत प्रक्रियाओं की एक शृंखला की एक कड़ी थी। खालिस्तान आंदोलन ने भारत राष्ट्र–राज्य को विधिसंगति और संप्रभुत्ता को चुनौती दी थी। दूसरी ओर, सिक्ख धर्म के प्रयोग और हिन्दुओं पर सिक्ख आचार–संहिता थोपे जाने से पंजाब में सिक्खों और हिन्दुओं के बीच सांप्रदायिक विभाजन पैदा हुआ। इसकी पराकाष्ठा यदा–कदा सांप्रदायिक उपद्रवों व संघर्षों में दिखाई दी।

जिनको सामान्यतया पंजाब समस्या "पंजाब क्राइसिस" के नाम से जाना गया। 1970 और 1980 के दशकों के दौरान पंजाब में उल्लेखनीय विकास–सामाजिक, आर्थिक तथा राजनीतिक हुए। पंजाब समस्या के दो प्रकार के स्पष्टीकरण हैं। प्रथम स्पष्टीकरण अर्थशास्त्रियों तथा मार्क्सवादी विद्वानों द्वारा दिया जाता है। इस ढाँचे के मुख्य प्रतिनिधि हैं–सुच्चा सिंह गिल, के.सी. सिंघल, हरीश कुमार पुरी, जॉयसी पैरीग्रिउ, एम.एस. धामी, जावेद आलम और गुरु हरपाल सिंह। उनका तर्क है कि पंजाब समस्या लोगों की सामाजिक व आर्थिक समस्याओं में निहित है, खासकर हरित क्रांति के आलोक में, बढ़ती बेरोजगारी के साथ कृषि की लागत वहन कर पाने में अक्षम, उपभोक्तावाद और आधुनिक मूल्यों के प्रभाव द्वारा पैदा सिक्ख पहचान के संकट ने पंजाब में युद्धप्रियता के उदय हेतु एक विदग्ध आधार तैयार किया। वे विद्वान जिन्होंने राजनीतिक स्पष्टीकरण दिया, उदाहरणार्थ पॉल आर.ब्रास, सामाजिक–आर्थिक स्पष्टीकरण को अपर्याप्त और न्यूनतावादी कहकर निंदा करते हैं। दूसरी ओर उनका तर्क है कि पंजाब समस्या राजनीतिज्ञों द्वारा धर्म तथा लोगों की समस्याओं के राजनीतिक छलयोजन का परिणाम रही है। ब्रास के अनुसार, वस्तुतः यह केंद्र–राज्य संबंधों को बदलने के प्रसंग में इंदिरा गाँधी द्वारा भिण्डराँवाले की सेवाओं का छलयोजन ही था जिसने पंजाब में युयुत्सा को जन्म दिया।

जम्मू व कश्मीर–जम्मू–कश्मीर में स्वायत्तता आंदोलन तथा विद्रोह (Insurgency) भौगोलिक, ऐतिहासिक तथा धार्मिक कारकों से जुड़ा है। इसके राज्यारोहण से पूर्व राज्य में राजनीतिक नेतृत्त्व राष्ट्र–राज्य से उसके संबंध के मुद्दे पर विभाजित हो चुका था। जबकि राजा हरि सिंह, जो इसे एक स्वतंत्र राज्य के रूप में बनाए रखना चाहते थे, जम्मू–कश्मीर भारत को सौंपे जाने का विरोध करते थे, राज्य के सर्वाधिक लोकप्रिय नेता शेख अब्दुल्ला इसे भारत में विलय करना चाहते थे। परंतु जब यह राज्य भारत को सौंप दिया गया और शेख अब्दुल्ला राज्य के प्रधानमंत्री बन गए, उन्होंने जम्मू–कश्मीर भारत को सौंपे जाने का मुद्दा उछालना शुरू कर दिया। उन्होंने 'प्लेबिसाइट फ्रंट' बनाया, जिसने केंद्रीय सरकार को उसे पदच्युत करने तथा उन्हें 1953 से 1964 तक कारावास दे देने के लिए मजबूर किया। जम्मू–कश्मीर राज्य के भीतर दो क्षेत्रों से स्वायत्तता हेतु माँगें उठती रही हैं–जम्मू तथा लद्दाख, जहाँ गैर–कश्मीरी कुल जनसंख्या का अच्छा–खासा भाग हैं। जम्मू–कश्मीर राज्य केंद्र–राज्य संबंधों में बदलाव के अभिप्राय से क्षेत्रीय स्वायत्ता हेतु अन्य राज्यों में भी शामिल हो गया है। राज्य ने 1980 के दशक से लेकर गत दशकों तक विद्रोह को झेला है, जो राज्य में बड़े पैमाने पर हिंसा और साम्प्रदायिक विभाजन में परिणत हुआ। विद्रोह में पाकिस्तान की लिप्तता ने भारतीय राष्ट्र–राज्य को चुनौती दी हुई है। बलराज पुरी के अनुसार, जम्मू–कश्मीर में विद्रोह के लिए कारण हैं–केंद्र सरकार का रवैया, राज्य में विपक्ष का अभाव, राज्य व केंद्रीय नेतृत्व द्वारा लोकतंत्र का विपथन, बढ़ती बेरोजगारी व लोगों की समस्याएँ तथा शीत युद्ध व पाकिस्तान। उनके विचार से, राज्य में विद्रोह के कारण यद्यपि 1947 से ही विद्यमान रहे हैं, इनका हाल का चरण जो 1986 में शुरू हुआ, पूर्व काल से सम्बद्ध नहीं है। केंद्रीय सरकार ने 1947 में राज्य को अनुग्रहीत स्वायत्तता को कम कर दिया; संविधान संशोधन के माध्यम से उसने जम्मू–कश्मीर राज्य हेतु प्रयोज्य अनुच्छेद 356 व 357 बनाए। केंद्र सरकार के साथ–साथ शेख अब्दुल्ला ने भी राज्य में विपक्ष नहीं पनपने दिया; राष्ट्रवाद के नाम पर लोकतंत्र को पटरी से उतार दिया गया; राज्य के मामलों में केंद्र सरकार का हस्तक्षेप तथा राज्य सरकार का गैर–सैद्धांतिक दृष्टिकोण। इन कारकों ने जम्मू–कश्मीर के लोगों के बीच असहाय स्थिति को जन्म दिया। यह बात बढ़ती बेरोजगारी और लोगों की गिरती माली हालत के साथ मेल खा गई। इसी वक्त राज्य के भीतर जम्मू व लद्दाख के क्षेत्रों को स्वायत्तता दिए जाने से इंकार ने राज्य के भीतर क्षेत्रीय विभाजन पैदा कर दिया। लोकतांत्रिक विपक्षी राजनीतिक दलों के अभाव द्वारा रचित यह रिक्त स्थान सांप्रदायिक व रूढ़िवादी ताकतों द्वारा भरा गया। पाकिस्तान द्वारा समर्थित व दुरुत्साहित ये शक्तियाँ राज्य में विद्रोह का स्रोत बन गईं। कोई ऐसा हल ढूँढ़ने में सरकार की विफलता, जो जम्मू–कश्मीर के लोगों को राष्ट्र–राज्य से भावात्मक रूप से जोड़ सके इसकी बजाय सशक्त सेनाओं पर भरोसे ने समस्या को और भी गंभीर बना दिया है।

प्रश्न 4. नृजातीयता तथा राष्ट्र–राज्य की अवधारणा पर प्रकाश डालिए।

उत्तर– नृजातीयता तथा राष्ट्र–राज्य अवधारणा–सामान्यतः नृजातीयता को उन लोगों के एक समूह का संघटन माना जाता है जो संस्कृति, भाषा, धर्म, इतिहास आदि के लिहाज से सर्वमान्य सहज गुण रखते हैं और जो ऐसे किसी अन्य समूह से भिन्न होते हैं जो अपने अलग सर्वमान्य सहज गुण रखते हैं। यह संघटन एकल अथवा अधिक सहज गुणों पर हो सकता है। उदाहरण के लिए, भाषा धर्म (भारतीय संदर्भ में संप्रदायवाद के रूप में प्रसिद्ध) जाति अथवा जनजाति के आधार पर लामबंदी को नृजातीय लामबंदी माना जाता है। ऐसे उदाहरणों में से एक हैं–पॉल. आर. ब्रास, जो नृजातीय लामबंदी तथा सांप्रदायिक लामबंदी को अदल–बदल कर प्रयोग करते हैं। दीपांकर गुप्ता नृजातीय तथा संप्रदायवाद के बीच भेद करते हैं। उनका तर्क है कि नृजातीयता अनिवार्य रूप से राष्ट्र–राज्य–राज्यक्षेत्र व संप्रभुता, के संदर्भ में किसी समूह के संघटन को किसी अन्य के साथ संबंध में इंगित करती है। एक नृजातीय समूह स्वयं को किसी राष्ट्र के राज्यक्षेत्र में आस्था का सच्चा अनुयायी होने की घोषणा करता है अथवा एक संप्रभु राज्य स्थापित करना चाहता है अथवा किन्हीं अन्य समूहों की निष्ठादारी पर संदेह करता है। ऐसे राष्ट्र–राज्य के सहज गुणों का उल्लेख प्रत्यक्ष अथवा परोक्ष हो सकता है। उनके विचार से वह सामूहिक संघटन जिसका उल्लेख राष्ट्र–राज्य–राज्यक्षेत्र अथवा संप्रभुता के रूप में नहीं होता है, नृजातीय संघटन नहीं है। यह मात्र सांप्रदायिक लामबंद है, राष्ट्र–राज्य के प्रति किसी समूह की निष्ठा पर संदेह अथवा उसे प्रमाणित नहीं किया जा सकता है। संप्रदायवाद में यह सरकार ही है जो संदर्भ बिंदु होती है; सरकार पर ही सांप्रदायिक समूहों के प्रति भेदभाव बरतने अथवा उनका समर्थन करने का दोष लगता है। देश व काल के बदलते प्रसंग में संप्रदायवाद नृजातीयता में अथवा नृजातीयता संप्रदायवाद में परिवर्तित हो सकती है।

कोई भी राष्ट्र–राज्य एक संप्रभु भौगोलिक सत्ता होता है जिसके आधार–स्तभ होते हैं–इतिहास, संस्कृति, भाषा, धर्म अथवा सभ्यता पर आधारित एक समुदाय के सहभागिता मनोभाव। परंतु कुछ विद्वान भारत को एक राष्ट्र–राज्य नहीं मानते हैं। उनका तर्क है कि किसी राष्ट्र–राज्य की नींव का आधार एकल राष्ट्र अथवा राष्ट्रीयता होती है; इस प्रकार के समाज में लोग एक ही सर्वमान्य भाषा, संस्कृति अथवा अथवा धर्म भी अपनाते हैं। चूँकि भारत में बड़ी संख्या में ऐसी राष्ट्रीयताएँ हैं जो भिन्न–भिन्न भाषाएँ बोलती हैं, भिन्न–भिन्न सांस्कृतिक सहज गुण, इतिहास, धर्म आदि रखती हैं; वह एक बहुराष्ट्रीय राज्य होता है, न कि कोई राष्ट्र–राज्य। बहरहाल, सामान्यतः भारतीय संदर्भ में राष्ट्र–राज्य, राष्ट्र अथवा बहुराष्ट्रीय राज्य जैसे शब्दों का प्रयोग अदल–बदलकर किया जाता है।

□□

27 लोकतंत्र और विकास : एक मूल्यांकन

प्रश्न 1. भारत में लोकतंत्र के क्रम–विकास एवं विकास को स्पष्ट करें तथा लोकतंत्र–संबंधी विभिन्न संकल्पनाओं को स्पष्ट करें तथा लोकतंत्र–संबंधी विभिन्न संकल्पनाओं पर चर्चा करें।

अथवा

भारत में लोकतंत्र के कार्य निष्पादन पर निबंध लिखिए।

[June 2008, Q. 10.(क)][Dec 2008, Q. 9.][June 2010, Q. 10.]

अथवा

प्रक्रियात्मक लोकतंत्र पर टिप्पणी लिखिए। [June 2009, Q. 10.(a)]

उत्तर– स्वतंत्रता प्राप्ति के बाद भारत ने लोकतांत्रिक शासन प्रणाली को अपनाया था। भारत में लोकतंत्र की संस्थाएँ औपनिवेशिक शासन के दौरान ही पनपनी शुरू हो गई थीं। वे ब्रिटिश इंडिया सरकार के विभिन्न कानूनों और भारत व इंग्लैण्ड में एक वर्ग–विशेष के भीतर माँग के फलस्वरूप ही जन्मे। लोकतांत्रिक प्रावधानों ने 1909, 1919 व 1935 के भारत सरकार अधिनियमों में अपना स्थान बना लिया। संविधान सभा के भीतर विचार–विमर्श होने के बाद, 1950 में भारत गणतांत्रिक संविधान के लागू होने के साथ ही स्वातंत्र्योत्तर भारत में लोकतंत्र लागू कर दिया गया।

भारत में सरकार का संसदीय स्वरूप चुना ताकि वह गाँधीवादी सिद्धांतों के आलोक में ग्राम–स्तरीय सरकार की तुलना में सार्वभौम वयस्क मताधिकार व आवधिक चुनाव के सिद्धांतों पर आधारित राष्ट्र–राज्य (आधुनिकता) का निर्माण कर सके।

लोकतंत्र का मूल्यांकन उसे इंगित करने अथवा मापन के लिए प्रयोग किए गए निर्देशकों पर निर्भर करता है। लोकतंत्र के संबंध में निर्देशकों के मुख्यतः दो मॉडल हैं–एक संस्थागत, अल्पतम, प्रक्रियात्मक लोकतंत्र से संबंधित, दूसरा सत्तावाचक अथवा प्रभावी लोकतंत्र से संबंधित। पूर्ववर्ती मॉडल लोकतंत्र को लोकतंत्र की संस्थाओं, राजनीतिक दलों व अन्य संघों व संगठनों, आवधिक चुनावों, सार्वभौम वयस्क मताधिकार, नेतृत्व, आदि के रूप में देखता है। परवर्ती मॉडल संस्थागत–प्रक्रियात्मक लोकतंत्र को लोकतंत्र का व्यापक संकेत नहीं मानता। चुनावी लोकतंत्र, दरअसल, न्यूनतम का समर्थक है, जोकि उन अनेक कारकों द्वारा भी इंगित होता है जो लोकतंत्र के प्रति हानिकर होते हैं।

सामाजिक स्थान में चुनावों से परे क्या होता है। वैकल्पिक रूप से, सत्तावाचक लोकतंत्र की दृश्यघटना को अपने द्विपृथक्करण व प्रसरणों, पुनर्वितरणकारी न्याय, मानवीय क्षमताओं एवं हकदारियों (शिक्षा, स्वास्थ्य, आधारभूत ढाँचा आदि) सामाजिक पूँजी–संबद्ध कारकों (आस्था, मूल्य, मानदंड), सभ्य समाज, मानवाधिकार व प्रतिष्ठानों, शासन (भागीदारी, उत्तरदायित्व, प्रभावकारिता, पारदर्शिता आदि) के आलोक में देखता है। ये विकास के विषय में प्रासंगिक है जिस प्रकार विकास दूसरी ओर लोकतंत्र के विषय में प्रासंगिक है। भारत में लोकतंत्र विषयक बहस की प्रेरणा लोकतंत्र के अवस्थान्तर गमन, दृढ़ीकरण व सघनीकरण के विषय में रही है। प्रथम दो मामले स्वातंत्र्योत्तर काल में लोकतंत्र के प्रथम दो दशकों के दौरान छाये रहे और लोकतंत्र का सघनीकरण अभी हाल ही की अवधि में एक ध्यानाकर्षण विषय के रूप में लिया गया है। विभिन्न पहचानों/नए सामाजिक आंदोलनों का दावा–लोकतंत्रीकरण की प्रक्रिया, ने लोकतंत्र सघनीकरण परियोजना में योगदान दिया है।

सत्तावाचक (ठोस) लोकतंत्र (Substantive Democracy)–विगत दशकों में भारत में, सत्तावाचक लोकतंत्र को लोकतंत्र विषयक संलाप में एक महत्त्वपूर्ण स्थान मिला है। सत्तावाचक लोकतंत्र का मूल्यांकन भारत में राष्ट्र–निर्माण से संबंधित विषयों–धर्मनिरपेक्षता, कल्याणवाद एवं विकास–पर राज्य (लोकतंत्र के साथ) की भूमिका के संबंध में किए जाने का प्रयास किया जाता है और भूमण्डलीकरण के संदर्भ में इन मुद्दों के विषय में राज्य की भूमिका के संबंध में भी। **नीरजा जयाल** का दावा है कि राज्य व लोकतंत्र के बीच संबंध के मताल्लिक दो प्रचार के तर्क हैं–एक ऐसे, प्रभावशाली राज्य के बिना, जो राज्य के सत्तावाद का सामना करने हेतु एक सशक्त सभ्य समाज होते हुए भी अपना अस्तित्व बनाए रख सकता है, कोई लोकतंत्र नहीं हो सकता। जयाल का तर्क है कि राज्य व समाज, दोनों लोकतंत्र की स्थापना के संबंध में एक–दूसरे के पूरक हैं। परंतु नागरिकता–संबंधी सार्वभौम मापदंडों के अभाव में अनन्यतावादी स्वार्थ लोकतंत्र की योजना का अपहरण कर सकते हैं। उनके मतानुसार भारतीय राज्य एक हस्तक्षेपवादी राज्य है जिसका भारी प्रयास विकासात्मक रहा है, न कि कल्याणकारी राज्य।

सभ्य समाज भी सत्तावाचक लोकतंत्र का एक अनिवार्य संघटक रहा है। भारत में सभ्य समाज विषयक दो दृष्टिकोण हैं। एक, वह उन मुद्दों पर ध्यान दिए बगैर, जो वे उठाते हैं, सभी संघों एवं सामूहिक कार्यों को सभ्य समाज के रूप में लेता है; दूसरा, केवल वे संघ जो सार्वभौमिक महत्त्व के हैं, न कि सांप्रदायिक, उन मुद्दों को उठाते हैं और जिनका आधार धर्मनिरपेक्ष/सार्वभौम है, सभ्य समाज माने जाते हैं। अभी हाल ही में हमारे देश में एक नई बहस ने जोर पकड़ा है–साम्यवादियों तथा उदारवादियों के बीच बहस, व्यक्तियों एवं समुदायों के बीच संबंध; उनके भीतर और उनके बीच।

एकात्म्य राजनीतिक का उदय – दलित, अन्य पिछड़े वर्ग, महिलाएँ, जनजातियाँ, नृजातीयता, पर्यावरणीय विषय आदि–नए सामाजिक आंदोलन–तथा उस संलाप की शक्तिहीनता

ने, जो लोकतंत्र को चुनाव–संबंधी विशेषाधिकार देता है, सत्तावाचक लोकतंत्र विषयक ध्यान–केंद्रण को आवश्यक बना दिया है। इसको राष्ट्र–राज्य के सामने एक चुनौती के साथ–साथ देश की लोकतांत्रिक विषयवस्तु में वृद्धि के रूप में भी लिया जाता है, इस समझ के साथ कि भारत अधिक लोकतांत्रिक होता जा रहा है, एक ऐसी स्थिति जो आशुतोष वार्ष्णेय पसंद करते हैं। राष्ट्र–राज्य परिप्रेक्ष्य की सर्वाधिक तीखी आलोचना उन विद्वानों के लेखों में मिलती है जो देश के उत्तर–पूर्वी भारत जैसी परिधियों का प्रतिनिधित्व करते हैं। संजीव बरुआ की पुस्तक इण्डियन अगेन्स्ट इटसैल्फ इसी पहलू का प्रतिनिधित्व करती है। यह बड़ी संख्या में इन मुद्दों के एक साथ उठने के साथ ही हुआ – शासन, सभ्य समाज, सामाजिक पूँजी, मानवाधिकार, आदि। इन सभी कारकों की विद्यमानता देश में लोकतंत्र के अस्तित्व संबंधी एक संकेतक के रूप में ली जाती है। यहाँ भी कुछ विपरीत दृष्टिकोण है जो इन कारकों की अनुपस्थिति और उपस्थिति दोनों का सुझाव देते हैं।

सामान्य तौर पर भारत में लोकतंत्र का मूल्यांकन राष्ट्रीय, राज्य अथवा जिला स्तर पर किया गया है और इन स्तरों पर लोकतंत्र की कार्यवाही परस्पर निरपेक्ष रही है। भारत में लोकतंत्र हेतु उपगम्य "ऊपर–से–नीचे" रहा है, न कि "नीचे–से–ऊपर"। **अतुल कोहली** ने, हालाँकि, अपनी पुस्तक, डेमोक्रेसी एंड डिसकॅन्टेट : इण्डियाज क्राइसिस ऑव गवर्नेबिलिटी में तीन स्तरों को लिया है।

रजनी कोठारी के मतानुसार, स्वतंत्रता पश्चात् प्रथम दो दशकों में लोकतंत्र–निर्माण में भारतीय राज्य ने महत्त्वपूर्ण भूमिका निभाई है। उसने कल्याणकारी योजनाएँ तथा विकास कार्यक्रम चलाए हालाँकि तब यह एक औसत दर्जे का राज्य था, भारतीय लोकतंत्र, इस चरण के दौरान सभी हितों के समायोजन एवं मतैक्य गठन द्वारा सूचित किया गया। परंतु 1970 के दशक से ही, खासकर भारत में आपात्स्थिति की घोषणा के साथ ही, कार्यपालिका ने सत्ता अपने हाथों में संकेंद्रित कर ली। इसने राज्य की परिमितिता को हानि पहुँचाई। परिणामतः कार्यपालिका ने लोकतांत्रिक संस्थाओं एवं निजीगत संस्थाओं को गुप्त रूप से क्षति पहुँचाते हुए लोकप्रियतावाद का सहारा लिया। राज्य ने प्रत्यक्षतः लोकतंत्र के खिलाफ काम करना शुरू कर दिया।

भारतीय लोकतंत्र की उत्तरजीविता ने कुछ पर्यवेक्षकों को विस्मय में डाला, है, जिनके अनुसार यह तीसरी दुनिया की राजनीतिक प्रणालियों की एक "पहेली" अथवा "अपवाद" है; इसने अपनी उत्तरजीविता जाति, धर्म, भाषा आदि की विविधता के आधार पर कायम रखी है, जो प्रायः हिंसा में फलित होती है। **अरैण्ड लिजकर्ट** इस 'पहेली' को एक मैत्रीपूर्ण व्याख्या प्रस्तुत कर स्पष्ट करती हैं। मैत्रीवाद का सिद्धांत इस आधार–वाक्य पर आधारित है कि एक बहु–नृजातीय समाज में, समाज के विभिन्न समूहों के बीच सत्ता का साझा होता है। किसी समाज में मैत्रीवाद चार शर्तों पर प्रासंगिक होता है–

(1) गठबंधन सरकार जिसमें सभी नृजातीय समूहों का प्रतिनिधित्व होता है;

(2) मैत्री सूमहों की सांस्कृतिक स्वायत्तता;

(3) राजनीति एवं नागरिक सेवाओं में उनका आनुपातिक प्रतिनिधित्व और

(4) अल्पसंख्यक अधिकारों एवं स्वायत्तता से संबंधित विषयों पर अल्पसंख्यक निषेधाधिकार। लिजफर्ट का दावा है कि कांग्रेस व्यवस्था की सफलता, गठबंधन सरकारें, संघवाद, रक्षात्मक विभेद-संबंधी सिद्धांत, एवं अल्पसंख्यकों के धार्मिक व सांस्कृतिक अधिकारों के सांवैधानिक प्रावधान तथा राजनीतिक दबाव के माध्यम से अल्पसंख्यक निषेधाधिकार एक सांवैधानिक रीति से भारतीय लोकतंत्र की सफलता के संकेत हैं। भारतीय लोकतंत्र ने "सत्ता-बाँट प्रणाली" - जैसे कि ऑस्ट्रिया, नीदरलैण्ड्स, स्विटजरलैंड, लैबनान व कुछ अन्य देशों में प्रचलित है, के सिद्धांतों पर अपनी उत्तरजीविता कायम रखी है।

प्रक्रियात्मक (विधिक) लोकतंत्र (Procedural Democracy)—सामान्यतः यह माना जाता है कि भारत में लोकतंत्र सफल रहा है। इस मूल्यांकन के मापदंड हैं-भागीदारी और प्रतिस्पर्धा। ये भारत में चुनावों की प्रायिकता और चुनाव जीतने के लिए राजनीतिक बलों के बीच प्रतिस्पर्धा द्वारा दर्शाये जाते हैं। मतदान प्रतिशत और पार्टियों द्वारा पड़े हुए वोटों की गणना भागीदारी को दर्शाते हैं। इस उपगम्य के पक्षधर भारत में चुनावी राजनीति की इस सफलता के विषय में प्रफुल्ल हैं, जिसको लोकतंत्र की सफलता में व्यापक प्रतिमान के रूप में लिया जाता है। वे लोग जो लोकतंत्र की सफलता को चुनावों-भागीदारी और प्रतिस्पर्धा की नजर से देखते हैं, लोकतंत्र के मूल्यांकन के लिए सर्वेक्षण विधि अपनाते हैं। वे मतदान प्रतिशत और मत-प्रतिशत अथवा सांख्यिकी विधि प्रयोग-सहसंबंध, सहकारण या समाश्रयण विश्लेषण की भाषा में प्रतिशत में प्रबल प्रवृत्तियों को उपलक्षित करते हैं। वे मतदान प्रतिशत और निर्वाचन क्षेत्र-विशेष में सामाजिक-आर्थिक आँकड़ों के साथ भागीदारी के बहुपरिवर्तनीय संबंध पर विचार करते हैं। इस आधार पर कि यह विश्लेषण सर्वेक्षण पर आधारित होता है और किसी क्षेत्र-विशेष के सामाजिक-आर्थिक व राजनीतिक कारकों को ध्यान में रखता है, इसे **पारिस्थितिक विश्लेषण** भी कहा जाता है।

प्रक्रियात्मक लोकतंत्र का उद्देश्य भारत में राष्ट्र-निर्माण में योगदान देना था। पूर्व दशकों में भारत में लोकतंत्र विषयक अध्ययनों का ध्यान इस बात की जाँच करने पर लगा था कि इसने सार्वभौम वयस्क मताधिकार और आवधिक चुनाव की पुनर्स्थापना के माध्यम से राष्ट्र-निर्माण में किस प्रकार मदद की है। इसको आधुनिकीकरण सिद्धांत के रूप में जाना गया। आधुनिकीकरण सिद्धांत का दावा था कि विकासशील देश आधुनिकीकरण की प्रक्रिया से गुजरे हैं-जिनका अंतिम लक्ष्य स्थिर लोकतंत्र रहा; इसके साथ ही सामाजिक-आर्थिक आधुनिकीकरण आया, यथा शहरीकरण, जनसंचार माध्यमों का प्रसार, शिक्षा, धन-संपत्ति तथा समानता। यह माना जाता है कि भारत में विकास लोकतंत्र को मजबूत करेगा और जाति, धर्म आदि पर आधारित बँटवारे खत्म हो जाएँगे।

प्रक्रियात्मक लोकतंत्र की समीक्षा उन विद्वानों द्वारा प्रस्तुत की जाती है जो सत्तावाचक लोकतंत्र का अध्ययन करते हैं। उनके मतानुसार, यह लोकतंत्र को एक सीमित रूप में देखता है। चुनावी लोकतंत्र अल्पतम लोकतंत्र है। स्वतंत्र निष्पक्ष चुनाव, सार्वभौम वयस्क मताधिकार, राजनीतिक दल, दबाव समूह और संविधान की उपलब्धता आदि लोकतंत्र के लिए पर्याप्त है शर्तें नहीं है, हालाँकि ये आवश्यक हैं (लोकतंत्र समाज में तलाशना पड़ता और उसे संस्थागत रीति से बाहर निकालना होता है। लोकतंत्र की इस वैकल्पिक दृष्टि को सत्तावाचक लोकतंत्र नाम दिया जा सकता है। **बीथम** ने एक "लोकतंत्रीकरण-संबंधी सामाजिक कार्यसूची" हेतु तर्क प्रस्तुत किया। लोकतंत्र को, चुनावों में भागीदारी एवं प्रतिस्पर्धा से परे, समाज की हकीकत में उतरना पड़ता है। फरीद जकारिया, हालाँकि, सत्तावाचक लोकतंत्र की इस दृष्टि से आलोचना करते हैं कि वह लोकतंत्र को अधिकारों की एक व्यापक शृंखला वाले "उत्तम शासन" सरीखी मानकी पारिभाषिकी की दृष्टि से देखते हैं; वह व्याख्यात्मक लोकतंत्र पर ध्यान नहीं देते।

प्रश्न 2. विकास की संकल्पना तथा लोकतंत्र से उसके संबंध को स्पष्ट कीजिए।

उत्तर— भारतीय संसदीय लोकतंत्र ने अपने यात्राक्रम में दो परस्पर विरोधी विचारों को जन्म दिया है। नवजात राष्ट्रों की सबसे बड़ी समस्या है–लोकतंत्र और विकास। इन दोनों समस्याओं के संदर्भ में नेतृत्व का प्रश्न अत्यधिक महत्त्व का हो जाता है। राष्ट्रीय आंदोलनों के दौरान उनके उत्थानशील राष्ट्रों में लोकतंत्रात्मक संरचना के अंतर्गत ही चमत्कारिक करिश्मे के नेता उभरकर सामने आए। इन नेताओं को इस बात का श्रेय है कि उन्होंने अपने करिश्मे से जनता को राष्ट्रीय पुनर्निर्माण के पक्ष में आहुति देने के लिए प्रेरित किया। लेकिन इन नेताओं के उसी करिश्मे ने लोकतंत्रात्मक परंपराओं का स्वाभाविक विकास नहीं होने दिया। इस स्थिति का एक स्वाभाविक परिणाम यह हुआ कि जैसे ही करिश्मे के नेता राजनीतिक रंगमंच से अदृश्य हुए, वैसे ही लोकतंत्रात्मक संरचना में शून्य की स्थिति उत्पन्न हो गई और लोकतंत्रात्मक संस्थाओं की जान पर आ बनी। जब तक चमत्कारी नेता विद्यमान रहे। तब तक प्रतीत होता था कि देश की लोकतंत्रात्मक संस्थाओं में स्थिरता भी है और परिपक्वता भी, लेकिन इन नेताओं के तिरोभाव के साथ ही कृत्रिमता का आवरण हट गया और कितनी संक्रियागत दुर्बलताओं की यथार्थताएँ सामने आ खड़ी हुई।

एक तथ्य जिस पर प्रायः अधिक जोर नहीं दिया जाता, वह यह है कि लोकतंत्र एक जटिल राजनीतिक पद्धति है तथा उसके क्रियान्वयन की व्यवस्था बड़ी उलझी हुई है। इसलिए लोकतंत्र के सफल संचालन के लिए एक उपयुक्त शिक्षा कार्यक्रम अनिवार्य है। यदि लोगों में लोकतंत्र के संस्कार जागृत करने के लिए आयोजित इन कार्यक्रमों को कार्य रूप दिया गया, तो जनता में आकांक्षाओं का ज्वार उमड़ पड़ेगा और उस ज्वार को मर्यादा में रखने के लिए द्रुत विकास की आवश्यकता होगी। यहाँ भी लोकतंत्रात्मक परंपराओं के प्रति वचनबद्ध

लोकनेता लोकतंत्र को सुदृढ़ आधार प्रदान कर सकते हैं और लोगों के हृदय में नव आशाएँ-आकांक्षाएँ जगाकर उन्हें विकास की गतिविधियों में लगा सकते हैं। इस क्षेत्र में सशक्त नेतृत्व का विशेष महत्त्व है क्योंकि केवल समर्थ नेता ही अपने राजनीतिक निर्णय द्वारा आर्थिक लक्ष्यों की पूर्ति संभव बना सकते हैं। विकासशील देशों में प्रायः ही राजनीतिक तथ्यों का आर्थिक निर्णयों पर प्रभाव पड़ता है। अनेक बार ऐसे अवसर आते हैं, जबकि विचारों और संवैधानिक तथा विधिक शक्तियों के होते हुए भी केंद्रीय अथवा राज्य सरकारें अपने आर्थिक विकास के लिए अतिरिक्त संसाधनों का संयोजन केवल इसलिए नहीं कर सकती, क्योंकि उनमें राजनीतिक साहस का अभाव होता है।

लोकतंत्र में सरकार और जनता के बीच केवल यही संबंध नहीं होना चाहिए कि सरकार अथवा सत्ताधारी राजनीतिक दल कुछ वर्षों में एक बार जनता से मत माँग लें।

श्रीमानों और श्रीहीनों के बीच खाई जितनी चौड़ी होगी, लोकतंत्र के लिए खतरा भी उतना ही भयंकर होगा। अतः लोकतंत्र की प्राणों की रक्षा के लिए यह आवश्यक है कि विकास कार्यक्रमों द्वारा अमीरी और गरीबी का भेद कम किया जाए। यदि लोकतंत्र की संरचना के क्षेत्र में राजनीतिक नेता सर्वोच्च है, तो विकास प्रक्रिया के क्षेत्र में विशेषज्ञों एवं प्राविधिज्ञों को प्राथमिकता मिलनी चाहिए तथा इस क्षेत्र में उनकी भूमिका अधिक महत्त्वपूर्ण होनी चाहिए।

प्रश्न 3. प्रजातंत्र को सफल बनाने के लिए आवश्यक बातों पर प्रकाश डालिए।

उत्तर— एक अमरीकी लेखक ने "विकासशील राष्ट्रों में प्रजातंत्र को चुनौती" नामक पुस्तिका में प्रजातंत्र के सफल संचालन के लिये अग्रलिखित पूर्व दशायें आवश्यक बताई हैं। प्रथम, वैदेशिक और कल्याणकारी (अर्थात् आंतरिक) नीति की मुख्य दिशाओं पर समाज के भीतर सापेक्षतः व्यापक एकमत होना चाहिए अर्थात् सरकार के दो आधारभूत कार्यों के सार पर। दूसरी, अल्पसंख्यकों में यह भावना हो कि उनके अधिकारों की रक्षा की जायेगी तथा उन्हें जीवित राजनीतिक प्रक्रिया के भाग रूप में अपने विरोधी मतों को स्वतंत्र तथा प्रभावी रूप में अभिव्यक्त करने का सामर्थ्य प्राप्त रहेगा। तीसरी, संपूर्ण राजनीतिक प्रक्रिया का आधार प्रजातंत्रात्मक मूल्यों और स्वयं प्रजातंत्रात्मक प्रक्रिया की निरंतरता के प्रति व्यापक निष्ठा है। विशेष रूप से उन लोगों में जो समाज के प्रमुख समूहों का नेतृत्व करते हैं। समाज में व्यक्तिगत नगारिकों और सारपूर्ण समूहों को समय-समय पर स्थायी प्रतियोगी राजनीतिक पद्धति को कायम रखने के अधिक बड़े सामुदायिक हित में अपने हितों को हानि पहुँच जाने को स्वीकार करने के लिए तैयार रहना चाहिए।

हमारे विचार में इन तीनों ही पूर्व दशाओं का होना आवश्यक है; किंतु खेद की बात यह है कि आज देश में इनमें से कोई भी पूर्व दशा पूर्णरूप अथवा बड़ी मात्रा में विद्यमान नहीं हैं। इनके अतिरिक्त प्रजातंत्र का एक अन्य आधार जनता की ऐच्छिक गतिविधियाँ हैं।

यहाँ अब यह बात दोहराने की आवश्यकता नहीं है कि भारतीय प्रजातंत्र के लिए सांप्रदायिकता, प्रादेशिकता व भाषावाद, जातिवाद और भ्रष्टाचार बड़े गंभीर खतरे हैं। प्रजातंत्र को सफलतापूर्वक चलाने के हित में हमें दो अन्य बातों का विशेष ध्यान रखना चाहिए। प्रथम, प्रजातंत्र में हिंसापूर्ण आंदोलन, घेराव और असंवैधानिक तरीकों का त्याग करना अति आवश्यक है। सभी नागरिकों व जन–समूहों को यह विश्वास रहना चहिए कि वे शांतिपूर्ण और वैध तरीकों द्वारा सरकार को अपनी माँगों पर उचित विचार करने के लिए विवश कर सकते हैं। दूसरी, विश्वविद्यालयों में शैक्षिक वातावरण को भंग करना उचित नहीं है। विद्यार्थियों को सक्रिय दलबंदी से दूर रहना चाहिए और अपने को अच्छा विद्यार्थी बनाकर भावी नागरिकों पर आने वाले भारी दायित्वों को सुचारु रूप में पूरा करने के योग्य बनाना चाहिए।

इस विषय में हम सन् 1968 के गणतंत्र दिवस पर 'हिन्दुस्तान टाईम्स' द्वारा आयोजित 'राउण्ड टेबिल' में भाग–लेने वाले कुछ अनुभवी राजनीतिक पर्यवेक्षकों के मतों को देना उचित समझते हैं, जो अग्रलिखित हैं–हम चुनौती देने वाले संकट से गुजर रहे हैं, जो ऐसे सभी राजनीतिक दलों से जिनका प्रजातंत्र में वास्तविक विश्वास है मिल–जुलकर काम करने की माँग करता है। इस समय कांग्रेस सहित एक राष्ट्रीय मिली–जुली सरकार की केंद्र तथा राज्यों में आवश्यकता है, जो ऐसी अविलम्ब कार्यवाही चलाने वाली समस्याओं को हल कर सके जो कि किसी एक दल के साधनों से बाहर हैं। सत्यनिष्ठा और सक्षमता वाले व्यक्तियों को जिनका सार्वजनिक सेवा का रिकार्ड बिना धब्बे वाला हो, प्रशासन का भार सँभालने के लिए एक साथ मिलना चाहिए अन्यथा भारत में प्रजातंत्र का भविष्य अँधेरे में है।

जहाँ तक भारत में प्रजातंत्र के भविष्य का संबंध है, मैं आशावादी हूँ। इस समय हम इस देश में स्थायी प्रजातांत्रिक व्यवस्था के जन्म पर होने वाले कष्टों से गुजर रहे हैं। वर्तमान गड़बड़ी और राजनीतिक खलबली इस समय काम कर रही राजनीतिक गतिशीलता की ओर संकेत करती हैं। परंतु एक चीज महत्त्वपूर्ण है, जिसे अनुभव करने की आवश्यकता है और जिसे आने वाले वर्षों में अवश्य ही अनुभव किया जायेगा, वह है शांतिपूर्ण अहिंसक विधियों द्वारा उच्च्व राजनीतिक लक्ष्यों को प्राप्त करने में विश्वास को नया करना। सार्वजनिक संपत्ति का नाश और अपने राजनीतिक लक्ष्यों को प्राप्त करने के लिए हिंसक विधियों का प्रयोग प्रजातंत्रात्मक जीवन शैली की सफलता की ओर ले जाने वाले नहीं हैं।

सबसे अधिक सभ्य मार्ग होने के कारण यह (प्रजातंत्र) शासन और जीवन शैली की सबसे कठिन पद्धति है। यह हमारे जैसे नव–स्वतंत्रता प्राप्त देश के लिए विशेष रूप से ऐसी है जिसमें निर्धनता फैली है और जो ऐसी असमताओं व अन्य बुराइयों के भार से दबा है जो कि अधिकांशतः लंबे काल की दासता से उत्पन्न हुई। परंतु हमें घेरने वाली सभी कठिनाइयों के साथ हमने प्रजातंत्र मार्ग पर लगकर बड़ी मात्रा में सफलता प्राप्त की है। जीवन के प्रजातंत्रात्मक मार्ग पर लगकर चलने की हमारी सक्षमता के बारे में अभी तक संदेह बने हुए

हैं, परंतु सदैव सन्देह करने वाला मन प्रजातंत्र को निरंतर सफलता के लिए उचित बौद्धिक वातावरण नहीं पैदा करता। वे जिनका प्रजातंत्र में विश्वास गहरे कारण रखता है, यह नहीं चाहेंगे कि जनता के मन में संदेह पैदा करें, वरन् वे तो ऐसी शक्तियों को सुदृढ़ बनायेंगे जो किसी भी नव–स्वतंत्रता प्राप्त देश में, जो समस्याओं से भरा हो और विश्व के विभिन्न भागों से आने वाली परिवर्तनकारी हवाओं के लिए खुला हो, प्रजातंत्र को सफल बनाने वाली है। इसकी सफलता को जारी रखने के लिए अनेक दशायें हैं जिन्हें अभी पैदा करना है। अतएव भारत में प्रजातंत्र का भविष्य पूर्व–निर्धारित नहीं हैं। यह तो हम पर निर्भर करता है कि हम दशाओं की रचना करें, जिनमें कि प्रजातंत्र की आगे सफलता उचित रूप से आश्वस्त हो जाए। (श्री सादिक अली, जनरल सेक्रेटरी, अखिल भारतीय कांग्रेस समिति)। किसी भी राष्ट्र में उसका नेतृत्व करने के लिए गाँधी या नेहरू नहीं रहते। व्यक्तिगत स्वतंत्रता सच्चे प्रजातंत्र की मूलभूत दशा है। संविधान द्वारा भारत में विधि का शासन (Rule of law) स्थापित हुआ है और वह नागरिकों को विभिन्न प्रकार की स्वतंत्रतायें प्रदान करता है। दूसरा, संविधान के वे प्राविधान जिन्होंने देश में संघ व राज्य के स्तरों पर प्रजातंत्रात्मक शासन प्रणाली के लिये व्यवस्था की है। परंतु प्रजातंत्र स्वयं एक साधन है, साध्य नहीं। अतः प्रश्न उठता है कि हमारा उद्देश्य क्या है? हम सभी का उद्देश्य व्यक्ति के लिये अच्छा जीवन है। अच्छे जीवन का अर्थ है कि व्यक्ति की आधारभूत आर्थिक आवश्यकताओं की पूर्ति की जायेगी और उसका जीवन स्तर ऊँचा उठाया जायेगा, जिससे कि वह अपनी रचनात्मक शक्तियों का विकास कर सके।

संविधान एक पूर्ण आलेख है—सन् 1964 में ब्रिटेन के भूतपूर्व प्रधानमंत्री लार्ड एटली ने 'भारत में प्रजातंत्र के लिए खतरे' शीर्षक के अंतर्गत एक लेख में इस विषय का बड़े सुंदर ढंग से वर्णन किया था—'अच्छे अधिकृत सूत्र ने मुझे बताया है कि भ्रष्टाचार का भद्दा भूत कुछ महत्त्वपूर्ण क्षेत्रों में भी अपना सर उठा रहा है। यहाँ इसका दूसरा खतरा है। प्रथम, सभी प्रकार का भ्रष्टाचार अच्छे प्रशासन का विनाशक है, यह प्रजातंत्रात्मक सरकार की जड़ पर वार करता है और राष्ट्रीय चरित्र को हानि पहुँचाता है। मैंने अन्य एशियाई देश के एक मित्र से एक बार यह प्रश्न पूछा था कि क्या उसे साम्यवादी अंतःस्पंदन का भय है। उसने उत्तर दिया 'नहीं' हमारा शासन भ्रष्ट नही है। जहाँ कहीं भ्रष्टाचार का प्रवेश होता है वहीं साम्यवादी अपना पैर जमाता है।'

बड़ी शर्म और दुर्भाग्य की बात है कि यद्यपि स्वतंत्रता की प्राप्ति के बाद से ही भ्रष्टाचार का विलोपन करने के लिए अनेक पग उठाये गए हैं, फिर भी उसकी मात्रा कम होने के बजाय बढ़ती रही है। भाई–भतीजावाद और भ्रष्टाचार हमारे सामाजिक और राजनीतिक जीवन के अंश बन गये हैं। भ्रष्टाचार का मुख्य स्रोत लाईसेंसों, परमिटों, कोटे तथा उद्योग, व्यापार और व्यवसाय पर विनिमयों व प्रतिबंधों (जो सरकारी अधिकारियों के हाथों में व्यापक विवेक निहित करते हैं) की वस्तुतः भूल–भूलैया में है। संसदीय प्रजातंत्र में विधायक ही सार्वजनिक नैतिकता के अंतिम संरक्षक हैं। यदि वे अपनी स्थिति का प्रयोग अनुचित लाभ उठाने या अपने प्रभाव व

पहुँच द्वारा स्वार्थ हित में दूसरों को लाभ पहुँचाने का प्रयत्न करते हैं, तो भ्रष्टाचार अर्द्ध-वैधता का रूप धारण कर लेता है। आज वास्तव में स्थिति कुछ ऐसी ही है। हमारे राजनीतिक जीवन तथा प्रशासन में भ्रष्टाचार इस सीमा तक फैल गया है कि सत्यनिष्ठ मनुष्यों के लिए सार्वजनिक क्षेत्र में तथा सरकारी पदों पर कार्य करना बहुत कठिन हो गया है। सरकारी दफ्तरों में काम करने की प्रक्रियायें भारी-भरकम और देर लगाने वाली हैं। देरी से बचने की चिंता ने बेईमानी की प्रथाओं, जैसे जल्दी काम कराने के लिए घूस देने की पद्धति को प्रोत्साहन दिया है। नीचे के स्तरों पर सरकारी कर्मचारियों के वेतन आज की मूल्य-वृद्धि को देखते हुए बहुत कम हैं, अतः वे विवशता के कारण भी घूस लेते हैं। **डॉ. पी. एस. मुहर** ने लिखा है—सार्वजनिक सेवाओं में भ्रष्टाचार एक जटिल विषय है।

Must Read — अवश्य पढ़ें

GULLYBABA PUBLISHING HOUSE PVT. LTD.

New Syllabus Based

100% Guidance for IGNOU EXAM

IGNOU HELP BOOKS

BAG, BCOMG, BSCG, BA (Hons.) M.A., M.COM, BCA, B.ED., M.ED, AND OTHER SUBJECTS

IAS, PCS, UGC & All University Examinations

Chapterwise Researched
QUESTIONS & ANSWERS
Solved papers & very helpful for your assignments preparation

Hindi & English Medium

GULLYBABA PUBLISHING HOUSE PVT. LTD.
2525/193, 1st Floor, Onkar Nagar-A, Tri Nagar, Delhi-110035,
(From Kanhaiya Nagar Metro Station Towards Old Bus Stand)
Email : Hello@gullybaba.com
Web : www.gullybaba.com

Join us on Facebook at Gph Book
For any Guidance & Assistance Call:
9350849407

प्रश्न पत्र

एम.पी.एस.–003 : भारत : लोकतंत्र और विकास

जून: 2008

नोट : *निम्नलिखित में से किन्हीं* **पाँच** *प्रश्नों के लगभग 500 शब्दों (प्रत्येक) में उत्तर दीजिए। प्रत्येक भाग में से कम–से–कम* **दो** *प्रश्नों के उत्तर दीजिए। प्रत्येक प्रश्न के 20 अंक हैं।*

भाग – I

प्रश्न 1. 1947 और 1967 के दौरान भारत में लोकतंत्र और विकास के बीच संबंध की चर्चा कीजिए।

उत्तर– देखें अध्याय–4, प्रश्न नं.–1

प्रश्न 2. भारत में संसद की कार्यप्रणाली का आलोचनात्मक आकलन कीजिए।

उत्तर– देखें अध्याय–8, प्रश्न नं.–3

प्रश्न 3. क्या आप समझते हैं कि भारत में न्यायिक पुनरीक्षण लोकतांत्रिक प्रक्रिया को मजबूत बनाती है? स्पष्ट कीजिए।

उत्तर– देखें अध्याय–10, प्रश्न नं.–3

प्रश्न 4. भारतीय संघीय व्यवस्था की कार्यप्रणाली पर एक निबंध लिखिए।

उत्तर– देखें अध्याय–11, प्रश्न नं.–2

प्रश्न 5. निम्नलिखित पर लगभग 250 शब्दों (प्रत्येक) में टिप्पणियाँ लिखिए:

(क) 74वाँ संविधान संशोधन

उत्तर– देखें दिसम्बर–2008, प्रश्न नं.–6

(ख) भारत में वर्ग असमानता की प्रकृति

उत्तर– देखें दिसम्बर–2008, प्रश्न नं.–3

भाग – II

प्रश्न 6. भारतीय लोकतंत्र में राजनीतिक दल लोगों को सशक्त बनाने के साधन हैं। चर्चा कीजिए।

उत्तर– देखें अध्याय–13, प्रश्न नं.–2

प्रश्न 7. भारत में ग्रामीण अमीरों के साथ ग्रामीण गरीबों के आंदोलनों की विशिष्टताओं की तुलना कीजिए।

उत्तर– देखें अध्याय–14, प्रश्न नं.–2

प्रश्न 8. भारत में लोकतंत्र को सशक्त बनाने में मीडिया की भूमिका की चर्चा कीजिए।

उत्तर– देखें अध्याय–15, प्रश्न नं.–1

प्रश्न 9. भारत में नृजातीयता किन-किन रूपों में प्रकट होती है, उसको पंजाब तथा जम्मू एवं कश्मीर के संदर्भ में इंगित कीजिए।

उत्तर– देखें अध्याय–26, प्रश्न नं.–3

प्रश्न 10. निम्नलिखित पर लगभग 250 शब्दों (प्रत्येक) में टिप्पणियाँ लिखिए:
(क) ठोस लोकतंत्र

उत्तर– देखें जून–2010, प्रश्न नं.–10

(ख) प्रवसन (माइग्रेशन)

उत्तर– देखें अध्याय–22, प्रश्न नं.–3

एम.पी.एस.–003 : भारत : लोकतंत्र और विकास
दिसम्बर: 2008

नोट : *निम्नलिखित में से किन्हीं* **पाँच** *प्रश्नों के उत्तर प्रत्येक भाग में से कम–से–कम* **दो** *प्रश्नों का चयन करते हुए दीजिए। प्रत्येक प्रश्न 20 अंक का है और उसका उत्तर लगभग 500 शब्दों में दीजिए।*

भाग – I

प्रश्न 1. स्वतंत्रता प्राप्ति की संध्या पर भारत के विकास पर वाद–विवाद की चर्चा कीजिए।

उत्तर– देखें अध्याय–2, प्रश्न नं.–2

प्रश्न 2. राजनीति में सेना की भूमिका की चर्चा कीजिए। भारतीय संदर्भ में इसका क्या स्थान है?

उत्तर– देखें अध्याय–9, प्रश्न नं.–3

प्रश्न 3. वर्ग असमानताओं की प्रकृति और उसके भारतीय लोकतंत्र पर पड़ने वाले प्रभाव को स्पष्ट कीजिए।

उत्तर– देखें अध्याय–5, प्रश्न नं.–1

प्रश्न 4. भारतीय संघीय व्यवस्था के कार्यों का आकलन कीजिए।

उत्तर– देखें जून–2008, प्रश्न नं.–4

प्रश्न 5. निम्नलिखित पर लगभग 250 शब्दों (प्रत्येक) में लिखिए:

(क) राजनीतिक भागीदारी की संकल्पना

उत्तर– देखें अध्याय–13, प्रश्न नं.–4

(ख) राज्य सभा

उत्तर– राज्य सभा अथवा राज्य परिषद् भारत की द्विसदनीय संसद का उच्च सदन है। भारतीय संघ के लिए द्विसदनीय विधायिका तीन कारणों से विनिर्दिष्ट होती है। प्रथम, राज्य सभा, जैसाकि उसके नाम से अभिप्रेत है, संघीय राज्यतंत्र में राज्य के अधिकारों का प्रतिनिधित्व करने और उनके संरक्षण के लिए एक प्रकोष्ठ था। अतः राष्ट्रपति के चुनाव के लिए मतदान व्यवस्था में राज्य सभा की भूमिका और प्रास्थिति वही होती है जो लोकसभा की।

राज्य विधान सभाओं के सदस्य अपने राज्यों के लिए समानुपातिक प्रतिनिधिक व्यवस्था के तहत राज्य सभा के प्रतिनिधियों का चुनाव करते हैं। राज्य सभा की सांविधिक स्थिति की अमेरिकी सीनेट की शक्ति, कार्यों और प्रतिष्ठा की विशेष रूप से उस स्थिति में तुलना नहीं की जा सकती जब मात्र राज्य के अधिकार सन्निहित हों। संसद के दोनों सदनों के बीच अवरोध की स्थिति में, उदाहरण के लिए यदि विधेयक पर चर्चा वास्तविक संतोषजनक निर्णय पर पहुँचने में विफल हो जाए, तब राष्ट्रपति दोनों सदनों की एक संयुक्त बैठक बुला सकता है। इसके निर्णय केवल बहुमत के आधार पर होते हैं। चूँकि संयुक्त बैठक में लोकसभा के सदस्य उसे प्रतिद्वंद्वी राज्य सभा के सदस्यों के मुकाबले 2:1 के अनुपात में होते हैं अतः आमतौर पर राज्य सभा को पराजित हुआ माना जाता है।

द्विसदनीय विधायिका स्थापित करने का दूसरा प्रयोजन, विधेयक को लोकसभा द्वारा पारित किए जाने के बाद उस पर द्वितीय मत तथा अधिक बुद्धिमत्तापूर्ण सहमति के लिए संस्थागत अवसर मुहैया कराना था। यह व्यापक रूप से दोनों सदनों में दलीय स्थिति पर निर्भर करता है। कांग्रेस पार्टी के आधिपत्य की अवधि के दौरान समालोचक के रूप में राज्य सभा की भूमिका प्रमुखतः कपोल कल्पना प्रतीत हुई थी।

भारतीय शासन पद्धति में राज्य सभा का तीसरा कार्य उस परिस्थिति में विधेयक को संसद में प्रस्तुत करना है जब लोकसभा सत्र में न हो। विधेयक पर अधिकांश संसदीय बहस और कार्य लोकसभा को पुनः बुलाए जाने तक पूरे किए जा सकते हैं।

संविधान के कतिपय विशिष्ट संघीय स्वरूप के संबंध में, राज्य सभा को राज्याधिकारों के संरक्षण के रूप में संशोधित करने की प्रमुख भूमिका दी गई है। उदाहरण के लिए, स्वयं राज्य सभा की शक्तियाँ भी उच्च सदन के दो-तिहाई बहुमत की सहमति से बदली जा सकती हैं। सिद्धांततः सदन में ऐसे घटक और निपुण कार्मिकों को शामिल करने के उपायों का प्रावधान है जो राजनीतिक चुनाव की अनिश्चित मुश्किलों का मुकाबला करने को तैयार नहीं हैं। उन्हें राज्य सभा के लिए नियुक्त किया जा सकता है और चुनावों की कोलाहल में फँसाने की बजाय सीधे मंत्रिमंडल में शामिल कर लिया जाता है।

भाग – II

प्रश्न 6. 73वें और 74वें संविधान संशोधनों के लागू होने के पश्चात् स्थानीय सरकार की बदलती हुई प्रकृति की चर्चा कीजिए।

उत्तर— देखें अध्याय–12, प्रश्न नं.–1

प्रश्न 7. भारतीय लोकतंत्र में हित समूहों की विशेषताओं और उनके महत्त्व को स्पष्ट कीजिए।

उत्तर— देखें अध्याय–16, प्रश्न नं.–3, 2

प्रश्न 8. पहचान की राजनीति क्या है? भारतीय लोकतंत्र में जाति की भूमिका की चर्चा कीजिए।

उत्तर— व्यक्तियों का जो समूह अपनी विचारधाराओं, रीति-रिवाजों, वंश या धर्म आदि के आधार पर अपनी विशिष्टता का दावा करके अपनी अलग पहचान बनाने की चेष्टा करता है, वह समुदाय की पहचान के अंतर्गत आता है। जैसे—फिलिस्तीनी मुस्लिम-अरब व यहूदी अपनी पृथक् विशिष्टता के आधार पर पृथक् पहचान के लिए दावा करते हैं, समुदाय के अंतर्गत आते हैं। श्रीलंका में रहने वाले तमिल विशिष्टता के आधार पर पृथक् पहचान का दावा करते हैं। भिन्नता और विशिष्टता का ज्ञान ही समुदाय पहचान का आधार है।

कुछ पहचान स्वाभाविक होती हैं, जिन्हें बदला नहीं जा सकता। जैसे—संयुक्त राज्य अमेरिका का मूल निवासी। वहाँ यूरोप से आए हुए नवीन नागरिक तथा अफ्रीका से लाये गये हब्शी गुलामों में भिन्नता होते हुए भी एकता है, लेकिन ईरान के शिया मुसलमानों व इराक के सुन्नियों में या फ्रांस के रोमन कैथोलिकों तथा प्रोटेस्टेंटों में या इंग्लैण्ड के प्यूरिटन व एंग्लिकन चर्च के मानने वालों के मध्य संघर्ष चल रहा था, जो अब समाप्त हो गया है, क्योंकि उनमें विशिष्टता का अभाव था; परंतु पाकिस्तान में पश्चिमी पाकिस्तान व पूर्वी पाकिस्तान के मध्य विशिष्टता के संघर्ष के कारण अंततः बंगलादेश का निर्माण हुआ।

विश्व के विभिन्न देशों में विश्व एकता तथा विभिन्न देशों में राष्ट्रीय एकता के नाम पर सत्ता प्राप्त वर्ग द्वारा अपनी धारणाओं, मूल्यों, भाषाओं और संस्कृति को थोपने का प्रयास किया जाता है। यह सभी कार्य मानव एकता, विश्व एकता या राष्ट्रीय एकता के नाम पर किया जाता है। इससे विभिन्न समुदायों की संस्कृति, रीति-रिवाजों, मूल्यों, मान्यताओं व भाषाओं को आघात पहुँचता है। अतः समुदायों में अपनी पहचान या विशिष्टता खो देने का भय उत्पन्न हो जाता है। अतः ये समुदाय विरोध करते हैं। जैसे—तिब्बत में साम्यवादी चीन द्वारा तिब्बत की बौद्धिक संस्कृति को नष्ट किए जाने का भय व्याप्त हो गया था। अतः दलाईलामा व उनके समर्थकों ने विरोध किया और असफल होने पर भारत में शरण लेकर अपनी विशिष्टता व पहचान बनाये रखी। फिलीस्तीन के अरबों एवं श्रीलंका के तमिलों ने अपनी माँगों की पूर्ति के लिए सशस्त्र संघर्ष का सहारा लिया है। अपनी विशिष्टता और पहचान बनाए रखने के लिए कई देशों में संघर्ष जारी है। भारतवर्ष ने भाषा के आधार पर राज्य बनाकर समस्या का समाधान कर लिया, पर कश्मीर व उत्तरी-पूर्वी राज्यों की समस्या का समाधान नहीं हो सका है। अतः निष्कर्ष और सारांश रूप में यह कहा जा सकता है कि विभिन्न समुदायों द्वारा अपनी विशिष्टता बनाये रखने की भावना पूरे विश्व में व्याप्त है, परंतु अधिकांश देशों में यह प्रतीकात्मक मात्र है और कुछ देशों में यह सशस्त्र संघर्ष या पूर्ण युद्ध के रूप में व्याप्त है।

फिर देखें अध्याय—17, प्रश्न नं.—2

प्रश्न 9. भारत में लोकतंत्र के कार्य निष्पादन पर निबंध लिखिए।
उत्तर— देखें अध्याय–27, प्रश्न नं.–1

प्रश्न 10. निम्नलिखित पर लगभग 250 शब्दों (प्रत्येक) में टिप्पणी लिखिए:
(क) धार्मिक राजनीति
उत्तर— देखें अध्याय–25, प्रश्न नं.–1

(ख) मानव विकास
उत्तर— देखें अध्याय–19, प्रश्न नं.–2

जागृत होने के बाद ही महसूस होता है कि हम सो रहे थे।

एम.पी.एस.–003 : भारत : लोकतंत्र और विकास
जून: 2009

नोट : *निम्नलिखित में से किन्हीं* **पाँच** *प्रश्नों के लगभग 500 शब्दों (प्रत्येक) में उत्तर दीजिए। प्रत्येक भाग में से कम–से–कम* **दो** *प्रश्नों के उत्तर दीजिए। प्रत्येक प्रश्न के 20 अंक हैं।*

भाग – I

प्रश्न 1. "न्यायपालिका नागरिकों के अधिकारों और हितों के संरक्षण के लिए सबसे प्रभावी अंग हैं।" आलोचनात्मक परीक्षण कीजिए।

उत्तर– हाँ, न्यायपालिका ही नागरिकों के अधिकारों के हितों के रक्षार्थ सर्वाधिक प्रभावशाली अंग है। नागरिकों के अधिकारों की रक्षा न्यायपालिका ही करती है। यदि व्यवस्थापिका, कार्यपालिका या अन्य कोई सत्ता नागरिकों के अधिकारों एवं स्वतंत्रता का अतिक्रमण करती है, तो न्यायपालिका बंदी प्रत्यक्षीकरण, परमादेश, प्रतिषेध, उत्प्रेषण, अधिकार पृच्छा जब जैसी आवश्यकता हो, वैसा आदेश जारी करके नागरिक के अधिकारों की रक्षा करती है।

भारत में आधुनिक न्याय व्यवस्था की नींव ईस्ट इंडिया कंपनी के युग में रखी गई थी, जबकि ब्रिटिश शासकों ने परंपरागत भारतीय न्याय व्यवस्था को आंग्ल–सैक्सन न्यायशास्त्र के आधार पर पुनर्गठित करना प्रारंभ किया था। ब्रिटिश युग में सर्वप्रथम ईस्ट इंडिया कंपनी को भारत में अपने कर्मचारियों के संबंध में दीवानी, फौजदारी और सैनिक कानून बनाने का अधिकार दिया गया लेकिन 1773 के रेगुलेटिंग एक्ट ने बंगाल के फोर्ट विलियम में सम्राट् को सुप्रीम कोर्ट ऑफ जुडिकेचर (Supreme Court of Judicature) का अधिकार प्रदान किया। यह कंपनी के अधीन क्षेत्रों का सर्वोच्च न्यायालय था। इसमें एक मुख्य न्यायाधीश तथा तीन अन्य न्यायाधीशों की नियुक्ति सम्राट के द्वारा होती थी तथा न्यायाधीश सम्राट की इच्छापर्यन्त अपने पद पर रह सकते थे। इन्हें दीवानी, फौजदारी, न्यायिक तथा धार्मिक क्षेत्रों में अधिकार प्रदान किए गए थे। इसका क्षेत्राधिकार बंगाल, बिहार, उड़ीसा में निवास करने वाले ब्रिटिश प्रजाजनों तथा कंपनी में सम्राट के कर्मचारियों पर फैला हुआ था। न्यायालय में अंग्रेज जूरी की भी व्यवस्था थी। इस निर्णय के विरुद्ध सपरिषद् सम्राट के पास अपील की जा सकती थी। भारतीय उच्च न्यायालय अधिनियम, 1861 द्वारा सम्राट को यह शक्ति प्रदान की गई कि वह उच्चतम न्यायालय को समाप्त कर कलकत्ता, मद्रास और बंबई में उच्च न्यायालयों की स्थापना करे। प्रत्येक न्यायालय में एक मुख्य न्यायाधीश तथा 15 अन्य न्यायाधीश होते थे। इन न्यायालयों को उन सभी न्यायालयों के जो उनके अपीलीय अधिकार क्षेत्र में आते थे, पर्यवेक्षण करने का अधिकार था।

इस प्रकार विभिन्न चरणों से गुजरती हुई वह 1935 के अधिनियम के माध्यम से अपने चरमोत्कर्ष पर पहुँची, जबकि इसके अंतर्गत सभी संघीय इकाइयों में कार्यरत उच्च न्यायालयों पर अपना क्षेत्राधिकार रखने वाले एक संघीय न्यायालय को स्थापित करने की व्यवस्था की गई। लेकिन यह संघीय न्यायालय पुनरावेदन का अंतिम न्यायालय नहीं था तथा इसके निर्णयों के विरुद्ध लंदन स्थित प्रिवी कॉउन्सिल (ब्रिटिश उच्चतम न्यायालय) में पुनरावेदन किया जा सकता था। भारत के 26 जनवरी, 1950 से प्रभावपूर्ण होने वाले नए संविधा के द्वारा ही उच्चतम न्यायालय को संवैधानिक, दीवानी, फौजदारी आदि सभी मामलों में पुनरावेदन का अंतिम न्यायालय बनाया गया। इस तरह नए संविधान के माध्यम से स्थापित न्याय व्यवस्था के द्वारा भारतीय न्यायपालिका अपनी पूर्णता को प्राप्त करने में सफल हुई।

प्रश्न 2. सामाजिक असमानता के विचार से आप क्या समझते हैं?

उत्तर– सामाजिक असमानताएँ अगर विशेष प्रकार से स्थापित हों तो लोकतांत्रिक समाज की विकास प्रक्रिया धीरे–धीरे चल सकती है। यदि सामाजिक असमानताएँ अत्यधिक गहराई तक विद्यमान हों तब वे एक लोकतांत्रिक व्यवस्था में विकास प्रक्रिया और समाज के अभावग्रस्त वर्ग की सहभागिता को कैसे प्रभावित करती है, इस मूल प्रश्न का उत्तर कई तरीके से दिया गया है। कोठारी ने जाति का राजनीति में तथा राजनीति का जाति में दखलंदाजी का विश्लेषण करते समय, आजादी के बाद राजनीति आधुनिकीकरण की प्रगति को तीन स्थितियों में बाँटा है। पहली स्थिति में उसका कहना है कि राजनीतिक सत्ता संघर्ष समृद्ध और उदीयमान जातियों तक सीमित था। दूसरे चरण में, निम्न जातियों में गतिशीलता आई है तथा वे स्वयं राजनीतिक क्षेत्र में पहुँच रहे हैं। उसके शब्दों में, "राजनीति जाति से प्रभावित नहीं है बल्कि जाति का राजनीतिकरण हो रहा है। उपनिवेश के बाद भारत में मताधिकार का विस्तार होने के बाद, प्रत्येक सामाजिक समूह और उप–समूह विकास प्रक्रिया में भाग लेने के लिए गतिशील हुआ है तथा राज्य नौकरशाही में जगह बनाने के लिए मुकाबले में है।" इस प्रकार भारतीय राज्यतंत्र अभिभावी जातियों द्वारा नियंत्रित है। राजनीतिक दल भारत जैसे विकासशील समाज में विद्यमान विघटन को बढ़ावा दे रहे हैं। रिश्ते, जाति और समुदाय के आदिकालीन गठबंधनों की प्रमुखता असैनिक समाज की स्थापना में अड़चन डालने में महत्त्वपूर्ण भूमिका निभा रही है। तथापि, गतिशीलता और राजनीतिक आधुनिकीकरण का कोई निश्चित क्रम नहीं है, विशेष रूप से निश्चित पथ के साथ–साथ कोई पूर्वनिर्धारित और बिना शर्त प्रगति कभी नहीं हुई है। ग्रामीण दूर–दराज के इलाकों में जाति और समुदाय के बीच दरार तथा सगोत्रीय और विवाहजन्य संबंध के बीच जोड़–तोड़ पुनर्आवंटनीय भूमि सुधारों के कार्यान्वयन के प्रति कार्य करते हैं। धनी समृद्ध किसान विद्यमान सामाजिक संरचना का उपयोग चुनावी दंगल में बहुवर्गीय खेतिहारों की क्रियाशीलता बनाने तथा सीमांतक और छोटे किसानों को उनके अपने आर्थिक हितों–कृषि उत्पादों के लिए कम कर, अधिक मूल्य, बेहतर आर्थिक सहायता तथा सस्ती दर पर सुविधाएँ–के लिए उन्हें गतिशील बनाने और सुसज्जित करने में करते हैं।

इस प्रकार, उपनिवेशवाद के उत्तरवर्ती भारतीय राज्य के समतावादी आदर्श के बावजूद अभी भी विभिन्न सामाजिक वर्गों और जातियों के बीच संसाधनों, सत्ता और हकदारी तक पहुँच समानुपात में नहीं है। ग्रामीण क्षेत्रों में उच्च और निम्न जातियों के बीच रिश्ते जाति के सिद्धांतवाद से नियंत्रित होते हैं। **एंड्रू बेटेली** के अनुसार उपनिवेशवाद के उत्तरवर्ती भारतीय समाज में आधुनिक सेवा क्षेत्र के पेशेवरीकरण और विशिष्टीकरण ने औपचारिक शिक्षा, तकनीकी कुशलता और प्रशिक्षण की भूमिका में वृद्धि की है, 'परिवार', जाति नहीं, विशेषकर शहरी क्षेत्रों में असमानता के सामाजिक रूप से पुनः प्रतिष्ठापन में निर्णायक भूमिका निभा रहे हैं। तथापि, अभी भी यह विवाद का मुद्दा है कि क्या प्रति क्षेत्र में पेशेवर क्रियाकलापों की नौकरशाही में वृद्धि से सामाजिक गतिशीलता और अवसरों, प्रास्थितियों और सत्ता का असमान वितरण उस सामाजिक और राजनीतिक पद का अवनिर्धारण करते हैं, जो व्यष्टियों को प्रतिष्ठित स्थिति, रैंक तथा शक्ति प्रदान करता है।

राजनीतिक विशेषाधिकार कई गैर चयनित संस्थाओं, असैनिक नौकरशाही और विशेषकर पुलिस में प्रतिधारित और गहरे रंग में रंगे होते हैं। वे प्रबल स्वामित्व वाले वर्गों और ऊँची जाति वालों के हितों का संरक्षण करते हैं। नीची जातियाँ अपना वर्ग राजनीतिक प्रक्रियाओं अथवा राज्य की सामाजिक और आर्थिक नीतियों को आकार देने तथा उनका आकार बदलने में अभी पर्याप्त रूप से शक्ति संपन्न नहीं हैं।

इस प्रकार की गतिशीलता से समान विकास और सामाजिक सशक्तीकरण के कार्यक्रम को नया रूप देने की बजाय एक बिगड़ी हुई व्यवस्था और पूर्णतः भ्रष्ट और अदक्ष नौकरशाही के हितों को पूरा किया जाता है। अन्य संस्थागत व्यवधानों के अलावा, पर्याप्त लोकतांत्रिक अधिकारों को मंजूरी देने तथा पुनः आबंटनीय न्याय की वचनबद्धता को निर्मुक्त करने में विफलता भारत में वर्ग और वर्ग आधारित असमानताओं में पिरोई हुई है।

प्रश्न 3. भारत में संसदीय संप्रभुता की अवधारणा पर एक निबंध लिखिए।

उत्तर— देखें अध्याय–8, प्रश्न नं.–2

प्रश्न 4. भारत में पंचायती राज व्यवस्था स्थापित करने में 73 वाँ संवैधानिक संशोधन के महत्त्व पर प्रकाश डालें।

उत्तर— देखें दिसम्बर–2008, प्रश्न नं.–6

प्रश्न 5. निम्नलिखित पर लगभग 250 शब्दों (प्रत्येक) में टिप्पणियाँ लिखिये:

(a) स्वतंत्रतापूर्व भारत में श्रमिक वर्ग आंदोलन

उत्तर— देखें अध्याय–14, प्रश्न नं.–1

(b) लोकतंत्र और दबाव समूह

उत्तर— देखें अध्याय–16, प्रश्न नं.–3

भाग – II

प्रश्न 6. मानव विकास के अर्थ और मानकों का परीक्षण कीजिए।
उत्तर– देखें दिसम्बर–2010, प्रश्न नं.–6

प्रश्न 7. 1950 और 60 के दशकों में भारत में क्षेत्रवाद की व्याख्या कीजिए।
उत्तर– देखें अध्याय–21, प्रश्न नं.–1

प्रश्न 8. टिकाऊ विकास की अवधारणाओं का आलोचनात्मक परीक्षण कीजिए।
उत्तर– 1970 के दशक में पर्यावरण का महत्त्व इतना बढ़ गया कि इसे संसार भर में सार्वजनिक नीति के मूल आधार के रूप में देखा गया। विकास का प्राचीन प्रतिमान, जिसका नैतिक समर्थन रिकार्डो और ऐडम स्मिथ जैसे अर्थशास्त्रियों ने किया था, उस पर प्रश्नचिह्न लग गया। इस प्रतिमान ने कुछ देशों को आर्थिक रूप से संपन्न बनाया तथा अन्य कुछ देश इतने अमीर हो गए कि वे विश्व राजनीति पर अपना वर्चस्व स्थापित कर सके। परंतु कुछ देशों को यह संपन्नता इसलिए प्राप्त हुई कि उन्होंने दूसरों के संसाधनों का आवश्यकता से अधिक उपयोग किया। इसका यह अर्थ नहीं है कि, मार्क्सवादी भाषा में, हम कहें कि वह सर्वहारा की संपत्ति है, परंतु इसका उद्देश्य पारिस्थितिकी की बुद्धिमत्ता पर बल देना है। संसार के सभी संसाधन नश्वर हैं तथा उनका दुरुपयोग या अतिउपयोग या उनका नाश सरकारों की अदूरदर्शी नीतियों के कारण नहीं किया जाना चाहिए। विश्व के सभी संसाधन समस्त मानवता की धरोहर हैं। हैरीसन ने 1992 में पर्यावरण में उपयोग निम्नलिखित प्रकार से बताए थे—

(1) संसाधनों का एक बैंक
(2) शरीर रचना की प्राकृतिक उपस्थिति के लिए स्थल
(3) कूड़ा करकट डुबाने का स्थल

इस प्रकार विश्व राजनीति का नया उपागम, चिंता के इन तीन क्षेत्रों को ध्यान में रखते हुए यह माँग करता है कि नीतियों को नए ढंग से निर्धारित किया जाए तथा वह इन तीनों क्षेत्रों में बनाई गई नीतियों में समन्वय स्थापित करता है। नए उपागम का मूलभूत विचार यह है कि पर्यावरण के मुद्दों की एकता तथा ऐसी नीतियाँ जिसमें समस्त संसाधनों का सामंजस्य किसी एक राज्य को यह दावा नहीं करना चाहिए और न किसी को अनुमति होनी चाहिए कि वह उन संसाधनों पर अधिकार करे, जिसके कारण अन्य राज्यों के हितों को हानि पहुँचती हो। अतः वनों का काटना, आवश्यकता से अधिक मछली पकड़ना या अत्यधिक पशुओं का वध करना, नदियों के पानी को गंदगी से प्रदूषित करना, महासागरों में तेल फैलाना, जीवन के लिए हानिकारक गैसों को वायुमंडल में छोड़ना, यह सभी मुद्दे ऐसे हैं जिन पर अंतर्राष्ट्रीय नियंत्रण होना चाहिए। इस समस्त प्रक्रिया को 'टिकाऊ विकास' के नाम से जाना जाता है।

विश्व पर्यावरण संकट ने सभी देशों के लिए विकास व उन्नति की परिभाषा को बदल दिया। 1970 के दशक में इसे सार्वजनिक नीति का मूल आधार माना जाने लगा। वनों को नष्ट करना, आवश्यकता से अधिक मछली पकड़ना, प्रदूषण फैलाना इत्यादि मुद्दों को अंतर्राष्ट्रीय नियंत्रण में रखने की आवश्यकता महसूस की जाने लगी। इसी प्रक्रिया को टिकाऊ विकास का नाम दिया गया। टिकाऊ विकास शब्द की परिभाषा करना कठिन है। इसकी सबसे उत्तम परिभाषा ब्रंटलैण्ड आयोग ने 1987 में की थी। पर्यावरण एवं विकास पर विश्व आयोग, नामक इस आयोग के अध्यक्ष नार्वे की पूर्व प्रधानमंत्री सुश्री ग्रो ब्रंटलैण्ड थीं। अब तक टिकाऊ विकास की लगभग 40 परिभाषाएँ दी गई हैं, परंतु अब ब्रंटलैण्ड आयोग की परिभाषा को ही सर्वश्रेष्ठ माना जाता है। आयोग के अनुसार, "टिकाऊ विकास वर्तमान की आवश्यकताएँ पूर्ण करता है, परंतु वह भविष्य की पीढ़ियों को अपनी आवश्यकताएँ पूरी करने की सामर्थ्य को कम नहीं करता।" उसी वर्ष इस परिभाषा की और व्याख्या की गई तथा कहा गया कि "टिकाऊ विकास उपलब्ध भूमंडलीय संसाधनों तथा पर्यावरण क्षमताओं और अतीत में क्षतिग्रस्त पर्यावरण का पुनर्वास करने का दूरदर्शी प्रबंधन है। यद्यपि यह महत्त्वपूर्ण है कि पर्यावरण की समकालीन समस्याओं का समाधान किया जाए, फिर भी अग्रिम एवं निवारक नीतियाँ, पर्यावरण–संगत विकास के लिए सबसे प्रभावी हो सकती हैं।"

टिकाऊ विकास की यह अवधारणा विकास संबंधी नीतियों की सबसे प्रमुख आलोचक सिद्ध हुई, क्योंकि तीव्र गति का औद्योगीकरण, जोकि केवल वर्तमान पीढ़ी के जीवन स्तर को ऊपर उठाने का प्रयास करता है, वह टिकाऊ नहीं होता। तोल्बा की (1992 की) व्याख्या के अनुसार "अर्थव्यवस्था का प्रबंध इस प्रकार किया जाए कि वह पर्यावरण के संसाधनों के आधार की देखभाल कर सके, ताकि भविष्य की पीढ़ियाँ भी उतना ही अच्छा या उससे भी श्रेष्ठ जीवन व्यतीत कर सकें।" यह पर्यावरण प्रबंधन तथा आर्थिक एवं सामाजिक नीतियों का एकीकरण करता है। यही बात 1972 के स्टॉकहोम सम्मेलन में भी कही गई। तत्कालीन प्रधानमंत्री श्रीमती इंदिरा गाँधी ने सम्मेलन में कहा था कि "निर्धनता सबसे विकराल प्रदूषक है।" इससे यह संकेत मिला कि कोई गरीब देश उन पर्यावरण नियंत्रणों का पालन नहीं कर सकता जिन्हें पर्यावरण नियमों के द्वारा थोपा जाता है। पर्यावरण के प्रबंधन के समस्त कार्य के लिए पर्यावरण–संगत तथा टिकाऊ विकास के उपाय आवश्यक होंगे। इसके लिए निर्धन देशों को सहायता की आवश्यकता होगी।

टिकाऊ विकास की यह मान्यता है कि सकल राष्ट्रीय उत्पाद (GNP) किसी देश की प्रगति मापने का वास्तविक मापदंड नहीं है। 20वीं शताब्दी के अंतिम दो दशकों में इस बात के प्रयास किए गए कि राष्ट्रीय आय का अनुमान लगाने के लिए पर्यावरण की क्षति के वास्तविक मूल्य तथा भविष्य के उत्पादन की क्षमता में प्राकृतिक संसाधनों में हुई कमी दोनों का आकलन करना होगा। आने वाली पीढ़ियों के जीवन स्तर में गिरावट आने का मुख्य कारण होगा भविष्य के लिए कम होते संसाधन। अन्य शब्दों में आज अमीर देशों में ही नहीं,

विकासशील देशों में भी उच्च जीवन स्तर रखने के लिए वे उनके जीवन स्तर को कम कर रहे हैं जिन्हें अभी जन्म लेना है। यदि हम भविष्य के संसाधनों के मूल्य को निकाल दें तो वर्तमान सकल राष्ट्रीय उत्पाद का अवश्य अवमूल्यन होगा। जापान में यही हुआ। उनका सकल राष्ट्रीय उत्पाद जो 8.3 प्रतिशत की दर से बढ़ रहा था, वह अचानक घट कर 5.8 प्रतिशत पर आ गया क्योंकि उन्होंने पर्यावरण क्षति (हनन) के आधार पर राष्ट्रीय आय को घटाकर अनुमान लगाया। इसी प्रकार इन्डोनेशिया में यह 7.1 प्रतिशत से घटकर 4 प्रतिशत पर आ गया। यह उदाहरण ब्रंटलैण्ड आयोग के "हमारे साँझे भविष्य" संबंधी इस निष्कर्ष को सही सिद्ध करते हैं कि वायु, जल तथा भूमि जैसे तत्त्वों का सही मूल्यांकन न करने से वास्तविक मूल्य नहीं आँका जा सकता है।

टिकाऊ विकास का एक अन्य विरोधाभाव है किसी देश में पर्यावरण की क्षति से हुई हानि का मूल्यांकन। प्रदूषण से हुई हानि का विकसित देशों में आर्थिक मूल्य, सकल राष्ट्रीय उत्पाद का 3 से 5 प्रतिशत तक होता है तथा प्रदूषण नियंत्रण पर होने वाला अनुमानित व्यय है सकल घरेलू उत्पाद का 0.8 प्रतिशत से 1.5 प्रतिशत के बीच। विकासशील देशों में यह प्रतिशत काफी कम होगा। एक अनुमान के अनुसार अकेले संयुक्त राज्य अमेरिका में इस समायोजन पर प्रति वर्ष 26 अरब डॉलर के लगभग व्यय होता है। विकासशील देशों में यह एक समान नहीं है।

सारांश यह है कि टिकाऊ विकास की नीतियाँ तीन प्रमुख स्तंभों पर आधारित हैं—

(1) विकास के लिए सदा भूमि, जल, वायु एवं वनों की क्षमता को ध्यान में रखना चाहिए, क्योंकि हमारी धरती पर जीवन को स्थिर (टिकाऊ) रखने वाले यही चार संसाधन हैं। यदि उनका क्षमता से अधिक उपयोग किया जाएगा तो हम उन्हें सदा के लिए खो बैठेंगे।

(2) विकास के लिए पीढ़ी विशेष के अंदर समता एवं न्याय को ध्यान में रखना चाहिए। अतः विकास ऐसा हो कि जिसका लाभ समाज के सब वर्गों के लोगों को मिले। यदि उनका लाभ केवल चुनावी सफलता को ध्यान में रखकर कुछ वर्चस्वशील वर्गों को ही मिलता है, तब उस वर्ग द्वारा संसाधनों के उपयोग से अन्य वर्गों के अंश का नाश हो सकता है।

(3) विकास के लिए विभिन्न पीढ़ियों का भी, समता एवं न्याय के आधार पर ध्यान रखना चाहिए। इसका अर्थ हुआ कि वर्तमान पीढ़ी भविष्य की पीढ़ियों के संसाधनों का उपयोग न करे। ऐसा न करने से भविष्य में संसाधनों की क्षति को रोककर निर्धनता पर भी अंकुश लगाया जा सकता है।

प्रश्न 9. भारत में धर्म आधारित राजनीति के विकास को रेखांकित कीजिए।

उत्तर— देखें अध्याय–17, प्रश्न नं.–2

प्रश्न 10. निम्नलिखित पर लगभग 250 शब्दों (प्रत्येक) में टिप्पणियाँ लिखिए:

(a) प्रक्रियात्मक लोकतंत्र

उत्तर— देखें अध्याय–27, प्रश्न नं.–1

(b) भारतीय लोकतंत्र में राजनीतिक सहभागिता।

उत्तर— देखें अध्याय–13, प्रश्न नं.–2

यदि आप हर कार्य पूरी लगन से करते हैं तो आपको कभी पछताना नहीं पड़ेगा।

एम.पी.एस.–003 : भारत : लोकतंत्र और विकास
दिसम्बर: 2009

नोट : *निम्नलिखित में से किन्हीं* **पाँच** *प्रश्नों के लगभग 500 शब्दों (प्रत्येक) में उत्तर दीजिए। प्रत्येक भाग में से कम–से–कम* **दो** *प्रश्नों के उत्तर दीजिए। प्रत्येक प्रश्न के 20 अंक हैं।*

भाग – I

प्रश्न 1. मूल अधिकारों और राज्य के नीति निर्देशक तत्त्वों के बीच भेद समझाइए।

उत्तर– देखें अध्याय–3, प्रश्न नं.–4

प्रश्न 2. विकास के पॉलिटिकल इकनॉमी दृष्टिकोण का आलोचनात्मक परीक्षण कीजिए।

उत्तर– देखें अध्याय–6, प्रश्न नं.–3

प्रश्न 3. हमारी संसदीय व्यवस्था में लोक सभा की भूमिका का परीक्षण कीजिए।

उत्तर– देखें अध्याय–8, प्रश्न नं.–1

प्रश्न 4. अशोक मेहता समिति के संदर्भ में पंचायती राज व्यवस्था पर एक लेख लिखिए।

उत्तर– भारतीय नियोजकों एवं नीति–निर्माताओं ने ग्रामीण जनसमुदाय की स्थिति सुधारने के उद्देश्य को लेकर एक बहुउद्देशीय समुदाय विकास योजना शुरू की। इस योजना के तहत सत्तर के दशकांत में जनता पार्टी सरकार द्वारा अशोक मेहता कमेटी की नियुक्ति हुई। सत्तर के दशकमध्य में, शासन प्रक्रिया में स्थानीय समुदायों को वृहत्तर राजनीतिक स्थान प्रदान किए जाने के पक्ष में एक ज्ञेय मत–परिवर्तन भी देखा गया। स्थानीय स्वशासन संस्थाओं से अपेक्षा थी कि सामाजिक सत्ता समीकरणों के पुनर्विन्यास में कोई महत्त्वपूर्ण भूमिका निभाएँ। जिस प्रकार जनता पार्टी सरकार ने गाँधीवादी दर्शन के प्रति अपनी वचनबद्धता प्रकट की थी, सारा वातावरण लगता था कि पंचायती राज संस्थाओं के पुनरुत्थान हेतु ही सहायक हो। एक अन्य सत्य–प्रतीयमान कारण यह तथ्य लगता है कि सत्तर के दशकांत तक हरित क्रांति दशकायु हो चुकी थी और वह ऐसे धनी कृषक वर्ग को जन्म दे चुकी थी जो हरित क्रांति से लाभान्वित हुआ था। धनी व मध्यवर्गी किसान विकेंद्रीकृत शासन–तंत्र, ज्यादा विस्तृत रूप से उसकी निकासी व्यवस्था तक सीधी पहुँच के महत्त्व को पूरी तरह समझते थे। ग्राम परिषदों पर

कब्जा करना इस वर्ग की नई–नई अर्जित आर्थिक शक्ति एवं राजनीतिक रूप से महत्त्व रखने हेतु उनकी प्रेरणा से मेल खाता था। पंचायती राज संस्थाओं की केंद्रीय स्थिति फिर से मजबूत हो गई।

अशोक मेहता कमेटी रिपोर्ट में पंचायती राज संस्थाओं के विफलता–कारणों के रूप में कार्यालयी लालफीताशाही, बेलोच वित्त, समाज के आर्थिक व सामाजिक रूप से विशेषाधिकार प्राप्त वर्गों द्वारा स्थानीय संस्थाओं पर प्रभुत्व के माध्यम से विकास–कार्यक्रम की जड़ें जमाने का उल्लेख था। अशोक मेहता कमेटी की रिपोर्ट ने इस बात को मानने से इंकार किया कि पंचायती राज एक विफल देवता था। वस्तुतः उन्होंने भारत की धरती में लोकतंत्र का बीज बोने की प्रक्रिया शुरू करने और नागरिकों को उनके अधिकारों के प्रति पहले से अधिक सचेत बनाने के लिए इन संस्थाओं को ही श्रेय दिया। अन्य सकारात्मक दुष्परिणामों में था नौकरशाह अभिजात वर्ग व जनता के बीच दरार को पाटना। इसने एक आधुनिकतावादी दृष्टि और सामाजिक–परिवर्तनोमुखी दृष्टिकोण वाले एक सक्रिय नेतृत्व को भी जन्म दिया। मेहता ने यह भी निश्चयपूर्वक कहा कि इसने ग्रामीण जनता का एक विकास मानस तैयार करने में मदद की।

मेहता कमेटी सही मायनों में परिवर्तनकारी थी। पंचायती राज चुनाव में राजनीतिक दलों की भागीदारी की दलील दी गई ताकि उन्हें अधिक उत्तरदायी बनाया जा सके और उन्हें उच्चतर स्तर पर राजनीतिक प्रक्रिया से जोड़ा जा सके। मेहता को उम्मीद थी कि चुनाव गरीबों के हाथ में राजनीतिक शक्तियों में परिणत होंगे, जिसकी वजह है उनकी सांख्यिक शक्ति और संगठन। कमेटी ने पंचायती राज संस्थाओं में महिलाओं की भागीदारी के लिए भी जोरदार वकालत की। इस रिपोर्ट में महिलाओं के साथ–साथ समाज के कमजोर तबकों के आरक्षण की भी पेशकश की गई थी। जनता सरकार के पतन ने मेहता रिपोर्ट के लिए सीटों के परिपालन हेतु एक प्रतिकूल वातावरण पैदा किया। इसके बावजूद, कर्नाटक, आंध्र प्रदेश व पश्चिम बंगाल की गैर–कांग्रेसी राज्य सरकारों ने पंचायती राज संस्थाओं को पुनः सक्रिय बनाने हेतु ठोस कदम उठाये। कर्नाटक में जो पंचायती राज संस्थाएँ अस्तित्व में आईं उन्होंने मेहता रिपोर्ट द्वारा की गई अधिकांश सिफारिशों को शामिल किया। जबकि गैर–कांग्रेसी राज्य सरकारें अशोक मेहता कमेटी की सिफारिशें लागू करने में लगी थीं, केंद्र में नई कांग्रेस सरकार ने अन्य आयोग नियुक्त कर दिए। 1983 में सी.एच. हनुमन्तराव के कार्यरत दल तथा 1985 में जी.वी.के. राव कमेटी ने विकास कार्यक्रमों व प्रशासन वाली पंचायती राज व्यवस्था ने एकीकरण की आवश्यकता पर बल दिया। 1986 में एल.एम. सिंघवी रिपोर्ट द्वारा पंचायती राज विषयक संकल्पना–पत्र ने सुझाव दिया कि पंचायती राज संस्थाएँ ग्रामीण विकास कार्यक्रमों के नियोजन एवं कार्यान्वयन में करीब से जुड़ी होनी चाहिए। सिंघवी तथा अशोक मेहता, दोनों ने संवैधानिक आधार पर लोकतांत्रिक विकेंद्रीकरण की सिफारिश की।

केंद्र–राज्य संबंधों के गतिविज्ञान को समझने के लिए गठित सरकारिया आयोग ने दुष्क्रियात्मक पंचायती राज संस्थाओं का उल्लेख किया और जिला परिषदों व नगर–निगमों के पुनरुत्थान के लिए उनके नियमित चुनावों व सत्रों के लिए कानूनी प्रावधानों का सुझाव दिया।

जिला योजना के लिए जिले में राजनीतिक व प्रशासनिक प्राधार किस प्रकार का हो इस बात का सुझाव देने के लिए 1988 में बनाई गई पी.के. थुंगन कमेटी ने पंचायती राज संस्थाओं के लिए संवैधानिक दर्जे की वकालत की। थुंगन कमेटी ने पंचायती राज संस्थाओं के समय पर और नियमित चुनाव सुनिश्चित करने हेतु संवैधानिक प्रावधानों का भी समर्थन किया। इस कमेटी के अनुसार, जिला परिषद् ही किसी जिले में एकमात्र विकास अभिकरण हो।

प्रश्न 5. निम्नलिखित पर लगभग 250 शब्दों (प्रत्येक) में टिप्पणियाँ लिखिए:

(a) स्वतंत्रता के पश्चात् श्रमिक वर्ग

उत्तर– 1947 में सत्ता के हस्तांतरण से देश में पूरे श्रमजीवी वर्ग के लिए अलग महौल बना। आंदोलन एक नए चरण में प्रवेश कर गया। स्वतंत्रता के आंरभिक वर्षों में, 1947–1960 के दौरान, पंचवर्षीय योजनाओं के दौरान निजी अथवा सार्वजनिक क्षेत्र में कई नए उद्योगों के स्थापित होने से देश में श्रमिक वर्ग की दशा में कुल मिलाकर सुधार हुआ जिससे संगठित कार्यवाही की अधिक आवश्यकता नहीं पड़ी, जिसके कारण 1947 से 1960 के दौरान हड़तालों सहित विवादों की संख्या में कमी आई, तथापि 1960 तथा 1970 के दशकों के दौरान स्थिति में परिवर्तन आया। 1960 के दशक के बीच के मुद्रास्फीति के वर्षों में श्रमिक वर्ग के वास्तविक वेतन में कमी आई जिसके परिणामस्वरूप औद्योगिक क्षेत्र में विवादों की संख्या बढ़ी। 1964 में 2151 विवाद हुए जिनमें 1002 हजार श्रमिकों ने भाग लिया जिससे 7725 मानव दिवसों की क्षति हुई। मानव दिवसों की क्षति संभवतः आंदोलनों की भीषणता का संकेतक है।

ट्रेड यूनियनों की एक महत्त्वपूर्ण विशेषता उन ट्रेड यूनियनों की स्थापना रही है जिन पर राजनैतिक दलों का वर्चस्व रहा जिसके कारण अधिकांश यूनियनें अपने मूल दलों की ही भाषा बोलती रहीं। द्वितीय विश्व युद्ध की समाप्ति तक देश में दो अखिल भारतीय संस्थाएँ थीं–भारतीय मजदूर संघ (Indian Federation of Labour -IFL) तथा सबसे बड़ी यूनियन अखिल भारतीय ट्रेड यूनियन कांग्रेस (AITUC)। 1949 तक चार यूनियनें बन गईं तथा ये किसी न किसी राजनैतिक दल से संबंधित या नियंत्रित थीं। अखिल भारतीय ट्रेड यूनियन कांग्रेस साम्यवादी नियंत्रण था; भारतीय मजदूर संघ एम.एन. राय की रेडिकल डैमोक्रेटिक पार्टी से संबंधित था; आई.एन.टी.यू.सी. पर भारतीय राष्ट्रीय कांग्रेस का नियंत्रण था और हिन्द मजदूर सभा में समाजवादी पार्टी के सदस्यों की प्रधानता थी। बाद में हिन्द मजदूर सभा में विभाजन हुआ तथा यू.टी.यू.सी. का जन्म हुआ। 1970 में ए.आई.टी.यू.सी. में भी विभाजन हुआ तथा भारतीय ट्रेड यूनियन केंद्र (Centre of Indian Trade Unions-CITU) का जन्म हुआ जो मार्क्सवादी कम्यूनिस्ट पार्टी से संबद्ध हुई।

देश के लिए कुल मिलाकर 1960 के दशक के अंतिम वर्षों तथा आपातकाल लागू होने के बीच की अवधि राजनैतिक उथल–पुथल से भरी थी जिसका उल्लेखनीय प्रभाव देश

के श्रमिक वर्ग आंदोलन पर पड़ा। 1971 के चुनावों के बाद श्रीमती गाँधी ने सत्ता का केंद्रीकरण करना तथा अपने हाथ में अधिकांश अधिकार रखना आरंभ कर दिया। इसका लाभ उठाते हुए पूँजीवादी वर्ग ने नए आक्रामक तरीके आरंभ कर दिए जिनमें से प्रमुख था तालाबंदी, जिसके कारण कई मानव दिवसों की क्षति हुई।

रूडोल्फ एवं रूडोल्फ ने पाया (1998) कि 1965-1975 की अवधि के दौरान कार्यदिवसों की संख्या में क्षति में (हड़तालों तथा तालाबंदी के कारण) लगभग 500 प्रतिशत तक की वृद्धि हुई। सर्वाधिक महत्त्वपूर्ण हड़ताल 1974 की रेलवे की हड़ताल थी, जो देश में श्रमजीवी वर्ग की सीधी कार्यवाही की आज तक की सबसे गंभीर घटना है। यह हड़ताल इसलिए महत्त्वपूर्ण है क्योंकि यह भारतीय शासन की शक्ति को चुनौती देने में सफल रही।

देश में आपातकाल के बाद से श्रमजीवी वर्ग को नियोक्ता की कई आक्रामकताओं का सामना करना पड़ा। निजी क्षेत्र में तालाबंदी की घटनाओं में वृद्धि के परिणामस्वरूप कार्यदिवसों के काफी बड़े प्रतिशत की क्षति हुई। 1980-87 के दौरान औद्योगिक विवादों में तालाबंदी के कारण नष्ट हुए कार्य दिवसों का प्रतिशत 29 से बढ़कर 65 प्रतिशत हो गया। 1980 के दशक के दौरान कार्यदिवसों की क्षति बढ़ती गई। एक आकलन के अनुसार हड़तालों की तुलना में 1985, 1987 तथा 1988 के दौरान तालाबंदी के कारण नष्ट हुए कार्यदिवस क्रमशः 55, 52 तथा 71 प्रतिशत अधिक थे। तालाबंदी की वृद्धि ने देश के औद्योगिक श्रमजीवी वर्ग पर प्रतिकूल प्रभाव डाला है क्योंकि इससे श्रमजीवी वर्ग को बेरोजगारी की समस्या का सामना करना पड़ता है। अन्य समस्याओं के साथ-साथ 1980 के दशक में श्रमजीवी वर्ग बीमारू उद्योगों का भी शिकार हुआ। 1976 में 241 बड़ी औद्योगिक इकाइयाँ बीमार थीं, 1986 में यह संख्या बढ़कर 714 हो गई। मध्यम दर्जे की औद्योगिक इकाइयों में 1986 में 1250 इकाइयाँ आर्थिक घाटे के कारण बंद हो गईं। 1980 के दशक के दौरान लघु बीमार इकाइयों की संख्या में भी वृद्धि हुई। उदाहरण के तौर पर 1988 में 217,436 लघु इकाइयाँ घाटे में चल रही थीं। इस प्रकार से 1980 के दशक के दौरान श्रमजीवी वर्ग को तालाबंदी, उद्योग बंद होने तथा इनके बीमारूपन की समस्या का सामना करना पड़ा। तालाबंदी की समस्या आज भी जारी है तथा इसने और भी गंभीर रूप धारण कर लिया है। श्रम ब्यूरो के अनुसार 1999 में 387; 2000 में 345 तथा 2001 में 345 तालाबंदी की घटनाएँ हुईं।

1980 के दशक के अंतिम वर्षों तथा 1990 के दशक के दौरान श्रमजीवी वर्ग को दो नई प्रकार की आक्रामकताओं का सामना करना पड़ रहा है जो पहले नहीं थीं।

1991 में नई आर्थिक नीति के लागू होने के बाद से देश में श्रमिक वर्ग पर प्रतिकूल प्रभाव पड़ा है। नई आर्थिक नीति के कई पहलू हैं पर उदारीकरण, निजीकरण तथा सार्वभौमिकरण पर अधिक ध्यान केंद्रित किया गया है। उदारीकरण का अर्थ है निजी क्षेत्र पर सरकारी नियंत्रण में कमी जिसके परिणामस्वरूप श्रमिकों और पूँजीपतियों के बीच सौदागरी में कमी

आई है। निजीकरण की नीतियों के अंतर्गत देश में कई प्रमुख सार्वजनिक क्षेत्र की इकाइयों के निजी कंपनियों को बेचे जाने से देश के श्रमिकों तथा ट्रेड यूनियनों के समक्ष नई चुनौतियाँ उभर कर सामने आई हैं। समग्र रूप से इन नीतियों के परिणामस्वरूप संभावित समस्याएँ होंगी–श्रमिक के लिए कोई वैधानिक न्यूनतम मजदूरी नहीं होगी, छँटनी के मार्ग में कोई बाधा नहीं होगी। इस प्रकार से नियोक्ता के पास भर्ती और बर्खास्तगी (Hire and Fire) का पूर्ण अधिकार रहेगा। भारतीय अर्थव्यवस्था में पिछले एक दशक या उससे अधिक समय से होने वाले विकास से श्रमिक वर्ग के सामने मूल समस्याएँ उत्पन्न हो गई हैं तथा ट्रेड यूनियनें श्रमिकों के अधिकारों पर पूँजी की घुसपैठ को रोकने में स्वयं को असमर्थ महसूस कर रही हैं।

(b) दबाव समूह और राजनीतिक दलों के बीच भेद।
उत्तर– देखें अध्याय–16, प्रश्न नं.–2

भाग – II

प्रश्न 6. विकास और जेन्डर के संबंध को समझाइए।
उत्तर– देखें अध्याय–20, प्रश्न नं.–1

प्रश्न 7. माईग्रेशन के आंतरिक कारणों का आलोचनात्मक परीक्षण कीजिए।
उत्तर– देखें अध्याय–22, प्रश्न नं.–1

प्रश्न 8. उदारीकरण और उसके आर्थिक प्रभावों पर लेख लिखें।
उत्तर– देखें अध्याय–24, प्रश्न नं.–1

प्रश्न 9. भारत में नृजातियता के विभिन्न स्वरूप क्या हैं?
उत्तर– देखें जून–2008, प्रश्न नं.–9

प्रश्न 10. निम्नलिखित पर लगभग 250 शब्दों (प्रत्येक) में टिप्पणियाँ लिखिए:
(a) लोकतंत्र और विकास।
उत्तर– लोकतंत्र एवं विकास प्रक्रिया में संतुलन आवश्यक है, यथा–तीव्र आर्थिक विकास में लोकतांत्रिक प्रक्रियाओं पर अपना अलग प्रभाव पड़ता है। लोगों की बदलती हुई इच्छाओं के अनुसार विकास के संस्थागत साधनों में निरंतर सामंजस्य की स्थापना अथवा परिवर्तन करते रहना लोकतंत्र की भावना का अभिन्न अंग है, लेकिन विकास के लिए किसी न किसी प्रकार का सुव्यवस्थित आयोजन अनिवार्य है। विकास की विधि के रूप में आयोजन को अब सभी देश स्वीकार करने लगे हैं।

लोकतंत्र और विकास एक-दूसरे की पूरक संकल्पनाएँ हैं। लोकतंत्र के माध्यम से ही सच्चे विकास का रास्ता तय किया जा सकता है और विकास के माध्यम से सच्चे लोकतंत्र की स्थापना की जा सकती है। लोकतांत्रिक सामाजिक व्यवस्था में यह आवश्यक है कि विकास के साध्य एवं साधनों पर जनता के न्यायालय में सैद्धांतिक वाद-विवाद हो। कोई समाज विशेष रूप से लोकतांत्रिक मूल्यों का विकास किस सीमा तक कर पाया है उसकी कसौटी है कि लोगों को व्यक्तिगत स्वतंत्रता कितनी प्राप्त हुई है। साथ ही लोकतंत्र की संकल्पना की भाँति विकास की संकल्पना के भी सामाजिक, राजनीतिक व आर्थिक पहलू हैं।

(b) भारत में नये सामाजिक आंदोलन

उत्तर— देखें अध्याय-18, प्रश्न नं.-1

एम.पी.एस.–003 : भारत : लोकतंत्र और विकास

जून: 2010

नोट : *निम्नलिखित में से किन्हीं* ***पाँच*** *प्रश्नों के उत्तर प्रत्येक भाग में से कम–से–कम* ***दो*** *प्रश्नों का चयन करते हुए दीजिए। प्रत्येक प्रश्न 20 अंक का है और उसका उत्तर लगभग 500 शब्दों में दीजिए।*

भाग – I

प्रश्न 1. स्वतंत्रता के समय भारत के आर्थिक विकास पर बनी आम सहमति का परीक्षण कीजिये।

उत्तर– देखें अध्याय–2, प्रश्न नं.–2

प्रश्न 2. 1967 से 1990 के मध्य राजनीतिक लोकतंत्र के संचालन पर एक लेख लिखें।

उत्तर– सुरक्षा का बढ़ता खर्च, कांग्रेस का बढ़ता संकट, आर्थिक परेशानियाँ, भारत–पाक युद्ध ने अप्रत्यक्ष रूप से विपक्ष की मदद की। इन तमाम घटनाओं के समन्वित असर से भारतीय लोकतंत्र में संविद सरकार की राजनीति का प्रस्फुटन हुआ। इसने धमाके के साथ उत्तर प्रदेश, मध्य प्रदेश, बिहार, पश्चिम बंगाल, उड़ीसा, पंजाब, हरियाणा और केरल सहित करीब आठ राज्यों में सरकार बनाने में कामयाबी हासिल की। भले ही निश्चित संतुलन व आधार की कमी तथा बहुदिशागामी, बहुकदम एवं असंतुलन के कारण कुछ महीनों में विघटित हो गया लेकिन इन संविद सरकारों की स्थापना से यह रेखांकित हुआ कि एक राजनीतिक दल व राजनीतिक संस्कृति के रूप में कांग्रेस इस देश की विवशता नहीं है। वैसे समाज के दलितों, पिछड़े वर्गों, आदिवासियों व अल्पसंख्यकों को कांग्रेस ही ज्यादा भरोसेमंद लगी, जो उनके साथ सहानुभूति का रुख रखने के साथ लोकतंत्र को श्वास लेने एवं संगठित होने का अवसर दे रही थी। 1969 में कांग्रेस सिंडिकेट और इंडिकेट में बँट गई, जिससे केंद्र में श्रीमती इंदिरा गाँधी की सरकार अल्पमत में आ गई और अपने अस्तित्व के लिए अकाली दल एवं वामपंथी दलों का सहारा लिया। बाद में प्रगतिवादी नियमों के तहत बैंकों का राष्ट्रीयकरण एवं राजाओं के भत्ते (Privy-purses) समाप्त करने के कानून बनाए तथा 'गरीबी हटाओ' का नारा प्रस्तुत किया, जिससे 1971–72 के चुनावों में जनता ने फिर एक बार नई कांग्रेस को व्यापक समर्थन दिया।

नई कांग्रेस को समर्थन निर्धनता और बेरोजगारी को समाप्त करने के लिए दिए गए वचन के आधार पर था। जनता ऐसी नीतियों और कार्यक्रमों की आशा कर रही थी, जिनसे उत्पादन

तथा संपदा का उचित बँटवारा हो। निहित स्वार्थों के स्थान पर जनसाधारण को विकास का लाभ प्राप्त हो तथा असमानता समाप्त हो। इस संदर्भ में पाँचवीं योजना (1974-79) के अंतर्गत सरकार द्वारा शिक्षा और जनकल्याण कार्यों पर अधिक पूँजी लगाकर निर्धनता के विरुद्ध लड़ाई प्रारंभ करने, उत्पादन वृद्धि और उसके उचित बँटवारे की बात कही गई थी, लेकिन व्यवहार में विकास का रास्ता और नीति वही रहे जो पिछले दशकों में थे। उत्पादन वृद्धि के लिए निजी क्षेत्रों को प्रोत्साहन एवं रियायतें तथा अन्याय और असमानताओं को दूर करने के लिए नियंत्रण एवं हस्तक्षेप का तालमेल ढंग से नहीं हो सका, जिससे असंतुष्ट जनसमुदाय अपना असंतोष व्यक्त करने के लिए हड़ताल, घेराव व आंदोलनों का सहारा लेने लगा। जन-आक्रोश को पहले गुजरात और फिर बिहार आंदोलनों के द्वारा प्रकट किया गया। धीरे-धीरे ये आंदोलन देशव्यापी रूप लेने लगे और विरोधी दल इसे राजनीतिक लक्ष्यों के लिए और बढ़ावा देने लगे। कानून और व्यवस्था की दिन-प्रतिदिन बिगड़ती हुई स्थिति, शासक वर्ग की मान्यता को खतरे और जनसाधारण के संतोष के लिए कुछ करने की असमर्थता ने प्रशासन को लोकतांत्रिक प्रक्रिया पर अंकुश लगाने को विवश किया। फलतः प्रचलित लोकतांत्रिक व्यवस्था के अंतर्गत सामाजिक परिवर्तन की असंभाव्यता के नाम पर जून, 1975 में आपात् स्थिति की घोषणा करके स्थिर परिस्थितियों, आर्थिक-सामाजिक परिवर्तन लाने का विश्वास दिलाया गया। 20-सूत्री कार्यक्रम की घोषणा की गई। इस समय आर्थिक नीति का लक्ष्य सक्षम वर्गों के लिए उचित वातावरण बनाना और प्रतिरक्षा प्रदान करना था यथा—एक ओर श्रमिकों के वेतन वृद्धि एवं हड़ताल पर रोक लगाई गई, दूसरी ओर मालिकों को बोनस की अदायगी और अन्य करों पर छूट दी गई। आपात् स्थिति अधिक दिन नहीं रही। 1977 में नए चुनाव कराने पड़े, जिसमें विभिन्न दलों को मिलाकर बनी जनता पार्टी को बहुमत मिला।

जनता पार्टी ने नेहरूवादी तरीकों के स्थान पर गाँधीवादी रास्ते को भारतीय परिस्थिति और आवश्यकताओं के अनुकूल समझा। परिणामस्वरूप विकास के लिए विकेंद्रीकरण, ग्रामीण क्षेत्रों को प्राथमिकता, लघु व कुटीर उद्योगों का समर्थन तथा प्रोत्साहन, आत्मनिर्भरता तथा रोजगार पर आधारित विकास योजनाओं को प्रस्तुत किया गया। न्याय और जन-कल्याण हेतु संपत्ति के मौलिक अधिकार को समाप्त करने के लिए संशोधन किया गया। रोजगार उन्मुख कार्यक्रम घोषित हुए (RLEGP, NREP, IRDP) नियोजन को अव्यावहारिक बताकर, पंचवर्षीय योजना के स्थान पर लगातार चलने वाली योजना (Rolling Plan) के सिद्धांत को मान्यता दी गई लेकिन इस सरकार के गठन के एक वर्ष के भीतर ही कानून और व्यवस्था की निरंतर बिगड़ती स्थिति, हड़तालों और जन-आंदोलनों में वृद्धि हुई। राजनीतिक दल, समुदाय तथा संगठन अल्पकालीन लाभों की ओर देखने लगे, दीर्घकालिक सुधारों की ओर नहीं। बाद में आंतरिक विरोधाभासों से जनता पार्टी जल्द ही विघटित होकर सत्ता सँभाले रखने में असमर्थ हो गई। 1980 के मध्यावधि चुनाव में पुनः कांग्रेस (आई) सत्ता में आई, तो उत्पादन एवं

माँगों में उचित ताल–मेल, उचित आर्थिक नियंत्रण तथा प्रबंध द्वारा उपभोग को नियंत्रित करने, लाइसेंस नीति को उदार बनाने, करों में छूट इत्यादि पर समर्थन प्रकट किया। साथ ही सार्वजनिक क्षेत्र के विकास एवं भूमिका को सीमित कर दिया गया। 1985 में श्री राजीव गाँधी भारी बहुमत से विजयी हुए। उनकी सरकार ने तीव्र उदारीकरण पर ध्यान दिया। विकास नीति का मुख्य उद्देश्य गरीबी, बेरोजगारी तथा क्षेत्रीय विषमताओं पर प्रत्यक्ष प्रहार करना, निर्धनों के हितों को प्रोत्साहन देना, आय की विषमता कम करना, पर्यावरण की रक्षा करना और 15 वर्षों (1985–2000) में गरीबी को पूर्ण रूप से समाप्त कर पूर्ण रोजगार की स्थिति पैदा करना रहा, ताकि लोगों की आधारभूत आवश्यकताओं की पूर्ति हो सके। इसके साथ ही अर्थव्यवस्था के आधुनिकीकरण पर बल दिया गया। औद्योगिक विकास की दर को ऊँचा करने, निर्यात को बढ़ाने, नई तकनीकों का प्रयोग करने तथा देश के आधुनिकीकरण का दायित्व सार्वजनिक संस्थानों के स्थान पर निजी संस्थाओं पर रखा गया। साथ ही रेल, यातायात, ऊर्जा, कोयला आदि पर सरकार का नियंत्रण है, लेकिन सरकार की भूमिका निर्देशक के बदले सहायक की हो गई।

प्रश्न 3. राष्ट्र के सामाजिक आर्थिक परिवर्तन में भारतीय संसद की भूमिका का परीक्षण करें।

उत्तर– विधायिका को प्रायः शब्द 'संसद' के पर्यायवाची के रूप में प्रयुक्त किया जाता है। विधायिका लैटिन शब्द "लेक्स" से व्युत्पन्न हुआ है जिसका अर्थ है विधि के द्वारा विधिक शासन तथा 'संसद' फ्रेंच शब्द "बोलना" से उद्‌भूत है। विधायिकाएँ सरकार की उत्कृष्ट योजना में विधि निर्माण निकाय थीं। आज यह विविध कार्यों से जुड़ी हुई है और इसमें घटनात्मक ढाँचागत परिवर्तन हुआ है। उदाहरण के तौर पर कार्यपालिका के ऊपर नियंत्रण रखने के लिए इसके महत्त्वपूर्ण कार्यों जिनका यह निष्पादन करती है, में से एक कार्य यह है कि हस्तक्षेप प्रक्रिया में विविध विधायी समितियाँ और नए–नए प्रतिष्ठान सामने आए हैं अथवा, विधायिका वह स्थल है जहाँ सर्वाधिक राष्ट्रीय 'नेतृत्व' सहभागिता लोकतंत्र में प्रशिक्षित होता है। तथापि, प्रतियोगिताओं, विचार विमर्शों और रचनात्मक नीतिगत कानून के स्वरूप वाला कथोपकथन वार्त्तालाप विधायिकाओं में अवस्थित राजनीतिक प्रक्रियाओं के मूल में बना रहता है।

उपनिवेशी काल के बाद की भारतीय विधायिका के लोकतांत्रिक और राजनीतिक विकास की यात्रा 1952 से आरंभ हुई परंतु भारतीयों के लिए विधायिका की यह उत्तम संस्था अंग्रेजों की देन है। जिन प्रमुख साधनों के द्वारा ब्रिटिश संसद ने प्रजा के ऊपर राजा की शासन शक्ति को उखाड़ फेंका, वे एक 'उत्तरदायी सरकार' बने। उपनिवेशी सरकार के दौरान वर्ष 1833 से गवर्नर जनरल कौन्सिल के कार्यकारी और विधायी कार्यों के बीच एक धारणागत अंतर रखा गया। इसके बाद, भारतीय परिषद् अधिनियम 1861 के लागू होने पर, विधायी परिषदों को सौंपे गए विधायी कार्यों का शनैः शनैः विस्तार हुआ तथा 'मूल निवासियों' को

विधायी तंत्र में उत्तरोत्तर शामिल किया जाने लगा। मॉर्ले–मिण्टो सुधार 1909 के तहत निर्वाचित गैर-सरकारी सदस्यों को केंद्रीय विधायी परिषद् और प्रांतीय विधायी परिषद् में शामिल करके उनका विस्तार करने की माँग की गई। केंद्रीय विधायी परिषद् के लिए निर्वाचन भी लागू किया गया। विधायी परिषद् के स्वैच्छिक कार्यों में भी वृद्धि हुई तथा पहली बार मुस्लिम समाज के लिए पृथक् मतदान का प्रावधान किया गया।

तथापि, यह विश्वास बना रहा कि संसदीय राजनीति भारतीय परिस्थितियों के लिए उपयुक्त नहीं थी। भारत के राज्य सचिव लॉर्ड मॉर्ले ने भारतीय परिषद् विधेयक पर 17 दिसम्बर 1908 को 'हाउस ऑफ लार्ड्स' में अपने प्रथम वाचन में कहा, "यदि यह विधेयक भारत में संसदीय प्रणाली स्थापित करने का प्रयास कर रहा है, सुधारों के इस अध्याय से भारत में संसदीय प्रणाली प्रत्यक्ष अथवा अप्रत्यक्ष रूप से लागू हो जाएगी, तब मैं इसके लिए कुछ नहीं कर पाऊँगा।"

तथापि, प्रथम विश्वयुद्ध की समाप्ति तक प्रतिष्ठापित ब्रिटिश विचारधारा में परिवर्तन आना शुरू हो गया। 1919 के मोण्टेग–चेम्सफोर्ड सुधारों में विद्यमान प्रणाली में भारी परिवर्तन किए गए। इसमें हस्तांतरण नियमों के माध्यम से प्रांतों में उत्तरदायी सरकार के आगे और सुधार हुए तथा भारतीय विधायिका प्रतिनिधिक और 'द्विसदस्यीय' बनाई गई तथा दोनों सदनों में निर्वाचित बहुमत लागू किया गया। शनैः–शनैः स्वशासित प्रतिष्ठानों को विकसित करने, जिससे भारत में उत्तरदायी सरकार का उत्तरोत्तर प्रभाव बढ़े, के उद्देश्य के बावजूद, राजनीतिक संरचना अभी भी एकाकी और केंद्रित थी तथा परिषद् में पहले की तरह गवर्नर जनरल राज्य सचिव के माध्यम से ब्रिटिश संसद के प्रति उत्तरदायी बना रहा।

भारत सरकार अधिनियम 1935 के लागू होने से एक अन्य प्रमुख सुधार हुआ, जिसमें अन्य बातों के साथ-साथ, संघीय और प्रांतीय स्वायत्तता, केंद्र में द्वितंत्र, केंद्र और प्रांतों के बीच विधायी शक्तियों के बँटवारे का प्रावधान था तथा छह प्रांतीय विधायिकाएँ द्विसदनीय बनाई गईं। तथापि, केंद्रीय परिषद् ने प्रांतों के ऊपर नियंत्रण बनाए रखा तथा पूर्ववत् गवर्नर जनरल की सलाहकार थी और इसे विधायिका के प्रति उत्तरदायी नहीं बनाया गया। ब्रिटिश राजसिंहासन और गवर्नर जनरल ने केंद्रीय विधायिका द्वारा पारित विधेयकों को नामंजूर करने की शक्ति अपने पास रखी। गवर्नर जनरल के पास अध्यादेश बनाने की शक्ति, कानून अथवा स्थायी अधिनियम बनाने की स्वतंत्र शक्ति थी। प्रांतीय विधायिका भी इस प्रकार के प्रतिबंधों से त्रस्त थी।

दिसम्बर 1946 में, जब के. सी. ह्वैअरे के अनुसार, "संवैधानिक स्वस्थानिकता" के सिद्धांत पर कार्य करने और राज्य सत्ता के ढाँचागत प्रबंधन का प्रावधान करने के लिए निर्वाचन सभा बुलाई गई थी तब यह बिल्कुल स्पष्ट हो गया था कि भारत की अपनी विधायिका होगी। भारत सरकार अधिनियम 1947 द्वारा इसे ब्रिटिश संसद की संप्रभुता और उत्तरदायित्व का उन्मूलन करके आगे और स्पष्ट कर दिया गया कि ब्रिटिश सिंहासन आगे

प्राधिकार का स्रोत नहीं रहेगा और निर्वाचन सभा नए संविधान के निर्माण तथा नई विधायिकाओं के गठन होने तक, निर्वाचन एवं विधायी, द्वैत कार्य करेगी, जैसा कि भारत ने अपने राजनीतिक व्यवस्था के अनुकूल संसदीय सरकार वाले लोकतंत्र एवं विकास की प्रक्रिया का उपक्रम किया था। अतः निर्वाचन सभा ने संविधान के विधायी उपबंध बनाए जिससे देश की सामाजिक और राजनीतिक एकता के लिए आधार तैयार हो सके। विभाजन ने इस कार्य को मुश्किल कर दिया।

लोकतंत्रीय प्रणाली के तहत क्रियाशील, भारत में विधायिका केंद्रीय, राज्य और स्थानीय विधायिकाओं, उनके औपचारिक एवं अनौपचारिक प्रबंधनों का कुल जोड़ है, जो अन्य राज्य निकायों और परिवेश के साथ अंतर्गठबंधन और अंतर्क्रियाएँ करती रहती हैं। केंद्रीय विधायिका, जिसे संसद के रूप में जाना जाता है, राष्ट्रपति और दो सदनों – लोकसभा (जनता का सदन एवं अवर सदन) और राज्य सभा (राज्य परिषद् एवं उच्च सदन) से मिलकर बनती है। राज्य विधायिका में कुछ राज्यों में राज्यपाल और दो सदन (विधानसभा और विधान परिषद्) शामिल होने तथा शेष राज्यों में (अनुच्छेद 168) एक सदन (विधानसभा) होगा। स्थानीय विधायिका–ग्रामसभा और नगरपालिका संविधान द्वारा गठित एक स्वशासन का प्रतिष्ठान है। सम्बद्ध राज्य द्वारा अंतरित की जाने वाली पर्याप्त विधायी शक्तियाँ प्राप्त करने के लिए 73वें और 74वें संशोधन पर अभी कार्यवाही जारी है।

कानून के प्रयोजनार्थ, संविधान ने सरकार की मूलभूत संरचना के तौर पर संघीय प्रणाली लागू की है जिसमें विभिन्न विषयों का केंद्र और राज्य सरकार के बीच सातवीं अनुसूची में यथाचर्चित तीन स्तरों पर नामतः संघ सूची, राज्य सूची और समवर्ती सूची में आवंटन किया गया है। 73वें और 74वें संशोधनों के द्वारा राज्य और स्थानीय निकायों के बीच भी संविधान में ग्यारहवीं अनुसूची समाविष्ट करके विषयों के बँटवारे का प्रयास भी किया गया है। विषयों का यह बँटवारा आवश्यक है जिससे सभी उत्तरदायी और जवाबदेह स्तरों पर सूची में दिए गए मुद्दों के दायरे में कानून बनाया जा सके। तथापि, संघर्ष की स्थिति में, दायरे को समय–समय पर परिभाषित किया जाता है।

प्रश्न 4. भारत के संघीय ढाँचे के वर्णन के लिये 'यूनियन' शब्द के प्रयोग के पीछे क्या कारण था?

उत्तर— देखें अध्याय–11, प्रश्न नं.–1

प्रश्न 5. वर्तमान भारत में धनाढ्य ग्रामीण किसानों के आंदोलन की प्रकृति का परीक्षण करें।

उत्तर— देखें जून–2008, प्रश्न नं.–7

भाग – II

प्रश्न 6. राजनीतिक प्रक्रिया में न्याय की अवधारणा और नारियों की भूमिका के मध्य संबंध का परीक्षण करें।

उत्तर— औरतों की स्थिति सुधारने से संबंधित सरकारी नीतियों का मूल्यांकन करने के लिए बनाई गई समिति ने महिलाओं की स्थिति पर 1974 में कहा था कि समाज और अर्थव्यवस्था में औरतों का लगातार निम्न और अधीनस्थ दर्जा सीधे रूप से मुख्य विकास प्रक्रिया का नतीजा है। तब से लेकर अब तक के आँकड़े और उपलब्ध जानकारी से पता चलता है कि सरकारी नीतियों एवं कार्यक्रमों और योजनाबद्ध विकास के बावजूद सभी महत्त्वपूर्ण क्षेत्रों में महिलाएँ पिछड़ी हुई हैं, संपत्ति और आर्थिक अधिकार से वंचित हैं तथा हर स्तर पर लैंगिक भेदभाव, उपेक्षा एवं हिंसा की शिकार हैं। इसलिए नीतियों का उद्देश्य सामाजिक-आर्थिक संरचना से उपजी समस्याओं से निपटना होना चाहिए ताकि सामाजिक न्याय और समानता के लक्ष्य को प्राप्त किया जा सके। यदि विकास के लाभ औरतों तक नहीं पहुँचे हैं, तो सिर्फ इतना काफी नहीं है कि विकास में हिस्सा बढ़ाया जाए, बल्कि विकास के स्वरूप को महिलाओं के अनुभवों एवं परिप्रेक्ष्य में बदलने की जरूरत है।

हमें यह समझना होगा कि विकास का जो मॉडल भारत में अपनाया गया, उसका जोर सामाजिक-आर्थिक कल्याण पर है या उत्पादन वृद्धि पर। स्वतंत्रता के उपरांत आर्थिक-सामाजिक असमानताओं पर आधारित भारतीय समाज में स्त्री-पुरुष समानता के सवाल पर संविधान की स्थिति भी असंगत रही, यथा—हालाँकि अनुच्छेद 15 के द्वारा समानता के सिद्धांत को स्वीकारा गया, मगर साथ ही धर्म के आधार पर बने पारिवारिक कानूनों को मान्यता देकर स्त्री-पुरुष समानता के सिद्धांत का विरोध किया गया। इस कानून में स्त्रियों को उपेक्षित नजर से देखा गया। जैसाकि ये कानून विवाह एवं परिवार तथा संपत्ति में स्त्रियों को पुरुषों से कम व भेदभावपूर्ण अधिकार देते हैं। इसी प्रकार शोषण के विरुद्ध अधिकार को मौलिक अधिकार का दर्जा दिया गया, पर स्त्री और पुरुषों को समान काम के लिए समान वेतन संबंधी कानून 1976 तक नहीं बनाए गए। इन असंगतियों के अतिरिक्त संविधान निर्माताओं ने स्त्री-पुरुष असमानता और भेदभावों को दूर करने के लिए कोई मूलभूत परिवर्तन हेतु विशेष कदम उठाने की नहीं सोची, सिवाय इसके कि अनुच्छेद 15(3) के द्वारा स्त्रियों और बच्चों के लिए कुछ विशेष प्रावधान करने के लिए कहा गया। वास्तव में इस सामान्य प्रावधान हिंदू कोड बिल को पास किए जाने और श्री नेहरू व अन्य राजनीतिक नेताओं द्वारा स्त्रियों के अधिकारों संबंधी घोषणाओं ने एक ऐसे आशावाद एवं भ्रम का निर्माण किया जैसे कि महिलाओं की समानता का लक्ष्य बस प्राप्त ही हो गया है और जिन क्षेत्रों में ऐसा नहीं है उनमें जरूरी कदम उठा लिए जाएँगे। यह सोचा गया कि जैसे-जैसे भारत का विकास होगा, वैसे-वैसे इस प्रकार की असमानताएँ अपने आप दूर होती जाएँगी।

औपनिवेशिक शासन के लंबे काल के बाद आधुनिक भारतीय राज्य व्यवस्था पर उदारवादी, लोकतांत्रिक, मार्क्सवादी व समाजवादी परंपराओं का प्रभाव पड़ा। इसी प्रभाव के तहत भारतीय राज्य ने लोकतंत्र, समाजवाद और धर्मनिरपेक्षता के सिद्धांतों को समाहित करते हुए राजनीतिक कार्यक्रम बनाया। समाज और अर्थव्यवस्था में राज्य की भूमिका पर जोर दिया गया और राज्य को सामाजिक बदलाव के एजेंट के रूप में देखा गया, जिसके द्वारा न्यायपूर्ण और समानता पर आधारित एक समाज की स्थापना होगी। इस प्रकार से कल्याणकारी राज्य के सिद्धांत को अपनाया गया जिसका अर्थ था राज्य का सामाजिक-आर्थिक जीवन में वृहत् हस्तक्षेप, जो दो रूपों में नजर आया—सर्वप्रथम, तो सामाजिक परिवर्तन संबंधी कानून का निर्माण करना एवं द्वितीय कल्याणकारी नीतियों और योजनाबद्ध विकास द्वारा सामाजिक तथा आर्थिक असमानताओं को दूर करना।

फिर विकास के मॉडल में जीवनयापन की न्यूनतम आवश्यकताओं की पूर्ति के लक्ष्य को सामने रखकर कई नीतिगत निर्णय लिए गए और इस दिशा में प्रयत्न किए गए। लेकिन एक तो प्रयत्न सीमित थे और दूसरे ये प्रयत्न इस बात के प्रति पूर्ण सचेत नहीं थे कि वास्तविक विकास के लिए संरचनात्मक परिवर्तनों की जरूरत है। अंततः विकास के मॉडल की प्राथमिकता उत्पादन वृद्धि रही, न कि वितरण संबंधी न्याय। पूरी विकास नीति और चिंतन इस सोच पर आधारित रहा कि विकास प्रक्रिया स्वयं वितरण संबंधी न्याय के प्रश्न को हल कर लेगी अर्थात् उत्पादन वृद्धि का लाभ अपने-आप लोगों के जीवन स्तर को ऊपर उठाने में मदद करेगा। असमानता और सामाजिक-आर्थिक विषमताओं से ग्रस्त सामाजिक-आर्थिक व्यवस्था में उत्पादन वृद्धि के जरिए स्वयं वितरण संबंधी न्याय करने के विचार में अंतर्निहित समस्याएँ थीं, जिन पर ध्यान नहीं दिया गया।

इस प्रकार के विकास के मॉडल के परिणामस्वरूप ताकतवर आर्थिक-राजनीतिक हितों का पूरी सामाजिक-आर्थिक विकास प्रक्रिया पर एवं नीति-निर्माण व कार्यान्वयन पर नियंत्रण बढ़ता गया, जिसने लोकतंत्रीकरण, विकेंद्रीकरण और वितरण आधारित न्याय की प्रक्रिया को धीमा कर दिया। विकास का मॉडल पूँजी प्रधान रहा जिसमें बढ़ती हुई श्रम शक्ति को खपाने के अवसर कम हो गए। दूसरी तरफ संरचनात्मक परिवर्तनों के लिए किए जाने वाले अधूरे प्रयत्नों के फलस्वरूप शासक और प्रशासक वर्गों पर ताकतवर हितों के दबाव बढ़ते गए। राज्य के द्वारा संपन्न वर्गों के हितों के साथ लगातार सामंजस्यपूर्ण रवैया अपनाए जाने से विकास प्रक्रिया जन-विरोधी और गरीब तथा निम्न जातियों के विरुद्ध रही, उसका महिलाओं पर प्रभाव और अधिक चिंताजनक हुआ। महिलाएँ इस प्रकार के विकास के दुष्प्रभाव के अतिरिक्त समाज में व्याप्त पितृसत्ता के ढाँचों और विचारधाराओं से प्रभावित हुईं। पितृसत्तात्मक ढाँचे से उत्पन्न सत्ता संबंध केवल वैचारिक स्तर पर ही नहीं रहे, बल्कि वे अपनी ताकत समाज में व्याप्त सामाजिक श्रम विभाजन के संबंधों को हासिल करने में लगाते रहे हैं। लिंग पर आधारित यह श्रम विभाजन बहुत ही गहरे रूप में उत्पादन के संबंधों से जुड़ा हुआ है, जिन्हें हमें महिलाओं द्वारा किए जाने वाले श्रम के विभिन्न पहलुओं के माध्यम से समझना होगा। ऐसा इसलिए क्योंकि औरतों का प्रजनन संबंधी श्रम उनके जीवन तथा समाज और अर्थव्यवस्था में उनकी स्थिति से गहरे रूप से जुड़े हुए हैं।

प्रश्न 7. भारतीय राजनीति के क्षेत्रीयवाद और नवीन आर्थिक नीतियों के लिये इसके निहितार्थों का विश्लेषण करें।

उत्तर— वर्तमान समय में प्रांतवाद वृद्धि की लहर हेतु उत्तरदायी राजनीतिक कारकों में विभिन्न संप्रदायों व प्रांतों का एक सामाजिक गठबंधन तैयार करने में अपनी प्रमाणित चुनावी क्षमता वाले प्रबल दल के रूप में भारतीय राष्ट्रीय कांग्रेस के अध:पतन का कारक रहा है। कांग्रेस के सतत संगठनात्मक और सैद्धांतिक ह्रास के साथ-साथ उसकी जनवादी राजनीति और उग्र-मूलनवाद वाग्मिता साठ के दशक में योजनात्मक प्रयासों से रिक्त हो गई तथा सत्तर के दशक में सभी प्रकार के हितों के समायोजन में उसकी क्षमता में कमी देखी गई। केंद्र में राजनीतिक सत्ता का अति केंद्रीकरण और सार्थक प्रांतीय गैर-कांग्रेसी दलों को दुर्बल करने के प्रयास ने जम्मू-कश्मीर तथा पंजाब जैसे राज्यों में प्रांतवादी शक्तियों के दृढ़ीकरण की ओर प्रवृत्त किया।

इसके अतिरिक्त, साठ के दशकोत्तर में हरित क्रांति के दौरान प्रांतीय ग्रामीण अभिजात्य वर्ग के नेतृत्व वाले उन प्रांतीय दलों का उद्गमन देखा गया जिनका राज्य स्तर की राजनीति पर प्रभाव 1977 के चुनावों के बाद काफी सुस्पष्ट हो गया। ये गठबंधन तभी से भारतीय चुनावी राजनीति के विशेष क्षेत्री अभिलक्षण बन गए, संघीय के साथ-साथ भारतीय दलीय राजनीति के संघीकरण की ओर अभिमुख अनेक राज्यों के स्तर पर भी। इसका श्रेय शासन के स्वाभाविक दल के रूप में कांग्रेस के क्रमिक अध:पतन और रिक्त स्थान को भरने में किसी भी अन्य राष्ट्रीय दल की असमर्थता को दिया जा सकता है। सत्तर के दशकारंभ से विधानसभा तथा संसदीय चुनावों के द्विभाजन ने भी राजनीतिक रूप से सशक्त होकर उभरने में प्रांतीय अभिजात्य वर्ग को मौका दिया है।

भारतीय स्वतंत्रता के प्रथम चार दशकों तक राज्य सरकारों ने विकास हेतु व्यापक रणनीति तैयार करने और क्षेत्र व स्थान के जरिए संसाधनों के प्रवाह को निर्धारित करने के लिए केंद्र पर अत्यधिक भरोसा किया। केंद्र ने राजनीतिक व आर्थिक सत्ता संकेंद्रण को इस आधार पर सही ठहराया कि यह प्रांतों के बीच निष्पक्षता को बढ़ावा देगा और यह सुनिश्चित करेगा कि अल्पतम विकसित प्रांतों को पीछे न छोड़ दिया जाए। इसके अतिरिक्त, यह भी तर्क दिया गया कि संसाधनों का केंद्रीय आवंटन संघीय सरकार को वैधता प्रदान करने के अलावा प्रांतों के बीच सत्ता संतुलन भी कायम करेगा।

तथापि एक ऐसी स्थिति में, जिसमें केंद्रीय वित्तीय अनुदानों में वर्ष-दर-वर्ष वृद्धियों ने हद कर दी थी, नई आर्थिक नीति लागू किए जाने वाले दिनों में राज्यों को केंद्रीय निधिकरण के स्तर पर आ जाना पड़ा, जिन्होंने स्फीति-दर के मुताबिक चलने तक की जहमत नहीं उठाई थी। चूँकि निधियों का अधिकांश आवंटन उन विशिष्ट योजनाओं से जुड़ा है जिन पर ग्राही राज्यों का कोई वास्तविक नियंत्रण नहीं है और जिन्होंने हर बार उन माँगों को उठाने की ओर प्रवृत्त किया है जो दी जाने वाली निधियों से काफी अधिक होती हैं, अनुदानों का संकेतार्थ यथार्थ की बजाय कहीं अधिक भ्रामक है।

हमारे प्रयोजन हेतु महत्त्वपूर्ण रूप से चूँकि संघीय सरकार की उदारीकरण नीतियों के विपरीत पहलुओं को अनुकूलित कर खोये राजस्व के एक हिस्से को पुनर्प्राप्त करने में समृद्ध राज्य पिछड़े राज्यों की अपेक्षा अधिक समर्थ हैं, यह बात विभिन्न राज्यों के प्रांतीय राजनीतिक अभिजात्य वर्ग में फूट पैदा करती है। विभिन्न राज्यों के राजनीतिक अभिजात्य वर्ग के बीच नतीजतन मची होड़ और ईर्ष्याएँ अंशतः उन मामलों को स्पष्ट करती हैं जिनमें आर्थिक सुधार उपायों के प्रति राजनीतिक प्रतिरोध को क्षीण किया गया अथवा पूर्णतः केंद्र द्वारा वश में किया गया है।

वर्धमान वित्तीय कर संबंधी सुधारों की एक शृंखला शुरू करते समय, 1991 से जोर निजीकरण, विनियमन तथा विनियंत्रण की नव-उदारवादी नीतियों का सहारा लेकर विदेशी सीधा निवेश (एफ.डी.आई.) के साथ-साथ पॉर्टफोलियो इक्विटी निवेश (पी.ई.आई.) बढ़ाने पर ही रहा है। प्रक्रिया में चूँकि एफ.डी.आई. और पी.ई.आई. के लिए विभिन्न राज्य एक-दूसरे से होड़ करते हैं, अंतरराजकीय सहयोग के सिद्धांत पर आधारित सहकारी संघवाद का मूल आदर्श ने उत्तरोत्तर रूप से अंतर-आधिकारिक प्रतिस्पर्धा का मार्ग प्रशस्त किया है। जबकि विकसित आधारभूत ढाँचों और बेहतर शासन वाले राज्य अथवा और सटीक रूप से इन राज्यों में कुछ उप-प्रांत सभी प्रकार के निवेशों हेतु चुम्बक बन गए हैं, अल्प-विकसित प्रांतों ने हानि ही उठाई है, न सिर्फ इस वजह से कि वे किसी भी प्रकार के निवेश को आकर्षित नहीं करते, बल्कि इस कारण भी कि वे ह्रासोन्मुखी केंद्रीय अनुदानों के भुक्तभोगी हैं। इस बदले वित्तीय परिवेश में योजना आयोग, राष्ट्रीय विकास परिषद् जैसे विद्यमान अंतरराजकीय संस्थान राज्यों के बीच उभर कर आती अंतर-आधारिक प्रतिस्पर्धा के अनुकूल बनने में सक्षम नहीं रहे हैं। आवश्यकता इस बात की है कि दूरसंचार, तेल उत्पादन तथा उपभोक्ता गैर-टिकाऊ जैसे कुछ क्षेत्रों को बढ़ावा देकर कमजोर समेत एक बड़ी संख्या में प्रांतों में विदेशी निवेश को आकर्षित करें। इसके अलावा, राज्यों को भूमि उपयोग तथा बिक्री कर उगाही करने हेतु और अधिक वित्तीय शक्ति दी जानी चाहिए ताकि वे केंद्रीकरण और विकेंद्रीकरण का 'अनुकूलन स्तर' प्राप्त करने के लिए अपने पैरों पर खड़े हो सकें।

नई आर्थिक नीतियों के फलस्वरूप राज्यों के मध्य प्रतिस्पर्द्धा से विषमताएँ बढ़ी हैं। सुधार की मात्रा लगभग पूरी तरह राज्य प्रशासन एवं राजनीतिक नेतृत्व की गुणवत्ता पर निर्भर करती है। इसी तरह राज्य छोटे या बड़े आकार से ज्यादा प्रशासन की गुणवत्ता और कामकाजी राजनीतिक नेतृत्व मायने रखता है। आज आर्थिक उदारीकरण एवं निजीकरण पर बल, राज्य में निवेश को आकर्षित करना, राज्य की अर्थव्यवस्था को प्रतिस्पर्द्धी एवं बहुआयामी बनाना, स्वच्छ एवं कुशल प्रशासन के सुशासन की स्थापना, विकेंद्रीकरण एवं पंचायती राज संस्थाओं को सुदृढ़ करना प्रांतीकरण के संकेतार्थ हैं।

प्रश्न 8. भारत में लोकतंत्र के संचालन के लिये उदारवाद के क्या परिणाम (consequences) हैं?

उत्तर— उदारीकरण वह प्रक्रिया है जिसके अंतर्गत नियंत्रणों और प्रतिबंधों में ढील देकर उदार नीतियों का पालन किया जाता है। आर्थिक उदारीकरण वह प्रणाली है जिसमें कठोरताएँ न हों, विभेदीकृत अफसरशाही नियंत्रण न हो और प्रक्रिया संबंधी अनावश्यक विलम्ब न हो। उदारीकरण को ध्यान में रखते हुए भारत में घरेलू अर्थव्यवस्था के उदारीकरण के साथ ही विश्व स्तर पर भी अवरोधों को समाप्त करना पड़ता है। विश्व स्तर पर तो उदारीकरण का प्रारंभ 1947 में 'व्यापार तथा प्रशुल्क पर सामान्य समझौता' (गैट) के साथ हुआ था परंतु भारत में यह जोर-शोर से 1991 में चालू किया गया। वर्तमान में कृषि उत्पादकों के व्यापार में लगे हुए अनेक प्रकार के प्रतिबंधों जैसे प्रशुल्कों को हटाया जा रहा है, जिससे भारत उन वस्तुओं के निर्यात में बढ़ोतरी कर सकता है। पिछले 4-5 वर्षों में समुद्री उत्पाद, पुष्पोत्पादन तथा डेयरी उत्पाद के निर्यात में बढ़ोतरी हुई है, जबकि 1995-96 से पहले इन वस्तुओं का निर्यात बहुत कम था। इस प्रकार नई विश्व अर्थव्यवस्था में भारत विशेषकर कृषि क्षेत्र से अधिक विदेशी मुद्रा प्राप्त कर सकता है। भारत में घरेलू सहायता तथा निर्यात सब्सिडी डब्ल्यू. टी.ओ. के मानकों से कम ही है। न्यूनतम बाजार पहुँच के प्रावधानों के कारण भारतीय कृषि उत्पाद के लिए बाजार का विस्तार होगा। 1990 के दशक से ही सापेक्षिक मूल्य उद्योग से कृषि की ओर परिवर्तित हुए हैं, जो इस बात का प्रमाण है कि कृषि उत्पादन की लाभदायकता बढ़ी है। उदारीकरण नीति के तहत सार्वजनिक क्षेत्र के लिए आरक्षित उद्योग निजी क्षेत्र के लिए खोल दिए गए हैं। बिना लाइसेंस प्राप्त किए निजी क्षेत्र को औद्योगिक इकाइयाँ लगाने की इजाजत देकर सरकार ने वे बहुत-सी बेड़ियाँ, जो निजी क्षेत्र के निवेश में रुकावट थीं, उन्हें काट दिया। उदारीकरण से हमारी विकास प्रक्रिया में विदेशी प्रत्यक्ष विनियोग की एक बड़ी मात्रा द्वारा पूर्ति की कल्पना की गई है, वह साकार होता नजर आ रहा है।

प्रश्न 9. भारत में धर्म संबंधी राजनीति के विकास (evolution) पर एक निबंध लिखें।

उत्तर— देखें जून-2009, प्रश्न नं.-9

प्रश्न 10. ठोस (Substantive) लोकतंत्र का क्या अर्थ है? यह विधिक (Procedural) लोकतंत्र से किस प्रकार भिन्न है?

उत्तर— देखें अध्याय-27, प्रश्न नं.-1

एम.पी.एस.–003 : भारत : लोकतंत्र और विकास
दिसम्बर: 2010

नोट : *निम्नलिखित में से किन्हीं* **पाँच** *प्रश्नों के उत्तर प्रत्येक भाग में से कम–से–कम* **दो** *प्रश्नों का चयन करते हुए दीजिए। प्रत्येक प्रश्न 20 अंक का है और उसका उत्तर लगभग 500 शब्दों में दीजिए।*

भाग – I

प्रश्न 1. भारतीय संविधान के अंतर्गत दिए गए अधिकारों की प्रकृति का परीक्षण करें। यह पारंपरिक उदारवादी संविधानों से किस प्रकार भिन्न हैं?

उत्तर– देखें अध्याय–3, प्रश्न नं.–3

भारतीय संविधान का तृतीय भाग जिसमें मूल अधिकारों का विवेचन किया गया है, विश्व के अन्य किसी भी संविधान में दिए गए अधिकारपत्र से विस्तृत है। मूल अधिकारों के संबंध में संविधान में कुल 23(12–35) अनुच्छेद हैं और इनमें से कुछ अनुच्छेद तो असाधारण रूप से लंबे हैं। अधिकारपत्र के इतने अधिक व्यापक होने का कारण यह रहा है कि प्रत्येक अधिकार के साथ प्रतिबंधों की भी व्यवस्था की गई है। संविधान द्वारा प्रदत्त मौलिक अधिकार वास्तविकता पर आधारित और संपूर्ण समाज के लिए उपयोगी हैं यथा समानता के अधिकार को स्वीकारते हुए भी पिछड़े और दलित वर्गों के विकास के लिए संविधान के अंतर्गत प्राकृतिक अधिकारों के लिए कोई स्थान नहीं है और संविधान केवल उन्हीं अधिकारों को स्वीकार करता है जिनका वर्णन संविधान के तीसरे भाग में किया गया है। अनुच्छेद 32 के अनुसार नागरिक अपने अधिकारों की रक्षा के लिए सर्वोच्च न्यायालय एवं उच्च न्यायालयों की शरण ले सकता है और न्यायपालिका, व्यवस्थापिका या कार्यपालिका के ऐसे सभी कानूनों के कार्यों को अवैधानिक घोषित कर देगी, जो मूल अधिकारों को अनुचित रूप से प्रतिबंधित करते हैं।

इस प्रकार स्पष्ट है कि मौलिक अधिकारों की प्रकृति नकारात्मक है। ये राज्य के किन्हीं कार्यों पर प्रतिबंध लगाते हैं, वह मर्यादाओं के रूप में है। यद्यपि इसका नमूना अमेरिका के संविधान से लिया गया है, किंतु भारत का संविधान उससे बहुत आगे जाता है और एक प्रकार से संसदीय प्रभुता और न्यायिक सर्वोच्चता के बीच सामंजस्य स्थापित करता है।

प्रश्न 2. भारत में वर्ग असमानता की प्रकृति का वर्णन करें।

उत्तर– देखें दिसम्बर–2008, प्रश्न नं–3

प्रश्न 3. "निर्धनता में कमी मात्र आय से संभव नहीं है।" आलोचनात्मक परीक्षण करें।

उत्तर— भारत में प्राक्कलित आय के स्तर और विभेदन लोगों के अस्तित्व की सामाजिक एवं आर्थिक परिस्थितियों का पूरा परिचय नहीं देते। इसके अनेक कारण हैं। समाजवादी अर्थव्यवस्था के पतन के बाद बाजार अर्थव्यवस्था एक वैश्विक विकल्प के रूप में उभरती है। बाजार अर्थव्यवस्था में आय केंद्रीय क्रियाकलापों से जुड़ी होती है, परंतु निर्णायक और महत्त्वपूर्ण क्रियाकलाप, जिसमें भौतिक पहलुओं से जुड़े हुए एवं समृद्धि सामाजिक भूमिका और प्रतिष्ठा को प्रभावित करने वाले क्रियाकलाप शामिल हैं। बाजार के अलावा जो क्रियाकलाप हैं उनमें परिवार, समुदाय, राज्य, असैनिक समाज तथा संगठन प्रभावित होते हैं, क्योंकि इनका आय के प्रवाह से कोई प्रत्यक्ष संबंध नहीं होता है। ऐसा देखा जाता है कि बहुत–से उद्देश्यपरक और व्यक्तिपरक घटक बाजार के क्रियाकलाप के लिए सौहार्दपूर्ण नहीं हैं क्योंकि बाजार आय का प्रवाह बनाए रखने के लिए बाजार प्रक्रिया द्वारा कुछेक लोगों को दूसरे की कीमत पर लाभ पहुँचाती है। उदाहरण के लिए उत्पादन की प्रक्रिया में भूमि, जल, जंगल तथा खनिज जैसे प्राकृतिक संसाधनों का प्रयोग कुछ लोगों को बिना किसी प्रतिपूर्ति के उनकी जीविका से अपवंचित कर देता है। भारत में बहुउद्देशीय नदी–घाटी परियोजनाएँ एवं जल–विद्युत परियोजनाओं द्वारा एक विशाल भू–भाग को जलमग्न कर देते हैं, जो विशेष रूप से जंगलों से भरा पड़ा रहा है। इसके चलते उन क्षेत्रों से लोगों का पलायन होता है तथा विस्थापित लोगों के सामने न केवल जीविका बल्कि उनका सामाजिक, आर्थिक, धार्मिक और रीति–रिवाज का संपूर्ण स्वरूप ही बदल जाता है। ऐसा इसलिए कि पुनर्वास के प्रयास में सफलता संतोषजनक नहीं रही है। ऐसा विश्व में भी देखा गया है कि जितनी भूमि का प्रयोग उत्पादन के अधीन किया जाता है, उतनी भूमि जलग्रस्तता एवं लवणता के कारण उत्पादन क्षेत्र में बाहर हो जाती है। भारत में आजादी के बाद इन 57 वर्षों में ऐसी दर्जनों परियोजनाएँ देखी गई हैं, जिनके निर्माण से वहाँ के मूल नागरिक को प्रत्येक तरह से क्षति उठानी पड़ी है और लोग गरीबी, दरिद्रता की मार झेलते हैं।

गरीब लोगों के विकास में सबसे बड़ी बाधा भोजन, वस्त्र तथा आवास के अलावा अशिक्षा की रही है। भारत में विशेषकर ग्रामीण अशिक्षा तथा दरिद्रता के विषाक्त कुचक्र में पिस रहे हैं। दूसरी ओर बाजारवादी प्रवृत्ति इन गरीब लोगों के प्रति सीमित और संक्षिप्त दृष्टिकोण अपनाती हैं। बाजार प्रक्रियाओं में सहभागिता और इन प्रक्रियाओं से अलग होने की लागतें, सही और यथार्थ रूप से मूल्य एवं आय के आँकड़े में शामिल नहीं होतीं। राष्ट्रीय आय में इनकी भागीदारी शून्य के बराबर होती है। भारत जैसे देशों में सामाजिक, आर्थिक और सांस्कृतिक संसाधनों के ऊपर नियंत्रण, उन तक पहुँचने एवं उनकी गुणवत्ता तथा सत्ता के अर्थों में उनकी भागीदारी व्यापक आंतरिक विभेद देखने को मिलता है। आय के वितरण में असमानता, शक्तिहीनता और पराधीनता के असमान संबंध से आय अंतरण प्रापक अंतर्ग्रस्त होते हैं जिसके चलते गरीब लोग मजबूरन हीन–भावना के शिकार होते हैं। इस तरह के सत्ता संबंध किसी भी राष्ट्र

एवं समाज के बीच निर्णायक भूमिका निभाते हैं। आज भी भारत में 70% आबादी के लिए बनी योजनाएँ क्यों नहीं सफल होती हैं। सरकारी तौर पर तो अनेकों योजनाएँ बनती हैं, पर इन योजनाओं में गतिशीलता नहीं पाई जाती। व्यावहारिक रूप से इन योजनाओं का कार्यान्वयन ही नहीं हो पाता। इस तरह की योजनाओं को व्यावहारिक स्वरूप प्रदान करने के लिए विचार किया जाना बाकी है। ग्रामीण निर्धन इन्हीं सब कारणों से अपने अभाव के स्तर में कोई विशेष सुधार नहीं महसूस कर सके। यद्यपि गत साढ़े पाँच दशकों में कल्याण योजनाओं पर करोड़ों रुपये खर्च किए जा चुके हैं, परंतु कोई संतोषजनक परिणाम सामने नहीं आ पाए हैं।

अंतर्राष्ट्रीय स्तर पर भी असमानता एवं हितकारी तथा हिताधिकारी के बीच भेदभाव देखे जाते रहे हैं। सहायता प्राप्त करने वाले देशों को सहायता देने वाले देशों द्वारा नियमित रूप से, निरंतर संस्थागत तथा औपचारिक आधार पर अपनी योजनाओं और नीतियों का ही अनुमोदन करना मुख्य लक्ष्य होता है। दुनिया के ऐसे देशों में प्रत्यक्ष रूप से छूट प्राप्त ऋणों को प्राप्त करने के लिए एक सरल विकल्प तक पहुँचने के लिए राष्ट्रीय हितों से भी समझौता करना पड़ता है। इस सहायता को प्राप्त करने के लिए राष्ट्रीय हितों का विनिमय किया जाता है, जिसमें दाता द्वारा अनुमोदित योजनाओं, कार्यक्रमों और नीतियों में परस्पर सहभागिता का अभाव होता है। कम ब्याज वाले ऋण प्राय: ऐसी परियोजनाओं के लिए दिए जाते हैं, जो लंबी अवधि तक चलती रहें। अल्पविकसित एवं विकासशील देशों के उत्थान और कल्याण के लिए सम्मेलनों का अंबार लगता जा रहा है, जहाँ बड़ी-बड़ी योजनाएँ भी बनाई जाती हैं, परंतु इन सम्मेलनों के द्वारा भी विकासशील देशों की राय पर अधिक ध्यान नहीं दिया जाता है। असल में गरीबी, भूख और बीमारी से जुड़ी पीड़ा को कम करने के लिए विकासशील देशों को संसाधनों की जरूरत है और विकसित देश ही इस समस्या में मददगार साबित हो सकते हैं। हालाँकि ग्लोबलाइजेशन की नीतियाँ कई जगहों पर लाभदायक साबित हुई हैं, लेकिन यह उस सपने से काफी दूर है, जिसके आधार पर ग्लोबलाइजेशन की शुरुआत हुई थी। दुनिया के देशों में यह तो साबित हो चुका है कि विकासात्मक सहायता भी गरीब देशों में क्षमता विकसित करने में अभी तक नाकाम रही है। परिणामत: इन देशों में सामाजिक-आर्थिक असमानता मिटने का नाम नहीं ले रही।

अत: कहा जा सकता है कि दुनिया के देशों में बढ़ती हुई आर्थिक विषमता के परिदृश्य में विकसित देशों को समझना होगा कि विकासशील देशों एवं अविकसित देशों को यदि सिर्फ एक बाजार के रूप में देखा जाता रहेगा, तब तक उनका शोषण का सिस्टम भी जारी रहेगा। बाद में चलकर गरीबी एवं दरिद्रता अभिशाप बनकर दुनिया की शांति को चुनौती देने लगेगी। तब जाकर दुनिया में करोड़ों गरीब अपने आप को बेघर, बेरोजगार, बीमार तथा दीन-हीन पाएँगे और दूसरी ओर उन्हें अपने नेत्र के सामने खुशहाली तथा विलासिता से भरा-पड़ा संसार नजर आएगा, तो उनका असंतोष उन्हें अपराध, आतंक और उग्रवाद की दिशा में बढ़ने के लिए प्रेरित करेगा। इसलिए यह आवश्यक है कि गरीबी को रोकने के लिए विकसित देश, वैश्विक

संस्थाएँ तथा स्वयं विकासशील देश हर स्तर पर सहयोगात्मक कार्य करें, तो सफलता हाथ लग सकेगी। ध्यान रहे गरीबों की व्यक्तिगत क्षमताओं में सुधार लाकर ही गरीबी को समाप्त किया जा सकता है और यह सिर्फ दिल्ली, केन्या या बंगलादेश तक ही नहीं, बल्कि वॉशिंगटन, पेरिस तथा लंदन की भी जिम्मेदारी बनती है।

भारत में वर्ष 1983 से 1994 के बीच के 11 वर्षों में रोजगार के अवसरों में वृद्धि दर औसतन 2 फीसदी थी, जो 1994-2000 के बीच घटकर 0.94 फीसदी रह गई। भारत सरकार के रोजगार एवं प्रशिक्षण महानिदेशालय के अनुसार संगठित क्षेत्र में वर्ष 2001-2002 में 4.2 लाख रोजगार के अवसर कम हो गए। यह क्रम 1998 से भारत में चल रहा है परंतु 2001-02 में इसकी संख्या में अधिक गिरावट हो गई। वर्ष 1997 से 2002 तक 9.10 लाख रोजगार के अवसर कम हो चुके हैं। वहीं राष्ट्रीय नमूना सर्वेक्षण के आँकड़ों पर ध्यान दें तो यह तथ्य स्पष्ट रूप से सामने आता है कि 1994-2000 में रोजगार वृद्धि-दर में 1.07 प्रतिशत की गिरावट आई है। वैसे रोजगार में वृद्धि दर के ह्रास का मुख्य कारण कृषि क्षेत्र में रोजगार की वृद्धि का दर लगभग ठप्प पड़ जाना माना जाता है। वर्ष 1993-94 में 60 फीसदी लोग कृषि कार्य में संलग्न थे, जो वर्ष 1999-2000 में केवल 57 फीसदी ही रह गया। जाहिर तौर पर हम खेती में रोजगार होने या कम होने की बात को मात्र इतने से ही समाप्त नहीं कर सकते। सर्वेक्षण इस तथ्य को भी रेखांकित करता है कि कुल रोजगार में अनियत मजूदरों का हिस्सा बढ़ गया है। सरकारी आँकड़ों के अनुसार भी बेरोजगारों की संख्या 14.16 करोड़ है। वास्तव में, संगठित औद्योगिक-क्षेत्र में, जिसमें भारत का श्रम बल 40 करोड़ से अधिक है, जो वर्ष 2001 में लगभग 74.3 लाख था, जो सार्वजनिक क्षेत्र और निजी क्षेत्र दोनों में कुल श्रम बल का 2 प्रतिशत से भी कम है।

असल में स्वार्थी और पेशेवर राजनेताओं के हाथों में सत्ता सौंपकर हमने भारत नाम के विशिष्ट, विलक्षण प्रतिभा सम्पन्न और मेहनती देश को सबसे गरीब देशों की कतार में लाकर खड़ा कर दिया है। भारत जैसे जन-शक्ति वाले देश में यह स्थिति खतरनाक परिणामों का कारण बन सकती है, बल्कि बनती जा रही है। इस देश में आर्थिक नीतियों का आधार भारतीय समाज की स्थितियाँ और आवश्यकताएँ ही हो सकती हैं। जब तक हमारी नीतियाँ कतार में खड़े अंतिम व्यक्ति के हित के लिए नहीं बनेंगी, तक तक हमारा विकास लंगड़ा ही रहेगा और प्रगति के हमारे सारे सूचक असंतुलित ही बने रहेंगे। वह बाजार हमारा नहीं है, जिसमें बहुसंख्यक ललचाई दृष्टि से देखने के लिए शापित हों। सही विकास वही होगा, जिसमें हर नागरिक को विकास के लाभ भोगने का उचित और पर्याप्त अवसर मिले।

प्रश्न 4. कार्यपालिका और न्यायपालिका के मध्य संबंध की प्रकृति का वर्णन करें।
उत्तर— आधुनिक राज्य पुलिस राज्य न होकर कल्याणकारी राज्य है। राज्य का मुख्य उद्देश्य जनता की भलाई के लिए कार्य करना है। कल्याणकारी राज्य का उदय होने से

कार्यपालिका के कार्य भी बहुत बढ़ गए हैं। कार्यपालिका का मुख्य कार्य विधानमंडल के बनाए हुए कानूनों को लागू करना है। इस कार्य के अतिरिक्त कार्यपालिका को अनेक कार्य करने पड़ते हैं। कार्यपालिका के कार्य भिन्न-भिन्न देशों में भिन्न-भिन्न हैं। वास्तव में कार्यपालिका के कार्य सरकार के स्वरूप पर निर्भर करते हैं। आधुनिक राज्य में कार्यपालिका के मुख्य कार्य निम्नलिखित हैं—

1. **कानून लागू करना और शांति की व्यवस्था को बनाए रखना (Enforcement of Laws and Maintenance of Order)**—कार्यपालिका का प्रथम कार्य विधानमंडल के कानूनों को लागू करना तथा देश में शांति की व्यवस्था को बनाए रखना होता है। कार्यपालिका का कार्य कानूनों को लागू करना है, चाहे वह कानून बुरा हो चाहे अच्छा। कार्यपालिका देश में शांति की व्यवस्था को बनाए रखने के लिए पुलिस का प्रबंध करती है। पुलिस उन व्यक्तियों को, जो कानून तोड़ते हैं, गिरफ्तार करती है और उन पर मुकद्दमा चलाती है।

2. **नीति-निर्धारण (Formulation of Policy)**—कार्यपालिका का महत्त्वपूर्ण कार्य नीति-निर्धारण करना है। संसदीय सरकार में कार्यपालिका अपनी नीति को निर्धारित करके संसद के समक्ष पेश करती है। अध्यक्षात्मक सरकार में कार्यपालिका को अपनी नीतियों को विधानमंडल के समक्ष प्रस्तुत नहीं करना पड़ता। कार्यपालिका ही देश की आंतरिक तथा विदेश नीति को निश्चित करती है और उस नीति के आधार पर ही अपना शासन चलाती है। नीतियों को लागू करने के लिए शासन को कई विभागों में विभाजित किया जाता है और प्रत्येक विभाग का अध्यक्ष होता है।

3. **नियुक्तियाँ करने और हटाने की शक्ति (Powers of Appointments and Removal)**—कार्यपालिका को देश का शासन चलाने के लिए अनेक कर्मचारियों की नियुक्ति करनी पड़ती है। सिविल कर्मचारियों की नियुक्ति अधिकतर प्रतियोगिता की परीक्षा के आधार पर की जाती है। भारतवर्ष में राष्ट्रपति सर्वोच्च न्यायालय तथा उच्च न्यायालय के न्यायाधीशों, राजदूतों, एडवोकेट-जनरल, संघ सेवा आयोग का अध्यक्ष तथा सदस्यों की नियुक्ति करता है। अमेरिका में राष्ट्रपति को ऊँचे अधिकारियों की नियुक्ति के लिए सीनेट की स्वीकृति लेनी पड़ती है। अमेरिका का राष्ट्रपति उन सब कर्मचारियों को हटाने का अधिकार रखता है, जिन्हें कांग्रेस महाभियोग के द्वारा नहीं हटा सकती।

4. **विदेश संबंधी कार्य (Foreign Relations)**—आज के युग में कोई भी राज्य आत्मनिर्भर नहीं है। प्रत्येक राज्य को अपनी आवश्यकताओं की पूर्ति के लिए दूसरे राज्यों पर निर्भर रहना पड़ता है। एक राज्य दूसरे राज्यों से संबंध स्थापित करता है। दूसरे देशों से संबंध स्थापित करने का कार्य कार्यपालिका के द्वारा ही किया जाता है। देश की विदेश नीति को कार्यपालिका ही निश्चित करती है। देश के दूसरे देशों

से कैसे संबंध होंगे, यह कार्यपालिका पर निर्भर करता है। कार्यपालिका अपने देश के राजदूतों को दूसरे देशों में भेजती है और दूसरे देशों के राजदूतों को अपने देश में रहने की स्वीकृति देती है। दूसरे देशों से संधि-समझौते कार्यपालिका के द्वारा ही किए जाते हैं। अमेरिका में राष्ट्रपति को दूसरे देशों से संधि-समझौते करने के लिए सीनेट की स्वीकृति भी लेनी पड़ती है। अंतर्राष्ट्रीय सम्मेलनों में कार्यपालिका का अध्यक्ष या उसका प्रतिनिधि भाग लेता है।

5. **कानून संबंधी कार्य (Legislative Functions)**—कानूनों का निर्माण करना मुख्यतः विधानमंडल का कार्य है परन्तु फिर भी कार्यपालिका के पास कानून से संबंधित कुछ शक्तियाँ होती हैं। संसदीय सरकार में तो कार्यपालिका का कानून निर्माण में महत्त्वपूर्ण हाथ होता है। संसदीय सरकार में मंत्रिमंडल के सदस्य विधानमंडल के सदस्य होते हैं, वे विधानमंडल की बैठकों में भाग लेते हैं और बिल पेश करते हैं। वास्तव में 95 प्रतिशत बिल मंत्रियों के द्वारा पेश किए जाते हैं क्योंकि मंत्रिमंडल का विधानमंडल में बहुमत होता है इसलिए बिल पास भी हो जाते हैं। संसदीय सरकार में मंत्रिमंडल के समर्थन के बिना कोई बिल पास नहीं हो सकता। अध्यक्षात्मक सरकार में कार्यपालिका विधानमंडल में स्वयं बिल पेश नहीं करती परंतु कार्यपालिका को विधानमंडल के पास संदेश भेजने का अधिकार होता है। प्रायः सभी देशों में उतनी देर तक बिल कानून नहीं बन सकता जितनी देर तक कार्यपालिका की स्वीकृति प्राप्त न हो। संसदीय सरकार में कार्यपालिका को विधानमंडल का अधिवेशन बुलाने का अधिकार भी होता है। जब विधानमंडल का अधिवेशन नहीं हो रहा होता, उस समय कार्यपालिका को अध्यादेश (Ordinance) जारी करने का अधिकार प्राप्त होता है। भारत में राष्ट्रपति को अध्यादेश जारी करने का अधिकार है। आधुनिक विधानमंडल के पास काम इतना बढ़ चुका है कि विधानमंडल प्रायः कानूनों को संक्षिप्त रूप में ही पास करती है। इन कानूनों को लागू करते समय आवश्यक नियमों या उपनियमों को बनाने का कार्य कार्यपालिका पर छोड़ दिया जाता है। इसको प्रदत्त विधान (Delegated Legislation) का अधिकार कहते हैं।

6. **वित्तीय कार्य (Financial Functions)**—देश के धन पर विधानमंडल का नियंत्रण होता है और विधानमंडल की स्वीकृति के बिना कार्यपालिका एक पैसा भी खर्च नहीं कर सकती। विधानमंडल ही बजट को पास करती है और विधानमंडल में पेश करती है क्योंकि कार्यपालिका को विधानमंडल में बहुमत का समर्थन प्राप्त होता है इसलिए प्रायः बजट पास हो जाता है। नए कर लगाने, कर घटाने तथा कर समाप्त करने के बिल कार्यपालिका ही विधानमंडल में पेश करती है। अध्यक्षात्मक सरकार में कार्यपालिका स्वयं बजट पेश नहीं करती परंतु बजट कार्यपालिका की देख-रेख में ही तैयार किया जाता है। अमेरिका में राष्ट्रपति बजट की देख-रेख

करता है जबकि भारतवर्ष में वित्तमंत्री बजट प्रस्तुत करता है।

7. **न्यायिक कार्य (Judicial Functions)**—न्याय करना न्यायपालिका का मुख्य कार्य है परन्तु कार्यपालिका के पास भी कुछ न्यायिक शक्तियाँ होती हैं। बहुत से देशों में उच्चतम न्यायाधीश कार्यपालिका के द्वारा नियुक्त किए जाते हैं। कार्यपालिका के अध्यक्ष के पास अपराधी के दंड को क्षमा करने, उसे कम करने का भी अधिकार होता है। भारत और अमेरिका में राष्ट्रपति को क्षमादान का अधिकार प्राप्त है। इंग्लैंड में यह शक्ति सम्राट् के पास है। राजनीतिक अपराधियों को मुक्तिदान (Amnesty) देने का अधिकार भी कई देशों में कार्यपालिका के पास है।

8. **सैनिक कार्य (Military Functions)**—देश की बाह्य आक्रमणों से रक्षा करने के लिए कार्यपालिका का अध्यक्ष सेना का अध्यक्ष होता है। भारत तथा अमेरिका में राष्ट्रपति अपनी-अपनी सेनाओं के सर्वोच्च सेनापति हैं। सेना के संगठन तथा अनुशासन से संबंधित नियम कार्यपालिका के द्वारा ही बनाए जाते हैं। आंतरिक शांति को बनाए रखने के लिए भी सेना की सहायता ली जा सकती है। सेना के अधिकारियों की नियुक्ति कार्यपालिका के द्वारा ही की जाती है। भारत का राष्ट्रपति संकटकालीन घोषणा कर सकता है। जब देश में संकटकालीन घोषणा हो तब कार्यपालिका सैनिक शासन (Martial Law) लागू कर सकती है। अमेरिका में राष्ट्रपति युद्ध की घोषणा कांग्रेस की स्वीकृति से ही कर सकता है।

न्यायपालिका के कार्य विभिन्न प्रकार की राजनीतिक व्यवस्थाओं में भिन्न-भिन्न प्रकार के होते हैं। संविधान की प्रकृति, राजनीतिक व्यवस्था के स्वरूप, न्यायपालिका के संगठन इत्यादि पर न्यायपालिका के कार्य निर्भर करते हैं। उदाहरणस्वरूप संघात्मक व एकात्मक शासन प्रणाली में न्यायपालिका के कार्यों में अंतर होना स्वाभाविक है। इसी प्रकार लिखित तथा अलिखित संविधान पर न्यायपालिका के कार्य निर्भर करते हैं। राजनीतिक व्यवस्था सत्तावादी है या लोकतांत्रिक—इससे भी न्यायालयों का कार्यक्षेत्र सीमित होता है।

अलग-अलग राजनीतिक व्यवस्थाओं में न्यायपालिका के कार्य अलग-अलग होते हैं पर आमतौर पर ये कार्य इस प्रकार होते हैं—

1. **न्याय प्रदान करना** न्यायालयों का पहला और सबसे महत्त्वपूर्ण कार्य है। न्यायालय दीवानी, फौजदारी और संविधानिक प्रकृति के सभी मामलों की सुनवाई और फैसला करते हैं। लिखित संविधान वाले देशों में न्यायालयों को संविधान की व्याख्या की शक्ति भी प्राप्त होती है। वे संविधान के रक्षक के रूप में काम करते हैं।

2. वैसे तो कानून बनाना विधायिकाओं का काम है पर एक भिन्न ढंग से न्यायालय भी कानून बनाते हैं। जहाँ कोई कानून खामोश या अस्पष्ट हो वहाँ अदालतें तय करती हैं कि **कानून क्या है और कैसे लागू होना चाहिए।**

3. एक संघीय शासन प्रणाली में अदालतें **केंद्रीय व क्षेत्रीय सरकारों के बीच एक**

स्वतंत्र और निष्पक्ष अंपायर की भूमिका भी निभाती हैं।

4. **न्यायालय सरकार के कार्यों को वैधता देने वाले महत्त्वपूर्ण संगठन हैं।** न्यायालयों से आशा की जाती है कि वे खुद को जनता की बढ़ती आकांक्षाओं से बाखबर रखेंगे और मौजूदा स्थिति की रोशनी में कानून के अर्थ की गतिशील ढंग से व्याख्या करेंगे। उन्हें यह देखना होगा कि कोई कानून या कार्यपालिका का कोई काम जनता के विभिन्न अधिकारों का हनन न करे।

5. **न्यायालयों को विद्यमान राजनीतिक व्यवस्था को स्थायी बनाना और अवलंब देना भी होता है।** न्यायालयों का व्यवहार बाधामूलक या विनाशकारी नहीं होना चाहिए कि वही राजनीतिक संगठन का सुचारु संचालन समस्या न बन जाए।

6. न्यायालयों का सबसे विवादास्पद कार्य उनका **न्यायिक समीक्षा का अधिकार** है जिसके अंतर्गत उन्हें किसी विधायी या प्रशासनिक कदम की वैधता की छानबीन की और फिर उसे अंशतः या पूर्णतः संविधान के प्रतिकूल घोषित करने की क्षमता प्राप्त होती है। इस शक्ति का जन्म अमेरिका में हुआ और वहीं यह अपने सर्वोत्तम रूप में दिखाई भी पड़ती है। इसका दूसरा सर्वोत्तम उदाहरण भारत में देखने को मिलता है। इटली, ऑस्ट्रेलिया और दक्षिण अफ्रीका जैसे कुछ अन्य देशों में इसे कुछ मद्धम रूपों में देखा जा सकता है।

न्यायपालिका की स्वतंत्रता—न्यायपालिका की बेपनाह शक्तियों और कार्यों के कारण पूरे राष्ट्र का कल्याण और उसके अधिकारों का संरक्षण न्यायालयों का दायित्व बन जाता है। इसलिए इन कार्यों को सुचारु ढंग से संपन्न करने के लिए उसका स्वतंत्र और निष्पक्ष होना आवश्यक है। भले ही कुछ देशों में न्यायाधीश निर्वाचित होते हों पर दूसरे अधिकांश देशों में वे कार्यपालिका द्वारा नियुक्त किए जाते हैं, लेकिन एक बार नियुक्त होने के बाद उनको आसानी से नहीं हटाया जा सकता जब तक कि दुराचरण या अयोग्यता के आरोपों में उन पर महाभियोग न चलाया जाए। उनके वेतन व सेवा की दशाओं पर कार्यपालिका या विधायिका का कोई नियंत्रण नहीं होता। एक न्यायाधीश को नियुक्त करते समय राष्ट्रपति दलगत हितों से नहीं बल्कि संबंधित व्यक्तियों की योग्यता और क्षमता से संचालित होता है। न्यायाधीशों के वेतन व भत्तों को कार्यपालिका या विधायिका के नियंत्रण से इसलिए बाहर रखा जाता है क्योंकि वे न्यायाधीशों के हितों के विरुद्ध बदले न जा सकें। भारत जैसे अनेक देशों में न्यायाधीशों को एक शपथ दिलाई जाती है ताकि वे भय, लोभ, राग–द्वेष से मुक्त रहकर यथासंभव अपनी योग्यता के अनुसार अपना कर्त्तव्य निभा सकें।

श्री अय्यर के शब्दों में भारतीय सर्वोच्च न्यायालय को 'दुनिया के किसी भी दूसरे सर्वोच्च न्यायालय से अधिक शक्तियाँ प्राप्त हैं।' भारत व अमेरिका के सर्वोच्च न्यायालयों की तुलना से पता चलता है कि पहले वाले को निचली अदालतों के फैसलों के खिलाफ अपीलों की सुनवाई का अधिक अधिकार प्राप्त है। दूसरी तरफ अमेरिकी सर्वोच्च न्यायालय को भारतीय सर्वोच्च

न्यायालय पर मौलिक न्याय–क्षेत्र संबंधी श्रेष्ठता प्राप्त है। संघ की इकाइयों के आपसी विवादों के समाधान के अलावा राजदूतों, वकीलों, मंत्रियों, संधियों, नौसेना और समुद्र संबंधी विषयों की सुनवाई भी इस मौलिक न्याय–क्षेत्र में आ जाती है। अपील पक्ष में भारतीय सर्वोच्च न्यायालय को उसके अमेरिकी समकक्ष से अधिक शक्तियाँ प्राप्त हैं जो संविधानिक मामलों को छोड़ दीवानी और फौजदारी के मुकद्दमों में अपीलों की सुनवाई नहीं करता। भारतीय सर्वोच्च न्यायालय का एक काम **परामर्श देना** भी है जो अमेरिकी सर्वोच्च न्यायालय का नहीं है। सबसे बड़ी बात यह है कि भारतीय सर्वोच्च न्यायालय एक **रिकॉर्ड रखने वाला न्यायालय** भी है। अमेरिकी सर्वोच्च न्यायालय को ये विशेषाधिकार प्राप्त नहीं हैं।

इस तरह एक देश की राजनैतिक प्रक्रिया में न्यायालयों की एक बहुत महत्त्वपूर्ण भूमिका होती है, हालाँकि राजनीतिक व्यवस्था की प्रकृति व जनता की संस्कृति के अनुसार उनकी भूमिका अलग–अलग हो सकती है। वास्तविक प्रशासकों और ईमानदार न्यायकर्ताओं के बीच सहयोग व टकराव साथ–साथ चलने चाहिए ताकि राजनीतिक व्यवस्था का आगे विकास हो और उसका क्षय न हो। सही तौर पर कहा गया है कि 'न्यायालय राजनीतिक प्रक्रिया के अंग हैं और हमें सहयोग को टकराव जितना ही महत्त्व देना चाहिए। वे राजनीतिक व्यवस्था के दूसरे अंगों के साथ अंतःक्रिया करते हैं–अवैध अजनबियों के रूप में नहीं बल्कि स्थायी शासन के राजनीतिक गठजोड़ के रूप में।'

प्रश्न 5. भारत में संघीय व्यवस्था के कार्यकलाप की चर्चा करें।

उत्तर– देखें जून–2008, प्रश्न नं.–4

भाग – II

प्रश्न 6. मानव विकास रिपोर्टों में इंगित मानव विकास के मूल मानकों (indicators) का वर्णन करें। **[June 2009, Q. 6.]**

उत्तर– संयुक्त राष्ट्र विकास कार्यक्रम विश्व स्तर पर सभी देशों के लिए मानव विकास रिपोर्ट तैयार करने के सर्वोत्कृष्ट निकाय हैं।1990 की अपनी रिपोर्ट में इसने दीर्घ आयु, ज्ञान और शालीन जीवन स्तर को मानव विकास में आवश्यक माना।

दीर्घ आयु–यह एक सर्वमान्य तथ्य है कि जन्म के समय लोग दीर्घ आयु की कामना करते हैं। दीर्घायु की संकल्पना इस सैद्धांतिक आत्मविश्वास में निहित है कि मानव जीवन सर्वाधिक महत्त्वपूर्ण है और लंबा जीवन मानवीय उपलब्धियों हेतु है। दीर्घायु में पर्याप्त पोषण, अच्छी सेहत एवं व्यक्तिगत सुरक्षा भी सम्मिलित है।

ज्ञान–ज्ञान ही शक्ति है, एक कहावत है। साक्षरता व सीखने की चाह ज्ञानवर्धन में व्यक्ति का प्रथम कदम है। एक साक्षर व्यक्ति बिना पढ़े–लिखे व्यक्ति की तुलना में सत्ता के पास अधिक पहुँच रखता है तथा आज के सूचना–प्रौद्योगिकी के युग में यह हर किसी के

अस्तित्व का आधार है।

शालीन जीवन स्तर–यह एक स्वीकृत तथ्य है कि शालीन जीवन स्तर हेतु संसाधनों पर नियंत्रण आवश्यक है जिसका सर्वाधिक महत्त्वपूर्ण सूचक प्रति व्यक्ति आय है। लेकिन राष्ट्रीय विस्तार क्षेत्र व्यापक है तथा इसमें बहुत–सी अन्य गंभीर विसंगतियाँ हैं। साथ–साथ विभिन्नताएँ हैं अतः प्रति व्यक्ति क्रय शक्ति समायोजित वास्तविक सकल घरेलू उत्पाद से सापेक्ष शक्ति का अनुमान लगाया जा सकता है।

इस प्रकार इन तीनों सूचकों की गंभीर सीमाएँ हैं, तथापि 1992 की रिपोर्ट में विशेष ध्यान मानव विकास के अन्य महत्त्वपूर्ण संघटकों से जोड़ने पर दिया गया। इन संसाधनों में स्थायी विकास की धारणा, प्रतिस्पर्द्धात्मक और दक्षतापूर्ण बाजारों के माध्यम से सभी लोगों की सृजनात्मक ऊर्जाओं को प्रकट करना तथा ऐसी विभेदकारी व्यापार नीति शामिल थी।

1993 की रिपोर्ट में मानव विकास के साथ जनता की सहभागिता और सुरक्षा मुख्य मुद्दे थे। इसमें मानव विकास के लिए न्यूनतम शर्तों के रूप में प्रगति, पूर्ण लोकतंत्र एवं जनता के शक्तिवर्द्धन पर भी बल दिया गया था। रिपोर्ट से पता चलता है कि "विकास जनता के चारों तरफ किया जाना चाहिए।" यह बताया गया कि विकास की शक्ति जनता की शक्ति में सन्निहित है। प्रतिवेदन में शांति लाने के लिए मानव विकास करने में 'सिविल सोसायटियों' की बेहतर रचनात्मक भूमिका को मान्यता दी गई थी।

1994 के मानव विकास पर रिपोर्ट का सर्वाधिक महत्त्वपूर्ण पहलू कार्य प्रणाली और विभिन्नता से संबंधित मानव विकास सूचकांक के निर्माण में धारणागत परिवर्तन थे। इसमें कहा गया कि "कोई बच्चा लघु व मायूस जीवन के लिए मात्र इसलिए निर्दिष्ट नहीं होना चाहिए कि उस बच्चे ने गलत वर्ग या गलत देश या गलत लिंग से जन्म लिया है।" इसमें उन सुरक्षा तंत्रों का ब्योरा भी दिया गया जो विश्वव्यापी जीवन के लिए खतरा बने हुए हैं तथा प्रत्येक प्रकार की सुरक्षा, यथा–आर्थिक, भोजन, स्वास्थ्य, पर्यावरण तथा सामुदायिक और राजनीतिक सुरक्षा का सुझाव दिया गया और अंतर्राष्ट्रीय आतंकवाद को प्रथम बार मानव विकास के महत्त्वपूर्ण खतरे के रूप में मान्यता दी गई।

1995 की मानव विकास रिपोर्ट का संदर्भ लिंग समानता था। सभी को समान अवसर विशेषतः औरतों को समान अवसर मुख्य चिंता का विषय था। यह चर्चा की गई कि 'गरीबी का चेहरा नारी का चेहरा होता है।' प्रतिवेदन का सबसे महत्त्वपूर्ण पहलू विभिन्नता से संबंधित कार्यप्रणाली और मानव विकास सूचकांक के निर्माण में धारणागत परिवर्तन थे। पहला परिवर्तन ज्ञान और जागरूकता के स्तर से संबंधित था। 1994 तक साक्षरता के स्तर के प्राक्कलन के सूचक के रूप में स्कूल जाने की औसत आयु का स्थान संयुक्त प्राथमिक, माध्यमिक और तृतीयक स्तर पंजीकरण अनुपात ले लिया था। दूसरा परिवर्तन आय का न्यूनतम मूल्य 200 पी.पी.पी. डॉलर से घटकर 100 पी.पी.पी. डॉलर कर दिया गया था। प्रतिवेदन में कहा गया था कि यदि आधी मानवता लैंगिक विभेद से त्रस्त है, तो मानव विकास

की बात करना बकवास ही नहीं वरन् लैंगिक हिंसा करने जैसा है। प्रतिवेदन में इस स्थिति को पूरी गंभीरता से लिया गया था कि मानव विकास सूचकांक के साथ-साथ लिंग निरपेक्ष संवेदना सूचकांक या लिंग संबंधी विकास सूचकांक या परिकलित करने की प्रक्रिया प्रारंभ की गई।

2000 का प्रतिवेदन मानव अधिकार स्वतंत्रता और समेकन के प्रति ऐसी प्रबल वचनबद्धता के साथ आगे बढ़ा, जिस पर कोई सामजंस्य न हो तथा जिससे भूमंडलीकरण मानवीय स्पर्श के संपर्क में रहे। इसमें कहा गया था कि मानव अधिकार और मानव विकास प्रत्येक जगह जनता की स्वतंत्रता, समृद्धि एवं प्रतिष्ठा के अभिरक्षण के लिए समान दृष्टि और समान प्रयोजन वाले हैं।

2001 की मानव विकास रिपोर्ट में मानव विकास को प्रौद्योगिकी से जोड़ने की कोशिश की गई। इसमें कहा गया कि प्रौद्योगिकी नेटवर्क विकास के परंपरागत नक्शे बदल रहे हैं। यह जनता के अनुभव स्तर का विकास कर रही है और ऐसी क्षमताओं का सृजन कर रही है जिससे एक दशक की प्रगति एक सप्ताह के काल में प्राप्त की जा सके, जिसकी पूर्व पीढ़ियाँ गत समय में अपेक्षा करती थीं लेकिन प्रौद्योगिकी एक दुधारी तलवार है। दूसरे शब्दों में विश्व के कुछ शक्तिशाली देशों द्वारा इसके प्रयोग पर नियंत्रण है, जिससे अन्य अनेक देश पराधीनता की स्थिति से पराभव हुए हैं और किसी राष्ट्र के गुलाम बन गए हैं। ऐसे देश, समुदाय और राष्ट्र जिनकी गति धीमी है और जो प्रौद्योगिकीय धारणा को अनावश्यक मानते थे या आशंका से ग्रसित थे अंततः तीव्र गति से बदल रहे विश्व में अयोग्य होते जा रहे हैं। इससे व्यक्ति के बीच समृद्धि और आत्मसम्मान का भाव गंभीरता से प्रभावित होता है।

2002 का प्रतिवेदन मानव विकास को नया आयाम देता है। यह रणनीति एवं मानव विकास विषयक है। यह बताता है कि राजनीतिक सत्ता और संस्थान उचित या अनुचित राष्ट्रीय या अंतर्राष्ट्रीय जो भी हो, मानव प्रगति को नया रुख देते हैं। इसमें बिखरे हुए विश्व लोकतंत्रों को मजबूत बनाने के बारे में चिंतन किया गया है। इस प्रतिवेदन के अनुसार लोकतंत्र, जो जनता को शक्तिसंपन्न बनाता है, जनता के विश्वास एवं साधनों पर निर्मित किया जाना चाहिए तथा लोकतंत्र जिसे कोई राष्ट्र अपने विकास के लिए चुनता है, उसके इतिहास एवं परिस्थितियों पर निर्भर करता है तथा मतभेद का सम्मान, लोकतंत्र और विकास का हृदय होता है।

2003 का रिपोर्ट शताब्दी विकास लक्ष्य—यह मानव गरीबी समाप्त करने की एक जोरदार शुरुआत करता है। राज्यों के प्रमुखों द्वारा की गई घोषणा के अनुसार यह सभी देशों के लिए बाध्यता है कि अपर्याप्त आय, बहुव्याप्त भूख, लिंग भेद, असमानता, पर्यावरणीय संकट, शिक्षा की कमी, स्वास्थ्य जागरूकता और स्वच्छ जल आपूर्ति पर ध्यान दिया जाए। उन्होंने ऋण कम करने, आर्थिक सहायता बढ़ाने, व्यापार एवं गरीब देशों को प्रौद्योगिकी हस्तांतरण के कार्यों को भी शामिल किया गया।

इस रिपोर्ट में भारत द्वारा अनेक क्षेत्रों में की गई प्रगति की सराहना की गई है। आर्थिक क्षेत्र में सुधारों की अतिशय प्रशंसा की गई है। भारत ने विश्वव्यापीकरण तथा अर्थव्यवस्था को नई गति देने के लिए अनेक कदम उठाए। रिपोर्ट में उन कदमों की चर्चा है और उन पर संतोष

व्यक्त किया गया है कि भारत विश्व के उन गिने-चुने देशों में से एक है, जो सन् 2015 तक गरीबों की संख्या आधी करने के लक्ष्य की ओर बढ़ गया है। विगत दशक में भारत द्वारा प्रभावशाली व स्थिर आर्थिक विकास हासिल किए जाने के कारण ऐसा संभव हो सका। रिपोर्ट के अनुसार भारत ने 1990 से 2000 तक औसतन 4 प्रतिशत की अच्छी वृद्धि दर हासिल की है, लेकिन यह कहा गया है कि विश्व में भुखमरी में सर्वाधिक शिकार लोग भारत में ही हैं।

रिपोर्ट में शिक्षा के क्षेत्र में किए जा रहे सुधारों की भी चर्चा है। माना गया है कि भारत में पुरुष और महिला शिक्षा में अच्छी प्रगति की है। राज्यों द्वारा शिक्षा के क्षेत्र में किए जा रहे प्रयासों की चर्चा करते हुए रिपोर्ट मानती है कि पुरुष-महिला शिक्षा के अंतर को पाटने में सबसे सार्थक प्रयास मध्य प्रदेश ने किया है। मध्य प्रदेश के अतिरिक्त राजस्थान, उत्तर प्रदेश और बिहार जैसे पिछड़े राज्यों ने भी इस दिशा में उल्लेखनीय कदम उठाया है। भारत के लिए चिंता का विषय यह है कि रिपोर्ट बताती है कि देश के लगभग 4 करोड़ बच्चे प्राथमिक शिक्षा से वंचित हैं जो विश्व के कुल बच्चों का एक-तिहाई है। लेकिन इस बार की रिपोर्ट की सबसे उल्लेखनीय विशेषता है कि पहली बार भारत के विभिन्न राज्यों के विकास दृश्य का तुलनात्मक अध्ययन किया गया है। सत्ता के विकेंद्रीकरण के संदर्भ में पश्चिम बंगाल और केरल की प्रशंसा की गई है तथा उसी प्रकार मध्य प्रदेश और राजस्थान की प्रशंसा शिक्षा के क्षेत्र में किए जा रहे सुधार के कारणों से हुई।

इस प्रकार संयुक्त राष्ट्र विकास कार्यक्रम द्वारा प्रस्तुत विभिन्न प्रतिवेदनों में उन सभी पहलुओं को शामिल करने का प्रयास किया गया है, जो विश्वभर में मानव विकास एवं समृद्धि की चिंता का विषय रहे हैं।

निम्न सारणी द्वारा मानव विकास सूचकांक का मूल्य तथा भारत का विश्व में स्थान देखा जा सकता है—

वर्ष	मूल्य	भारत का स्थान
1990	439	94 (130)
1991	308	123 (160)
1992	297	121 (160)
1993	309	134 (173)
1994	382	135 (173)
1995	439	134 (174)
1996	436	135 (174)

1997	446	138 (175)
1998	451	139 (175)
1999	438	132 (174)
2000	451	128 (174)
2001	571	115 (162)
2002	577	112 (173)
2003	590	127 (175)

रिपोर्ट के विश्लेषण के संदर्भ में यह प्रश्न स्वाभाविक रूप से सामने आता है कि अपने स्वर्णिम अतीत और वर्तमान में विकास के तमाम दावों के बावजूद आखिर क्या कारण है कि भारत विश्व के 175 देशों में 127वें स्थान पर खड़ा है। गृहयुद्ध से जर्जर राष्ट्र श्रीलंका का 99वाँ स्थान है तथा चीन का 104वाँ तथा अफ्रीका का छोटा राष्ट्र बोत्सवाना प्रगति के सफर में भारत से आगे है।

भारत में संसाधनों की कमी नहीं है, विकास हेतु संसाधन यथेष्ट मात्रा में हैं। बस कमी दृढ़ इच्छाशक्ति और उचित विकास प्रारूप की है। भारत के नीति-निर्माता अपने सीमित संसाधनों को उचित दिशा देकर विकास की स्थिति प्राप्त कर सकते हैं, आवश्यकता है उचित दिशा में पहल की।

सूचकांक निर्मित करने के लिए संयुक्त राष्ट्र विकास कार्यक्रम सर्वप्रथम प्रत्येक सूचक के लिए न्यूनतम और अधिकतम मान निश्चित करता है। विभिन्न वर्षों के विभिन्न संघटकों के कई मानक मूल्य लेने के पश्चात् सूचक का मान निकाला जाता है। मानव विकास सूचकांक सूचकों का औसत है। किसी भी वर्ष इन तीनों सूचकों का औसत से सूचकों के मानकों में भाग देने पर मानव विकास सूचकांक प्राप्त होता है।

संयुक्त राष्ट्र विकास कार्यक्रम ने अंतर्राष्ट्रीय तुलना करने के लिए वर्ष 2000 में विभिन्न राष्ट्रों को सूचकांक के आधार पर तीन श्रेणियों में बाँटा-

1. उच्च मानव विकास श्रेणी सूचकांक 8 से अधिक।
2. मध्यम मानव विकास श्रेणी सूचकांक 3 से 7.9 के मध्य।
3. निम्न मानव विकास श्रेणी सूचकांक 5 से कम।

निम्न सारणी द्वारा सामान्य साक्षरता दर घरेलू उत्पाद के उच्चतम एवं न्यूनतम मूल्य इस प्रकार हैं:

संघटक	उच्चतम मूल्य	न्यूनतम मूल्य
जन्म पर जीवन प्रत्याशा	85 वर्ष	25 वर्ष
सामान्य साक्षरता दर	100 प्रतिशत	0 प्रतिशत
घरेलू उत्पाद	40,000 अमेरिकी डॉलर	100 अमेरिकी डॉलर

प्रश्न 7. विकास नारियों के अधिकार कैसे सुरक्षित करता है?

उत्तर— विकास प्रक्रिया में महिलाओं को शामिल करने एवं अर्थव्यवस्था के औपचारिक क्षेत्र में उनकी उपस्थिति सुनिश्चित करने के लिए विकास में नारी (विड) उपगम्य ने महिलाओं पर एक समूह के रूप में ध्यान केंद्रित किया और कहा कि यदि विकास में सिर्फ महिलाओं की ही उत्पादकता समाविष्ट व सम्मिलित होगी तो वह अधिक प्रभावशाली होगा। इसमें महिलाओं को निर्णय लेने की प्रक्रिया में हिस्सेदार बनाने के अतिरिक्त नीति के अंतर्गत महिलाओं को आर्थिक एवं सामाजिक अधिकारिता के साधनों को भी रेखांकित किया, जिसे लिंगभेद और विकास (गैड) प्रतिमान के रूप में जाना जाने लगा। गरीबी कम करने और आय संवर्धन कार्यक्रमों के अनुभव से पता चला कि महिलाओं की स्थिति जनन क्षमता, स्वास्थ्य पोषण, बच्चों की स्थिति और विकास के कई अन्य सूचकांक शिक्षा व प्रशिक्षणों के अवसरों की प्राप्ति से गहरे रूप से जुड़े हैं लेकिन दूसरी तरफ स्वास्थ्य व शिक्षा के अवसरों तक पहुँच और अन्य गतिविधियों में महिलाओं की हिस्सेदारी कई सामाजिक, सांस्कृतिक तथा आर्थिक कारणों से अवरुद्ध हो जाती है। यह कहा गया कि ऐसा इसलिए हुआ क्योंकि महिलाओं को अभी भी इन कार्यक्रमों और सेवाओं के लाभानुभोगी के रूप में देखा जाता है। इस तरह का दृष्टिकोण लैंगिक असमानताओं और दमनात्मक स्थितियों को कम करने में मदद नहीं करता। परिवर्तन लाने के लिए आवश्यक है कि इन उद्देश्यों की प्राप्ति के साथ-साथ समाज के शोषित वर्गों के प्रति रवैया भी बदला जाए। इसलिए इन लक्ष्यों की प्राप्ति और पूर्ति उन्मूलक कार्यक्रमों की जगह ऐसे कार्यक्रमों पर जोर दिया जाए कि महिलाएँ स्वयं की छवि और आत्मविश्वास बढ़ाने में मदद करें। महिला विकास के साथ अब महिला सशक्तिकरण पर बल दिया जा रहा है। विकास के अर्थ में केवल आय के संवर्धन से बढ़ाकर कई अन्य चीजों को शामिल किया गया। ऐसे सामाजिक मूल्य और व्यवहार जो सशक्तिकरण के उद्देश्य की प्राप्ति में बाधक हैं या अड़चन हैं, उनको बदलने पर बल दिया गया। यह सशक्तिकरण शिक्षा, जानकारी को बाँटने और प्रशिक्षण के माध्यम से प्राप्त किया जाएगा। इस नई नीति की प्रक्रिया में औरतों के संगठन और चेतना जागरण पर जोर दिया जाएगा।

महिला संगठनों द्वारा स्थानीय संगठनात्मक रूप के फलस्वरूप महिला समूहों के उदय ने असंगठित क्षेत्र में ग्रामीण तथा गरीब शहरी औरतों की स्वायत्तता में इजाफे और अपनी आय व संसाधनों पर नियंत्रण स्थापित करने की दिशा में अच्छा योगदान दिया है। विभिन्न सफल पहलकदमियों के बारे में रिपोर्ट आने लगी है—पुडुकोट्टाई में महिलाओं द्वारा खदानों के पट्टे लेने का प्रयोग सफल हुआ, बिहार में एक गाँव में समुदाय के संसाधनों पर पूरी तरह महिलाओं का नियंत्रण है और वे पुरुषों को रोजगार देती हैं। गुजरात में जल प्रबंधन योजनाओं ने निर्णय प्रक्रिया में महिलाओं की हिस्सेदारी को बढ़ावा दिया है इत्यादि। इसी तरह सेवा बैंकिंग, वीमैंस फोरम और अन्नपूर्णा आदि कुछ ऐसे ही प्रयास हैं, जिन्होंने दुनियाभर का ध्यान अपनी ओर आकर्षित किया है।

हाल के वर्षों में गैड में भी बदलाव आया है। अब लिंगभेद विचारधारा में श्रम के लैंगिक विभाजन, महिलाओं की अधीनस्थता तथा सामाजिक—आर्थिक, राजनीतिक शोध की आवश्यकता पर बल दिया गया है। अब नारीवादी लेखों से प्रभावित होकर विश्व के सभी देशों ने लिंगभेद संबंधों को धरातल पर समझे जाने की आवश्यकता को स्वीकार किया है तथा महिला कल्याण हेतु संघर्ष का दिन—प्रतिदिन आधार बढ़ाने हेतु सूक्ष्म स्तर पर आना होगा। महिला समस्याओं हेतु मूल उपगम्य के रूप में सशक्तिकरण किए जाने की जरूरत है।

प्रश्न 8. भारतीय लोकतंत्र में मीडिया की भूमिका का मूल्यांकन कीजिये।
उत्तर— देखें जून—2008, प्रश्न नं.—8

प्रश्न 9. अंदरूनी माइग्रेशन के कारणों और गतिमान (productive) अर्थव्यवस्था में इसके योगदान की व्याख्या कीजिये।
उत्तर— देखें दिसम्बर—2009, प्रश्न नं.—7

प्रश्न 10. उत्तर—पूर्व भारत में नृजातीय उद्भव की प्रकृति का वर्णन करें।
उत्तर— अपने विशिष्ट इतिहासों, भौगोलिक स्थिति तथा विविध नृजातीयता संयोजन के साथ उत्तर—पूर्वी भारत के लगभग सभी राज्य नृजातीयता की समस्याओं से घिरे हैं। उन सभी ने स्वातंत्र्योत्तर काल में समय—समय पर घटती—बढ़ती प्रचण्डता के साथ विद्रोह, नृजातीय संघर्षों व दंगों तथा स्वायत्तता आंदोलनों को देखा है। सामान्यतः उन्होंने हिंसात्मक रूप लिया है। जबकि, चूँकि विद्रोह के तत्त्व लगभग सभी राज्यों में विद्यमान हैं, नागालैण्ड तथा मिज़ोरम में विद्रोह ने सर्वाधिक तीक्ष्ण रूप लिया। उत्तर—पूर्वी भारत के लगभग सभी राज्यों में ऐसी ताकतें हैं जो मानती हैं कि वे भारतीय नहीं हैं; उनके राज्यक्षेत्र बिना उनकी सहमति के बलपूर्वक भारत में विलय कर लिए गए हैं। वे अपने स्वयं सर्वसत्ताक राष्ट्र—राज्यों को लेना पसंद करते हैं। नागालैण्ड में विद्रोही समूहों ने, उदाहरण के लिए, भारतीय संविधान,

उत्तर–पूर्व के हितार्थ उसके अनुसूची–VI को स्वीकार नहीं किया; देश में 1952 में कराए गए पहले आम चुनाव का बहिष्कार किया और निर्वासन में अपना स्वयं सर्वसत्ताक राज्य –फेडेरल रिपब्लिक ऑव नागालैण्ड, स्थापित कर लेने की घोषणा कर दी। पिछले दो दशकों में, इस राज्य के लगभग सभी राज्यों में नए विद्रोही समूह उभरे हैं। बाहरी देशों, खासकर सीमा से लगे पड़ोसियों के समर्थन से, इन्होंने एन.एस.सी.एन. (नैशनल सोशलिस्ट काउंसिल ऑव नागालैण्ड) के नेतृत्व में एक सुरक्षा संगठन बना लिया है। वे भारतीय राज्य की संप्रभुता और राष्ट्र–राज्य की संकल्पना पर संदेह करते हैं। 1960 के दशक में असम के खासी, जैनतिया तथा गारो निवास क्षेत्रों में एक स्वायत्त राज्य हेतु आंदोलन देखा गया था, जो 1972 में एक पृथक् मेघालय राज्य के निर्माण में परिणत हुआ। असम में फिर बोडोलैण्ड तथा कर्बी आंग्ललोंग आदि जैसे स्वायत्तता राज्यों के निर्माण हेतु आंदोलन हो रहे हैं। विद्रोह में लक्ष्य होता है, राज्य की स्वायत्तता–पुलिस, सेना व अन्य संस्थाएँ; स्वायत्त आंदोलन राज्य की स्वायत्तता पर संदेह नहीं करते हैं, बल्कि उनका आक्रमण भी राज्य एजेंसियों के विरुद्ध दिशा में होता है। विद्रोह तथा स्वायत्त आंदोलन अकसर नृजातीय दंगों में परिणत होते हैं, खासकर जनजातियों व गैर–जनजातियों के बीच अथवा एक या दूसरी जनजाति के बीच अथवा एक या दूसरी जनजाति के बीच। ये सभी घटनाक्रम अन्ततोगत्वा उत्तर–पूर्वी क्षेत्र के संबंध में राज्य–नीतियों से जुड़ जाते हैं।

ऐसे मुख्यतः दो पहलू हैं, जो उत्तर–पूर्वी भारत के प्रसंग में नृजातीयता तथा राष्ट्र–निर्माण के विषय का विश्लेषण करते हैं। पहला है आधुनिकीकरण–विकास–"राष्ट्र–राज्य निर्माण" का पहलू। दूसरा है "संघ–निर्माण" का पहलू। पूर्ववर्ती पहलू समस्याओं को निम्नलिखित के परिणामस्वरूप मानता है : आधुनिक तथा पारंपरिक के बीच संघर्ष के चलते राष्ट्र–निर्माण की प्रक्रिया; आधुनिकीकरण तथा परिवर्तन (लोकतंत्रीकरण) की प्रक्रिया; आधुनिक तथा पारंपरिक नेतृत्व के बीच संघर्ष और नई पीढ़ी की आकांक्षाएँ पूरी करने में प्रणाली की अक्षमता। इस पहलू का प्रयोग करने वाले विद्वानों में हैं–एक.के. चौबे, वी.बी. सिंह, बी.जी. वर्घीस, मायरन वीनर तथा हिरेन बुहेन। दूसरा पहलू मूलतः पहले वाले की समीक्षा है। यह पहलू सामान्यतः उन विद्वानों के लेखों में उपलब्ध है जो उत्तर–पूर्वी क्षेत्र से ही उभरे हैं। इस पहलू के प्रमुख प्रतिनिधि हैं संजीव बरुआ, सजल नाग, उघन शर्मा, हिरेन गुहेन, संजय हजारिका तथा बेज़बरुआ। दरअसल उर्मिला फड़निस का मत है कि संपूर्ण दक्षिण, एशिया में मुख्य नेतृत्व ने प्रबल समूहों के विचारों की धारणा को अपनाया और समाज के अल्पसंख्यक संघटकों की उपेक्षा की। इस पहलू के पक्षधर विद्वानों का तर्क कि उत्तर–पूर्व में समस्याएँ, मुख्यधारा राष्ट्रीय स्तर के नेतृत्त्व के "राष्ट्र–राज्य निर्माण" पहलू का ही परिणाम है। वह आगे तर्क प्रस्तुत करते हैं कि "राष्ट्र–राज्य निर्माण" की उनकी खोज में केंद्रीय सरकार और मुख्यधारा नेताओं के प्रतिनिधित्व वाले देश के प्रबल समूहों ने "बाह्य रेखा" उत्तर–पूर्व की लघु राष्ट्रीयताओं की उपेक्षा की; उनके साथ "सौतेला व्यवहार" किया; अक्खड़ रवैया दिखाया और देश के अन्य

भागों की अपेक्षा उत्तर-पूर्व में मानवाधिकार उल्लंघन के प्रति कम ध्यान दिया। यही कारक उत्तर-पूर्व में विप्लव समस्या में परिणत हुआ। यह पहलू संजीव बरुआ के इस सुझाव में भलीभाँति सुव्यक्त है कि इस परिस्थिति से उबरने के लिए देश की मुख्यधारा नेतृत्व को अपनी "राष्ट्र-राज्य निर्माण" धारणा के स्थान पर "असली राज्य संघ-निर्माण" का पक्ष लेना चाहिए।

OPPORTUNITIES FOR AUTHORS

Visit www.GullyBaba.com

If you have good knowledge on any subject, and a keen desire and aptitude to write, GPH is the place for you. We are taking this initiative of introducing new authors and getting their work published.

Good Chance for Teachers/ Faculties/Diligent Students.
Apply for offline/online, Part time or full time writers.

GullyBaba Publishing House (P) Ltd.
Contact : jobs@gullybaba.com

एम.पी.एस.–003 : भारत : लोकतंत्र और विकास
जून, 2011

नोट : *किन्हीं **पाँच** प्रश्नों के उत्तर दीजिए, प्रत्येक खंड में से कम–से–कम **दो** प्रश्न चुनते हुए। प्रत्येक प्रश्न का उत्तर लगभग **500** शब्दों में दें। सभी प्रश्नों के अंक समान हैं।*

भाग – I

प्रश्न 1. भारतीय राष्ट्रीय आंदोलन के दौरान महात्मा गाँधी का आर्थिक दृष्टिकोण क्या था?

उत्तर– देखें अध्याय–1, प्रश्न नं.–1

प्रश्न 2. 1991 से अब तक राजनीतिक लोकतंत्र और आर्थिक विकास की प्रक्रिया का वर्णन करें।

उत्तर– यदि भारत के आर्थिक इतिहास पर दृष्टिपात करें तो ज्ञात होता है कि 1991 से पहले भारत की विकास की रणनीति और लोकतंत्र के अपने स्वरूप के विकास की रणनीति में एकरूपता नहीं थी। नेहरू जी के राजनीतिक नेतृत्व की दीर्घकालिक सोच का स्थान अल्पकालिक रणनीतियों ने ले लिया था जैसा कि उदारीकरण की नई आर्थिक नीतियों का अपनाया जाना और अधिकृत करने की उद्गामी राजनीति अर्थव्यवस्था और राज्यतंत्र दो विपरीत दिशाओं में ले जाते प्रतीत होते हैं। सर्वाधिक महत्त्वपूर्ण संघर्ष समाधान के लिए मध्यस्थता करने में भारतीय राज्य की अनिच्छा है।

इस मोड़ पर एक अल्प आर्थिक संकट जब दशकों की गरीबी के बाद, मिश्रित अर्थव्यवस्था प्रतिदर्श अक्षुण्ण बना रहा, के तुरंत बाद विकास नियोजन प्रतिदर्श से आर्थिक उदारीकरण प्रतिदर्श को पूर्ण युगांतरण के कारणों पर चर्चा करना सुसंगत होगा और तब, नरसिंहाराव की अल्पमत सरकार किस प्रकार दूरगामी नीति में परिवर्तन कर पाई जब कि उससे पहले पूर्ण बहुमत वाली राजीव गाँधी की कांग्रेसी शासन जैसी पूर्ववर्ती सरकारें स्पष्ट इच्छा के बावजूद वैसा करने में अक्षम रहीं।

इसका संभव उत्तर संकट प्रबंधन की तत्काल आर्थिक बाध्यता के रूप में हो सकता है। राजनीतिक अर्थशास्त्रियों जैसे जयति घोष, प्रणव वर्द्धन, अमित भादुड़ी और दीपक अय्यर ने राष्ट्रीय और अंतर्राष्ट्रीय संघटकों के संयोजन का हवाला दिया है जो स्पष्ट करता है कि युगांतर संकट–प्रेरित था तथा यह आर्थिक नीतियों में रणनीति–प्रेरित परिवर्तन नहीं था। इन घटकों में भूतपूर्व सोवियत यूनियन तथा पूर्वी यूरोपियन देशों, जो भारत के सबसे बड़े व्यापारिक भागीदार थे, में साम्यवादी राज्य शामिल थे। विदेशी ऋण संकट पैदा हुआ क्योंकि

राजीव गाँधी सरकार द्वारा लिए गए अल्पकालिक ऋण निर्यात के लिए पूँजीगत वस्तुओं के क्षेत्र की विफलता के कारण, वापस नहीं किया जा सके। खाड़ी युद्ध के परिणामस्वरूप तेल की कीमतों में वृद्धि होने से खाड़ी के प्रवासियों से सम्प्रेषण कम हो गए। अप्रवासी भारतीयों द्वारा विनियम बाजार से अपनी पूँजी हटा ली गई क्योंकि उन्होंने मंडल और मंदिर विवाद के

परिणामस्वरूप भारतीय राज्य में सामाजिक और राजनीतिक सजीवता में विश्वास खो दिया था। मध्य वर्ग के उत्थान से उपभोक्तावाद में वृद्धि, रक्षा आयात में वृद्धि, अपर्याप्त संसाधन गतिशीलता, जनअधिकारवाद के प्रतिस्पर्धात्मक राजनीति तत्काल घटकों में से कुछ घटक थे और तब राजीव गाँधी सरकार की उदारवादी नीतियों के तहत प्रगामी तौर पर प्रत्यक्ष करों में कमी की गई जबकि अप्रत्यक्ष करों में वृद्धि नहीं की जा सकी।

अंतर्राष्ट्रीय घटकों में अंतर्राष्ट्रीय मौद्रिक संस्थानों जैसे अंतर्राष्ट्रीय मुद्रा निधि और विश्व बैंक द्वारा उपरोक्त अधिरोपित प्रतिबंध शामिल थे। दक्षिण एशियाई देशों की सफल कहानी के साथ लैटिन अमेरिकी और उप-सहारा अफ्रीकी देश भी अच्छे शासन के राजीव प्रतिदर्श के रूप में नये-उदारवाद के आने के प्रभाव में आड़े आए। यह तर्क दिया गया था कि आर्थिक विकास और आर्थिक दक्षता राज्य की भूमिका में कमी करके प्राप्त किए जा सकते थे। वित्तीय अनुशासन, विदेशी पूँजी तक पहुँच तथा विदेशी प्रौद्योगिकी अन्य घटक थे जिसके कारण राज्य के नेतृत्व वाला पूँजीवाद बाजार प्रेरित पूँजीवाद से रूपांतरित हो गया।

यह सुस्पष्ट है कि बार-बार होने वाले चुनावों के विद्यमान गठबंधन युग में राजनीतिक अस्थिरता से अल्पकालिक हित प्रेरित राजनीति के प्रचलन में होने का पता चलता है। अर्थव्यवस्था की स्थिरता के लिए कठोर उपाय करने तथा चुनावों में प्रतिकूल निर्वाचन क्षेत्र अंग में चुनाव जीतने वाले लोकप्रिय समर्थन का जोखिम लेने की बजाए जनाधिकारवादी उपायों का बने रहना विशेष रूप से राज्य स्तर पर नीति निर्माण में प्रबल घटक बन चुके हैं क्योंकि एक मुख्य मंत्री का औसत कार्यकाल 3 वर्ष से कम है। इस प्रकार शुरुआती दौर का दीर्घकालिक पहलू मौजूद नहीं है। लोकतांत्रिक राजनीति के अनुसार भी सामंजस्य समाप्त हो चुका है। भ्रष्ट और अक्षम राज्य स्तर की नौकरशाही सुधारों को लागू करने में अक्षम बनी रहती है। संरक्षण, भ्रष्टाचार और भाई-भतीजावाद निरंतर जारी है। निवेश का स्वरूप चाहे विदेशी हो अथवा घरेलू संदेह बना रहता है क्योंकि अधिकांश निवेश उपभोक्ता क्षेत्र में है और प्राथमिक अथवा पूँजीगत माल क्षेत्रों में नहीं है। अधिकांश निवेश जैसा कि प्रभात पटनायक ने तर्क दिया है, तुरंत प्रतिफल की चाह वाले 'गर्मधन' के रूप में है। क्षेत्रवाद उपनिवेशवाद और राष्ट्रवाद की उपशाखा के रूप में उत्थान पर है जिससे क्षेत्रीय असंतुलन बढ़ रहा है। आरंभ में राज्यों के पुनर्गठन का आधार प्रजातीय-सांस्कृतिक पहचान थी परंतु अधिक विकास और लोकतंत्रीकरण की आवश्यकता पृथक् राज्य के लिए माँग का आधार बन रही है जैसा कि उत्तरांचल, छत्तीसगढ़ और झारखंड के सृजन के लिए आंदोलनों के मामले में था। भाषाई समुदाय भी समूहगान में शामिल हो रहे हैं जैसा कि उत्तर प्रदेश में बुंदेलखंड और रूहेलखंड के लिए माँग के मामले में हुआ था। नई आर्थिक व्यवस्था में, इन माँगों का संवेग बढ़ने की संभावना है।

सामाजिक क्षेत्र से राज्य की वापसी गरीब जनता पर निशाना साध रही है क्योंकि कल्याणवाद की संपूर्ण धारणा पर प्रश्नचिह्न लग गया है। वित्तीय अनुशासन के नाम पर रोजगार स्वास्थ्य और शिक्षा के प्राथमिक क्षेत्रों में राज्य का निवेश डगमगा रहा है। माँग आपूर्ति और अधिकतम लाभ वाले बाजार नियमों से प्रेरित नई आर्थिक नीतियाँ मुश्किल से विशेषतया

अनौपचारिक क्षेत्र में नियोजित श्रम बल से सम्बद्ध हैं। प्रतिस्पर्धात्मक संघीय राज्य भी श्रमिक अधिकारों की अनदेखी करते दिखाई देते हैं क्योंकि वे निजी निवेश की तलाश में रहते हैं।

आर्थिक सुधारों की राजनीतिक सफलता के लिए अन्य चुनौतियाँ हैं। गाँधीवादी मूल्यों जो आज भी जन समुदाय पर प्रभाव रखता है, का बाजार अर्थव्यवस्था के मुकाबले विरोध किया जाता है क्योंकि वे व्यष्टिगत हितों की बजाए समूहों के हितों पर जोर देते हैं। नए राजनीतिक प्रतिष्ठान द्वारा आर्थिक सुधारों का विरोध, जन अधिकारवादी राजनीति से हटकर नीति निर्माण करने में विफलता, केंद्र-राज्य के संघर्षपूर्ण संबंध, राज्यों के बीच प्रतिद्वंद्वता अन्य बाधाएँ हैं। इस प्रकार उदारीकरण, निजीकरण और भूमंडलीकरण की प्रक्रियाओं के आधार पर विकास की विद्यमान नई उदारवादी परियोजना पर स्थायी विकास की रणनीति तथा नए सामाजिक आंदोलनों के उन वकीलों द्वारा प्रश्नचिह्न बना दिया गया है जो बहुमत का गठन करने वाले अन्य लोगों की कीमत पर कुछ सामाजिक समूहों की समृद्धि की औचित्यता पर प्रश्नचिह्न लगाते रहते हैं।

प्रश्न 3. हमारी संसदीय व्यवस्था में राज्य सभा की भूमिका का परीक्षण करें।
उत्तर— देखें दिसम्बर-2008, प्रश्न नं.-5(ख)

प्रश्न 4. भारतीय संघवाद के मुख्य लक्षणों का वर्णन करें।
उत्तर— देखें अध्याय-11, प्रश्न नं.-3

प्रश्न 5. निम्नलिखित पर लेख लिखें।
(a) भारत में कृषक आंदोलन।: देखें अध्याय-14, प्रश्न नं.-3
(b) भारतीय लोकतंत्र में प्रेस की भूमिका : देखें अध्याय-15, प्रश्न नं.-1

भाग – II

प्रश्न 6. मानव विकास के उपागमों पर एक निबंध लिखें।
उत्तर— देखें अध्याय-19, प्रश्न नं.-1

प्रश्न 7. भारत में क्षेत्रवाद की प्रकृति पर कौन-कौन से विभिन्न सैद्धांतिक दृष्टिकोण हैं?
उत्तर— देखें अध्याय-21, प्रश्न नं.-1,3

प्रश्न 8. टिकाऊ विकास से आप क्या समझते हैं?
उत्तर— देखें जून-2009, प्रश्न नं.-8

प्रश्न 9. समुचित उदाहरण देते हुए भारत में नृजातीयता की अभिव्यक्तियों की चर्चा करें।
उत्तर— देखें अध्याय-26, प्रश्न नं.-3

प्रश्न 10. निम्नलिखित पर लेख लिखें।
(a) प्रॉसिड्यूरल (Procedural) लोकतंत्र : देखें अध्याय-27, प्रश्न नं.-1
(b) जेंडर विकास और न्याय : देखें अध्याय-20, प्रश्न नं.-1,3

एम.पी.एस.–003 : भारत : लोकतंत्र और विकास

दिसम्बर, 2011

नोट : *किन्हीं* ***पाँच*** *प्रश्नों के उत्तर दीजिए, प्रत्येक खंड में से कम–से–कम* ***दो*** *प्रश्न चुनते हुए। प्रत्येक प्रश्न के 20 अंक हैं और प्रत्येक प्रश्न का उत्तर लगभग* ***500*** *शब्दों में दें।*

खंड – I

प्रश्न 1. भारतीय लोकतंत्र में जाति की भूमिका की चर्चा करें।

प्रश्न 2. 1967–1990 के मध्य भारत में राजनीतिक लोकतंत्र और आर्थिक विकास की प्रक्रिया का वर्णन करें।

प्रश्न 3. आपके विचार में हमारी राजनीतिक व्यवस्था में सामाजिक असमानता क्या भूमिका अदा करती है?

प्रश्न 4. भारत में राजनीतिक दलों और राजनीतिक सहभागिता के मध्य अंत:संबंध का परीक्षण करें।

प्रश्न 5. निम्न पर लगभग 250 शब्दों (प्रत्येक) में लेख लिखें:

(a) भारत में गरीबी उन्मूलन कार्यक्रम

(b) नए सामाजिक आंदोलन

खंड – II

प्रश्न 6. भारत में मानव विकास पर एक लेख लिखें।

प्रश्न 7. माइग्रेशन और शहरीकरण के मध्य संबंध की चर्चा करें।

प्रश्न 8. 1991 से पूर्व भारत में व्यापार नीति के मूल लक्षण क्या थे?

प्रश्न 9. ठोस (substantive) लोकतंत्र पर एक निबंध लिखें।

प्रश्न 10. निम्न पर लगभग 250 शब्दों (प्रत्येक) में लेख लिखें:

(a) धार्मिक राजनीति का विकास

(b) उदारीकरण और लोकतंत्र

एम.पी.एस.–003 : भारत : लोकतंत्र और विकास

जून, 2012

नोट : *कुल* ***पाँच*** *प्रश्नों के उत्तर दीजिए, प्रत्येक खंड में से कम–से–कम* ***दो*** *प्रश्न हल कीजिए। सभी प्रश्नों के अंक समान हैं।*

खंड – I

प्रश्न 1. भारत के राष्ट्रवादी आंदोलन में समाजवादियों और साम्यवादियों की भूमिका का आलोचनात्मक परीक्षण करें।

उत्तर– 20वीं सदी के दूसरे दशक के अंतिम वर्षों एवं तीसरे दशक के दौरान राष्ट्रीय आंदोलन का चरित्र बदलने लगा। अब तक कांग्रेस का लक्ष्य केवल राजनीतिक स्वतंत्रता था। अब सामाजिक एवं आर्थिक स्वतंत्रता की माँग भी की जाने लगी। इस काल में युवा वर्ग समाजवादी विचारधारा के प्रभाव में आने लगा था, क्योंकि असहयोग आंदोलन की विफलता के बाद युवा वर्ग का गाँधीवादी रणनीति से मोह भंग होने लगा था। दूसरी ओर रूसी क्रांति की सफलता ने भी युवकों को इस ओर प्रेरित किया। इनको सैद्धांतिक प्रेरणा मार्क्सवाद और प्रजातांत्रिक समाजवाद से मिली और ये लोग साम्राज्यवाद–विरोधी, राष्ट्रवादी एवं समाजवादी के रूप में सामने आए। इनमें श्री सुभाषचंद्र बोस, श्री जवाहरलाल नहेरू, श्री राम मनोहर लोहिया व श्री जयप्रकाश नारायण इत्यादि प्रमुख थे। सुभाषचंद्र बोस के अनुसार कांग्रेस के वामपंथी समर्थक न केवल साम्राज्यवाद विरोधी थे, अपितु ये अपने राष्ट्रीय जीवन का निर्माण समाजवादी आधार पर चाहते थे। 1929 के लाहौर अधिवेशन में श्री जवाहरलाल नेहरू ने घोषणा की कि "मैं समाजवादी और लोकतंत्रवादी हूँ।" उन्होंने कहा यदि इस देश की गरीबी और असमानता समाप्त करनी है, तो भारत को एक समग्र समाजवादी कार्यक्रम अपनाना होगा।

समाजवाद के प्रति श्री नेहरू की प्रतिबद्धता को 1933–36 के दौरान अधिक स्पष्ट तथा धारदार अभिव्यक्ति मिली। 1936 के लखनऊ कांग्रेस अधिवेशन में उन्होंने समाजवाद के प्रति अपनी प्रतिबद्धता जताते हुए स्पष्ट शब्दों में कहा था कि "मुझे पक्का विश्वास हो चला है कि विश्व की और भारत की समस्याओं के समाधान की एकमात्र कुंजी समाजवादी है।" मैं जब इस शब्द का इस्तेमाल करता हूँ तो अस्पष्ट मानवतावादी अर्थ में नहीं बल्कि वैज्ञानिक एवं आर्थिक अर्थ में करता हूँ, जिसके अंतर्गत काफी व्यापक और क्रांतिकारी परिवर्तनों की जरूरत होती है, जिसका मतलब होता है व्यक्तिगत संपत्ति की समाप्ति। सीमित अर्थों को छोड़कर जिसका मतलब होता है वर्तमान लाभ की व्यवस्था के स्थान पर सहकारी सेवा की

उच्चतम आदर्श की प्रतिष्ठा, मुझे गरीबी को समाप्त करने का कोई रास्ता नजर नहीं आता। व्यापक बेरोजगारी, जहालत और भारतीय जनता की पराधीनता के अंत का समाजवाद के अलावा अन्य कोई विकल्प नजर नहीं आता।

भारतीय राष्ट्रीय आंदोलन राष्ट्रीय चेतना या स्वतंत्रता के विचार के प्रसार का नतीजा था। यह सर्वप्रथम एक राजनीतिक आंदोलन था जिसमें कांग्रेस ने एक पार्टी के रूप में नहीं, बल्कि एक आंदोलन के रूप में काम किया। केवल उन बुनियादी और व्यापक लक्ष्यों पर सहमति के अतिरिक्त कांग्रेस में शामिल होने के लिए किसी विशेष प्रकार की सैद्धांतिक प्रतिबद्धता आवश्यक नहीं थी। एक आंदोलन के रूप में इसने लोकतंत्र और धर्म–निरपेक्ष राष्ट्रवाद के प्रति प्रतिबद्ध अपने समय की सभी राजनीतिक प्रवृत्तियों, विचारधाराओं और सामाजिक वर्गों व समूहों के साथ अपने को जोड़कर रखा। लेकिन कोई भी राजनीति सामाजिक–आर्थिक संदर्भों से ही संचालित होती है तथा लोगों के वृहतम् हिस्से को संगठित करने के लिए सामाजिक–आर्थिक अभिलाषाओं को प्रकट करना आवश्यक होता है। उस समय भारत में आर्थिक समस्याओं का एक कुचक्र विकसित हो चुका था। इस कुचक्र को तोड़ने के लिए ऐसी क्रांतिकारी नीतियों की आवश्यकता थी जो आर्थिक प्रोत्साहन और राजनीतिक दबाव के प्रयोग से असमानताओं को धीरे–धीरे समाप्त करती जाएँ। पूँजी के केंद्रीकरण को तेजी से सीमित करना और आवश्यक संस्थागत परिवर्तन लाना आवश्यक था। यद्यपि इन लक्ष्यों के संबंध में व्यापक सहमति थी तथा 14 नबम्बर, 1947 को अखिल भारतीय कांग्रेस समिति ने इस रास्ते का (जिसे भारत का विशिष्ट समाजवादी अथवा प्रचलित पूँजीवाद और समाजवाद से भिन्न एक तीसरा रास्ता कहा गया) प्रतिपादन करते हुए कहा कि हमारा लक्ष्य एक ऐसी राजनीतिक व्यवस्था का विकास करना है, जिसमें प्रशासनिक कुशलता और व्यक्तिगत स्वतंत्रता का सामंजस्य हो, दूसरी ओर एक ऐसे आर्थिक ढाँचे का विकास करना है, जो व्यक्तिगत एकाधिकार तथा धन के केंद्रीकरण के बिना अधिक से अधिक उत्पादन कर सके और शहरों तथा ग्रामीण अर्थव्यवस्थाओं में उचित संतुलन ला सके। इस प्रकार का सामाजिक ढाँचा लाभ पर आधारित निजी पूँजीवादी अर्थव्यवस्था और सर्वसत्तात्मक राज्य के कठोर शासन का विकल्प प्रदान कर सकता था। अत्यधिक उत्पादन के लक्ष्य की प्राप्ति पर आधारित इस प्रस्ताव को बाद में व्यापक विकास तथा विचारधारा पर और स्पष्ट किया गया यथा इसमें समानता, स्वामित्व, बुनियादी उद्योगों का सार्वजनिक स्वामित्व, जनकल्याणकारी कार्यक्रम तथा लाभकारी योजनाओं को लागू करना इत्यादि शब्दों का प्रयोग किया गया।

इस प्रकार भारत में मिश्रित अर्थव्यवस्था को स्वीकार करते हुए (जिसका अर्थ था नियोजन, विनियमन और निजी क्षेत्र को रियायतें) शीघ्र सामाजिक–आर्थिक परिवर्तन के लिए निर्देशित लोकतंत्र को अपनाया गया।

20वीं शताब्दी के दूसरे दशक के अंतिम वर्षों तथा तीसरे दशक के दौरान गाँधीजी के रहस्यवाद और साम्यवादी दल के रूढ़िवाद के विरुद्ध कांग्रेस में एक विवेकयुक्त विद्रोह उभरा,

जिसे समाजवादी सोच की संज्ञा दी जाती है। उनको सैद्धांतिक प्रेरणा मार्क्सवाद और प्रजातांत्रिक समाजवाद से मिली और वे लोग केवल साम्राज्यवाद–विरोधी ही नहीं थे बल्कि राष्ट्रीय जीवन का निर्माण समाजवादी आधार पर करना चाहते थे। असहयोग आंदोलन स्थगित होने के बाद समाजवादी विचार तेजी से फैला। 1927 के बाद सारे देश में युवक संगठन स्थापित हुए और 1928–1929 में सारे देश में सैकड़ों अधिवेशन आयोजित किए गए। तीसरे दशक के दौरान सारा विश्व महान् आर्थिक मंदी में डूबा हुआ था। इसलिए समाजवादी विचार और अधिक लोकप्रिय हो गए। श्री जवाहरलाल नेहरू ऐसे व्यक्ति थे, जिन्होंने राष्ट्रीय आंदोलन को समाजवादी दृष्टि प्रदान की। इसी गुट ने आगे चलकर 1934 में कांग्रेस समाजवादी दल का रूप धारण कर लिया और समाजवादी मूल्यों एवं अवधारणाओं की वकालत की। इसके फलस्वरूप एवं प्रगतिशील नीतियों के कारण कांग्रेस के घटते सम्मान को रोका जा सका, क्योंकि समाजवादी अपने को कांग्रेस का अभिन्न अंग मानते थे।

प्रश्न 2. उदारीकरण के अर्थशास्त्र और सशक्तिकरण की राजनीति संबंधी उभरते हुए विरोधाभासों पर एक निबंध लिखें।

उत्तर– 9वीं लोकसभा में भारतीय जनता पार्टी एवं वामपंथी दलों के सहयोग से श्री विश्वनाथ प्रताप सिंह के नेतृत्व में जनवरी, 1990 को अल्पमत सरकार पदारूढ़ हुई। इसने एक समयबद्ध कार्यक्रम बनाया, जिसमें निवेश वाले साधनों का 50 प्रतिशत ग्रामीण क्षेत्र में लगाने, किसानों को लाभकारी उपज देने और काम के अधिकार को मौलिक अधिकार बनाने इत्यादि की घोषणा की गई थी। श्री विश्वनाथ प्रताप सिंह की राष्ट्रीय मोर्चा सरकार 1990–91 के बजट में ग्रामीण क्षेत्रों के लिए 49 प्रतिशत साधन भी उपलब्ध कराए, ऋण माफी के संदर्भ में कार्यवाही की तथा 7 अगस्त, 1990 को मंडल आयोग की सिफारिशों को लागू करने का निर्णय लिया, जिससे कुछ काल के बाद उनकी सरकार अल्पमत में आ गई। 1991 में श्री नरसिंह राव के नेतृत्व में कांग्रेस सरकार ने उदारीकरण की नई आर्थिक नीतियों को अपनाया। श्री राव की सरकार प्रारंभ में तो अल्पमत में थी, पर बाद में बहुमत में बदल गई। श्री राव ने श्री नेहरू की दीर्घकालिक सोच के स्थान पर अल्पकालिक लाभ, उदारीकरण व ढाँचागत समायोजन कार्यक्रमों पर ध्यान दिया। उदारीकरण का अर्थ है औद्योगिक विनियमन और बाजार की पूरी शक्ति खोला जाना जिससे कि व्यवस्था में बाजारी शक्तियों का प्रवेश हो। बाजार को सुरक्षित रखने तथा आयात का विकल्प खोजने की बजाय महसूस किया गया कि भारतीय अर्थव्यवस्था को निर्यातोन्मुखी बनाया जाए। इसमें निहित था–विदेशी व्यापार का उदारीकरण, चुंगी व कर में कमी, रुपये का अवमूल्यन और निर्यात, खासकर कृषि उत्पादों के निर्यात से सारे प्रतिबंध हटाना ढाँचागत समायोजन के अंतर्गत अर्थव्यवस्था के भीतरी व बाहरी समायोजन।

उल्लेखनीय है कि 1991 में भारत में विदेशी ऋण संकट उत्पन्न हो गया था। खाड़ी युद्ध के परिणामस्वरूप तेलों की कीमत में वृद्धि हो गई थी। अप्रवासी ने विनिमय बाजार से अपनी पूँजी हटा ली थी तथा मंडल आयोग एवं बाबरी मस्जिद की वजह से देश में उथल-पुथल मची हुई थी, तब भारत सरकार को विश्व बैंक व अंतर्राष्ट्रीय मुद्रा कोष से 1991 में दीर्घकालीन विकास के लिए ऋण लेना पड़ा था। 1996 के बाद भारत में गठबंधन सरकारों का दौर शुरू हुआ। गठबंधन युग में राजनीतिक अस्थिरता से अल्पकालिक हित-प्रेरित राजनीति के प्रचलन में होने का पता चलता है। वित्तीय घाटा कम करने के लिए सरकारी खर्च में कटौती का संकल्प, आर्थिक सुधारों का दायरा व्यापक होने का तथा लोकतंत्र को एक मजबूत आधार प्रदान किया है। आज के संदर्भ में वैश्वीकरण, उदारीकरण या भूमंडलीकरण का अध्ययन संवैधानिक वचनबद्धताओं, इसके धर्मनिरपेक्ष ताने-बाने के संदर्भ में किया जा सकता है। औसत भारतीय के लिए वैश्वीकरण का अर्थ है, संवैधानिक दायरे के भीतर निजीकरण। दूरसंचार, बिजली, रसोई गैस इत्यादि क्षेत्र में पहले निजीकरण था, लेकिन आज प्राथमिक शिक्षा तक के लिए विदेशी सहायता को स्वीकार किया जा रहा है, जो आज से तीस साल पहले वर्जित था। वर्तमान समय गठबंधन सरकार के युग में अल्पकालिक हित प्रेरित राजनीति का आभास होता है। आर्थिक सुधार एवं वित्तीय अनुशासन के नाम पर शिक्षा, रोजगार, स्वास्थ्य आदि क्षेत्रों में निवेश कमजोर रूप से है। माँग, आपूर्ति और अधिकतम लाभ वाले बाजार मूल्यों से प्रेरित नई आर्थिक नीतियाँ कठिनाई से मुख्यतः औपचारिक क्षेत्र में श्रम बल से संबद्ध हैं।

लोग आज भी गाँधीवादी राजनीति के सिद्धांत तथा समूह के हित पर जोर देते हैं। नीति-निर्माण की असफलता, केंद्र-राज्य संघर्षपूर्ण संबंध तथा राज्यों के बीच प्रतिद्वंद्विता से आर्थिक सुधार विरोधी दिशाओं में जा रही है।

प्रश्न 3. जाति और जाति श्रेणियों के मध्य संबंध और राजनीतिक प्रक्रिया पर इनके प्रभाव का वर्णन करें।

उत्तर– देखें अध्याय-5, प्रश्न नं.-3

प्रश्न 4. न्यायिक पुनरावलोकन क्या है? कानून की प्रक्रिया के कार्य पालन में इसकी भूमिका की चर्चा कीजिए।

उत्तर– देखें अध्याय-10, प्रश्न नं.-3

प्रश्न 5. "विगत के वर्षों में भारतीय संघवाद ने इतना लचीलापन दिखलाया है कि वह संघीय राज्य निर्माण के विभिन्न दबावों को ढाँचागत और राजनीतिक रूप से अपना हो और उनका रूपांतरण कर सकें।"

उत्तर– देखें अध्याय-11, प्रश्न नं.-3, 2

खंड – II

प्रश्न 6. व्यक्तिजनों के सशक्तिकरण में भारतीय राजनीतिक दलों की भूमिका की चर्चा कीजिए।

उत्तर— देखें अध्याय–13, प्रश्न नं.–2

प्रश्न 7. सामयिक भारत में किसान आंदोलनों की प्रकृति और भूमिका का विश्लेषण करें।

उत्तर— देखें अध्याय–14, प्रश्न नं.–3

प्रश्न 8. भारत में उत्तर–पूर्व क्षेत्र में नृजातीय आंदोलनों के कारणों और प्रकृति का परीक्षण करें।

उत्तर— देखें दिसम्बर–2010, प्रश्न नं.–10

प्रश्न 9. विकास में नारी से जेंडर और विकास तक के संकल्पनात्मक परिवर्तन पर एक लेख लिखें।

उत्तर— देखें अध्याय–20, प्रश्न नं.–1

प्रश्न 10. भारत में धार्मिक राजनीतिक के विकास का वर्णन करें।

उत्तर— भारत में धार्मिक राजनीति का एक लंबा इतिहास है और अनन्यवादी होते हुए भी, यह एक संपन्न वंशावली रखती है। बहुत विस्तृत बुद्धि–प्रसार वाले कुछ महान् धार्मिक विचारकों ने भी धार्मिक राजनीति के निर्माण में योगदान किया, हालाँकि वे इस प्रकार की राजनीति के अनुयायियों में वर्गीकृत नहीं है। धार्मिक पुनर्जागरणवाद का इतिहास, जो कि धार्मिक राजनीति निर्माण का मध्य मार्ग है, सौ वर्षों से भी अधिक पुराना है। 19वीं सदी के अंतिम दशकों के आस–पास पुनर्जागरण भावनाओं पर आधारित राजनीति देशभर पर प्रभावी होती जा रही थी, खासकर बंगाल व महाराष्ट्र में जो उस समय तक समाज–सुधार आंदोलनों के मुख्य केंद्र थे। पुनर्जागरणवाद पर आधारित राजनीति का यह नया मिज़ाज तेजी से उन सामाजिक आंदोलनों का स्थान लेता जा रहा था जो हिंदुत्व के भीतर अनेक प्रथाओं पर प्रश्न करने का प्रयास करते थे, जैसे बाल–विवाह, बलात् वैधव्य, महिलाओं को शिक्षा से इन्कार आदि। यह बात दिलचस्प है कि संसूचित सुधारों में से अधिकांश महिलाओं के लिए जीवन को अधिक जीने योग्य बनाते हुए, उनके प्रारब्ध से ही जुड़े थे। पुनर्जागरणवाद के उत्कर्ष और सुधार आंदोलन के अपकर्ष का एक उदाहरण था भारत के भिन्न–भिन्न भागों से विभिन्न समाज–सुधार आंदोलन के एक रक्षाछत्र संगठन के रूप में, रानाडे द्वारा आरंभ नैशनल

सोशल कॉन्फ्रेंस को मिला प्रतिपादन। इसका उद्देश्य था पूरे भारतवर्ष में सुधार आंदोलन पर चर्चा करना और उसे समन्वयन एवं प्रोत्साहन प्रदान करना एक अखिल भारतीय स्तर पर, वह भारतीय राष्ट्रीय कांग्रेस के अधिवेशनों के समांतर ही, अपनी वार्षिक बैठक किया करती थी। एक उग्र प्रभाव वाली कार्रवाई में, कांग्रेस के 1885 के पूना अधिवेशन में बालगंगाधर तिलक ने इसकी बैठकों पर प्रतिबंध लगा दिया और इसे अधुना लुप्त करने का प्रयास किया। तिलक के दृष्टिकोण में इस बदलाव पर उंगलियाँ उठीं क्योंकि आम रुझान को देखते हुए अब वह बदल चुके थे और समाज–सुधारों के खिलाफ उन्होंने एक स्पष्ट रुख अपना लिया था। जल्द ही तिलक ने सार्वजनिक गणेश पूजा को उपनिवेशवाद के खिलाफ जन–संघटन की एक मुख्य पद्धति के रूप में स्थापित कर दिया।

धर्म के समर्थन में हमारे समाज में पढ़े–लिखे लोगों के बीच बदलते मिज़ाज का दूसरा उदाहरण था विवाह–योग्य आयु विधेयक (एज ऑव कॅन्सैंट बिल) के खिलाफ बहुत चीत्कारपूर्ण, यद्यपि अल्पकालिक अभियान। इस विधेयक ने एक साधारण–सा कदम उठाने का प्रस्ताव किया था कि लड़कियों के लिए विवाह–योग्य आयु को दस से बढ़ाकर बारह वर्ष कर दिया जाए। किंतु इसने तब जो तूफान उठाया, यदि आज हम पीछे मुड़कर देखें तो चौंका देना वाला है। बंकिमचंद्र चटर्जी एवं बालगंगाधर तिलक जैसे गणमान्य विभूतियों एवं राष्ट्रवादियों तथा ऐसे ही दूसरे लोगों ने विरोध सहगान में स्वर मिलाया। तर्क यह था कि विदेशी शासकों या अंग्रेजों को हिंदुओं की धार्मिक प्रथाओं में हस्तक्षेप का कोई अधिकार नहीं है। परंतु यह तर्क केवल मिथ्या लगता है क्योंकि यह कभी स्पष्ट नहीं किया गया कि क्या लड़की का शिशु–विवाह हिन्दू प्रथा का एक आंतरिक अभिलक्षण था अथवा तत्कालीन भारतीय समाज में प्रचलित महज एक सामाजिक प्रथा। गाँधीजी ने अविरोधी रूप से 1933 व 1935 के बीच ब्रिटिश कार्रवाई का साथ दिया। उनका विचार था कि धार्मिक मामलों में केवल अनुचित हस्तक्षेप से बचा जाना चाहिए। परंतु इन्हीं लोगों ने, जिन्होंने धर्म से संबंधित मामलों में हस्तक्षेप करने के विषय में अंग्रेजों का विरोध किया, गौ–वध पर प्रतिबंध की माँग की। हिन्दू कट्टरपंथी समूह, जो अब प्रभावी हो रहे थे, सिर्फ हिन्दू धार्मिक भावनाओं की भाषा में बात करते थे।

उठते पुनर्जागरणवाद को अप्रत्याशित स्थानों से समर्थन मिला। विवेकानन्द जो विश्व धर्म संसद में अपने प्रदर्शन के बाद अत्यंत प्रसिद्ध हो गए थे, उन्हीं में से एक थे। उन्होंने सुधार बनाम विकास व सेवा पर आधारित एक दिलचस्प तर्क प्रस्तुत किया। उन्होंने घोषणा की, कि मैं सुधार में विश्वास नहीं रखता, मैं विकास में विश्वास रखता हूँ।

बंगाल में, दूसरों के साथ–साथ बंकिमचंद्र चटर्जी, अपने वन्दे मातरम् के लिए मशहूर, ऐसे सुधारों के खिलाफ एक प्रमुख आवाज थे। भारत के अन्य भागों में ब्रह्मविद्या आंदोलन ने भी इसी प्रकार का स्थान ग्रहण किया।

इन सब बातों के भीतर घुसने का तात्पर्य यह दर्शाना है कि यद्यपि धार्मिक राजनीति का उदय क्षेत्र-क्षेत्र में भिन्न-भिन्न आधार लेकर हुआ था, इसने एक अचूक अन्य प्रकार की राजनीति के खिलाफ समरूप स्थिति ग्रहण कर ली थी जो राममोहन राय से आरंभ शुरू के चरणों में प्रबल रही। पहले ही राजनीति इस अभिशंसा द्वारा पहचानी जाती थी कि भारतीय समाज उन बुरी प्रथाओं को छोड़कर स्वयं ही अपने को पुनर्जीवनयुक्त कर सकता है, जो हिन्दू समाज में अतिक्रमण कर आए हैं और इनको विधान तथा कानूनन मंजूरी के बिना दूर नहीं किया जा सकता है। धार्मिक राजनीति राममोहन राय की बपौती का विरोध करने में अपने दावों को प्रमाणित करती है। यह उस अपील के स्थान पर भारतीय परंपरा एवं हिन्दू प्रथा के विभिन्न महत्त्वपूर्ण विचारों को रखती है।

एम.पी.एस.–003 : भारत : लोकतंत्र और विकास
दिसम्बर, 2012

नोट : *कुल **पाँच** प्रश्नों के उत्तर दीजिए, प्रत्येक खंड में से कम–से–कम **दो** प्रश्न चुनते हुए। प्रत्येक प्रश्न का उत्तर लगभग 500 शब्दों में लिखना है। सभी प्रश्नों के अंक समान हैं।*

खंड – I

प्रश्न 1. सामाजिक–आर्थिक रूपांतरण के एक यंत्र के रूप में भारत के संविधान की चर्चा कीजिए।

प्रश्न 2. भारत में संसद की भूमिका का आलोचनात्मक विश्लेषण कीजिए।

प्रश्न 3. जन सहभागिता (mass participation) ने भारत में राजनीतिक दलों की प्रकृति बदल दी है। उदाहरणों के साथ चर्चा करें।

प्रश्न 4. कार्यपालिका और न्यायपालिका के साथ संबंधों के संदर्भ में भारतीय पुलिस की भूमिका का परीक्षण कीजिए।

प्रश्न 5. भारत में केंद्र और राज्यों के मध्य शक्तियों के वितरण पर एक निबंध लिखें।

खंड – II

प्रश्न 6. भारत में श्रमिक वर्ग आंदोलनों की प्रकृति, महत्त्व और भूमिका का परीक्षण कीजिए।

प्रश्न 7. क्या आप इस मत से सहमत हैं कि लोकतंत्र के कार्यान्वयन में राजनीतिक दलों के होते हुए दबाव समूहों का महत्त्व बढ़ा है? अपने उत्तर के कारण बताएँ।

प्रश्न 8. विकास की एजेंसियों से आप क्या समझते हैं? यह नारी सशक्तिकरण में किस प्रकार योगदान करती हैं?

प्रश्न 9. भारत में राष्ट्र–निर्माण के समक्ष नृजातिय चुनौतियों का वर्णन करें।

प्रश्न 10. प्रोस्ड्यिूरल (procedural) लोकतंत्र और ठोस (substantive) लोकतंत्र के संदर्भ में भारतीय लोकतंत्र की प्रकृति पर वाद–विवादों का परीक्षण करें।

एम.पी.एस.–003 : भारत : लोकतंत्र और विकास

जून, 2013

नोट : *निम्न में से* ***कुल पाँच*** *प्रश्नों के उत्तर दीजिए, प्रत्येक खंड में से कम–से–कम* ***दो*** *प्रश्न चुनते हुए। प्रत्येक प्रश्न के 20 अंक हैं और लगभग 500 शब्दों में उत्तर देना है।*

खंड – I

प्रश्न 1. भारतीय राष्ट्रीय आंदोलन में समाजवादी चिंतन के विकास की चर्चा करें।

प्रश्न 2. भारतीय संविधान में राज्य के नीति निर्देशक सिद्धांतों के स्थान का विश्लेषण करें।

प्रश्न 3. भारत के सर्वोच्च न्यायालय के क्षेत्राधिकार का आलोचनात्मक परीक्षण करें।

प्रश्न 4. विश्वीकरण के संदर्भ में नागरिक समाज की अवधारणा की चर्चा करें।

प्रश्न 5. निम्न पर लगभग 250 शब्दों (प्रत्येक) में संक्षिप्त लेख लिखें।
(a) लोकतंत्र और हित समूह (Interest Groups)
(b) तेभागा आंदोलन

खंड – II

प्रश्न 6. भारत में प्रवासियों के लक्षणों की चर्चा करें।

प्रश्न 7. भारत में उदारीकरण के आर्थिक परिणाम क्या रहे हैं? व्याख्या करें।

प्रश्न 8. भारत में हिंदू पुनःरुत्थान की अवधारणा पर एक लेख लिखें।

प्रश्न 9. भारत में लोकतंत्र के विकास और वृद्धि को रेखांकित करें।

प्रश्न 10. निम्न पर लगभग 250 शब्दों (प्रत्येक) में लेख लिखें।
(a) नारी और विकास **(b) धर्म निरपेक्षवाद**

एम.पी.एस.–003 : भारत : लोकतंत्र और विकास

दिसम्बर, 2013

नोट : निम्न में से **कुल पाँच** प्रश्नों के उत्तर दीजिए, प्रत्येक खंड में से कम–से–कम **दो** प्रश्न चुनते हुए। प्रत्येक प्रश्न के 20 अंक हैं। प्रत्येक प्रश्न का उत्तर लगभग 500 शब्दों में दें।

खंड – I

प्रश्न 1. भारत में वर्ग असमानता की प्रकृति की चर्चा करें।

प्रश्न 2. 1991 के दशक से भारत में राजनैतिक लोकतंत्र और आर्थिक विकास का विश्लेषण करें।

प्रश्न 3. निर्धनता उन्मूलन के संदर्भ में भारत का क्या प्रदर्शन रहा है? टिप्पणी करें।

प्रश्न 4. संसदीय संप्रभुता क्या है? भारत के संदर्भ में इस मुद्दे की चर्चा करें।

प्रश्न 5. निम्न पर लगभग 250 शब्दों में लेख लिखें।
(a) राजनैतिक सहभागिता की अवधारणा
(b) भारत के संविधान का 74वाँ संशोधन

खंड – II

प्रश्न 6. भारत में ठोस (substantive) लोकतंत्र की अवधारणा का विश्लेषण करें।

प्रश्न 7. अति–शहरीकरण (over-urbanisation) के क्या कारण हैं और इस समस्या का समाधान कैसे हो सकता है? चर्चा करें।

प्रश्न 8. भारत में धार्मिक राजनीति के विकास की चर्चा करें।

प्रश्न 9. भारत में विकास योजना (Development Planning) की अवधारणा का वर्णन करें।

प्रश्न 10. निम्न पर लगभग 250 शब्दों (प्रत्येक) में लेख लिखें।
(a) जेंडर (gender) समानता   (b) उत्तर–पूर्व भारत

एम.पी.एस.–003 : भारत : लोकतंत्र और विकास

जून, 2014

नोट : ***कुल पाँच*** *प्रश्नों के उत्तर दीजिए। प्रत्येक खंड से कम–से–कम* ***दो*** *प्रश्न चुनिए। सभी प्रश्नों के अंक समान हैं। प्रत्येक प्रश्न का उत्तर लगभग 500 शब्दों में दीजिए।*

खंड – I

प्रश्न 1. भारत में सामाजिक–आर्थिक न्याय के तंत्र के रूप में मूल अधिकारों और राज्य नीति के निदेशात्मक सिद्धांतों की प्रकृति और महत्त्व की चर्चा कीजिए।

प्रश्न 2. भारत के प्रशासनिक ढाँचे के विशिष्ट लक्षणों का वर्णन और मूल्यांकन कीजिए।

प्रश्न 3. 1990 के दशक से भारत में राजनीतिक लोकतंत्र और आर्थिक विकास की प्रक्रिया का आलोचनात्मक मूल्यांकन कीजिए।

प्रश्न 4. नागरिकों के अधिकारों और हितों के संरक्षण के लिए न्यायपालिका को सबसे प्रभावकारी अंग क्यों माना जा रहा है? सविस्तार वर्णन कीजिए।

प्रश्न 5. लोकतंत्र और विकास पर नवीन मीडिया तकनीकी के प्रभाव का आलोचनात्मक विश्लेषण कीजिए।

खंड – II

प्रश्न 6. महिलाओं की स्थिति में विकास कैसे एक सकारात्मक परिवर्तन ला सकता है? व्याख्या कीजिए।

प्रश्न 7. भारतीय राजनीति में क्षेत्रीयकरण और नवीन आर्थिक नीतियों के लिए इसके निहितार्थों का विश्लेषण कीजिए।

प्रश्न 8. टिकाऊ विकास से आप क्या समझते हैं? इसे कैसे प्राप्त किया जा सकता है?

प्रश्न 9. भारत में विकास योजना के जिस मॉडल को अपनाया और लागू किया गया है, उसका मूल्यांकन कीजिए।

प्रश्न 10. उत्तर–पूर्व में नृजातीय आंदोलनों की प्रकृति का वर्णन और मूल्यांकन कीजिए।

एम.पी.एस.–003 : भारत : लोकतंत्र और विकास

दिसम्बर, 2014

नोट : **कुल पाँच** प्रश्नों के उत्तर दीजिए। प्रत्येक खंड में से कम-से-कम **दो** प्रश्न चुनते हुए, प्रत्येक प्रश्न का उत्तर लगभग 500 शब्दों में दें। सभी प्रश्नों के अंक समान हैं।

खंड – I

प्रश्न 1. भारत के व्यक्तिजनों के जीवन स्तर में सुधार के लिए किन प्रयासों की आवश्यकता है? विस्तार से बताएँ?

प्रश्न 2. भारत को 'राज्यों की यूनियन' क्यों बताया गया है? इस शब्द के प्रयोग के निहितार्थों का वर्णन करें?

प्रश्न 3. नवीन आर्थिक नीति ने श्रमिक वर्ग और इसके आंदोलन को कैसे प्रभावित किया है? चर्चा करें?

प्रश्न 4. समाज के हाशिया (Marginalised) वर्गों और समुदायों के सशक्तीकरण में नवीन सामाजिक आंदोलनों की भूमिका का मूल्यांकन करें।

प्रश्न 5. निम्न पर लगभग 250 शब्दों (प्रत्येक) में संक्षिप्त लेख लिखें।
(a) गरीबी और गरीबी रेखा   (b) नागरिक जनहित याचिका

खंड – II

प्रश्न 6. ग्रामीण से शहरी क्षेत्रों की ओर प्रवासीकरण के कारणों और शहरों के लिए इसके निहितार्थों का वर्णन करें।

प्रश्न 7. विकास की एजेंसियाँ कैसे योगदान करें कि महिलाएँ उत्पादकता के क्षेत्रों में आगे आएँ? व्याख्या करें?

प्रश्न 8. बाजार अर्थव्यवस्था से आप क्या समझते हैं? विकास की प्रक्रिया में इसके लाभों और हानियों का विश्लेषण करें?

प्रश्न 9. स्वतंत्रता पूर्व और पश्चात् काल में धार्मिक राजनीति के विकास पर एक लेख लिखें?

प्रश्न 10. लोकतंत्र और विकास के मध्य संबंध पर सामयिक वाद विवाद का आलोचनात्मक परीक्षण करें?

एम.पी.एस.–003 : भारत : लोकतंत्र और विकास

जून, 2015

नोट : **कुल पाँच** प्रश्नों के उत्तर दीजिए, प्रत्येक खंड में से कम-से-कम **दो** प्रश्न चुनते हुए। प्रत्येक प्रश्न का उत्तर लगभग 500 शब्दों में दीजिए। सभी प्रश्नों के अंक समान हैं।

खंड – I

प्रश्न 1. भारत में विकास के मॉडलों संबंधी वाद-विवाद के मुख्य बिंदुओं का आलोचनात्मक विश्लेषण कीजिए।

प्रश्न 2. गरीबी उन्मूलन में भारत का प्रदर्शन कैसा रहा है? भारत के व्यक्तिजनों की स्थितियाँ कैसे सुधर सकती हैं? व्याख्या कीजिए।

प्रश्न 3. भारतीय संघीय व्यवस्था के कार्यकलाप पर एक निबंध लिखिए।

प्रश्न 4. भारत में क्षेत्रवाद के उद्‌भव के कारणों की चर्चा कीजिए।

प्रश्न 5. भारत में नृजातीयता (ethnicity) की अभिव्यक्तियों का विश्लेषण कीजिए। भारतीय राज्य ने नृजातीयता की चुनौती का कैसे सामना किया है?

खंड – II

प्रश्न 6. भारत में वर्ग असमानता की प्रकृति का विश्लेषण कीजिए।

प्रश्न 7. जमीनी (grassroots) लोकतंत्र पर 73वें और 74वें संवैधानिक संशोधनों के प्रभाव की चर्चा कीजिए।

प्रश्न 8. भारत में किसान (peasant) आंदोलन की प्रकृति का मूल्यांकन कीजिए।

प्रश्न 9. मानव विकास के सूचकांकों (संकेतकों) की व्याख्या कीजिए।

प्रश्न 10. प्रणाली-आधारित और ठोस (मूल) लोकतंत्र के लक्षणों की तुलना कीजिए।

एम.पी.एस.–003 : भारत : लोकतंत्र और विकास
दिसम्बर, 2015

नोट : **कुल पाँच** प्रश्नों के उत्तर दीजिए, प्रत्येक खंड में से कम-से-कम **दो** प्रश्न चुनते हुए। प्रत्येक प्रश्न का उत्तर लगभग 500 शब्दों में दीजिए। सभी प्रश्नों के अंक समान हैं।

खंड – I

प्रश्न 1. व्याख्या कीजिए कि कैसे लोकतंत्र और विकास एक-दूसरे से संबंधित हैं।

प्रश्न 2. भारत में नौकरशाही की बदलती हुई भूमिका की चर्चा कीजिए।

प्रश्न 3. भारतीय लोकतंत्र में मीडिया की भूमिका का विश्लेषण कीजिए।

प्रश्न 4. भारत में लोकतंत्र पर उदारीकरण के प्रभाव का मूल्यांकन कीजिए।

प्रश्न 5. मानव विकास से आप क्या समझते हैं? इसके अध्ययन के विभिन्न उपागम (approaches) क्या हैं?

खंड – II

प्रश्न 6. भारत में धर्म-आधारित राजनीति पर एक निबंध लिखिए।

प्रश्न 7. नृजातीयता क्या है? इसके अध्ययन के उपागमों की चर्चा कीजिए।

प्रश्न 8. 1947-1967 के काल में भारत में राजनीतिक रूपांतरण की प्रक्रिया का विश्लेषण कीजिए।

प्रश्न 9. प्रवसन (माइग्रेशन) और विकास के मध्य संबंध की व्याख्या कीजिए।

प्रश्न 10. भारत में क्षेत्रवाद की वृद्धि के कारणों की चर्चा कीजिए।

एम.पी.एस.–003 : भारत : लोकतंत्र और विकास
जून, 2016

नोट : निम्न में से **कुल पाँच** प्रश्नों के उत्तर दीजिए, और प्रत्येक भाग से कम-से-कम **दो** प्रश्न चुनिए। प्रत्येक प्रश्न का उत्तर लगभग 500 शब्दों में दीजिए। प्रत्येक प्रश्न के 20 अंक हैं।

भाग – I

प्रश्न 1. मूल अधिकारों का महत्त्व और सामाजिक परिवर्तन के रूप में राज्य के नीति निदेशक तत्त्वों की चर्चा कीजिए।

उत्तर— प्रजातंत्र शासन में नागरिक के उचित विकास हेतु उसे स्वतंत्रता मिलना आवश्यक है। भारतीय संविधान द्वारा नागरिकों को सात मौलिक अधिकार प्रदान किए गए हैं। इन अधिकारों का महत्त्व यह है कि संसद भी कोई ऐसा कानून नहीं बना सकती जो इनके प्रतिकूल हो और यदि संसद ऐसा कानून बनाती है, तो भारत का उच्चतम न्यायालय अवैध घोषित कर सकता है। ये अधिकार निम्नलिखित हैं—

(1) समानता का अधिकार
(2) स्वतंत्रता का अधिकार
(3) शोषण से रक्षा का अधिकार
(4) धार्मिक स्वतंत्रता का अधिकार
(5) संस्कृति और शिक्षा संबंधी अधिकार
(6) न्याय पाने का अधिकार

फिर देखें अध्याय–3, प्रश्न सं.–2

प्रश्न 2. भारतीय राज्य की विकास नीतियों को सामाजिक असमानता किस प्रकार से प्रभावित करती है? चर्चा कीजिए।

उत्तर— मानव समाज में उस सीमा तक बदलाव होते हैं जिस सीमा तक सामाजिक समूहों और व्यष्टियों की लाभ उठाने तक पहुँच में असामनता बनी रहती है। रूसो ने प्राकृतिक की लाभ उठाने तक पहुँच में असमानता बनी रहती है। रूसो ने प्राकृतिक और सामाजिक असमानता के बीच एक भिन्नता प्रस्तुत की। पहली स्थिति समाज के सदस्यों के बीच शारीरिक और मानसिक क्षमताओं के असमान आबंटन से उभरती है। दूसरी स्थिति में, लोगों की धन अथवा आर्थिक संसाधनों, राजनीतिक सामर्थ्य और क्षमताओं की ओर ध्यान नहीं दिया जाता है। विकास के स्तर और समाज के ढाँचागत स्वरूप से समाज के मात्र संसाधनों को ही प्रभावित नहीं करते हैं अपितु विभिन्न समूहों की इन संसाधनों तक पहुँच अलग-अलग होती है। सामाजिक समूहों की शक्तिशीलता भी अलग-अलग होती है और उसी प्रकार वे

समाज से जुड़े हुए लाभ प्राप्त करते हैं। इसी प्रकार, रूढ़िवादी परंपराएँ, नियम, रिति रिवाज और कानून सर्वाधिक मानव समाजों में कतिपय समूहों और व्यवसायों की प्रतिष्ठा और प्रास्थिति को अधिक प्रभावित करते हैं। मानव वैज्ञानिकों, समाजशास्त्रियों और राजनीतिविदों द्वारा सामाजिक असमानता के वर्णन और अभिव्यक्ति के लिए कुलीन तंत्र, स्तरीकरण वर्ग विभाजन प्रयुक्त की गई धारणाएँ हैं। मानव वैज्ञानिक आमतौर पर सामाजिक असमानता के संदर्भ में तीन प्रकार के समाजों की ओर इशारा करते हैं। इन्हें समतावादी, ओहदेदार और वर्ग समाजों के रूप में वर्गीकृत किया गया है। समतावादी समाज समानता का व्यवहार करते हैं और किसी भी सामाजिक समूह को अपेक्षाकृत अधिक आर्थिक संसाधन, शक्ति अथवा प्रतिष्ठा प्राप्त नहीं होती। ओहदेदार समाजों में धन अथवा सत्ता तक पहुँच असमान नहीं होती अपितु उनके सामाजिक समूह होते हैं जिनको अधिक सम्मान तथा प्रतिष्ठा प्राप्त होती है। एक साक्षरतापूर्ण प्राजतीय समाज में सामाजिक ओहदेदारी प्रमुखों अथवा उसके गठबंधनों के नियम पर निर्भर करती है। विषय वर्ग समाजों में आर्थिक संसाधनों सत्ता और प्रास्थिति तक पहुँच और हकदारी असमान होती है।

कई उद्योग पूर्व क्षेत्रिक समाजों सामाजिक अवसरों पर प्रास्थिति तक पहुँच जन्म की घटना से अवधारित होती थी। व्यष्टि की आरोपित भूमिका अथवा प्रास्थिति उसके नियंत्रण से बाहर घटकों जैसे जन्म, लिंग, आयु संबंध, रिश्तों और जाति के आधार पर जाती थी। मध्ययुगीन यूरोप की संपदाएँ अथवा आदेश असमान ओहदों पर बँटे हुए थे और यह ओहदातंत्र समाज की धार्मिक–नियामक व्यवस्था द्वारा विधिक तौर पर मान्यता प्राप्त और अनुमोदित था। भारतीय जाति प्रथा सामाजिक राज्यतंत्र का एक अन्य रूप थी। व्यष्टि की पेशेवर अथवा रोजगार संबंधी भूमिका आधुनिक औद्योगिक और लोकतांत्रिक समाज में व्यष्टि के अपने प्रयास ओर योग्यता पर निर्भर होने लगी। इस नई प्राप्त भूमिका पर आधुनिकता के राजनीतिक परिप्रेक्ष्य में जोर दिया गया और इसे लोकतांत्रिक आदर्श के समतुल्य देखा गया। इसमें एक प्रदत्त स्थिति को प्राप्त करने के लिए प्रयास, रुचि और उचित प्रतिस्पर्धात्मक व्यवहार अंतर्ग्रस्त था। समाज में कुलीन तंत्र से स्तरीकरण के सिद्धांत का अंतरण हुआ। समाजशास्त्रियों के अनुसार, जाति अथवा संपदाओं अथवा सामाजिक असमानताओं पर आधारित समाजों में प्रचलित कुलीन तंत्र को प्राकृतिक मानते हुए विधिसम्मत कर दिया गया। दूसरी तरफ, स्तरीकरण आधुनिक औद्योगिक समाजों का लक्षण है जिसमें असमानताएँ बनी रहती हैं परंतु उन्हें प्राकृतिक अथवा दैवीय व्यवस्था का अंग नहीं माना जाता। सामाजिक बदलाव की इस प्रक्रिया में, समानता न तो समाप्त हुई और न कम हुई बल्कि इसका रूप बदल गया। अब वर्ग सीमाएँ सरंध्र और पारगम्य हैं, व्यष्टि की गतिशीलता संभव है और समाज की नियामक व्यवस्था औपचारिक समानता पर आधारित थी। तथापि, औद्योगिक समाज का एक विशाल क्षेत्र अभी भी मौजूद है जहाँ भूमिकाएँ पुरुष अथवा स्त्री, काला अथवा गोरा आदि के आधार पर आबंटित की जाती है।

जी.डी. बैरेमन का सुझाव है कि व्यक्तियों के 'विभेदन' जो एक सार्वभौमिक और प्राकृतिक घटना है, से असमानता अथवा मतभेदों के सामाजिक मूल्यांकन का उद्‌भव होता

है। वह असामनता की व्यावहारिक अभिव्यक्ति को 'वर्चस्व' का नाम देता है तथा असमानता और वर्चस्व के संयोजन को सामाजिक–समानता मानता है। समतावादी समाजों में वर्चस्व और प्रास्थिति प्रायः परक्राम्य तथा प्रसंग से संबंधित होती हैं जबकि ओहदेदार और असमतावादी समाजों में, असमानता को नियम मान लिया जाता है। वह प्रास्थितियों के कुलीनतंत्र में सन्निहित है तथा इसे योग्यता के व्यक्तिगत मतभेदों से नहीं जोड़ा गया है। मार्क्सवादी आमतौर पर आर्थिक स्थिति और आर्थिक हकदारी तक पहुँच द्वारा यथापरिभाषित वर्ग विभाजन से संबंधित शक्ति और प्रास्थिति का वर्गीकरण चाहते हैं। तथापि, वेवेरियन युगांतर में, प्रास्थिति और सत्ता पूरी तरह आर्थिक विभाजन द्वारा विनियंत्रित नहीं है अथवा इनका आर्थिक हकदारियों पर नियंत्रण नहीं है। तथापि शब्द स्तरीकरण हमें उस भूगर्भीय आकृति की याद दिलाता है जो एक प्रकार के लम्बवत् स्तरीकरण, सामाजिक समूह के प्रबंधन, अधिक प्रवाहशील और विषमता वाले सामाजिक संगठन को विशेष महत्त्व देता है। संघटकों के कई समूह एक विशेष सामाजिक गठन को प्रभावित करते हैं तथा यह कभी भी स्तरों/पर्तों का सामान्य लम्बवत् अथवा कुलीन तंत्रीय प्रबंधन नहीं होता जैसे भू–पटल। परेटो, मोस्का और माइकल जैसे राजनीतिक विचारकों ने सत्ता को समाज में वास्तविक स्रोत के रूप में प्राथमिकता दी। उनके अनुसार, सत्ता ऐसी योग्यता है जो लोगों से वह कराती है जिसे वे करना नहीं चाहते और प्रतिष्ठित समूह इस सत्ता का इस्तेमाल करते हैं क्योंकि एक कथित समाज के नियमों के भीतर वे सर्वश्रेष्ठ स्थिति में होते हैं। इसी प्रकार, फ्रेंच विद्वान बुअरड्यू उन सामाजिक समूहों की पहचान के लिए जो केवल इस कारण समाज में अधिक प्रतिष्ठा और सम्मान पाते हैं क्योंकि उनके पास उनके व्यवहार और रुचि के अनुसार प्रतीकात्मक पूँजी होती है, प्रतीकात्मक पूँजी और उपाधि शब्द इस्तेमाल करते हैं। सामाजिक पूँजी की धारणा पर भी कुछ इसी प्रकार की अत्युक्तियाँ हैं। इससे यह पता चलता है कि कुछ समूहों के पास सामाजिक रिश्ते बनाने की अधिक क्षमता तथा दूसरे के साथ जुड़ने की अधिक योग्यता होती है। वे इस बात के सूचक हैं कि विशुद्ध आर्थिक और राजनीतिक कुलीनतंत्र की तुलना में प्रतिष्ठा, समाज और प्रास्थिति के मतभेद स्तरीकरण की कुछ व्यवस्थाओं में वर्चस्व भूमिका निभा रहे होते हैं।

प्रश्न 3. 73वें और 74वें संवैधानिक संशोधनों के कार्यान्वयन के बाद स्थानीय स्व सरकार की बदलती प्रकृति को स्पष्ट और मूल्यांकन कीजिए।

उत्तर– देखें अध्याय–12, प्रश्न सं.–1

प्रश्न 4. भारत में संसद की भूमिका और निष्पादन पर निबंध लिखिए।

उत्तर– स्वतंत्र भारत की संसद तकनीकी रूप से 26 जनवरी 1950 को आरंभ हुई परंतु लोकतांत्रिक रूप से यह मात्र 1952 में जीवंत हुई। उस समय लोकसभा अत्यधिक

सुसज्जित थी, इसके अधिकांश सदस्य शहरी तथा विधिक पृष्ठभूमि वाले थे। कानून को सामाजिक आर्थिक अभियंत्रण के मुख्य उपस्कर के रूप में अपनाया गया था जिसने प्रथम लोकसभा की बैठकों के कुल समय का लगभग पचास प्रतिशत समय लिया। सदन संसदीय संस्थानों और क्रियाविधियों का एक मजबूत आधार बनने के लिए स्वस्थ परपंराओं को प्रतिष्ठित करते हुए अपने सृजनात्मक दौर में था।

द्वितीय लोकसभा (1957–62) को भारतीय संसदीय लोकतंत्र के इतिहास में शायद स्वर्णिम अवधि के रूप में जाना जा सकता है। संसद ने बड़े पैमाने पर विधायी उपायों का अधिनियम किया। पारित किए गए विधेयकों में से चार विधेयकों ने संविधान संशोधन किया (एक संशोधन में गोवा को भारतीय संघ में मिलना शामिल है), दो गैर–सरकारी सदस्यों के विधेयक भी संविधि पुस्तक में शामिल किए गए तथा दहेज निरोधक विधेयक पर अवरोध को दूर करने के लिए दोनों सदनों की संयुक्त बैठक बुलाई गई। मुंध्रा काण्ड में प्रशासनिक जवाबदेही सुनिश्चित करने के लिए 'प्रश्नकाल' के महत्त्व का विशेष उल्लेख किया गया। नेहरू की टिप्पणी थी कि "प्रत्येक बात पर विचार करके हमने अपेक्षाकृत अच्छा किया है और आज विश्व स्थिति पर विचार करके जब हम हर दूसरे दिन विभिन्न देशों में बलात् सत्ता परिवर्तन के बारे में पढ़ते हैं तो यह आश्चर्यजनक लगता है कि हम अपने सामान्य तरीके से आगे बढ़ रहे हैं।"

तृतीय लोकसभा (1962–67) ने कृषि विशेषज्ञों को उन वकीलों का स्थान लेते हुए देखा जिन्होंने प्रथम और द्वितीय लोकसभा में विशालतम समूह का गठन किया था। सदन के गठन में महत्त्वपूर्ण परिवर्तन आने से विपक्षी सदस्य सामान्यतः अधिक सक्रिय थे। कोषागार बेंचों ने निर्ममतापूर्वक आलोचना की, प्रामाणिक संदेहों को व्यक्त किया और कभी–कभी सराकारी प्रस्तावों का भी विरोध किया। महिला सदस्य भी प्रथम लोकसभा में 22 तथा द्वितीय लोकसभा में 27 से बढ़कर 34 हो गए। सबसे रोचक विकास यह था कि सदन का प्रमुख कार्य विधि निर्माण करना नहीं रहा।

चौथी लोकसभा (1967–70) के दौरान भारत में राजनीतिक और संसदीय पटल पर सबसे महत्त्वपूर्ण विकासों में दल–बदल और कांग्रेस पार्टी के दल विघटन की घटनाएँ थीं जिससे कांग्रेस पार्टी की अपनी अविवादित अभिमानी स्थिति समाप्त हो गई और गैर–कांग्रेसवाद विपक्षी दलों के एकजुट होने तथा तद्नुसार उनके कार्यक्रम के रूप में प्रकट हुआ। इंदिरा गाँधी और कांग्रेस सिंडीकेट के बीच संघर्ष, वी.वी. गिरि को इंदिरा गाँधी का समर्थन और उसका राष्ट्रपति के रूप में चुनाव बनाम अनुशासन का विवाद गाँधी शताब्दी वर्ष (1969) में कांग्रेस का विभाजन, वित्त मंत्रालय से मोरारजी देसाई का निष्कासन तथा प्रमुख बैंकों का राष्ट्रीयकरण–इन सब बातों का लोकसभा की कार्यप्रणाली पर प्रभाव पड़ा। दल–बदल की घटना इस अवधि के लक्षण थे।

पाँचवीं लोकसभा (1971–77) अनेक विधायी उपायों (482) और 19 संविधान संशोधन विधेयकों की साक्षी थी। पाकिस्तान के साथ शिमला समझौता, सिक्किम को

भारतीय संघ में मिलाना, आतंरिक सुरक्षा अधिनियम को बनाए रखने का अधिनियम, आपात्काल की घोषणा और दूरगामी प्रभाव वाले 42वें संविधान संशोधन को अपनाना कुछ प्रमुख ज्वलन्त उदाहरण थे।

तथापि, छठवीं लोकसभा (1977–79) में जनता सरकार सत्ता में आई और उसने उन सभी को दंडित करने का कोशिश की जो निकट से इंदिरा गाँधी से जुड़े थे और आपात्काल में नृशंसता और ज्यादतियों के लिए उत्तरदायी थे। सरकार लगभग दो वर्ष और छह महीने तक सत्ता में रही। सातवीं लोकसभा (1980–84) ने कांग्रेस (इ) नेता इंद्रिरा गाँधी को पुनः वापस सत्ता में देखा। पंजाब की स्थिति लोकसभा कार्यवाहियों पर अभिभावी रही। मंडल आयोग की रिपोर्ट जिसमें पिछड़े वर्गों के लिए 27 प्रतिशत आरक्षण की सिफारिश की गई थी, पर सदन में मैराथन बहस हुई। 1984 में, इंद्रिरा गाँधी की हत्या के बाद चुनाव में कांग्रेस की भारी जीत हुई तथा राजीव गाँधी किशोरतम प्रधान मंत्री बने। आठवीं लोकसभा (1988–89) के दौरान 13 संविधान विधयेक पारित हुए जिनमें दो अत्यधिक महत्त्वपूर्ण थे, एक में सदस्यों की सदस्यता, दल–बदल के आधार पर, समाप्त करने का प्रावधान तथा दूसरे में मतदान की आयु 21 वर्ष से घटाकर 18 वर्ष कर दी गई थी। तथापि, भारतीय डाकघर (संशोधन) विधेयक, मुस्लिम महिला (तलाक होने पर अधिकारों का संरक्षण, बोफोर्स कांड, लोकसभा से विपक्षी सदस्यों का सामूहिक रूप से त्यागपत्र और आठवीं लोकसभा द्वारा अपनाई गई विभागीय स्थायी समितियों की व्यवस्था भारतीय संसदीय लोकतंत्र के विकास में एक ऐतिहासिक सदन था।

नौवीं लोकसभा में एक वी.पी. सिंह द्वारा जनता दल की अल्पसंख्यक सरकार बनाई गई। जम्मू और कश्मीर, पंजाब और असम की स्थिति लोकसभा कार्यवाहियों पर प्रमुखतः हावी रही। मंडल आयोग की रिपोर्ट सदन में और सदन के बाहर उच्च जातियों द्वारा भारी विरोध के बावजूद लागू कर दी गई। मंडल ने मंदिर मुद्दे को उछाला और लालकृष्ण आडवाणी ने अपने साथियों के साथ अयोध्या में राम मंदिर निर्माण के लिए रैली की। लालकृष्ण आडवाणी की गिरफ्तारी के विरोधस्वरूप भारतीय जनता पार्टी तथा उसके सहयोगी दलों द्वारा समर्थन वापस लेने के कारण सरकार ने बहुमत खो दिया और वस्तुतः अविश्वास प्रस्ताव को हार गई। नौवीं लोकसभा का कार्यकाल कम था।

दसवीं लोकसभा (1991–96) में, कांग्रेस (इ) सदन में सबसे बड़े दल के रूप में उभरी तथा स्थायी सरकार के गठन के लिए इसका अपना निरपेक्ष बहुमत था। मंदिर मुद्दे के कारण बाबरी मस्जिद ढहा दी गई और देश विधायकों के लिए एक परीक्षण काल का साक्षी बना। इस अवधि के दौरान, दो बहुत महत्त्वपूर्ण निर्णय लिए गए। पहला, प्रत्येक सांसद को अपने चुनाव क्षेत्र में विकास कार्यों पर खर्च करने के लिए प्रति वर्ष एक करोड़ रुपये का आबंटन और दूसरा, सत्रह विभागीय स्थायी संसदीय समितियों द्वारा बजट प्रस्तावों और अन्य के साथ, अनुदान माँगों की गहन समीक्षा करने के कार्य की पूर्ण विकसित तंत्र की स्थापना।

ग्यारहवीं और बारहवीं लोकसभा ने गठबंधन सरकारों का प्राकट्य देखा जहाँ विधायकों की प्राथमिकता गठबंधन को बनाए रखना तथा उसे मजबूत करना थी। विविध रुचियों और उद्देश्यों को समायोजित किया गया; गठबंधन अथवा अन्यथा स्वरूप की 'बहुसंस्कृति वाली संसद' में विकास, आधुनिकीकरण और धर्मनिरपेक्षता के लक्ष्यों की तरफ रचनात्मक तौर पर आगे बढ़ने की क्षमता है। तथापि यह देखने की आवश्यकता है कि किस प्रकार से विधायी अनदेखी विकास का रुख मोड़ देती है और जनता की उभरती हुई उम्मीदों को पूरा करने के लिए यह रूप परिवर्तन करती है। शायद इसका उत्तर संविधान के आमुख में अंतर्निहित उद्देश्यों की प्राप्ति में सफलता के लिए आशान्वित होने तथा विफलता के लिए आशंकित होने के परिप्रेक्ष्य में छिपा हुआ है।

प्रश्न 5. नागरिकों के अधिकारों और उनके हितों का संरक्षण करने के लिए न्यायपालिका की भूमिका का मूल्यांकन कीजिए।
उत्तर— देखें जून–2009, प्रश्न सं.–1

भाग – II

प्रश्न 6. भारत में राजनीतिक भागीदारी किस प्रकार से प्रतियोगी दलीय व्यवस्था से प्रभावित होती है? समीक्षा कीजिए।
उत्तर— देखें अध्याय–13, प्रश्न सं.–3

प्रश्न 7. पहचान की राजनीति से आप क्या समझते हैं? समीक्षा कीजिए।
उत्तर— देखें अध्याय–17, प्रश्न सं.–1

प्रश्न 8. सार्वजनिक राजनीति और जनमत को आकार देने में मीडिया की भूमिका का वर्णन और मूल्यांकन कीजिए।
उत्तर— देखें अध्याय–15, प्रश्न सं.–1, 2

प्रश्न 9. जेंडर और विकास के बीच संबंधों पर टिप्पणी कीजिए।
उत्तर— देखें अध्याय–20, प्रश्न सं.–1

प्रश्न 10. उदारीकरण क्या है? इसके आर्थिक और राजनीति परिणामों का विश्लेषण कीजिए।
उत्तर— देखें अध्याय–24, प्रश्न सं.–1

एम.पी.एस.–003 : भारत : लोकतंत्र और विकास
दिसम्बर, 2016

नोट : *निम्न में से* ***कुल पाँच*** *प्रश्नों के उत्तर दीजिए, और प्रत्येक भाग से कम–से–कम* **दो** *प्रश्न चुनिए। प्रत्येक प्रश्न का उत्तर लगभग 500 शब्दों में दीजिए। प्रत्येक प्रश्न के 20 अंक हैं।*

भाग–I

प्रश्न 1. भारतीय राष्ट्रीय आंदोलन में गाँधी के आर्थिक विचार के योगदान की चर्चा कीजिए।

उत्तर– देखें अध्याय–1, प्रश्न सं.–1

प्रश्न 2. भारत में जातिगत असमानताओं की प्रकृति पर निबंध लिखिए।

उत्तर– जाति सर्वाधिक विवादास्पद मुद्दा है जिसने उन विद्वानों जो भारत में स्तरीकृत सामाजिक तंत्र की इस व्यवस्था का अध्ययन करने के इच्छुक हैं, को आकर्षित करता है और उनमें मतभेद पैदा करता है। इस मुद्दे पर अकादमी लेखन और राजनीतिक विवादास्पद लेखन का एक विशाल निकाय है। उपनिवेशवाद के प्रभाव और उसकी प्रशासनिक व्यवस्था के अधीन भारतीय समाज के रूपांतरण पर मूलतः ये बहस का अंग हैं। कुछ लोग जाति सहित उपनिवेश पूर्व सामाजिक संरचना की निरंतरता के लिए तर्क देते हैं। दूसरे लोग उपनिवेशी शासकों द्वारा लागू किए गए मौलिक गुणात्मक परिवर्तनों पर बल देते हैं।

जाति पर एक प्रसिद्ध पुस्तक 'होमो होमोहाइरारकीकस' के फ्रेंच विद्वान और लेखक लुइस डुमंट ने जाति की एक मूलपाठ विषयक यथासूचित प्रतिभा का निष्पादन किया। इस प्रतिभा में शुद्धता और प्रदूषण के दो विरोधाभासी धारणात्मक वर्ग जाति प्रथा के मूल घटक हैं। डुमंट के अनुसार, जाति प्रथा के ये अपूर्व मूल सिद्धांत, सभी हिंदू परिवारों के वेद विहित सूत्रीकरण और दैनिक जीवन में महसूस किए जाते हैं। दूसरे शब्दों में, ये मूल्य भारतीयों को सांस्कृतिक रूप से पाश्चात्य सभ्यता से अलग करते हैं तथा भारत को एक स्थिर, अपरिवर्तनीय, 'पूर्व देशीय' ब्राह्मणवादी मूल्यों का देश बनाते हैं। जाति की इस धारणा को निकोल्स डर्क्स तथा अन्यों द्वारा चुनौती दी गई है। डुमंट की धारणा की आलोचना की गई थी क्योंकि यह परंपरागत भारतीय समाज के अंदर भी सामाजिक परिवर्तन, गतिशीलता और व्यष्टिगत अभावों को समझाने में विफल रही। जेराल्ड बेरेमन का संकेत था कि ब्राह्मणवादी व्यवस्था के सिद्धांतों का सभी हिंदुओं द्वारा समान रूप से अनुसरण नहीं किया गया था। उसने डुयोन्सियन धारणा की भी आलोचना की कि सत्ता और आर्थिक घटक भिन्न हैं और जाति के उपोत्पाद हैं।

अन्यों द्वारा भी बताया गया था कि जाति तंत्र कोई नियत तंत्र नहीं है अपितु यह संदर्भ-विशिष्ट और तरल है तथा विभिन्न जातियों से इसका संघर्ष बना रहता है। निकोल्स डर्क्स यह प्रदर्शित करने के लिए मानव जाति संबंधी और मूल विषयक प्रभाव देता है कि ब्राह्मण और उनके मूलपाठ भारतीय जीवन के सामाजिक संरचना के केंद्र में नहीं हैं। इस दृष्टिकोण के अनुसार, सत्ता संबंध तथा मानव और संसाधनों के ऊपर नियंत्रण अधिक महत्त्वपूर्ण थे। परंपरागत भारत का जाति आधारित वेदसम्मत अथवा ब्राह्मणवादी नमूना, इस दृष्टिकोण के अनुसार, ब्रिटिश प्राच्यभाषाविदों और मानव जाति वैज्ञानिकों का एक आविष्कार था। तथापि, जाति ने भारतीय समाज सुधारकों और राष्ट्रवादियों के जाति बोध में एक निर्णायक भूमिका निभाई।

प्रश्न 3. कार्यपालिका और विधानपालिका के साथ संबंधों में नौकरशाही की भूमिका का वर्णन और मूल्यांकन कीजिए।

उत्तर— देखें अध्याय-9, प्रश्न सं.-4

प्रश्न 4. भारत में संघीय व्यवस्था के कार्यों का आलोचनात्मक मूल्यांकन कीजिए।

उत्तर— देखें अध्याय-11, प्रश्न सं.-2

प्रश्न 5. 1991 से भारत में राजनीतिक लोकतंत्र और आर्थिक विकास के बीच संबंधों की समीक्षा कीजिए।

उत्तर— 1991 से पूर्व भारत विकास की अपनी रणनीति और अपने लोकतंत्र के स्वरूप को विकसित करने में एकरूपता की गैर-मौजूदगी का साक्षी रहा है। नेहरू के राजनीतिक नेतृत्व की दीर्घकालिक सोच का स्थान अल्पकालिक रणनीतियों ने ले लिया था, जैसा कि उदारीकरण की नई आर्थिक नीतियों का अपनाया जाना और अधिकृत करने की उद्गामी राजनीति अर्थव्यवस्था और राज्यतंत्र दो विपरीत दिशाओं में ले जाते प्रतीत होते हैं। सर्वाधिक महत्त्वपूर्ण संघर्ष समाधान के लिए मध्यस्थता करने में भारतीय राज्य की अनिच्छा है।

इस मोड़ पर एक अल्प आर्थिक संकट जब दशकों की गरीबी के बाद, मिश्रित अर्थव्यवस्था प्रतिदर्श अक्षुण्ण बना रहा, के तुरंत बाद विकास नियोजन प्रतिदर्श से आर्थिक उदारीकरण प्रतिदर्श को पूर्ण युगांतरण के कारणों पर चर्चा करना सुसंगत होगा और तब, नरसिंहराव की अल्पमत सरकार किस प्रकार दूरगामी नीति में परिवर्तन कर पाई जबकि उससे पहले पूर्ण बहुमत वाली राजीव गाँधी की कांग्रेसी शासन जैसी पूर्ववर्ती सरकारें स्पष्ट इच्छा के बावजूद वैसा करने में अक्षम रहीं।

इसका संभव उत्तर संकट प्रबंधन की तत्काल आर्थिक बाध्यता के रूप में हो सकता है। राजनीतिक अर्थशास्त्रियों, जैसे—जयति घोष, प्रणव वर्द्धन, अमित भादुड़ी और दीपक अय्यर

ने राष्ट्रीय और अंतर्राष्ट्रीय संघटकों के संयोजन का हवाला दिया है, जो स्पष्ट करता है कि युगांतर संकट प्रेरित था तथा यह आर्थिक नीतियों में रणनीति प्रेरित परिवर्तन नहीं था। इन घटकों में भूतपूर्व सोवियत यूनियन तथा पूर्वी यूरोपियन देशों जो भारत के सबसे बड़े व्यापारिक भागीदार थे, में साम्यवादी राज्य शामिल थे। विदेशी ऋण संकट पैदा हुआ क्योंकि राजीव गाँधी सरकार द्वारा लिए गए अल्पकालिक ऋण निर्यात के लिए पूँजीगत वस्तुओं के क्षेत्र की विफलता के कारण वापस नहीं किया जा सके। खाड़ी युद्ध के परिणामस्वरूप तेल की कीमतों में वृद्धि होने से खाड़ी के प्रवासियों से संप्रेषण कम हो गए। अप्रवासी भारतीयों द्वारा विनिमय बाजार से अपनी पूँजी हटा ली गई क्योंकि उन्होंने मंडल और मंदिर विवाद के परिणामस्वरूप भारतीय राज्य में सामाजिक और राजनीतिक सजीवता में विश्वास खो दिया था। मध्य वर्ग के उत्थान से उपभोक्तावाद में वृद्धि, रक्षा आयात में वृद्धि, अपर्याप्त संसाधन गतिशीलता, जनाधिकारवाद के प्रतिस्पर्धात्मक राजनीति तत्काल घटकों में से कुछ घटक थे और तब राजीव गाँधी सरकार की उदारवादी नीतियों के तहत प्रगामी तौर पर प्रत्यक्ष करों में कमी की गई जबकि अप्रत्यक्ष करों में वृद्धि नहीं की जा सकी।

अंतर्राष्ट्रीय घटकों में अंतर्राष्ट्रीय मौद्रिक संस्थानों, जैसे—अंतर्राष्ट्रीय मुद्रा निधि और विश्व बैंक द्वारा उपरोक्त अधिरोपित प्रतिबंध शामिल थे। दक्षिण एशियाई देशों की सफल कहानी के साथ लैटिन अमेरिकी और उप—सहारा अफ्रीकी देश भी अच्छे शासन के सजीव प्रतिदर्श के रूप में नए उदारवाद के आने के प्रभाव में आड़े आए। यह तर्क दिया गया था कि आर्थिक विकास और आर्थिक दक्षता राज्य की भूमिका में कमी करके प्राप्त किए जा सकते थे। वित्तीय अनुशासन, विदेशी पूँजी तक पहुँच तथा विदेशी प्रौद्योगिकी अन्य घटक थे जिसके कारण राज्य के नेतृत्व वाला पूँजीवाद बाजार प्रेरित पूँजीवाद में रूपांतरित हो गया।

यह सुस्पष्ट है कि बार—बार होने वाले चुनावों के विद्यमान गठबंधन युग में राजनीतिक अस्थिरता से अल्पकालिक हित प्रेरित राजनीति के प्रचलन में होने का पता चलता है। अर्थव्यवस्था की स्थिरता के लिए कठोर उपाय करने तथा चुनावों में प्रतिकूल निर्वाचन क्षेत्र अंग में चुनाव जीतने वाले लोकप्रिय समर्थन का जोखिम लेने की बजाय जनाधिकारवादी उपायों का बने रहना विशेष रूप से राज्य स्तर पर नीति निर्माण में प्रबल घटक बन चुके हैं क्योंकि एक मुख्यमंत्री का औसत कार्यकाल 3 वर्ष से कम है। इस प्रकार शुरुआती दौर का दीर्घकालिक पहलू मौजूद नहीं है। लोकतांत्रिक राजनीति के अनुसार भी सामंजस्य समाप्त हो चुका है। भ्रष्ट और अक्षम राज्य स्तर की नौकरशाही सुधारों को लागू करने में अक्षम बनी रहती है। संरक्षण, भ्रष्टाचार और भाई-भतीजावाद निरंतर जारी है। निवेश का स्वरूप चाहे विदेशी हो अथवा घरेलू संदेह हुआ बना रहता है क्योंकि अधिकांश निवेश उपभोक्ता क्षेत्र में है और प्राथमिक अथवा पूँजीगत माल क्षेत्रों में नहीं है। अधिकांश निवेश जैसा कि प्रभात पटनायक ने तर्क दिया है, तुरंत प्रतिफल की चाह वाले 'गर्भधन' के रूप में है। गंभीर राज्य गरीब राज्य लक्षण भी भारतीय संघीय लोकतंत्र के लिए चुनौती प्रस्तुत कर रहा है क्योंकि

अमीर राज्य, अपनी विकसित आर्थिक अवसंरचना के कारण चुंबकों की तरह कार्य कर रहे हैं जबकि गरीब राज्यों से केंद्रीय सहायता के बिना स्वयं सहायता के लिए कहा जा रहा है। क्षेत्रवाद उपनिवेशवाद और राष्ट्रवाद की उपशाखा के रूप में उत्थान पर है जिससे क्षेत्रीय असंतुलन बढ़ रहा है। आरंभ में राज्यों के पुनर्गठन का आधार प्रजातीय सांस्कृतिक पहचान थी परंतु अधिक विकास और लोकतंत्रीकरण की आवश्यकता पृथक् राज्य के लिए माँग का आधार बन रही है, जैसा कि उत्तरांचल, छत्तीसगढ़ और झारखंड के सृजन के लिए आंदोलनों के मामले में था। भाषायी समुदाय भी समूहगान में शामिल हो रहे हैं, जैसा कि उत्तर प्रदेश में बुंदेलखंड और रूहेलखंड के लिए माँग के मामले में हुआ था। नई आर्थिक व्यवस्था में, इन माँगों का संवेग बढ़ने की संभावना है।

सामाजिक क्षेत्र से राज्य की वापसी गरीब जनता पर निशाना साध रही है क्योंकि कल्याणवाद की संपूर्ण धारणा पर प्रश्नचिह्न लग गया है। वित्तीय अनुशासन के नाम पर रोजगार, स्वास्थ्य और शिक्षा के प्राथमिक क्षेत्रों में राज्य का निवेश डगमगा रहा है। माँग आपूर्ति और अधिकतम लाभ वाले बाजार नियमों से प्रेरित नई आर्थिक नीतियाँ मुश्किल से विशेषतया अनौपचारिक क्षेत्र में नियोजित श्रम बल से संबद्ध हैं। प्रतिस्पर्धात्मक संघीय राज्य भी श्रमिक अधिकारों की अनदेखी करते दिखाई देते हैं क्योंकि वे निजी निवेश की तलाश में रहते हैं।

आर्थिक सुधारों की राजनीतिक सफलता के लिए अन्य चुनौतियाँ हैं। गाँधीवादी मूल्यों जो आज भी जनसमुदाय पर प्रभाव रखता है, का बाजार अर्थव्यवस्था के मुकाबले विरोध किया जाता है क्योंकि वे व्यष्टिगत हितों की बजाय समूहों के हितों पर जोर देते हैं। नए राजनीतिक प्रतिष्ठान द्वारा आर्थिक सुधारों का विरोध, जनाधिकारवादी राजनीति से हटकर नीति निर्माण करने में विफलता, केंद्र–राज्य के संघर्षपूर्ण संबंध, राज्यों के बीच प्रतिद्वंद्विता अन्य बाधाएँ हैं। इस प्रकार उदारीकरण, निजीकरण और भूमंडलीकरण की प्रक्रियाओं के आधार पर विकास की विद्यमान नई उदारवादी परियोजना पर स्थायी विकास की रणनीति तथा नए सामाजिक आंदोलनों के उन वकीलों द्वारा प्रश्नचिह्न बना दिया गया है जो बहुमत का गठन करने वाले अन्य लोगों की कीमत पर कुछ सामाजिक समूहों की समृद्धि की औचित्यता पर प्रश्नचिह्न लगाते रहते हैं।

भाग–II

प्रश्न 6. अतिवादी (Radical) लोकतंत्र के एजेंट के रूप में नव–सामाजिक आंदोलनों की भूमिका का विश्लेषण कीजिए।

उत्तर– देखें अध्याय–18, प्रश्न सं.–2

प्रश्न 7. भारत में क्षेत्रीयवाद की परिघटनाओं का वर्णन कीजिए।
उत्तर— देखें अध्याय–21, प्रश्न सं.–1

प्रश्न 8. सतत् विकास पर विभेदित विचारों की आलोचनात्मक समीक्षा कीजिए।
उत्तर— देखें अध्याय–23, प्रश्न सं.–2

प्रश्न 9. मानव विकास की दिशा में आधारिक न्यूनतम आवश्यकता दृष्टिकोण का आलोचनात्मक मूल्यांकन कीजिए।
उत्तर— देखें अध्याय–19, प्रश्न सं.–1

प्रश्न 10. भारत में धार्मिक राजनीति के विकास पर निबंध लिखिए।
उत्तर— देखें अध्याय–17, प्रश्न सं.–2

अपने ज्ञान के प्रति जरूरत से अधिक यकीन करना मूर्खता है, यह याद दिलाना जरूरी है कि सबसे मजबूत कमजोर हो सकता है, और सबसे बुद्धिमान भी गलती कर सकता है।

एम.पी.एस.–003 : भारत : लोकतंत्र और विकास
जून, 2017

नोट : कुल **पाँच** प्रश्नों के उत्तर दें, प्रत्येक अनुभाग में से कम-से-कम **दो** प्रश्न चुनते हुए। प्रत्येक प्रश्न का उत्तर लगभग 500 शब्दों में दें। सभी प्रश्नों के अंक समान हैं।

अनुभाग–I

प्रश्न 1. भारतीय संविधान व्यक्तियों और समूहों को क्या अधिकार प्रदान करता है? वर्णन करें।
उत्तर– देखें अध्याय–3, प्रश्न सं.–1

प्रश्न 2. जाति असमानताएँ भारतीय राजनीतिक और आर्थिक व्यवस्था को कैसे प्रभावित करती हैं? व्याख्या करें।
उत्तर– देखें दिसम्बर–2016, प्रश्न सं.–2 तथा अध्याय–5, प्रश्न सं.–1

प्रश्न 3. भारत में संसद के कार्यकलाप की एक समग्र दृष्टि दें।
उत्तर– देखें अध्याय–8, प्रश्न सं.–3

प्रश्न 4. भारत के सर्वोच्च न्यायालय के कुछ महत्त्वपूर्ण आदेशों का उदाहरण देते हुए न्यायिक पुनरावलोकन और जनहितवाद के मध्य विभेद करें।
उत्तर– देखें अध्याय–10, प्रश्न सं.–3

प्रश्न 5. 73 और 74वें संवैधानिक संशोधनों ने भारत में स्थानीय स्व-शासन का कैसे पुनरुत्थान और पुनःशुद्धिकरण किया है? विस्तार से बताएँ।
उत्तर– देखें अध्याय–12, प्रश्न सं.–1

अनुभाग–II

प्रश्न 6. भारतीय राजनीति में भाषा की भूमिका की चर्चा करें। आपके मत में क्या यह पहचान की राजनीति को प्रोत्साहित करने में सहायक है?
उत्तर– देखें अध्याय–17, प्रश्न सं.–1

प्रश्न 7. राजनीतिक दलों और दबाव समूहों के मध्य विभेद करें उनके मुख्य लक्षणों को उजागर करते हुए।

उत्तर– देखें अध्याय–16, प्रश्न सं.–2, 3

प्रश्न 8. आंतरिक प्रवासीकरण के मुख्य कारण क्या हैं? शहरी भारत पर इसका क्या प्रभाव है?

उत्तर– देखें अध्याय–22, प्रश्न सं.–1, 2

प्रश्न 9. "मानव विकास, यदि वह engendered न हो, तो खतरे में पड़ता है।" इस कथन की "जेंडर जस्टिस" और "विकास में नारी" के संदर्भ में चर्चा करें।

उत्तर– 1995 के मानव विकास प्रतिवेदन का प्रकरण लिंग समानता था। सभी को समान अवसर विशेषतः औरतों का समान अवसर मुख्य चिंता का विषय था। यह चर्चा की गई थी कि "मानव विकास को यदि जन्म न हो तो वह खतरा बन सकता है।" प्रतिवेदन की उपलब्धियाँ आश्चर्यजनक परंतु सच थीं। प्रतिवेदन में दी गई कुछ महत्त्वपूर्ण उपलब्धियाँ निम्नवत् हैं–

• *"गरीबी का चेहरा नारी का चेहरा होता है"*–मोटे तौर पर विश्व में 70 प्रतिशत नारियाँ गरीबी में जीवन–यापन कर रही हैं।

• लिंग समानता दूर करने का राष्ट्रीय आय से कुछ लेना–देना नहीं है।

• जहाँ शिक्षा और स्वास्थ्य के अवसर नारियों के लिए तेजी से उपलब्ध हैं, वहीं आर्थिक और राजनीतिक अवसरों के द्वार मुश्किल से आधा खुल पाए हैं।

• नारियाँ बैंकिंग संस्थाओं से कुल श्रेय का अपेक्षाकृत कम हिस्सा प्राप्त करती हैं। यह लैटिन अमेरिका के मामले में 7–11 के प्रतिशत में निम्न स्तर तक है।

• सभी क्षेत्रों में नारियों की बेरोजगारी दर अधिक है।

• विकासशील देशों में नारियाँ प्रशासन और प्रबंधन कार्यों में मात्र 1/7वाँ हिस्सा हैं।

• नारियाँ संसद में 10 प्रतिशत तथा कैबिनेट मंत्रियों के रूप में मात्र 7 प्रतिशत पर आसीन हैं।

• 55 देशों में संसद में या तो कोई नारी नहीं है अथवा इनकी प्रतिशतता 5 प्रतिशत से कम है।

• अनदेखा करने के प्रमुख सूचकांक से पता चलता है कि नारियों द्वारा अर्थव्यवस्था में दिए गए अधिकतर अंशदानों का समग्र रूप से या तो कम मूल्यांकन किया जाता है अथवा बिल्कुल मूल्यांकन नहीं किया जाता। इस प्रकार की चूक प्रतिवर्ष 11 अरब डॉलर तक है।

• नारियों के विरुद्ध विभेदन तथा उनका अवमूल्यांकन उनके जन्म से पहले ही शुरू हो जाता है। यह जीवन के आरंभ से प्रारंभ होकर जीवन के अंत तक बना रहता है। बारबडोस,

कनाडा, नीदरलैंड्स, न्यूजीलैंड, नॉर्वे और संयुक्त राज्य अमेरिका में एक-तिहाई नारियाँ अपने बचपन में ही लैंगिक दुर्व्यवहार का शिकार होती हैं। एशिया में 1 अरब से अधिक बच्चे जिनमें अधिकतर लड़कियाँ हैं प्रतिवर्ष वेश्यावृत्ति के लिए मजबूर की जाती हैं।

• नारियों के प्रति हिंसा विवाहोपरांत जारी रहती है। कुछ देशों में दो-तिहाई विवाहित नारियाँ घरेलू हिंसा का शिकार हैं। कभी-कभी यह हिंसा बलात्कार के रूप में सामने आती है। कनाडा, संयुक्त राज्य अमेरिका, न्यूजीलैंड और ब्रिटेन में प्रत्येक 6 नारियों में से एक नारी अपने जीवनकाल में बलात्कार का शिकार होती है। कभी-कभी इसका अंत हत्या अथवा आत्महत्या के रूप में होता है।

तथापि, 1995 के मानव विकास पर प्रतिवेदन का सबसे महत्त्वपूर्ण पहलू विभिन्नता से संबंधित कार्यप्रणाली और मानव विकास सूचकांक के निर्माण में धारणागत परिवर्तन थे। इस प्रतिवेदन में दो परिवर्तन किए गए थे।

पहला परिवर्तन ज्ञान और जागरूकता के स्तर से संबंधित था। 1994 तक साक्षरता के स्तर के प्राक्कलन के लिए सूचक के रूप में स्कूल जाने की औसत आयु का स्थान संयुक्त, प्राथमिक, माध्यमिक और तृतीयक स्तर के पंजीकरण अनुपात ने लिया था।

दूसरा परिवर्तन आय का न्यूनतम मूल्य प्रतिव्यक्ति 200पीपीपी डॉलर से घटाकर 100पीपीपी डॉलर कर दिया गया था।

अंततः प्रतिवेदन का उपसंहार था कि यदि आधी मानवता लैंगिक विभेदन से त्रस्त है तो मानव विकास की बात करना बकवास ही नहीं अपितु लैंगिक हिस्सा करने जैसा है। प्रतिवेदन में इस स्थिति को पूरी गंभीरता से लिया गया और मानव विकास सूचकांक के साथ-साथ लिंग निरपेक्ष संवेदना सूचकांक अथवा लिंग संबंधी विकास सूचकांक परिकलित करने की प्रक्रिया आरंभ की।

प्रश्न 10. भारत में मानव विकास पर एक निबंध लिखें।
उत्तर— देखें अध्याय-19, प्रश्न सं.-2

एम.पी.एस.–003 : भारत : लोकतंत्र और विकास

दिसम्बर, 2017

नोट : कुल पाँच प्रश्नों के उत्तर दें, प्रत्येक अनुभाग में से कम-से-कम **दो** प्रश्न चुनते हुए। प्रत्येक प्रश्न का उत्तर लगभग 500 शब्दों में दें। सभी प्रश्नों के अंक समान हैं।

अनुभाग–I

प्रश्न 1. 1967–1990 के चरण में भारत में राजनीतिक लोकतंत्र और आर्थिक विकास की प्रकृति का परीक्षण करें।

उत्तर– देखें जून–2010, प्रश्न सं.–2

प्रश्न 2. गरीबी और गरीबी रेखा को परिभाषित करें। भारत में गरीबी उन्मूलन हेतु कदमों की चर्चा करें।

उत्तर– देखें अध्याय–7, प्रश्न सं.–1

भारत सरकार ने गरीबी मापन हेतु कार्यप्रणाली का सुझाव देने के लिए एक विशेषज्ञ समूह गठित किया। इस समूह ने अपनी रिपोर्ट 1993 में पेश की और 1973–74 के मूल्यांक पर ग्रामीण और शहरी क्षेत्रों के लिए क्रमशः 49 रुपए और 56 रुपए की नई गरीबी रेखा का सुझाव दिया।

निरपेक्ष गरीबी रेखा होने पर विभिन्न देशों के बीच गरीबी की तुलना की जा सकती है। अंतिम दशक में अंतर्राष्ट्रीय गरीब रेखा के अधिकांश तुलनात्मक अध्ययन विश्व बैंक द्वारा किए गए हैं और क्रय शक्ति गरीबी रेखा की प्रयुक्त परिभाषा 1993 के मूल्यांक पर 108 अमेरिकी डॉलर प्रतिदिन है। भारत में गरीबी मापन के लिए सर्वाधिक व्याप्त प्रयुक्त उपाय "सिर गणना अनुपात" है। यह आय की गरीबी मापन का साधन है। 1960 के प्रारंभ में, भारत में गरीबी के स्तर के मापन के लिए प्रसिद्ध अर्थविदों का एक विशेष कार्यचालन समूह नियुक्त किया गया। विशेषज्ञों ने गरीबी रेखा की एक परिभाषा दी। यह परिभाषा पोषण सलाहकार समिति द्वारा निर्धारित राष्ट्रीय तौर पर आयोजित न्यूनतम आदर्श संतुलित आहार पर आधारित थी। दूसरे शब्दों में कोई परिवार जो अवशिष्ट खाद्य पैकेट नहीं खरीद सकता और जिसे खाने पर न्यूनतम ऊर्जा मिले, गरीब माना गया। उन्होंने घोषणा की कि 50 प्रतिशत भारतीय गरीबी रेखा से नीचे रहते थे।

तथापि, इस प्रकार परिभाषित गरीबी रेखा कुछ-कुछ अकिंचन रेखा है क्योंकि यह केवल जीवन निर्वाह के लिए अपेक्षित व्यय को ही हिसाब में लेती है तथा न्यूनतम बेहतर जीवन-स्तर जैसे मूलभूत आवश्यकता गृह, वस्त्र, शिक्षा और स्वास्थ्य सेवाओं के लिए आवश्यक प्रत्येक व्यय को छोड़ देती है।

प्रश्न 3. भारतीय राजनीतिक व्यवस्था में पुलिस और आर्मी की भूमिका की चर्चा करें।

उत्तर– आधुनिक भारतीय समाज द्वारा किए गए परिवर्तनों के मद्देनजर पुलिस के क्रियाकलापों में वृद्धि हुई है। भारतीय समाज मात्र एक कृषिक समाज नहीं रह गया है यद्यपि अधिकांश जनता गाँवो में रहती है। परंतु जहाँ तक राष्ट्रीय आय को अंशदान का संबंध है, कृषि से आय के अंश में भारी कमी आई है। उद्योग और सेवा क्षेत्र से अंशदान में वृद्धि हुई है। औद्योगिक और आधुनिक समाज के इस फेरबदल से समाज में कतिपय परिवर्तन हुए हैं। बदले हुए समाज में कुछ विशेष प्रकार की समस्याएँ हैं जिन्हें पुलिस द्वारा सुलझाने की आवश्यकता है। भारतीय समाज का तीव्रगति से शहरीकरण हो रहा है जिससे पुलिस के लिए कुछ समस्याएँ जन्म लेती हैं। औद्योगिक और शहरी समाज की समस्याओं, ग्रामीण समाज में हरित क्रांति और राजनीतिक लोकतंत्र द्वारा लगाए गए सामाजिक परिवर्तनों के कारण बदलाव आया है। जाति प्रधान समाज में समग्र परिवर्तन हुआ है। जमींदारी प्रथा का उन्मूलन जैसे भूमि सुधारों से ग्रामीण समाज का चेहरा बदल गया है और वंशानुगत सामाजिक नेता समाप्त हो चुके हैं। फलस्वरूप सामाजिक सत्ता में भागीदारी के लिए विभिन्न जाति समूहों के बीच एक जबर्दस्त प्रतिस्पर्धा हो रही है। ग्रामीण समाज में सामाजिक ताकतों का बदला हुआ रूप राजनीति में दृष्टिगोचर होता है।

लोकतांत्रिक राजनीति से समाज में कुछ परिवर्तन हुए हैं। चुनावी व्यवस्था से समाज का लोकतांत्रिक स्वरूप मजबूत हुआ है। इससे जनता के सामाजिक समूहों और वर्गों के बीच राजनीतिक सत्ता की होड़ लगी हुई है। राजनीतिक दलों के ग्रामीण राजनीति में प्रवेश के कारण हिंसात्मक स्थिति के बाद प्रतिस्पर्धा बढ़ी है। ऐसी राजनीतिक स्थिति में, आपराधिक तत्त्वों और गैंगवार पर काबू पाने के लिए पुलिस दखलंदाजी की जरूरत पड़ती है।

फिर, देखें अध्याय–9, प्रश्न सं.–2

प्रश्न 4. भारतीय संघवाद के प्रमुख लक्षणों की चर्चा करें। आपके मत में यदि सरकारिया कमीशन के सुझाव लागू हो, तो क्या हमारे संघवाद की प्रकृति बदलेगी?

उत्तर– देखें अध्याय–11, प्रश्न सं. –3

सरकारिया आयोग की रिपोर्ट संघीय व्यवस्था के सफल प्रचालन हेतु लचीलापन मुहैया कराने के लिए आंशिक प्रयास के रूप में मानी जाती है। आयोग ने कुल मिलाकर, संघवत् संघीय राजतंत्र का पता लगाया है जो भारत के संघीय राष्ट्र निर्माण के लिए उपयुक्त ही नहीं अपितु आवश्यक है। तथापि, इसने संघ के कुछ कार्यों को राज्य को सौपनें की सिफारिश की तथा अनुच्छेद 356 आदि जैसे कुछ विवादस्पद संघीय उपबंधों के कार्यान्वयन में पारदर्शी क्रियाविधिक मानदंड विकसित करने की आवश्यकता को रेखांकित किया। इसने सहकारी–सहचारी संघीय संस्कृति को विकसित करने की आवश्यकता पर भी जोर दिया

जिसमें संघ और राज्य दोनों एक अखंड संघीय के निर्माण में समान भागीदारों के रूप में कार्य करेंगे। कुल मिलाकर आयोग ने 230 विशिष्ट सिफारिशें की। आगे प्रगति के तौर पर, भारत सरकार ने 1990 में अंतरराज्यीय परिषद् का गठन किया। परिषद् को सबसे पहले सरकारिया आयोग की रिपोर्ट की जाँच करने और अंतरराज्यीय संबंधों की संरचना और प्रक्रिया में संभव परिवर्तन पर सामंजस्य विकसित करने का कार्य सौंपा गया है। सरकारिया आयोग की 230 सिफारिशों जिन पर परिषद् के निर्णय लिया में से 108 सिफारिशों पर अभी तक कार्यान्वयन हुआ है। 35 अस्वीकार कर दी गई हैं तथा 8 पर कार्यान्वयन होना है। अनुच्छेद 356 से संबंधित शेष 17 सिफारिशें, राज्यों में अर्द्धसैनिक बलों का नियोजन, संघ के निर्देशों और संसद द्वारा (अनुच्छेद 256 और 257) बनाए गए कानून का अनुपालन और उनके अनुपालन में विफलता के प्रभाव अथवा संघ सरकार द्वारा दिए गए निर्देशों को लागू करना आदि पर परिषद् की उप समिति द्वारा विचार किया गया है। संसद ने राज्यपाल की भूमिका से संबंधित 6 सिफारिशों तथा अखिल भारतीय सेवा पर 18 सिफारिशों को अस्वीकार कर दिया है। वित्तीय संबंधों पर 44 सिफारिशों में से परिषद् ने 40 सिफारिशें स्वीकार की हैं तथा शेष 4 सिफारिशों को अस्वीकार कर दिया है। वैसी ही स्थिति 'विधेयकों के आरक्षण' के साथ है। शीर्ष "आर्थिक और सामाजिक नियोजन' से संबंधित 33 सिफारिशों पर केंद्र और राज्य के बीच कोई असहमति प्रतीत नहीं होती है। राज्यपाल की भूमिका, उद्योगों, खान और खनिजों आदि जैसे मुद्दों पर विचारों की विविधता अभी भी बनी हुई है।

प्रश्न 5. भारत में राजनीतिक दलीय व्यवस्था की बदलती हुई प्रकृति पर एक निबंध लिखें।

उत्तर– देखें अध्याय–13, प्रश्न सं.–3, 4

अनुभाग–II

प्रश्न 6. नक्सली कृषक विद्रोह और भारतीय राजनीति पर इसके प्रभाव की व्याख्या करें।

उत्तर– देखें अध्याय–14, प्रश्न सं.–2

प्रश्न 7. आपके मत में क्या हिंदुत्व राजनीति भारत की बहुलसंस्कृतिवाद और धर्म निरपेक्षता की विरासत का नाश करेगी? परीक्षण करें।

उत्तर– देखें अध्याय–25, प्रश्न सं–1, 2

प्रश्न 8. क्षेत्रीयवाद और क्षेत्रीय विषमताओं से आप क्या समझते हैं? 1950 और 1960 के दशक में क्षेत्रीयवाद के आधारों की चर्चा करें।

उत्तर— क्षेत्रवाद एक जटिल सामाजिक-राजनीतिक दृश्य घटना है और सही अर्थों में, इस तथ्य के विभिन्न आयामों का विश्लेषण करते समय इसे समझने के लिए विद्वानों ने विभिन्न संकल्पनात्मक प्राधार विकसित किए हैं।

क्षेत्रीय विषमताओं या असंतुलन का मतलब है कि विभिन्न क्षेत्रों के बीच प्रति व्यक्ति आय, साक्षरता दर, स्वास्थ्य और शिक्षा सेवाओं, औद्योगीकरण के स्तर, बुनियादी सुविधाओं आदि में व्यापक मतभेद हैं। क्षेत्रवाद एक राज्य या राज्य के भीतर हो सकता है।

फिर, देखें अध्याय-21, प्रश्न सं.-1

प्रश्न 9. मानव विकास की अवधारणा को परिभाषित करें और इसके अध्ययन के विभिन्न दृष्टिकोणों की चर्चा करें।

उत्तर— देखें अध्याय-19, प्रश्न सं.-1

प्रश्न 10. नृजातियता को परिभाषित करें और उत्तर-पूर्व अथवा दक्षिण भारत में इसके विभिन्न रूपों की चर्चा करें।

उत्तर— देखें अध्याय-26, प्रश्न सं.-1, देखें दिसम्बर-2010, प्रश्न सं.-10

एक राष्ट्र-राज्य के रूप में भारत की इच्छा के विरुद्ध सर्वाधिक तीक्ष्ण विरोध औपनिवेशिक शासन से देश आजाद होने से काफी पहले दक्षिण भारत में हुआ था। तमिलनाडु के द्रविड़ियन आंदोलन इस क्षेत्र में इसी आशय का प्रतिनिधि बन गया। आत्म-सम्मान आंदोलन के रूप में जन्म लेकर और बाद में जस्टिस पार्टी, डी.के. तथा डी.एम.के. के रूप उभर कर आने वाले द्रविड़ियन राष्ट्रवाद ने तीन आधारों पर देश में व्याप्त राष्ट्रवाद तथा राष्ट्र-राज्य की इच्छा पर प्रश्न किए – धर्म, भाषा, तथा जाति। द्रविड़ियन राष्ट्रवाद के अग्रणी व 'पेरियार' के नाम से प्रसिद्ध, ई.वी. रामास्वामी नैयर का तर्क था कि भारत में प्रबल राष्ट्रवाद कांग्रेस द्वारा व्यक्त किया गया था जो हिंदू धर्म अथवा ब्राह्मणवाद, हिंदी भाषा तथा उच्च जातियों, खासकर ब्राह्मणवाद पर आधारित था। यह अनार्य द्रविड़ियन, तमिल भाषा तथा निम्न जातियों पर आधारित द्रविड़ियन राष्ट्रवाद के प्रति विरोधात्मक था। उत्तर भारतीय उच्च जातीय राष्ट्रवाद के प्रभुत्व स्थापना से द्रविड़ियन पहचान तथा राष्ट्रवाद की रक्षा करना आवश्यक था। राष्ट्रवाद के ये दोनों रूप एक साथ रह सकते थे। पृथक् कर दिए जाने की माँग, हिंदी-विरोध आंदोलन तथा बाद में और अधिक स्वायत्ता हेतु माँग दक्षिण भारत में राष्ट्र को नृजातियता की चुनौती के अभिप्रायों के उदाहरण थे।

पेरियार से मिली विरासत को सी.एम. अन्नादुरई तथा एम. करुणानिधि द्वारा आगे बढ़ाया गया। अन्नादुरई वैसे, पेरियार से असहमत थे। जबकि पेरियार निम्न जातियों की दुर्दशा के लिए केवल ब्राह्मणवाद को जिम्मेदार मानते थे, अन्नादुरई ने कहा – ऐसा औपनिवेशिक नीतियों के कारण भी था कि उत्तर भारतीय उच्च जाति तथा कांग्रेस का प्रभुत्व द्रविड़ों के ऊपर

थोपा गया। अन्नादुरई के अनुसार, दो दमनकर्त्ताओं – उपनिवेशवाद तथा उत्तर–भारतीय ब्राह्मणों व बनियों से द्रविड़ों को मुक्त कराने का रास्ता भारत से अलग हो जाना तथा स्वतंत्र द्रविड़नाडु बना लेना था। उनका दावा था कि एक स्वतंत्र, लोकतांत्रिक भारतीय गणराज्य संबंध–विच्छेद हेतु उनकी माँग का समर्थन करेगा। नरेन्द्र सुब्रह्मण्यम मानते हैं कि द्रविड़ियन पार्टियाँ ही एक भारतीय राज्य में कांग्रेस के आधिपत्य को चुनौती देने में अग्रणी थीं। द्रविड़ियन नृजातीय अभिकथन की देश में अन्य पृथक्तावादी आंदोलनों के साथ तुलना करने पर, वह पाते हैं कि यह स्वभावत: कम हिंसात्मक था। यह मूलत: एक विचारात्मक आंदोलन था। साठ के दशक में डी.एम.के. कांग्रेस के एक विकल्प के रूप में उभरी, जिसने 1967 में सत्ता हासिल कर ली। तभी से तमिलनाडु में सत्ता सहयोगी दलों की मदद से डी.एम.के. और ए.आई.डी.एम.के. के पास ही रही है।

> जब प्रकृति को कोई काम कराना होता है तो वो किसी प्रतिभा को जन्म दे देती है।
> — राल्फ वाल्डो एमर्सन

एम.पी.एस.–003 : भारत : लोकतंत्र और विकास

जून, 2018

नोट : ***कुल पाँच*** *प्रश्नों के उत्तर दें, प्रत्येक अनुभाग में से कम–से–कम* ***दो*** *प्रश्न चुनते हुए। प्रत्येक प्रश्न का उत्तर लगभग 500 शब्दों में दें। सभी प्रश्नों के अंक समान हैं।*

अनुभाग–I

प्रश्न 1. 1947–1967 के मध्य लोकतंत्र और विकास संबंध की प्रकृति की चर्चा करें।

उत्तर– देखें अध्याय–4, प्रश्न सं.–1

प्रश्न 2. उत्तर–पूर्व भारत के संदर्भ में नृजातीय राजनीति की चर्चा करें।

उत्तर– देखें दिसम्बर–2010, प्रश्न सं.–10

प्रश्न 3. भारत में मीडिया नागरिक नीति को कैसे प्रभावित करता है? व्याख्या करें।

उत्तर– देखें अध्याय–15, प्रश्न सं.–1

प्रश्न 4. सामयिक भारत में कृषक आंदोलनों पर एक निबंध लिखें।

उत्तर– समकालीन भारत में कृषि भूमि संबंधी आंदोलनों को मोटे रूप से दो प्रमुख श्रेणियों में वर्गीकृत किया जा सकता है। पहली प्रकार के आंदोलन वे हैं जो निर्धन, सीमांत अथवा छोटे किसानों से संबंधित हैं। इन आंदोलनों में उनकी आर्थिक दशा सुधारने से जुड़ी माँगे रखी जाती हैं, जैसे–कृषि श्रमिकों की अधिक मजदूरी तथा बेहतर कार्य अवस्था की माँग। दूसरे प्रकार के आंदोलन अधिक समृद्ध कृषकों के लिए होते हैं जिनका ग्रामीण अर्थव्यवस्था में काफी अतिरिक्त उत्पादन रहता है। इन आंदोलनों को प्रायः सामाजिक विज्ञान की भाषा में "किसान आंदोलन", "नया भूमिवाद" अथवा "नए कृषक आंदोलन" का नाम दिया गया है।

पहले प्रकार के आंदोलन औपनिवेशिक काल में आरंभ हुए। 1974 में कैथलीन गुफ (Cathleen Gough) ने पाया कि भारत में 77 कृषक आंदोलन ब्रिटिश काल में आरंभ हो चुके थे (गो 1974)। आरंभिक वर्षों में ये छुट–पुट आंदोलन जमींदारों तथा अन्य बिचौलियों को बीच से हटाने के उद्देश्य से चलाए गए। ये आंदोलन ग्रामीण निर्धन लोगों की शिकायतों के इर्द–गिर्द थे और हैं तथा स्वतंत्रता पूर्व के वर्षों में ये राष्ट्रीय आंदोलन के साथ जुड़े रहे। दूसरी प्रकार के आंदोलन हाल ही के वर्षों में हरित क्रांति क्षेत्रों जेसे पश्चिमी उत्तर प्रदेश, हरियाणा,

पंजाब अथवा दक्षिणी–पश्चिमी महाराष्ट्र अथवा सुदूर दक्षिण जैसे कर्नाटक या तमिलनाडु में आरंभ हुए तथा ग्रामीण अर्थव्यवस्था में समृद्ध, धनी तथा मध्यम कृषकों द्वारा आयोजित किए गए और वे इसमें अग्रणी रहे। हाल ही के वर्षों में ये आंदोलन अधिक प्रमुख बन गए हैं। राज्य तथा नौकरशाही तंत्र इन आंदोलनों के लक्ष्य पर रहते हैं तथा अन्य के साथ–साथ राज्य से फसलों के मूल्य में वृद्धि, कृषि निवेश पदार्थों की कीमतों में कमी, सस्ती दरों पर बिजली मुहैया करवाने इत्यादि की माँग रहती है। पिछले कुछ वर्षों के दौरान व्यापार में आई कमी पर ध्यान केंद्रित करते हुए उनमें "शहर" तथा "गाँव" के बीच के अंतर पर प्रकाश डाला गया है तथा कुछ नेताओं ने (उदाहरणतया शेतकारी संगठन के शरद जोशी) इस बात पर बल दिया है "भारत" का शोषण "इंडिया" कर रहा है।

फिर देखें अध्याय–14, प्रश्न सं.–2

प्रश्न 5. ठोस और प्रक्रियात्मक लोकतंत्र की समानताओं और भेदों को सूचीबद्ध करें।

उत्तर– देखें अध्याय–27, प्रश्न सं.–1

अनुभाग–II

प्रश्न 6. भारत में संघीय व्यवस्था के कार्यकलाप पर एक निबंध लिखें।

उत्तर– देखें अध्याय–11, प्रश्न सं.–2

प्रश्न 7. भारत में श्रमिक वर्ग पर उदारीकरण के प्रभाव की चर्चा करें।

उत्तर– देखें अध्याय–14, प्रश्न सं.–1

1991 में नई आर्थिक नीति के लागू होने के बाद से देश में श्रमिक वर्ग पर प्रतिकूल प्रभाव पड़ा है। नई आर्थिक नीति के कई पहलू हैं पर उदारीकरण, निजीकरण तथा सार्वभौमिकरण पर अधिक ध्यान केंद्रित किया गया है। उदारीकरण का अर्थ है निजी क्षेत्र पर सरकारी नियंत्रण में कमी जिसके परिणामस्वरूप श्रमिकों और पूँजीपतियों के बीच सौदागरी में कमी आई है। निजीकरण की नीतियों के अंतर्गत देश में कई प्रमुख सार्वजनिक क्षेत्र की इकाइयों के निजी कंपनियों को बेचे जाने से देश के श्रमिकों तथा ट्रेड यूनियनों के समक्ष नई चुनौतियाँ उभर कर सामने आई हैं। समग्र रूप से इन नीतियों के परिणामस्वरूप संभावित समस्याएँ होंगी – श्रमिक के लिए कोई वैधानिक न्यूनतम मजदूरी नहीं होगी, छँटनी के मार्ग में कोई बाधा नहीं होगी। इस प्रकार से नियोक्ता के पास भर्ती और बर्खास्तगी (Hire and Fire) का पूर्ण अधिकार रहेगा। भारतीय अर्थव्यवस्था में पिछले एक दशक या उससे अधिक समय से होने वाले विकास से श्रमिक वर्ग के सामने मूल समस्याएँ उत्पन्न हो गई हैं तथा ट्रेड यूनियनें श्रमिकों के अधिकारों पर पूँजी की घुसपैठ को रोकने में स्वयं को असमर्थ महसूस कर रही है।

प्रश्न 8. भारत में जाति और वर्ग असमानताएँ लोकतंत्र को कैसे प्रभावित करती हैं? व्याख्या करें।

उत्तर– देखें अध्याय–5, प्रश्न सं.–3

प्रश्न 9. मूल अधिकार और राज्य के नीति निर्देशक सिद्धांत मानव विकास की गारंटी कैसे देते हैं? व्याख्या करें।

उत्तर– देखें अध्याय–3, प्रश्न सं.–1, 2, 3

प्रश्न 10. भारत में धार्मिक राजनीति के क्रमतर विकास की चर्चा करें।

उत्तर– देखें अध्याय–17, प्रश्न सं.–2

इंसान जिंदगी में गलतियाँ करके उतना दुखी नहीं होता है, जितना कि वह बार-बार उन गलतियों के बारे में सोच कर होता है।

एम.पी.एस.–003 : भारत : लोकतंत्र और विकास

दिसम्बर, 2018

नोट : कुल पाँच प्रश्नों के उत्तर दें, प्रत्येक अनुभाग में से कम-से-कम दो प्रश्न चुनते हुए। प्रत्येक प्रश्न का उत्तर लगभग 500 शब्दों में दें। सभी प्रश्नों के समान अंक हैं।

अनुभाग – I

प्रश्न 1. राज्य द्वारा सामाजिक-आर्थिक रूपांतरण के निर्देशों के रूप में राज्य नीति के निर्देशक सिद्धांतों की व्याख्या करें।

प्रश्न 2. भारत में जाति स्तरीकरण के संदर्भ में सामाजिक असमानता के विचार की चर्चा करें।

प्रश्न 3. संसदीय संप्रभुता क्या है? क्या इस पर न्यायिक पुनरावलोकन लागू होता है?

प्रश्न 4. भारत में न्यायिक सक्रियता का आलोचनात्मक परीक्षण करें।

प्रश्न 5. पंचायती राज व्यवस्था संबंधी 73 और 74 संवैधानिक संशोधनों के मुख्य प्रावधान क्या हैं?

अनुभाग – II

प्रश्न 6. समकालीन भारत में विभिन्न कृषक आंदोलनों की चर्चा करें।

प्रश्न 7. राजनीतिक दल किस प्रकार हित समूहों से विभिन्न हैं?

प्रश्न 8. जेंडर और विकास के मध्य संबंध की चर्चा करें।

प्रश्न 9. टिकाऊ विकास के क्या मानक हैं?

प्रश्न 10. निम्न में से प्रत्येक पर लगभग 200 शब्दों में संक्षिप्त लेख लिखें :
(a) लोकतंत्र और सुशासन
(b) विकासात्मक अर्थशास्त्र में LPG पैकेज

एम.पी.एस.–003 : भारत : लोकतंत्र और विकास
जून, 2019

नोट : कुल **पाँच** प्रश्नों के उत्तर दें, प्रत्येक अनुभाग में से कम-से-कम **दो** प्रश्न चुनते हुए। प्रत्येक प्रश्न का उत्तर लगभग 500 शब्दों में दें। सभी प्रश्नों के अंक समान हैं।

अनुभाग–I

प्रश्न 1. विकास पर गाँधी के विचारों की व्याख्या करें।

उत्तर— विकास पर गाँधीवादी परिप्रेक्ष्य दो पहलुओं से विशिष्ट है। यह (i) भौतिक खुशहाली की तुलना में आत्म-विकास को प्राथमिकता देता है; और (ii) आधुनिक मशीनरी, प्रौद्योगिकी, मिलों की तुलना में बुनियादी स्तर पर काम करने वालों और ग्रामीण तथा ग्रामोद्योगों के विकास को प्राथमिकता देता है।

गाँधीजी ने भौतिक तरक्की और वास्तविक तरक्की के बीच अंतर स्पष्ट किया। उनके अनुसार 'वास्तविक तरक्की' स्वदेशी शब्द में निहित है। यूं भी कह सकते हैं कि शिक्षा और आर्थिक उन्नति, विकास के मुख्य मुद्दे हैं।

गाँधीजी के विकास की धारणा भौतिक विकास से कहीं ऊपर की धारणा थी। गाँधीजी पश्चिम की पूँजीवादी व्यवस्था की आलोचना किया करते थे। उनकी दृष्टि में पूँजीवाद विकास अपने स्वरूप में शोषणकारी व दमनकारी होता है। उनकी विकास की धारणा व्यक्ति के भौतिक विकास से संबंधित न होकर व्यक्ति के समुचे विकास से थी।

गाँधीजी एक साधारण प्रकार के व्यक्ति थे। एक साधारण ग्रामीण की भाँति एक साधारण भारतीय। उनके अर्थव्यवस्था से जुड़े विचारों का आधार था—ग्राम एवं ग्रामीण आत्मनिर्भरता। गाँव उनके लिए एक आदर्श था—जहाँ पर्याप्त रोशनी व हवादार मकान होंगे; गलियों में सफाई व स्वास्थ्य संबंधी सुविधाएँ होंगी; जहाँ जरूरत की सभी वस्तुएँ पाँच मील की परिधि में उपलब्ध होंगी; जिसमें तालाब व कुएँ सबके लिए प्रयोग के लिए समान रूप से खुले होंगे; जिसके स्कूलों में प्रारंभिक, माध्यमिक व व्यावसायिक शिक्षा उपलब्ध होगी; जहाँ गाँव अपने उत्पादों, खाद्यान्नों, फलों, खादी आदि को स्वयं पैदा करेंगे।

गाँधीजी के विकास का प्रतिमान ग्रामीण स्वरूप का था—आत्मनिर्भर व आत्म-विकसित गाँव। उनके विकास के परिप्रेक्ष्य में निम्नलिखित तथ्य बताए जा सकते हैं—

(1) विकास ग्रामीण आधारित हो;

(2) ग्रामीण एवं कुटीर उद्योगों का प्रभावी जाल–उद्योग घरेलू रूप के तथा सरल व साधारण, मनुष्यों के परिश्रम पर आधारित।

(3) ग्रामों के निकट कस्बों में कुछ मुख्य उद्योग हों, प्रायः सरकारी रूप से तथा/अथवा राज्य के स्वामित्व में।

(4) कस्बों को ग्रामों का अनुसरण करना चाहिए।

(5) उत्पादन तथा वितरण के साधनों का विकेंद्रीकरण हो; उत्पादन आवश्यकताओं पर आधारित हो, मनुष्य की इच्छाओं व आकांक्षाओं पर नहीं; गाँव में उन उत्पादों का उत्पादन हो जिनकी जरूरत है। सरल जीवन, सरल खान-पान।

(6) स्वदेशी अर्थात् उन उत्पादों व सेवाओं का प्रयोग जो सुदूर की अपेक्षा निकटतम हों।

(7) विकास का एकीकृत प्रारूप, जिसमें कृषि, स्वच्छता, शिक्षा, समाज-सेवा, कुटीर व लघु उद्योग आदि सम्मिलित हैं।

(8) नियोजन का न्यूनतम प्रयोग, केवल उस सीमा तक जहाँ पिछड़ी अर्थव्यवस्था को विकसित अर्थव्यवस्था में बदलना हो; नियोजन प्रक्रिया नीचे से ऊपर तक; केंद्रीय नियोजन का कार्य मार्गदर्शन व निर्देशन देना हो।

विकास के गाँधीवादी परिप्रेक्ष्य को मध्यकालीन विकास प्रतिमान कहा जाता है। इस प्रतिमान की आलोचना में कहा जाता है कि विकास की गाँधीवादी प्रक्रिया ग्रामीण स्तर तक सीमित थी तथा यह प्रक्रिया आधुनिकीकरण का खंडन करती है; लोगों को 12वीं और 13वीं शताब्दियों में कृषि-प्रधान व्यवस्था में ले जाती है।

प्रश्न 2. विकास की पॉलिटिकल इकोनॉमी (PED) के महत्त्वपूर्ण आयाम क्या हैं?

उत्तर— विकास की मुख्य धारा के आर्थिक सिद्धांतों की तुलना में, PED प्रतिकूल स्थिति की उपपत्ति, स्वर शैली और शाश्वतीकरण के प्रति कठोर, ऐतिहासिक और अत्यधिक गहन दृष्टिकोण अपनाती है परंतु कार्यों की अपरिहार्य स्थिति में अधिकांश विश्व विशेष रूप से एशिया, अफ्रीका, लैटिन अमेरिका के देशों के नागरिक तथा अमीर देशों के गरीब लोग इसका विविध रूपों में मुकाबला कर रहे हैं। वस्तुत: एक स्तर पर, कुछ देश स्वयं को ऐसी अपरिहार्य स्थितियों में पा रहे हैं, जबकि दूसरे स्तर पर व्यष्टियों और विभिन्न प्रकार से गठित समूह तथा वर्गों का ऐसा बहुमत है जिसे शक्तिहीन कर दिया गया है। विकास के सिद्धांतों को इस विविधता के बीच में सार्वजनिक पृष्ठभूमि तलाश करनी है ताकि ये सिद्धांत इसके संयोजन में प्रत्येक की विशिष्ट स्थिति में लागू हो सकें। इस प्रकार, विकास के सिद्धांत भाग्य, प्रास्थिति, लोगों की कार्य प्रणाली, संस्थाओं तथा धनी और निर्धन देशों में उनकी अंतर्राष्ट्रीय अंतर्क्रियाओं और आंतरिक रिश्तों व देशों के भीतर गतिशीलता में मूल्यों पर समान रूप से लागू होते हैं। विशेष रूप से उत्पादन के विभिन्न घटकों के बीच अपर्याप्तता और समानुपात की कमी, विकास की कमी अथवा अपर्याप्तता अथवा विरूपण के ऐतिहासिक और सामान्य दृष्टिकोण से भिन्न स्थिति जो विद्यमान में तथाकथित विकसित देशों की पूर्व जैसी अथवा पूर्ववर्ती स्थिति के रूप में मानी जाती है, PED उस समय प्रचलित संसाधनों, प्रौद्योगिकी, संस्थाओं, मूल्यों और दृष्टिकोणों के गुणज के रूप में विभिन्न लोगों और देशों की सामाजिक-आर्थिक दशा का एक ऐतिहासिक दृष्टिकोण अपनाती है। इस पहलू के अनुसार, विद्यमान में बहुत से गरीब देश विशेष रूप से चीन, भारत आदि उस समय प्रचलित मुकाबले पर थे जबकि उत्तरी देश काफी

पीछे थे। इस प्रकार प्रश्न उठता है कि क्यों, कैसे और कब अभिनय, स्थिति और प्रास्थिति का प्रतिक्रमण हुआ अथवा एक शब्द में, सापेक्ष राष्ट्रीय शक्ति अस्तित्व में आई अपितु सकल घरेलू उत्पाद और जनसंख्या के विद्यमान स्तरों के पश्चमुखी वाग्विस्तार की अऐतिहासिक और अवास्तविक कवायद करते हैं और विभिन्न गरीब देशों बनाम विद्यमान धनी, उद्योगीकृत देशों के विकास में व्यवधान के कारणों का पता लगाते हैं। एक सहवर्ती लक्षण यह है कि अंतर्राष्ट्रीय मतभेदों और असमानताओं तथा सापेक्ष शक्तिहीनता की तरह, विशेष रूप से उन देशों में घरेलू तौर पर समान लक्षणों वाला पीड़ावर्धन हुआ जो अंतर्राष्ट्रीय तौर पर पिछड़ गए थे और फिसड्डी रह गए थे। यह घटक भी अंतर्राष्ट्रीय घटनाक्रम से जुड़ी हुई रीति से विधिक और ऐतिहासिक तौर पर स्पष्टीकरण की अपेक्षा करता है। इस अभिगम और क्रियाविधि में भी विद्यमान धनी देशों के नजदीकी विगत की एक दर्पण जैसी प्रतिमा के रूप में कम विकसित (विकासशील अथवा कम विकसित) देशों की विकास स्थिति को परिभाषित करने के नास्तिकवादी अथवा उत्तरी देशों के केंद्रित मकड़जाल से बचने के लिए निहितार्थ अंतर्ग्रस्त है। यह विकास अथवा औद्योगिकीकरण का अनुकरणीय आकर्षण नमूना उन देशों में इतिहास, संस्कृति, स्वतंत्रता अथवा आजादी (स्वायत्तता और स्वकेंद्रीयता), प्राकृतिक भंडार, बदलते हुए भू-राजनैतिक घटक और अनूकूलन की स्वतंत्र प्रक्रियाओं तथा प्रौद्योगिकियों के विकास से इंकार करता है जो तथाकथित आधुनिकता के रास्ते पर शुरू में आगे नहीं आ सके तथा दूसरों के वर्चस्वाधीन तथा पराधीन हो गए।

यूरोप में उद्योगीकरण पूर्व के ऐतिहासिक विश्लेषणों, भूमि सुधार संबंधी परिवर्तनों, औद्योगिक क्रांति, पश्चिमी देशों का राजनीतिक और सैन्य वर्चस्व, विशेष रूप से वणिकवादी राज्यों जिन्होंने धन पूँजी के प्रारंभिक अथवा पूर्व संचयन में एक बड़ी भूमिका निभाई थी, की सक्रिय विकासोन्मुख भूमिका के साथ-साथ उनकी सामुद्रिक क्षमताओं और शक्ति, सांस्कृतिक, सामाजिक और धार्मिक रूपांतरण, सामाजिक-आर्थिक सत्ता संतुलन को बदलने वाले राजनीतिक विप्लव आदि जो लगभग पाँच शताब्दियों की अवधि में बने रहे, 18वीं और 19वीं शताब्दियों के दौरान प्रौद्योगिकीय सफलता के लिए निर्णायक थे जिनसे आधुनिक आर्थिक विकास और राष्ट्रीय और अंतर्राष्ट्रीय तौर पर बढ़ती हुई असमानताओं के युग का आरंभ हुआ। भारत सहित अफ्रीकी, एशियाई और लैटिन अमेरिकी देशों का राजनीतिक, आर्थिक और सांस्कृतिक वर्चस्व अंतर्राष्ट्रीय वर्चस्व अंतर्राष्ट्रीय संबंधों में सामान्यत: इन परिवर्तनों का दूसरा पक्ष नहीं था क्योंकि इन देशों के घरेलू हालात ने भी उनके अधीनीकरण में योगदान दिया। जिस तरीके से जापान ने आंतरिक गतिशीलता के कारण वर्चस्व और प्रतिवाद के इस दुर्भाग्य से स्वयं को बचाया, उससे इस सुझाव का अवमूल्यांकन होता है कि सार्वभौमिक घटकों ने सक्रिय तौर पर घरेलू घटकों के साथ मिलकर सहायता की/काम किया। काफी बड़ी संख्या में देशों को गरीब और अधीनस्थ तथा बड़ी संख्या में उनके लोगों पर काबू पाते समय उन प्रक्रियाओं जिन्होंने कुछ देशों को (उनके आंतरिक, व्यापक तौर पर गैर-कार्यात्मक मतभेद की ओर ध्यान दिए बिना) शक्ति संपन्न बना दिया, पर विचार करना एक बहुत ही जटिल और लम्बा विषय है। प्रत्येक देश की इस प्रकार की स्थिति के साथ-साथ अनुभवजन्य अध्ययन करने पड़ते हैं।

मुख्य मुद्दा यह है कि यह विविध घटकों का संयोजन था जिसने अंतरसंबंधित तरीके से राष्ट्रों के भीतर राष्ट्रों और लोगों के बीच एक बड़ी दरार पैदा कर दी जिससे कुछ देशों को समद्धि तथा बहुतों को गरीबी हाथ लगी। इन प्रक्रियाओं के दीर्घकालिक प्रभाव तथा गरीब देशों के लिए उनके अस्वास्थकर परिणाम गरीब देशों में उनके सामाजिक अस्तित्व के विभिन्न पहलुओं के बीच स्वीकारात्मक सहजीवी संबंधों के दम घुटने के रूप में देखे जा सकते हैं जिनके कारण उनकी भौतिक, सांस्कृतिक, सामाजिक–आर्थिक दशा बिगड़ती गई। वे निर्धन तथा शक्तिहीन जनता वाले अधोनती देश बन गए।

प्रश्न 3. भारतीय लोकतंत्र में जाति की भूमिका का आलोचनात्मक परीक्षण करें।

उत्तर– देखें अध्याय–17, प्रश्न सं.–2 (पेज नं.–131)

प्रश्न 4. भारतीय संघवाद की प्रकृति की चर्चा करें।

उत्तर– देखें अध्याय–11, प्रश्न सं.–1, 2 (पेज नं.–79, 81)

प्रश्न 5. भारतीय लोकतंत्र में मीडिया की भूमिका की चर्चा करें।

उत्तर– देखें अध्याय–15, प्रश्न सं.–1 (पेज नं.–116)

अनुभाग – II

प्रश्न 6. हित समूहों के लक्षणों की चर्चा करें।

उत्तर– देखें अध्याय–16, प्रश्न सं.–3 (पेज नं.–126)

प्रश्न 7. 'नवीन' सामाजिक आंदोलनों को परिभाषित करें और समुचित उदाहरणों के साथ इनके उद्देश्यों की चर्चा करें।

उत्तर– देखें अध्याय–18, प्रश्न सं.–1 (पेज नं.–134)

प्रश्न 8. भारत में क्षेत्रवाद का परीक्षण करें।

उत्तर– भारत के संदर्भ में एक सामान्य वैचारिक अर्थ में क्षेत्रवाद को मोटे तौर पर निम्नलिखित रीति में वर्गीकृत करके विश्लेषित किया जाता है– केंद्र–राज्य संबंधों की एक अभिव्यक्ति के रूप में; आंतरिक उपनिवेशवाद के एक परिणाम के रूप में; राजनीतिक एकीकरण प्रक्रिया के एक पूरक के रूप में; राजनीतिक अभिजात्य वर्ग संबद्ध संघर्षों के शब्दों में, चुनावी राजनीति के अत्यावश्यक तत्त्वों के एक उत्पाद के रूप में, उप–क्षेत्रवाद के साथ तुलना में; और अंततः एक उदारीकृत होती अर्थव्यवस्था में क्षेत्रों के बीच प्रतिस्पर्धात्मकता बढ़ाने के संदर्भ में।

उपर्युक्त कथन क्षेत्रवाद के भारतीय वैकल्पिक रूप के प्रख्यात विचारकों द्वारा क्षेत्रवाद पर कुछ प्रतिनिधि विचारों को हमारे समक्ष लाता है।

रशीदुद्दीन खान का तर्क है कि क्षेत्रफल भारतीय संघवाद की संकल्पना के लिए सर्वाधिक अधिक महत्त्व का है। भारत एक एक बहु–क्षेत्रीय संघ के रूप में उल्लेख करते समय, खान तर्क देते हैं कि राष्ट्रीयता तथा नृजातीयता की अवधारणाएँ देश की सामाजिक–सांस्कृतिक विविधताओं की व्याख्या करने के लिए पर्याप्त नहीं है। भारत में क्षेत्रों के विशिष्ट सामाजिक, सांस्कृतिक, ऐतिहासिक, भाषाई आर्थिक व राजनीतिक संकेतार्थ है और 'क्षेत्रीय पहचान' शब्द भारतीय समाज की बहुलता की एक बोधगम्य अभिव्यक्ति के रूप में लिया जाता है।

तथापि, जैसा कि ए.के. बरुआ का तर्क है, नृजातीयता तथा राष्ट्रीयता जैसे कारक नगण्य नहीं किए जा सकते हैं। मेघालय, तमिलनाडु, झारखंड तथा गोरखालैंड में क्षेत्रीय आंदोलनों ने नृजातीयता की एक विशिष्ट भूमिका देखी है। तब भारत के उत्तर–पूर्वी राज्यों में और कश्मीर में (कश्मीरी मुसलमान) अधिकतर नृजातीय समूह स्वयं को भिन्न राष्ट्रीयताओं के रूप में मानना पसंद करते जो अपरिवर्तनीय रूप से उनमें भारतीय राज्य के प्रति एक प्रकार का विरोध उत्पन्न करता चूँकि उनकी पहचान का दावा भारतीय राष्ट्र भावना के प्रति द्वेषपूर्ण माना जाता है।

डी.सी. बर्मन भारत में क्षेत्रवाद को इस रूप में देखते हैं—एक सिद्धांत जो एक समूह के भीतर एक क्षेत्रीय आधार पर प्रशासन के विकेंद्रीकरण को सूचित करता है, एक नितांत एकसार राष्ट्रीय एकता के थोपे जाने के विरुद्ध एक सामाजिक–सांस्कृतिक प्रति–आंदोलन, प्रतिनिधि सांस्कृतिक क्षेत्र हेतु और अधिक स्वायत्तता प्राप्त करने पर अभिलक्षित एक राजनीतिक प्रति–आंदोलन। इस संदर्भ में यह गौर करना सुसंगत होगा कि क्षेत्रवाद एक जटिल दृश्यघटना है और इसे केंद्र के सम्मुख एक स्वायत्ततार्थ आंदोलन के रूप में अथवा संघीय प्रशासनिक असंतुलनों के विरुद्ध एक प्रतिक्रिया के रूप में उतारना अतिसाधारणीकरण करने के समान ही है।

पॉल. आर. ब्रास का तर्क है कि प्रादेशिकता हमें क्षेत्रवाद की दृश्यघटना का मात्र एक आंशिक बोध कराती है और इस कारण इस दृश्यघटना के अन्य आयामों का अन्वेषण अत्यावश्यक है। क्षेत्रवाद के विश्लेषण हेतु एक वैधानिक मार्ग अपनाते समय वह क्षेत्रीय व राष्ट्रीय न्यायक्षेत्र के अधीन आने वाले विषयों के सीमा–निर्धारण का आश्रय लेते हैं। इस संदर्भ में तर्क दिया जा सकता है कि इन विषयों का कोई संपूर्ण पृथक्करण संभव नहीं हो सकता है। परस्परतः नितांत राष्ट्रीय व क्षेत्रीय राज्याधीन क्षेत्र वाली इस धारणा को तथ्य द्वारा सबसे अच्छी तरह चित्रित किया जा सकता है कि कावेरी (कर्नाटक व तमिलनाडु के बीच) तथा संतुलन–यमुना लिंक नहर (पंजाब व हरियाणा के बीच) नदी जल बँटवारे जैसी एक क्षेत्रीय समस्या पर राष्ट्र का ध्यान लगा है। इसके अलावा इस प्रकार का मार्ग हमें क्षेत्रीय संघर्षों के लिए उत्तरदायी शक्तियों की प्रकृति का विश्लेषण करने से रोकता है। ब्रास का कहना है कि वे समाजस्थ शक्तियाँ जो भारत को बहुवाद, क्षेत्रवाद तथा विकेंद्रीकरण की ओर उकसाती हैं, नैसर्गिक रूप से उनकी अपेक्षा अधिक सशक्त हैं तो सजातीयता, राष्ट्रीयकरण तथा केंद्रीकरण की पक्षधर हैं। यह निष्कर्ष निकलता है कि भारत में शक्ति समेकन प्रक्रिया स्वभावतः नाजुक है

और संकेंद्रण के चरम बिंदु पर पहुँचते ही शक्ति अनेकीकृत होनी आरंभ हो जाती है। इस बिंदु पर, ब्रास तर्क देते हैं, क्षेत्रीय राजनीतिक शक्तियाँ तथा विकेंद्रीकरणशील प्रवृत्तियाँ अपरिहार्य रूप से तब तक स्वयं को फिर से प्रमाणित नहीं करती जब तक कि राष्ट्रीय नेतृत्व भारतीय संविधान में संघीय प्रावधानों हेतु आयकर एक अधिक निश्चयात्मक समेकन किए जाने का रास्ता नहीं चुन लेता। यह स्पष्ट है कि ब्रास इस अभिप्राय से एक प्रकार के द्वेषपूर्ण चक्र का संकेत करने लगते हैं कि केवल एक सशक्त केंद्रीय सत्ता ही अपकेंद्रीय शक्तियों पर नियंत्रण रख सकती है, परंतु साथ ही उनका तर्क है कि क्षेत्रीय शक्तियाँ अत्यधिक केंद्रीकरण के विरुद्ध प्रतिक्रियास्वरूप सक्रिय हो जाती है।

उपर्युक्त से यह निष्कर्ष निकलता है कि क्षेत्रवाद को मात्र संघवाद के शब्दों में अथवा एक वैधानिक संकल्पना के रूप में आँके जाने का प्रयास सिद्धांततः अपनी संपूर्णता में इस दृश्यघटना को समझने के लिए अपर्याप्त है। क्षेत्रवाद की प्रकृति का एक अन्य पहलू डंकन बी. फॉरेस्टर के लेखों से प्रकट होता है, जिन्होंने क्षेत्रवाद और उप–क्षेत्रवाद के बीच भेद मूलतः क्षेत्रों के सीमाक्षेत्रीय तथा जनसांख्यिक आकार के लिहाज से किया है। इस प्रकार का तर्क मुश्किल से ही माना जाता है, क्योंकि किसी क्षेत्र का आकार आवश्यक नहीं कि क्षेत्रवाद व क्षेत्रीय आंदोलनों हेतु मापदंड हो ही। इसके अतिरिक्त, क्षेत्रीय व उप–क्षेत्रीय सत्ताओं की माँगे व शिकायतें हमेशा ही विभेद्य नहीं होती, बेशक यह माना जाता है कि पूर्ववर्ती के तहत परवर्ती की अपेक्षा अधिक बड़ा क्षेत्र आता है। तेलंगाना के ठोस संदर्भ में उप–क्षेत्रवाद का वैचारीकरण करते हुए फॉरेस्टर तर्क प्रस्तुत करते हैं कि ऐतिहासिक व आर्थिक कारक उप–क्षेत्रीय पहचानों को जन्म देते हैं और ऐसी बाध्यकारी राजनीतिक प्रतिनिधि संस्कृतियों को प्रोत्साहित करते हैं जो कि न सिर्फ असंबद्ध होती हैं, बल्कि उस भाषाई राज्य के प्रतिनिधित्व वाली भाषा, संस्कृति व जाति के बृहत्तर संगठनों के साथ संघर्षरत भी होती हैं।

भारत में क्षेत्रवाद का अध्ययन इकबाल नारायण के प्रतिपादनों पर विचार करते समय काफी उपयोगी होगा। उन्होंने क्षेत्रवाद की संभवतः बृहत्तम परिभाषा दी है जिसमें भौगोलिक, ऐतिहासिक–सांस्कृतिक, आर्थिक, राजनीतिक–प्रशासनिक तथा मानसिक कारक शामिल हैं। यद्यपि उनकी परिभाषा इतनी विस्तृत है फिर भी वह क्षेत्रवाद का सारतत्व आत्मसात नहीं कर सकी। इसका अर्थ किसी के लिए प्रायः कुछ भी हो सकता है। वास्तव में, उन कारकों की बाहुल्यता जो इकबाल नारायण क्षेत्रवाद की दृश्यघटना के साथ जोड़ना चाहते हैं राष्ट्रवाद अथवा किसी अन्य जनसामूहिक दृश्यघटना पर भी लागू हो सकती है।

यहाँ उस स्वदेशवादी आंदोलन का संदर्भ प्रासंगिक होगा जो प्रवासियों तथा मातृभूमि पुत्रों के बीच संघर्ष को इंगित करता है। मायरन वीनर स्वदेशवाद को नृजातीय पहचान के एक ऐसे रूप में मानते हैं जो ऐसे लोगों को एक क्षेत्र विशेष में रहने और काम करने से बहिष्कृत करने की फिराक में रहती है जो स्थानीय अथवा अधिवासी नृजातीय समूह के सदस्य न हों क्योंकि वे वहाँ के जन्मजात नहीं होते। वीनर स्वदेशवाद के विकास हेतु एक पूर्वशर्त के रूप में एक क्षेत्रीय अथवा राष्ट्रीय पहचान के विकसन की ओर इशारा करते हैं। उन्होंने भारत में स्वदेशवादी

आंदोलनों को जन्म देने वाले पाँच कारकों की पहचान की है। ये हैं– सांस्कृतिक क्षेत्र के बाहर से आए प्रवासियों की उपस्थिति; प्रवासियों तथा स्थानीय समुदाय के बीच सांस्कृतिक भेद; कुल आबादी में अन्य समूहों के मुकाबले स्थानीय आबादी की अस्थिरता; अधिवासी मध्यवर्ग के बीच बेरोजगारी का ऊँचा स्तर और सांस्कृतिक रूप से मित्र प्रवासियों द्वारा की जा रही मध्यवर्गीय नौकरियों का एक अच्छा–खासा भाग तथा निम्न मध्यवर्गों हेतु शैक्षणिक अवसरों की तीव्र वृद्धि।

जैसा कि लेविस पी. फिके का विचार है कि राजनीतिक दल क्षेत्रीय संचेतना के उत्प्रेरक की भूमिका निभाते हैं, यह उल्लेख किया जा सकता है कि राजनीतिक दल हमेशा क्षेत्रवाद की राजनीति के लिए अपरिहार्य नहीं होते। विभिन्न प्रकार के आंदोलन अक्सर गैर–राजनीतिक दल आंदोलनों को जारी रखते समय किसी भी क्षेत्र के लोगों की ओर से क्षेत्रीय आकांक्षाओं को व्यक्त करने में सक्षम पाए जाते हैं जैसेः ऑल असम स्टूडेंट्स यूनियन (आसू), तेलंगाना आंदोलन, उत्तराखंड आंदोलन, छत्तीसगढ़ आंदोलन आदि। एक संबद्ध परिप्रेक्ष्य में यह तर्क दिया गया है कि सभी क्षेत्रीय माँगे राजनीतिक अभिजात्य वर्ग संघर्षों के रूप में जन्म लेती हैं।

माइकल हैक्टर ने क्षेत्रवाद के अध्ययन में योगदान भारत में क्षेत्रवाद की प्रकृति के विश्लेषण हेतु आंतरिक औपनिवेशिक मॉडल को सुव्यक्त करके दिया है। वह कहते हैं कि क्षेत्रवाद परिधीय संप्रदायों के केंद्रीय संप्रदायों द्वारा शोषण के वास्तविक अथवा लिए गए अर्थ का परिणाम है।

सारांशतः यह तर्क दिया जा सकता है कि भारत में क्षेत्रवाद क्षेत्रीय नेतृत्व के लिहाज से एक संगठित प्रयास रहा है जरूरी नहीं कि औपचारिक व अनौपचारिक लोकतांत्रिक सभा–मंचों पर क्षेत्रीय शिकायतों और उम्मीदों को व्यक्त करने में और लोकसम्मत लामबंदी हेतु अधिपत्य को प्रयोग करने में किसी राजनीतिक दल से संबद्ध हो ही। यह समुदाय विशेष द्वारा क्षेत्रीय पहचान के अभिकथन के उस आधार पर होता है जो कि बेहतर संबंधों की खातिर केंद्र के साथ क्षेत्रीय अभिजात्य वर्ग तय कर लेता है।

प्रश्न 9. Procedural और Substantive लोकतंत्र के मध्य विभेद करें।

उत्तर– देखें अध्याय–27, प्रश्न सं.–1 (पेज नं.–193)

प्रश्न 10. निम्न में से प्रत्येक पर लगभग 200 शब्दों में संक्षिप्त लेख लिखें।

(a) मानव विकास के मानक

उत्तर– देखें दिसम्बर–2010, प्रश्न सं.–6 (पेज नं.–242)

(b) उत्तर–पूर्व भारत में नृजातियता की समस्या

उत्तर– देखें दिसम्बर–2010, प्रश्न सं.–10 (पेज नं.–248)

□□

एम.पी.एस.–003 : भारत : लोकतंत्र और विकास
दिसम्बर, 2019

नोट : कुल **पाँच** प्रश्नों के उत्तर दें, प्रत्येक भाग में से कम-से-कम **दो** प्रश्न चुनते हुए। प्रत्येक प्रश्न का उत्तर लगभग 500 शब्दों में दीजिए। सभी प्रश्नों के अंक समान हैं।

भाग I

प्रश्न 1. भारतीय राष्ट्रीय आंदोलन में समाजवादी विचारधारा की उत्पत्ति की चर्चा कीजिए।
उत्तर— देखें अध्याय–1, प्रश्न सं.–3 (पेज नं.–2)

प्रश्न 2. सामाजिक बदलाव लाने वाले साधक के रूप में राज्य के नीति निर्देशक सिद्धांतों की महत्ता का विश्लेषण कीजिए।
उत्तर— देखें अध्याय–3, प्रश्न सं.–2 (पेज नं.–12)

प्रश्न 3. भारत के नागरिकों के अधिकारों और हितों को सुरक्षित रखने के लिए न्यायपालिका की भूमिका का मूल्यांकन कीजिए।
उत्तर— देखें दिसम्बर–2010, प्रश्न सं.–4 (पेज नं.–237)

प्रश्न 4. भारत में संसद की कार्यप्रणाली का आलोचनात्मक विश्लेषण कीजिए।
उत्तर— देखें अध्याय–8, प्रश्न सं.–3 (पेज नं.–56)

प्रश्न 5. भारत में कृषक आंदोलनों के विकास की संक्षेप में चर्चा कीजिए।
उत्तर— देखें अध्याय–14, प्रश्न सं.–2 (पेज नं.–109)

भाग II

प्रश्न 6. सतत् (धारणीय) विकास से आप क्या समझते हैं? सतत् विकास के विभिन्न सूचकों की चर्चा कीजिए।
उत्तर— देखें अध्याय–23, प्रश्न सं.–1, 4 (पेज नं.–158, 168)

प्रश्न 7. भारत में पहचान की राजनीति की अवधारणा का विश्लेषण कीजिए।
उत्तर— देखें अध्याय–17, प्रश्न सं.–1 (पेज नं.–129)

प्रश्न 8. हिंदू नवजागरणवाद की अवधारणा का आलोचनात्मक विश्लेषण कीजिए।

उत्तर– हिन्दू पुनर्जागरणवाद–हिन्दू पुनर्जागरणवाद की कोई सर्वमान्य विषयवस्तु नहीं है। यह व्यक्ति–व्यक्ति के साथ क्षेत्र–क्षेत्र के लिहाज से भी बहुत भिन्न–भिन्न थी। हम भारत में तीन क्षेत्रों पर नजर डालेंगे जहाँ हिन्दू पुनर्जागरणवाद किसी न किसी रूप में उच्चरित हुआ–बंगाल, महाराष्ट्र एवं उत्तरी भारत, यथा तीन क्षेत्र जहाँ पुनर्जागरणवाद काफी लम्बा चला।

बंगाल में यह सर्वाधिक व्यापक था, साथ ही प्रचंड भी, परंतु इसने असाधारण रूप से एक असामान्य रूप ले लिया। यह एक बहुत, सुमित सरकार के शब्दों में, "बौद्धिकृत पुनर्जागरणवाद" में उभरा। इसका मतलब है कि इसने ऊँची भौं वाले, मूर्धन्य प्रकार के बुद्धिजीवियों के बीच बहस का रूप ले लिया। पढ़े–लिखे लोगों के बीच यह चर्चा का विषय था। जब भी पत्रिकाएँ एवं समाचार पत्र इसमें लिप्त होते थे, शब्द और अर्थ ऐसा होता था कि यह आम आदमी को कम ही अच्छा लगता था। बंकिमचंद्र चटर्जी व अन्य, उदाहरणार्थ, जैसे प्रमुख सदस्यों के बीच इसकी तीन प्रमुख प्रेरणाएँ थीं। प्रथम, भारत की कुछ स्मरणातीत परंपराओं पर जोर देना और पश्चिम के मुकाबले अपनी आत्मिक श्रेष्ठता सिद्ध करना, यद्यपि हमें यह स्वीकार करना पड़ता है कि हम भौतिक रूप से कमजोर हैं। दूसरे, इन शब्दों में पूछना कि भारतीय (वस्तुतः) कौन है? हर व्यक्ति जो बंगाल में रहता है आवश्यक नहीं कि बंगाली ही हो। ऐसी ही बात भारत के साथ है। इस तरीके से व्यवहार कि जो भारत में रहता है क्षेत्रीय राष्ट्रवाद है। हमें कुछ सहजगुण भी अवश्य धारण करने चाहिए और कुछ भावनाएँ–विशेष व्यक्त करनी चाहिए, जो फिर हमें एक भारतीय होने हेतु योग्यता प्रदान करेगी। यह शब्द गढ़ा नहीं गया वरन् यह उस दिशा में पहला कदम था जिसे बाद में सांस्कृतिक राष्ट्रवाद कहा जाने लगा; यथा, कोई व्यक्ति भारतीय तभी है जब वह कुछ निश्चित सांस्कृतिक अभिलक्षण दर्शाएँ। अंततः, असीम बौद्धिक श्रम जीजस क्राइस्ट के मुकाबले भगवान् श्रीकृष्ण की श्रेष्ठता दर्शाने में खर्च हो गया; अत्यंत महत्त्वपूर्ण रूप से एक देशभक्त भारतीय हेतु एक आदर्श भी। परंतु विलक्षण रूप से, बंगाल में जो कुछ हुआ उसका बहुत ही थोड़ा बंगाल में विद्यमान हैं, बावजूद इसके कि भारत के अन्य भागों में यह गुंजायमान है, अपवाद रूप में, शायद, 'वन्दे मातरम्', और सिर्फ एक 'गीत के रूप में', न कि देशभक्ति की परीक्षा के तौर पर जैसा कि उत्तर में है।

महाराष्ट्र में धार्मिक पुनर्जागरणवाद का एक अधिक भिन्न आधार था। वहाँ निश्चित रूप से बुद्धिजीवी घटक विद्यमान था। और इसने, हालाँकि चालाकी से, एक ब्राह्मणवादी पुनर्कथन का रूप ले लिया। यह बात निम्न जातियों के बीच जागरण और दावों का प्रत्युत्तर देने के प्रयासों में सबसे अधिक तरह देखी जा सकती है, यथा इन्होंने ज्योतिबा फूले के व्यक्तित्व से स्पष्ट और नियत आकार पाया। दूसरे, यहाँ बात बंगाल से कुछ भिन्न भी थी। धार्मिक, प्रतीक–चिह्न एवं पर्व 'सार्वजनिक' बनाए गए आम अखाड़े में प्रेरित किए जाते थे ताकि राष्ट्रवाद के उद्देश्य से जन–समाज के संघटन पर प्रभाव पड़े। इनमें सर्वाधिक प्रसिद्ध गणेश

पूजा, अब तक एक घरेलू घटना, का 'गणेश उत्सव' के रूप में जाने जाने वाले एक जन समारोह में रूप–परिवर्तन। आज यह भारत के कई अन्य भागों में फैल चुका है, और इस नजरिए से सांप्रदायिक तनावों का एक स्रोत बन चुका है जो तरीका 'संघ परिवार' द्वारा अपनाया जाता है। गणेश सफलता के देवता हैं और 'परिवार' के कार्यकर्त्ता यह सोचते हैं कि गणेश को विशेषाधिकार प्रदान करके वे पूरे भारत में राजनीतिक सफलता हासिल कर लेंगे। यही जन–संघटन का रास्ता बन गया और बना भी हुआ है। तीसरा रूप जो इसने अख्तियार किया वो था श्रीकृष्ण–एक धार्मिक प्रतिमा से भिन्न, एक पक्की ऐतिहासिक आकृति और एक महान् योद्धा शिवाजी महाराज के संप्रदाय का निर्माण। उसको "हमेशा" मुस्लिम शासन से लड़ने वाले एक आदर्श हिन्दू व्यक्तित्व के रूप में बनाया गया। तत्कालीन और तदोपरांत भारत में स्थान लेते क्षेत्रीय जागरणों में शिवाजी निस्संदेह एक महान् महत्त्व वाली विभूति थे परंतु उन्हें एक हिन्दू पंथ के रूप में स्थापित करना जनचेतना का संप्रदायीकरण था, जो तब संघटित हो रहा था। महाराष्ट्र में धार्मिक पुनर्जागरणवाद ने जन–संघटन की दिशा में करवट ली थी, और इस बात में वह उससे भिन्न था जो बंगाल में हुआ था।

उत्तरी भारत एक और अधिक कौतुहल उत्पन्न करती तस्वीर प्रस्तुत करता है। यहाँ अधिकतर बुद्धि–संबंधी बहसें समाज में फैलीं और जनप्रिय संघर्ष–विषयों के मुद्दे बन गईं और जो संघर्ष–विषय के मुद्दे बने उनमें से अधिकांश लोकप्रिय प्रथाओं व आस्थाओं के निकट थे। उत्तर भारत में दो भिन्न रूपांतर उभरे। एक सिंधु–गंगाई मैदानों में और दूसरा उत्तर–पश्चिमी भारत में, जो अब पंजाब, हरियाण व पश्चिमी उत्तर–प्रदेश हैं। सिंधु–गंगाई मैदान में वे मुद्दे थे जिनके माध्यम से हिन्दू पुनर्जागरणवाद ने अपना हक कायम किया, यथा गौ–वध तथा देवनागरी लिपि में हिन्दी से जुड़े मुद्दे। ज्ञान पाण्डेय ने "मोबिलाइजिंग दि हिन्दू कॅम्यूनिटि" तथा "हिन्दी, हिन्दू, हिन्दुस्तान" (उनकी कॅन्स्ट्रक्शन ऑव कॅम्यूनलिज्म इन कॅलोनिअल नॉर्थ इंडिया, 1990 में दोनों अध्याय 5 व 6 के रूप में) में दर्शाया है कि दैनिक जीवन में गाय और मुसलमानों द्वारा उसकी हत्या, और खासकर बकरीद के मौके पर, हिन्दुओं की भावनाओं को भड़काने तथा मुसलमानों को गायों का वध करने से रोकने के लिए आंदोलनार्थ उन्हें संघटित करने के प्रयासों ने मुद्दों का रूप ले लिया। इसी तरीके से हिन्दी व देवनागरी, यथा फारसी लिपि में उर्दू के विरोध का मुद्दा जनचेतना के तहत हिन्दू–मुस्लिम विवादों के विषय बन गए। उत्तर–पश्चिमी भारत में इस प्रकार के मुद्दे अन्य मुद्दों के साथ एक अलग तरीके से उठाए गए। यही था स्वामी दयानंद के 'आर्यसमाज' आंदोलन का उदय और प्रसार। एक स्तर पर यह एक "आपत्तिकारक आंदोलन" था परंतु दूसरे स्तर पर यह हर उस चीज के खिलाफ एक निन्दात्मक प्रहार भी था जो उचित रूप से 'वेदों' से मेल न खाता हो। इसने सफलतापूर्वक अनेक हिन्दू प्रथाओं, जैसे–बहुदेववाद, मूर्तिपूजा, एवं जन्म पर आधारित जाति, पर एक तीखा प्रहार किया तथा अंतर्जातीय एवं विधवा–पुनर्विवाह व अन्य ऐसी ही प्रथाओं की वकालत की। दयानन्द ने अपनी प्रसिद्ध पुस्तक 'सत्यार्थ प्रकाश' में गैर–वैदिक धर्मों जैसे– इस्लाम,

ईसाइयत, सिखधर्म आदि प्रत्येक पर एक–एक अध्याय लिखते हुए, एक निंदात्मक प्रहार भी किया, और इस्लाम व उसके पैगम्बर पर प्रहार सर्वाधिक निन्दापूर्ण था। उनके अनुयायी तदोपरांत सिखों व मुसलमानों, इस क्षेत्र के दो अन्य प्रमुख धर्मों, के साथ अनावश्यक शास्त्रार्थ में लग गए। कैनेथ जोन्स अपनी पुस्तक आर्यधर्म में दर्शाते हैं कि किस प्रकार यह आंदोलन तेजी से पंजाब में, खासकर खत्री जैसी व्यापारी जातियों के बीच, फैल गया। प्रमुख धर्मांतरित व्यक्ति थे लाला लाजपत राय (विख्यात् राष्ट्रवादी नेता), लाला हंस राज, लाला मुंशीराम (बाद में स्वामी श्रद्धानंद) व अन्य कई। तब से ही, उसने विशेष रूप से दो कार्यों पर ध्यान केंद्रित किया–एंग्लो–वैदिक विद्यालय खोलना और एक 'शुद्धि' अभियान–उन लोगों का हिन्दू धर्म में फिर से धमा ंतरण जिन्होंने अन्य धर्मों को अपना लिया था। यह परवर्ती कार्यक्रम जो मुसलमानों के बीच तंजीम और तबलीग कहे जाने वाले कामों से जुड़ा था, सांप्रदायिक माहौल को खराब करने में बहुत सहायक था।

प्रश्न 9. जेंडर और विकास के बीच संबंध की चर्चा कीजिए।

उत्तर– देखें अध्याय–20, प्रश्न सं.–1 (पेज नं.–142)

प्रश्न 10. निम्नलिखित पर लगभग 200 शब्दों (प्रत्येक) में संक्षिप्त टिप्पणियाँ लिखिए:

(क) भारत के संविधान का 74वाँ संशोधन

उत्तर– देखें अध्याय–12, प्रश्न सं.–1 (पेज नं.–86)

(ख) अशोक मेहता समिति की रिपोर्ट

उत्तर– देखें दिसम्बर–2009, प्रश्न सं.–4 (पेज नं.–218)

एम.पी.एस.–003 : भारत : लोकतंत्र और विकास
जून, 2020

नोट : *प्रत्येक **अनुभाग** से कम से कम दो प्रश्न चुनते हुए, कुल **पाँच** प्रश्नों के उत्तर दीजिए। प्रत्येक प्रश्न का उत्तर लगभग **500** शब्दों में दीजिए। सभी प्रश्नों के अंक समान हैं।*

अनुभाग–I

प्रश्न 1. भारतीय लोकतंत्र के कार्य करने में दबाव समूहों की भूमिका की चर्चा कीजिए।

उत्तर– देखें अध्याय–16, प्रश्न सं.–3, 4

प्रश्न 2. "राजनीतिक भागदारी ने भारतीय लोकतंत्र को अधिक समावेशी बना दिया है।" व्याख्या कीजिए।

उत्तर– राजनैतिक दलों में बढ़ती हुई प्रतियोगिता, मतदाता उपस्थिति में **वृद्धि**, सहभागिता के नए रूपों के विकास जैसे – नए सामाजिक आंदोलनों, निचले स्तर की राजनीति के संस्थानों तथा ऐतिहासिक दृष्टि से वंचित जातियों और सजातीय–धार्मिक समूहों की स्थानीय स्तर की राजनीति और राजनैतिक प्रधानता के कारण भारत में राजनैतिक सहभागिता में निश्चित तौर पर वृद्धि हुई है। स्पष्टतया यह भारतीय लोकतंत्र के विकास की दिशा में यह अच्छी प्रवृत्ति है। क्या अब भारत में सहभागिता की संस्कृति बन चुकी है? यद्यपि उच्च राजनैतिक एकजुटता तथा अधिक मतदाता भगीदारी अपने आप में सहभागिता की संस्कृति में योगदान नहीं देते तथापि लोकप्रिय अभिमुखता नियमित प्रशासन तथा समाज के परंपरागत अधिकार प्राप्त चिह्नों पर निर्भरता की अपेक्षा दैनिक जीवन में जन प्रतिनिधित्व, चाहे वह प्रमाणपत्रों, सहायता अथवा स्वेच्छाचारिता के संबंध में हो, की ओर उल्लेखनीय रूप से अग्रसर हुई है परंतु सहभागिता में इस क्रांति को लोकतंत्रीकरण की भारतीय प्रक्रिया की जटिलता के मद्देनजर समझा जाना चाहिए। यह संदेहास्पद है कि चुनावी क्षेत्र में अपनी नागरिकता की सर्वप्रभुता संपन्न शक्तियों का प्रयोग करने वाले किसी युक्तिसंगत व्यक्ति को कितना महत्त्व दिया गया है। यह संदेह प्रक्रियात्मक लोकतंत्र की आधारभूत आवश्यकताओं जैसे सार्वभौमिक व्यस्क मताधिकार *(Universal Adult Franchise)* कानून एवं आधारभूत अधिकारों के नियमों के न पूरा होने से नहीं अपितु लोकतांत्रिक प्रक्रिया में व्यक्ति की अर्थपूर्ण तथा युक्तिपूर्ण भागीदारी पर दबावों के कारण उठता है। सर्वप्रथम छोटी–छोटी असंख्य पार्टियों, जो उचित रूप से संस्थानगत नहीं हैं, तथा पूर्ण रूप से करिश्माई नेताओं तथा कुछ बड़ी पार्टियों, जो संस्थानकरण में कोई रुचि नहीं रखते, के पूर्ण नियंत्रण में होने के कारण जन विशेष की

भागदारी अत्यंत बाध्य हो जाती हैं क्योंकि अभी भी राजनैतिक दल भारतीय लोकतांत्रिक प्रक्रिया का केंद्र हैं। दूसरे, हाल ही के वर्गों में हुए विकास से मतदाताओं के अधिकार पर बाध्यताएँ लगी हैं जैसे कि चुनावी उम्मीदवारों की योग्यताओं तथा संपत्ति को पारदर्शी बनाने का विफल प्रयास, इलेक्ट्रॉनिक वोटिंग मशीनों का अधिक से अधिक इस्तेमाल जिससे कि मतदाता अपना मत ''बेकार'' न कर सकें तथा इस प्रकार से उम्मीदवारों के प्रति अपनी असहमति व्यक्त न कर सकें। तीसरे, राजनैतिक विदलन द्वारा सामाजिक विदलन को निष्प्रभावित करने की अपेक्षा असैद्धांतिक एकजुटता के कारण, भारत में राजनैतिक विदलन स्वयं को सामाजिक विदलन पर स्थापित करता है जिससे कि ''अभिशासन का संकट'' उत्पन्न हो जाता है। इस प्रकार से जन साधारण को दलों द्वारा एक जुट करने तथा उनके राजनीतिकरण से भारतीय लोकतंत्र में गहराई आने की अपेक्षा यह अधिक सम्मिलित हुआ है परंतु इस सम्मिलन की समस्या यह है कि इसकी शर्तें सदैव इसमें समाविष्ट और आधुनिक नहीं होती परंतु प्रायः अनन्य होती हैं तथा ''किसी गैर–यूरोपीय अवस्था में लोकतांत्रिक राजनीति के आधुनिक विचारों, आदर्शों तथा संस्थानों के प्रभावी क्रिओलीकरण'' (यादव, 1998, प. 187) की दिशा में कदम आगे बढ़ाती हैं। अंत में, प्रभावोत्पादक राजनैतिक कार्यकलापों के गैर–चुनावी तरीकों के लिए संस्थानगत क्षेत्र यूरोपीय अवस्थाओं के क्षेत्र के अनुसार नहीं बढ़ा है। कुल मिलाकर यह कहा जा सकता है कि भारत में राजनैतिक दल 180 राजनैतिक सहभागिता की सर्वाधिक प्रभावी एजेंट सिद्ध हुए हैं। भारतीय लोकतंत्र में हाल ही के वर्गों में राजनैतिक सहभागिता के नए रूप सामने आए हैं तथा राजनैतिक सहभागिता भी पहले से बढ़ी है फिर भी भारतीय राजनीति में इनकी वास्तविक प्रकृति तथा महत्त्व विवाद का विषय है।

प्रश्न 3. भारतीय राजनीति पर श्रमिक वर्ग आंदोलन के प्रभाव की चर्चा कीजिए।

उत्तर– देखें अध्याय–14, प्रश्न सं.–1

प्रश्न 4. वैश्वीकरण के युग में नागरिक समाज की बदलती धारणा का विश्लेषण कीजिए।

उत्तर– नागरिक समाज के बारे में बढ़ा–चढ़ाकर की जाने वाले समकालीन चर्चाओं को कारण रूस तथा पूर्वी यूरोप में समाजवादी शासनों का विघटन तथा संयुक्त राज्य अमेरिका में साहचर्यात्मक बहुत्ववाद *(Associational pluralism)* को बढ़ावा देने वाली टोक्वेलियन परंपरा का पुनरोत्थान है। यह अनुमान लगाया गया है। कि सोवियत संघ जैसे प्रयोग ऐसे राज्यों में नागरिक समाज की अनुपस्थिति के कारण विफल हुए हैं। नागरिक समाज को उदारवादी लोकतांत्रिक राज्य की संपदा की संज्ञा दी गई है। तथा किसी विकासशील नागरिक समाज को लोकतंत्र के अस्तित्व के लिए अनिवार्य माना गया है।

नागरिक समाज की संकल्पना का रोचक इतिहास है। यह सदैव उदारवादी लोकतांत्रिक सिद्धांतों का हिस्सा रहा है। उदारवादी विचारधारा के अनुसार नागरिक समाज का अधिकार क्षेत्र स्वतंत्र है परंतु इसे राज्य का संरक्षण प्राप्त होता है जबकि अधिकार प्राप्त व्यक्ति अन्यों के सहयोग से निजी हित में कार्य करने को मुक्त है। यह परिभाषा नागरिक समाज को मुक्त बाजार अथवा मुक्त अर्थव्यवस्था तक सीमित कर देती है। बाद के उदारवादी विचारकों जैसे जे.एस.मिल *(J.S. Mill)* तथा एलैक्सिस डी.टोक्विले *(Alexis De Tocqueville)* ने नागरिक समाज को सामाजिक साहचर्य का अधिकार क्षेत्र माना है जो राज्य के अतिक्रमण पर अंकुश लगा सकता है। उन्हें राज्य की बढ़ती हुई शक्तियों के कारण चिंता हुई तथा उनका मत था कि सामाजिक साहचर्य के बिना यहाँ तक कि लोकतांत्रिक शासन भी स्वेच्छाचारी शासन बन जाएँगे।

नागरिक समाज के संबंध में आरंभिक मार्क्सवादी परिकल्पना, जो पूँजीवादी अर्थव्यवस्था के कार्यकलापों में महत्त्वपूर्ण योगदान देती है, के अनुसार नागरिक समाज के कार्यक्षेत्र को अति सीमित कर दिया है परंतु यह नागरिक समाज को राज्य के अधीनस्थ मानने के लिए हीगल (Hegel) की आलोचना करने में सफल रही है। हीगल ने नागरिक समाज को मध्यस्थता का कार्यक्षेत्र माना है जहाँ आधुनिक समाज के लिए नैतिक आधार बनाने हेतु व्यक्ति के विशेष हितों तथा राज्य के सार्वभौमिक हितों का सामजस्य किया जा सके। हीगल ने आधुनिक लोगों में परंपरागत सामुदायिक संबंधों की कमी के कारण आधुनिक समाज में नैतिकता के ह्रास पर चिंता व्यक्त की। तथापि, अपनी विशिष्ट प्रवृत्तियों से युक्त नागरिक समाज को यदि अकेला छोड़ा जाए तो यह स्वयं को नष्ट कर लेगा। अतः हीगल के विचार में, यद्यपि नागरिक समाज में व्यक्ति की आधुनिकता की विलक्षण उपलब्धि विद्यमान है तथापि इसे राज्य के माध्यम से संगठित और संस्थानगत किया जाना चाहिए।

ग्रामस्की *(Gramsci)* ने मार्क्सवादी तर्क को आगे बढ़ाते हुए नागरिक समाज के बारे में हमारा ज्ञानवर्धन किया है। उत्पादन तथा आदान प्रदान के संपर्कों की प्रणाली की अपेक्षा ग्रामस्की के मतानुसार इसकी विशेषता व्यक्ति तथा राज्य के बीच सामाजिक संबंधों में है। विविध संस्थानों, प्रक्रियाओं तथा नागरिक समाज से संबंधित सहवर्ती पौराणिक कथाओं तथा प्रतीकों के प्राधान्य अभिवेगों के माध्यम से राज्य की प्रबलता स्थापित करने के लिए सहमति बनाई जाती है। ग्रामस्की का दावा है कि प्राधान्य नागरिक समाज अथवा अधीनस्थ नागरिक समाज आवश्यक भीषण आर्थिक संकट के समय भी क्रांतियाँ न होने के लिए उत्तरदायी है। ग्रामस्की के अनुसार, प्रधानता एक ऐसी रणनीति है जो सरलता से सर्वहारा तथा उपाश्रित लोगों की संपत्ति बन जाती है। ग्रामस्की ने अपनी क्रांतिकारी रणनीति के तहत मध्यवर्ग के सभी विरोधियों के गठबंधन की माँग की है। जिसका नेतृत्व सर्वहारा वर्ग द्वारा हो।। ग्रामस्की का तर्क है कि इस गठबंधन से नागरिक समाज को नेतृत्व दिया जा सकेगा जिससे कि राजनैतिक समाज को चुनौती मिलेगी और इसे पुनः व्यवस्थित किया जा सकेगा।

ग्रामस्की के मत का महत्त्वपूर्ण आशय राजनैतिक है। यद्यपि ऐतिहासिक दृष्टि से नागरिक समाज द्वारा उपलब्ध कराए गए अंतराल पर प्रबल वर्गों ने यथोचित व्यवहार करते हुए नेतृत्व किया परंतु इससे अन्य सामाजिक कार्यकर्त्ताओं द्वारा नागरिक समाज को पुनः उचित रूप देने की पर्याप्त संभावनाएँ सुझाइ गई हैं। तथापि, हाल ही के वर्षों में पार्था चटर्जी तथा सुदिप्ता कविराज जैसे विद्वानों ने सामान्य तौर पर तीसरी दुनिया के देशों तथा विशेषकर भारत में नागरिक समाज से संबंधित रोचक तर्क दिए हैं। उन्होंने औपनिवेशिक हस्तक्षेप के माध्यम से थोपे गए पश्चिमी विचारों तथा अभिशासन के रूपों की कमियों तथा असंगतताओं की ओर ध्यान दिलाया है। इसके साथ–साथ इनसे काफी लंबे समय से इन समाजों में राजनैतिक आधुनिकता लाने के प्रयासों के दौरान कई प्रक्रियाएँ आरंभ हो चुकी हैं। अतः भारतीय स्थिति को समझने के लिए समाज तथा नागरिक समाज के पश्चिमी विचार उपयुक्त नहीं है क्योंकि इन संस्थानों की प्रकृति यूरोपीय देशों से पर्याप्त भिन्न हैं। भारतीय स्थिति का मूल्यांकन करने के लिए राज्य तथा नागरिक समाज की परिकल्पनाओं के उपयोग से कई विसंगतियों उत्पन्न हुई हैं। वे उन विद्वानों के प्रयासों को संदेह की दृष्टि से देखते हैं जो राज्य की प्रधान भूमिका की निंदा करते हुए नागरिक समाज को विशेषाधिकार दे रहे हैं। उनके मतानुसार भारत में राज्य उतना व्यापक नहीं है जितना कि पश्चिमी देशों में। राज्य की गौणता पर तर्क देने के लिए राज्य की पश्चिमी समालोचना मिथ्या है। पार्था ने भारतीय स्थिति को समझने के लिए एक नई परिकल्पना बनाई है–"राजनैतिक समाज" जोकि नागरिक समाज से भिन्न है। उन्होंने भारतीय लोकतंत्र में जनवाद के विभिन्न रूपों में उभरने का श्रेय राजनैतिक समाज के विकास को दिया है। तथा जिससे उन्होंने राज्य तथा जनता के बीच विशेष संबंधों का उल्लेख किया है। नागरिक समाज की चर्चा में कविराज की अंतिम टिप्पणी अनुदेशात्मक है जोकि इस प्रकार है–"यह समस्या की प्रकृति ही है कि नागरिक समाज पर चर्चा से किसी निष्कर्ष पर नहीं पहुँचा जा सका है परंतु इसका अर्थ यह नहीं है कि इन पर चर्चा का कोई लाभ नहीं हुआ है। राजनैतिक लोकतंत्र की स्थापना तथा इसके फलने–फूलने के लिए आवश्यक अवस्थाओं की प्रकृति पर इन चर्चाओं का सामूहिक प्रभाव पड़ा है। संक्षेप में तीसरी दुनिया के देशों में नागरिक समाज के विचार की दुग्राहयता तथा परस्पर प्रभावित के कारण हमें दृष्टिगोचर राजनैतिक संस्थानों के पीछे के सामाजिक क्षेत्र के बारे में सोचना पड़ता है तथा अनिवार्य परंतु कम विश्लेषित क्षेत्र की व्याख्या करने का प्रयास करना पड़ता है।"

प्रश्न 5. "क्लासिकल सिद्धांत यह कहता है कि लोकतांत्रिक राजनीति में सेना की कोई भूमिका नहीं है।" विश्लेषण कीजिए।

उत्तर– राजनीति में सेना की भूमिका सामाजिक वैज्ञानिकों, विशेषतः राजनीतिक वैज्ञानिक के बीच बहस का विषय रहा है। उनके शास्त्रीय मत के अनुसार लोकतांत्रिक राजनीति में सेना की कोई भूमिका नहीं है। वे असैनिक नेतृत्व से एक दूरी बनाए रखते हैं। वे प्रत्यक्षतः राजनीति

में रुचि नहीं लेते। यह मध्ययुगीन घटनाक्रम है। संघीय अवधि के दौरान कमजोर शासक उनके सैनिक कमांडरों द्वारा प्रतिस्थापित किए गए हैं। आधुनिक राजनीति में ऐसा नहीं होता है। लोकतंत्र में सेना की एक संवैधानिक भूमिका है। उनसे असैनिक नेतृत्व का अनुपालन करने की अपेक्षा की जाती है। तथ्य इस परिकल्पना का अनुमोदन नहीं करते। राजनीतिक सत्ता पर कब्जा करने वाली सेना के समर्थन में अनेक राजनीतिक मतान्तर हैं। आधुनिकीकरण के मत के अनुसार परंपरागत समाज में सेना एक आधुनिकीकृत बल है। वे आधुनिक दृष्टिकोण से लोगों को शिक्षा दे रहे हैं। वे जानते हैं कि परंपरागत समाज को आधुनिक कैसे बनाया जाए। इससे उन्हें राजनीतिक सत्ता में आने में मदद मिलती हैं। इसके अतिरिक्त वे संगठित लोग हैं जिनके पास हथियारों का नियंत्रण तथा प्रशिक्षित सैनिक कर्मी हैं। वे असैनिक नेतृत्व से सत्ता हड़पने के लिए अभिप्रेरित होते हैं। असैनिक नेतृत्व के पास न तो हमेशा अपेक्षा आधुनिकीकरण की निपुणता रहती है और न उनके पास आधुनिक प्रशिक्षित जवाब होते हैं जो सत्ता के लिए प्रतिस्पर्धा कर सकें। राजनीतिक अर्थशास्त्रियों के एक समूह ने एक सिद्धांत दिया है कि विकासशील देश, अपने लेशमात्र संसाधनों के कारण राजनीतिक लोकतंत्र लाने के लिए ऐसे बहुमूल्य संसाधनों को व्यर्थ नहीं गँवा सकते हैं। उनके अनुसार राजनीतिक लोकतंत्र गरीबों के लिए विलासिता हैं। गरीब को रोटी चाहिए न कि स्वतंत्रता। सामाजिक वैज्ञानिकों का एक तीसरा समूह सांस्कृतिक सिद्धांत की बात करता है कि तृतीय विश्व के अधिकांश देशों के पास लोकतंत्र की सांस्कृतिक परंपरा नहीं है। उनकी जीवन के प्रति अधिकारिक पहुँच है। उनकी पारिवारिक रूपरेखा सत्तावादी है जो सैनिक शासन का समर्थन करती है। अक्सर एकमात्र धार्मिक समूह जिसका एक राष्ट्र पर नियंत्रण है राष्ट्र पर शासन करने के लिए सांस्कृतिक राष्ट्रवाद का प्रयोग करता है। सेना सत्तासीन समुदाय के सांस्कृतिक राष्ट्रवाद की द्योतक है। इसके अतिरिक्त, कुछ राजनीतिक वैज्ञानिक महसूस करते हैं कि जब कोई देश राजनीतिक दलों के बिखराव के कारण अत्यधिक राजनीतिक अस्थिरता पैदा करता है, तो वहाँ पर राजनीतिक स्थिरता के नाम पर सेना की दखलन्दाजी होती है। ये वैज्ञानिक मानते हैं कि राजनीतिक स्थिरता की बजाए सामाजिक और राजनीतिक व्यवस्था अधिक महत्त्वपूर्ण है। सांवैधानिक सूक्ष्मताओं जैसे संसदीय क्रियाविधि, लोकप्रिय समझौता अथवा राजनीतिक प्रतिनिधित्व की ओर ध्यान नहीं दिया जाता है क्योंकि निर्वाचित सभा भंग हो जाती है जिसके तुरंत बाद सत्ता सेना के हाथ में चली जाती है। चुनाव स्थगित हो जाते हैं और राजनीतिक दलों पर रोक लगा दी जाती है।

अनुभाग–II

प्रश्न 6. भारत में उदारवाद के आर्थिक परिणामों का विश्लेषण कीजिए।

उत्तर– देखें अध्याय–24, प्रश्न सं.–1

प्रश्न 7. भारत में धार्मिक राजनीति के विकास का आलोचनात्मक विश्लेषण कीजिए।

उत्तर— देखें जून–2012, प्रश्न सं.–10

प्रश्न 8. भारत में वर्ग–असमानता के स्वरूप की चर्चा कीजिए।

उत्तर— देखें अध्याय–5, प्रश्न सं.–1

प्रश्न 9. बाजार अर्थव्यवस्था क्या है? इसके फायदे और नुकसान की व्याख्या कीजिए।

उत्तर— देखें अध्याय–24, प्रश्न सं.–3

प्रश्न 10. निम्नलिखित में से प्रत्येक पर लगभग 200 शब्दों में संक्षिप्त टिप्पणियाँ लिखिए—

(क) विकास में महिलाएँ (WID)

उत्तर— देखें दिसम्बर–2010, प्रश्न सं.–7

(ख) जनहित याचिका (PIL)

उत्तर— देखें अध्याय–10, प्रश्न सं.–3

एम.पी.एस.–003 : भारत : लोकतंत्र और विकास
दिसम्बर, 2020

नोट : प्रत्येक **अनुभाग** से कम से कम दो प्रश्न चुनते हुए, **कुल पाँच** प्रश्नों के उत्तर दीजिए। प्रत्येक प्रश्न का उत्तर लगभग **500** शब्दों में दीजिए। सभी प्रश्नों के अंक समान हैं।

अनुभाग–I

प्रश्न 1. आरंभिक राष्ट्रीय आंदोलन में आर्थिक चिंतन में गाँधी के योगदान का परीक्षण कीजिए।

उत्तर— देखें अध्याय–1, प्रश्न सं.–1

प्रश्न 2. भारत के सामाजिक-आर्थिक रूपांतरण में संसद की भूमिका का आलोचनात्मक परीक्षण कीजिए।

उत्तर— देखें जून–2010, प्रश्न सं.–3

प्रश्न 3. केंद्र-राज्य संबंधों में तनाव क्षेत्रों का परीक्षण कीजिए।

उत्तर— केंद्र-राज्य संबंध से अभिप्राय किसी लोकतांत्रिक राष्ट्रीय-राज्य में संघवादी केंद्र और उसकी इकाइयों के बीच के आपसी संबंध से होता है। विश्व भर में लोकतंत्र के उदय के साथ राजनीति में केंद्र-राज्य संबंधों को एक नई परिभाषा मिली है।

भारत में स्वतंत्रता के उपरांत से ही केंद्र-राज्य संबंध का मसला अत्यधिक संवेदनशील रहा है। विषय चाहे अलग भाषाओं की पहचान, असमान विकास, राज्यों के गठन का हो या पुनर्गठन का, विशेष राज्य का दर्जा देने से जुड़ा हो या फिर राज्यों में आंतरिक हिंसा का। ये सब केंद्र-राज्य संबंधों की सीमा में आते हैं। भारतीय संविधान में भारत को 'राज्यों का संघ' कहा गया है न कि संघवादी राज्य। भारतीय संविधान ने विधायी, प्रशासनिक और वित्तीय शक्तियों का सुस्पष्ट बँटवारा केंद्र और राज्यों के बीच किया है।

केंद्र एवं राज्यों के बीच प्रशासनिक संबंधों का वर्णन संविधान के भाग–11 अनुच्छेद 256 से 263 तक किया गया है। संविधान में इस सिद्धांत को मान्यता दी गई है कि कार्यपालिका विधायिका की सहविस्तारी होगी, अर्थात् जिस विषय पर संसद कानून बना सकता है, उस विषय पर केंद्रीय कार्यपालिका का नियंत्रण होगा और जिस विषय पर राज्य का विधानमंडल कानून बना सकता है उस विषय पर राज्य की कार्यपालिका का नियंत्रण होगा। समवर्ती सूची के विषयों के संबंध में कानून बनाने का अधिकार संसद और राज्य विधानमंडल दोनों को है, किंतु संसद तथा राज्य विधानमंडल द्वारा बनाई गई विधियों में विरोध *(Conflict)*

होने पर संसद द्वारा बनाई गई विधि मान्य होगी तथा राज्य विधानमंडल द्वारा बनाई गई विधि, विरोध की मात्र तक शून्य होगी (अनुच्छेद 254)।

केंद्र व राज्यों के बीच तनाव के कारण

यहाँ हम केंद्र–राज्य संबंधों के परिप्रेक्ष्य में उन कारणों का जिक्र कर सकते हैं जो सामान्यतः दोनों के बीच तनाव के लिए जिम्मेदार होते रहे हैं।

• सबसे अधिक विवाद राज्यपालों की नियुक्ति तथा उनकी भूमिका को लेकर रहता है। आमतौर पर राज्यपालों की नियुक्ति तथा पदविमुक्ति में केंद्र सरकार मनमाने तरीके से निर्णय लेती हैं। इसमें मुख्यमंत्रियों की सलाह या सहमति को महत्त्व नहीं दिया जाता है। राज्यपाल भी केंद्र सरकार के एजेंट की तरह राज्य सरकारों से बर्ताव करते हैं। उदाहरण के लिए कर्नाटक में 2018 में हुए विधान सभा चुनाव परिणाम के बाद राज्यपाल की भूमिका विवादित रही है।

• दूसरा कारण राज्यों द्वारा शासन संविधान के उपबंधों के तहत नहीं चलाया जाने पर केंद्र सरकार द्वारा राज्य सरकार को बर्खास्त करके राष्ट्रपति शासन लागू करना है। संविधान लागू होने के तुरंत बाद से ही इस प्रावधान का दुरुपयोग हुआ था। अभी तक उत्तर प्रदेश तथा केरल में 9–9 बार, पंजाब में 8 बार और बिहार में 7 बार इसका प्रयोग किया जा चुका है। राज्यों की माँग है कि इस अनुच्छेद को संविधान से हटाया जाए या इसमें व्यापक संशोधन किए जाएँ।

• नौकरशाही भी एक महत्त्वपूर्ण कारण रहा है जिस पर केंद्र व राज्यों के बीच मतभेद दिखाई देता है।

• उल्लेखनीय है कि अखिल भारतीय सेवाएँ राज्यों की स्वायत्तता को कम करती हैं क्योंकि कई बार इनके अधिकारी केंद्र के एजेंट की भाँति व्यवहार करने लगते हैं। अखिल भारतीय सेवाओं के अधिकारियों का वेतन उच्च स्तर का होता है जो राज्य की वित्तीय स्थिति को प्रभावित करता है। इन अधिकारियों की नियुक्ति, पदोन्नति और बर्खास्तगी का अधिकार केंद्र का होता है। इसलिए इन अधिकारियों में राज्यों के प्रति अपनत्व की भावना नहीं होती है।

• केंद्र को यह अधिकार है कि राष्ट्रीय सुरक्षा, सार्वजनिक संपत्ति की सुरक्षा आदि के संदर्भ में केंद्र राज्य में अर्द्ध सैनिक बलों की नियुक्ति कर सकता है। यह स्थिति और अधिक विवादास्पद तब हो जाती है जब केंद्र और राज्य में अलग–अलग सरकारें काम करती हैं और राज्य सरकार की नीतियाँ केंद्र से मेल नहीं खाती हैं।

• आज केंद्र–राज्यों के संबंध में खटास की एक मुख्य वजह आर्थिक नियोजन है। हालाँकि नीति आयोग द्वारा इस तनाव को कम करने के लिए प्रयास किए गए हैं। इसके बावजूद तनाव बरकरार है। उल्लेखनीय है कि संथानम कमेटी के अनुसार जो पद्धति अपनाई गई है वह केंद्रीकरण को प्रोत्साहन देती है। ज्ञातव्य है कि एक लंबे समय तक योजना आयोग (वर्तमान में नीति आयोग) में राज्यों को प्रतिनिधित्व प्रदान नहीं किया गया।

- नियोजन का संबंध शासन के सभी विषयों से है इसलिए केंद्र राज्य सूची के विषयों पर भी योजना बनाने वाला बन गया। भारतीय इतिहास में यह स्थिति जटिल रूप से तब प्रकट हुई जब चौथी पंचवर्षीय योजना के प्रारूप को राष्ट्रीय विकास परिषद् ने औपचारिक रूप से अस्वीकृत कर दिया और पश्चिम बंगाल और केरल के मुख्यमंत्री तथा दिल्ली के मुख्य कार्यकारी परिषदों ने अपने राज्यों की अनदेखी का आरोप लगाया।
- संबंधों में तनाव का एक बड़ा कारण राज्यों की केंद्र पर वित्तीय निर्भरता है। कई बार देखने में आया है कि राज्यों के पास वित्तीय संसाधनों की कमी रहती है जबकि उनके दायित्व लगातार बढ़ रहे हैं।
- जिन राज्यों में विरोधी दलों की सरकारें होती हैं उनके साथ वित्तीय आवंटन में भेदभाव किया जाता है। ऐसा आरोप राज्य सरकारें केंद्र सरकार पर लगाती आई हैं।
- हाल ही में केंद्र-राज्य के संबंधों में तनाव का कारण राज्यों के बढ़ते दायित्व और सीमित श्रेय रहा है। उदाहरण के लिए बिहार के मुख्यमंत्री ने केंद्र द्वारा चलाई जाने वाली योजनाओं का विरोध किया दरअसल उनका आरोप है कि केंद्रीय योजनाओं में औसतन 40 प्रतिशत हिस्सा राज्यों को व्यय करना पड़ता है लेकिन श्रेय केंद्र सरकार को चला जाता है।

प्रश्न 4. उदारीकरण के अर्थशास्त्र और सशक्तिकरण की राजनीति के मध्य उभरते हुए विरोधाभासों की चर्चा कीजिए।
उत्तर— देखें जून-2012, प्रश्न सं.-2

प्रश्न 5. जाति और वर्ग के मध्य संबंध और राजनैतिक प्रक्रिया पर इसके प्रभाव का विश्लेषण कीजिए।
उत्तर— देखें अध्याय-5, प्रश्न सं.-3

अनुभाग-II

प्रश्न 6. भारत में राष्ट्र निर्माण के समक्ष नृजातीय चुनौती पर एक निबंध लिखिए।
उत्तर— इस मान्यता पर शीघ्र ही बहस छिड़ गई थी कि क्या नृजातीयता उस विकास को देखते ही पीछे जा छुपेगी जो कि महालैनोबिस मॉडल-राष्ट्र-राज्य निर्माण प्रक्रिया को आगे बढ़ाए, के परिणामस्वरूप होगा। इससे काफी पहले कि मॉडल के परिणाम सामने आते, उस वादे पर जिस पर यह आधारित था, संदेह किया जाने लगा। अनेक तर्क प्रस्तुत किए गए— इस प्रकार के राष्ट्र-निर्माण के मॉडल ने देश में अपेक्षाकृत छोटी राष्ट्रीयताओं को उपेक्षित किया है। यह उन पर अधिरोपण है। उनकी पहचानों, संस्कृतियों, इतिहासों तथा आकांक्षाओं की उपेक्षा की गई है। राष्ट्र-राज्य निर्माण का यह मॉडल उनके हितों के नितांत विरुद्ध है। इस

पहलू के पक्षधरों ने राष्ट्रवादी परिप्रेक्ष्य के खिलाफ विरोध-प्रदर्शन किया। उत्तर-पूर्व में नागाओं के विद्रोह से शुरू हुआ यह विरोध दक्षिण में तमिलनाडू, तथा उत्तर में पंजाब, जम्मू व कश्मीर तक फैल गया। तभी से जाति, धर्म, भाषा, जनजातियों, आदि के नाम पर देश के प्रायः सभी भागों में राष्ट्र-निर्माण को नृजातीय चुनौती का सिलसिला चला।

जबकि एकमात्र सहजगुण नृजातीय पहचान बनाने में सर्वाधिक स्पष्ट संकेत हो सकता था, यह एक से अधिक समिश्रण रहा जिसने वास्तव में इसके लिए आधार प्रदान किया। इसी प्रकार हिंदू दक्षिणपंथी ताकतों को चुनौती थी। इसके आलोचकों का तर्क है कि भारत कोई राष्ट्र-राज्य नहीं है। यह एक बहु-राष्ट्रीय राज्य है। पॉल आर.ब्रास ने वस्तुतः यह तर्क दिया कि यद्यपि व्यवहारतः राष्ट्रीय स्तर के भारतीय नीति-निर्माताओं ने महालैनोबिस मॉडल का अनुसरण किया, उन्होंने सिद्धांततः बहुवादी लक्षणों-देश की नीतियों के हिसाब से उसके भिन्न-भिन्न भाषाई, धार्मिक व अन्य अल्प-संख्यकों, को स्वीकार किया था। इस प्रकार का बहुवाद सिर्फ राष्ट्रीय स्तर की नीतियों में अपनाया गया। परंतु राज्य सरकारों ने अक्सर अल्पसंख्यकों के प्रति भेदभावपूर्ण व स्वांगीकरक नीतियाँ ही अपनाईं। यह दर्शाना कि भारत एक राष्ट्र-राज्य है, देश में बहुवाद तथा विविधताओं के अस्तित्व को वस्तुतः ठुकराया जाना है।

राष्ट्र-निर्माण/राष्ट्र-राज्य के प्रति नृजातीय चुनौती ने भारत में निम्न रूप धारण कर लिए-

(1) स्वायत्तता आंदोलन
(2) पृथक् राष्ट्र की माँग
(3) विद्रोह
(4) पहचान चिह्नों-जनजाति, जाति, भाषा, धर्म आदि के आधार पर संघर्ष तथा उपद्रव।

नृजातीय आविर्भाव के प्रथम तीन रूपों को स्व-निर्धारण आंदोलन भी कहा जाता है। यह गौरतलब है कि आविर्भाव के ये तीनों ही रूप देश में कोई एकसमान एक समान घटनाक्रम नहीं अपनाते हैं। यह एक किसी रूप में शुरू होकर विभिन्न परिस्थितियों में कोई अन्य रूप ले सकता है। 1950 के दशकोपरांत से इन पर आधारित संघर्ष देश के विभिन्न क्षेत्रों में आम रहे हैं। दरअसल सालिग एस.हैरिसन ने देश में हुए भाषाई अथवा सांप्रदायिक संघर्षों के प्रसंग में स्वतंत्रता पश्चात् प्रथम दो दशकों को "सर्वाधिक भयावह दशकों" की संज्ञा दी है। बहुधा राज्यों में ऐसे संघर्षों की जड़ें स्थानीय परिस्थितियों में ही जमी थीं।

राज्यों के भाषाई पुनर्गठन ने कुछ सर्वमान्य भाषाई विशेषमताओं के आधार पर राज्य बना दिए। परंतु देश के अनेक भागों में धर्म, मूल-प्रवासी द्विभाजन, भाषिक/भाषाई विवाद के आधार पर संघर्षों का सिलसिला चलता रहा। राज्यों के भीतर स्वायत्तता के लिए तथा देश के कुछ हिस्सों को अलग कर संप्रभु राज्यों की माँग उठने लगी। ये अक्सर हिंसा में ही परिणत हुए। जबकि स्वायत्तता आंदोलनों, विद्रोह तथा पृथकतावादी आंदोलनों के मामले में पक्षपोषकों

का मुख्य लक्ष्य केंद्रीय सरकार के नाम से विशेषत: पहचाने जाने वाली राज्य एजेंसियाँ ही होती हैं, प्रायः इनमें किसी क्षेत्र में विभिन्न संप्रदायों के बीच नृजातीय संघर्षों अथवा उपद्रव भी शामिल होते हैं। परंतु यदि ये भाषा, धर्म, जातियों, जनजातीय पहचान के आधार पर कोई संघर्ष/दंगा है तो मुख्यतः विभिन्न समूहों के बीच होता है। ऐसे मामलों में राज्य एजेंसियों को एक संप्रदाय विशेष की पक्षपाती अथवा दूसरे के विरुद्ध वस्तुतः वैसा ही माना जा सकता है। विद्वानों ने, तथापि, गौर किया है कि भारत में पृथक्तावादी प्रवृत्तियाँ राष्ट्रवादी मनोभावों के साथ ही विद्यमान हैं।

प्रश्न 7. भारत में अतिशहरीकरण के क्या कारक हैं? इसको कम कैसे किया जा सकता है?

उत्तर—ग्रामीण-शहरी प्रवास का मुख्य परिणाम अधिशहरीकरण है। अधिशहरीकरण में शहरों में रहने वाली राष्ट्रीय जनसंख्या के अनुपात में विशुद्ध वृद्धि ओर विशिष्ट शहरों में जनसंख्या का घनीकरण सन्निहित है। इस सीमा तक कि ग्रामीण-शहरी आव्रजन से ग्रामीण और शहरी क्षेत्रों में श्रमिक का गलत आवंटन होता है और देश की बढ़ती हुई जनसंख्या के लिए रहन-सहन की लागत में वृद्धि होता है, अधिशहरीकरण एक समस्या है। इसे अधिक जनसंख्या वाले देशों में प्रयुक्त हुआ माना जाता है जैसे भारत, पाकिस्तान, बंग्लादेश, और मिश्र तथा लेटिन अमेरिकी का उतना भाग जहाँ ग्रामीण श्रमिक की सीमांतक उत्पादिकता शून्य है। परंतु ग्रामीण क्षेत्रों में जहाँ बंजर भूमि अभी भी उपलब्ध है और जहाँ कृषि के विस्तार पर संस्थागत अवरोधों पर काबू पाया जा सकता है वहाँ ग्रामीण-शहरी आव्रजन से संभाव्य कृषिक पैदावार की हानि होती है।

ग्रामीण जनसंख्या का अधिकांश पूर्णकालिक अथवा अंशकालिक गैर कृषि कार्यों में लगा हुआ है। कृषि परिवारों द्वारा श्रमिक उपयोग अत्यधिक है। वर्तमान ग्रामीण-शहरी आव्रजन प्रतिदर्शों की अदक्षता संभाव्य ग्रामीण उत्पादन की हानि और शहरों द्वारा अपने विद्यमान श्रमबल को उत्पादक कार्यों में पूर्णरूपेण लगाने में अक्षमता का परिणाम है।

अधिशहरीकरण की समस्या में व्यष्टिगत और राष्ट्रीय हितों के बीच तनाव की स्थिति है। कुल मिलाकर अथवा राष्ट्रीय स्तर पर अथवा व्यष्टिगत स्तर पर अदक्षता के बावजूद अधिकांश प्रवासियों का कहना है कि उन्हें आर्थिक कारणों से पलायन के लिए उकसाया जाता है। और यह उनकी आर्थिक दशा में सुधार हुआ है। तब व्यष्टिगत ग्रामीणों के लिए प्रवास आर्थिक कारणों के प्रति युक्तियुक्त प्रतिक्रिया हो सकता है और पलायन से होने वाले लाभ को खारिज करना इतना आसान नहीं है।

राष्ट्रीय नीतियाँ निश्चित तौर पर अधिशहरीकरण के लिए योगदान करती है। जब शहर तथा गाँव के बीच आय उपार्जन अवसरों में तीव्र असंतुलन पैदा होता है तब लोग शहरी कामों की तलाश में पलायन करने के लिए मजबूर हो जाते हैं।

इसका निराकरण करने वाली राष्ट्रीय नीतियों में शामिल हैं संस्थागत रूप से कठोर न्यूनतम वेतन नीतियाँ, अधिक मूल्यांकित विदेशी मुद्रा दरें जिनके कारण पूँजी का मूल्य उसके वास्तविक मूल्य से कम हो जाता है, शहरी सेवाओं का प्रतिव्यक्ति असमानुपाती प्रावधान, विषम लोक निवेश और कराधीन कार्यक्रम जो प्रमुख शहरी इलाकों में रहने के लिए घरेलू और विदेशी दोनों प्रकार के निवेशकों को प्रोत्साहन मुहैया कराते हैं और परिवहन व्यवस्था जो महानगरों और इसके इर्द-गिर्द के इलाकों तथा उपेक्षित पृष्ठ प्रदेश पर केंद्रित रहती है।

सरकारी नीतियों में ग्रामीण और शहरी आर्थिक अवसरों के बीच अधिक सजीव संतुलन पैदा करने की आवश्यकता होती है जो ग्रामीण विकास और विसरित शहरीकरण कौशल के वास्तविक संयोजन से पैदा होते हैं। इस लक्ष्य को प्राप्त करने के लिए विनिर्दिष्ट लघु, मध्यम और दीर्घकालिक नीति उपस्कर उपलब्ध हैं।

अल्पावधि नीतियों में ग्रामीण रोजगार और उससे जुड़े हुए आय-उपार्जक अवसर पैदा करने तथा आंतरिक प्रवास की व्यवस्था को सुधारने और उसे युक्तिसंगत बनाने का प्रयास शामिल होना चाहिए। इसे भूमिहीन, अकुशल, अर्द्धकुशल के लिए ग्रामीण लोक निर्माण कार्यक्रम, कृषि उत्पाद समर्थन मूल्य जिसमें फसल बीमा योजनाएँ, प्रतिभूतियाँ और कृषि निर्यात को बढ़ावा देने के लिए अधिमूल्य विनियम दरें शामिल हों, छोटे किसानों के लिए पर्यवेक्षित क्रेडिट कार्यक्रम जिसमें स्थानीय तौर पर अपनाए गए कृषि निवेश और विस्तार सेवाएँ शामिल हों; विशेष रूप से लोक क्षेत्र में सिविल सेवा वेतनमानों का संशोधन करके अथवा शहरी कीमतों और करों में ग्रामीण मूल्यों और करों के मुकाबले असमान वृद्धि करके, शहरी वास्तविक वेतन दरों पर रोक, ग्रामीण क्षेत्रों में श्रमिकों के विनियम और रोजगार सूचना पद्धतियों के उपयोग की संभावनाओं की तलाश की सहायता से किया जा सकता है जिससे, शहरी और ग्रामीण दोनों, काम की तलाश करने वालों के साथ शहरी रोजगार अवसरों का तालमेल हो सके।

मध्यावधि नीतियों में, अधिक मौलिक, संस्थागत और ढाँचागत परिवर्तन आरंभ किए जाने चाहिए। इनमें विकास प्राथमिकताओं की पुनर्व्यवस्था प्रमुख रूप से शामिल होनी चाहिए इसमें व्यापक ग्रामीण विकास को ऐसे विसरित शहरीकरण कौशल के उच्चारण के साथ-साथ अधिक महत्त्व मिलता है जो शहरी बाजारों, ग्रामीण सेवा केंद्रों और छोटे क्षेत्रीय शहरों के विकास पर जोर दे।

इसका उद्देश्य छोटे शहरों और सेवा केंद्रों की एक श्रेणीबद्ध संस्था का सृजन करना है जिससे ग्रामीण जनसंख्या की व्यापक उत्पादक और उपभोक्ता सामान, स्थानीय एकाधिकार वाली शक्तियों के विद्यमान नियंत्रण को हटाने के लिए फैले हुए बाजारों और रोजगार अवसरों तक पहुँच हो सके।

अधिशहरीकरण को मान्यता देने वाली दीर्घकालिक नीतियाँ उपयुक्त राष्ट्रीय नीतियों द्वारा समर्थित भूमि सुधार से आरंभ होंगी। भूमिहीन मजदूर और शहरी प्रवासी क्यों पैदा होते

हैं? इसी कारण नई उच्च पैदावार वाली अनाज की किस्मों से होने वाले लाभ पहले से ही समृद्ध लोगों को ही अनन्य रूप से प्राप्त होते हैं। नई कृषिक प्रौद्योगिकियों के निश्चित मानदंड नहीं हैं– अर्थात् वे छोटे और बड़े क्षेत्रों पर समान रूप से प्रभावी हैं–परंतु संस्थागत रूप से उदासीन नहीं है– अर्थात् बड़े और अधिक घनवान किसानों की नई प्रौद्योगिकियों का लाभ उठाने के लिए आवश्यक क्रेडिट, विस्तार सेवाओं और अन्य निवेशों तक अधिक संस्थागत और राजनीतिक पहुँच होती है।

भूमि सुधार, यदि उचित रूप से आरंभ किए जाएँ, ग्रामीण परिसंपत्तियों और उपार्जक अवसरों के लिए वाहन तथा उत्पादकता बढ़ाने के लिए एक साधन भी है। कार्य करने के लिए भूमि सुधारों का उन नीतियों के पक्ष में समर्थन किया जाना चाहिए जो क्रेडिट उपलब्धता का विस्तार करती हैं, निवेश आपूर्ति का सुधार करती हैं, अनुसंधान और विस्तरण सेवाओं को बढ़ावा देती है तथा नई भंडारण और विपणन सुविधाओं का निर्माण करती हैं।

नए शहरों के विकास के माध्यम से विसारित शहरीकरण की प्रक्रिया और विद्यमान ग्रामीण सेवा केंद्रों के मजबूतीकरण का निवेशकों को विसरित शहरी क्षेत्रों में अपने क्रियाकलापों को स्थापित करने के लिए प्रोत्साहन देकर तथा नए गैर–कृषि रोजगार अवसरों के सृजन के लिए अनेक सार्वजनिक व्यय के कार्यक्रमों का पुनर्निदेशन करके समर्थन किया जाना चाहिए।

सार्वजनिक नीति ने और अधिक पूँजी बहुल उत्पादन प्रौद्योगिकियों का बढ़ावा दिया है जिसे प्रयुक्त किया जाना चाहिए यह संबंधित घटक के मूल्य संबंधित घटक की दुर्लभताओं की अधिक सटीक स्थिति दर्शाते हैं। ग्रामीण और शहरी उत्पादन प्रक्रियाएँ स्पष्ट संसाधन मूल्यों और इस प्रक्रिया के विदेशी मुद्रा प्रभार के बावजूद अधिक पूँजी–बहुल हो चुकी है। इस विफलता की तरफ ध्यान दिया जाना चाहिए।

विश्व बैंक ने महसूस किया है कि अधिशहरीकरण पर रोक लगाने वाली नीतियाँ बड़े पैमाने पर विफल हुई हैं और अर्थविदों ने कुछ दशक पहले वस्तुतः इसके बारे में भविष्यवाणी की थी। जनता को देशांतरण के लिए मजबूर करने के प्रयासों को परिकलित कर पाना असंभव है और सरकारों को समस्या की जड़ तक पहुँचने के लिए शहरी दोषपूर्ण नीतियों को बदलने के लिए वास्तविक इच्छा का अपेक्षाकृत कम प्रदर्शन किया है।

सार्वजनिक नीति की भूमिका निश्चित तौर पर कुछ घटकों द्वारा बाधित है। अधिशहरीकरण पर सार्वजनिक नीतियों का प्रत्यक्ष प्रभाव महत्त्वपूर्ण है परंतु यह विश्वभर में अधिक व्यापक नीति के आने के परिणामस्वरूप निष्प्रभाव हुआ है। कुछ अर्थविद् अधिशहरीकरण को प्रभावित करने वाली सार्वजनिक नीति की सक्षमता को संदेहास्पद मानते हैं और कहते हैं कि इससे विशेष रूप से निर्धन और मध्यम वर्ग का कल्याण नहीं होगा। तथापि, उनका दृढ़ विश्वास था कि अधिकांश नीति–निर्माता विशिष्ट आर्थिक नीतियों के जनसंख्या पर पड़ने वाले प्रभाव से पूरी तरह अनभिज्ञ रहते हैं और स्थिति चुनौतीपूर्ण बनी रहती है।

संशयी अर्थविद्ध व्यवधान के प्रतिकूल उदारीकरण की नई रूढ़िवादिता जिसमें संतुलित बजट, आर्थिक सहायता और टैरिफ का हटाना, सरकारी उद्यमों का निजीकरण और विधिक

प्रतिष्ठान तथा संपत्ति अधिकार जिनसे स्वतंत्र और प्रतिस्पर्धात्मक बाजार अधिक दक्षतापूर्वक कार्य करते हैं, शामिल हैं, ग्रामीण–शहरी प्रवास पर छोटे पैमाने पर उस नीति की तुलना में अधिक प्रभाव रखती है जिसका उद्देश्य इस समस्या को प्रत्यक्षत: प्रभावित करना था।

संशयी व्यक्ति अन्य क्षेत्रों में व्यवधान से आशंकित हैं। सरकारें उस स्थिति में शहरी वृद्धि पर रोक लगाने को प्रेरित नहीं हो सकती हैं जब शहरी रोजगार तेजी से बढ़ रहा हो, जब विदेशी निवेश इतना अधिक हो ताकि अवस्थापना में सार्वजनिक निवेश की दृष्टि में औद्योगिक पूँजी संचयन का अंत न हो; जब आर्थिक विकास पर्याप्त तेजी से हो जिससे सरकार के पास ऐसे संसाधन हों जिन्हें मूल अवस्थापना निवेश बनाए जाने की आवश्यकता है और जब कृषि विकास के परिणामस्वरूप छोटे कस्बों और शहरों में तीव्र वृद्धि हो जो एक संवर्धित समृद्ध गाँव के लिए विपणन भंडार और वाणिज्यिक केंद्रों के रूप में सेवा कर सकें।

जहाँ ग्रामीण शिक्षा में प्रगति होती है जिससे शहरी विकास के कारण अकुशल मजदूरों की बाढ़ न आए वहाँ संपूर्ण मामले पर सरकारें बहुत कम ध्यान देती है। दृढ़तापूर्वक कहें तो सफल कृषि विकास स्वयमेव ग्रामीण–शहरी प्रवास के लिए एक सहयोगी हो सकता है।

गौण शहरों को स्थापित करने का विचार गंभीर है परंतु इसके सामने विकट रूप से विकृत राष्ट्रीय बजटों की स्थिति में अवस्थापना व्यय की चुनौती है।

यह अंतर्विरोध भी है कि पुन:दावित कृषि मूल्य आवश्यक रूप से स्थायी शहरी वृद्धि का सूचक नहीं है क्योंकि कम कृषि मूल्य उस विदेशी मुद्रा उपार्जन को कम कर देते हैं जो शहर के विकास के लिए आवश्यक है। अंतर्राष्ट्रीय मौद्रिक निधि के संरचनात्मक समायोजन कार्यक्रम से अवमूल्यन, सरकारी बजट घाटों में कमी, धन आपूर्ति विकास में कमी, शहरी क्षेत्र में वेतन और रोजगार में कमी, राज्य उद्यमों के बजटों में कटौती और किराया सहभागिता और किराया–माँग व्यवहार के अन्य स्वरूपों में सामान्यत: कमी के कारण, ग्रामीण–शहरी विकास में कमी की संभावना है।

प्रश्न 8. राजनैतिक प्रक्रिया में महिलाओं की भूमिका और न्याय की अवधारणा के अंत:संबंध का परीक्षण कीजिए।

उत्तर– देखें जून–2010, प्रश्न सं.–6

प्रश्न 9. ग्रामीण निर्धन और ग्रामीण धनी के आंदोलनों के मध्य विभेद कीजिए।

उत्तर– देखें अध्याय–14, प्रश्न सं.–2

प्रश्न 10. ठोस (substantive) लोकतंत्र और भारत में इसकी स्थिति पर एक निबंध लिखिए।

उत्तर– देखें अध्याय–27, प्रश्न सं.–1

एम.पी.एस.–003 : भारत : लोकतंत्र और विकास
जून, 2021

नोट : कुल पाँच प्रश्नों के उत्तर दीजिए, प्रत्येक भाग में से कम–से–कम दो प्रश्न चुनते हुए। प्रत्येक प्रश्न का उत्तर लगभग 500 शब्दों में दीजिए। सभी प्रश्नों के अंक समान हैं।

भाग I

प्रश्न 1. स्वतंत्रता के समय नियंत्रण और योजना पर क्या विवाद था?

उत्तर– नियंत्रण प्रणाली–खाद्य–आपूर्ति पर नियंत्रण एवं राशन व्यवस्था द्वितीय विश्वयुद्ध के दौरान आवश्यक हो गई थी ताकि साम्राज्यवादी सरकार खाद्य की आपूर्ति युद्ध मोरचों पर कर सके। युद्ध समाप्ति पर बाजार की निरंतर अनिश्चितता के मद्देनजर यह जारी रखी गई। विभाजन ने खाद्य मोरचे पर अभाव को सिर्फ बदतर ही किया।

14 जनवरी 1944 को ईस्टर्न इकनॉमिस्ट ने सुझाया कि 'कार्यक्षेत्र व लक्षण में, नियंत्रणों की वर्तमान व्यवस्था का क्रमिक सुदृढ़ीकरण किया जाए, ताकि वह न सिर्फ शांति अर्थव्यवस्था के सहज संक्रमण को मजबूती प्रदान करे, बल्कि हमारे देश में दीर्घावधि आर्थिक योजना का साधन भी बन सके।' 1946 में, हालाँकि, यह मुद्दा विवादास्पद हो गया।

उस वर्ष जल्द ही जाने–माने अर्थशास्त्रियों, ए.डी. गोरवाला और डी.आर. गाडगिल, को लेकर 'जिन्स मूल्य बोर्ड' नियुक्त कर दिया गया। इसने उसी वर्ष एक रिपोर्ट प्रस्तुत की जिसमें सिफारिश की गई थी कि 'नियंत्रण व्यवस्था का सुधार हो न कि उसकी समाप्ति।' दूसरी ओर, सदस्यों के रूप में अधिकतर औद्योगिक आकर्षक व्यक्तियों वाली सितम्बर 1947 में नियुक्त 'खाद्यान्न नीति कमेटी' द्वारा उसी वर्ष दिसम्बर में खाद्य–नियंत्रण की वर्तमान व्यवस्था के तहत सरकार की वचनबद्धता को घटाने की सिफारिश करती एक अंतरिम रिपोर्ट बहुमत द्वारा अंगकृत की गई और प्रस्तुत की गई। गाँधीजी ने अपना नैतिक समर्थन विनियंत्रण माँग को दिया और नियंत्रण एक अवधि–विशेष के लिए हटा लिया गया। जब दाम ज्यादा चढ़ गए, नियंत्रण फिर से लागू कर दिया गया।

योजना का मुद्दा–यद्यपि भारतीय जनता के सभी वर्गों के बीच योजना के विचार का आमतौर पर स्वागत हुआ, योजना के लक्षण विषयक उनके विचारों में भिन्नता थी। भारतीय व्यापारियों ने 'सोवियत–रूपी' योजना को दृढ़ता से ठुकरा दिया और राज्य निर्देशन की एक अस्पष्ट व्यवस्था का स्वागत किया। वे उन मूल व गुरु उद्योगों के विस्तार में राज्य की भूमिका का भी स्वागत करते थे जिनके लिए उनके पास ज्यादा संसाधन नहीं थे। परंतु राज्य की भूमिका, उनके अनुसार, कम से कम रहेगी। समाजवादी व वाम उग्रपंथियों ने राष्ट्रीय आर्थिक गतिविधियों में राज्य की और अधिक भूमिका की संभावना पर विचार किया।

ऐसा माना जाता है कि सरदार वल्लभभाई पटेल प्रथम दृष्टिकोण के प्रति सहानुभूतिशील थे और जवाहरलाल नेहरू दूसरे के प्रति। तथापि, पटेल को माना जाता है कि उन्होंने सरकार द्वारा उस योजना आयोग की स्थापना का सशक्त विरोध किया था जिसको व समझते थे कि सोवियत संघ की आर्थिक विचारधारा को ही प्रकट करेगी और सरकार के अधिकार क्षेत्र का अतिक्रमण करेगी। यह पटेल की मृत्यु के बाद ही हुआ कि एक ऐसा भारतीय योजना आयोग स्थापित किया जा सका जो मंत्रिमंडल के अधीन हो और प्रधानमंत्री उसका अध्यक्ष हो।

प्रश्न 2. राजनीति में सैन्य दलों की भूमिका की चर्चा कीजिए। भारतीय संदर्भ में आप इसे कैसे देखते हैं?

उत्तर– देखें अध्याय–9, प्रश्न सं.–3

प्रश्न 3. भारत में कार्यपालिका और न्यायपालिका के बीच संबंध की प्रकृति का परीक्षण कीजिए।

उत्तर– देखें दिसम्बर–2010, प्रश्न सं.–4

प्रश्न 4. LPG पैकेज (package) का क्या अर्थ है? भारत के विकासवादी अर्थशास्त्र में इसका क्या योगदान है?

उत्तर– देखें अध्याय–6, प्रश्न सं.–4

प्रश्न 5. क्या आप इस कथन से सहमत हैं कि राजनीतिक दल व्यक्तिजनों के सशक्तिकरण के यंत्र हैं? अपने उत्तर के कारण बताइए।

उत्तर– देखें अध्याय–13, प्रश्न सं.–2

भाग II

प्रश्न 6. 73वें और 74वें संवैधानिक संशोधनों के अधिनियमन के पश्चात् स्थानीय स्वशासन की परिवर्तित होती हुई प्रकृति की चर्चा कीजिए।

उत्तर– देखें अध्याय–12, प्रश्न सं.–1

प्रश्न 7. ग्रामीण से शहरी क्षेत्रों में प्रवासीकरण के कारणों तथा इसके परिणामों का वर्णन कीजिए।

उत्तर– देखें अध्याय–22, प्रश्न सं.–1

परिणाम–अर्थव्यवस्था में एक गतिशील श्रम बल बेहतर दक्षतापूर्ण उत्पादन के लिए एक महत्त्वपूर्ण संघटक हो सकता है। जहाँ उच्च वेतन अच्छा उत्पादकता का संकेत देते हैं वहाँ वेतन लाभ के लिए प्रवास से उत्पादन की गुणवत्ता में सुधार होता है। तथापि, सामान्यीकरण के लिए उत्पादक गुणवत्ता के प्रति आंतरिक प्रवास के कुल अंशदान पर कुछ अध्ययन हुए हैं।

प्रवास अर्थव्यवस्था में बचत की दर और संचयन को भी प्रभावित कर सकता है और इस प्रकार शायद विकास को भी। विशेषत: आमतौर पर माना जाता है कि अस्थायी प्रवासी अपने उपार्जन का अधिकांश बचत करते है क्योंकि जोखिम विमुख प्रवासी कम और निश्चित आय के कारण अपने घर वापसी के लिए बचत करते हैं और इसीलिए कि परिवार से अलग रहकर व्यय की सीमांतक उपयोगिता कम हो जाती है। तथापि, अस्थायी आंतरिक प्रवास के संदर्भ में समर्थक प्रमाण नहीं है। फिर भी, अस्थायी प्रवास से अस्थायी रूप से बचत करने के रुझान में वृद्धि हो सकती है।

प्रवास से केवल उत्पादन की गुणवत्ता पर ही अंतर नहीं पड़ता अपितु यह विभिन्न माध्यमों से गंभीरतापूर्वक आय के वितरण को भी प्रभावित करती है।

प्रवासी काल्पनिक तौर पर प्रवास से उस समय तक लाभ उठाते हैं जब तक वे निर्णय में कोई गलती न करें अथवा प्रवास के संदर्भ में सट्टेबाजी से कुछ भी हासिल नहीं होता है अथवा प्रवास प्रवासी की निजी स्वतंत्र इच्छा नहीं है।

तथापि, प्रवास से जुड़ी सामाजिक गतिशीलता में परिवर्तन होता रहता है। भारत से प्रमाण संकेत देता है कि शहरी प्रवासी गृहस्थों का एक छोटा ग्रुप अत्यधिक दयनीय हालत में समय गुजारता है जबकि एक औसतन प्रवासी गृहस्थ विशेषत: शहर में कुछ समय के उपरांत गैर-प्रवासियों की तुलना बेहतर जीवनयापन करता है।

प्रवास मूल स्थान और गंतव्य दोनों जगह लोगों की आय को भी प्रभावित करता है। इसका एक कारण यह है कि जैसे ही प्रवासी श्रमिक स्थानांतरण करते हैं, गैर प्रवासियों का उपार्जन का तरीका बदल जाता है। यह स्पष्ट नहीं है कि क्या मूल स्थान पर मजदूरी में वृद्धि होती है अथवा यह गन्तव्य स्थान पर घट जाती है। आगे चलकर, कुशल प्रवासियों के प्रस्थान से उनके बीच छूट गए लोगों की शिक्षा और प्रशिक्षण में वृद्धि हो सकती है परिणामस्वरूप मानव पूँजी में अधिक निवेश होता है तथा आय में वृद्धि होती है। इसके प्रतिकूल कम से कम दो बल कार्य करते हैं।

प्रथम, सुशिक्षित कार्यकर्त्ताओं के पूल द्वारा संचालित सामूहिक अर्थव्यवस्थाओं का प्रत्यक्ष प्रमाण मिला है। इसका तात्पर्य यह हो सकता है कि कुशल कारीगरों के जाने से शिक्षा में वस्तुत: कमी आ सकती है।

दूसरे, प्रवासी माता–पिता द्वारा अपने पीछे छूट गए बच्चों की शिक्षा पर दो विरोधाभासी बल कार्य करते हैं; प्रवास से अधिक वित्त पोषण तथा बेहतर शिक्षा के संसाधन मुहैया हो सकते हैं परंतु माता–पिता की गैर मौजूदगी में बच्चों को विद्यालय भेजने की वचनबद्धता कम हो जाती है।

एक अन्य प्रमुख मार्ग जिसके माध्यम से प्रवास गैर-प्रवासियों की आय को प्रभावित कर सकता है, संप्रेषण है। इससे धनी और निर्धन परिवार कितना लाभ उठाते हैं, अभी तक कुछ विवावित मामला है। भारत में आदिम गाँवों के अध्ययन से पता चलता है कि ग्रामीण–शहरी

प्रवास जो ग्रामीण गृहस्थों में से निर्धनतम के बीच दुर्लभ तथा कृषिक मजदूरों के बीच अधिक आम है, पुनः बेहतर स्थिति वाले ग्रामीण गृहस्थों के बीच कम होता है, परंतु ग्रामीण धनियों के पढ़े–लिखे बच्चे आमतौर पर शहरों में चले जाते हैं। ग्रामीण अध्ययन के इन प्रेक्षणों कि शहर से गाँव की ओर संप्रेषण कम है तथा यह कि धनी परिवारों के बच्चों की उनके ग्रामीण संबंधों को बनाए रखने और संप्रेषण की अधिक संभावना है, के साथ जोड़ने पर यह अर्थ निकलता है कि संप्रेषण अपेक्षाकृत धनी ग्रामीण परिवारों को प्रमुख तौर पर लाभ पहुँचाते हैं।

प्रश्न 8. भारत में धार्मिक राजनीति के क्रमतर विकास और इसके परिणामों का वर्णन कीजिए।
उत्तर— देखें जून–2012, प्रश्न सं.–10

प्रश्न 9. विकास में महिलाओं से जेंडर और विकास के आमूल परिवर्तन (paradigm shift) का विश्लेषण कीजिए।
उत्तर— देखें अध्याय–20, प्रश्न सं.–1, 2

प्रश्न 10. विगत छह दशकों में भारत में लोकतंत्र के प्रदर्शन का परीक्षण कीजिए।
उत्तर— देखें अध्याय–27, प्रश्न सं.–1

एम.पी.एस.–003 : भारत : लोकतंत्र और विकास
दिसम्बर, 2021

नोट : प्रत्येक खंड में से कम–से–कम दो प्रश्न चुनते हुए, कुल पाँच प्रश्नों के उत्तर दीजिए। प्रत्येक प्रश्न का उत्तर लगभग 500 शब्दों में दीजिए। सभी प्रश्नों के अंक समान हैं।

खंड–I

प्रश्न 1. 1967–पश्चात् भारत में राजनीति के क्षेत्र में रूपांतरण की प्रक्रिया का विश्लेषण कीजिए।

उत्तर– देखें जून–2010, प्रश्न सं.–2 और देखें जून–2011, प्रश्न सं.–2

प्रश्न 2. संसदीय संप्रभुता की अवधारणा क्या है? क्या यह न्यायिक समीक्षा से मुक्त है? चर्चा कीजिए।

उत्तर– देखें अध्याय–8, प्रश्न सं.–2

प्रश्न 3. विकास के प्रति राजनीतिक अर्थव्यवस्था दृष्टिकोण का आलोचनात्मक विश्लेषण कीजिए।

उत्तर– देखें अध्याय–6, प्रश्न सं.–3

प्रश्न 4. "नागरिकों के अधिकारों और हितों को सुरक्षित रखने के लिए न्यायपालिका सबसे प्रभावी अंग है।" चर्चा कीजिए।

उत्तर– देखें जून–2009, प्रश्न सं.–1

प्रश्न 5. लोक नीतियों और जनमत को आकार देने में मीडिया की भूमिका का विश्लेषण कीजिए।

उत्तर– देखें अध्याय–15, प्रश्न सं.–1, 2

खंड–II

प्रश्न 6. जातीयता क्या है? भारत में जातीयता के प्रमुख मामलों की चर्चा कीजिए।

उत्तर– देखें अध्याय–26, प्रश्न सं.–1, 3

प्रश्न 7. भारत में जाति असमानता की प्रकृति का आलोचनात्मक आकलन कीजिए।

उत्तर– देखें दिसम्बर–2016, प्रश्न सं.–2

प्रश्न 8. भारत में पहचान की राजनीति की अवधारणा का विश्लेषण कीजिए।

उत्तर— देखें दिसम्बर–2008, प्रश्न सं.–8

प्रश्न 9. नौकरशाही की भूमिका की, उसके विधायिका और कार्यपालिका के संबंधों के संदर्भ में, चर्चा कीजिए।

उत्तर— देखें अध्याय–9, प्रश्न सं.–4

प्रश्न 10. निम्नलिखित पर लगभग 200 शब्दों (प्रत्येक) में संक्षिप्त टिप्पणियाँ लिखिए—

(क) जेंडर समानता

उत्तर— समानता को उस अवस्था या दशा के रूप में परिभाषित किया जाता है, जो सामाजिक प्रस्थिति, राजनीतिक और कानूनी अधिकारों के संदर्भ में महिलाओं और पुरुषों के साथ एक जैसा व्यवहार करती है। ऐतिहासिक रूप से सभी समाजों में पुरुषों ने महिलाओं की तुलना में उच्चतर सामाजिक प्रस्थिति का आनन्द लिया है। ब्रिटेन में उन्नीसवीं शताब्दी के अंत और बीसवीं शताब्दी के प्रारंभ में नारीवादियों ने शिक्षा, रोजगार, संपत्ति और मताधिकार के संदर्भ में महिलाओं के लिए समान अधिकार हेतु अभियान शुरू किया। बीसवीं शताब्दी के अंत तक ब्रिटेन में जेंडर समानता को प्रोत्साहित करने के उद्देश्य से अनेक कानून बनाए गए; जैसे–लैंगिक भेदभाव अधिनियम और समान वेतन अधिनियम। समानता की बहस का तर्क है कि समस्त महिलाओं के साथ समस्त पुरुषों जैसा ही व्यवहार किया जाए, चाहे उनकी जाति, वर्ग, धर्म, नृजातीयता और अन्य पहचानों में अंतर ही क्यों न हो। भारत में शासन, स्वास्थ्य, शिक्षा, रोजगार, संपत्ति और कानून के क्षेत्रों में जेंडर समानता को हासिल करने के लिए कुछ निर्धारित नीतियाँ मौजूद हैं। इनमें शामिल हैं – स्थानीय सरकार में महिलाओं के लिए 33 प्रतिशत आरक्षण का प्रावधान, मातृत्व लाभ अधिनियम, उत्तराधिकार अधिनियम 2005, प्रजननमूलक और बाल स्वास्थ्य देखभाल नीति, घरेलू हिंसा अधिनियम, यौन उत्पीड़न अधिनियम 2013 आदि। भारत में जेंडर अंतराल को भरने के लिए ये नीतिगत पहलें और अधिनियम अत्यावश्यक हैं। जेंडर समानता नियोजन प्रक्रिया को जेंडर के परिप्रेक्ष्य से समझने में सहायता करती है। उदाहरण के लिए, महिलाओं की वास्तविक आवश्यकताओं का उनकी स्थानीय स्थिति में मूल्यांकन देश या राज्य में जेंडर समता लाने में सहायता करेगा। जेंडर विश्लेषण, जेंडर नियोजन, जेंडर–अनुक्रियात्मक बजट–निर्माण और जेंडर–ऑडिट जैसे उपकरण महिलाओं और पुरुषों दोनों की जेंडर आवश्यकताओं का मूल्यांकन करके स्वयं नियोजन प्रक्रिया में जेंडर समानता लाने में सहायक होते हैं।

(ख) नए सामाजिक आंदोलन

उत्तर— देखें अध्याय–18, प्रश्न सं.–1

www.ingramcontent.com/pod-product-compliance
Lightning Source LLC
LaVergne TN
LVHW021758060526
838201LV00058B/3147